教育社会学

—— 一种系统分析的方法

（第八版）

珍妮·H.巴兰坦
〔美〕弗洛伊德·M.哈马克　著
詹妮·斯图伯

苏尚锋　译

The Sociology of Education: A Systematic Analysis
Eighth Edition published 2017 by Routledge
©2017 Taylor & Francis
All rights reserved.
Authorized translation from the English language edition published by
Routledge, a member of the Taylor & Francis Group LLC.

本书中文简体翻译授权由商务印书馆有限公司独家出版，
并限在中国大陆地区销售。未经书面许可，不得以任何方式
复制或发行本书的任何部分。

本书封面贴有 Taylor & Francis 公司防伪标签，
无标签者不得销售。

目 录

前言 ·· vii
增补材料 ·· x
缩略语表 ··· xiii

第一章 教育社会学——理解学校的独特视角 ····················· 1
  社会学与教育 ··· 2
  二十一世纪早期的美国学校 ·· 9
  教育社会学的理论路径 ··· 15
  开放系统的路径 ·· 29
  教育社会学的研究方法 ··· 35
  本书的结构 ··· 36
  小结 ··· 37
  教育社会学的研究课题示例 ·· 39
  思考题 ··· 39

第二章 教育中的功能冲突与过程——系统如何运行? ········· 47
  教育的功能冲突 ·· 48
  各种功能的非预期后果 ··· 50
  教育系统中过程的重要性 ·· 51
  社会化功能:我们学什么、如何学 ································· 52
  文化传承功能和文化传递的过程 ·································· 56
  社会控制的功能与个体发展 ·· 74

挑选与配置的功能：分类筛选过程 ································ 80
　　变革和创新功能：展望未来 ······································ 86
　　小结 ·· 88
　　思考题 ·· 90

第三章　教育机会均等？（一）——对社会阶层差异与
　　　　不平等现象的观察 ·· 98
　　社会阶层社会化与教育不平等 ···································· 100
　　社会阶层与教育机会均等：差异的系统性根源 ······················ 107
　　社会阶层和教育机会均等：同龄人和文化的持续影响 ················ 124
　　社会阶层与教育机会均等：向高等教育转化 ························ 128
　　创造奇迹还是改变游戏规则？ ···································· 142
　　小结 ·· 144
　　思考题 ·· 146

第四章　教育机会均等？（二）——对性别差异与不平等现象的观察 ··· 157
　　家庭和学校中的性别社会化 ······································ 158
　　中学里的性别差异 ·· 164
　　高等教育中的性别差异 ·· 173
　　教育中反抗性别不平等的努力 ···································· 182
　　小结 ·· 186
　　思考题 ·· 188

第五章　教育机会均等？（三）——对种族、族群差异
　　　　与不平等的观察 ·· 200
　　种族和族群的教育机会不均等 ···································· 201
　　教育机会和教育结果均等的研究 ·································· 209
　　不平等的学校教育：资源的影响 ·································· 209

不平等的学校教育：家庭、文化和社会心理的影响 …………… 211
　　文化冲突：非洲裔、白人以外的学校教育 …………………… 217
　　针对种族/族群教育不平等的斗争 ……………………………… 230
　　教育中的种族和族裔不平等：过去、现在和未来 …………… 237
　　小结 …………………………………………………………… 237
　　思考题 ………………………………………………………… 239

第六章　作为组织的学校 …………………………………… 250
　　学校中的社会系统 …………………………………………… 253
　　学校系统的目标 ……………………………………………… 254
　　作为组织的学校 ……………………………………………… 259
　　集中与分散决策：学校的控制之争 ………………………… 274
　　学校组织的改革 ……………………………………………… 279
　　特许学校 ……………………………………………………… 282
　　对学校改进的支持 …………………………………………… 284
　　小结 …………………………………………………………… 285
　　思考题 ………………………………………………………… 287

第七章　冲突或合作？——教育体系中的正式角色 ………… 293
　　角色的意义 …………………………………………………… 294
　　学校中的角色 ………………………………………………… 296
　　小结 …………………………………………………………… 328
　　思考题 ………………………………………………………… 329

第八章　学生——学校的核心 ……………………………… 336
　　学生的特征 …………………………………………………… 336
　　学业失败与辍学者 …………………………………………… 348
　　学生与非正式制度 …………………………………………… 362

学生及其所处环境 ……………………………………… 372

小结 …………………………………………………………… 376

思考题 ………………………………………………………… 378

第九章 非正式系统和"隐性课程"——"无形的"力量如何影响教育经验 ……………………………………… 388

开放的系统分析与非正式系统 ………………………… 389

教育"风气"与学校效能 ………………………………… 403

小结 …………………………………………………………… 411

思考题 ………………………………………………………… 412

第十章 教育系统和环境——一种共生关系？ ………… 419

环境与教育系统 ……………………………………………… 421

学校系统环境：制度间的相互依赖 ……………………… 424

小结 …………………………………………………………… 448

思考题 ………………………………………………………… 450

第十一章 高等教育系统 ……………………………………… 455

高等教育的历史与发展 …………………………………… 455

高等教育的理论研究 ……………………………………… 460

美国高等教育的特征 ……………………………………… 468

高等教育系统的功能 ……………………………………… 473

作为组织的高等教育 ……………………………………… 479

高等教育中的各类角色 …………………………………… 483

高等教育的环境压力 ……………………………………… 504

高等教育的成果 ……………………………………………… 511

高等教育的问题及改革 …………………………………… 513

小结 …………………………………………………………… 514

思考题 516

第十二章　世界教育系统——一种比较的观点 527
　　世界各地的教育：比较视角 530
　　比较教育与系统方法 534
　　比较教育中的理论视角 538
　　富裕国家与贫穷国家的教育比较 544
　　比较教育的方法应用 552
　　全球相互依存：中观层面的各种制度 555
　　世界各地的高等教育 562
　　小结 564
　　思考题 566

第十三章　教育运动与教育改革 575
　　教育运动的本质 578
　　早期的教育运动 581
　　非主流教育及相关运动 587
　　学校的结构与课程变革 598
　　小结 610
　　思考题 612

索引 620
译后记 650

前　言

本书的主旨是将教育社会学领域诸多重要主题整合在一起，力求呈现其内在关联；聚焦这一领域各种不同的理论问题和研究方法，强调这些知识在理解学校教育中的应用。由于教育变化飞速，呈现一个主题迥异、动态跃迁的领域并非易事，以一种内涵丰富的方式、一个统一的框架，即使用一种开放系统的路径，把相关资料呈现给学生，这就意味着既要提供教育领域的完整结构，又不能缺少教育社会学理论、实证和实践上的内容。

本书的第八版吸收了一些最新的研究以及对最近热门主题的讨论，以取代或增补一些旧的主题。所有新的或既有的图表，都尽可能地提供可用的最新数据。这一版本还另专辟三章，分别（尽管必相互交叉）从阶级、种族、民族、性别等教育不公的不同矢量，聚焦教育获得和人生体验中的不公平。每章都会结合量化与质性方法及相关理论、经典与新近的研究、微观与宏观水平的视角。

我们很高兴地向大家介绍我们新的合作作者——北佛罗里达大学（University of North Florida）的教育社会学家詹妮·斯图伯（Jenny Stuber）博士。她给这本书带来了新的观点、内容、组织体系以及补充的学生友好型内容，这个版本因而成为一个令人兴奋的修订版。她的研究聚焦学生在超课程行为的社会经验和参与度，关注高等教育领域中的社会阶级不公，她尤其对教育环境中的身份形成问题兴趣颇浓。你将有机会欣赏她的观点与贡献！

在使用不同材料进行本科生和研究生的教育社会学学科教学之后，我们担心的是许多可以获得的材料，尽管质量不错，但并不能满足社会学、教育学以及其他专业的本科生和研究生所需。许多教材水平上乘，但教材主题使其涵盖面或方法受到限制，一些书本呈现其研究过于深入，对多数本科生和刚开始研究生阶段学习的学生来讲过于琐细且抽象，所以很难在教育环境的工作中使用它们。在推进本科生社会学学科教学项目的过程中，作者们开发出一套教育社会学的"教学指南"，重点集中在如何向本科生呈现材料。这些材料和观念都已经整合进这本教材。本书尤其适用于本科生或研究生起始阶段的教育社会学和教育的社会基础、文化语境等课程。

本书主要遵循以下指导性目标：

1. 便于学生理解且有用。 由于意识到多数学生的兴趣在于如何将教育领域的研究用于解决他们所面临的问题，我们特别强调研究发现的实用性。我们会依据课题和话题所涵盖的内容来作出选择。所选的内容将对学生非常有用，可以使他们在学校系统中工作时或在与学校系统打交道时有所裨益。

2. 在统一框架中呈现材料。 作者利用一个系统框架呈现教育社会学的关键思想。教学者在开放的系统方法中有足够的空间去增补或删减话题，在不失连贯性与整合性的前提下调整话题顺序。

3. 呈现教育社会学的不同理论方法。 该领域有些有价值的观点至今影响力很大；本书提供的范例贯穿传统和新近的理论，并呈现他们如何处理教育问题。

4. 涵盖学生看重的、流行的或新兴的话题。 辟有不同章节专门介绍高等教育、学校组织和学校中的角色、非正式教育（氛围和隐性课程）、学校环境、全球教育、教育变革及替代物。

5. 阐明变革如何发生以及社会学家在理解变革、带动变革中扮演什么角色。 随着大家对应用社会学的重视与日俱增，很多课程都会包涵了相关话题在应用方面的内容。这便是每章最后的关注点，也贯穿全书。

6. 鼓励学生运用本书及其他教材中所获得的知识介入到教育系统之中。 本书可用来鼓励学生开展讨论，并把其他一些有趣的话题引入课程之中。本书可用来强化教学有效性的其他特征还包括每章结尾部分的行动计划、问题的涉及面以及伴有课堂教学助手、技法和思考题的"教学指南"。

本书不打算用一种理论方法来排斥其他种理论方法，而且还强调多种理论方法的优势及其在面对同一问题时的不同侧重点。因为作为一种概论，本书与其覆盖所有话题，还不如带着大家纵览教育社会学整个领域。这也给那些渴望有所扩展的教学者留下了弹性空间。

增补材料

"教学指南"和"试题库"为教师备课和学生学习评估工作提供备用。每一章的"教学指南"都备有不同类型的课程资源，包括具体的章节要点和概述、学习目标、问题讨论、课堂行为以及其他更多的东西。

指南里还附有"试题库"，为每一章都提供了多重选择题、是非题、填空题或问答题。"教学指南"和"试题库"可以通过上网获取，下载地址为：

http://routledgetextbooks.com/textbooks/instructor_downloads/。

本教材配有课件 PPT。PPT 会概述每章大义，以一种可视且刺激的方式帮助您传递社会学准则。它们可以通过上网获取，下载地址为：

http://routledgetextbooks.com/textbooks/instructor_downloads/。

感谢那些曾经为初稿提过建议的人。我们衷心感谢第八版原稿的评议人：罗恩大学（Rowan U.）的哈里特·J. 哈特曼（Harriet J. Hartman）、蒙特克莱尔州立大学（Montclair State U.）的克里斯多夫·多诺霍（Christopher Donoghue）、南加利福尼亚大学（U. of Southern California）的维多利亚·兰金·马克斯（Victoria Rankin Marks）和丹妮尔·路易斯（Danielle Lewis）、亚拉巴马 A & M 大学（Alabama A & M U.）的约瑟夫·罗瑟（Joseph Rosher）、拉马尔大学（Lamar U.）的杰西·加西亚（Jesus Garcia）、宾夕法尼亚州立大学（Penn State U.）的丹纳·密特拉（Dana Mitra）、加利福尼亚州立大学圣马科斯校区（California State U., San Marcos）的阿里安娜·斯特克（Ariana Steck）、玛丽安学院（Marian College）的威廉·A. 米罗拉（William A. Mirola）。最后，当孩子们和学生们把他们在学校教育阶段的经验与我们分享时，他们各种各样不断变化的经验始终激发着我们对这一领域的兴趣。珍妮感谢哈代（Hardy），他在教育领域的知识与创见给予本书写作以原创性的动力以及持续性的支持和激励。弗洛伊德感谢南希（Nancy）一贯以来对他工作的关怀备至与倾注的热情。珍妮还要专门感谢她的学生，多年来他们一直刷新她的信念：下一代在求知欲求上与他们的前辈并无二致。

珍妮·H.巴兰坦

弗洛伊德·M.哈马克

詹妮·斯图伯

缩略语表

AAUP　American Association of University Professors（美国大学教授协会）

ACTs　American College Tests（美国大学入学考试）

ADA　Americans with Disabilities Act（美国残障人法案）

AFT　American Federation of Teachers（美国教师联合会）

AIDS　acquired immunodeficiency syndrome（艾滋病）

AP　Advanced Placement（大学先修课程）

ASCA　American School Counselor Association（美国学校辅导员协会）

AYP　adequate yearly progress（应达成年度进展）

CAI　computer-assisted instruction（计算机辅助教学）

CLA　Collegiate Learning Assessment（大学生学习评估）

CMO　charter management organization（特许管理组织）

CoP　community of practice（实践共同体）

CRS　culturally responsive schooling（文化针对性的学校教育）

DACA　Deferred Action for Childhood Arrivals（少时入境者暂缓驱离行动）

DARE　Drug Abuse Resistance Education（抵制毒品教育）

DREAM Act　梦想法案（未成年移民发展、援助和教育法案，Development, Relief, and Education for Alien Minors）

EHEA　European Higher Education Area（欧洲高等教育区）

ELLs　English language learners（英语学习者）

EMI　effectively maintained inequality（有效维护的不平等）

ESEA　Elementary and Secondary Education Act（中小学教育法案）

ESSA　Every Student Succeeds Act（让每个学生都成功法案）

ETS   Educational Testing Service（教育考试服务中心）

EU   European Union（欧盟）

FERPA   Federal Educational Records and Privacy Act（联邦教育记录隐私法案）

GDP   gross domestic product（国内生产总值）

GED   General Education Development（普通教育发展水平证书）

GPA   grade point average（平均学分绩点）

GPI   gender parity index（性别平等指数）

HBCUs   Historically Black Colleges and Universities（传统黑人院校）

HERI   Higher Education Research Institute（高等教育研究所）

HHS   Health and Human Services（卫生与社会福利部）

HIPAA   Health Insurance Portability and Accountability Act（健康保险流转与责任法案）

IB   International Baccalaureate（国际文凭）

IDEA   Individuals with Disabilities Education Act（残障人士教育法案）

IEA   International Association for the Evaluation of Educational Achievement（国际教育成就评估协会）

IEP   individualized educational plan（个性化教育计划）

ILO   International Labor Organization（国际劳工组织）

IPEDS   Integrated Postsecondary Education Data System（高等教育数据集成系统）

IQ   intelligence quotient（智商）

KIPP   Knowledge Is Power Program（知识就是力量计划）

MDGs   Millennium Development Goals（千年发展目标）

MIT   Massachusetts Institute of Technology（麻省理工学院）

MMI   maximally maintained inequality（不平等的最大化维护）

MSIs   Minority-Serving Institutions（少数民族院校）

MWYF   MaliVai Washington Youth Foundation（马里瓦伊·华盛顿青年基

金会）

NAEP National Assessment of Educational Progress（全国教育发展评价）

NBA National Basketball Association（国家篮球协会）

NCAA National Collegiate Athletic Association（全国大学体育协会）

NCLB No Child Left Behind（不让一个孩子掉队法案）

NCTQ National Council on Teacher Quality（教师质量全国委员会）

NEA National Education Association（全国教育协会）

NYGS National Youth Gang Survey（全国青年帮派调查）

OECD Organization for Economic Cooperation and Development（经合组织）

PIRLS Progress in International Reading Literacy Study（国际阅读素养提升研究）

PISA Program for International Student Assessment（国际学生评估项目）

PWI predominantly white institutions（白人院校）

SATs Scholastic Aptitude Tests（学术能力倾向测试）

SES socioeconomic status（社会经济地位）

STEM Science, Technology, Engineering, and Math initiative（科学技术工程数学促进计划）

TCUs tribal colleges and universities（部族院校）

TERCE Third Regional Comparative and Explanatory Study（第三次区域比较与分析研究）

TIMSS Trends in International Mathematics and Science Study（国际数学与科学动态研究）

第一章
教育社会学
——理解学校的独特视角

"用乔伊斯·欧文来换几百万美元,这笔钱可以给孩子们带来很多帮助!"佛蒙特州惠勒小学（Wheeler Elementary School）的校长这样说（Winerip, 2010）。她的校长职务刚刚被解除了。为什么呢？地区教育主管表示,要想得到 300 万美元的政府资助,就必须解雇校长,这样才符合政府的命令和要求。主管说:"我们不能失去任何能够得到资助的机会。"但失去了她最好的员工之一,主管仍对此感到痛惜。惠勒小学的大部分学生都来自移民家庭,他们刚刚来到美国,英语水平普遍不高。仅五年级一个年级,39 名学生中就有 37 名是难民或者有特殊教育需求,或者二者都是。那位勤恳、能干又善良的校长帮助这些孩子取得了巨大的进步。然而,那些出于善意的政府官员认定这所学校不合格的界定是以某些考试为依据的,而那些移民家庭的孩子并不适应这些考试。校长的所作所为不能让那些政府官员满意。这个例子给了一个机会,让我们看到:为了孩子和我们的未来,在追求实现教育目标的手段上有时会存在冲突（有效教学还是应对考试）。

教育是一个终生的过程:从出生那一天开始,直到死亡那一天才结束。教育在社会中随处可见,而且以多种形式出现,范围涵盖了"逆境中成长"或在经验中学习,到正规的制度化学习——从后工业化教育到非工业化教育、从农村学校到城市学校、从年轻学生到老年学习者。教育社会学家调查研究如下一系列的问题:我们该怎样提高学生学业成绩？学校是否仅仅为了维护这个国家的贫富层级系统？学校应该对年轻人施加怎样的道德或宗教影响？孩子们在学校里掌握知识、技术就是为未来做好准备吗？对于这些问题，教育社会学家并不试图去判断对错、好坏，他们只研究教育的现状和特定政策实践的结果。

社会学与教育

社会学家研究互动中的人，他们处于由小到大的群体情境之中。在如此宽广的框架下，有许多具体的研究特征，因此可以被分为社会制度（指反映人们共同需求的社会建构的方面）研究、过程研究以及个体与群体的互动研究。社会结构（为满足人们需求而形成的循环行为模式以及有序相互关系）以六种主要制度为代表，它们构成了社会学的主要学科领域：家庭、宗教、教育、政治、经济、卫生。像学校这样复杂的正式组织，就是实现社会运行的制度化结构的一部分。

作为社会行动的部分，过程为整个结构带来活力。人们在社会化过程中学习如何适应社会、在社会中扮演什么角色。分层的过程决定了人们在社会结构中的位置，以及由此而产生的生活方式。变化是一个无时不在的过程，它迫使学校以及其他组织不断依据新需求作出调整。学习不仅在学校里以正式方式进行，也通过家庭、同伴、媒体以及我们生活中的其他影响等非正式方式进行。并不是世界上的所有孩子都能够接受正规的学校教育，但所有人都要经历为长大成人而做准备的过程。教育制度与每一项其他制度相互影响、相互依存。例如，家庭在教育上的参与将影响到学生在学校的成绩。

教育社会学作为一个致力于研究教育系统的学科，其主题涵盖了从师生相互作用到宏大的国家教育系统。通过系统地研究教育，社会学家提供一些真知灼见，对学校政策起到帮助、引导的作用。教育系统研究秉持社会学理论的指导，应用社会学方法。尽管社会学为客观探究社会的教育系统提供了一系列独特且有力的工具，但对于那些别有企图或者意在转变他人思想而非客观认识或探究的人们来说，社会学也许会让他们失望。有时，对于那些"知道正确答案"的人来说，直接提出某个问题从意识形态方面讲是让人不舒服的，但哪里有针对教育政策的争论产生，哪里就会呈现出几种不同的观点,提议者都会认为自己观点为正确的答案。教育社会学的目的就是客观地思考教育实践,有时一些有争议的话题,甚至一些不受欢迎的说法,可以获得对这一影响着我们所有人的系统的一种认识。

当你阅读此书时,请提出问题,挑战观点,探究发现。这样做的目的,只是为自己的思想、讨论和研究开辟新的路径。这一概论性章节的目的是让你熟悉教育社会学的独特视角:它所探讨的问题、使用的理论工具、用来研究教育系统的方法,以及本书所使用的开放系统路径。我们的讨论将从对教育社会学的概述开始。

为什么研究教育社会学?

对于这一问题有几种不同回答。也许有一天你会成为教育及相关领域的专业人员;你会成为纳税人,即使你现在还未为此做好准备;或者你会成为一位家长,你的孩子就是学校系统的一员。现在,你是高等教育或继续教育阶段的一名学生,你为什么要上这门课呢?如果你主修社会学,那么你正在将教育作为一项重要的社会制度进行研究;如果你主修教育学,当你进入课堂时,社会学也许会给你一个全新的视角。在学校,你也许是为求知;也许这门课是必修课,你需要得到学分;也许你觉得这门课的老师很好,也许仅仅因为这门课恰好适合你的时间安排。让我们接下来看看以下这些学习社会学的原因。

教师及其他专业人员 在 2014 年至 2024 年间,按照入学学生数的预计增长以及现任教师的退休,幼儿园、小学及中学的教师岗位数量将会增长 6%(人数在 150 万至 160 万之间),大约与美国劳动力市场的平均增长值持平(Bureau of Labor Statistics, 2015)。然而,由于很多教师开始陆续退休,目前这一领域人员依然短缺。

公立学校估计需要 310 万全职教师(National Center for Education Statistics, 2015)。另外,还有其他专业的毕业生担任各自学科的教师或者参与学校的政策性事务。社会工作及商业等领域的专业人员在与客户或者雇员打交道时,也会与学校进行正常接触。对于教师及所有其他专业人员来说,认识教育系统都是促进高效工作的重要知识。

纳税人 在初等、中等和高等各个教育层次的学校财政支持方面，纳税人扮演着主要的角色，他们应当了解他们的钱是如何使用的，结果如何。在美国公立教育系统里，花费在硬件设施、教材、工资以及其他必需品上的资金几乎百分之百来自税收。学校的收入主要有三个来源：地方、州和联邦政府的拨款，这些资金来自营业税、个人所得税和财产税。2016年，政府在教育上的总开支是1万亿美元，占联邦预算的15%（US Government Spending, 2016）。

教育经费分摊比例大致为：地方政府占44%，州政府占49%，联邦政府支持13%（数据有误，原书如此——译者）。在美国，每个学生的平均费用为10314美元（McCann, 2016），其中低收入区域的费用明显少于高收入区域。纳税人在为学校系统承担费用，而教育社会学则帮助纳税人认识这一系统。

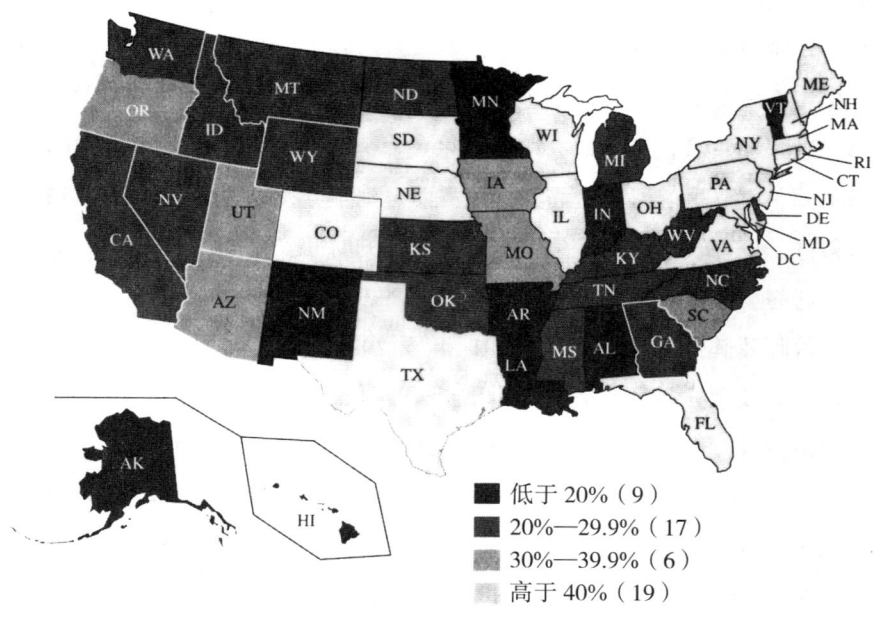

图1.1 财产税和家长所在区域政府资助在公立小中学学区
总收入中所占的百分比，州政府：2013财政年度

来源：美国教育部国家教育数据中心通用核心数据（CCD）。《学区财务调查（F-33）》，2013财政年度，初级版本1a。

家长 美国成年人中有很大一部分已成为父母,每个家庭平均人数是 2.54 人(Statista, 2015)。也就是说,很多父母的孩子都在学校,而且很多父母都想了解在孩子每天离家的这六七个小时中都发生了什么。教育社会学有一些答案!根据"PDK 47 周年庆/针对公立学校的公众态度的盖洛普民意调查"(2015),成年人希望学校能教给孩子们基本技能,管教孩子,给他们灌输基本价值观及责任感。美国民众对学校的关注点呈现出越来越强的一致性(表1.1)(Bushaw & Lopez, 2105)。从表中可以看出,2012 年民众最关注的问题头两个便是缺乏财政支持和不守纪律,过度拥挤排在第三位,斗殴/帮派暴力、毒品分别排在第四位和第五位。

表 1.1 您认为您所在社区的公立学校亟需解决的最大问题是什么?

	全国总计		公立学校的学生家长	
	2012（%）	2008（%）	2008（%）	2012（%）
缺乏财政支持	35	17	19	43
不守纪律	8	10	3	3
过度拥挤	5	6	11	6
斗殴/帮派暴力	4	6	8	5
毒品	2	4	4	2

家长认同学生和教育者对标准考试强调过度的观点(64%),有 41% 的参与者认为父母有权选择让孩子不参加标准考试;95% 的参与者认为教师质量对公立学校的提升十分重要,84% 的父母支持强制性的疫苗接种。虽然这一有代表性的国家民意调查(NEA, 2016)中只有几项研究发现,但已能够说明家长对他们孩子所在学校的关注点都有哪些。

学生 孩子们一天中有很长时间在学校度过。他们应该不会向社会学研究者请教如何理解自己的经历,但他们的确会思考谁是好老师,谁是"坏"老师,谁是好同学,谁是小恶霸,以及自己所学课程的难易程度。研究者所提供的知识能够帮助教育者明白学生会遭遇什么,怎样才能让他们的发展更顺利也更成功。小学教育在大多国家都是强制性的。中学教育在发达国家是强制性的,在一些发展中国家是可以选择的。根据哈佛大学和亚洲开发银行的一项研究,世界人口中只有6.7%拥有大学学历(《赫芬顿邮报》*The Huffington Post*, 2010)。在美国及其他发达国家中,许多公民受到过高等教育。在美国,在25岁及以上的成年人中,32%获得学士学位,12%获得硕士及以上学位,2%获得博士学位(US Census Bureau, 2014)。

大学吸引着莘莘学子,他们对自己的教育怀有各式各样的动机与目标。教育社会学为社会学专业的学生提供了一个了解教育系统及其与其他重要社会制度之间相互关系的独特视角。教育学专业的学生来在了解教育环境以及教育制度和其他社会制度之间的动态交互作用之后,可以获取崭新的见解。有了这些新见解,教育学专业的学生就可能有能力处理教师和行政人员所面临的复杂的组织与人际问题。

其他原因 有见识的公民应该了解税收是如何支配的,要明白知识背后的缘由而获取知识——学习要学的东西,这些都是学习教育社会学的其他原因。

教育社会学家提出的问题

作为学生、家长和社区成员,我们都要不断地面对教育问题。请思考以下问题:

我们的孩子在学校里是否安全? 根据对美国民众的调查,我们发现学校问题中最严重的是不守纪律、斗殴和群体暴力以及毒品(Bushaw & Lopez, 2012)。全国性的调查表明,大多数学生没有经历过犯罪侵害,受过犯罪侵害的学生更多可能是经历了财产犯罪。如果学校里有帮派团伙,学生会更多地关注安全。另外,三分之一的学生承认在学校里可以弄到毒品,五分之一的学生承认可以弄到酒(Addington et al., 2002)。最近的调查显示,美国八年级、十年级和十二年级的学生中,喝酒、抽烟、吸毒的情况在减少,大麻吸食者也没有增加。然而,人们对大麻吸食危害性的认识也在降低,电子烟的使用率依然高(National Institution on Drug Abuse, 2016)。我们的学生在校内是否比在校外安全?这个问题取决于学校和街区,但是研究结论表明大部分学校能够保护学生免受暴力和吸毒问题的侵害(CDC, 2015)。

高中毕业生的关键学科如阅读和数学能力是否应该设定最低标准? 在

许多国家及美国的部分地区，为了升入高中，为了高中毕业，学生们必须参加阅读和数学的考试。美国联邦政府出台的"不让一个孩子掉队"（NCLB）、"力争上游"（Race to the Top）政策要求所有学生在不同学段都要参加共同的核心标准测试。奥巴马在2015年12月10日签署了"让每个学生都成功法案"（ESSA），重申每个学生都有均等的受教育机会。随着高中毕业率的提高和辍学率的下降，越来越多的学生进入了大学，这一法案关注的是让所有学生都为大学和职业生涯做好准备。当越来越多的州要求学校和教师对学生在整个教育系统中的学术能力负责（Borman & Cotner, 2011）时，这一法案将为国家层面教育规划的下一个阶段设定目标（US Department of Education, 2015）。这也反映出对于从学校到工作的通道以及如何提高其效能的全球性关注。在很多人看来，标准测试是学校对学生发展负责的一种途径。但是，一些教育者、研究者和家长质疑能力测试的价值，因为通过测试的学生并没有得到多少好处，而未能通过的学生则会深受其害（Warren & Grodsky, 2009）。要求测试或不要求测试到底意味着什么？这一问题会在之后的章节进行讨论。

教育投资应该如何进行？ 许多国家都有中央集权式的政府教育投资和决策制度。然而，整个美国的地方纳税人选择的是地方征收学校教育税，它为学校提供了超过40%的经费。人们通常批评，由于地方政府基于学校所在街区的贫富来分配财产税和其他一些可用的税收，导致不同的地方学区财政状况差异十分显著。一些学校由于缺乏资金而被迫削减教育项目、裁减教师人数。地方学校征税失败，使一些地区更加落后。一种可能导致的结果是家长不满意、争夺资源、争取更多的社区控制权或者反对高税收。学校方面的支出在联邦政府总支出中仅占2%（2016年为789亿美元，2017预计为850亿美元），而且这是用来支持特别项目的（Tucker, 2015）。这些复杂问题将在之后的章节进一步探讨。

什么类型的教师和课堂环境能为孩子们提供最佳的学习体验？ 教育者对采用讲授法还是体验性学习、合作学习还是个别化教学往往多有争议。有效教学的策略研究（例如 Pescosolido & Aminzade, 1999）为教育者有效地发挥他们的作用提供了帮助。比如，有效班级和学校的规模的研究就试图通过给政策制定者提供具体数据来影响其决策（Darling-Hammond, 2010）。还有哪些其他课堂因素在影响着教学与学习？

浏览《教育社会学》(*Sociology of Education*)这种著名期刊中的论文标题，可以获知这一领域当前正在研究的主题概况。例如，学界热衷于探讨移民教育、学业失败及辍学的原因、大学期待与录取的社会阶层差异、跨种族的友谊、学校中的种族隔离、受教育程度及对教育的态度、高等教育的志向与入学、不同学科领域的男女性别。我们还可以通过阅读本书和其他教育社会学资源，对教育社会学家所提的问题清单进行增补；它们将涵盖一系列非常吸引人的话题。社会学的研究可以阐明许多教育问题，因此对教师、公民以及决策者的决策过程有所裨益。众多的问题一出现，其中的多数就会在全世界范围内得以研究。

思考与应用

读到这里，你对教育社会学的哪些问题产生了兴趣？

〔专栏1.1〕

教育社会学研究现状

下面列举了当前研究的一些问题，由此可以看出其选题的广泛性：

1. 如果家长参与学校教育，孩子们在学校会更容易取得成功吗？
2. 对于不同类型和能力的学生，不同的教学方法、学习方法、课堂组织以及学校和班级的规模在教学效果上有何差别？
3. 社区对学校的影响都有哪些？这些因素如何影响学校决策，尤其是在它与学校课程和青少年社会化产生关联的时候？
4. 教师能力水平考试会提高教学质量吗？学生学业测试可以促进教育发展吗？
5. 少数族裔学生在民族融合的学校中是否会学得更好？

6. 学校是否在维护着不平等的长期存在?
7. 宗教信仰在学校里是否应该得到许可?世界各国的做法都是怎样的?
8. 分轨制(按能力分组)对学生的学习有利还是有害?
9. 美国联邦政府"不让一个孩子掉队"和"力争上游"政策以及共同核心课程在整体上具有正面影响还是负面影响?
10. 学生在学校里做好了走向工作岗位的准备吗?
11. 根据国际测试,谁是这个世界上知识和能力储备最佳的学生?为什么?
12. 相对于他们所获得的就业机会,世界上一些学生是否存在过度教育的现象?
13. 教育是如何影响一个人的收入潜力的?
14. 择校是否会造就一些好学校?
15. 学生的文化资本是否会影响他们的学术成就?

二十一世纪早期的美国学校

一些孩子看不到完成高中学业对他们有什么好处。他们感觉自己与学校环境格格不入,找不到一个可以效仿的榜样,也找不到努力学习的理由。这种对待教育的态度在历史上曾经有过,在科佐尔(Kozol)的《野蛮的不平等》(*Savage Inequalities*, 1991)、麦克劳德(Macleod)的《并非做不到》(*Ain's No Makin' It*, 1987)和保莱(Paulle)的《有毒的学校》(*Toxic Schools*, 2013)等书中都有提及,记录了贫富不同学区之间的不平等以及贫困社区和学校的生活。

几位著名的教育社会学家在展望未来几年的教育发展时,大多数都预言美国学校所面临的问题在近期内不会有多大的改观。学校面临的问题反映了过去和现在深深根植于社会中的问题。他们认为社会学的理论和方法将有助于理解学校问题背后的各种社会力量和学校动力机制;这一类知识对解决21世纪这些问题来说至关重要。

10　教育社会学：一种系统分析的方法

对社会和制度变革的规划实际上已经假定了教育系统的知识和未来的发展趋势。社会学家、其他社会科学家和教育家所收集的信息为我们提供了 21 世纪学校的概貌和基于研究数据的未来预测的范例。比如，人口统计学家为我们提供了学校规划的相关信息：人口预测、移民模式以及社会趋势。一如国家和世界的发展，改革与创新的提议既来自教育组织内部，也来自政治、经济和技术等方面的外部环境。在这一节，我们将列举一些影响教育的趋势、预测以及可能的结果。

人口发展趋势

1960 年代，美国和其他许多国家的教育快速发展，给人留下了一种

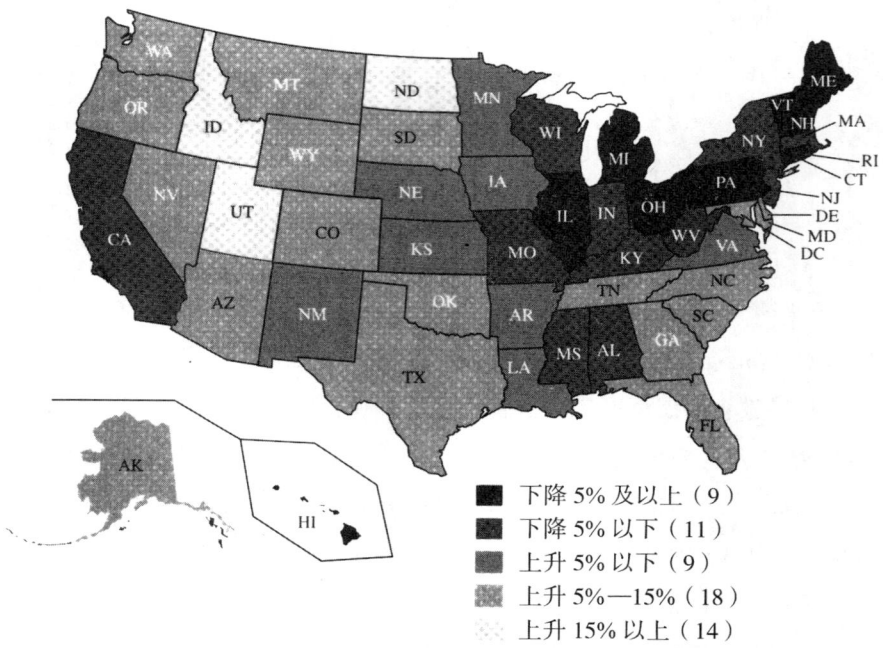

图 1.2　从托儿所到高中公立学校入学率预测变化百分比
（2013-14 学年至 2025-26 学年的各州数据）

来源：U.S. Department of Education, Nationl Center of Education Statistics, Common Core of Data (CCD), "State National Survey of Public Elementary/Secondary Education," 2013-14; and State Public Elementary and Secondary Enrollment Project Model, 1980 through 2025. See Digest of Education Statistics 2015, table 203.20.

空前繁荣的印象：公立学校和大学的教师培养项目在扩增，新的设施已建成，随着资金的到位，革新措施也在施行。然而，教育发展有其自身的周期，随着人口高峰期的结束，颓势便出现：由于学生人数的下降，一些学校和教室关闭，工作岗位减少，学校关门，经费锐减。由图1.2可以看出2014—2026年间入学率的预计变化。

1990年代，每年新生人口增加达到高峰，美国人口发展趋势再次对学校产生影响，同时，移民家庭的新增儿童的入学也影响着学校的入学率。公立学校K-12的入学人数在2016年达到了5000万（Digest of Educational Statistics, 2015，表203.10），其中，美国西部增长数量最大。

家庭和社会发展趋势

学龄人口的社会阶层构成正在发生变化，很大一部分原因在于，美国少数族裔人口增速最快，其中生活贫困的儿童占比最高。目前在美国有超过1550万的孩子处于贫困状态，"黑人和拉丁裔不成比例地分布其中……他们通常不那么健康，经济和智力上也比较落后，而且不太可能从高中顺利毕业。"（Children's Defense Fund, 2016）

我们看一下美国增长最快的族群西班牙裔的人口情况。2005年，西班牙裔超过非洲裔美国人，成为美国最大的少数族群。2015年秋季，学校中有2470万白人学生、770万黑人学生和1310万西班牙裔学生。2014年秋季，拉丁裔、非洲裔和华裔学生的人数超过了非西班牙裔白人学生的人数（Maxwell, 2014）。到2050年，预计西班牙裔将占到美国人口的25%，这样，入学人数增加的部分原因就是西班牙裔儿童不断走进学校。而且，一些西班牙裔社区普遍贫穷，这些孩子在学校还会面临语言障碍的问题。

在美国，不足一半的孩子（46%）与异性恋父母生活在一起，在1960年代，这个数字是73%；35%的孩子生活在单亲家庭，也就是2468.9万个孩子（Livingston, 2014; Kids Count Data Center, 2016），这些孩子中有近一半由单身母亲抚养长大，并且生活水平在贫困线以下（US Census Bureau, 2015）。为什么这个问题很重要？因为许多贫困学生无法毕业，他们在高辍学率中挣扎，并且缺少继续接受教育的机会和资金。社会中服务部门和高技术工作岗位不断增加,但是所需要的技能由于新技术的运用变化频繁,这就要求重新接受教育。那些高中没毕业的人缺乏必备技能,接受新的岗位培训都有困难。

影响教育发展的经济增长趋势

随着西方社会进一步迈入后工业信息化时代,知识创造和加工成为一种主要的技能。健康、教育以及其他服务业的工作岗位在迅速增加,白领工作岗位正逐渐超过蓝领。在渔业、林业、农业以及制造业等主要部门的工作岗位在减少。经济衰退后,虽然私营部门的岗位在缓慢增加,但仍有很多都转移给外包服务。持续增长的服务业要求从业者具备信息加工能力,特别是计算机和其他相关技术的使用能力。因此,新增的工作岗位都属于那些要求具有较高的教育和技术知识水平的工作领域。高中辍学者以及受教育少的公民在竞争中会困难倍增,有些人就会被随之甩下。然而,研究者也在反思,这是否意味着每个人都应当完成大学学业。

未来的学校

预测常常存在问题。技术变革日新月异,我们无法确知明天会发生什么。然而,一些未来学家却尝试运用社会经济状况的知识、预言中的新技术、三十多个委员会及特别小组报告所提出的建议、人口学知识及其他资源,描绘出明日学校的景象。有关未来学校变革的预测包括择校、小型邻里学校、班级规模减小、更多的技术应用,也包括课程的改变、教室重新配置、全天候学校(每周 7 天,每天 24 小时开放)、减少纸张用量、成绩分布的变化、纳入主流的特殊教育、早期教育的增加、更多人利用计算机技术在家上学,等等。计算机和电子教室将会成为一所成功学校中的关键要素(*Education World*, 2016)。

未来学家预言技术将在教育过程中发挥越来越大的作用,不仅课堂教学,也包括课堂外的信息检索。教师与学生交往可能更加频繁,从而为教育增添一种人文关怀;课堂上将有更多时间用于小组讨论;田野考察可以经常举行;演示、调查性项目、实验室实践操作等机会会大大增加;教育将变得更加个性化。终身学习可以在多种情境下进行，变成了成人生活中的常规部分。学校的结构也可能发生变化，包括了小规模学校、特别是如果实施教育券制度后会出现更多私人化的学校、包含课后及夜间项目的长时间开放的学校。

这些设想多数听起来貌似可行，但我们必须要考虑几方面的因素。首要的是经费问题。许多学校变革的提议都需要经费，而在一个时间段，当多数学区都在努力保留现有的项目和师资而不进行大幅度削减，它就会出现问题。到现在为止，在公共机构记录中通过征收附加税赋一直都不太可能。

另外，美国社会中一些贫困的社会经济群体并没有为进入新的教育和经济形态做好准备。当前，知识和技能的鸿沟有可能会加剧社会经济群体间的鸿沟，从而形成更加断裂的社会底层。

教育系统的改革和政策

贯穿全书，我们都在探讨当前教育面临的问题。在某些情况下，针对一些问题已经形成政策并付诸实施计划；而在某些已经存在或即将出现问题的领域，例如全球教育系统、教育中的男女生不平等问题，还只是正处于研究与执行阶段。

在美国，布什政府"不让一个孩子掉队"（NCLB）政策于2001年通过，号召加强问责制，给予家长和学生更多的选择机会，允许教育系统拥有更大的灵活性，将阅读放在首位，还有其他一些旨在提高教育绩效的要求。奥巴马实施的"力争上游"（Race to the Top）和其他计划（比如共同核心课程标准）已经改变了许多教育领域，包括如何促进教师发展、如何支付教师酬劳。最近的"让每个学生都成功法案"（ESSA），目标在于为每个学生找寻适合的教育方式。本书将对这些改革计划进行探讨。

社会学家在研究、政策制定以及变革过程中都将扮演重要的角色。每个组织都需要一个内置的、持续性的数据采集机制来确认它是否达到了目标。例如，社会学家正在研究政府政策对学业成绩的影响。每一个项目通常都需要开展评估以确定其是否达到了目标，社会学家经常被召集来开展项目评估，开发数据采集和分析的程序。他们研究社会各系统如何运作、各部分如何有机衔接，这有助于我们对教育系统的理解。

各种压力的根源与组织内外的变化都为改革提供了动力，然而，许多改革者对深度改革自我维系的教育系统依然持悲观态度。我们将会了解到，教育系统对源自其内外部的压力实际上非常脆弱。如果那些拥有改革权力的人愿意推进教育改革，改革完全有可能发生。要推进改革，就需要完整地认识构成整个教育系统的个人、组织和环境。这正是本书可以助力的地方！

美国的教育社会学

最初，美国教育社会学家的动机是改革社会与教育系统。美国社会学六位奠基人之一、美国社会学协会第一任会长李斯特·弗兰克·沃德（Lester Frank Ward）1883年指出，教育是人类进步的主要力量，也是为美好社会增进道德行为和认知发展的改革动因（Bidwell, 1979）。这一领域被认为是关于教育的社会学（educational sociology）的学科领域，其研究重点是实践问题、政策的形成与建议。教育社会学（sociology of education）这个名词是1928年由罗伯特·安吉尔（Robert Angell）最早提出的。安吉尔和其他同道认为，教育机构是科学知识的来源，社会学不能也不应该保证能够为解决学校问题提供答案或者改革建议。然而今天却需要两类具有不同工作重点的社会学家：一类进行客观的研究，另一类与学校一道解释并应用科学的发现。两类重点除了需要在科学方法上有特殊的训练外，还要在学校如何运作方面具有实践知识，以将社会学研究成果加以运用。

本书既讨论学校教育的理论研究，又关注理论在学校和课堂教学中的实际运用。后者十分重要，因为你们中的绝大多数人要以家长或教师等不同的角色运用这些知识。社会学除了其抽象的、理论的一面之外，还有实际的应用，并对政策产生影响。我们接下来便要阐述社会学理论在教育研究中的作用。

教育社会学的理论路径

如此多的问题、如此多的主题需要我们去研究，如此重要的学校信息需要我们给予关注！社会学家运用理论，揭示不同事实之间的关系，阐述它们为何关联、如何关联，以指导对当前许多问题的研究。本节将概述教育社会学应用的主要理论范式。

尽管教育社会学是一个崭新的研究领域，但其根源却在经典社会学理论。在20世纪，教育作为一个独特的制度和客观的研究领域已经得到重视。在这一时期，上面提及的许多社会问题都是研究的焦点，其中都包含着教育的因素。

21世纪的教育社会学研究可以分为不同的分析层次，从针对国家教育系统、世界发展趋势以及大面积政策效用的大规模宏观层次研究，到针对课堂互动的小规模微观层次研究。教育社会学家从理论的视角为事情之所以然提供逻辑阐释。由理论的视角出发启动一项课题研究，可以为阐释社会如何运行提供方向指导或特定理念。

理论视角还影响到研究者所看到的事实以及对事实的诠释。正如我们的个人经历影响着我们对日常生活中事件的理解一样，社会学家有多个理论视角来帮助解释为什么社会中的事物会以现在这种方式发生。正如每个人因其背景不同对周围环境的理解也不同一样，理论家关注的是一个问题的不同方面。一种理论路径有助于研究者决定提出什么样的问题，以及为得到答案而组织研究的方式。

我们在本节中将对几个重要理论范式进行讨论。运用每一种理论的社会学家都在教育社会学领域中作出了重大贡献，他们中的许多人物我们都会在本书中予以讨论。前两种路径涉及在宏观层次上社会和教育系统运行方式的不同观点，之后的两种路径则涉及在微观层次上社会情境中的交互关系。功能主义理论和冲突理论倾向于应对社会中宏观层次（大规模）的教育制度，而互动理论则关注微观层次（小规模）的个人及小群体间的互动关系。为本书提供模型或框架的开放系统理论则被放在本章最后予以介绍。

功能主义理论

社会的存在需要教育系统，就如人类的生存需要健全的心脏和大脑。功能主义（也称为结构功能主义、共识或平衡理论）是社会学的重要理论路径之一。这一理论经常将社会功能与人体的生物功能相提并论：社会系统的各组成部分——家庭、教育、宗教、政治、经济以及医疗保健——在一个正常运行的社会中都扮演着各自的角色，并相互依赖以维持发展，就如同身体的所有器官协同运作以维持生命的运行。使用这种路径的社会学家最初的假设是社会及其各种制度（比如教育）都是由彼此依赖且共同合作的各部分组成的，每一部分都为整个社会的有效运行从事一些必要的活动；其结果便是使群体中的个体达成共识并保持秩序。功能主义者的研究和政策建议都以教育系统应该适合社会为指导。他们认为变革是协助系统不断适应新环境的过程；变革通常被视为一个缓慢的进化过程，它不会破坏正在运行的系统。教育从根本上被视为一个关键所在，社会在这里整合为一个团结运行的整体。阅读功能主义著作时，思考一下这一理论在什么时候、以什么方式帮你认识教育系统。

回顾教育社会学中功能主义理论家的贡献可以帮助我们理解这一领域赖以构建的理论和实践基础，还有助于为该领域提供一个历史的视角。尽管许多哲学家、教育学家和社会学家都为社会学知识贡献了他们对教育的真知灼见，但早期的社会学家却最先将教育作为一项社会制度开展了科学的研究。

涂尔干对功能主义和教育学的贡献

涂尔干（Émile Durkheim, 1858—1917）为功能主义路径在教育上的运用奠定了基础。他是巴黎索邦大学的教育学教授（在人们尚未"承认"社会学是一个重要的研究领域之前），他是建议用社会学方法研究教育的第一人。1906年，涂尔干同时被授予索邦大学社会学和教育学教授职位，并一直任职直至1917年去世。这样，社会学是作为教育学的一部分被引入法国的。因为涂尔干教过该校教育学毕业的所有学生，许多学生都接受了他的思想。

涂尔干的社会学方法是他的卓越贡献。他关注的核心是社会与其制度之间的关系，坚信它们之间的相互依赖性以及由此产生的社会凝聚力。他非常关注共同体的瓦解，以及传统社会向现代社会过渡过程中团结和凝聚力的维护与保持。

涂尔干在19世纪晚期提出的许多问题至今仍然与当年提出时一样真实存在：与教育相关的社会各构成部分的需求、学校的规训，以及学校在为社会培养青年人的作用。最重要的是，涂尔干试图了解教育为何会形成各种形式，而不是如以往那样去判断这些形式的好坏。

涂尔干最具影响力的著作写于20世纪初期，其主要著作包括《道德教育》（Moral Education, 1961）、《教育思想的演进》（The Evolution of Education Thought, 1977）、《教育与社会学》（Education and Sociology, 1956）等。在这些著作中，他概括了教育的定义、社会学的关注点以及教育在道德价值观形成过程中的重要性，而道德价值观是一个社会的基础。此外，他还为未来的社会学家设定了教育这一研究领域。他写道：

> 教育是成年一代对尚未为社会生活做好准备的年轻一代施加的影响。其目标在于唤醒并开发儿童的身体、智力和道德等方面以达到特定标准的能力，这是作为整体的政治社会以及孩子注定要生存于其中的特殊环境对他们的要求。（Education and Sociology, 1956, p.28）

教育在不同时期、不同地方有其不同的形式；我们不能将教育系统从其嵌入的社会中分割出来，因为二者相互关联、相互映射。在《教育思想的演进》一书中，涂尔干结合自己其他著作的观点，通过对教育制度进行历史社会学分析，阐述了法国的教育历史。他常常强调，任何一个时代，任何一个地方，教育都与其他制度、社会主流价值观和信仰密切相关。

在《道德教育》中，涂尔干概述了他对学校功能的认识及其与社会的关系。他认为，道德价值是社会秩序的基石，正是教育制度帮助将价值观灌输给孩子们，社会通过其教育系统中的道德价值教育而得以维系、绵延。社会的任何变革都反映在教育的变革上，反之亦然。事实上，教育是变革过程中最具活力的部分。他将班级视为一个"小社会"或社会化的媒介。在家庭的情感纽带及亲情伦理与严格的道德约束之间，学校发挥着中介作用。他主张，纪律便是课堂上的道德。如果没有它，课堂就会成为宽泛意义上的乌合之众。

涂尔干首先关注可以提供意义和凝聚力的仪式以及为社会稳定而进行的价值传承，但他没有考虑到这种强调稳定的思想与不断变革的新兴工业社会所必需的价值观和技能之间可能出现的冲突。然而他确实意识到，在社会现代化背景下，新的社会控制形式已经出现；教育应该由国家控制，而不应受任何特殊利益群体的干涉。但今天我们认为，大多数政府其实都受到利益群体及各种影响社会发展的趋势和压力的影响，比如，在课程内容这个领域，真真切切地存在着许多来自学校外部的压力。不过，我们现在特别关注的教育的某些方面，涂尔干并未关注，如筛选的功能、成人角色的赋予、学校的社会期待与其真实表现之间的差距等。

涂尔干勾勒出了他认为作为研究者的社会学家所应当去关注的特定的重要领域，它包括了教育的功能、教育与社会变革之间的关系、跨文化研究以及学校和课堂的社会系统（Brookover & Erickson, 1975, pp.4-5）。他的著作和进一步的研究指南为这一研究领域提供了一个重要的起点；它们还可以作为一把标尺来测算我们已经走了多远。

当代的功能主义理论

学校是相互依存的系统的一部分，在这一系统中，各部分都为整体作出自己的贡献。这些部分里包括了群体、组织，以及家庭、宗教、政治、经济、医疗卫生、体育、军事等社会制度。通过对共同规范的社会化，社会成员之间的共识和共同的纽带在学校中被传授并进一步巩固，从而将各个群体团结起来，为共同的目标而奋斗，同时避免群体间的分裂（Cookson & Sadovnik, 2002, p.267）。系统内各部分之间的相互依赖程度取决于各部分的整合程度；所有部分相互补充，这里的假设便是运作正常且稳定的系统一定整合完好。社会成员内部的共同价值观或共识是系统的重要构成部分，因为这些有助于系统保持均衡。

在20世纪中叶占据优势地位的功能主义理论家认为，制度是整个社会或社会系统的组成部分。在整个系统中，对系统的组成部分的探讨是从其功能或者目的的角度来进行的。根据塔尔科特·帕森斯（Talcott Parsons, 1937）的观点，学校的首要功能是传递维持社会秩序所必需的知识和行为。由于孩子们通过与他人的交往，学会成为社会人，形成适当的社会价值观，因此，学校就成为一个重要的训练场所。紧随涂尔干的脚步，当代社会学家同样视道德、职业教育、纪律和价值观的传递为社会存在的必需条件，而教育在这一传递过程中扮演了主要角色。

功能研究重点关注组织结构和功能的问题。举个例子，运用这一理论路径的社会学家特别关注组织的结构部分，比如子系统（学校、课堂）、结构中的具体位置（教师、行政人员、学生）以及这些子系统如何才能发挥功能以达到特定目标。功能主义者罗伯特·德里本将学校的运行视同一个社会组织（Robert Dreeben, 1968），而詹姆斯·科尔曼则对学生的背景及其学业成绩进行了全国范围的研究（James Coleman et al., 1982）。另外一个重要的功能主义研究课题是学校如何按照优异原则对学生进行排序分类、学生的地位获得在职业流动中的关键作用（Blau & Duncan, 1967）。有些基于研究的重要报告，如著名的报告《国家处于危险之中》（A Nation at Risk），其前提假设便是教育、职业流动和国家的经济状况之间存在着重要关联。

功能主义路径的批评者认为，这种路径的主要问题在于没有考虑到不同的利益、意识形态、相互冲突的群体价值观和权力差别。批评者从而宣称，功能主义者眼中的学校是支持统治集团的利益的。另外，有些批评者还指出，受教育程度、技能和工作岗位之间的关系并不必然是理性的或者公平的（Hurn, 1993, pp.50-55）。在异质性社会中，每个次级群体都可能要求学校配置自己的议程，以进一步谋求自身利益。功能主义并没有完全解决不同社会群体的目标冲突问题。

功能主义的第二个局限性在于难以分析互动关系，如课堂动态中的师生之间或学生之间的互动关系。与此相关的批评还指出，功能主义者无法解决教育过程的"内容"（Karabel & Halsey, 1977, p.11），即教什么和怎么教的问题。个体除非在结构中，否则无法发挥其作用，但功能主义研究并未关注他们创造并改变其角色和动态的过程。

功能主义的第三个问题在于它有一个潜在的假设：当变革出现时，它是深思熟虑的、有计划的，而并不是急风暴雨式的，不会打破系统的平衡。这一点的确不是任何情况下都是正确的。这种暗含着变革是进化的"反应链"的假设，并不必然地反映快速变革的社会现实。

在一项经典的研究中，珍·弗劳德和 A. H. 哈尔西指出，自涂尔干和马克斯·韦伯（Max Weber，其理论将在下面探讨）之后，社会学几乎无甚进展。他们认为，当现实社会不断面对变化时，由于其维持现状的取向，功能主义已经没有能力推进该领域的发展。

> 结构功能主义者沉迷于建立在共同价值观基础上的社会统合……因此，教育只是激励个体规范行为以维持社会处于均衡状态的一种手段。这种沉迷倾向于忽视社会变革中的（冲突、不平等）问题，因此……不适合用来分析现代工业社会。
>
> ——Floud & Halsey, 1958, p.171.

部分出于对结构功能主义这些缺陷的反动，冲突理论开始在这一领域发挥着突出的作用。重要的是不要忘记功能主义和冲突理论都在试图解释教育如何致力于社会现状的维持，二者的关注点都在宏观层次。

冲突理论

与功能主义理论相反，冲突理论（conflict theory）假设个人或群体的利益竞争导致社会和其各部分之间存在着一种张力。这一路径有几个不同的变体，它们分别来自卡尔·马克思、马克斯·韦伯以及其他为适应新的情境而扩展、修订的冲突理论家的著作。基于对受剥削工人在阶级系统中的社会状况的愤慨，马克思（1818—1883）为冲突理论奠定了基础，这一阶级系统是在工业革命期间随着资本主义的扩张而建立的（Marx, 2012）。他的理论表明，社会中互相对抗的群体——"有产者"（资产阶级）和"无产者"（无产阶级）处于长期紧张的状态，它将引发冲突与斗争。"有产者"掌控着权力、财富、物质资料、特权（包括获得最好的教育）和影响力；当"无产者"寻求更多机会分享社会财富时，就会形成不断的对抗。这种群体及个人之间对权力的斗争将有助于终结组织的结构和功能以及源自权力关系的等级制度。"有产者"经常使用强制力量来操纵、把持社会以汇集他们的利益，但是冲突理论认识到，当利益冲突引发现存权力结构走向瓦解时，社会变革将不可避免，在某一日将迅猛地到来。

韦伯对教育社会学的贡献

马克斯·韦伯（1864—1920）为冲突理论贡献了一个独树一帜的分支学派。他认为，群体间的权利关系形成了基本的社会结构，并且一个人的地位表明了他在群体中的身份位置。他以研究社会科层组织的作用、地位群体关系概念而著称。事实上，他认为，学校的首要活动便是传授特定的"地位文化"。社会中的权利关系、个体与群体的利益冲突影响着教育系统，因为正是社会中的统治群体的利益和目的塑造了学校的基本形态。韦伯独特的研究方法将对学校组织的宏观研究和对一定情境背后的发生机制的微观层面的解释性观点结合起来。在这里便是指一种学习情境，个人是如何理解和界定这一情境的。

学校里存在着"局内人"和"局外人"。局内人的地位文化通过学校教育经验会得以强化，而局外人在学校中要成功则会面临重重阻碍。当涉及贫困和少数族裔学生的问题时，将这些思想应用于今天的学校系统，韦伯学派的冲突理论显然很适用。与马克思类似，韦伯的理论涉及的是冲突、统治以及群体对财富、权力和社会地位的争夺。不同群体在财产所有权、文化地位（如不同族裔群体）、源于政府或其他组织的职位权力方面都存在差异。教育常常成为他们实现其渴求的目的的一种手段。在韦伯看来，教育其实是在为社会精英所把控的军事、政治以及其他领域培养守纪律的劳动力。

韦伯的著作运用跨文化的案例，考察了前工业时代和现代社会，以阐明不同社会里教育在各历史时期所扮演的角色（Weber, 2009）。在前工业时代，教育作为一个与众不同的机构，其主要目的是培养人才，使之适应他们特定的社会"地位"。随着工业化的进程，不断变化的经济开始需要新的技能，随着技能的训练，基本的读写能力和数学能力在一些工作中成为必需，为资本家服务的精英培训也越来越多，社会成员竞相向上流动，在经济系统中争夺更高的地位。教育机构在为社会新角色而培养人才的工作中变得越来越重要。

韦伯在论文《教育和培训的理性化》（The Rationization of Education and Training, 1946）中指出，理性的教育培养"专家型人才"（为专门的职业而训练），而不是他在讨论早期中国教育系统时所描述的那种属于过去的"有教养的人才"（学习广泛的知识）类型。这里我们再次看到了韦伯的论著在当代的适用性：今天的高等教育机构还正在就职业导向的教育和培养全面发展的人的教育的价值争论不休，综合性学校正在就应该培养技能还是提供大学准备课程而争辩。与涂尔干的著作能够更具体地应用在教育中不同，韦伯的贡献虽然并不完全直接指向教育，却能够应用于教育中。他在社会学相关领域所做的工作有助于我们理解教育的诸多方面。

当代的冲突理论

韦伯和马克思为当代冲突理论的应用与分化打下了基础。从冲突理论视角进行的研究倾向于关注权力和冲突造成的张力，也正是权力和冲突最终引发了变革。一些冲突理论家认为大众化教育是资本主义社会的工具，通过选择和配置的功能把控着高层次教育的入口，从而操纵着公众的意识与信仰。从马克思主义者的角度出发，鲍尔斯和金蒂斯阐述了教育与社会的联系，他们认为，除非社会产生激烈变革，否则学校教育将会持续强化社会的分层模式；学校加剧了学生间的不平等，而不是鼓励学生根据自身优势去获取成功（Samuel Bowles & Herbert Gintis, 1976）。

另一位冲突理论家兰德尔·柯林斯（Randall Collins）则承袭韦伯的传统。韦伯曾经描述过"因为渴望出人头地而带来的愈演愈烈的学历'暴政'"（Hurn, 2002）。柯林斯则由此拓展为"学历主义"，也就是说，高层为了更持久地保持自己的优势地位，不断提高高层职位的入职要求（Collins, 1979）。许多冲突理论家认为，除非社会的政治、经济系统发生根本性变革，否则学校试图实现入学机会均等的改革是不可能成功的（Bowles & Gintis, 1976）。

冲突理论的另一个分支是文化再生产和抵制理论，它指出，那些掌控着资本主义系统的人非常普遍地都要对系统中的每位个体加以塑造，来迎合他们自身的目的。从1960年代的欧洲开始，这些理论家就在思考文化形式是如何通过家庭和学校进行传承的（Bourdieu & Passeron, 1977）。一个人的"文化资本"总量是其社会地位的一项指标，不同的家庭、不同的学校为孩子提供文化资本的作用各不相同。例如，一所精英的预备学校所提供的文化资本就比一所贫困的城镇学校要多（Cookson & Persell, 2008；Macleod, 1987）。文化再生产理论家研究什么样的知识得以传递下去、学生学习知识的文化过程如何。如何抵制学校的控制也是其近期研究的课题。这些理论将在后文讨论。

冲突理论研究阐明了系统的不稳定性和始终存在的土崩瓦解的可能性，这主要是由于地位、权力、文化资本、机会以及其他资源的不平等配置而存在。这个研究路径在解释有冲突发生的地方情势时很有用处（Anyon, 1981）。但是，批评者指出，延续"有钱人"地位的课程与资本主义的因果关联并不明确，几乎找不到实证的数据来证明这些论断。而且，这个理论始终无法有效地解释系统各部分之间确实存在的平衡或均衡状态以及系统成员之间的互动。无论是冲突理论还是功能主义理论，都没有像下面要讨论的第三种理论那样，关注于个体、个体"对情境的界定"或教育系统中的互动。

互动和解释理论

互动理论观察教师和学生在学校"做"什么；他们研究最普通的、理所当然的行为和互动、多数人都不会质疑的事物。这第三个社会学理论路径是一个微观层次的理论，关注个体间的互动。有着共同文化的个体，由于其社会化、经历、愿望以及文化都相同，可能以一种相同的方式来理解和界定社会环境。因此，共同的规范会逐渐成为他们的行动指南，那些对"互动仪式"的共同理解会反过来将社会凝聚在一起（Goffman, 1967）。然而，基于个人经历、社会身份的不同，人们对同一事件也会有不同的解释。这一理论源自 G. H. 米德（Mead）和 C. H. 库利（Cooley），他们研究人们在学校或其他情境的社会互动中的自我发展。

互动理论是在反对结构功能主义和冲突理论的宏观研究的过程中发展起来的，宏观研究关注大规模的结构和组织的进程。第二次世界大战以来，微观层次理论的应用不断增多。宏观层次的研究轻易地忽略了学校日常生活的动力学研究，正是学校的日常生活决定着孩子们的未来。运用微观路径的教育社会学家或许会关注不同同伴群体之间、师生之间、教师和校长之间的互动。他们关心学生的态度、价值观和成绩，关注学生的自我观念及对其志向的影响，也关注影响今后社会经济地位的学生成绩、教师的期望对学生表现和成绩的影响等问题，研究学生能力分组的结果，也研究作为全控机构之一的学校（如 Mehan, 2001）。

在教育社会学中比较实用的两个互动理论是标签理论和理性选择（交换）理论。如果约翰被反复告知他很愚蠢、将来会一事无成，他就有可能会接受这种标签——"一个自我实现的预言"——作为其自我观念的一部分，并依照这个标签去行动。通过标签理论，我们可以更好地：

> 理解学校微观层次的互动如何促成个体"自我"感觉的形成。6—18岁的学生大部分时间都在学校或从事与学校有关的活动……在学校与其他人的互动影响着学生的自我感觉。反馈回来的对某人的印象……会开始塑造他对自己的能力、智力和受欢迎程度的感觉。
>
> ——Ballantine & Spade, 2008.

思考一下学生行为的例子，学生表现好坏部分取决于教师的期望。教师根据种族、阶层、族群和性别的分类而提出的对学生的期望可以影响到学生的自我概念和他们由此带来的成绩（Morris, 2005；Rist, 1977, 1970）。标签理论在本书的其他章节还将进一步讨论。

理性选择（交换）理论假定我们基于对成本和回报的评估而精心安

排我们的互动。如果利益超过成本，个体就可能会决定行动以持续获取利益；如果成本大于利益，个体就会选择转向另一个不同方向的行动。这一理论在教育中的适用性表现在学生、教师和行政人员对学校的选择行为上（Hatcher, 1998）。互惠互动是通过对反馈回报行为的义务把个人和群体联结在一起的互动；在具体情境中，例如，教师在学生学会知识之时得到了回报，这种回报行为就可能会持续下去。然而，当教学情境中所感受到的成本（比如不愉快的教学环境）超过所得到的回报时，教师职业倦怠问题就会出现（Dworkin, 2008）。

近期的教育社会学理论

保罗·弗莱雷（Paulo Freire）的著作《被压迫者的教育学》（*Pedagogy of the Oppressed*, 1970）是关于教育不平等的里程碑式著作，推动形成了批判教育学运动（Critical Pedagogy）。弗莱雷为巴西甘蔗工人和全世界被压迫者的教育事业所作的努力，引起人们开始关注教育系统中争取教育公平和平等的斗争。他讨论了殖民者和被殖民者，并终其一生都在呼吁应该让受压迫者接受教育并给予他们话语权。另外，他还批判一种他称之为"存储模式"（banking model）的教育，学生被看成一种空的容器，等待着教师用他们的官方知识来将其填满；在这个模式里，学生成为了有待填充的被动对象，而不是活跃的求知者。有几位当代理论家追随弗莱雷的脚步，在为受压迫者争取受教育机会而努力（Davies, 1995；Giroux, 1981）。

"新"教育社会学

与批判教育学运动大约同一时期，1960年代晚期至70年代早期，这一理论路径起源于英国，并在美国和其他地方都拥有追随者（Apple, 1978；Wexler, 1978）。以"新"闻名主要是由于它打破了结构功能主义理论长期垄断教育社会学理论界的局面，批判之前的研究忽视了对互动和课程意义的理解和解释，也就是通常所说的"学校知识"，并提出了一种替代宏观研究的方法（Wexler, 2002, p.593）。有些"新"教育社会学家认为教育社会学应该列为知识社会学的次属学科，所有知识都是"社会创造出来的"，是人类的产物。因而,我们在学校所教的东西是由人们所创造出来的,通常是由那些掌握大权的人们所创造出来。

从这一视角出发,学术课程并不必然是客观的(Young, 1971)。于是,这些社会学家强调,有必要理解和分析我们对现实的常识性观点——我们对周围事物和环境的观点是如何形成并作出行动反应的。他们的观点以符号互动论、民族志和现象学等微观层次理论为基础,表明我们要认识教育系统的微观面就必须变换一种教育社会学的方法。在运用到教育上时,"新"理论家研究了课堂互动过程、知识的管理和运用、在不同的社会里"受教育"意指什么的问题、课程内容以及其他主要的微观层次问题。运用这一理论的例子还会在本书的其他章节出现。有些理论家试图综合微观和宏观理论,认为如果我们要真正认识教育系统就必须将二者全都加以思考(Bernstein, 1990),这一观点与本书强调的开放系统的路径不谋而合。这些社会学家主张运用整体的方法研究教育,这种方法综合了宏观层次的制度分析和微观层次的互动分析。巴兹尔·伯恩斯坦和皮埃尔·布尔迪厄(Karabel & Halsey, 1977, p.60)已经试图呈现一种综合宏观和微观的方法,而不是开发一种全新的方法(Bernstein, 1975;Bourdieu, 1973)。

伯恩斯坦一生的研究目标就是"避免劳工阶层(孩子们的)教育潜能的浪费"(Bernstein, 1961, p.308)。他提供了对社会、学校和个体的关系的一种分析方法,并阐明了这些关系如何再次导致社会的不平等(Sadovnik, 2004)。伯恩斯坦主张,为了认识教育系统,应将教育系统的阶层和权力关系(宏观层次分析)与学校中的互动教育过程(微观层次分析)整合起来(Bernstein, 1974)。在他关于话语模式的研究中可以看到他为这种整合所做的努力,他认为话语模式固化了一个人的社会阶层。一个家庭的阶层地位决定着孩子的话语模式,这一与阶层相关的话语模式反过来又会影响他们在学校和社会中的地位,劳工阶层的孩子学业表现不佳就可以证明这一点。他还指出,有必要评估教育教学意识形态中的阶层偏见对学生学业表现的影响。他强调,劳工阶层学生的话语模式并非天生就有缺陷,相反,这是因为学校遵照中产阶级对"正确"话语的界定来运行。

伯恩斯坦晚期著作的重点是用来传递知识的课程和教学法。课程（教什么）界定了"合法知识"，这些知识只有受到明确限定才获准传递给学生，而且其传递方式对建立在社会阶层和权力关系上的不同学生群体非常重要。他试着将社会、制度、互动以及内在心理等范畴联结在一起，以整合这一领域。然而，他的理论还需要得到更多的实证性检验，以判断在教育实践和政策方面的适用性（Bernstein, 1990）。

同样将宏观和微观层次整合在一起的，还有皮埃尔·布尔迪厄著作中的核心概念——文化资本（cultural capital）。来自较高社会阶层的孩子拥有更多的文化资本（例如，得体的语言，美术、音乐、戏剧和文学方面的知识，以及世界上重要的思想知识），而文化资本可以被视为一种"商品"，在学校及以后的职场上用来换取较高的地位。这样，有时在精英学校或高收入社区所设立的优秀公立学校中，文化资本可以使学生通过家庭地位和学校教育重新生产其社会阶层。我们还将后文中讨论文化资本、社会资本和人力资本与教育上的成功之间的关联。

今天，"批判教育学"和"新"社会学已经不"新"了，其中许多内容都已经被吸纳进目前更新的理论分支中。种族、阶层和性别的平等已经纳入今天的共同主题，"文化研究"肯定了在教育中考虑这些差异的重要性。既使是抵制理论和再生产理论也已经被吸收入教育社会学的新趋势中。现在让我们转向对现代和后现代理论的探讨。

现代主义和后现代主义

现代主义在很大程度上是西方的教育观点，它包括了理性思想、科学技术上的进步、人文主义（个人的价值和权利超过了神圣的或超自然的价值和权利）、民主（平等、正义和自由）以及个人主义的重要性超过已确立的权威等"现代"观念（Elkind, 1994, p.6）。它以"进步性、普世性和规律性"等思想取代了君主和教会的神圣权力，正是由这些思想产生了现代教育。许多对教育开展系统变革的建议，如设立国家统一标准的政府目标以及教师教育培训的改革，都可以归入现代主义的范畴（Darling-Hammond & McLaughlin, 1995）。

后现代主义的发展超越了相对来讲更加适合工业时代的现代主义思想。依照这些学者的说法，现代主义学者试图给这个世界、给那些科技带来的进步贡献一个涵盖一切的解释，而后现代主义者则强调理论之于地方情境的重要性：理论和特定环境下的教育实践的联系，以及民主、反集权、反种族主义的思想，他们呼吁尊重并理解人类的差异。有时候后现代主义也被称为"批判教育理论"。一些你可能遇到的后现代主义作者有鲍德里亚（Baudrillard, 1984）、切瑞霍尔姆斯（Cherryholmes, 1988）、德里达（Derrida, 1982）、弗莱雷（Freire, 1987）、吉鲁（Giroux, 1991）、利奥塔尔（Lyotard, 1984）和麦克拉伦（McLaren, 1991）。

后现代主义崇尚人类的多样性，这包括了不同的人在了解和观察世界的方式上存在的多样性和不确定性。它还辨识了教育赖以产生的政治背景。学校经常会受到种族主义者和性别主义者的影响。吉鲁试图"将现代主义、后现代主义和女性主义的不同贡献整合起来"（Giroux, 1991）。这样，后现代主义理论就与女性主义理论（人类多样性）和文化理论（承认并尊重差异性）相联结。从这一视点出发，教育是参照社区的价值体系和利益所作选择的结果，被卷入权力结构之中（Cherryholmes, 1988）。"后现代主义并非反对规律性（掌权的视之为'规范'），而是要求应该同样接受无规律性。"（Elkind, 1994, p.12）这意味着课程应该是跨学科的并且代表着不同的利益，应该强调一些批判性思维之类的共同技能，孩子们因而可以殊途同归。该模式的控制点（决策发生的地方）在学校层面的个体身上，孩子们的成绩可以用多种方式来评定——考试、档案袋法、行为表现以及项目设计等，任何对学校的孩子们有效的方法都可以使用（Bernstein, 1993; Sizer, 1992）。

教育社会学中的女性主义理论

与后现代主义理论家一样，女性主义理论家主张应该加大对女性状况、需求和利益的关注。就人类历史的大多数时段而言，人类的状况都是通过欧洲白人男性的眼光来解释的。女性主义者宣称，他们并不能准确叙述全世界女性的经历。从这些大量文献中，我们在这里概括几个主要的论题。

女性主义理论家指出，在世界各地学校中的许多女孩、妇女都受到了不公正和区别对待，原因归于以下诸多因素：受教育机会的区别、对男性教育的偏爱、父系制和剥削、男性统治。其中一个研究方向是教育政策对女孩及其未来机会的影响。这些研究兴趣与后现代主义者并行不悖（Ballantine & Spade, 2011）。

不幸的是，尽管一些领域已有所改善，研究表明在其他教育社会学研究领域里，不平等依然存在。尽管人们越来越关注不同的需求和学习方式，但女孩在课堂上依然受到区别对待（Sadker & Sadker, 1994），特别是在数学和科学方面，这些差别会导致男性将来获得薪酬更高的好工作。另外，在许多国家，女孩因为缺少入学机会几乎进不了学校。全世界的男孩都拥有更好的机会来完成小学及以上阶段的教育。目前，女性主义理论家更加关注世界范围内女性经历的差别，并试图表达这些差别（Dillabough & Arnot, 2002）。

我们力求表明，就所提出的问题而言，教育社会学中的许多路径都很有用处。这些理论将有助于我们认识教育系统，有助于我们从事这方面的工作。

思考与应用

选择一个你感兴趣的教育话题，看看在这些理论路径中哪一个可以帮助你来研究它。

开放系统的路径

现在很清楚，可以运用许多理论路径来研究教育制度。每个理论都提供了对这一复杂系统的宝贵见解。有些社会学家在所有的研究中都偏爱某一种理论路径，有些则根据具体问题选择合适的路径。我们怎样才能使这一复杂系统更加条理化从而变得易于理解呢？我们的目标是认识完整的教育系统，了解各种理论路径为此所作出的贡献。基于以上理由，本书依照认识教育的一种框架——开放系统模型来组织。运用这一模型，我们可以将这一复杂系统分成几个组成部分进行研究。在研究系统的某一部分或系统中出现的教育问题时,某一理论路径可能比另一路径更适用。这一模型使我们观察到各部分以及各理论间的相互联系,从而有助于我们判断哪种理论及研究路径最适合我们的研究。下一步,我们将解释一下这个模型。

如果我们将教育系统作为一个完整、综合、动态的实体来认识,我们就会面临一个问题。多数研究的重点是完整系统的不同部分,并且多数理论路径都有其具体的侧重点。开放系统模型有助于我们将完整系统概念化,了解各小部分如何协调在一起,观察哪些部分在系统中无法调适。模型使系统各要素直观化,有助于实现观察和数据的条理化,同时也能展现出一幅复杂的互动要素和关系集群的图景(Griffiths, 1965, p.24)。下面的模型并非指某一具体的教育系统或理论路径,也不是指某一类型的学校。不如说,它为我们思考多种教育机构的共同特点提供了一个框架。任何学校系统或理论都可以放入这一框架,我们选定的系统部分就成为一项研究的焦点——在一个更大系统的环境里。

尽管这一模型展示出整个系统的组成部分,却并不意味着哪一部分或哪个理论在解释系统中出现的某种情形或事件时比另一个更好或更重要。同样,它也没有指出在研究系统中任何一部分时,使用哪个方法最好。但它可以使我们所浏览或研究的部分与整个系统之间的关系形象化,从而让我们明白它们适合哪个部分,它们与整体有什么关系。这样,我们就可以为我们的问题或研究选择最适合的理论和路径。图1.3呈现的是任意社会系统的基本构成。

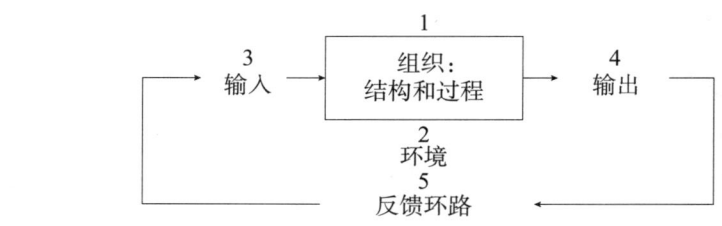

图1.3 系统模型

来源:Adapted from Ludwig von Bertalantly, "General Systems Theory—A Critical Review," *General System*, Vol. 7, 1976, pp.1-20.

参看下面对开放系统模型的描述：

  它并非不是一个特殊类型的社会组织。它是一个分析模型，可以应用于社会组织过程的任何情形，包括从家庭到社会……尽管有时被说成是社会学文献中的一种理论，但（它）并非一种实质性的理论。这个模型是一个高度抽象、内容无涉的概念框架，在这一框架中可以构建任意数量的不同的、实质性的社会组织理论。

——Olsen, 1978, p.228.

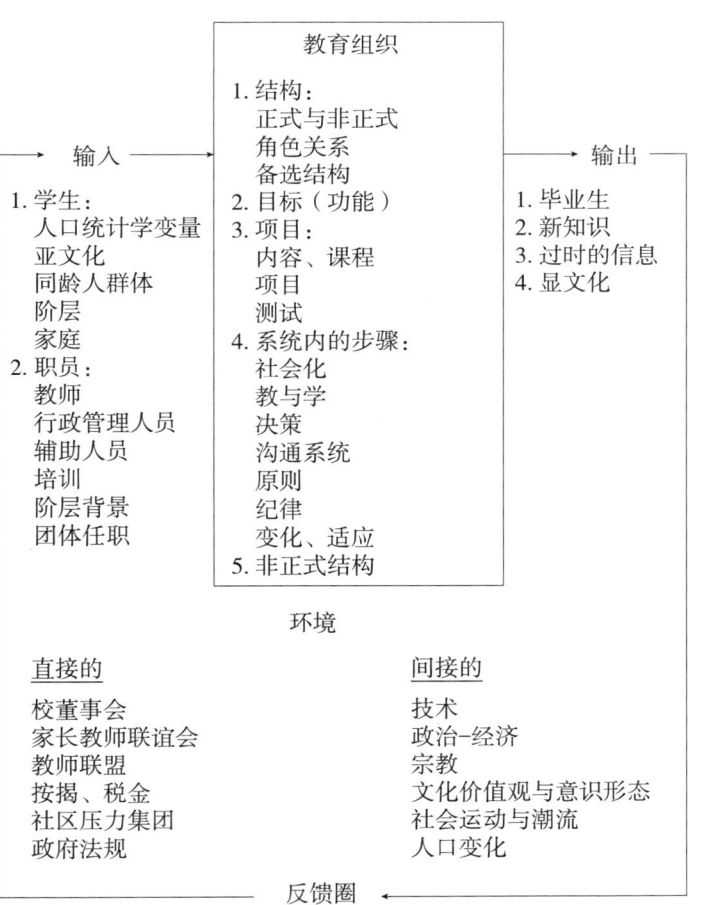

图 1.4　教育的系统模型

我们现在用一个教育组织作为系统来讨论这个模型的五个部分。以一种教育组织（图 1.4）的每一部分或每一步骤为例，可以帮助说明系统各部分的具体内涵。

步骤 1 集中注意力看中间的方框：组织。它指的是行为的中枢，通常也是研究者关注的核心。这个方框可以代表一个社会（如美国）、一项制度（比如教育、家庭）、一类组织（如一所具体的学校或教堂），或一个子系统（如一个课堂）。出于探讨的目的，我们把它称为"组织"。行动在这个组织里发生，这表明组织不仅仅是结构、地位、角色和行为。在组织的边界之内，存在着一个由各部分、次级部分、地位和角色组成的结构。尽管我们谈论组织时，仿佛认为它是一个生命体，但我们实际指的是实施组织活动以及为组织行动决策的全体人员的结构和科层结构的意志。系统中的过程赋予组织以生命。关键人物的决策、组织成员之间的交流、组织内部地位的社会化，大量的这些活动都会不断地在组织中发生，体现组织的意志。

有些理论路径只是强调对组织内部的分析，视其为一个封闭系统，而不考虑围绕组织所发生的事情；但这些过程不会发生在真空中。拥有组织地位并承担决策职责的人要不断地对组织内外的需求作出反应。组织的边界并非铁板一块，而是保持着灵活度和柔韧性，系统的需要因而得到满足。我们称其为"开放边界"或一个开放系统。

教育组织中的正式关系只是现实图景中的一部分。捕捉学校中非正式关系（如谁和谁共进午餐、谁旷课、教师传递给学生的微妙暗示、教师休息室里的闲聊）与观察正式的角色和结构一样，都会让我们了解很多学校功能的现实情况。思考一下，不同的理论怎样才能用来帮助我们解释那些包含互动与冲突的系统运行过程。

步骤 2 一个开放的系统意味着组织及其外部环境会发生相互作用。我们可以回想一下在开放情境下的那位优秀校长所必须作出回应的外部环境——在那个例子中，政府的财政支持影响着学区的决定。

环境包括了组织周边、在某些方面对其构成影响的一切事物。通常来说，环境会包含其他一些周边组织。对一个国家来说，它可能指世界上所有的其他国家，而邻国通常是环境中最重要的部分。对一个组织来说，它可能指其他竞争或合作的组织。另外，环境还包括：影响着系统运作的技术环境，通过法规来影响系统的政治环境，为系统提供财力经费的经济环境，周围的社区和主流的态度，常常反映在社会运动中的价值观、规范以及社会变革，社区或社会的人口变化，等等。

对每一个具体的学校组织而言，其决定性的环境往往不同，经过一段时间还常会变化，这主要是因为学校面临的问题不一样。但是，环境的重要性却不会改变。组织对环境的依赖主要在于满足其大量的资源需求与获取必要的信息。

每个学校和学区都面临来自环境的不同挑战。它们与环境之间的互动是必要的，并且常常符合双方的期待，但也存在一些不怎么愉快的互动。学校与环境的互动以输入和输出的形式在系统模型中进行。

步骤3 组织接收包括信息、原材料、学生、职员、资金、政府命令和新思想在内的各种形式的环境的输入。此外，一个组织的人员同时也属于环境中的其他组织，因而会将外部环境的影响带入组织内部。

有些外部环境的输入（资金、人力资源以及技术）对组织的生存来说必不可少，其他输入的重要性则各有不同。对大多数组织而言，有些输入并不合需要，却无法避免，如新的法律限制、竞争和财政压力。组织常常会对输入进行一定的控制。例如，学校对于新教师、教科书、其他课程资料，有时也包括学生，都有一个挑选的过程。在组织与其环境之间，组织中特定职位的人员会起到缓冲器或联络员的作用。例如，接电话的秘书就发挥着重要的保护和控制功能，教学助手、社会工作者、学校医务人员、特殊教育教师和法律顾问都会增加其与环境的联系。

步骤4 输出指的是离开组织的物品和非物质的思想，例如，像科研成果、毕业生、废弃物、信息、生成性文化和新技术之类已经完成的产品。一些工作在组织边界岗位上的人员缩小组织和环境之间的间距。负责销售组织产品的人员，无论其工作是在制造业组织还是大学生就业办公室，都发挥着这样的作用。

步骤5 系统模型的一个关键方面是反馈过程。这一步骤意味着组织接受新信息的结果在于不断接纳环境的变化和要求。作为反馈的改进，你的大学可能会提供新的课程、运动设施、食堂菜单和套房风格的宿舍，以此满足大学生人口变化的需要。组织人员通过将事情的当前状态与预期的目标以及环境的反馈进行比较，从而决定新的行动规程。积极和消极的反馈需要给予不同的应对。

开放系统的基础模型（图1.3）可以在许多方面为我们提供帮助。本书将其视为组织内容的基本框架。但是，正如其早先的倡导者所构想，它包罗万象，富有弹性，可以有助于促进跨学科研究。请参看肯尼斯·鲍尔丁（Kenneth Boulding, 1956）的论述：

> 跨学科运动的广泛传播已有时日，其首要标志通常为交叉学科的发展……这是一般系统理论应用于这些广义领域的主要目标之一，并且通过建立一个一般理论的框架，让专家之间可以进行相关的交流。
>
> ——Boulding, 1956, p.197.

教育社会学不能仅限于教育学和社会学的范围内进行讨论。与其相关的领域，可以举出许多例子：经济学和办学筹资，政治学、政治与教育政策问题，家庭与学龄儿童，教育中对政教分离的争论，健康领域与儿童医疗保健，心理学与儿童动机和抱负，人文与艺术教育的功用，儿童早期教育中的学校角色。

几位社会科学家曾经阐明了开放系统路径在组织分析中的价值。例如，大卫·伊斯顿就曾写道："与曾经可用的完全自发并得到充分开发的均衡方法比较起来，系统分析可以提供更宽广、更全面、更灵活的理论结构。"（Easton, 1965, p.20）对本书来说，该路径不仅符合已经论及的目的，而且有助于整合一个复杂的领域。本书的每一章都将阐述了教育系统的某些部分或过程。如果你一时迷失方向，查看模型，便会知道你在哪里。

教育社会学的研究方法

理论是用来指导科学研究的，它帮助决定数据和材料的采集，并指导对这些数据的分析与解释。然而一个理论只是一个框架，需要向它注入内容。研究者运用科学技术收集数据，是为了检验理论解释的有效性和准确性。

社会学家是科学家，因此在研究各类问题时都会采用科学的方法。一些社会学家重点关注教育制度及相关问题。他们与研究其他领域的社会学家使用的研究方法本质上完全相同，都同时提供定量数据（可量化、可证实、便于统计分析的数据）和定性数据（能被描述的数据）。

在1950年代以前，教育研究极少采用客观的标准和方法。奇闻轶事和价值判断非常频繁地用来阐明和支持某项具体的政策主张。渐渐地，已出版的论著的重点才开始转向实证研究。现在，教育社会学普遍使用的研究方法主要有：参与式观察、调查、大数据集的二次分析、内容分析、可控制的实验研究和案例研究。为了决定使用哪个研究方法，研究者必须界定所要研究的问题，确定分析的层次（微观、中观、宏观）以及与问题相关的可能信息来源。然后，研究者选择所研究的区域人口或群体，并决定是要研究全部人口还是部分人口。研究者可以与研究对象直接谈话，在一些任务中观察他们，以获取如检测分数等方面的统计信息，或者将这些与其他方法混合使用。

几部非常有名的著作都大量采用了观察法来研究学校里的问题（Jackson, 1968；Lubeck, 1985；McFarland, 2001；Metz, 1978；Willis, 1977）。例如，针对所服务学生的社会阶层的差别来研究美国高中之间的异同，玛丽·海伍德·梅茨（Mary Haywood Metz）曾通过课堂观察、教师访谈及阅读学校的相关文件对教师的工作进行了研究，从而发现了"一个共同的电影脚本"：每一所学校所扮演的角色和情节都类似，但场景和演员的台词却基于学校的社会阶层构成而明显可以看出不同（Metz, 1990）。

另一个有名的研究则使用了可控的课堂环境。罗伯特·罗森塔尔（Robert Rosenthal）和莉诺·雅各布森（Lenore Jacobson）通过调控课堂环境来研究教师期望对学生成绩的影响。他们把一部分孩子分配到特殊待遇小组，其他学生留在常规的课堂（Rosenthal & Jacobson, 1968）。通过比较两种不一样的课堂环境，他们可以研究教师期望如何对学生成绩形成影响。这一实验通过将课堂外部影响的来源控制到最小值，以接近达到可控制的实验室研究，然而，外界影响完全去除很难做到，这可能会对实验结果造成影响。

还有一个为大家所熟知的研究，詹姆斯·科尔曼及其合作者（James Coleman and others, 1966）则使用调查法研究了美国近 5% 的学校，以探究教育机会均等的水平。这场大规模的研究对五个年级的学生进行了标准化测试，还通过调查和二次分析来获得有关学生和学校的补充信息。这里有几个例子可以说明，不同层次的研究分析需要使用不同的数据收集方法。有关其他具体研究方法的例子，我们将在全书各种研究讨论中予以关注。

为了对我们所研究的问题获取最精确的描述，组合方法技术有时很有用。例如，科尔曼便因为没有使用观察或其他技术来描述他所调查的学校的日常生活而受到批评。使用多种方法来收集数据被称作三角测量法，这种技术可以有助于研究者弥补任何一种方法的不足。

本书的结构

本书每章都分别描述教育开放系统的一些部分。在你阅读的过程中应该意识到我们讨论的是哪一部分，这样读完全书以后，你就会对整个教育系统有一个相当全面的认识。这些章节也可以不依照顺序来学习，但仍然可以呈现出整个模型。本章概述的理论路径与贯穿全书的实践问题紧密相关。另外，你可以通过学习"做"社会学、学习所用的方法、成为一个知识的生产者和消费者，来强化你对相关问题的理解。在每章的结尾，你都会看到本章小结以及与每章主题相关的思考题。我们鼓励你完成这些作业，从而发现这些主题对你自己更加有用。例如，在读完这一章后，你可以问自己：你感觉教育社会学家应致力于解决什么问题？你在阅读的过程中需要思考这些问题，你还可以考虑对自己提出的问题做进一步的研究。

现在，我们已经准备好进入学校了。那是一个生动活泼、动感十足的情景。让我们去仔细观察那些实现教育目的与功能的行动过程吧。

小 结

本章论述了教育社会学的学科视角。

1. 教育与社会学

社会学家研究群体生活。教育是构成社会的制度之一；作为群体生活的一部分，它同样吸引着社会学家的兴趣。我们所有人在一生中都会参与到教育系统中，教育系统与其他社会制度既相互独立又相互作用。我们学习教育社会学是因为它正在或将要与我们所扮演的纳税人、家长、从业人员以及学生的角色有关。

教育社会学家的研究重点关注许多领域：社会化过程、教育与分层的关系、教育的控制，等等。教育社会学家提出的许多问题范例都出现于本章。

2. 二十一世纪的美国学校

人口统计学（描述学校人口特征）的讨论勾勒了美国在校学生的状况。家庭结构、政治、经济及其他制度的变化所形成的制度压力影响着学校的发展趋势。当前的学校政策让我们了解到未来学校的发展趋势，改革和政策将对未来的学校产生影响。

3. 教育社会学的理论路径

教育社会学是一个崭新的领域，多数文献资料都发表于刚刚过去的60年间。然而，教育社会学的源头却是包含涂尔干、马克思和韦伯在内的欧洲社会学家的著作。

近年来，尽管实践与理论两种路径还同时并用，但是教育社会学已经从关注实践发展到更加关注理论的阶段。三种类型的理论和研究在教育社会学中占据主导地位：宏大系统（宏观层次）、具体制度（中观层次）以及教育环境中的互动（微观层次）。每个理论都侧重于不同层次的分析，并使用不同的研究方法。

功能主义理论将教育系统视为整个社会系统中一个整合的、相互关联的部分，它为了社会的存续发挥着某种必需的功能。共同的价值观将系统凝聚在一起。涂尔干第一个将社会学的视角和方法用于教育研究。尽管每个社会中的教育功能和目的相同，但实现方式却完全不同。这些功能常常不能顺利地实现，并可能成为学校政策中的冲突焦点。

冲突理论假定由于利益群体相互竞争，使得社会中存在着张力。"有产者"控制着权力、资源，因而也控制着包括获得高层次教育机会的教育系统。斗争的可能性始终存在。韦伯对教育领域的贡献不如涂尔干直接，他的贡献主要在组织领域和培训社会成员方面。

互动理论的焦点在于个体、在于他们如何形成对周围世界的解释。标签理论和理性选择（交换）理论是互动理论的两个范例。

教育社会学近期视点包括了批判理论、"新"教育社会学、现代主义和后现代主义以及女性主义理论。这些理论力图促使教育可以更加关注并包容所有种族、阶层和性别群体。另外，一些近期理论还试图将互动理论和宏观层次理论综合在一起。

4. 开放系统的路径

本书是围绕图1.3所示的开放系统模型组织起来的。教育系统的每一部分都会论及：组织及其环境、输入和输出以及反馈等。运用这一路径，我们可以直观化地审视整个系统、与整个系统相关的次级部分、系统周边的环境。模型还帮助我们直观地审视各部分的关系。

5. 教育社会学的研究方法

用于研究教育系统的社会学方法包括参与式观察法、调查法、考试分数等已有数据的使用、可控制的实验室实验和案例研究（在其他方法中）。根据理论和分析层次的需要，可以采用其中任何方法或综合几种方法来收集数据，帮助在一个理论框架内寻求问题的答案。

教育社会学的研究课题示例

下面是近期研究中提出的一些研究课题：

——上大学是不是在社会上出人头地的途径？

——社会阶层和学校成绩有着怎样的关系？

——为什么女孩选修的数学和科学课程比男孩少？

——学校教育会不会让我们有提高收入的能力？宗教进入课堂应该控制在多大范围之内？

——什么样的教学方式最有效？

——母语不是英语的人是应该用他们自己的语言学习，还是用英语学习？

——教师对学生的期望对学生的表现有哪些不同影响？

——看电视对学生成绩有哪些影响？

思考题

1. 评价一下自己上大学和选这门课的动机。了解你的目标可以帮助你从本课程中获益最多，帮你实现你的教育需求。
2. 记录下你有关学校的一些问题，并将其与功能主义者的问题联系起来。
3. 根据涂尔干和韦伯的成就简述，描述一下他们著作中涉及过、今天仍然面临的教育问题。
4. 运用功能主义理论、冲突理论、互动理论、批判及后现代理论、女性主义理论时，你脑海中会出现哪些有关教育的问题？
5. 观看一部教育电影，比如《无可估量》(*Beyond Measure*, 2015)、《前程似锦》(*Most Likely to Succeed*, 2015)、《富有的希尔》(*Rich Hill*, 2014)或经典电影《高中》(*High School*, 1968)，运用系统模型的要素以示意图的形式表示这所学校和它的环境，标识出人们所扮演的角色以及表演的过程，并将其与你自己上高中的经验进行比较。

6. 举一个例子，解释开放系统的方法怎样帮助我们将整个运行中的教育组织概念化。

7. 思考前面提出的与每个理论视角相关的问题。什么方法可以帮助你回答每个问题？

8. 本章的应用作业为你开发自己的研究项目提供了框架：一种理论视角、一个研究问题和一种方法论。请根据你感兴趣的问题设计一个科研课题。

参考文献

Addington, Lynn A., Sally A. Ruddy, Amanda K. Miller, and Jill F. DeVoe. 2002. "Are America's Schools Safe? Students Speak Out: 1999 School Crime Supplement. Statistical Analysis Report." National Center for Education Statistics. Washington, DC: US Department of Education.

Angell, Robert Cooley. 1928. "Science, Sociology, and Education." *The Journal of Educational Sociology* l(7): 406-13.

Anyon, Jean. 1981. "Social Class and School Knowledge." *Curriculum Inquiry* 11(1): 3-42.

Apple, Michael W. 1978. "The New Sociology of Education: Origins, Current Status and New Directions." *Review of Educational Research* 48(1): 495-503.

Ballantine, Jeanne H., and Joan Z. Spade (eds). 2011. *Schools and Society: A Sociological Approach to Education*. Newbury Park, CA: Pine Forge Press.

Baudrillard, Jean. 1984. *For a Critique of the Political Economy of the Sign* (trans. Charles Levin). St. Louis, MO: Telos Press.

Bernstein, Basil. 1961. "Social Class and Linguistic Development: A Theory of Social Learning," in A. H. Halsey and Arnold C. Anderson (eds.), *Education, Economy and Society*. New York: Free Press.

Bernstein, Basil. 1974. "Sociology and the Sociology of Education: A Brief Account," in John Rex (ed.), *Approaches to Sociology*. London: Routledge, pp.145-59.

Bernstein, Basil. 1975. *Class, Codes and Control: Towards a Theory of Educational Transmissions*, Vol. 3. London: Routledge.

Bernstein, Basil. 1990. *Class, Codes and Control: The Structuring of Pedagogic Discourse*, Vol. 4. London: Routledge.

Bernstein, Richard J. 1993. *The New Constellation*. Cambridge, MA: MIT Press.

Bidwell, Charles E. 1979. "The School as a Formal Organization: Some New Thoughts," in Glenn L. Immegart and William L. Boyd, *Problem-Finding in Educational Administration*. Lexington, MA: Lexington Books, pp.111-31.

Blau, Peter M., and Otis D. Duncan. 1967. *The American Occupational Structure*. New York City: Wiley.

Borman, Kathryn M., and Bridget A. Cotner. 2011. "No Child Left Behind—and Beyond: The Federal Government Gets Serious about Accountability," in Jeanne H. Ballantine and Joan Z. Spade (eds), *Schools and Society: A Sociological Approach to Education*. Newbury Park, CA: Pine Forge Press, pp.100-6.

Boulding, Kenneth E. 1956. "General Systems Theory: The Skeleton of Science." *Management Science* 2(3): 197-208.

Bourdieu, Pierre. 1973. "Cultural Reproduction and Social Reproduction," in R. Brown (ed.), *Knowledge, Education, and Cultural Change*. London: Tavistock, pp.71-112.

Bourdieu, Pierre, and Jean-Claude Passeron. 1977. *Reproduction in Education, Culture and Society* (trans. Richard Nice). London: SAGE.

Bowles, Samuel, and Herbert Gintis. 1976. *Schooling in Capitalist America*. New York City: Basic Books.

Brookover, Wilbur B., and Edsel L. Erickson. 1975. *Sociology of Education*. Homewood, IL: Dorsey Press.

Bureau of Labor Statistics. 2015. "Employment Projections—2014-24." Retrieved March 6, 2016 (www.bls.gov/news.release/pdf/ecopro.pdf).

Bushaw, William J., and Shane J. Lopez. 2012. "A Time for Change: The 42nd Annual Phi Delta Kappan/Gallup Poll of the Public's Attitudes Toward the Public Schools." *Phi Delta Kappan* 92(1) (August): 9-26.

Centers for Disease Control and Prevention. 2015. *Safe Youth, Safe Schools*. Retrieved March 7, 2016 (www.cdc.gov/features/safeschools/).

Cherryholmes, C. 1988. *Power and Criticism: Poststructural Investigations in Education*. New York City: Teachers College Press.

Children's Defense Fund. 2016. "Ending Child Poverty." February 9. Retrieved March 7, 2016 (www.childrensdefense.org/policy/endingchildpoverty/?referrer=https://www.google.com/).

Coleman, James S. 1966. *Equality of Educational Opportunity*. Washington, DC: US Department of Education.

Coleman, James Samuel, Thomas Hoffer, and Sally Kilgore. 1982. *High School Achievement: Public, Catholic, and Private Schools Compared*. New York City: Basic Books.

Collins, Randall. 1979. *The Credential Society*. New York City: Academic Press.

Cookson, Peter W., Jr., and Caroline Hodges Persell. 2008. *Preparing for Power: America's Elite Boarding Schools*. New York: Basic Books.

Cookson, Peter. W., and Alan R. Sadovnik. 2002. "Functionalist Theories of Education," in David Levinson, Peter Cookson, and Alan Sadovnik (eds), *Education and Sociology. An Encyclopedia*. New York City: Routledge, pp.267-71.

Darling-Hammond, Linda. 2010. "Teacher Education and the American Future." *Journal of Teacher Education* 61(1-2): 35-47.

Darling-Hammond, Linda, and Milbrey W. McLaughlin. 1995. "Policies that Support Professional Development in an Era of Reform." *Phi Delta Kappan* 76(8): 597-604.

Davies, Scott. 1995. "Leaps of Faith: Shifting Currents in Critical Sociology of Education." *American Journal of Sociology* 100(4): 1448-78.

Derrida, Jacques. 1982. *Of Grammatology*. Baltimore, MD: Johns Hopkins University Press.

Digest of Educational Statistics. 2015. "Total Public School Enrollment, 2015." Table 203. 10. Retrieved March 7, 2016 (www.edreform.com/2012/04/k-12-facts/) (updated February 2016).

Dillabough, Jo-Anne, and Madeleine Arnot. 2002. "Sociology of Education: Feminist Perspectives: Continuity and Contestation in the Field," in David L. Levinson, Peter W. Cookson, Jr., and Alan R. Sadovnik (eds), *Education and Sociology: An Encyclopedia*. New York City: Routledge/Falmer Press, pp.571-85.

Dreeben, Robert. 1968. *On What is Learned in School*. Boston, MA: Addison Wesley Publishing Company.

Durkheim, Émile. 1956. *Education and Sociology*. New York City: Simon and Schuster.

Durkheim, Émile. 1961 . *Moral Education: A Study in the Theory and Application of the Study of the Sociology of Education*. Glencoe, IL: Free Press of Glencoe.

Durkheim, Émile. 1977. *The Evolution of Educational Thought*. Abington-on-Thames, UK: Routledge and Kegan Paul.

Dworkin, Anthony Gary. 2008. "School Accountability and the Standards-Based Reform Movement: Some Unintended Consequences of Educational Policies." *International Journal of Contemporary Sociology*. 45: 11-31.

Dworkin, Anthony Gary, and Pamela F. Tobe. 2015. "Does School Accountability Alter Teacher Trust and Promote Burnout?" in Jeanne H. Ballantine and Joan Z. Spade (eds), *Schools and Society: A Sociological Approach to Education*, 5th ed. Los Angeles: SAGE, pp.183-92.

Easton, David. 1965. *A Systems Analysis of Political Life*. New York City: Wiley.

Education World. 2016. "The School of the Future." Retrieved March 7, 2016 (www.educationworld.com/a_curr/curr046shtml).

Elkind, David. 1994. "Educational Reform: Modern and Postmodern." *Holistic Education Review* 7(4): 5-13.

Floud, Jean, and Albert H. Halsey. 1958. "The Sociology of Education (with Special Reference to the Development of Research in Western Europe and the United States of America)." *Current Sociology* 7(3): 165-93.

Freire, Paulo. 1970. *Pedagogy of the Oppressed*. New York City: Herder & Herder.

Freire, Paulo. 1987. *A Pedagogy for Liberation: Dialogues on Transforming Education*. South Hadley, MA: Bergin and Garvey.

Gerth, H. H., and C. Wright Mills (eds). 1946. *From Max Weber: Essays in Sociology*. New York City: Oxford University Press.

Giroux, Henry A. 1981. *Teachers as Intellectuals: Toward a Critical Pedagogy of Learning*. Hadley, MA: Bergin and Garvey.

Giroux, Henry A. 1991. *Postmodernism, Feminism, and Cultural Politics: Redrawing Educational Boundaries*. Albany, NY: State University of New York Press.

Goffman, Erving. 1967. *Interaction Ritual*. Garden City, NY: Doubleday.

Griffiths, D. 1965. "Systems Theory and School Districts." *Ontario Journal of Educational Research* 8(1): 24.

Hatcher, Richard. 1998. "Class Differentiation in Education: Rational Choices?" *British Journal of Sociology of Education* 19(1): 5-24.

Hurn, Christopher J. 1993. *The Limits and Possibilities of Schooling: An Introduction to the Sociology of Education*. Boston, MA:Allyn and Bacon.

Hurn, Christopher J. 2002. "Conflict Theory," in David Levinson, Peter Cookson, and Alan Sadovnik (eds), *Education and Sociology: An Encyclopedia*. New York City: Routledge, pp.111-14.

Jackson, Philip. 1968. *Life in Classrooms*. New York City: Holt, Rinehart and Winston.

Karabel, Jerome, and Albert H. Halsey. 1977. *Power and Ideology in Education*. New York City: Oxford University Press.

Kids Count Data Center. 2016. "Children in Single-Parent Families." Retrieved March 7, 2016 (www.datacenter.kidscount.org/data/tables/106-children-in-single-parent-).

Livingston, Gretchen. 2014. "Fewer than Half of US Kids Today Live in a 'Traditional' Family." December 22. *Pew Research Center*. Retrieved March 7, 2016 (www.pewresearch.org/fact-tank/2014/12/22/less-than-half-of-u-s-kids-today-live-in-a-traditional-family/).

Lubeck, Sally, 1985. *Sandbox Society: Early Education in Black and White America*. London: Falmer Press.

Lyotard, J. F. 1984. *The Postmodern Condition* (trans. G. Bennington and B. Massumi). Minneapolis, MN: University of Minnesota Press.

McCann, Clare. 2016. "School Finance." *EdCentral*. Retrieved March 6, 2016 (www.edcentral.org/edcyclopedia/school-finance/).

McFarland, Daniel A. 2001. "Student Resistance: How the Formal and Informal Organization of Classrooms Facilitates Everyday Forms of Student Defiance." *American Journal of Sociology* 107(3): 612-78.

McLaren, Peter L. 1991. "Schooling and the Postmodern Body: Critical Pedagogy and the Politics of Enfleshment," in H. Giroux (ed.), *Postmodernism, Feminism, and Cultural Politics: Redrawing Educational Boundaries*. Albany, NY: SUNY Press, 1991, pp.144-73.

MacLeod, Jay. 1987. *Ain't No Makin' It: Aspirations and Attainment in a Low-Income Neighborhood*. Boulder, CO: Westview.

Marx, Karl. 2012. *Das Kapital: A Critique of Political Economy*. Washington, DC: Regnery Publishing.

Maxwell, Lesli A. 2014. "US School Enrollment Hits Majority-Minority Milestone." August 20. *Education Week*. Retrieved March 7, 2016 (www.edweek.org/ew/articles/2014/08/20/01demographics.h34.html).

Mehan, Hugh. 2001. "Understanding Inequality in Schools: The Contribution of Interpretive Studies," in Jeanne H. Ballantine and Joan Z. Spade (eds), *Schools and Society*. Belmont, CA: Wadsworth.

Metz, Mary H. 1978. *Classroom and Corridors: The Crisis of Authority in Desegregated Secondary Schools*. Berkeley, CA: University of California Press.

Metz, Mary H. 1990. "Real School: A Universal Drama Amidst Disparate Experience," in Douglas E. Mitchell and Margaret E. Goertz (eds), *Education Politics for the New Century: The 20th Anniversary Yearbook of the Politics of Education Association*. London: Falmer Press, pp.75-92.

Morris, Edward W. 2005. "From 'Middle Class' to 'Trailer Trash': Teachers' Perceptions of White Students in a Predominately Minority School." *Sociology of Education* 78(2): 99-121.

Morris, Edward W. 2007. "'Ladies' or 'Loudies'? Perceptions and Experiences of Black Girls in Classrooms." *Youth & Society* 38(4): 490-515.

National Center for Education Statistics. 2015. "Fast Facts: Elementary and Secondary

Education." Retrieved March 6, 2016 (http://nces. ed. gov/fastfacts/).

National Education Association (NEA). 2016. "New PDK/Gallup Poll Shows Continued Skepticism Over Value of Standardized Tests." August 24. Retrieved March 6, 2016 (www.nea.org/home/63554.htm).

National Institute on Drug Abuse. 2016. "Monitoring the Future." *National Institutes of Health*. Retrieved March 7, 2016 (www.drugabuse.gov/related-topics/trends-statistics/monitoring-future).

Olsen, Marvin E. 1978. *The Process of Social Organization: Power in Social Systems*, 2nd ed. New York: Holt, Rinehart, and Winston.

Parsons, Talcott. 1937. "Remarks on Education and the Professions." *International Journal of Ethics* 47(3): 365-9.

Paulle, Bowen. 2013. *Toxic Schools: High Poverty Education in New York and Amsterdam*. Chicago, IL: University of Chicago Press.

Pescosolido, Bernice A., and Ronald Aminzade (eds). 1999. *The Social Worlds of Higher Education: Handbook for Teaching in a New Century*. Thousand Oaks, CA: SAGE.

Rist, Ray. 1970. "Student Social Class and Teacher Expectations: The Self-fulfilling Prophesy in Ghetto Education." *Harvard Education Review* 40(3): 411-51.

Rist, Ray. 1977. "On Understanding the Processes of Schooling: The Contributions of Labeling Theory," in J. Karabel and A. H. Halsey (eds), *Power and Ideology in Education*. New York City: Oxford University Press, pp.292-305.

Rosenthal, Robert, and Lenore Jacobson. 1968. *Pygmalion in the Classroom*. New York City: Holt, Rinehart, and Winston.

Sadker, Myra, and David Sadker. 1994. *Failing at Fairness: How our Schools Cheat Girls*. New York City: Simon and Schuster.

Sizer, Theodore R. 1992. *Horace's School: Redesigning the American High School*. Boston, MA: Houghton Mifflin.

Statista. 2015. "Number of People Per Household in the United States from 1960 to 2015." Retrieved March 6, 2016 (www.statista.com/statistics/183648/average-size-of-householes-in-the-us/).

Tucker, Jasmine. 2015. "President's 2016 Budget." February 9. *National Priorities*. Retrieved March 7, 2016 (www.nationalpriorities.org/analysis/2015/presidents-2016-budget-in-pictures/).

US Census Bureau. 2014. "Educational Attainment in the US: 2014, Detailed Tables." Retrieved August 29, 2016 (www.census.gov/hhes/socdemo/education/data/cps/2014/tables.html).

US Census Bureau. 2015. "Poverty Status, Food Stamp Receipt, and Public Assistance for Children under 18 Years by Selected Characteristics." Table C8 (https://view.officeapps.live.com/op/view.aspx?src=http%3A%2F%2F www.census.gov%2Fhhes%2Ffamilies%2Ffiles%2Fcps2013%2FtabC8-all.xls).

US Department of Education. 2015. "Every Student Succeeds Act (ESSA)." Retrieved May 20, 2016 (www.ed.gov/essa?src=rn).

US Government Spending. 2016. "Total 2016 Spending by Function." Retrieved March 6, 2016 (www.usgovernmentspending.com).

Warren, John Robert, and Eric Grodsky. 2009. "Exit Exams Harm Students Who Fail Them and Don't Benefit Students Who Pass Them." *Phi Delta Kappan* 90(9): 645.

Weber, Max. 1946 [1973]. "The Rationalization of Education and Training," in Hans Gerth and C. Wright Mills (eds, trans. and with an introduction), *From Max Weber: Essays in Sociology*. New York City: Oxford University Press, pp.240-4.

Weber, Max. 1958. "The Chinese Literati," in H. H. Gerth and C. Wright Mills (eds and trans.), *From Max Weber: Essays in Sociology*. New York City: Oxford University Press, pp.422-33.

Weber, Max. 2009. *From Max Weber: Essays in Sociology*. New York City: Routledge.

Wexler, Philip. 1987. *Social Analysis of Education: After the New Sociology*. London: Routledge & Kegan Paul.

Wexler, Philip. 2002. "New Sociology of Education," in David L. Levinson, Peter W. Cookson, Jr., and Alan R. Sadovnik (eds), *Education and Society: An Encyclopedia*. New York City: Routledge/Falmer Press, pp.593-7.

Willis, Paul. 1977. *Learning to Labor: How Working Class Kids Get Working Class Jobs*. New York City: Columbia University Press.

Winerip, Michael. 2010. "A Popular Principal, Wounded by Government's Good Intentions." Retrieved September 3, 2016 (www.nytimes.com/2010/07/19/education/19winerip.html?_r=0).

Young, Michael F. D. (ed.). 1971. *Knowledge and Control: New Directions for the Sociology of Education*. London: Collier-Macmillan.

第二章
教育中的功能冲突与过程
—— 系统如何运行？

得克萨斯州和加利福尼亚州牢牢把控着市场，准确地说是把控着 K-12 公立学校教科书的市场。因为他们的州教育委员会为全州的学校选择教科书，由于这两个州非常大，他们选择的教科书涵盖的内容，决定了美国其他地区教科书的内容。很少有教科书出版商甘愿不参与这两个巨大市场的竞争，所以他们选择尽量顺从州教育委员会的意见。对权力很大的州教育委员会来说，话题及短语的改变、涵盖或不涵盖哪些知识、如何涵盖相应的话题，都会成为抨击的对象。

2010 年春，得州开启了一次十年一轮的历史教科书评议过程（*Religion and Ethics Newsweekly*, 2010）。这个 15 人委员会由 10 名共和党人和 5 名民主党人组成。这些人拥有发号施令的权力，要求就他们所想要的内容对教科书提出修订意见。一些建议要求砍掉对涉及托马斯·杰斐逊的部分，将"资本主义"改为"自由企业制度"（看起来没有那么贬损），将"帝国主义"改为"扩张主义"，降低得州历史上墨西哥裔美国人的出现频率，免除麦卡锡及众议院调查委员会指责多数美国公民为共产主义者的罪名，说明美国是建立在基督教和对上帝的信仰之上的（一些批评家认为这是对政教分离的挑战）。委员会中的一个成员便草拟了超过 60 个修正案，再加上其他成员所补充的，起草的数量远超过这个数字。变革的拥护者指出，他们希望教科书中减少一些"自由主义偏见"，多增加一些保守主义倾向的亲近上帝、拥护国家的历史呈现；而批评者则争辩说，在其他各种事情上，政治家和学校委员会的成员正在改变这种类型的历史呈现方式，在许多情况下，大家都正在摧毁它（Religion and Ethics Newsweekly，2010）。

这里存在的问题是什么？教育的一个功能是将知识传授给学生，但是传授什么知识、谁的知识？在一个人口与思想非常多样化的国家，我们将会看到这是一个存有争议的问题。在历史、科学、英语、社会研究以及其他学科领域，教科书内容的选择仍然将是社会不同群体之间争端的导火索。本章的内容便集中于此以及学校里的其他争端。

围绕教育的功能和目的的讨论，主要涉及权力、机会、谁的知识，以及为谁传授知识等。正如开放系统路径呈现的那样，学校存在于一个巨大社会框架中。经济、政治、文化多方面影响着学校的日常行动（Apple & Weis, 1986）。因此，社会上存在的争议便会堂而皇之地成为学校里的争议话题。在对教育功能的冲突特性及教育系统过程重要性的一般性介绍之后，我们将列举教育每个主要功能相关的问题和争议予以进一步探讨。

教育的功能冲突

每个社会都会以群体的方式教育孩子，教给他们在社会上发展必需的技能。教育的基本功能，或者说目的，在大多数社会里都是一样的，但是在不同的社会尤其是同一个社会的不同群体里面，这些功能的重要性及其实现方式则千差万别。例如，一个社会的经济发展水平会影响教育过程的内容与方式，政治制度则会影响其内容与管控，家庭对孩子适应社会生活、将来对社会有所贡献的期待，则会影响到教育内容的类型。政治、家庭、教育以及其他制度为社会各部分之间相互依存的状态提供了例证。这里每一项制度都在推动社会的有效运行。参阅以下教育的五项主要功能：

功能1　社会化：通过文化传承学习成为有用之才

新一代的儿童在社会里学习价值观、社会的角色期待，以及如何分辨正确与错误。通过学习他们的角色，儿童实现社会化或者说学习如何去实现社会赋予他们的期望。教育系统将会帮助学生实现社会化，在相互依赖的复杂关系网络中扮演重要角色。然而，研究表明，学生在学校系统的不同体验取决于其性别、社会阶层、种族或族群背景、所属社区的邻里关系，以及其他影响其教育的变量，社会学家因而孜孜不倦地考察学校社会化到底如何影响儿童的成长。

功能 2　文化传承

文化传承同样常有争议，因为从政治团体和宗教团体到其他特殊利益团体，每一个利益集团都希望优先考虑他们的程序、课程或价值，因此，学校在应对来自各方的压力时，必然费时费力。

学校还在有意无意地使学生社会化以进入他们未来的角色。不同的学生群体——富有的、贫穷的、信仰宗教的，会被传授给不同的规范、技能、价值观和知识。因此，一名注定要成为领导者或精英的学生，和将来要成为蓝领工人的学生，需要获取不同的技能与知识。

功能 3　社会控制和个人发展

为了使年轻人准备好进入社会、成为有责任感的成人，学校不仅应该教授英语和数学等学科内容，还应该教育他们如何才能成为有责任感、守法的成年人。然而，甚至如何在学校中加强纪律和社会控制也颇有争议。尽管违反纪律的方式可能都相似，但是，对于不同的社会阶层、种族—族群、性别来说，处罚方法却可能大不相同。还有其他很多争议，比如关于隐私权、搜查与扣押、言论自由以及宪法规定的其他学生权利（ACLU, 2016; SPLC, 2016; Zirkel, 2009）。特别是面临一些对学生群体有不当影响的调查如毒品测试或者排查武器、毒品的时候，学校当局是否有权"保护所有学生"？比如 1969 年廷克诉莫因斯案（Tinker v. Des Moines）、1975 年戈斯诉洛佩斯案（Goss v. Lopez）、1988 年黑泽尔伍德学区诉库尔迈耶案（Hazelwood School District v. Kulmeier）、1995 年佛诺尼雪第 47 学区诉阿克顿案（Vernonia School District 47 v. Acton）以及 2007 年摩尔斯诉弗雷德里克案（Morse v. Frederick）等最高法院的案例，已经回答了其中的一些问题，有些问题还悬而未决。目前，美国最高法院正在处理一件关于学校中言论自由限制的案件，主要案由是佛蒙特一所初级中学的一名学生由于 T 恤上写有攻击性语言而被校方遣送回家（The Conversation, 2015）。

功能 4　个体在社会中的挑选、培养与配置

学校教育的功能中最有争议的可能就是个体在社会中的挑选、培养与配置。冲突理论认为学校"复制"了学生所在的社会阶层而不是为他们的发展提供机会。它包括了通过挑选一些学生进入高级轨制的教育政策和教育实践来维持社会阶层的等级制度。一些政策，例如考试，给人以基于成绩的成功和平等的"表象"，但有批评人士则指出其实质则基于阶层差异。

让我们看一下技术方面的例子。学生是否有接近技术的机会，会影响他们在信息社会里竞争就业的机会。掌握计算机以及其他高科技装置技术的学生更有优势，因为这些是技能从事高技术工作需要的。这就引发出一个问题：在讨论一个人未来教育和职业成功的决定因素时，我们应该如何看待其先赋特征（性别和种族特征）和后天特征（习得的技能和知识）之间的平衡（Apple & Weis, 1986, p.14; Darling-Hammond, 2010）。这个功能将在下面章节得到更加详尽的阐述。

功能 5　变革和创新

科学研究创造的新知识和新技术对教师和所有年龄阶段的学生都是挑战，要求他们不断地更新知识，并改变完成工作的方式。然而，包括教育机构在内的组织中的劳动者常常抵制这些影响他们常规工作任务的变革。我们通过教育科研机构不断推陈出新，然而由于我们会本能地抗拒创新，有些创新就要花费很长的时间才能成为社会结构的一部分。

尽管这五项功能作为教育系统的核心任务已经成为普遍的共识，但是这么多冲突的存在还是比如何行使这些功能更令人印象深刻。这五项功能的每一个冲突的方面，都可以表明学校执行的理念是社会众部门持续不断协商的结果。我们会在接下来的章节里讨论这些问题。

各种功能的非预期后果

以上提到的每一项功能都可能会有积极和消极的后果，表述出来的目标并不总是教育过程唯一或主要的结果。例如，学校将同龄人放在课堂里，参与其他与学校相关的活动。这个结合使得友谊团体或小圈子得以发展，青年亚文化得以繁荣；这些团体反过来会对学校产生深刻的影响，正如我们在第八章所看到的那样。同样的，延缓年轻人进入劳动力市场可以有助于实现更多成年人就业的目标，但在学生接受更多的教育之后，一批学历过剩、未就业的年轻人准备进入劳动力市场可能又会对社会形成新的压力。

教育系统中过程的重要性

你曾试过用表示动作的动词描述你的一天吗？今天我起床，穿好衣服，吃完早饭，披上外套，步行去学校，走进教室，坐在我的座位上，打开我的书，在老师讲课时做笔记，学习关于教育系统的知识。这些用楷体印刷的动词描述的就是过程，你一天中的行动部分。学习、教学、社会化、规训、挑选、创新、决策和变革只是促进教育发展的过程中的一小部分。过程是行动部分：在学校里发生了什么。没有什么永远是固定的或是最终的：人、事和组织总是通过变化的过程成为新的人、事和组织。教育系统影响着我们的变化过程，同时反过来，环境的变化过程又影响教育本身。

相比之下，教育系统结构稳定且相对持久。结构是指教育系统中那些可以被描述且可用图表表示的部分：管理者、教师、学生以及其他学校系统内工作的角色；教师和学生由上到下的社会阶层；包括单一学校和行政办公室的组织；机构及彼此之间的相互作用，比如学校和家庭；还有社会。每个部分都有其独特的教育需求。

在结构中持有角色的人们来贯彻执行"行动"，或者说过程。教师、学生、家长以及其他关心学校的人赋予这个结构以生机。人们将自己的人格特征和理解嵌入他们的行动中。结构和行动（过程）不能分开：没有结构就没有过程；没有过程，结构也就没有意义。我们不是单纯的社会地位和角色，我们是那些结构部分的产物，结构的功能或目标以及过程使得它们得以运转。

因此，正如第一章所讨论的，教育的开放系统路径的关键部分就是过程，它使任何系统成为一个动态运行的单位。差不多在每个组织都会发现一些过程——互动、决策、冲突与合作。其他一些过程在特定的系统中会占据主导地位，例如，教育系统中的教和学就是如此。除了使系统运作，让它鲜活起来，过程还如我们所见，会产生一些矛盾，比如在教育系统及其环境之间，过程还为组织和社会的其他部分建立起联结。另外，交流的过程就将学校和家长、社区领导以及州议员建立起联结。

现在让我们开始探究教育的五项功能以及在实现这些功能和过程中产生的争端。

社会化功能：我们学什么、如何学

依据功能主义理论的说法，为了社会的繁荣发展，社会需要培养能够作出贡献、胜任其职责的社会成员。然而，对于培养方式、时间和对象，则观点多不相同。另外，对教育在社会化过程中所起作用的批评涉及一系列话题，这里我们关注两点：儿童早期教育、技术和媒体在社会化过程中的作用。

早期儿童教育的争议

随着我们的出生，社会化过程就成为贯穿我们一生的一部分。通过家庭、学校、宗教机构以及工作场所，我们都能感受到它的影响。儿童早期教育开启了家庭以外的正式学校教育的进程。学校教育应该包含哪些内容，对于一些群体来讲无疑是一件可以争论的大事，原因则无外乎强调如下一些儿童早期教育的重要性：

——早期教育可以提供宝贵的学习体验而不会让孩子在家闲玩。

——幼儿需要同儿童和其他成人交流，而不是只和他们的父母交流。

——父母和兄弟姐妹并不总是孩子最好的或最能胜任的成长伙伴。

——对于很多家庭来讲，因为家长必须工作，日间托儿所都非常必要；至于单亲家庭，这可能是幼儿照料的唯一的选择。

——一个好的日间托儿中心往往喜欢把孩子留给亲戚或者邻居来照看。

因为低收入家庭的儿童进入学校时就会处于明显不利的境地，他们面临学业失败的风险更大。儿童的这类风险因素包括家庭低收入、少数族群地位、非英语家庭、单亲家庭、大家庭、身体残障、有一个十几岁中学没毕业就怀孕的母亲、从保育学校开始就在语言和智力发展上落后于他人。

> 将近一半的美国幼儿处于贫困状态。他们多数都生活在吸毒、忽视、暴力和家庭动荡的环境中，缺衣少食……贫穷对健康的影响会引起连锁反应，这种连锁反应即使在童年之后还会继续有影响。
>
> ——Olson, 2016, p.1.

它影响一个孩子的精神、情绪以及身体健康。儿童早期发展所缺失的东西可能会影响到一个孩子的脑结构，使他很难追赶上其他孩子。出生时体重过低、语言发育迟缓、慢性病、营养不良以及损伤都会导致发育迟缓（Olson, 2016, p.1）。因此，处境不利的儿童在学业"起跑线"上就落后了；同那些家境更好的儿童相比，他们开始学业时的认知技能就较低，而且往往会从一些较差的学校里辍学回家。美国学前项目评估显示，学前教育经历有助于大脑的发展，尤其对于处境不利的儿童，可以为日后学校教育的成功打下基础（Early et al., 2007, p.558）。

为了建立公平的儿童早期发展的基础，联邦政府已经提出包括资助早期儿童教育在内的若干项目。因为上班的母亲带着5岁以下儿童的日间托管的需求数量的增加，领先计划（Head Start）等政府拨款的"示范性"项目已经得以开展。但是，很多以前政府拨款的法律条令已经废止了。2014年，超过92.7万个儿童和他们的家庭加入领先计划，另外，移民计划和季度领先计划还为其他3万个0—5岁儿童提供了服务（Head Start, 2016）。然而，为上班的母亲着想的有质量的儿童看护项目却几乎没有取得进展。处境不利儿童学前项目的入学质量研究表明，领先和早期领先（Early Head Start，为0—3岁儿童而设）的学前项目的质量可以与高收入家庭儿童的学前教育质量相媲美。婴幼儿早期领先计划（Infant and Toddler Early Head Start Program）可以帮助克服缺少产前检查、亲子隔离、儿童照料不周、贫困、健康卫生不利以及关键性脑发育不良等一些问题。

下面请参阅参与领先计划的孩子与未参与孩子的调查结果比较：

认知获益：在后来的学习中较少留级；降低对于特殊教育的需求；与那些没有参加该项目的学生相比，中学毕业率和大学入学率更高；更多的家长为他们的孩子朗读书本；缺勤率低；在数字、语言、身体发展和社会行为方面能力更高。也就是说，为学习提供了更好的准备。

经济收益：花在领先计划上的每1美元可以为社会获得9美元的收益（收入、就业、家庭稳定、减少福利依赖、降低犯罪成本、减少留级和特殊教育需求）。

健康获益：儿童接受健康监测、牙科检查和其他家庭服务，这些是没有参加启蒙计划的对照儿童所不容易得到的；儿童更多可能地接种所有的疫苗；儿童都拥有一个健康或良好的身体。

社会获益：更少的人员因犯罪被捕、更少的青年未婚生育、更多的协作行为和更少的行为问题、更高的成就动机和更强的自尊心（National Head Start Association, 2007）。

这份积极的报告单为领先计划获得了许多支持者，他们支持政府提供资助以使符合条件的所有幼儿都可以参加。但问题是，由于资金缺乏，并非所有符合条件的幼儿都有机会参加该项目。

在美国，资金清单已经递交到美国国会，以增加早期儿童教育资金。2017年，奥巴马总统提出预算清单，将早期儿童发展和教育放在优先支持的首要位置，并附设资金（Five Year Fund, 2016）。美国国会多年来一直承受着来自女性群体和要求增加这些儿童项目投入的支持者的压力。

早期儿童教育并不是要替代家庭看护，而是要为孩子提供超越家庭经验之外的经历。这些项目的目标是为孩子们积累对日后学习大有帮助的发展性经历。尽管关于早期儿童教育应该主要是在家庭还是在学前机构开展的争论可能还会持续，但随着家长不得不一直离家工作，儿童保育的需求将不会减少。

> **思考与应用**
>
> 早期儿童教育对于不同家庭背景的孩子可能会有哪些影响？是否应该让某些或所有儿童在一天中都有部分时间离家参加学前机构的学习？早期儿童教育应该从什么年龄开始？

媒体和技术在社会化中的作用

这些日子里，儿童在课堂都会花数小时在社交网站（如 snapchat 和 instagram）上用文字聊天，还会在上学期间玩电脑游戏。技术对于今天学生影响的迅速发展，早就超越了教师说"把你手机收起来"所能起的作用。新技术和类似电视一类的其他媒体一方面可以填补学生的剩余注意力，另一方面也同学校争夺学生的注意力。对于教师和学校来说，问题是与进入校园的技术做抗争，还是顺水推舟、顺应潮流。一些学校采取接受的态度，如果没有特殊的要求，学生可以携带手机、iPhones、iPads 或者其他便携设备来帮助他们完成任务。他们认为这有利于实现多重目的：学生在新技术使用上可以变得娴熟并且学会如何获取信息，手机甚至为所有的学生、教师和学校设立了进入教育门户网站的手机客户端（像 Blackboard 和 Canvas，还传递教材内容和测试）。有的支持者甚至宣称，教科书的内容会过时，可手机的信息却一直在更新。按照支持者的说法，学校所面临的挑战，应该是教给学生如何获取信息以及如何判断信息的有效性和准确性。由于这些技术会成为未来工作者的工具，因此学生需要熟练掌握这些工作方式，来解决工作中的问题（Burns, 2013; Chen, 2009）。

教师也应该学习这些技术并把它们整合进学生的课堂中,通过改变知识与技能的传递方式来促进学生学习方式的变革,并以此强化学生通过技术来获取、掌握和使用信息的能力——正如图书馆已经发生的巨大变化(Hill & Johnston, 2010)。今天的学生所需要学习的,将是如何获取信息而不仅仅是如何记住这些信息。

思考与应用

学校和教师如何才能做到通过与新技术的整合来帮助学生的在校学习?他们是否能够做到这点?

文化传承功能和文化传递的过程

美国学校教育质量下滑了?这实际上取决于我们采用的测量方法。按照国际学业成就测试的结果,许多国家在数学、科学以及读写能力方面都超过了美国。就美国不同学区特别是不同州而言,它们之间也存在很大的差距。然而,如果考量比如科学探究和创造力等教育产出时,美国在全球北部(发达)国家中则同时拥有最好的成果,也拥有最差结果中的一部分。对美国教育状态的痛惜并非今天才有,请参阅下文:

> 我们社会的教育基础已经被涌起的平庸浪潮所侵蚀,这威胁着我们国家和民族的未来。对于上一代人来说,这类事情的出现是多么令人难以想象——其他国家已经赶上并超过了我们的教育成就……我们实际上正在不假思索地进行一场单方面的教育裁军。
>
> ——Bell, 1983, p.5.

这一段声明摘自1983年美国里程碑式的报告《国家处于危险之中》,它所开启的质疑和自我批评的闸门至今仍敞开着。

年轻人是否掌握了一些核心知识?这些核心知识以大家共同理解和共

享的"文化素养"为主线,将一个国家团结在一起。有人指出,核心知识正在弱化,因为我们不再教授西方文学中的许多经典,而他们认为这些构成了知识的核心。还有些人则质疑文化素养的界定,指出"核心"知识已经发生变化,一门全球多元文化的课程才更适合今天的社会。

可见,冲突发生于如何提高基本素养以及应该教授什么样的内容上。在这部分我们将探讨读写能力、学习、教什么以及怎么教等问题。

读写能力、科学、数学以及文化传承

设想一下去商店买东西却不认识产品上标签的情形。年轻人和成年人中的文盲是许多当事人试图隐瞒的问题,然而这个数字在美国却令人震惊。参阅以下事实:

——45%的成年人不能阅读一本八年级水平的书籍;4500万人被认为属于功能性文盲,其阅读水平在五年级以下;

——4400万人不能够给他们的孩子读一个简单的故事;

——75%接受救济的人无阅读能力;

——20%的美国人的阅读能力低于赚取基本生活工资所需要的水平;

——60%的美国囚犯无阅读能力,85%的青少年罪犯存在阅读问题;

——文盲问题估计每年花费纳税人200亿美元(Literacy Project Foundation, 2016)。

学习作为一个过程不仅仅受到教师、教学技术、课堂环境、正式或非正式的教学资料的影响,还受到儿童能力、动机、学科兴趣、学习的意愿、记忆力、态度价值观、与教师的关系、对自我及能力的认知、与同伴的关系、背景经验、家庭生活、来自家庭的鼓励,以及读写能力的影响。另外,学习压力、投入学习的时间、家庭对学习的支持以及学校和教室中的学习氛围,同样有着很重要的影响。种族、性别、阶层等变量会导致儿童学习经历的不同。因此,以智力等单一的主要因素来解释儿童的学习差异,无疑太过简单了。

在经合组织(OECD)针对23个高收入国家开展的语言和计算能力精熟度的测量中,美国的读写能力排在第16位,计算能力排在第21位,问题解决能力排在第 14 位（Rogers, 2013）。从世界范围看，具备读写能力的公民数量正在增加：15 岁及以上的人群中，86.3% 能够阅读和写作，其中，具备读写能力的男性可达 90%，女性 82.7%。具备读写能力人数比的最低区域在撒哈拉以南的非洲（64%）以及西亚（例如阿富汗）（70%）（UNESCO, 2015）。尽管在世界成年人文盲人口中，差不多有三分之二是女性，但是女性具备读写能力人数比的增长速度则比男性更快（UNESCO, 2015）。在美国，非洲裔和西班牙裔的读写能力低下的成年人，是白人的三到四倍；其中，与 10% 的读写能力低下的白人相比，35% 的非洲裔和 43% 的西班牙裔在这方面的得分更低（Rogers, 2013）。

教育研究者在研究为什么一年级时被归入最差阅读组的孩子十之八九在整个小学阶段都一直属于最差阅读组。当前，阅读教学项目名目繁多。对有些孩子来说，用新的合作方法来学习阅读可能是关键。有人主张对来自低收入家庭的孩子仍沿用以往的有声阅读的方法，而不是整体语言的方法，结果表明在家庭阅读支持的项目里运行良好。也有人主张在儿童早期教育时期进行集中的个性化的教育投入，可以取得事半功倍的效果。对年龄大一些的学生，从将驾驶执照与在校学业表现捆绑在一起，到换个类似工作单位的地点来提供识字培训，教育者几乎尝试了所有的手段。没有为大学学习做好准备的大一学生的数量依然惊人。美国的高中并没有为学生在以后大学里的成功做好充分的准备。只有不到一半的高中生觉得他们已为大学和工作做好了准备（Leal, 2015）。那些步入两年制学院的学生与步入四年制大学的学生相比，可能修完大学学位的人数更少。究其原因有：两种不同类型机构的不同的同伴影响，高动机或缺乏动机的同伴行为模式，以及结构性壁垒导致的转校困难（Smith and Stange, 2015）。虽然有资格进入大学，但预计有 60% 的大学新生没有为接受高等教育做好准备，需要参加不计学分的补习课程（The National Center for Pubic and Higher Education, 2012）。表 2.1 显示了不同大学机构类型的学生准备程度上的差距。

由于"不让一个孩子掉队""力争上游""让每个学生都成功"等美国政府项目、绩效责任运动以及对考试分数下降的关注，高中的课程经历了很大的变化。目前的高中课程特别重视数学和科学，教育界认为美国过去在这两个领域的竞争中一直处于优势地位，现在这个优势却正在失去。"我们社会的科学技术素养水平之低下令人震惊，进入工程、数学和科学等领域工作的人才之少……让人深深地不安。"（National Science Foundation, 1992, p.1）因此，全国科学基金会开启了对美国的科学和数学课程的评估工作，科学、技术、工程和数学（STEM 领域）开始引起全国性关注。

随着高中教育难度要求的提高，高中毕业生正在选修更多的学术课程，尤其是数学和科学的课程。学生的成绩也有所提升，在国家教育发展评价（NAEP）和国际数学与科学趋势研究（TIMSS）的精熟度评估中的分数明显提高。然而，许多北方发达国家的得分还在超过美国（见第十二章）。

正是由于这份对数学和科学的关切，全国科学基金会的许多项目都在支持高中、大学以及研究生院努力鼓励更多的女性和少数族群进入科学、技术、工程和数学（STEM）计划的领域之中（将在第四章进一步讨论）。一些教育政策制定者建议进一步强化对教师教育课程、要求和改革的严格控制，以此促进更多的教师成为所教专业领域的专家，而不是一般意义上的课程专家（the Center for Comprehensive School Reform and Improvement, 2006）。在美国，这些努力已经开始展现出积极的效果。

表 2.1 不同大学机构的学生准备差距

公共高等教育入学率	10%	高选择性大学机构需要 高中文凭 + 大学先修课程 + 高等级分 = 绩点平均分 + 考试高分 + 附加条件	学业准备上的差距		选择性四年
	30%	低选择性大学机构需要 高中文凭 + 大学先修课程 + 通常情况下需要绩点平均分数和/或考试成绩的组合（但比多数选择性机构低）	学业准备上的差距		低选择性四年
	60%	无选择性（开放-可及）大学机构需要高中文凭	学业准备上的差距		无选择性两年
		25%	50%	90%	
		大学生入学准备程度百分比（0—100%）			

来源：Beyond the Rhetoric: Improving College Readiness Through Coherent State Policy, June 2010，国家公共政策研究中心和高等教育及南部地区教育委员会的特殊报告。

如何传承文化

如何传承文化的争论涵盖了从使用什么材料、教科书和方法，到应用哪一种教育理念来指导决策等诸多问题。本节重点关注与文化传承有关的一个问题：批判性思维在教育中起到什么作用？

"回归基础"和绩效问责的支持者与"进步主义"教育家之间针锋相对，实质上是他们背后不同教育哲学的争议，前者强调基础技能和测试，后者主张教育必须适应周围环境、未来社会以及学生的公民参与。在正规教育的多数历史阶段，人们都是给儿童传授那些对共同体和儿童的发展都非常重要的东西。约翰·杜威有一个教育观点影响很深远，即学习只有与儿童的生活相适应才会更有效。杜威的进步主义教育反对学校与多数儿童的日常生活隔离开来，制造疏离经验；另外，死记硬背的技术和专制的气氛都不利于学习。他建议运用儿童的经验，让他们积极地参与到学习过程中来（John Dewey, 1916）。他的大量著作为人所理解，也被人误会和修正，却影响了 20 世纪以来的所有教育运动，包括当前的后现代主义和建构主义运动。以儿童为中心的课程进一步发展了杜威的思想，它以学习者的需要和兴趣为中心，富有弹性，为学习者提供众多的选择机会，使他们可以围绕自己的需要来规划自己的课程。一些免费学校、非主流学校和特许学校已经采纳了这些理念。

最近，促进文化传承的运动包括了跨课程写作、课堂中的科技运用、问责与评估、严格纪律并增加家庭作业，以及批判性思维和深度学习。后者聚焦于开展反思性、审辨性思考，从而作出信什么或者做什么的决定。这些理念大多源自社会的力量，包括对考试分数的态度、对学校教育的批评，以及对学校课程内容缺乏相应的更成熟的思维品质要求的质疑。例如，批判性思维和深度学习的理念便与只注重现实收益，尤其是那些帮助学生追求考试高分的教育风格，形成了鲜明的对照。与布鲁姆（Bloom, 1976）的分类法与高级思维能力相关联，批判性思维和深度学习要求人们在作出决定之前要评价证据是否支持结论。

有些教师确实在教学中融入了批判性思维和深度学习的元素，但这通常出现在针对肯定能上大学的或聪明的学生的课堂上。冲突理论家指出，许多学生的课堂教学则是完全不同的样子，它基于他们所处的社会阶层的差异，对批判性思维的学习可能会对现有社会系统构成挑战。他们主张所有的学生都应该能够以口头和书面的形式有说服力地表达自己的思想，并且能够评价自己在一些事物上的价值观。批判性思维的培养有助于发展这些能力，但并非所有学生都能平等地享有这种培养的机会。

近期关于美国教育地位的报道已经提出很多改革建议，其中包括缩小学校和班级规模、延长每周上学时间和建设全年制学校（Darling-Hammond, 2010; Stedron, 2007）、提高毕业标准、强化课程和教学（Craig & Dillon, 2007）、开设升级考试、加强双语学生的教育教学工作（Komoski, 2007）、增加家庭作业量。随着这些报告以及"不让一个学生掉队"和共同核心标准等政府计划的推动，全国的学区都已经发生变化。但请继续关注：反对大量测试、反对为了测试成绩进行教学、实行共同核心标准等，都可能会带来新一轮改革。批评者将目光投向一些其他国家，如教育成绩优异的芬兰，他们所采取的教学方式以及知识传递的哲学观点都完全不同。

传承什么文化

另一个有关文化传承的争论集中在学校教什么的问题上。什么文化得以传承，应该得以传承？谁将为这些难题作出决定？课程的目标应该是什么？每个社会都存在着对一位成功的成人所应该能做什么的不成文的期待，以及与此相关的对于学校的"产品"或"输出"的期待。课程中内嵌的一个假设是，可以通过引进新思想、或修正错误观念、或增补既有知识的方式，通过改变学生所拥有的知识而获得想要的变革。课程被视为一种重要的"规划出来的经验"，安排进各学科领域的教学之中。

谁来决定课程内容

从市民组织到宗教、政治、经济团体，教育环境中的许多团体都在争相承担更多的决策职责，许多团体都对决策有影响。由于教育者在处理教育、课程和教学等相关事务方面受过专业训练，他们自然希望排除外界的政治和其他压力，将决策权保留在学校。教育者运用各种手段来保持对教育决策的控制，使学校独立于外部力量；例如，控制有关学校内部事务的信息，发布经过筛选的正面信息，吸收支持的社区人员加入委员会，等等。

"学术自由"的提法意味着中心学校和大学试图将外部环境对教师和课程的控制和影响降到最低。学校可以在其专业和人员设置等方面保持独立且免受争议影响的自主权。一旦课程内容问题（例如性教育或祷告进校园）的争端突起，学校和教师的自主权仍可能受到威胁。教育作为一个开放的系统，难免会受到来自环境的压力和监督。

在一个没有中央集权运行的教育系统的异质性社会中，课程规划者面临着来自不同个人和群体的各种各样的压力。在中央集权运行管理的国家体系中，决策可以更加免受公众的监督和挑战。美国是一个异质性社会和联邦分权系统的典型例子，因此课程的决定权主要来源于地方政府、学区以及州政府，这导致不同的行政辖区执行不同的标准与实践。

应该教什么？ 在正规课程中，完全可以很容易而且精准确地决定教什么的问题。课程计划和教科书的审查便是一个开端。一般来说，小学的课程计划以培养基本技能为中心；中学则在完善这些技能的基础上适当增加内容。数学、语言能力、科学、计算机、艺术和音乐、社会科学、体育和历史是中学课程中的共同内容。

功能主义理论家认为，学校是传承那些在成人世界能安身立命必备的文化。从温暖、保护性、包容性的家庭环境到竞争、绩效导向、挑剔的职场氛围，学校提供了一种良好的过渡。儿童在学校学习那些被假定为应用于所有情境的共同的规则，它被称作普遍主义（universalism）。正是在这个意义上，功能主义理论家指出，学校为青少年适应社会的准备过程发挥着关键性的作用（Dreeben, 1968; Parsons, 1959）。

冲突理论家认为，文化价值观和规范的传承满足了资本主义社会的需要而不是个人的需要；相反，在这个过程中，个人的人性受到了削弱和异化（Bowles & Gintis, 1976）。无论如何，学校在传承这些文化价值观时几乎难以完全有效，许多学校的捣乱和造反现象便是典型例证。杰克逊、布斯卓姆和汉森对学校中许多正式和非正式的价值观教育方式进行了评估（Jackson, Boostrom & Hansen, 1993）；有些价值观教育成为隐形课程的一部分，这将会在第九章开展讨论。许多社区对特定内容的传承存有异议，比如宗教教育和性教育，因为这些关系到价值观教育的责任与知识控制应该由家庭或宗教群体还是由教育系统来承担的问题。例如，最高法院1960年便对在学校中主持祷告与《圣经》阅读的教师进行了惩罚，但这些问题依然存在。

为了更好地理解对学术内容的争议，可以参看1925年田纳西州代顿（Dayton）的斯科普斯（Scopes）案，一所公立学校的教师被指控违反关于在公立学校禁止讲授进化论的州颁法令。围绕着课程内容的斗争一直延续着田纳西州诉托马斯·斯科普斯案例（1925-5-21）的情况，涵盖了学校应该教授什么宗教内容。1999—2006年，堪萨斯州教育委员会对科学课上教授进化论发起挑战，强调推广对智慧设计论的教学，可见这一问题始终在延续。

一个更近的关于课程的争议发生在2005年，宾夕法尼亚州多佛学区要求科学教师宣读一份关于智慧设计论的声明——一种建立在神的信仰之上的对于地球起源的解释；要求宣读的承诺如下："我们将会让学生认识到达尔文理论和其他进化理论中的缺陷和问题，其中包括但不限于智慧设计论。"（Lebo, 2008, p.62）美国地方法院法官认为这个指令违反宪法，将智能设计论的特征界定为非科学，并且指出进化理论"是与宗教正相反的"（Bailey, 2016; Lebo, 2008, p.62; Exploring Constitutional Conflicts, 2006）。讲授进化论和智能设计论/创世论的冲突还在继续，路易斯安那州利文斯顿教区就有一个案例，支持者希望在科学课上能够教授创世论（National Center for Science Education, 2010）。

对于课程中宗教与政治内容的斗争至今仍在进行，从宾夕法尼亚州到密苏里州的不同社区，不同族群的人们都强调，美国由多族群的人口组成，他们同样渴望拥有受关注、受尊重的地位，可以在课程内容中得到应有的反映（专栏 2.1）（Zirkel, 2009）。

〔专栏 2.1〕

"学校法令均已明确"

最高法院已经做出许多关于学校、学区以及教育的判决。本专栏简要介绍专家组在充分考量的基础上，挑选出来的自 1986 年以来对教育系统产生最重要影响的 11 个判例。

最具影响的 11 个教育判例（1986 年至今）

1.黑泽尔伍德学区诉库尔迈耶案（Hazelwood v. Kuhlmeier, 1988）。这个决定延续了开始于 1986 年的贝塞尔学区诉弗雷泽（Fraser）案保护学生权利的发展趋势。黑泽尔伍德案确立了一个基于宪法第一修正案的学生言论表达的新类型——学校倡导的表达机会。法院规定学校倡导的言论表达可以受到限定。因此，它只是明显地减少了，而不是完全颠覆了廷克（Tinker）诉得梅因（Des Moines）学区独立社区案对学生言论自由的支持。

2.密苏里州诉詹金斯案 II（Missouri v. Jenkins II, 1990）和密苏里州诉詹金斯案 III（Missouri v. Jenkins III, 1995）。这两项判决所展现出来的资格清单，只不过阐明了最高法院判决的界线正逐渐地从布朗诉教育局案（Brown v. Board fo Education, 1954）中所高扬的种族融合的精神陷入后布朗时期法案实施后凸显出的严峻现实之中。在尝试处理社区事实上的种族隔离问题之后，法院实际上缺乏这样的能力，或者说至少缺乏法律之外的行为，去真正解决学校的种族隔离问题。

3.《美国残障人士法案》（ADA, 1990）和《残障人士法修正案》（2008）。这些国会行动反映出一个持续的、不断扩展的社会承诺，使每一位残障人士——包括学生和雇员免受歧视。《美国残障人士法案》有效地将第 504 条推广到私立学校和其他不受联邦经济资助的组织，一些规模太小的家庭小店不在此列，它们无法参与一些州际贸易。《残障人士法修正案》颠覆了最高法院对《美国残障人士法案》和第 504 条款对"残障"内涵的严格限定。当年最高法院正是使用这一限定，对萨顿诉联合航空公司案（Sutton v. United Airlines, 1999）和日本丰田汽车制造公司诉威廉姆斯案（Toyota Motor Manufacturing v. Williams, 2002）作出了判决。

4. 李诉维斯曼案（Lee v. Weisman, 1992）和圣达非独立学区诉教育部案（Santa Fe v. DOE, 2000）。最高法院的这些连续性决议已经非常明确地得出结论，在公立学校的毕业典礼上由牧师带领做祷告和在高中足球比赛中由学生带领做祷告，分别违反了已确立的宗教条款。然而，这些判定的基本标准和外部边界具有较大的弹性，并非铁板钉钉。

5. 佛诺尼亚学区诉埃克申案（Vernonia v. Action, 1986）和教育委员会诉厄尔案（Board of Education v. Earl, 2002）。自最高法院对国际劳工组织作出过渡决定以来，这两个连续性的判决标志着宪法第四修正案中的学生权利受到了持续的损害。在这些案件中，法院宣称个人负责任的嫌疑标准都不应该用来将毒品检测作为学生参加具体校际运动会和一般课外活动的先决条件。

6. 格布塞尔诉拉戈·维斯塔学区案（Gebser v. Lago Vista School District, 1998）和戴维斯诉门罗县教育委员会案（Davis v. Monroe County Board of Education, 1998）。根据教育法第九修正案，在这两个连续的判决中，最高法院使用了在富兰克林诉昆内特县公立学校案（Franklin v. Gwinnett County Public School, 1992）中所制定的教师对学生以及学生对学生性骚扰的责任标准。除了一些明目张胆的违法案例，这种多步骤检验的方法在几乎所有案件中实施起来都比较困难。

7. "不让一个孩子掉队"法案（2001）。尽管这个为中小学教育融资的法案内容广泛并充满争议，但还是引进了可分解的学校责任标准、适当的年度进步、高质量的教师队伍。此外，超过 1000 页的法条与规定还提出了众多的议题,如士兵征募、童子军、无家可归的儿童、持续危险的学校、超常教育、学生调查、学校祈祷指南、教师的保护责任等。

8. 杰尔曼诉西蒙斯-哈里斯案(Zelman v. Simmons-Harris, 2002)。在这个判决中,最高法院坚持认为教育券条例为家长在世俗和宗教的私立学校以及公立学校之间提供了选择权,并不违反宪法第一修正案的宗教条款。这一裁决将有关学校券的争议转移到了州宪法的诉讼和州立法机构的政治进程之中。

9. 莫尔斯诉弗雷德里克案(Morse v. Frederick, 2007)。在这个判决中,最高法院修改了宪法第一修正案中学生言论自由的地位,将延克案的意义边缘化,从而延续了背离学生权利时代的宪政思潮。更加具体地说,法院认为宪法第一修正案对言论自由的保护范围并没有延展到那些赞成吸毒的学生言论。正如康布龙-麦凯布(Cambron-McCabe)的文章所说明,在下级法院中已经出现了其他各种不同的学生表达自由的案件。

10. 参与社区学校的家长诉西雅图第一学区案(Parents in Community Schools v. Seattle School District No.1, 2007)。这一判决可以看成是布朗案的最近的对立面,布朗案中的大法官运用宪法第十四修正案的平等保护条款来支持少数族裔学生。这里,法院的结论是,如果没有达成种族多样性的必要证明,在一项公立学校分配计划中给予少数民族学生优先权为违宪。

11. 弗里德里克斯诉加利福尼亚教师联合会案(Friedrichs v. California Teachers Association, 2015)。这一案件目前还悬而未决,它的判决将判定要求教师为政治不明言论的协会活动支付费用是否违反宪法第一修正案。(Stahl, 2015)

来源:Jonathan Stahl (2015), "10 Important Supreme Court cases about Education." October 30.*Constitution Daily*. Retrieved March 23, 2016 (blog.constitutioncenter.org/2015/10/10-important-supreme-court-cases-about-education);Perry A. Zirkel, (2009) "School Law All Stars: Two Successive Constellations", *Phi Delta Kappan*, 90 (10), 704-8. 这里已征得作者同意使用。

学校中教什么，可以折射出学校内外部的力量对比。内部的教育力量往往从学校内部直接影响课程和过程。比如，教师和校长会对某些教材和课堂组织形式有所偏爱，而拒不接受其他教材和课堂组织形式。任何一所学校的结构、组成、层级、理念以及建筑设计都会影响到这所学校内部的课程内容。除了内部力量影响课程外，有许多学校外部的环境因素也会影响课程。回顾一下前面提及的系统模型，环境包括了影响学校内部所发生事情的所有外部因素，这些因素包括：(1)地方、州和联邦法规规定的具体课程要求，比如，州教育委员会可以要求学生毕业前必须掌握一定量的本州历史；(2)被认证的机构可反映政府或地区有关学校标准的决策，它们会详细列举课程的规定内容；(3)为不同年级的水平考试和大学入学考试提供的命题与测试服务，对学校里教什么知识会有极大的影响，许多州还要求高中毕业时必须通过一些能力测试；(4)国家层级的研究、报告以及改革计划会包含有课程变革的建议（Anderson，1995）。

课程内容还会受到特定的热点话题和社会潮流的影响。女性研究、少数族裔（非洲裔美国人、奇卡诺人、印第安人、阿帕拉契亚人、华裔）研究、多元文化和双语教育、环境研究、城市研究、毒品和性教育、技术素养、促进就业课程、社区服务以及服务学习，这些主题都是随着社会潮流的兴起发展而被引入学校课程中。

要求课程应该平等地反映美国少数族裔历史和现状的呼吁引领了多元文化教育运动的发展。关于种族、阶层和性别等问题的教学正得到越来越多的关注。一些人倡导为特定少数族裔设立课程和项目，另一些人则在致力于推进在现有课程中对少数族裔历史和贡献进行精准的描述，还有些人主张开设全球研究的课程，让学生熟悉对他们产生影响的世界问题。为了将社会及其变革的微观、宏观解释都考虑在内，社会学家无疑在开发跨文化模式的课程方面有得天独厚的优势。

多元文化课程的采纳已经遭到一些反对削减或剔除传统西方文化的人士的批评，这些传统的西方文化一直都是美国高中和大学学习的多数课程的核心。与功能主义者的思想一致，他们认为这一核心的改变将会造成共同的学习经验的削减，而正是这些共同学习经验将美国凝聚在一起。少数族裔教育改革的建议提出，需要从幼儿园到研究生院加强对少数族裔的包容与理解教育（the Carnegie Corporation, 1990）。西班牙裔、非洲裔、印第安人、女性研究，以及其他种族、阶级、性别和相关领域等主题可能会被证明为一时流行的时尚，也可能被永久地整合进课程，或者只可能被保留于不同的研究领域。

我们现在来讨论两个学校课程决策的例子：性和反毒品教育，这在许多社区都引发了激烈的争论，也折射出美国社会的多样性。

思考与应用

学校中应该教什么？应该由谁来对此作出决策？在回答这些问题时，你都会考虑哪些因素？

性和反毒品教育。学校会变成派发避孕套的医务室？这种想法在几年以前简直不能想象，但随着越来越多地方的青少年面临艾滋病和其他性病感染的威胁，"避孕套的意义已经成为常识"。整个国家的所有学校理事会都在讨论学校里对性的问题——"应该教授什么样的文化"，同时，包括纽约、费城、洛杉矶在内，越来越多地方的公立学校系统，正在放置避孕套以避免青少年怀孕，防止性病和艾滋病。

库普（C. Everett Koop）1982—1989年间任美国卫生局局长，曾大胆地对吸烟、艾滋病、流产以及安乐死等问题发表公共健康的理性办法，他用艾滋病感染病例的增长情况来支持性教育应该从三年级开始。由此，23个州增加性教育的任务，23个州强有力地推进这一行动，33个州增加预防艾滋病教育的任务，17个州建议学校开展这一活动（Kempner, 2013）。然而，美国卫生局局长乔斯林·埃尔德斯博士（Dr. Jocelyn Elders, 1993—1994年在任）则因为对青少年性问题的直率言论引发争议而引咎辞职；2002—2006年的卫生局局长理查德·H.卡莫纳博士（Dr. Richard H. Carmona）证实，当他谈及性教育政策时常常不得不缄默不语。许多人认为这些存有争议的问题应该留给家庭去解决。

今天,尽管一些家长和社区群体反对,他们认为学校应该阻止性行为,而不是通过课堂和发放避孕套来鼓励性行为,但是,学校里的性教育和预防艾滋病教育在不断增加。性教育的三条主要路径一直受到质疑和争论:单一禁欲的项目、性教育项目、配合学校性教育并发放避孕套(Kirby, 2000; American Academy of Pediatrics, 2013)。然而,最近有研究表明,放置避孕套之后,高中的学生中的性行为并没有增加,但那些本来就性活跃的学生对避孕套的使用则增加了。美国儿科学会支持为青少年进行性教育时分发避孕套,以减少非有意的怀孕以及性病的传播感染(Garcia, 2013; Poppen, 2005)。还有一些人指出,如果性和预防艾滋病教育成为课程的一部分,道德教育同样也理应成为重要的课程内容。

按照美国疾病控制中心的数据,美国15—19岁青少年中有过性生活的人不到一半,这个比例与25年前比要低。"15—19岁青少年中,在2011年到2013年至少性交过一次的女生只占44%、男生只占47%……这与1988年女生占51%、男生占60%的比例相比已经下降。"(Thompson, 2015, p.1)从1990年代开始,青少年怀孕、流产的比例也已经持续下降。

对于那些在学业和工作上感到机会渺茫的年轻女性,她们的性活跃年龄要早于那些自己感觉能控制未来的女性。与较早开始性生活相关联的,还有一些其他高危行为,如吸毒、参与犯罪活动、拥有多个性伴侣等。尽管避孕措施的应用已经增加,但研究表明十几岁的女孩似乎比成年女性更加缺乏保护。

学校和家庭只是提供了孩子们所接受到的一部分的性教育。孩子们四处都会受到性信息的狂轰滥炸:杂志和网上的色情作品、每小时的音乐录像中就会有93个性爱场景(有些是其核心场景)、青少年观看的前20个节目中就会有83%包含了性的内容。每周超过14小时观看说唱音乐录像与青少年拥有多个性伴侣现象密切相关。相反,在15—19岁的学生中较晚开始性交的情况主要有以下几种:父母受教育程度较高、支持型的家庭关系、家长监管、有禁欲的朋友、考试分数很高、去教堂(National Survey of

Family Growth, 2006）。

美国公众最关切的学校问题之一就是吸毒。考虑到青少年吸毒所引发的关注，这种忧虑就可以理解了。然而，根据国家吸毒问题研究所 2010 年提供的数据，"全国青年中在非法药物滥用、处方阿片类药物滥用以及吸烟和喝酒等方面的行为已经有一个较长时段的下降。"（NIH, 2015）2009 年的研究显示，8 年级、10 年级、12 年级的学生在酒精、迷幻剂及甲基苯丙胺的使用上有所减少。但是，在 2015 年，大麻的使用却保持不变，而对于其潜在危害的观念则在淡化。在 12 年级的学生中，每天使用大麻的数量多于烟草的使用，稳定在 6% 左右。维柯丁和其他处方阿片类药物的使用继续减少，从 2003 年 10.5% 的高中生使用降到现在的 4.4%（NIH, 2015）。

增加吸毒概率的因素包括：家庭犯罪、吸毒和酗酒的历史，糟糕的养育方式，教育上的低投入，不良行为，以及学业失败和早期吸毒史。这些儿童在受虐待、试图自杀、逃跑、变成小流氓、成绩低下等方面有更高的危险。

最成功的吸毒康复项目是那些在中学以前就开始进行，同时处理好生活技能和社会影响问题的项目。因此，最有希望的策略是综合性的——涵盖同龄群体、家庭、学校、媒体、社区组织，运用丰富多样的方法来提供信息、培养生活技能、使用朋辈促进者，并改变社区政策和行为规范（Menehan, 2007）。"抵制吸毒教育"（DARE）就是这样一个项目：从小学开始，最终是学生发誓远离毒品。实际上，"抵制吸毒教育"已经成为一场国际性的运动。我们今天关注的是学生在一般意义上的决定，而不仅仅只针对吸毒，研究表明这样的关注可以帮助学生应对很多决定（Nordrum, 2014）。

药物滥用和其他问题再次指向这样的争论——到底是学校还是家庭应该承担这类教育学生的责任？学校是否应该提供吸毒、酗酒的咨询和康复、性和预防艾滋病教育、怀孕咨询、检测和避孕，以及阻止自杀的项目？或者，这些"私人的、道德方面的事情"应该留给家庭来负责？家庭是否承受得起这个责任？

> **思考与应用**
>
> 在道德问题的教育上,学校应该扮演什么样的角色?谁应该为此做出决策?

教科书和图书馆书籍的审查。 淫秽、性、裸体、政治或经济上的偏见、脏话、俚语或有问题的英语、种族主义或种族仇恨、反宗教或反美国思想——所有这些都是审查教科书和学校图书馆书籍的理由。审查是指"审查者依据一定的标准,出于一些道德上或其他方面有异议的原因……剔除、禁止或限制文学、艺术和教育资料的传播"(Education World, 2016)。例如霍桑的《红字》(Scarlet Letter)、安吉洛的《我知道笼中鸟为何歌唱》(I Know Why The Caged Bird Sings),还有《侏儒怪》(Rumpelstiltskin)、《包法利夫人》(Madame Bovary)、《冰上的灵魂》(Soul on Ice)、《愤怒的葡萄》(The Grapes of Wrath)、莎士比亚的《哈姆雷特》(Hamlet)、乔叟的《坎特伯雷故事》(The Miller's Tale)、阿里斯托芬的《吕西斯特拉忒》(Lysistrata)等书便被有些禁书组织列入了"打击名单"(Education World, 2016)。有一些书籍历来就有争议,近来还常受查禁,这其中包括了一些常被指定进入高中英语课堂的书籍:索福克勒斯的《安提戈涅》(Antigone)、赫胥黎的《美丽新世界》(Brave New World)、塞林格的《麦田里的守望者》(The Catcher in the Rye)、海勒的《第二十二条军规》(Catch-22)、斯坦贝克的《愤怒的葡萄》(The Grapes of Wrath)、莎士比亚的《威尼斯商人》(The Merchant of Venice)、奥威尔的《1984》、冯内古特的《第五号屠宰场》(Slaughterhouse Five)和李的《杀死一只知更鸟》(To kill a Mockingbird)。反对这些书的最常被提及的理由是语言低俗、脏话满篇、充斥着性内容。其他被认定的书籍以及给出的质疑理由包括:《安妮·弗兰克日记》(The Diary of Anne Frank)(其中一段暗示了所有宗教都同样重要)、《狮子、女巫和衣橱》(The Lion, Witch and Wardrobe)、《哈利·波特》(Harry Potter)系列、《灰姑娘》(Cinderella)、《绿野仙踪》(The Wizard of Oz)和《麦克白》(Macbeth,

描绘了一个善良的女巫和好的魔法，提到超自然的神秘力量）、《罗密欧与朱丽叶》(*Romeo and Juliet*，将自杀浪漫化）、朱迪斯·格斯特的《普通人》(*Ordinary People*，消沉而下流）、爱丽丝·沃克的《紫色》(*The Color Purple*，关于种族关系和人类性欲的混乱思想）、《哈克贝利·费恩历险记》(*Adventures of Huckleberry Finn*，攻击性语言以及对非洲裔美国人的刻画）(American Library Association, 2015）。书籍受到质疑的原因主要应归于露骨的性描写、攻击性语言、不适合某一年龄群体、暴力以及同性恋（ALA, 2016）。

〔专栏 2.2〕
美国图书馆联合会（ALA）2015 年最受质疑的十本书

1. 约翰·格林《寻找阿拉斯加》(John Green, *Looking for Alaska*)
2. E. L. 詹姆斯《五十度灰》(E. L. James, *Fifty Shades of Grey*)
3. 杰西卡·赫谢尔、贾兹·詹宁斯《我是爵士》(Jessica Herthel, Jazz Jennings, *I Am Jazz*)
4. 苏姗·库克林《超越紫红色：变性青少年大胆说出来》(Susan Kuklin, *Beyond Magenta: Transgender Teens Speak Out*)
5. 马克·海登《深夜小狗神秘事件》(Mark Haddon, *The Curious Incident of the Dog in the Night-Time*)
6. 《圣经》(*The Holy Bible*)
7. 艾莉森·贝克戴尔《有趣之家》(Alison Bechdel, *Fun Home*)
8. 克雷格·汤普森《哈比比》(Craig Thompson, *Habibi*)
9. 詹妮特·温特《纳斯林的秘密学校：一个来自阿富汗的真实故事》(Jeanette Winter, *Nasreen's Secret School: A True Story from Afghanistan*)
10. 大卫·利文索尔《接吻的两个男孩》(David Levithan, *Two Boys Kissing*)

——来源：American Library Association, 2015

这类审查情况的问题在于有关的家长和群体是否有权将某些材料从课程和图书馆中剔除出去，特别是如果这些人只代表一小部分家长，可他们有组织，并得到了全国性团体的支持，这让他们在社区里拥有一定的影响力。最高法院曾在岛屿之树学区诉皮科（Island Trees School District v. Pico, 1982）一案的判决中指出："地方学区理事会不可以因为不喜欢某些书中所表达的思想，而简单地将其从学校图书馆的书架上移走。"更确切地说，他们必须确保即使为了不让学生接触他们不赞同的思想，也不可以将这些书移走，因为这样的行为已经违反了宪法第一修正案。然而，这些都不能阻止各学区因种种提及的理由查禁上面所列举的图书。

对图书馆书籍和教科书的争议将社区撕裂成好几个部分，没有一个社区能够免受审查制度的影响。自认为被剥夺了公民权或缺乏权利的群体寻找一种合法方式，通过禁书表达自己的信仰并发泄自己的失望情绪。例如，极端原教旨主义者（拥有政治主张的原教旨主义者）"寻求将祈祷纳入公立学校的课程，因为这是肯定其宗教价值观和信仰系统的一种象征"（Provenzo, 1990, p.88）。禁书是一种象征性胜利，它既是地位政治上的胜利，也是重新获取1960年代社会革命中所迷失的东西的胜利。

当宗教权利博得政治权力时，公立学校和图书馆的审查事件便与日俱增。关键在于，对课程内容的决定反映出更广泛的问题：人民生活的权力和控制、儿童所面临的影响、对信仰系统的威胁以及社区的变化。抵制课程变革的动力大多来自农村和小城镇地区，那里的居民感受到了快速变革的城市化的世界所带来的压力，它们正在威胁着许多人长期持有的信仰和价值观。

多数教育者认为审查制度已经对学术自由构成威胁；呼吁禁书的团体则认为他们是在保护儿童，使儿童免受世俗主义、淫秽、种族问题、"有害"生活方式、亵渎上帝的对话、性场景或对话、过度暴力以及其他负面因素的影响。法院的裁决各不相同，但审理案件的天平会相对向学术自由和第一修正案权利这一方倾斜——限制禁书行为。面对这一问题，有些学区保留了有争议的图书，但为不赞同的家庭的孩子提供了其他选择机会。

> **思考与应用**
>
> 学区如何才能处理好不同利益集团的竞争性要求？

社会控制的功能与个体发展

按照一些教育学家和社会学家的说法，美国学校教育最大的危机在于道德权威的陨落。人们将此视为危机，是因为学校的一个主要功能就是促进儿童社会化，以适应他们的公民角色。

功能主义理论认为，共同体成员都希望学生学习相应的技能和价值观——服从、守时、坚韧、尊敬及其他，这些都是成为遵纪守法的有用公民必备的品格。通过正式或非正式的手段，人们寄希望于学校来灌输一些适合社会控制和个人发展的价值观，并对未来的学校和职场生活起到至关重要的作用。如此一来，社会问题就自然会减少，因为个体都受到了训练，以一种可接受的方式去适应社会。但不幸的是，一些学校毫无章法，未能发挥其应有的功能，他们实际上培养的可能是罪犯，而不是将来能够融洽地融入社会的孩子（Arum, 2003; Paulle, 2013）。发生于校园中的威胁、恐吓以及真实的暴力事件，"营造了一种混乱无序的氛围，打断了教学进程，尤其是在人们普遍贫穷的城市学校。学校的混乱无序往往与众多枪击案联系在一起，这削弱了个体对校园安全的感受。"（Arum, 2003, p.3）过去十年的民意调查显示，学校中缺乏纪律约束是或差不多是多年来最受关注的问题（Phi Delta Kappan/Gallup Poll, 2015）。

近年来，法院越来越多地介入学校里的冲突，涉及的问题都是围绕着个人权利与学校维护秩序的需要而展开（Arum, 2003）。尽管学校在纪律裁决方面拥有主要的权力，可如今案件进入诉讼程序，法院介入到裁决中，教育者对纪律裁决的作用就随之削弱了。对某些人来说，这意味着教育者失去了传递公民和道德秩序等文化价值观的能力。学校纪律在许多案件中已经成为一个宪法和法律问题（Hymowitz, 2000）。然而，冲突理论家对社会控制有着不同的看法。他们声称学校是资本主义社会的工具——

掌握培训机会、为社会系统的不同位置筛选人才、维护不平等的阶级系统。在讨论学校中的社会控制和个人发展的时候，我们需要记住这些理论观点。

从权威主义到人文主义，学校传递社会控制技能的方式多种多样。规训的过程是学校强化控制的主要方法。在学校中实现社会控制、培养守纪律的劳动者的各种方法，为社会也为学校自身制造了两难困境与争议。有两个相互关联的问题可以说明这一点：学校中的暴力与规训。

学校中的暴力和规训

学生而言，学校对于是个安全的地方，对吗？不对！至少对有些学校来说，这不对！伤害教师、欺凌与网络欺凌、斗殴、缺乏安全感，以及武器、唾手可得的毒品与酒精，所有这些都让一些学校饱受煎熬。仅 2012 年一年，全美国学校中就有 136.49 万起非致命性伤害事件。学生在校内受到伤害的几率（每 1000 名学生中有 52 名）比在校外（每 1000 名学生中有 38 名）更高，男生成为受害者的频率更高。为帮助治理这个问题，88% 的公立学校已经在校舍的入口处设岗，64% 的公立学校在所有门口设置监控器，43% 的公立学校增设安全保卫人员（Robers et al., 2014, p.iv）。

请参阅以下事实：2002—2012 年间，大约有 2.8 万名美国儿童以及青少年死于枪支（Mruphy & Rubio, 2014）。因此：

——超过 450 名孩子没能上幼儿园；
——另外还有 2700 名或更多孩子在他们还不能够坐在车子的方向盘前时就被枪械所杀；
——平均每天都有 7.8 名孩子被射杀；
——在阿富汗 11 年战争期间，在美国国内被枪杀的孩子，至少是在战争中被杀美国士兵的 13 倍。

2007—2011 年间，14258 名孩子死于枪伤——意外枪击事件、没上锁的枪支、团伙暴力、自杀以及学校中的蓄谋枪杀，也就是说平均每天有 7.8

人被射杀！（Kullgren, 2014）

15—19 岁间的男性死于自杀的比率超过女性的三倍（每 10 万人中，13 人∶4 人）；男性死于杀人的比率接近女性的六倍（每 10 万人中,11 人∶2 人），男性死于枪械相关事件的比率是女性的八倍（每 10 万个男性有 17 人）。黑人男性青少年杀人比率是 10 万中有 46 人，西班牙裔男性青少年杀人比率是 10 万中有 11 人，前者比白人男性青少年杀人比率高出 20 倍。大约有 46% 的学生携带武器到学校（Child Trends, 2014）。这些意味着什么？学校在保证校园没有武器方面、在处置学校教育失败方面、在面对帮派卷入方面，统统不成功，学校可能会成为暴力行为的场所。

学校文化实际上可能影响了学校中的偏差行为和侵害的层级。如果一种"无价值的文化"替代了乐观主义在学生与教师中盛行，学校中暴力事件便更有可能发生。相当正确的是，如果学生在种族混合的学校上学，他们会比在种族单一的学校上学的人经历更多的同伴暴力（Agirdag et al., 2011; Demanet & Van Houtte, 2011）。

学校同社会上的其他机构相比还是相当安全的，但是学校存在的暴力会直接影响到教育者和学生，降低学校的效能，妨碍学生的学习。不安全的校园环境会在学生中制造恐慌，减损成就，还会使那些原本由于其他原因已经面临学业失败风险的学生更加深陷危险境地。

尽管过去数年内的暴力事件有所下降，但或许这些依然是很严重的事件，公众都将"缺乏管束""打架、暴力和帮派"和"吸毒"视为全国学校面临的最严峻的问题（Bushaw & Lopez, 2010）。学生对学校的安全感与他们对邻里社区的安全和学校氛围的感受相关。如果要让学生感受到学校的安全，学校需要与临近街区紧密合作，共同保障学生在校及上学路上的安全（Kitsantas, Ware & Martinez, 2004）。

一方面，针对学生的犯罪活动总量已经下降，可另一方面，街头帮派在学校里的数量却正在增多（Anderson, 2016）。国家药物滥用及成瘾研究中心发现，45% 的公立学校学生报告说，他们学校里有帮派或帮派成员，这在城市学校以及在非洲裔、西班牙裔美国学生中所占的比例更高

（Anderson, 2016）。这又引出了有关学生穿戴帮派标志或标志性颜色的衣服上学的权利问题，以及有帮派成员的学校的其他所有学生的安全问题。

> **思考与应用**
>
> 学校应该成为守护完备的安全堡垒，还是应该减少强制和惩戒的行为？学校应该把麻烦的潜在制造者驱逐出去以换来更安全的环境，还是应该按照学校的规章制度对他们进行有效地教育？

这带来了另一个有争议的问题：学校应该使用什么类型的规训手段？如果学生捣乱或使用暴力，他们就破坏了其他学生的学习机会。在许多州，携带武器、非法拥有毒品、袭击学校职员或被指控犯有刑事重罪的学生都会被开除或停学。零容忍或"强硬"的规训方式可能解决直接的问题，但是接下来可能会导致更严重的衍生问题：如果学生不在学校，他们就无法学习；如果他们被停学，他们就会落后于其他学生并可能导致学业上的失败，为今后人生的失败埋下隐患（Shah, 2013）。教育者究竟应该怎样做呢？

1960—1975年间，停学是学校最常用的规训方式，65%的事件都会采取这种形式处理。1976—1992年间，使用停学方法的学校数量下降到40%。开除是另一种常见的规训方式（Arum, 2003, pp.55-56）。2011-12学年，有345万学生被停学，但是这么多学生的停学并没有改善学生的行为或学校的风气（能关注全体学生的社会、情感和行为需要）。停学所带来的是学业表现差，增加了辍学和不能按时毕业的学生数量，减少了学术参与，增多了未来的规训行为（US Department of Education, 2016b）。

社会学家强调指出，规训问题反映了在系统中学生与成人之间的权力斗争。在这个系统里，学生缺乏权力感，经常因为威权主义的规则限制了他们的思想和行为而发起反抗。这些社会学家认为，除非围绕在学生周围的强制、异化的权力结构彻底改变，否则规训永远都会是个问题。学校的行为可能容易鼓励一种暴力的文化。批评者宣称，惩罚不仅不会鼓励学生取得好成绩，而且容易使教师给他们贴上消极的标签。关键在于教师和学校可能会在原谅和使用强力的过程中无意间教授了暴力，或者，他们也可以选择通过创造一个文化氛围来减少暴力（专栏 2.3）。

〔专栏 2.3〕

学校中的低水平暴力

低水平的学校暴力无处不在，其形式主要有欺凌、同伴性骚扰、基于性取向的侵害以及教师对学生的心理虐待。根据研究与建议，我们必须以更积极主动的方式对此予以承认和处理。学校人员必须承担起领导者的职责，构思和实施旨在改变学校文化氛围的干预措施，以减少低水平暴力。

建议

为了预防、减少学校中潜在的低水平暴力，我们建议学校人员关注学校文化氛围的变化，并根据以下假设实施干预措施：

——每个个体在学校、在整个社会中，都应该有免受压迫、再三蓄意羞辱的权利。学校必须给学生和工作人员传递这样强烈的信息：所有形式的低水平暴力都是不恰当的；成人将对所有低水平暴力情形进行积极干预；如果不能在低水平暴力刚一发生时便能有意识地去阻止它，实际上便是在助长暴力。

——因为许多学校人员并不认为低水平暴力是一个严重的问题，所以非常有必要进行一次需求评估，同时明确告知所有学校人员低水平暴力的范围包括欺凌、同伴性骚扰、他们学校中基于已知或推测的同性恋取向的侵害，以及来自教师及其他教职员工对学生的心理虐待。如果不予重视，学校中的低水平暴力行为就会危及学生的学业成绩，破坏他们的身心健康，并可能引发报复性暴力。

——减少低水平学校暴力的最好办法是创造一种良好的学校文化氛围，它应具备的特征包括温暖热情，待人宽容，积极应对多样性，对他人观点保持敏感，学生、教师和学校工作人员之间合作互动，有一个期待并强化适当行为的环境。在学生违反限制和规则的情况下，应该始终坚持适用非敌对、非物质制裁的方法。

——同性恋恐惧症使得学校不仅仅对那些同性恋者不安全，对于所有学生都不安全。任何一位狭隘界定性别角色的学生都有可能成为反同性恋者的偏见和同性恋恐惧症患者的暴力和骚扰的目标。所有学校人员要努力协调一致，来解决人们对于同性恋的态度问题。

——必须在多个层面上同时采取有效的干预措施，而不仅仅只着眼于罪犯或受害者。这些多层面干预措施包括学校一级的干预（例如，为教师和学校工作人员举办冲突解决与多样性的培训工作坊）、课堂层面的干预（例如，定期安排课堂会议，学生和教师在里面参与讨论，进行角色扮演，开展防范各类形式低水平暴力的创造性活动）和个人层面的干预（例如，为低水平暴力受害者组建讨论小组）。

初中和小学高年级（六到八年级）是进行有效干预的关键时期，应该予以最优先安排。

——来源：David R. Dupper and N. Meyer-Adams, "Low-level Violence: A Neglected Aspect of school Culture," *Urban Education* Vol.37, No.3, pp.350-364. (Using last print page in article, pp.362-368.) Copyright ©2002 by SAGE Publications.Reprinted by permission of SAGE Publications.

学校已经转而采用一些其他方式来处理规训问题，包括小规模学校、单一性别班级、强制性家长参与、选择性的特许学校、职业教育项目，或平日学校、夜校和周末学校，还有些方式将在以后的章节中进行讨论。尽管停学可以达到解决问题和惩罚学生的直接目标，但这可能会形成增加社会成本的长期问题。例如，我们减少了停学学生创造性生活的机会、限制其受教育的机会、增加了其辍学率，最终会导致他们对社会福利服务的依赖性，将来被送进监狱或者精神病院的几率也可能更高。许多学区使用的替代办法是留校察看，限制其行为，但允许其在严格的监督下继续学业。研究发现，采取停学和开除的替代办法可以提升学校安全感、优化校风。"积极的行为干预"方式，可以帮助解决问题行为的深层诱因，同时还促进了更多的学术参与和学业成就，降低了学校中停学和辍学的学生数量（Theriot, Craun & Dupper, 2010）。

所有人都有一些基本的需要——食物、住所、爱和情感、尊重、信任、知识和真理（Maslow, 1962）。如果基本需要得不到满足，儿童就会有破坏性行为。例如，如果孩子来上学时饿着肚子，家又缺少关爱，他们很有可能会在学校里捣乱。教师也不是总有时间、精力和兴趣去直接解决这些问题，而是采取规训和控制的办法，如体罚、开除（十天以上）、停学（十天以内）、放学后留校、转到其他班级或学校、取消某些权力、给孩子服用镇静药或者开设特殊教育班。学校里的问题不会有简单的答案，最关键的是因为它们反映了整个社会的问题。

> **思考与应用**
>
> 在什么情况下，严厉的威权主义的规训会达到最好的效果？如果采取更多"积极的行为干预"方式，效果会怎么样呢？停学的方法是否可以采用？如果可以的话，那应该在什么情况下才可以采用？

挑选与配置的功能：分类筛选过程

社会或学校是怎样来决定你或你的同桌能否考上最好的大学，进入理想的专业，获得更受尊重的高薪工作的？尽管这一问题在第三、四、五章中会有详细讨论，我们此处还是要探讨一下多数工业化国家对筛选学生的一种方法——考试。考试在人员配置中的作用以及考试是否对所有学生都公平，这些都有很大的争议。

考试的游戏

许多现代工业国家都强调成绩和特长。在考试导向的社会中，擅长考试可以带来很大的好处。我们中的大多数人都得面对智商测试（IQ）、天赋测试、学业测试、职业兴趣测试、心理测试、公务员考试、学术能力考试（SATs）、美国大学考试（ACTs）、米勒类比考试、研究生入学考试、专业学校考试、工作能力考试等。

学校在不同的检查环节都使用考试来对学生进行学习跟踪或分流，以确认学生的成绩是否达到该年级要求的水平，其中一部分原因在于学校要向社区汇报学生的成绩。现在许多州都要求学生高中毕业前必须通过考试，而且学生进入本科院校必须参加学术能力考试或美国大学考试。考试已经成为我们生活中的一部分，它帮助教育者和其他人根据申请者的能力进行挑选与配置。在考试过程中，是否会有一些群体拥有特别的优势呢？

关于智商测试分数的使用多年来一直争议不断。法国的阿尔弗雷德·比奈（Alfred Binet）第一个开发了智商测试，用来诊断智力障碍和个体有困难或薄弱的领域。比奈认为个体的智力不是一种固定不变的能力，可以通过专业训练来提高。在民众的分配安置中使用这种测试办法并非比奈的主意，但这种做法很快就得到了普及。美国军队的新兵都要接受智商测试，并据此将他们分为阿尔法（有文化的）和贝塔（没文化的）两类，以便将来在军队安排各种职务。当学校也使用这种方法来对学生进行筛选时，人们对智商测试的争议也就更加白热化。测试的实践受到了抨击，但许多学区仍然使用智商测试来对学生进行分配与安排。自1970年代起，随着几本有关智商测试的性质和应用的著作和论文的出版，相关的争论更加激烈，智力测试的有效性问题越来越成为大家关注的焦点。

思考与应用

列举某一个你认识的看起来很聪明的人，用笔简略地记下他或她有哪些特征使你觉得这个人很聪明。将你对智力的看法与别人对智力的看法作一下比较。在你对智力的定义中，可能有一些会与别人重合，也会有一些会与人不同。你会怎么样设计试题来测量这些与别人不同的特征呢？为什么会这么设计？

越来越多最新的智力理论都把智力定义为一个复杂的推理系统。霍华德·加德纳将人类多领域的基本能力称为"多元智能"——包括实践、社会、音乐、空间以及其他方面的能力（Howard Gardner, 1987）。继1983年

提出了多元智能的概念后，他最近又给智力增添了"自然观察者智能，即一个人辨别周围环境中的植物和动物的能力"（Gardner, 1999）。

多元智能理论对"一刀切"的教育方式提出了挑战，并鼓励对不同学习风格的学生应该使用不同的方法。霍华德·加德纳认为智力不是单一的概念，而是由多个因素组成的。

〔专栏 2.4〕
多元智能与学习风格：霍华德·加德纳的八项智能

单一智能观念认为，人拥有一个核心"计算机"，智能就存在于这台"计算机"里，多元智能理论则是对这种观念的挑战。最初提出这一理论的是哈佛教授霍华德·加德纳，他认为人类智能有多种类型，每种智能都代表了不同的信息处理方式。

——言语—语言智能是指一个人分析信息，从事演讲、书籍和电子邮件等口头和书面语言的能力。

——逻辑—数学智能是指应用等式和证明进行运算并解决抽象问题的能力。

——视觉—空间智能可以使人们理解地图和其他类型的图像信息。

——音乐智能可以使人理解和创造不同类型的声音的意义。

——自然观察智能指的是识别和区分自然界中不同类型的植物、动物和天气形态的能力。

——身体—动感智能可以使人利用自己的身体创造作品或解决问题。

——人际智能反映了一种认识和理解他人的情绪、欲望、动机和意图的能力。

——内省智能是指一个人认识、评价自己同一内在特征的能力。

这些类型代表了不同的智力能力，为深入思考问题提供了一个强有力的路径。学习风格（learning styles）是指个体着手完成包括学习在内的各种任务的不同路径：视觉、听觉、动觉、冲动、反射、左右脑。教育者使用这些概念——多元智能和学习风格,可以更好地适应学生学习的多种类型。为学生提供不同的情境,充分调动他们的各种感官,已经被研究证明有助于促进学习。

——来源 Edutopia, 2015, "Multiple Intelligence: What does the research say?" April 9., Retrieved March 24, 2016 (www.edutopia.org/multiple-intelligence-research).

随着课堂越来越多样化、互联网化,包容性越来越强,教师就需要帮助学生准备标准化考试,因此,了解学生如何学习,掌握能够满足学生需求的策略,就变得越来越重要(Tomlinson, 2014)。

学业测试

全世界的学生都一样紧张不安地等待着去认识自己的未来。入学考试的结果把控着许多年轻人进入未来大门的钥匙——学业测试的分数和大学录取通知书。因为大学系统的空间有限,绝大多数国家都依靠入学考试来为大学选拔考生。那些考试分数决定了许多学生要么进入大学,要么被大学拒之门外。分数很重要,也富有争议,因为这触碰到了我们在社会中如何评价与配置人的核心问题。

随着联邦政府对考试和绩效要求以及州政府对高中的考试要求,所有的学生都面临阅读、数学、科学等多门学科测试的境况。不管这些考试要求是否公平,也无论这是促进了教育,还是使一些孩子掉队,这些都是对考试的讨论中的各种矛盾。简而言之,那些偏爱基本技能考试的人指出了几个因素:它可以加强对学生和学校的问责;可以激励学生真正地学习知识,而不是为考试死记硬背;知识是前后连贯一体的,因此,学生一旦开始学得不好,以后肯定落后。考试可以使学校发现那些落后的学生,同时,支持者还声称,正是通过考试,学生可以表现出色(Samuelsen, 2001)。

与之相对,那些反对基本技能考试的人声称,标准化考试可能存在偏差或不公平,考试失利的学生会受到惩罚;这削弱了教师工作的灵活度,同时为考试提供学习资料意味着其他资料会失去关注(Messerli, 2003)。

作为学生和学校的考试所带来的意外后果,为考而教、按结果配置,这些都让家长、教育者、政策制定者产生疑惑。举例来说，不同出身背景的学生并没有进入拥有相同资源和机会的学校，以一次或几次高风险的大考来决定学生的未来有可能使一些学生落在后面，而他们往往都是系统宣称要尽力帮助的学生（Samuelsen, 2001）。

考试的设计者会继续提高考试的有效性，教育者也将继续质疑课程材料与考试题目之间的关系，家长和学生也仍然会共同考虑考试对人生机会的意义；人们也会继续关注考试低分与教育者的学校、工资之间的关联（Morse et al., 2001）；同时，少数人也会密切地关注着考试中出现的偏差。然而，在精英管理的体制中，某些形式的考试无论多么不完善都可能继续下去。这就是充满争议的挑选和配置的功能。近来，问责文化已经促使许多州的立法委员、家长和教育者都反对考试的文化，强烈抵制过多的考试，呼吁减少考试次数，杜绝儿童参与测试。

美国为将要上大学的高中生安排了两个全国性学业测试：学术能力考试（SAT）和美国大学考试（ACT）。由于对学业成绩在预测学生成功中的重要性、考试是否对所有学生都公平这些方面存有争议，超过850所学院和大学已经引进"考试可选项"和"考试灵活度"的入学标准，在学生进入学位项目学习时并不要求具有学术能力考试和美国大学考试的成绩（Fair Test, 2016）。表 2.1A 和表 2.1B 显示了在标准化考试中不同种族和族群的成绩差异。

表 2.1A　SAT 平均分数
[按种族/族群（2000-01, 2008-09, 2014-15）]

种族/族群	2000-01	2008-09	2014-15
学术能力考试——阅读			
全体学生	506	501	495
白人	529	528	529
非洲裔美国人	433	429	431
墨西哥裔美国人	451	453	448
波多黎各人	457	452	456
其他西班牙裔	460	455	449
亚裔/太平洋海岛	501	516	525
印第安人/阿拉斯加本地人	481	486	481

续表

种族/族群	2000-01	2008-09	2014-15
其他人	503	494	490
学术能力考试——数学			
全体学生	514	515	511
白人	531	536	534
非洲裔美国人	426	426	428
墨西哥裔美国人	458	453	457
波多黎各人	451	450	449
其他西班牙裔	465	461	457
亚裔/太平洋海岛	566	587	598
印第安人/阿拉斯加本地人	479	493	482
其他人	512	514	519

注：数据为高中毕业生在最后一年的3月里参加SAT的成绩。如果有学生考了多次，那仅计算最近一次的分数。SAT的前身为学术评价考试和学术态度测试。该考试每一部分的分数都在200—800分之间。批判性阅读部分以前是言辞部分。写作部分是在2005年3月才引进来。SAT的写作部分在2006年加入，全体学生的平均分为497，2015年平均分为484。

来源：US Department of Education, National Center for Education Statistics, *Digest of Education Statistics, 2009 (NCES 2010—13)*, 2010, Chapter 2, Table 143; SAT 2015 *College-Bound Seniors 2015 Total Group Profile Report*.September 302015. Retrieved March 242016 (https://secure-media.collegeboard.org.digitalservice/pdf/sat/total-group-2015.pdf).

表2.1B ACT平均分数[按种族/族群]

种族/民族	年份		
	2000	2009	2015
白人	22.7	22.2	22.4
非洲裔美国人	17.8	16.9	17.1
墨西哥裔美国人	19.5	-	-
波多黎各人	20.5	-	18.9
亚裔	-	-	23.9
亚裔/太平洋海岛	22.4	23.2	-
印第安人	20.4	18.9	17.9

注：2016年，一些分类有变化。

来源：Jaschik, Scot. 2015. "ACT Scores are Flat." August 26. *Inside Higher Ed*. Retrieved March 24, 2016 (www.insidehighered.com/news/2015/08/26/act-scores-years-are-flat-and-racial-gaps-persist).

> **思考与应用**
>
> 根据表 2.1A 和表 2.1B，你对每个种族或族群的教育产生了哪些认识？这些成绩可能都受到哪些因素的影响？

变革和创新功能：展望未来

　　学校联结着未来。正是通过科研和向下一代传授新知识，社会才向前发展。大学一般都位居科研的最前沿，并将知识传授给学生。尽管几乎无人否定变革的必然性，但对于变革如何发生以及谁控制变革，人们还是心存疑虑。有一件事我们都知道，那些拥有 21 世纪的技术和知识的人，那些知道如何获取重要信息来掌控未来的人，将为这一变革做好准备，并会在等级制度中获得地位。学校是否可以传授和运用教学工具来传递新技术呢？这些教学工具是否可以平等地为所有人服务呢？

　　计算机技术的普及让所有层面的教育者向学生传播信息的过程发生了翻天覆地的变化。"传统课堂"上，学生只是听老师讲；而"后现代课堂"上，老师则在讲课的同时运用高分辨率的计算机图形、视讯片段、虚拟声音、受欢迎的多媒体平台和基于网络的课堂组织软件，如 PPT、网络教育平台（WebCT）、课程工作室（Course Studio）、模块化面向对象的动态学习环境（Moodle）以及黑板教学资源平台（Blackboard）来强化教学。传统课堂的学生通过阅读一篇课文去学习遥远地方的文化，但后现代课堂的学生则通过互联网与不同文化背景的人直接互动交流。

　　公立学校教育技术发展的主要趋势如下：

　　1. 课堂上移动设备的使用在持续增长：89% 的高中生进入移动互联。

　　2. 互联网连接：学生使用 3G 和 4G 设备或通过电视和游戏机连接。

　　3. 在课堂作业和家庭作业中使用视频：46% 的教师在教室使用视频，帮助三分之一的学生在线完成家庭作业。

　　4. 移动设备作业：60% 的学生用于检索，43% 用于教育游戏，40% 用于同伴合作。

5. 不同的工具基于不同的任务：学生知道使用不同的工具来完成不同的任务，包括电子阅读器和做笔记。

6. 注意到数字足迹：学生越来越意识到他们在网上发布的内容以及潜在的后果。

7. 人们对在线学习的兴趣越来越大：学生越来越喜欢在线课程，对数学和外语最感兴趣。

8. 游戏和性别差距：许多学生使用游戏概念来应用于困难概念的学习上，并用于寻求职业机会。此外，对游戏的兴趣在性别上已无差距。

9. 学校里的社交媒体：学生把社交媒体看作是他们校外生活中的一个无所不在的部分，并希望它成为课堂中一个更大的构成部分。

10. "终极学校"的设备：56%的学生认为笔记本电脑是最重要的，51%的学生选择数字阅读器，48%的学生选择平板电脑。另外，有62%的学生想使用自己的设备（Riedel, 2014）。

在后工业社会，所有教育层次上的技术可及性都会达到100%。美国接近100%的公立学校都连接了互联网，许多学生使用移动设备上网以达到教育目的（Nagel, 2014）。许多学校都有全职的技术主任（Parsad & Jones, 2005）。如果考虑到1994年只有3%的学校拥有互联网，这真是一个惊人的变化！总之，后现代课堂正在快速取代传统课堂。

计算机技术的运用在高等教育机构中也同样普遍，特别突出的是远程学习——一种以低成本让大量学生接受教育的办法。通过双向互动视频链接和互联网，学生可以学习在线课程，获得学分。73%的提供远程学习的高等教育机构报告说，他们提供的在线学习需求在不断增加。同私立机构相比，公立机构更有可能开设远程学习课程，90%的两年制学院都开设了远程学习课程。2013年秋季，有一半的学生参加了一个或多个在线课程学习。远程学习的支持者指出，它为没上大学的学生提供了机会，为那些时间受限的人提供了灵活性。包括一些教授在内的批评者则指出，有可能出现质量掺水和娱乐消遣的课程，同时也缺少与教授和其他同学的互动机会（Parry, 2010）。然而，随着远程学习课程的推广，通过这一媒介学习的学生会越来越多。

在家上网的学生可能会被发现，他们一边上网做作业，一边用他们的平板电脑、手机和其他技术进行多重任务处理。新技术进入眼前图景的步伐，要远快于学生或他们的父母和老师所能跟得上的速度（Hiemstra & Poley, 2007）。世界各地的网民数量迅速扩张——1995 年 1600 万，2001 年 5 亿，2007 年 13 亿，2016 年 20 亿（到 2020 年，互联网使用者数量估计达 32 亿，占世界人口的 44%）（Drori, 2006; IDC, 2015; Miniwatts Marketing Group, 2008）。中国、印度以及印度尼西亚将会在未来五年的互联网使用收益中占有一半的份额（IDC, 2015）。世界各地的教育工作者和政策制定者必须研究如何有效利用教室里的计算机和因特网，如何为不同地区和学校公平地分配技术专家。如果这些问题不能得到解决，一些学生可能会在 21 世纪的数字分化中被落下。

> **思考与应用**
>
> 教育者如何才能更好地教学，如何才能帮助学生为未来做好准备？

我们选择考察的任何教育问题都可以归到教育的某一项功能之下，如何发挥这些功能却有一些相互冲突的观点。本章提供了围绕教育而展开的争论的一个例子。当你进一步扩展你的阅读时，要在头脑里记住这些相互冲突的功能观点。我们现在将要转向一个围绕挑选和配置的学校功能所引发的争议问题，这一功能往往通过分层的过程而发生（详见第三章）。

小　结

本章里，我们认识了教育的五种主要功能，以及教育系统行使功能的过程、行使这些功能时产生的冲突。

1. 教育的冲突功能

为了说明教育系统的动态性质，我们讨论了围绕每项功能所产生的争议。这些功能旨在为学生未来的公民和经济生活做准备。

2. 教育系统中过程的重要性

过程是系统的行动部分。它们将系统及其各部分与外界环境联系起来。论及的每项功能都涉及教育的过程。

3. 社会化功能：我们学什么和怎么学

我们讨论了两个争议：

早期儿童教育的争议　争议主要围绕谁提供早期教育和早期教育的长期效果。研究发现，贫困儿童早期教育项目有着长期正面的效果，尤其是在尝试项目能够持续下去的时候，同时，早期教育对其他孩子没有负面影响。

媒体和技术在社会化中的作用　争议主要在于媒体在教育或娱乐中的作用以及看电视可能产生的负面效果。看电视过多会影响成绩，电视中的暴力可能会增加攻击性行为。有明显的证据证明，家长参与电视节目的选择有积极效果，观看儿童教育性电视节目也有积极效果。

4. 文化传承功能和文化传递的过程

人们已经在关注低能学生的问题，低能表现为标准化考试分数低和文盲。一些人主张用严格的核心课程来弥补这些缺陷，另一些人则主张少一些标准化考试，少一些为考而教。教什么、谁来决定教什么也是两个有争议的问题，特别是在一个异质化的社会。两个典型的争论领域是：（1）反毒品教育和性教育，（2）教科书和图书馆图书的审查制度，特别是对进化论和神创论等所关注的问题。

5. 社会控制与个人发展功能

学校在维持社会控制中涉及两个意图冲突的问题：暴力和规训。争议的核心在于使用什么类型的规训、帮派在争夺学生关注方面的作用，以及如何处理校园中的帮派和暴力。

6. 挑选与配置功能：筛选过程

这里最关键的争议是如何将不同的个体安置在学校与社会上的职位上。由于考试在上学和就业安置中被广泛使用，因此我们讨论了这一程序的公平性问题（这一功能将在第三章、第五章进一步讨论）。

7. 变革与创新功能：展望未来

这里提出的一个大问题是谁可以获得社会进步所需的技术培训机会。

在某种程度上,世界上有一些学生会比其他人获得更多的技术培训机会,他们在未来的职业生涯中更具优势,从而与掉队那些的人之间形成一道"数字鸿沟"。本章还讨论了课堂信息技术使用的问题。

 思考题

1. 作为一名学生,你的角色都会涉及哪些主要的学校教育过程?可以展开讨论。
2. 在你所了解的城市里,出现了哪些关于课程内容的争议?这些争议背后隐含着哪些社会学的要素?
3. 参访一家早期儿童教育机构,并观察儿童获得了哪些与家庭经验截然不同的社会化经验。
4. 与一些幼儿的家长和老师讨论他们对幼儿教育的看法。
5. 访谈原教旨主义的宗教领导人,征询他们对学校课程内容的看法。如果有的话,他们希望看到的都有哪些变化或者应该增加哪些内容?如果你所在地区有原教旨主义的教会学校,尽量去看看,观察并了解一下他们的教学项目。
6. 与学校董事会成员、行政人员讨论一下,不同的压力团体对他们的决策会产生哪些影响,一般都会涉及哪些问题,他们会采取哪些策略。
7. 与几位教师共同探讨一下,他们认为最有效的帮助儿童学习的方法是什么,他们在课堂上所采用的规训方法有哪些。
8. 你所在地区的学校所面临的最大的纪律问题是什么?参观不同类型社区的各一所学校,从中发现他们共同的纪律特征、在纪律问题上的相同点与不同点的形成原因。这一问题可能需要去进一步了解学校究竟如何解决纪律问题。
9. 访谈几位不同年龄的学生,了解他们对规训与学生权利的看法。
10. 了解你的学科领域对计算机与互联网的接触与使用机会。学校都会怎样使用计算机?不同学校之间,学生使用电脑是否存在差别?

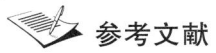 参考文献

ACLU. 2016. "Student Speech and Privacy." Retrieved March 18, 2016 (www.aclu.org/issues/free-speech/student-speech-and-privacy?redirect=free-speech/student-speech).

Agirdag, Orhan, Jannick Demanet, Mieke Van Houtte, and Piet Van Avermaet. 2011. "Ethnic School Composition and Peer Victimization: A Focus on the Interethnic School Climate." *International Journal of Intercultural Relations* 35(4): 465-73.

American Academy of Pediatrics. 2013. "Condom Use by Adolescents: Committee on Adolescence." *Pediatrics* 132(5) (November): 973-81.

American Library Association. 2015. "Ten Top Frequently Challenged Books Lists of the 21st Century." Retrieved October 11, 2016 (www.ala.org/bbooks/frequentlychallengedbooks/top10).

Anderson, Marie. 2016. "Statistics on Gangs in Schools." Retrieved March 24, 2016 (education.seattlepi.com/statistics-gangs-schools-2199.html).

Apple, Michael W., and Lois Weis. 1986. "Seeing Education Relationally: The Stratification of Culture and People in the Sociology of School Knowledge." *Journal of Education* 168(1).

Arum, Richard A. 2003. *Judging School Discipline: The Crisis of Moral Authority.* Cambridge, MA: Harvard University Press.

Bailey, David H. 2016. "What Has Been the Outcome of Court Cases Testing Creationism and Intelligent Design?" January 1. Retrieved March 23, 2016 (www.sciencemeetsreligion.org/evolution/court-cases.php).

Bell, Terrel. 1983. "A Nation at Risk." *National Commission on Excellence in Education*, April report, p.5.

Bloom, Benjamin S. 1976. *Human Characteristics and School Learning.* New York City: McGraw-Hill.

Borman, Kathryn M., and Bridget A. Cotner. 2011. "No Child Left Behind—and Beyond: the Federal Government Gets Serious about Accountability," in Jeanne Ballantine and Joan Spade (eds), *Schools and Society: A Sociological Approach to Education*, 4th ed. Thousand Oaks, CA: Pine Forge Press.

Bowles, Samuel, and Herbert Gintis. 1976. *Schooling in Capitalist America: Education and the Contradictions of Economic Life.* New York City: Basic Books.

Burns, Monica. 2013. "Teach with Your iPhone Apps to Use in the Classroom." June 10, *Edutopia*. Retrieved March 20, 2016 (www.edutopia.org/blog/iphone-apps-for-classroom-monica-burns).

Bushaw, William J., and Shane J. Lopez. 2010. "A Time for Change: The 42nd Annual *Phi Delta Kappan*/Gallup Poll of the Public's Attitudes Toward the Public Schools." *Phi Delta Kappan* 92(1): 9-26.

The Carnegie Corporation. 1990. "Education that Works: An Action Plan for the Education of Minorities."

The Center for Comprehensive School Reform and Improvement. 2006. "CSRQ Center Report on Middle and High School CSR Models." Retrieved September 22, 2016 (www.bestevidence.org/word/CSRQ_MS_and_HS_Reading_Nov_06_2006.pdf).

Chen, Brian X. 2009. "How the iPhone Could Reboot Education." Retrieved August 24, 2010 (www.wired.com/gadgetlab/2009/12/iphone-university-abilene/).

Child Trends Databank. 2014. "High School Students Carrying Weapons." Retrieved March 24, 2016 (www.childtrends.org/?indicators=high-school-students-carrying-weapons).

The Conversation. 2015. "What are the Limits to Free Speech in Schools?" Retrieved March 18, 2016 (http://theconversation.com/what-are-the-limits-to-free-speech-in-schools-49545).

Craig, Thomas Toch, and Jerald Erin Dillon. 2007. "Surprise—High School Reform is Working." *Phi Delta Kappan* 88(6): 433-7.

Darling-Hammond, Linda. 2010. *The Flat World and Education: How America's Commitment to Equity will Determine our Future*. New York City: Teachers College Press.

Demanet, Jannick, and Mieke Van Houtte. 2011. "Social-Ethnic School Composition and School Misconduct: Does Sense of Futility Clarify the Picture?" *Sociological Spectrum* 31: 224-56.

Dewey, John. 1966 [1916]. *Democracy and Education*. New York City: Free Press.

Dreeben, Robert F. 1968. *On What is Learned in School*. Reading, MA: Addison-Wesley.

Drori, Gili S. 2006. *Global E-litism: Digital Technology, Social Inequality, and Transnationality*. New York City: Worth.

Dupper, David. R., and N. Meyer-Adams. 2002. "Low-Level Violence: A Neglected Aspect of School Culture." *Urban Education* 37(3): 350-64.

Early, D. M., K. L. Maxwell, M. Burchinal, S. Alva, R. H. Bender, D. Bryant, K. Cai, R. M. Clifford, C. Ebanks, J. A. Griffin, and G. T. Henry. 2007. "Teachers' Education, Classroom Quality, and Young Children's Academic Skills: Results from Seven Studies of Preschool Programs." *Child Development* 78(2): 558-80.

Education World. 2016. "Banning Books from the Classroom: How to Handle Cries for Censorship." March 24. Retrieved March 23, 2016 (www.educationworld.com/a_curr/banning-books-from-the-classroom.shtml).

Edutopia. 2015. "Multiple Intelligences: What Does the Research Say?" April 9. Retrieved March 24, 2016 (www.edutopia.org/multiple-intelligences-research).

Exploring Constitutional Conflicts. 2006. "The Evolution Controversy." Retrieved August 26, 2010 (www.law.umkc.edu/faculty/projects/ftrials/conlaw/evolution.htm).

FairTest. 2016. "850+Colleges and Universities that Do Not Use SAT/ACT Scores to Admit Substantial Numbers of Students into Bachelor Degree Programs." Spring. *National Center for Fair and Open Testing*. Retrieved March 24, 2016 (www.fairtest.org/university/optional).

First Five Years Fund. 2016. "President Obama's FY2017 Budget Prioritizes Early Childhood Development and Education." Retrieved October 11, 2016 (http://ffyf.org/news/president-obamas-fy2017-budget-prioritizes-early-childhood-development-and-education/).

Gallup Poll. 2015. "Americans List Biggest Challenges of U.S. Schools." Retrieved September 2016 (www.gallup.com/poll/7327/americans-list-biggest-challenges-us-schools.aspx).

Garcia, Jennifer. 2013. "AAP Policy Statement: Provide Condoms to Adolescents." October 28. *Medscape*. Retrieved March 23, 2016 (www.medscape.com/viewarticle/813290).

Gardner, Howard. 1987. "The Theory of Multiple Intelligences." *Annual Dyslexia* 37(1): 19-35.

Gardner, Howard. 1999. *Intelligence Reframed: Multiple Intelligences for the 21st Century*. New York City: Basic Books.

Hart, Betty, and Todd R. Risley. 1995. *Meaningful Differences in the Everyday Experience of Young American Children*. Baltimore, MD: Paul H. Brookes Publishing Co.

Head Start. 2016. "Improving Head Start for School Readiness Act of 2007." Retrieved March 18, 2016 (eclkc.ohs.acf.hhs.gov/hslc/hs/about).

Hiemstra, Roger, and Janet Poley. 2007. "Lessons Pertinent for Teaching with Computers" (American Distance Education Consortium in Lincoln, Nebraska. Heldref Publications). *The Clearing House* 80(3) (January/February): 144-8.

Hill, Paul, and Mike Johnston. 2010. "In the Future: Diverse Approaches to Schooling." *Phi Delta Kappan* 92(3): 43-7.

IDC. 2015. "Mobile Internet Users to Top 2 Billion Worldwide in 2016, According to IDC." December 17. Retrieved March 24, 2016 (www.idc.com/getdoc.jsp?containerId=prUS40855515).

Jackson, P. W., R. E. Boostrom, and D. T. Hansen. 1993. *The Moral Life of Schools*. San Francisco, CA: Jossey-Bass.

Jaschik, Scott. 2015. "ACT Scores are Flat." August 26. *Inside Higher Ed.* Retrieved March 24, 2016 (www.insidehighered.com/news/2015/08/26/act-scores-year-are-flat-and-racial-gaps-persist).

Kempner, Martha. 2013. "C. Everett Koop: The Surgeon General Who Put Science before Personal Ideology." February 28. *Rewire.* Retrieved March 24, 2016 (https://rewire.news/2013/02/28/c-everett-koop-the-surgeon-general-who-put- science-before-personal-ideology/).

Kirby, Douglas. 2000. "Making Condoms Available in Schools." *Western Journal of Medicine* 172(3) (March): 149-51.

Kitsantas, Anastasia, Herbert W. Ware, and Rosario Martinez-Arias. 2004. "Students' Perceptions of School Safety: Effects by Community, School Environment, and Substance Use Variables." *The Journal of Early Adolescence* 24(4): 412-30.

Komoski, Ken. 2007. "21st Century Teachers and Learners: Prosumers in a Bi-literate Knowledge-Driven World," paper presented at AACE-SITE 2007 Annual Conference, San Antonio, TX, March 25, 2007.

Kullgren, Ian K. 2014. "Do an Average of Nine Children a Day Die in the United States of Gunshot Wounds?" June 27. *PolitiFact.* Retrieved March 23, 2016 (www.politifact.com/oregon/statements/2014/jun/27/brady-campaign-prevent-gun-violence/do-average-nine-children-day-die-united-states-gun/).

Leal, Fermin. 2015. "Survey: Most High School Students Feel Unprepared for College, Careers." July 30. *EdSource.* Retrieved March 23, 2016 (edsource.org/2015/survey-most-high-school-students-feel-unprepared-for-college-careers/83752).

Lebo, Lauri. 2008. *The Devil in Dover:An Insider's Story of Dogma v. Darwin in Small-Town America*. New York City: New Press.

Literacy Project Foundation. 2016. *Staggering Illiteracy Statistics.* Retrieved March 22, 2016 (literacyprojectfoundation.org/community/statistics/).

Maslow, Abraham H. 1962. *Toward a Psychology of Being.* New York: Van Nostrand Reinhold.

Menehan, Kelsey. 2007. *Researchers Look at Which School-based Drug Education Programs are Most Effective.* Princeton, NJ: Robert: Wood Johnson Foundation.

Messerli, Joe. 2003. "Should K-12 Students be Required to Complete State-sanctioned Minimum Skills Tests?" Retrieved April 23, 2007 (www.balanced politics.org/school_testing.htm).

Miniwatts Marketing Group. 2008. "Internet World Stats, 2008." Retrieved July 7, 2008 (www.internetworldstats.com/stats.htm).

Morse Jodie, Ann Blackman, Dan Cray, Mitch Frank, and Maggie Sieger. 2000. "Is That Your Final Answer?" *Time* 155(25), June 19, 2000. Retrieved April 23, 2007 (http://content.time.com/time/magazine/article/0,9171,47123,00.html).

Murphy, Kate, and Jordan Rubio. 2014. "At Least 28,000 Children and Teens were Killed by Guns Over an 11-Year-Period." *Gun Wars.* Retrieved March 23, 2016 (gunwars.news21.com/2014/at-least-28000-children-and-teens-were-killed-by-guns-over-an-11-year-period/).

Nagel, David. 2014. "One-Third of U.S. Students Use School-Issued Mobile Devices." April 8. *The Journal: Transforming Education through Technology.* Retrieved March 24, 2016 (https://thejournal.com/articles/2014/04/08/a-third-of-secondary-students-use-school-issued-mobile-devices.aspx).

The National Center for Public Policy and Higher Education. 2012. "Beyond the Rhetoric: Improving College Readiness through Coherent State Policy." Retrieved March 23, 2016 (www.highereducation.org/reports/college_readiness/gap.shtml).

National Center for Science Education. 2010. "Still Trying to Get Creationism in Science Classes." Retrieved August 26, 2010 (http://ncse.com).

National Head Start Association. 2007. "Head Start Research." Retrieved April 27, 2007 (www.nhsa.org/research/research_re_bites_detail.htm).

National Institute on Drug Abuse. 2010. "NIDA InfoFacts: High School and Youth Trends." Retrieved August 26, 2010 (www.drugabuse.gov/infofacts/hsyouthtrends.html).

National Institutes of Health. 2015. "Drug Use Trends Remain Stable or Decline Among Teens." December 16. *National Institute on Drug Abuse: Monitoring the Future.* Retrieved March 23, 2016 (www.drugabuse.gov/news-events/news-releases/2015/12/drug-use-trends-remain-stable-or-decline-among-teens).

National Research Council. 2000. *From Neurons to Neighborhoods: The Science of Early Childhood Development.* New York City: Carnegie Foundation of New York.

National Science Foundation. 1992. *America's Academic Future.* Retrieved April 3, 2011 (www.nsf.gov/publications/pub_summ.jsp?ods_key=nsf 91150), pp.1-4.

National Survey of Family Growth. 2006. William and Flora Hewlett Foundation, March. Retrieved April 29, 2007 (www.cdc.gov/nchs/nsfg/nsfg 2006_2010_puf.htm).

Nordrum, Amy. 2014. "The New D.A.R.E. Program—This One Works." September 10. *Scientific American.* Retrieved May 20, 2016 (www.scientificamerican.com/article/the-new-d-a-r-e-program-this-one-works/).

Olson, Samantha. 2016. "Early Intervention Programs Can Save Brain Development of Children Below the Poverty Level." March 18. *Poverty and Child Health in the United*

States. American Academy of Pediatrics. Retrieved March 19, 2016 (www.medicaldaily. com/poverty-level-brain-development-early-intervention-early- childhood-378428).

Parry, Marc. 2010. "Colleges See Seventeen Percent Increase in Online Enrollment." January 26. Retrieved August 27, 2010 (http://chronicle.com/blogs/wiredcampus/ colleges-see-17-percent-increase-in-online-enrollment/20820).

Parsad, B., and J. Jones. 2005. "Internet Access in U.S. Public Schools and Classrooms: 1994-2003." *Education Statistics Quarterly* 7(1&2): NCES 2005-015.

Parsons, Talcott. 1959. "The School Class as a Social System: Some of Its Functions in American Society." *Harvard Educational Review* 29(4): 297-318.

Paulle, Bowen. 2013. *Toxic Schools: High-Poverty Education in New York and Amsterdam*. Chicago, IL: University of Chicago Press.

Phi Delta Kappan/Gallup Poll. 2015. "47th Annual PDK/Gallup Poll of the Public's Attitudes Toward the Public Schools." August. Retrieved March 23, 2016 (pdkpoll2015. pdkintl.org/wp-content/uploads/2015/08/PDKPoll2015_PP.pdf).

Poppen, Julie. 2005. "Area Schools Weigh Whether to Give Condoms to Students." May 16. *Rocky Mountain News*.

Provenzo, Eugene F. 1990. *Religious Fundamentalism and American Education: The Battle for the Public Schools*. Albany: State University of New York Press.

Religion and Ethics Newsweekly. 2010. "Texas Textbook Controversy." April 30. Retrieved October 11, 2016 (www.pbs.org/wnet/religionandethics/episodes/april-30-2010/texas-textbook-controversy/6187/).

Riedel, Chris. 2014. "10 Major Technology Trends in Education." February 3. *The Journal: Transforming Education through Technology*. Retrieved March 24, 2016 (https://thejournal.com/Articles/2014/02/03/10-Major-Technology-Trends-in-Education. aspx?Page=2#).

Robers, Simone, Jana Kemp, Amy Rathbun, Rachel E. Morgan, and Thomas D. Snyder. 2014. *Indicators of School Crime and Safety: 2013*. Washington, DC: National Center for Education Statistics; Bureau of Justice Statistics.

Rogers, Megan. 2013. "Troubling Stats on Adult Literacy." *Inside Higher Ed*. Retrieved March 22, 2016 (www.insidehighered.com/news/2013/10/08/us-adults-rank-below-average-global-survey-basic-education-skills).

Samuelsen, Shelby. 2001. "Student Testing: The Stakes are Rising." *State Legislatures* 27(8) (September).

Shah, Nirvi. 2013. "Discipline Policies Shift with Views on What Works." *Education Week*. Retrieved March 24, 2016 (www.edweek.org/ew/articles/2013/01/10/16policies.h32.

html).

Smith, Jonathan and Kevin Stange. 2015. "A New Measure of College Quality to Study the Effects of College Sector and Peers on Degree Attainment." *NBER* (National Bureau of Economic Research) Working Paper No. 21605. October. Retrieved March 23, 2016 (www.nber.org/papers/w21605.pdf).

SPLC. 2016. "Top 10 High School FAQs." Retrieved March 18, 2016 (www.splc.org/page/high-school-faqs).

Stahl, Jonathan. 2015. "10 Important Supreme Court Cases about Education." October 30. *Constitution Daily*. Retrieved March 23, 2016 (blog.constitution center.org/2015/10/10-important-supreme-court-cases-about-education/).

Stedron, Jennifer. 2007. "A New Day for Learning." *State Legislatures* 33(3) (March).

Theriot, M. T., S. W. Craun, and D. R. Dupper. 2010. "Multilevel Evaluation of Factors Predicting School Exclusion Among Middle and High School Students." *Children & Youth Services Review* 32(1): 13-19.

Thompson, Dennis. 2015. "U.S. Teens Waiting Longer to Have Sex: CDC." July 22. *Health Day*. Retrieved March 23, 2016 (health.usnews.com/health-news/ articles/2015/07/22/us-teens-waiting-longer-to-have-sex-cdc).

Tomlinson, Carol Ann. 2014. *The Differentiated Classroom: Responding to the Needs of All Learners*, 2nd ed. Alexandria, VA: ASCD.

UNESCO. 2015. "Literacy Statistics Metadata Information Table." November. *Institute for Statistics*.

US Department of Education, National Center for Education Statistics. 2012. "Early Childhood Program Participation Survey" (ECPP: 2012) of the National Household Education Surveys Program. See Digest of Education Statistics 2014, Table 207.10.

US Department of Education. 2016a. "School Climate and Discipline." Retrieved March 24, 2016 (www.ed.gov/policy/gen/guid/school-discipline/index.html).

US Department of Education. 2016b. "Students Taking Distance Education Courses at Degree-Granting Postsecondary Institutions." *National Center for Education Statistics*. Retrieved March 24, 2016 (https://nces.ed.gov/fastfacts/display. asp?id=80).

Zirkel, Perry A. 2009. "School Law All Stars: Two Successive Constellations." *Phi Delta Kappan* 90(10): 704-8.

第三章
教育机会均等？（一）
——对社会阶层差异与不平等现象的观察

作者詹妮·斯图伯（Jenny Stuber）的妹妹凯特琳（Caitlin）在高中毕业班春季课期间，得到了儿童基金会的表彰奖励。一同获奖的除了她家乡少量的几个同学以外，还有全美数个城市的学生。他们所获"战胜逆境"（Beat the Odds）奖专门奖励那些战胜逆境、证明自己学术成就出色并回馈自己所在社区的优秀高中学生。[①]

凯特琳11岁的时候就失去了妈妈。在接下来的日子里，她的爸爸一直为经济、生理和心理健康问题而奔走，她因而失去了稳定的生活和她在这个阶段所需要的指导。尽管面临了这些巨大的困难，凯特琳在高中期间仍然组织了几次去拉丁美洲的社区服务之旅，并以优异的成绩毕业，被好几所名牌大学录取。后来，她还获得了一份经严格筛选的富布赖特奖学金资助，在南美洲进行了为期两年的项目研究。目前，她正在哈佛大学完成她的博士学位。获得这个奖的其他学生，有些是从饱受战争蹂躏的国家迁徙到美国，有些则一直需要应对来自他们家庭的毒品和虐待的创伤，他们虽然都身处逆境，却通过努力战胜了困难。几乎所有的获奖者都有一个糟糕的经济背景。

凯特琳和其他获奖者的故事提出了一个重要的问题：为什么一些人能比其他人获得更大的教育成功呢？这些成功的故事在一定程度上诠释了美国梦的观念：人们相信，不管出身如何，在美国出生的人都有独一无二的

---

① www.childrensdefense.org/programs/Beattheodds/#sthash.rIwq9stT.dpuf.

机会超越他们的先天环境，实现自己的梦想。然而，这个奖的名称"战胜逆境"实际上却是一个潜在的提醒，人们要与自己的出身情况抗争，事实上是多么不可能呀。当人们依照这个字面意思真正做到"战胜逆境"的时候，他们就成了异常的一类：他们颠覆了一种被大量文献证明的模式——在恶劣环境下长大的人很难获得教育上的成功，而在良好环境下长大的人获得教育成功可能性更大。而他们"战胜逆境"这一特别的事实正好意味着他们所处的环境对他们极其不利。

本章关注的焦点是社会分层与教育系统之间的关系。社会分层指的是，由于人们在社会背景如收入、财富、教育、声望和权力等方面处于不同、不平等的地位，他们因而处在不同社会经济阶层。一方面，很多人把教育系统视为"伟大的平衡仪"：在这个卓越的社会机构里，个人的才能和努力工作会受到嘉奖，个体的成功或失败并非基于其家庭背景，而是基于其自身努力。可是另一方面，许多学者都对这一观点提出质疑。批判者并没有把教育系统看作一个唯才是举的机构，相反，他们认为教育系统维护了社会阶层不平等的格局：它并非改变了社会分层系统，而是再生产了它。从开放系统路径的视角看，我们需要关注的相关问题是：作为一种输入品，学生是否从根本上被教育系统转换成为了一种输出品。

为了探究社会阶级分层与教育不平等之间的关系，我们将采取一种综合微观和宏观层次的严格的社会学方法。在微观层面上，我们认为一个学生在学校的经验反映了这个学生能给这个社会带来什么，包括他们的智力和努力、他们的初级社会化、他们关于在教育系统内部怎样运转的知识，尤其是当他们要接受更高一层的教育时，如何申请入学资助的知识。诚然，每个学生都能应对一个已经确立成规的教育系统。因此，我们借助宏观的视角对教育领域里的阶层不平等进行扩展研究。在这里，我们可以阐明教育系统并不以一种阶级中立的方式运行。相反，家庭背景优越的学生可以享有系统带来的优势，而那些家庭背景不良的学生则只能面对系统带来的重重障碍。

社会阶层社会化与教育不平等

教育不平等表现在种族、阶级、性别等方面,这些与社会阶层相关的因素的影响最为深远。可举一个事实作为明显的证据:在过去的40年里,尽管高等教育系统有了大规模的扩张,但是最低收入群体的大学生毕业率却没有得到任何提升。对于早些年的学校教育,社会阶层不平等主要体现在标准化考试的学业表现方面,近年来,社会阶层不平等则主要关注一个是否上大学(入学率)、上怎样的大学(选择性)、是否能毕业(毕业率)。本节中,我们将描述不同社会阶层的儿童的初级社会化。这种社会化为学生后期的学校经验奠定了基础,突显了基于阶层的不同学校运作的系列假设。

稍停一会儿,想想你的受教育经验——你是否真正喜欢学校(现在或过去)?你在哪里上的大学?你选的专业是什么?你如何打发你的课余时间?想想这些经验与社会阶层有什么关系:如果你是在一个较高或较低的社会阶层中长大的,你是否会停留在同一个阶层位置上不变?或者你是否会预期自己在一些或所有的方面都会有实质性变化的结果?从社会学的角度看,学生对自己教育经历的感受和结果与社会阶层有很大关系。怎么会这样呢?

不用说,在不同社会阶层长大的孩子有不同的物质现实(比如接触的资料),这些不同的物质现实可能会影响他们的教育成果。因为收入高的父母有更强的能力去购买书籍和教育工具,如果有需要他们还可以聘请家教和教育专家,他们的孩子在学校就可能很出色。但是,除了父母可以购买到的差别外,不同社会阶层的孩子也会经历不同的社会化方式。社会化是指我们学习社会文化、构建社会身份的一生的历程。它不仅由有明确意图的互动和功课所组成,也会由一些细微的互动和无意的学习所组成。社会学家发现,不同社会阶层的孩子社会化的途径、方式各不相同,在教育体系中的结果也就各不相同。让我们从一个例子开始说明。

想象一下你站在当地杂货店的收银台边。在你身边的小通道里，两边都有一个孩子正抓着放在登记册旁边的零食，恳求父母买给他们。在左边，一个工人阶级的父母简单地告诉5岁的孩子："不。"当孩子问为什么不时，孩子的父母回答说："因为我这么说。"在右边，一个中产阶级的父母则做出不同的回答："当然，你可以挑一个。但是你还记得我们关于精制糖的谈话吗？我只是想让你挑选健康的零食。"这些看似平凡的互动与社会化、与学校教育的成功有什么关系呢？

社会心理学家梅尔文·科恩（Melvin Kohn, 1959）有一个经典的研究帮助解开了答案。事实上，一个孩子被允许选择零食不仅是因为其父母有更大的能力购买这个服务，而且关乎父母的价值观。通过使用来自400个家庭的调查数据，科恩发现工人阶级和中产阶级的父母都有像诚信、可靠这样的品质，但是他们在其他方面有所不同：工人阶级的父母更注重遵从（顺从），而中产阶级的父母更注重自主（动机、个人责任）。

在解释这些差别的基础上，科恩（1963）论述道："不同社会阶层的成员，由于享受（或遭受）不同的生活条件，会以不同的眼光看待世界——形成不同的社会现实观念、不同的愿望、希冀和恐惧以及不同的理想观念。"（p.471）一名劳工阶层的食品店店员或者工厂工人的日常经历会给他们灌输顺从、干练和团队合作的文化意识。属于中产阶级的律师和客户经理则有不同的日常现实：他们的生计取决于创造力和自主性。在家里，父母养育孩子的方法反映了他们在工作中经历的现实：工薪阶层的父母可能会不让孩子吃零食，而中产阶级的父母在孩子选择零食的时候可能会鼓励他们自我控制和批判性地思考。

这样的互动不会只发生在收银台附近，他们很可能广泛地反映在父母与孩子之间的家庭日常互动中。随着时间的推移，这些互动将累积并塑造孩子们在学校的行为方式。工薪阶层的孩子可能是温驯和顺从的，而中产阶级的孩子则可能会积极回应老师对批判性思维和创造力的要求。工人阶级的孩子们可能擅长在线条内着色，而家境更优越的学生可能会问为什么他们要在某人已经为他们创作好的图画中着色，并想知道他们是否能创造自己的艺术。

　　类似的主题同样可见于法国社会学家皮埃尔·布尔迪厄的著作。他在 1970 年代提出了社会再生产理论，解释了为什么从平均水平上看，来自工薪阶层的普通孩子在学校里饱受煎熬，而中产阶级出身的孩子在学业上取得了更大的成功。对他来说，这个二者之间的关联并非智力，而是文化资本。文化资本指的是在学校和职场里促进社会流动和成功的象征性、非经济性的资产。它由文化知识和喜好、言语风格、衣着和外表以及一些教育证书所组成。布尔迪厄认为，文化资本是最终促成孩子和父母同在一个社会阶层的机制。幼儿通过初级社会化获取他们的文化资本，其传递方式是挂在家中墙上的艺术品和物体，是晚饭吃什么以及怎么吃（一顿悠闲的午餐谈话或者是伴随着电视的一顿匆匆忙忙的进餐），是父母与孩子互动的方式。文化资本塑造了孩子们在学校的故事时间里的反应，或者在他们表演和讲述过程中的举动，以及教师对这些举动的反应。

　　伴随儿童社会化的文化资本的类型并非随机产生的，而是反映了他们的阶层地位。与梅尔文·科恩相呼应，布尔迪厄指出，人在不同的阶级立场会体验不同的物质条件：中产阶级体验到自由、创造和自主，而劳工阶层则体验到规则、约束和监督。这些物质条件过滤并塑造了父母的教养方式：中产阶级的父母强调创造力和自主性，而劳工阶层的父母则强调顺从。这些原则形塑着日常互动：一个劳工阶层家庭可以吃着家中每个人都喜欢的可口又熟悉的食物，用餐时很少谈话；而一个中产阶级家庭则会一边尝试各种新鲜的外来食物，一边进行深入的交谈。

　　谁真的在乎当其他人边吃芝士菠菜（saag paneer）边谈论印度政治的时候，一家人是否正在静静地吃肉饼呢？布尔迪厄认为，这些社会化的微小差异产生了不同的文化资本存量；一旦在学校，这些文化资本存量就会具有完全不同的价值。正如布尔迪厄和他的合著者让-克劳德·帕斯隆（Jean-Claude Passeron, 1977 [1990]）所指出的，原因便在于学校并非以一种阶层中立的方式运作；准确地说，教育系统的规范和期望，以及其中所珍视的文化资本类型，全都属于特权阶层的准则与类型。教师把"好学生"定义为那些言谈流利、表现自信、有权威感，并能给课堂带来一定的文化知识的学生。如果教师上一节关于美国革命的课，而一个学生走过波士顿的自由之路或者看过音乐剧《汉密尔顿》，那么这个学生对课上讨论的表现就可能成为其特别聪明的标志。而那些有着街头小聪明或小发动机修理知识的学生（与法国文化相对）在这个看似抽象的课程中可能会惨遭出局，他们的文化资本不会受到任何理会。随着时间的推移，教师可能会给这些学生贴上无趣、没有前途的标签，而没有认识到文化资本在这个判定中所起的作用。

布尔迪厄并不因为劳工阶层的孩子拥有"错误"的文化资本而求全责备；相反，他发现，正是由于教育系统从来没有直接向学生解释这些微妙的文化期待，而使这一事实成为问题，正如布尔迪厄所说的：

> 通过放弃明确地给予每个人它暗地里对每个人所提的要求，教育系统要求每个人都同样拥有它并没有给予的东西。这主要在于语言和文化能力，以及它与一种只能通过传播主导文化的家庭养育过程才能精通的文化之间的关系。
>
> ——Bourdieu & Passeron, 1977, p.494.

最终，布尔迪厄和帕斯隆认为，家境更优越的孩子在学校取得成功不是因为他们天生就比家境不那么优越的同龄人更有天赋，而是因为他们的文化资本更好地迎合了学校系统的期望。经过一段时间，家境不那么优越的学生可能会排斥学校或选择退学，因为他们觉得他们的知识没有得到尊重，他们不"属于"学校。

受布尔迪厄的影响，安妮特·拉罗（Annette Lareau, 2003）开发出一个最全面的阶层社会化模型来更新它。基于长期的民族志观察，拉罗创造了协作培养（concerted cultiation）的术语来描述中产阶级家庭的教养方式和自然成长逻辑的术语来描述工人阶级家庭的教养方式。这两种对应的教养方式有三个方面不同。首先，在日常生活组织方面，中产阶级的儿童参加了许多按年龄分级的正式的课外活动,比如钢琴、足球和童子军等。劳工阶层家庭的孩子有更宽松的计划,他们参加的组织活动很少,如果有的话,多数也是与兄弟姐妹以及邻居家的朋友闲逛。第二,家长与制度权威的互动模式与方式。例如,当骑车赴一个医生的约见时,中产阶级的威廉姆斯女士(Ms. Williams)鼓励她的儿子亚历克斯(Alex)想着问医生几个问题,以便他能真正做到与专家互动。相比之下,当司机凯蒂(Katie)在上学时面临煎熬时,她劳工阶层的母亲不会出面干预她老师的决定,也不要求专门的测试。反而,她信任教师会利用自己的专业知识来帮助凯蒂,而不试图劝导他们行动。最后,拉罗观察语言使用(language use)的社会阶层差异。当她跟随一些家庭去参加生日聚会、医生约见和体育比赛的时候,她看到中产阶级的父母积极培养孩子们使用以推理和协商为特征的复杂的语言;而在劳工阶层家庭,拉罗观察到的谈话很少,很少有提问和协商,很少会有家长努力让孩子成为他们的对话伙伴。

拉罗关于语言社会化的发现印证了贝蒂·哈特和托德·里斯利(Betty Hart & Todd Risley, 1995)的研究结果(表3.1)。在对不同阶层背景的家庭中语言使用情况的经典研究中,他们发现,富裕的家庭比贫困的家庭更健谈。在关于寻常话题比如吃饭、洗浴和如厕训练这样的日常会话中,专业人士的孩子们平均每小时能听到2153个词,而贫穷父母的孩子们只能听到616个词。此外,富裕的父母和孩子之间的对话以多鼓励、少指责为特征,这一模式在低收入家庭中是相反的。最后,劳工阶层的孩子所听到的更多是指令性话语,而富裕家庭的孩子接收到的更多是疑问性话语。

表3.1 语言接触方面的社会阶层差异

	专业人士		劳工阶层		贫困人士	
	父母	孩子	父母	孩子	父母	孩子
每小时话语	487	310	301	223	176	168
记录的词汇量	2176	1116	1498	749	974	525
每小时平均字数	382	297	251	216	167	149
总计3岁听到的词	35万		20万		10万	

来源:Hart & Risley, 1995.

最近的全国数据也表明，不同社会阶层出身的儿童在初级社会化期间经历着完全不同的语言环境。与家境贫寒的儿童相比，由较高教育水平的父母抚养长大的学龄前儿童更有可能听到某位家庭成员给他讲故事（表3.2，US Department of Education，2016）。另一些人报告说，社会经济地位较高的家庭更倾向于在家里使用儿童导向的语言（直接对孩子说话，问他们问题，让他们参与交谈），而这种言语交流方式与较高的学术成就呈正相关（Rowe, 2008）。

那么为什么这些语言社会化的差异对学校里的学业表现如此重要呢？首先是因为这是早期学业成绩的基础。早期教育成功的一个主要预测因素是孩子词汇量的大小——这是由他们听到的单词总数来预测的。到了3岁，富裕家庭的孩子的词汇量，是贫困家庭孩子的两倍（Hart & Risley, 1995）。观察4岁孩子之间的学术准备和教育差距，美国教育部（2014）的数据显示基于父母收入的早期阅读和数学成绩存在显著差异（表3.3）。阶层差异甚至存在于看似与学校并不相关的基本技能中，比如"颜色知识"。

除了学业准备之外，语言社会化模式重要性的另一个原因与他们在学校里所获得的无形的"回报"有关。如果孩子一直在家里读书，在听故事的时候问问题，他们在学校的故事时段里就能立刻做到"参与合作"（Heath, 1983）。那些没有受过这类社会化的孩子只会提一些看起来很明显的问题，比如"羔羊是什么颜色的？"他们可能会被老师的问题弄得不知所措，犹豫不定，结果可能会被贴上学业上有缺陷的标签。事实上，研究证实，童年时积极阅读和讲故事与低年级识字能力的提高有关（Blewitt et al., 2009; Wilder, 2014）。

表3.2　早期教育丰富性的社会阶层差异

	给孩子每周阅读3次以上
低于高中学历（HS Degree）	73%
大学/副学士学位	85%
学士学位	92%
研究生学位	93%
贫困人士	74%
非贫困人士	88%

来源：美国教育部，2016.

表 3.3　48 个月学生学业成绩的社会阶层差异

	早期阅读测量分	数学测量分	颜色知识（百分制评分 10/10）
低收入阶层	16.7	19.1	16.2
中等收入阶层	21.0	24.2	50.9
高收入阶层	26.3	29.2	67.8

来源：美国教育部，2016.

随着对父母养育文化的更多观察，安妮特·拉罗指出，作为自然生长逻辑的结果，劳工阶层的孩子形成一种自我约束感。他们被社会化成为在学校服从教师，以后服从上司和老板。如果没有广泛参与额外的课程活动，他们与陌生人交往、旅行和走出舒适区的经验就更少了。另一方面，中产阶级孩子的协作培养则形成一种权利意识。通过日常互动，他们磨练了自己的批判性思维能力，学会了在新的环境中感到舒适，并确保在与制度权威互动时满足他们的需要。勒奥的研究阐释了社会阶层的社会化与阶层不平等再生产之间的关系：随着时间的推移，中产阶级的孩子获得与教师的期望和学校系统相匹配的文化资本形式，而劳工阶层的孩子所获文化资本形式有时会与这些期望产生冲突。

在安妮特·拉罗开创性工作的启发下，其他一些学者揭示了阶层社会化如何转化为小学教育环境的过程。杰西·史特莱博和杰西卡·卡拉尔科（Jessi Streib & Jessica Calarco, 2011）研究显示，从 4 岁开始，儿童就会成为有影响力的"带有阶层属性的行动者"。通过与同伴和教师的互动，学龄前儿童已经通过他们的语言风格生动地呈现了阶层间的不平等。在他们各自独立的民族志研究中，这些学者发现中上层阶级的孩子说话、打断以及寻求帮助的频率要高于劳工阶层的孩子。这样，他们就可以练习他们的语言技能并获得老师的注意；而且，他们寻求注意的行为使劳工阶层的学生不得不保持沉默，从而让他们在课堂上的影响力更小，练习语言技能的机会也越来越少。杰西卡·卡拉尔科（2014）阐明，这些行为在家里已经得到了"训练指导"："劳工阶层的父母强调要'没有任何借口'地解决问题，鼓励孩子们尊重老师的权威，不寻求帮助……（而）与之相反，中产阶级的父母教导孩子们要'不惜任何代价'地解决问题，督促孩子与老师协同以寻求帮助。"（p.1016）通过向老师寻求帮助，富裕背景出身的学生得到了关注，因此，"创造了他们自己的优势，实现了课堂上的不平等"，甚至加剧了这种不平等（Calarco, 2011, p.862）。

等到儿童进入幼儿园的时候，不同社会阶层在学业成绩上的差异已经很明显了（表3.4）。这类研究发现促成了大规模的、许多方面非常成功的国家行动计划，例如，领先计划和早期领先计划，以及一些州自发开设的学前班课程。一大批非营利组织围绕这些研究结果，提供了一个值得关注的深刻见解：如果不能做到免费，在某种程度上，最创新和最有效的教育干预措施也可以做到低成本。基于来自富裕家庭的平均3岁的孩子已经能比在贫困的家庭中长大的同伴多听到300多万的词这一发现，"三百万言"（Three Million Words）行动计划制定了工作方案，如果对低收入家庭的父母进行训练，让他们用温情与鼓励的话语，就任何方面的主题，和他们的孩子进行更多的交谈，他们就可以帮助缩小在早期学业准备方面的社会阶层差距，为孩子在学校里的成功作好更多准备。在这种情况下，聊天真的很廉价，却能收到难以置信的回报。

表3.4 进入幼儿园之后在学业成绩上的社会阶层差异

	平均阅读成绩	平均数学成绩
低收入家庭	32.4	23.7
中等收入家庭	37.0	30.4
高收入家庭	43.1	37.1

来源：美国教育部，2014.

社会阶层与教育机会均等：差异的系统性根源

很明显，社会阶层差异在童年时期的社会化过程中就已经存在，这导致孩子们为将来的学业成功储备的能力也各不相同。甚至在孩子进入学校系统之前的学业成绩，就存在统计上的显著差异，这种现象会持续到八年级直至高中。图 3.1 和图 3.2 说明了有资格获得免费或打折午餐的学生（处于贫困或低收入地位的学生）与其他学生在四年级和八年级的成绩差距。社会学家肖恩·里尔登（Sean Reardon, 2013）是率先研究学生学业成绩中的社会阶层差距问题的专家。他发现，随着儿童在教育系统中的循序学习，教育中的社会阶层差距实际上扩大了。此外，里尔登的研究还表明，在预测学业成就上，家庭收入状况比种族更有效；另外，当学业成绩的社会阶层差距已经加大时，成绩中体现出来的种族差距则在缩小。确实，现在成绩中体现出的社会阶层差距比 1970 年代末要大 30%—60%（Reardon, 2011）。

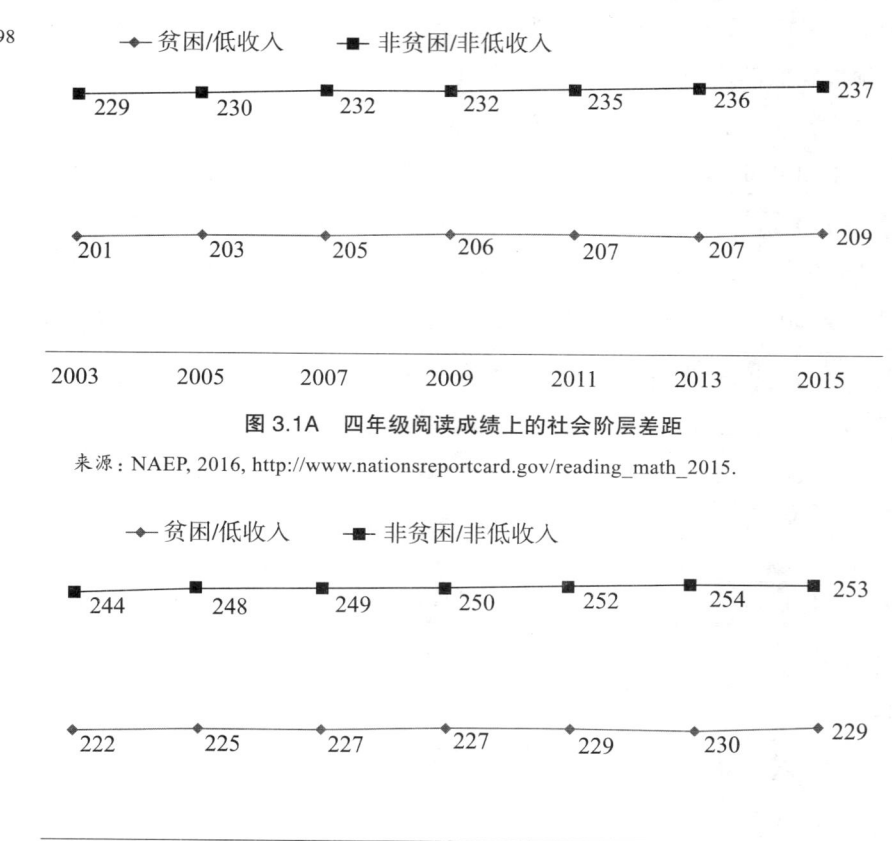

图 3.1A　四年级阅读成绩上的社会阶层差距

来源：NAEP, 2016, http://www.nationsreportcard.gov/reading_math_2015.

图 3.1B　四年级数学成绩上的社会阶层差距

来源：NAEP, 2016, http://www.nationsreportcard.gov/reading_math_2015.

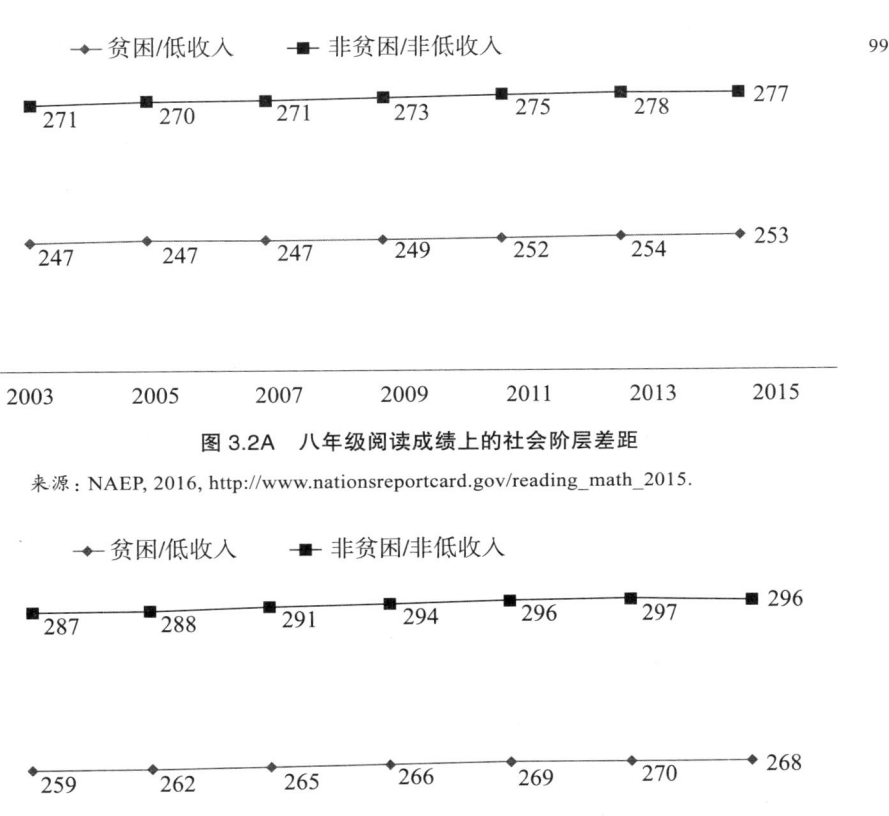

图 3.2A 八年级阅读成绩上的社会阶层差距

来源：NAEP, 2016, http://www.nationsreportcard.gov/reading_math_2015.

图 3.2B 八年级数学成绩上的社会阶层差距

来源：NAEP, 2016, http://www.nationsreportcard.gov/reading_math_2015.

虽然学业成绩的社会阶层差距已经得到确认，但对这一差距的解释却有着激烈的辩论。辩论的一方认为，这种差距多数存在于学校外部，产生于类似应对父母的养育方式和社会化的过程之中。事实上，肖恩·里尔登认为，在学业成绩方面的社会阶层差距的不断增长并不能真正反映低收入家庭儿童在学校系统中的成绩落后或失败，而是反映了富裕的父母在儿童认知发展阶段的投资以及一种虎爸狼妈式的养育方式（Duncan & Murnane, 2011；Kornrich & Furstenberg, 2013）。然而，这种观点很难被接受，因为这很大程度上是在为学校教育产生的社会阶层差距找借口。因此，辩论的另一方认为，是学校制度本身让阶层不平等得以延续。这些批评者指出，正是经费资助和资源配置的制度以及学校内部跟踪教学质量的做法，导致了或者根本不足以缩小教育中的社会阶层差距。在下一节中，我们将重点讨论学校系统内部发生的过程，阐明这些动力是否以及如何形塑教育中的社会阶层差异和不平等。

学校经费和资源的不平等

任何一位参加过竞技性学校活动的人都知道，学校在设施和资源方面差别很大。你的高中学校可能有一个令人印象深刻的运动场，有着漂亮的露天看台和漂亮的绿色场地，而对方球队可能只有劣质的设备，一个快要倒塌的篮球筐，以及锈迹斑斑的看台。参加一个辩论比赛同样能透露出图书馆设施、信息技术和培训资源的差异。那么，为什么学校资源有如此大的不同？这些差异会产生怎样的影响呢？

任何对教育制度中阶层不平等的理解都要从两个问题的讨论开始。一个问题是地方主义（localism）原则如何影响了美国的学校经费，另一个问题是地方化的资助体系如何加剧教育机会上的阶层差异。在美国，地方主义原则影响教育结构。这就意味着学校教什么，如何雇用、评价、解雇教师，如何资助学校，都由地方层面即由每个州及其学区决定。至于学校课程，美国公立学校制度的创始人认为，马萨诸塞州的学生需要知道的知识可能不同于佐治亚州的学生。这种做法与多数欧洲国家比较，完全大相径庭。在欧洲，教育系统由国家层面进行组织。11月12日11时，全法国三年级的学生学习的是同样的课程。那里的每所学校所得到的资助方式也全都一样。相比之下，美国学校的经费，只有很少一部分来自联邦一级，各州和地区的资助方式各不相同。平均起来，美国的学校从地方税收中获得大约一半的经费，这些税收主要来源于学区一级所征收的财产税。因为各个学区的财产税基数不同，所以各个学区的学生的资助水平也各不相同。

让我们驱车30分钟，穿过一个典型的美国城区，你就能明白为什么美国学校的经费资助结构决定了教育中的阶层不平等。我们从一个安宁的郊区开始行驶，商场、电影院、商业停车场和住宅区错落其间，它们的价值超过25万美元。驱车靠近市中心（同样，或者开向农村地区），我们可以看到一片不断变化的街景：财产价值低廉、最终填满废弃物的住宅区；先是一圈老旧商场，后是城市核心区破败的店面以及大量像教堂、医院和博物馆那样的免税房地产。这个对比可以揭示出为什么有些学区——尤其是那些较新的、中产阶级和上层中产阶级家庭所在的繁荣的郊区——拥有高于其他学区的预算。一般来说，美国学的生均资助经费大约是10700美元。然而，在像芝加哥这样的大都市地区，生均教学支出则从芝加哥市区9800美元，到埃文斯顿（Evanston）一环郊区11800美元，再到富裕的二环新特里尔（New Trier）学区13800美元（这些数据只涉及教学方面的支出，不包括像建筑维修这些运行层面的额外支出）。

学区之间经费水平的差异最终转化为资源的差异。因为我们生活在阶层隔离的社会，这就转化为获取教育资源的阶层差异。服务于低收入学生的学校与那些服务于高收入学生的学校相比，拥有一个可操作的科学实验室或者用于美术、音乐或体育方面的独立空间的可能性更低。低收入学校可能更加依赖于简易教室（Chaney & Lewis, 2007）（图3.3）。那么，学校资源的这些差异如何转化为教育成就上的阶层差异呢？这是一个学界仍在努力解答的复杂问题（Gamoran & Long, 2007）。

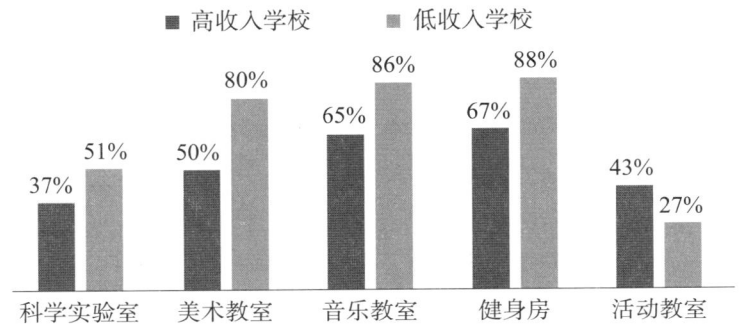

图3.3 社会阶层与学校资源

来源：Chaney & Lewis, 2007.

虽然教育活动家乔纳森·科佐尔（Jonathan Kozol）没有在统计学意义上研究教育资源对学生学习的影响，但是在他的经典著作《野蛮的不平等》（*Savage Inequalities*，1991）中，他通过一系列生动的描写，说明了全美普遍存在的不同学校教育环境的巨大悬殊。在像东圣路易斯（East St. Louis）和布朗克斯（Bronx）这类贫穷的内城区，他看到公立学校摇摇欲坠的墙壁、溢出的污水、有刺激气味的霉菌、过时的书籍和无法操作的科学实验室。而在富裕的郊区，他发现学校拥有华丽的设施和温馨的景观、最先进的科学设备，以及激励学生成为有抱负的历史学家、工程师和平面设计师的课程。

科佐尔认为，教育环境上的社会阶层差异值得关注，因为它们创造了不同的、不平等的学习机会，并产生了不同的、不平等的学习需求。这是因为学生把他们的学校看作他们作为学生的价值的一个反映，并从中得出教育是否重要并获取好的回馈的结论。对一些学生来说，资源差异很重要，因为在他们的科学实验室、图书馆、计算机房以及风景优美的校园里，他们看到了一笔将有好的回报的投入。当被问及是否有可能提高税收以提高低收入学校的资助水平时，一名来自纽约富裕郊区莱伊（Rye）的学生说："我不知道这对我有什么好处。"（p.128）从她的优势地位角度看，系统是公平的，也是精英管理的，因此，可以激发格外的努力与投入。对其他人来说，从资源的匮乏中得到的教训是："你是丑陋的，所以我们把你挤到丑陋的地方去。你脏兮兮的，所以把你带到肮脏的地方也没关系。"（科佐尔引用他的朋友伊丽莎白的话，p.179）图尼西亚（Tunisia）是一位就读于首都华盛顿一所贫困学校的学生，她说简陋的教育环境使她"感到羞耻"（p.181）。按照科佐尔的说法（再次引用他的朋友伊丽莎白的话），基于这些孩子"清楚地知道制度是不公平的"以及"他们生活在一个富裕的社会"这些事实，这种羞耻感变得更强烈（p.178）。在某种程度上，缺乏科学实验室使学习科学变得困难，但这也使理解一个人为什么首先应该关心学习科学变得困难。

除了这些生动的描写以外，数据分析告诉我们学校资源和教育成果之间存在什么关系呢？受民权运动高峰时期对种族平等关注的驱动，美国卫生、教育和社会福利部门聘请了社会学家詹姆斯·科尔曼（James Coleman）和一个合作研究团队去进一步了解家庭背景、种族隔离以及学校资源在产生教育成就不平等上的作用。1966年，他们的研究结果——具有开创性的《科尔曼报告》（也叫 Equality of Educational Opportunity，《教育机会均等报告》）发表。根据从64.5万名五年级学生那里收集来的数据，科尔曼和他的团队得出结论：一个学校的课程、资源和设施对学生的成绩影响很小；相反，学生的社会阶层背景以及学校的构成（也就是其他学生的种族背景和社会阶层背景）造成了学生成绩的最大差异。

1972年，另一个里程碑式的研究证实了这些发现。在排除"学校影响"对学生成绩的作用后，克里斯多夫·詹克斯（Christopher Jencks）和他的同事报告说，学校对教育产出或未来成年后收入的影响不大：

> 证据表明，教育机会均等化并不会使成人更加平等。如果所有小学教育同等有效，六年级学生在认知上的不平等只有小于3%的下降……12年级学生在认知上的不平等几乎一点都没有下降，而他们最终取得的成就差异只有小于1%的下降。消除所有大学入学的经济和学术上的障碍，在某种程度上或许可以减少教育程度的差异，但变化不会很大。
>
> ——Aronson, 1978, p.409.

詹克斯估计，平均起来计算，学校教育均等化大约需要半年时间才能提高处境不利的学生的教育收获。鉴于家庭背景不相称的、持久性的影响（例如，收入和对学校教育的态度），詹克斯认为，学校本身对成人生活机会的影响很小。

因为这一系列的研究（或多或少）排除了学校的影响，所以研究者和教育工作者对这些研究结果感到沮丧。毕竟，教师在改变美国的收入不平等方面做不了太多，他们也不能改变学生在教室里的社会经济地位。教师希望有一种他们所做的事情很重要的感觉，政治家、行政人员和家长想要知道他们花在公共教育上的钱对学生成绩有一定影响。但是，目前还不清楚是否仅仅由于花更多的钱就能对学生学习产生显著的正向影响，部分原因是学校有不同的资助重点，他们会把钱花在不同的事情上。这些发现促使研究人员探索学校可控的事情如何可以影响到学生的成绩以及教育中的社会阶层（和种族）差距。

在学校可控的事情中，研究者普遍认为教师质量对学生学习的影响最大。"教师质量"是一个宽泛的概念，包括了诸如多年工作经验、整体的学术能力和标准化考试成绩〔比如全国教师考试（NTE）/普瑞细斯考试①以及得克萨斯现任教师和管理人员测试（TECAT）〕、大学课程作业、正在进行的专业发展和认证或许可等方面的特征。利用来自美国各地的数据，琳达·达琳-哈蒙德得出结论："按照全国统计结果，比起班级规模、总体支出水平以及教师工资水平（至少在生活成本差异未作调整的时候），教师质量变量似乎与学生成绩有着更显著的关联。"（Linda Darling-Hammond, 2000, p.32）在观察"教师质量"的具体特征时，她得出结论：获得充分认证、主修所教专业的教师比起教师的受教育水平（无论是否拥有硕士学位）更能预测学生的成绩。一系列更大范围的研究——一些全国层面和其他使用全国数据的研究——也印证了这些发现（Rivkin, Hanushek & Kain, 2005; Wayne & Youngs, 2003）。尽管已达成共识，但依然存在较多的争议（Chetty, Friedman & Rockoff, 2014），包括这些影响之间孰大孰小，它们在数学和阅读成绩上是否存在同等的影响力（Clotfelter, Ladd & Vigdor, 2007; Rockoff, 2004），它们是否会对上大学以及社会升迁的机会有着持久性的影响（Chetty, Friedman & Rockoff, 2011），等等。不过，一般都认为，与"教学质量"相关的一系列特征对学生的学习有着重要影响。这就与学校资源

---

① 普瑞细斯（Praxis）考试：由教育考试服务中心（ETS）编制和管理的一系列美国教师认证考试之一。在美国的教师培训课程之前、期间和之后，通常需要进行不同的普瑞细斯测试。在"不让一个孩子掉队"法案颁布之后，为确保高质量的教师队伍，有一些州用它取代了同样由教育考试服务中心管理的全国教师考试（NTE）。——译者注

的争议有关，因为预算更多的学校通常更能聘用更高质量的教师。

　　当进一步关注学校可控的事情时，研究表明，通过增加开支来减少班级规模也可能对学生学习产生积极的影响。最好的证据来自1985年启动的一个实验，当时，田纳西州6500名小学生被随机分配到以下三种情况中的一种：标准规模的班级（22—25人）、较小的班级（13—17人）、标准规模的班级但额外增加一位教师助理。研究发现，被分配到较小班级的学生在标准化测试中取得的分数更高。例如，标准规模班级的一年级学生数学成绩平均在48分左右，而较小班级的学生成绩平均在59分左右。在较小班级，由于同龄学生人数少，分散的注意力就少，而得到个性化关怀的机会更多，所以就产生更多的学习机会。特别令人印象深刻的是，虽然学生在后来年级会恢复到较大的班级，但这些学习的收益会持续存在（Finn & Achilles, 1999; Krueger & Whitmore, 2001; Mosteller, 1995）。于是，基于这个原因，经费预算充足的学校可以通过缩小班级规模、改善办学状况，来提升学生的成绩。

　　1990年代以来，学校经费拨付政策发生变化，为探讨学校资源是否以及如何影响教育中的社会阶层差异提供了一个新的机会。在全国27个州，法庭诉讼导致为低收入学校提供"充足"经费的压力倍增（依照他们各州宪法的措辞）；结果，在这27个州，低收入学区现在得到的经费比高收入学区得到的经费多出8%（Lafortune, Rothstein & Schanzenbach, 2015）。那么，这些资金投入是否可以缩小一些教育中已被证实的社会阶层差距呢？按照朱利安·拉福蒂纳（Julien Lafortune）及其合作者的说法，这些改革使得国家教育进展评估（NAEP）考试中的社会阶层差距缩小了20%；同时，另外没有进行学校财政改革的22个州的考试成绩差距则在拉大。杰克逊、约翰逊和珀西科观察学校经费增加的长期影响后发现，当经费短缺的学校得到一笔增加的预算，在校学生将会拥有更高的毕业率、教育获得以及未来更高的收入（Jackson, Johnson & Persico, 2015）。对于低收入儿童来讲，这些积极影响尤其明显。

　　同时，争论依然在继续。因为学校把经费使用在不同的地方，从改进教学技术到招聘高水平的教师,再到建筑维修,不可能说仅靠增加经费就可以减少教育中的社会阶层差距。也就是说,研究人员已经发现的证据表明,有明确资助重点的经费投入确实可以与更好的学生成绩表现建立起关联,而把资源集中在相对弱势的学生身上则可以获得可量化的长期效益。

学校教育结构与学校间的教学差异

因为教育是由教师提供的,教师对学生有着最持久和最直接的影响,所以,研究人员希望知道教育中的社会阶层差距是否产生于(至少部分产生于)学校的社会组织以及学校间的教学变化。尽管统计分析清楚地表明,高质量的教学产生更大的学习收益,但将这些模式与社会阶层建立直接关联还很困难。然而,研究人员用理论假定和质性研究对这一关联进行了推断。

经济学家塞缪尔·鲍尔斯(Samuel Bowles)和赫伯特·金蒂斯(Herbert Gintis)在其经典著作《资本主义美国的学校教育》(*Schooling in Capitalist America*,1976)中指出,教育制度是为了让人们维持其社会阶层地位而不是让勤奋的学生可以攀爬的阶层阶梯。按照两位作者的说法,"这些教育经验的结构极好地适应了参与劳动时所需的态度和行为的培养"(p.9),意思是说,学校隐性课程的设计意图便在于反复灌输学生守时、遵从和尊重权威的观念。通过严格的、重复的日常活动,学生全神贯注,牢记并庆贺美国的国家成就,按照作者的说法,教育制度钝化了学生的好奇心和创造力,并将生产出不会捣乱的顺从的工人;他们将接受他们在阶层结构中的下属地位。

《资本主义美国的学校教育》的核心原则被称为"符应论",鲍尔斯和金迪斯认为学校被设置为镜子,迎合了资本主义制度的需要。由于映射资本主义制度,学生学会了如何在一个复杂的等级制组织中,在教师(未来的老板)的权威之下,行使自己的职责;为了满足资本主义制度的需要,教育制度产生了一大批迟钝、顺从的学生,以及一小部分管理着下属的有创造性、批判性的思考者。鲍尔斯和金迪斯表示,正是由于这一教育体系建在美国,资本主义精英才得以通过影响学校董事会的选举,以及把经济领导人置于能塑造教育结构和课程的位置等方式来影响教育结构。今天，教育中的阶层不平等和社会上的流动性欠缺，部分根植于一种强调盲目颂扬美国历史的课程以及一种强调熟记、寻找正确答案的教育模式（Apple, 2013, 2014）。教师"为应试而教"，学生由于长期沉浸于一类隐性和正式的课程而固化在他们原有的阶层地位中。这类课程培育着一种替不平等辩护的意识形态，强调个人主义和对精英体制的信仰，即一种通过竞争和努力工作（也就是他们自己的优势）而获致阶层地位的社会观念。

仔细浏览正式的课程，这些教科书都倾向于颂扬大工业家、敛财大亨、高科技先驱和资本主义制度的成就，而忽略美国军队攻击工人或解散工会的事实。工人和工会的成就被忽略、掩盖或淡化，同样，对于资本主义的消极后果（垄断、价格管制、市场崩溃、低工资、恶劣工作条件）也是如此（Chafel, 1997; Loewen, 2007; Zinn, 2005）。在琼·安尼安（Jean Anyon, 1979）的经典著作中，她强调指出：

> （教科书）暗示了我们应该把穷人视作应对自己贫穷负责的人：贫穷是个人失败的结果，而不是社会统一分配经济资源的失败。这种思想鼓励了教育和其他试图改变个人状况的举动，同时也留下了丝毫未受影响的不平等的经济结构。
>
> ——Anyon, 1979, p.383.

换句话说，学校系统教会了学生去指责低收入人群自身的问题，而忽视造成一些人成功、其他人失败的宏观层面的因素。这些学者都把社会阶层不平等的再生产视为学校教育结构中的固有现象。

从理论路径转向一种基于实证的研究路径，琼·安尼安通过观察不同社会阶层人群所接受的学校课程与教学，来探索教育中的阶层差异。通过民族志分析，她发现，服务于劳工阶层学生的学校教师总是强调遵守规则和尊重权威。他们的课程偏重于对事实的记忆以及看似不动脑即可完成的工作，而不是涵盖分析和阐释的活动。小学毕业后，这些学生对自己的能力、对大学的期望越来越悲观，甚至有隔阂。他们在谈话中告诉安尼安，他们感到很无聊，"因为他（老师）不教我们什么"，而老师还认为这些学生"懒"。一位老师说，她的主要职责很简单，就是"让他们（学生）忙起来"。

相反，为家境优越的儿童服务的学校则强调独立性、创造性和批判性思维。这些学校教导学生要将自己视为知识的创造者，而出身贫寒的同龄人则将自己视为知识的被动接受者。家境优越的学生的教科书鼓励高阶思维，强调"竞争的世界观"，以及对文化历史事件的多重解读；而在为出身贫寒的学生服务的学校里，教科书提供了一个窄化、净化版本的历史——这个版本颂扬商业领袖，淡化劳工阶层为美国所作的贡献。

安尼安的研究影响巨大，很少有研究者能全面更新其研究成果，所以我们只能假设并验证为不同社会阶层服务的学校今天为学生提供的教学是否有差异和不平等。最近很多研究都指出，在高收入学校中，强调丰富多彩的阅读环境更为明显，而在低收入学校，更多的则是参与基础性的拼读，使用更基本的阅读材料（Cummins, 2007; Duke, 2000）。关于我们能对这种不平衡状态做些什么，琼斯和巴格莱建议，教师教育应该更彻底地将社会阶层批判纳入到其"多元化的教育"课程中（Jones & Vagle, 2013）。这个课程教材将会促成一种"阶层敏感的教育学"，这样一来，首先，教师能更好地接受一些阶层问题的教育，比如劳动史、税收和福利政策、全民医疗保健和最低生活保障运动等；其次，教师将被训练成"明确地批判权力和特权在社会和学校中的运作方式，并且支持学生质疑特权和等级思想为什么会被认为是'天生的'"（p.132）。

学校中的社会阶层、分轨和教学差异

细想一下你自己的教育经历。你有没有感觉好像你们学校内部（within）有着分隔开来的不同的学校？在学业水平上，你的高中学校内部有没有分隔开来的多重世界？造成教育中的阶层不平等的不仅仅存在于学校之间（between）的差异。差异也存在于学校内部，研究人员将这些差异与教育成就的社会阶层不平等建立关联。分轨是指基于学业能力的不同把学生分开编排进课程里去，要么是个别班级不同，要么是整个课程都不同。

在一些学校，学生在标准课程、荣誉课程和大学先修课程里挑选；在其他学校，学生参加一个完整的"国际文凭"（International Baccalaureate, IB）大学预科课程，而其他学生则进入标准课程的轨道。分轨的支持者认为，差异教学允许学生在最适合他们能力的环境里学习，可以满足所有学生的需求（Carbonaro, 2005; Gamoran, 2009; Gamoran & Mare, 1989）。批评人士则担心学业分轨会使教育中的阶层不平等得以延续。

把分轨与教育中的社会阶层差异联系起来的机制便是用来进行分轨安置的方法。研究表明，分轨安置与学生的社会经济背景密切相关（Mitchell & Mitchell, 2005; Oakes, 1985）。也就是说，富裕的学生更有可能进入高层级的班组，而不富裕的学生则更可能进入标准的学业课程班，进入职业轨道（Lewis & Cheng, 2006）。部分原因是由于富裕的学生在分轨编班的测试中成绩更好，这还反映了教师对学生"属于"哪个层级的主观评价，以及家长对孩子应该进入特定课程的要求（Tach & Farkas, 2006）。无论是看似客观自然的测试成绩，还是一个教师的主观评价，每个决定因素都开启了社会阶层影响学生分轨安置的可能性。

一旦学生被放置到"分轨"课程里（举个例子，如标准英语与大学先修英语），他们在学习中就会获得不平等的收益。事实上很清楚，成绩好的学生在先修课程中学到的东西比在标准课程中学到的要多，低轨班的学生显然不仅比在先修课程班学习的同龄人学到的东西少，而且他们实际上经历的是一个学习上的失败（相较于如果他们能进入包括高能力学生在内的班级学习）。在高轨班学习获益更大还反映出一个事实：高轨班的授课教师往往经验丰富、教学效果好（Kalogrides, Loeb & Beteille, 2013）。新手教师更有可能被纳入"标准"课程班，跟他们那些更有经验的同事相比，（如果保持其他因素不变）他们在提高学生成绩方面的效果总是差一些。

研究者用民族志方法更近距离地观察分轨教室里发生的情况后，发现并指出了它们在教育环境方面的显著差异。珍妮·奥克斯（Jeannie Oakes）在其经典著作《保持分轨：学校如何构建不平等》（*Keeping Tracking: How Schools Structure Inequality*）中，把高轨班描述为输送"高层级知识"的地方，这种知识强调批判性思维、创造力和自我指导；同时，把低轨班描述为输送"低层级知识"的地方，这种知识强调顺从、记忆、实用技能和守时。她发现低轨教室的教师在讲解上花费的时间很少，在"簿记"上花费的时间很多。最近的研究也印证了这样一个观察：高轨班级往往拥有语言丰富的环境，在这种环境中，基于讨论的方法引发出更多的开放式提问和批判性思维，从而产生真真切切的学习收益（Applebee et al., 2003）。在两个高中语文课堂的比较研究中，渡边（Watanabe, 2008）发现，高轨班的学生体验了更多富有挑战性并有意义的课程、更多体裁的写作作业，从教师那里获得更多的反馈，而低轨班的学生则在学习如何在多项选择题考试中给出客观答案。教师看起来也似乎与高轨班学生有更热烈的互动表现，而忽视或孤立低轨班的学生（Clark-Ibáñez, 2005）。日积月累，高轨班的学生就会学到更多的东西，形成一种基于好奇心和开放探究的世界观，学会信任教师，并在之前就对经典文本和历史文化参考书有较深的熟悉度的基础上获取文化资本。因此，分轨对学生产生的不仅是不同的学业能力，还有对世界以及他们在这个世界中所处位置的不同看法。

这些发现是否意味着"去分轨"（de-tracking）、不强调差异教学就能在教育环境中产生更大的公平呢？一些研究表明，对于那些将被分到低轨班级的学生来讲，谨慎紧张的去分轨的努力可以卓有成效地提升他们的学习品质（Gamoran & Weinstein, 1998; Welner et al., 2008）。然而，这样做需要教师进行广泛的再培训和再反思（Watanbe et al., 2007）。不幸的是，反对这种努力的人经常出现，因为教师担心他们缺乏在一个差异化的课堂上教学所需要的复杂技能，或者对智力固定的本质持有坚定的信念（Burris & Garrity, 2008; Rubin, 2008）。此外，考虑到学习机会受损的可能性——尽管这一受损未见确切记载，能力和水平高的富裕学生及其家长也对去分轨行动进行了抵制。

非凡优势：私立精英学校的情形

学校之间的不平等在私立精英预备学校的情形下表现得尤为明显——

学校的外观和功能看起来就像一个高档的乡村俱乐部和霍格沃茨①或和一个古典英格兰学院的结合体。高昂的学费、选择性招生、约 15 名学生的班级规模,学生会参加一些题为"上路旅行!"和"反叛者和反常规者"的文学课程,以及像"现代战争与和平""资本主义和它的批判者""为什么穷国会贫穷"这样的社会科学课程。与劳工阶层学校强调熟记、爱国主义以及尊崇资本主义的教育不同,这些学校强调创造力、问题解决能力和批判性思维——针对许多学生家庭赖以积累财富并享有巨大特权的国家和经济体制,开展批判性思考。在课堂之外,学生通常需要参加竞技体育和社区服务,课外活动多种多样,出国留学的机会多且令人神往。

最后,精英预备学校给学生灌输一种身份重要的优越感,为学生爬上权力和特权的高位铺平道路(Cookson & Peraell, 1985; Khan, 2011)。他们让学生获得文化资本来达成这个目标。学生们选修艺术史,阅读经典著作,研究重要问题,每天练习专业着装(通常男孩需要衬衫和领带),获得成为一个全球公民的意识。构建社会资本的机会同样难以匹敌,因为这些学校拥有杰出的校友与来自商业、教育、医学、娱乐和艺术界领袖家庭的学生;各类作者和政治家经常在校园里举办各种讲座。此外,许多学校与顶级高校的招生顾问保持着紧密的联系,这样即使他们的 SAT 分数和平均绩点低于来自一所不知名的城市高中的申请人,他们的学生在大学申请过程中也有优势(Stevens, 2007)。总的来说,这些学校为那些已经享有特权的学生提供了维护其特权的优势,这些学校每年都要花费五六万美元。

社会阶层、学习与校历安排

最后,除了学校之间和学校内部的差距对塑造教育中的社会阶层差距起到明显的重要作用之外,还有可能存在着造成这些差距的更加基础性的根源,一个非常基础性的、很少受到质疑的学校教育宏观层面的根由。越来越多的研究表明,校历(特别是让学生在暑假期间休息)的安排方式,制造了不同的社会阶层在成绩上的差距。在学年开始时存在的成绩

---

① 霍格沃茨(Hogwarts):小说《哈利·波特》里的一家魔法学校。——译者注

差距，在一学年中逐渐缩小，让弱势学生能体会到学业教学可以评估的益处（Alexander, Entwisle & Olson, 2007; Downey, von Hippel & Broh, 2004; Ready, 2010）。然而，在这个被称为"暑期逆折"或"暑假学习损失"的过程中，低收入家庭的学生失去了一个半月值得他们在学校学习的时间。等到他们升到五年级的时候，弱势学生就失去了将近一年半值得花在学习上的时间，因为校历包含了一个很长的暑假（Allington & McGill-Franzen, 2003；Cooper, Borman & Fairchild, 2010）。

学习损失的发生，很大一部分是因为大脑是肌肉，它需要持续不断的刺激来保持强劲；就像任何人停止锻炼，肌肉力量损失便难以避免。由于少数族裔学生在家中接触到与他们年龄适当的阅读材料的机会较少，没有阅读练习，他们的技能在夏季就下降了。同时，有优势的学生通常会用暑假来维持他们的学业技能，如果他们的学习能力不强，父母会保持语言丰富的家庭环境，把孩子们带进夏令营，并和他们一起参加文化活动（Chin and Phillips, 2004, Roksa & Potter, 2011）。对于那些没有考虑到教育制度在塑造学业成就过程中的独立作用的研究者而言，这项研究确实构成了挑战。事实上，这显示了正规教育的力量，可以均衡学习成就，克服在父母教养方式和资源上的阶层差异——至少，在学年中是如此。

从这项研究中获得的政策启示可以有两层。首先，学校教育结构可以重新修订，以促进跨越社会阶层和种族的教育公平。虽然它可能非常不受欢迎，但延长学年、缩短暑假时间对减少这些差距将有很大的帮助。美国大约有4%的公立学校采用"全年"校历。其次，由于重新修订校历的支持力度不够，学校和社区可以而且应该在夏季提供辅助教学，并至少提供年龄适宜的阅读材料（McCombs, Augustine & Schwartz, 2011）。虽然研究人员尚未发现明确的证据表明延长学年将缩小考试成绩的社会阶层差距（Patall, Cooper & Allen, 2010），但我们相信目前学校教育的结构促成了教育中的社会阶层不平等。

国际状况：全球背景下的阶层不平等

关于美国教育的一个令人瞩目的发现是，尽管高等教育体系规模大幅度扩大,但受教育程度的社会阶层差距并没有随着时间的推移而明显缩小。可是,其他西方工业化国家在多大程度上减少了教育的阶层不平等呢?其他国家的教育系统是否已成为有助于社会升迁的途径?事实上,"持续存在的不平等"的特征已经印刻在许多西方工业化国家教育体系之上(Pfeffer, 2008; Shavit & Blossfeld, 1993)。通过对13个国家和地区的数据进行历史考察,研究者发现,"在20世纪的大部分时间里,来自不同社会出身的人进入中等教育和高等教育的相对几率基本上没有变化"(Gamoran, 2001, p.142)。这一研究发现来自一系列富裕的发达国家和地区,包括美国、西德、英格兰和威尔士、意大利、瑞士、日本、匈牙利、波兰、捷克和以色列。只有在瑞典和荷兰,研究人员才发现了低社会阶层出身学生受教育机会真正扩大的证据。有一些国家在教育中的阶层不平等表现得最为持久,那里的中等(高中)教育有着僵硬的教育分轨的烙印,有些学生几乎自动地注定要上大学,而其他学生几乎注定要走进教育的死胡同和职业道路。

我们该如何解释持续存在的受教育程度的社会阶层差距,尤其是当系统本身已经扩大之后?也许,社会学家亚当·盖莫兰有最佳的答案:"只要存在着社会分层现象,有特权的家长就会想方设法把自己的优势传递给孩子。因为学校教育是主要的筛选机制,占据权力和优势地位的人将会利用学校教育来维护他们及其子女的地位。"(Gamoran, 2001, p.144)有两个相互关联的术语被用来解释社会阶层优势的持久性,它们分别是不平等的最大化维护(MMI)和不平等的有效维护(EMI)(Lucas, 2001; Raftery & Hout, 1993)。这些术语描述了低收入家庭出身的学生首先凭借获取更高层级的教育,从而缩小了他们自己和来自高收入家庭学生之间的差距。可当这种情况发生时,来自富裕背景的学生会作出努力,以达到一个更高的教育层级,获取更高的受教育程度。这就是不平等的最大化维护。相反,不平等的有效维护是指来自富裕家庭的学生"垄断"精英学院和大学中的学额位置的过程,而不富裕家庭的学生则被降格到两年制大学或缺乏选择性的大学。尽管来自不同阶层背景的学生获得同等的受教育水平,较富裕家庭出身的学生还是能够通过各种名牌大学的毕业证书来保持其优势。正如西加尔·阿隆所解释的："当社会地位高的群体在一定的教育水平上达到一个饱和点时，不平等只是向上移动达到一个新的水平，从而保持相对的阶层差异。"（Sigal Alon, 2009, p.732）变化越多，差异就越保持不变，享有特权的家长和他们的孩子在优势受到挑战时，都会从根本性上抬高教育期值的标杆。

鉴于教育对社会流动、中产阶级地位和公民社会的重要性，学界仍在继续探究着社会阶层与受教育程度之间的关联。毕竟大多数社会成员都希望通过自身努力成长为精英。一些最新研究发现，许多欧洲国家，尤其是在瑞典、荷兰、英国、德国、法国（Breen et al., 2009）和西班牙（Ballarino et al., 2009），出生于20世纪下半叶的人群中，社会阶层在预测受教育程度上的作用正在下降，社会阶层差距也已经在缩小。然而，并不是所有的研究者都同意这些乐观的结果（Haim & Shavit, 2013）。因此，在找到进一步的证据之前，世界各地的教育系统显然还会打上普遍、持久的社会阶层不平等的烙印。

社会阶层和教育机会均等：同龄人和文化的持续影响

在一定程度上说，阶层不平等在教育系统之内得以重新生产——或者，当学生们"战胜极难的几率"、体验到社会升迁的情形时，它受到抗争——如同探索宏观层面教育结构一样，探究学生在这一过程中的作用同样重要。学生有能动性，即调整他们自己的经验、塑造他们自己教育经历的能力。这一点可以在关注教育系统内社会阶层和同龄人文化如何交互的研究中看到。任何对教育系统的社会学解释都始于承认系统不仅产生学习，而且产生身份认同。现在，我们就来看看小学和初高中学生在复杂环境中的应对过程，他们试图找出适合于他们的地方，偶尔还会遭遇一些麻烦。

作为次级社会化的场所，学校是一个儿童可以接触到他们出生家庭以外的人的地方，在那里，他们与来自不同背景的儿童进行互动，并了解他们的多样性和差异性。当我们讨论社会阶层时，其实，阶层之间的边界和紧张早就出现。苏珊·温格发现，即使在小学生中，穷人的污名已经存在，中产阶级孩子把贫穷归咎于穷人，并把他们描绘成肮脏、懒惰、吝啬和容易发生暴力的人（Weinger, 2000）。她还发现，中等收入和低收入家庭的学龄儿童都表达了在他们自己的社会阶层背景里挑选玩伴的偏好，一个低收入家庭的孩子说："我真的不想要一个有钱的朋友，他认为他比我好。当我们是朋友时，我们知道我们是朋友，因为我们喜欢对方，我们不是为了钱和东西而想要对方。"（p.143）甚至在小学阶段，贫穷的孩子就在富裕的孩子那里体验到了不信任和距离感，"为了……拥有真诚的、值得信赖的友谊，避免排斥反应，他们会在自己的阶层中选择朋友。"（p.144）

排外的主题同样也出现在其他关于社会阶层、身份和学龄儿童归属感的研究中。例如，学生的外出考察活动可能会充斥着社会阶层的紧张关系，如果需要参与活动的家长作出些财务贡献时，尤其如此；一个原本应该很有趣的活动变成了让一个不能参加的孩子担心"出局"的事情，结果还被比他们富裕的同龄人瞧不起（Ridge, 2002; Wikeley et al., 2007）。在一些要求孩子们穿校服的学校里，有时会通过设置"便装日"来"奖励"孩子有机会穿他们自己的衣服，但这也会引起焦虑。对低收入家庭的孩子来说，这不是一个表达自己个人风格的机会，他们反倒可能会担心自己因为缺乏时尚的服装而被取笑（Taylor & Fraser, 2003）。参加校外活动去建立友谊的时候，低收入家庭的孩子可能会感觉到他们容易被排除在生日派对之外，因为他们会被期望带去礼物，如果是看电影、游泳、保龄球或滑旱冰这样的方式，则需要支付一定的费用。于是，低收入家庭的儿童失去了建立友谊的机会，开始认为自己不受欢迎，缺乏亲密的朋友（Sletten, 2010）。久而久之，这些经历会形成一种情感结构（structure of feeling），其中，羞耻感是低收入和劳工阶层感知这个世界的核心情感（Nenga, 2003）。

当孩子进入初中和高中，社会阶层身份被进一步放大，隔离和排斥的主题继续存在。埃伦·布兰特林格（Ellen Brantlinger, 1993）在她关于中西部大学城里劳工阶层和中产阶级青少年的经典质性研究中发现，低收入青年更能感应到学校里的社会阶层落差。例如，不富裕的学生会用大量的词汇，给比他们自己富裕的同龄人社会团体命名（比如苏格兰佬①、前皮士范②、势利眼③、时髦货色④），也会给这些团体的成员和他们多变的友谊命名。相比之下，高收入的年轻人对收入较低的同龄人不了解，只为他们的社会群体列出了几个名字（比如，碎石机⑤、红脖子⑥、摇头迷⑦），对不富裕的个体也不太熟悉。此外，当描述他们在学校里享有的特权和成功时，中产阶级学生会反映出一种权利感和自得感。他们会将学校和社会视为精英体制的舞台，自我奖励他们自己的努力付出。相反，劳工阶层的学生，似乎把学校和社会传递出来的信息向内归因，责怪自己的学业失败和社会经济处境。

高中学生身上的社会阶层差异表现不同，这些紧张汇聚成佩妮·埃克特（Penny Eckert）所谓的对立社会结构（oppositional social structure）——这是富裕和不富裕家庭的孩子把他们定义为彼此对立面的一种模式。埃克特在她命名贴切的著作《苏格兰佬与火爆狂飙》（*Jocks and Burnouts*）中写道，这"两种类型逐渐分隔开他们的世界，形成了对立的领域、表现、风范和行为"（p.49）。虽然每个同龄人群体的具体名称在不同的高中各不相同，但研究人员已经记录了一种模式，学生通常会沿着社会阶层的路线，按照自己的同龄人的对立面来定义他们自己、他们的兴趣、他们的目标（Foley, 1990; Milner, 2013）。富裕家庭的孩子倾向于投身正式的学校活动，而不富裕的孩子则会在校外建立一套重点关注顽强与成熟的身份地位系统。

---

① 苏格兰佬（Jocks）有两义：苏格兰高原地方的士兵、成天运动的笨家伙。——译者注
② 前皮士范（Preppies）指美国东北部私立大学预备学校的一种次文化，也用于指那些赞成传统的思想、行为方式，爱穿美国预科学校服装的人。——译者注
③ 势利眼（Snobs）是指有一种相信地位和价值之间存在着对应的关系人，容易看不起地位不如他的人，而去巴结地位比他高的人。——译者注
④ 时髦货色（Popular Kids）指校园里一些穿着时尚、人见人爱、自信心爆棚的男生或女生。——译者注
⑤ 碎石机（Stoners）：这个词语除了有石匠、碎石机的意思，还有看似经常抽大麻的人的意思。——译者注
⑥ 红脖子（Rednecks）：指乡巴佬，一种对来自美国南部下层社会的白人男子的蔑称。——译者注
⑦ 摇头迷（Headbangers）：指一些重金属音乐爱好者、随着音乐摇晃脑袋的人。——译者注

因为富裕的学生能迎合学校当局,他们可以利用其额外课程作为借口逃课和偷懒。不富裕的孩子没有这样的借口,他们缺乏口头表达能力来让自己离开棘手的境况,因而发现会把自己与学校官员陷于麻烦之中,于是进一步疏离系统。当他们毕业时,学生文化中基于阶层的两极分化,意味着来自同一所高中的学生可能会让人感觉到他们在完全不同的学校上学,具有完全不同的学校轨迹。

没有什么比英国社会学家保罗·威利斯(Paul Willis)的经典著作更能说明同龄人文化的力量的了。经历了多年对他们文化和身份的诋毁(他们的语言有问题、行为不恰当、在建设国家的历史中毫无贡献),劳工阶层的学生会反抗并发展出一种对抗性文化(oppositional culture),一种拒绝学校教育和良好行为重要性的价值体系,并用一个独立的系统来替换它。在《学习劳动》(Learning to Labour)这本书里,威利斯(1977)指出,由于感觉到学校制度将永远不会承认他们劳工阶层文化的价值,工人阶级的年轻人——他称呼他们为小伙子——认为赢得尊严的唯一途径就是采用一种对立的文化,一种基于酗酒、吸烟、骂人、粗暴的性别歧视态度的文化。威利斯以一种新颖的方式看待这样的"坏行为":他们不是失败者,不是愚蠢的或离经叛道、忘恩负义的人,甚至不是中产阶级学校系统的受害者,他认为劳工阶层的小伙子们的排斥实际上是一种合理的反应。他们选择放弃(甚至退出),而不是投身于一场他们永远赢不了的比赛。威利斯的理论强调了学生们的能动性:他们创造性地、独立地在社会中确立自己的地位,而不是被动地接受强加在他们身上的劣势。但具有讽刺意味的是,劳工阶层青年拒绝带有中产阶级文化特权的教育系统,走上了创造性的叛逆之路,却最终把他们送上了劳工阶层岗位,从而再生了他们一开始就反抗的社会阶层结构。

学者们一直对此孜孜以求,更新这些经典研究,转换关注点,将一个交叉的视角置入他们的研究中。朱莉·贝蒂专门探讨了学生不仅有阶层身份,还有性别和种族/族裔身份的事实。她的研究关注学生在基于这些身份复杂地相互作用下引导学校文化和同龄人关系的方式。劳工阶层女学生如何拒绝或抵制占主导地位的学校文化,与威利斯所描述的小伙子们的方式完全不同（Julie Bettie, 2003）。不过，这些研究对增进我们理解教育中的阶层不平等共同作出了重要贡献：学校系统的某些方面确实给在校学生铺设了不一样、不平等的道路，但学生的能动性同样非常重要，因为他们建构身份，有时会以抗争的方式引导同龄人文化，但常常再生产了社会不平等（Collins, 2009）。

社会阶层与教育机会均等：向高等教育转化

当义务教育阶段结束时（在美国为16—18岁），学生面临着马上退学、或高中学业结束后再停学、或进入某种类型的高等教育的选择。宏观层面学校制度的种种不平等，连同同龄人和家庭的影响，形成了学生对高等教育的可行性和可取性的思考。在一个"全民大学"观念保持强劲的社会里，许多学生高中毕业后，除了四年制大学以外几乎没有其他选择的信息（Rosenbaum, 2001, 2011）。而且，由于服兵役和职业教育继续被污名化，大学保留了他"唯一选择"的特权地位。在本节中，我们将呈现高中以后如何生活的决定是怎样深刻地受到社会阶层的影响，同时，由于教育和收入之间的关系，这些决定也伴随着相当大的社会阶层后果。

首先，看一下相关背景：尽管人们对高等教育成本和学生贷款制度中的问题有一些确实有据的批评，但高等教育确实产生了显著的经济回报。先来看从25岁以上成年人平均每周的收入，随着受教育水平的提高，人们有望得到更高的工资（图3.5）。例如，一个拥有硕士学位的人有望拿到一个只有高中文凭的人的两倍收入。失业率也因教育而有所不同，高中学历的人失业率是学士学位的人的两倍（Bureau of Labor Statistics, 2015）。

从高等教育的长期回报看，大学学位的平均成本大概要达到10万美元，但在生命历程中，一个有四年制大学学位的人有望比一个高中学历的人多挣100万美元。最近的估计是，拥有学士学位的普通人一生中的平均收入为230万美元，而普通高中毕业生的平均收入是130万美元（图3.6）。当然，这些数据会依据性别、大学主修科目（平均而言，工程师比学前班教师赚的更多）以及其他因素的变化而变化。高等教育产生的回报对那些弱势背景的人尤为明显；他们大学投入所获得的相对经济回报最高（Brand & Xie, 2010; Hout, 2012）。

高等教育中的社会阶层差距描述

尽管完成大学学位带来的经济效益很明显，但在学生是否上大学、在哪里入学、是否最终完成学业方面，还是存在着明显的社会阶层差异。首

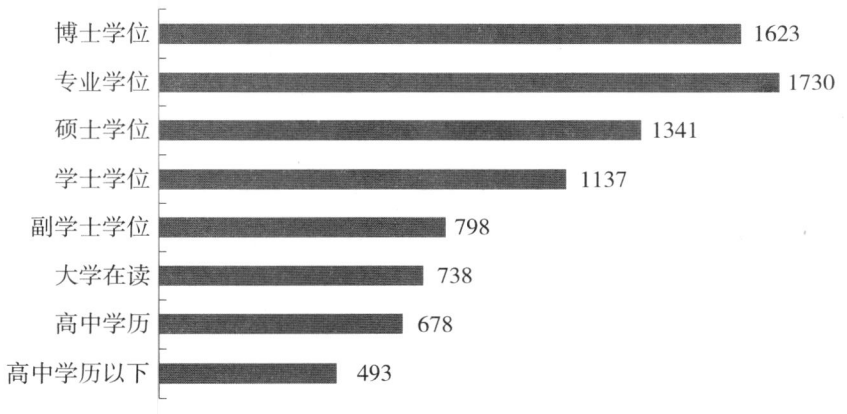

图 3.5 教育与平均周收入（美元）

来源：Bureau of Labor Statistics, http://www.bls.gov/emp/ep_chart_001.htm.

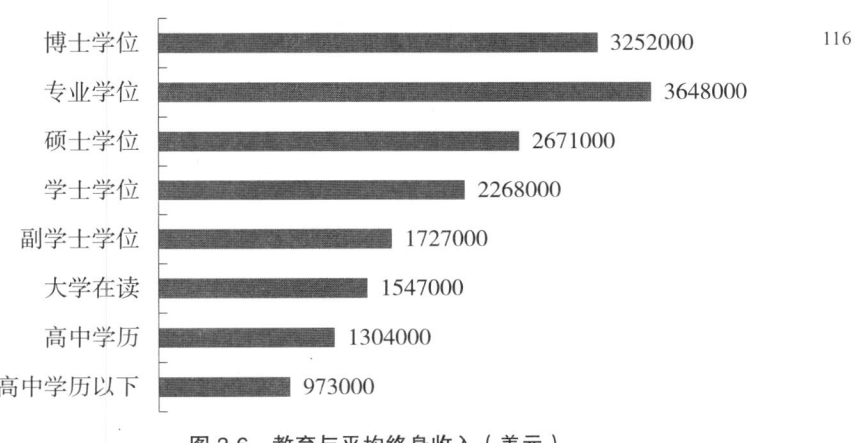

图 3.6 教育与平均终身收入（美元）

来源：Carnevale, Rose & Cheah, 2011.

先看一下高校招生中的社会阶层差异，1970年代初以来，与来自低收入家庭的学生相比，高收入家庭的学生高中毕业后更可能直接进入大学。如今，近46%的来自低收入家庭的学生在高中毕业后紧接着就开始攻读两年制或四年制的学位，而高收入家庭的学生进入大学的比例将近80%（图3.7）。虽然有些人在进入大学之前要花些时间，但这一初始决定却为长期的不平等埋下了铺垫。

研究人员也知道，阶层决定着学生在哪里入学，从大学的选择性来看，尤其如此。学校的可选余地越大，招生条件就越苛刻，录取率自然就越低；美国有140—190所学校符合这一定义（视具体标准而定）。而与那些高收入家庭出身的同龄人相比，低收入家庭出身的学生，即使他们具有卓越才能和优异成绩，也不太可能进入一所选择余地大的高校。依据估算，富裕家庭的高中毕业生进入一所选择性余地大的高校的可能性比他们不富裕的同龄学生要高出七到八倍（Carnevale & Rose, 2004; Reardon, Baker & Klasik, 2012）。虽然研究人员无法确定地说，进入一所更具选择性的大学，前景一定是比所有其他学校的毕业生的终身收入都更高，但有证据表明，不富裕的学生进入一所更具选择性的高校，他们会获得更大的经济利益（Dale and Krueger, 2011）。除经济利益外，研究人员还发现，进入更具选择性的高校还可以增加学生最终毕业的可能性。对于弱势家庭背景的高能力学生来说，进入一所选择性的高校可能会在"战胜几率"、实现美国梦方面发挥重要作用。

最后，大学学业的完成存在巨大的阶层差异。一开始我们就已经明确在学生是否进入大学方面存在阶层差异。然而，有些人起初入学报名时就辍学了，或者中途停学（休假），这种趋势也与社会阶层有关联。对弱势学生来说，学业之争、经济压力、家庭要求或者感情疏远，都会导致他们在完成学业之前就离开大学。最终，虽然大约32%的成年人获得了四年制学位，但是，那些在收入最高的四分位数中成长的学生完成学业的比例为54%，而在收入最低的四分位数中成长的学生完成学业的比例只有9%（图3.8，Bailey & Dynarski, 2011）。从另一个角度看，那些来自最高收入家庭的成年人比那些来自低收入家庭的完成大学学位的可能性要高出七到八倍。关于完成大学学业差距的一个特别深刻的问题是,尽管高校的数量以及他们能够招收的学生人数急剧增加,但在过去的40年里,这一差距并没有缩小。这一统计数据特别指向了教育中一直持续的阶层分化。

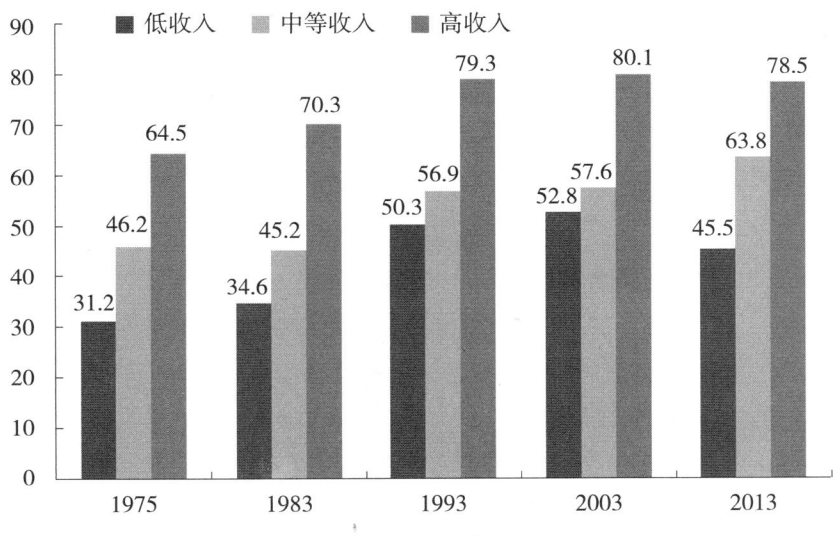

图3.7　社会阶层与高校入学率

来源:NCES, 2016, http://nces.ed.gov/programs/digest/d14/tables/dt14_302.30.asp.

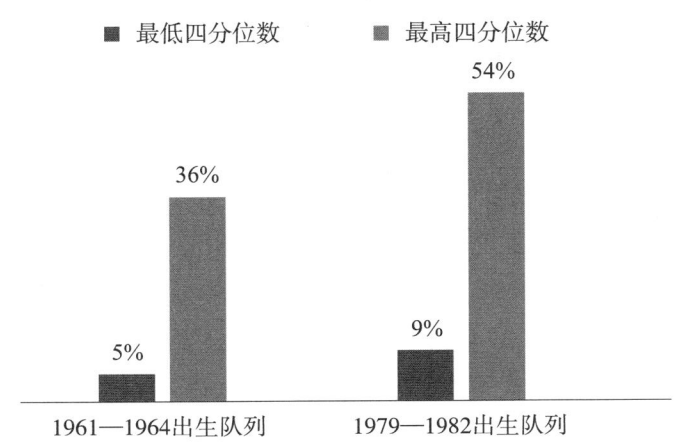

图3.8　收入与大学学业完成率的差距

来源:Bailey & Dynarski, 2011.

高等教育中的社会阶层差距阐释

如果"全民大学心态"如此强烈,大学学位所带来的经济回报如此明显,那么我们为什么还能在高等教育中看到如此深刻的社会阶层差距呢?这个问题的答案似乎显而易见,例如,并不是每个人都能负担得起大学学费,进入大学对有些人来说可能很难,社会学家们从突显微观和宏观层面交互作用的观点回应了这个问题。在微观层面上,个人参赛者总是带着不同的技能和资产来参加比赛;在宏观层面上,相较于其他参赛者,比赛是以一种系统地支持某些参赛者的方式构建的。现在,我们更详细地探讨这个观点。

支付竞争费用与竞争的成本

人们已经对高等教育成本增加的问题采取了很多应对措施。确实,这是一种非常昂贵的竞赛,一些参与者比其他参与者有更多的钱参加比赛。表 3.5 显示了进入不同类型高校的年平均费用(全日制学费和费用,加上住宿费和伙食费)(College Board, 2015a)。对于在四年制州立大学就读的学生来说,年度总成本接近 2 万美元;两年制学院费用更少,私立大学更多。从 1980 年代初算起,(经通胀调整后)四年制学位的成本增加了约 325%,这意味着成本已经翻了三倍多。相比之下,两年制学院的学费增加了大约 250%。不幸的是,学生和家庭的收入并没有得到相应的增长。事实上,高等教育成本的增长速度远远超过了各方面收入的增长,也超过了包括医疗保健在内的几乎所有其他方面的成本增长。于是,从微观层面上讲,大学费用的增加正逐渐把一些参与者挤出了比赛。

然而,要想更全面地了解许多人难以承担大学费用这一事实,我们需要观察一些宏观数据。究竟是什么导致了这些大学的费用上涨呢?一方面,

表 3.5 按学校类型划分的大学年度费用

两年制公立学院	四年制公立大学(州内)	四年制公立大学(州外)	四年制私立大学(非营利)
11438 美元	19548 美元	34031 美元	43921 美元

来源:College Board, 2015.

许多学生要求拥有更先进、更舒适的教育体验。许多本科院校在过去30年中已经开始扩大他们的业务，提供诱人的宿舍、健身中心和游泳池等配套设施，广泛致力于身心健康、国际交流、身份群体（同性恋、双性恋及跨性别，种族/族群，等等）、宗教中心、社区花园以及更多的学生支持服务。大学成本有所增加，部分还因为各高校竞相吸引最优秀、最聪明和最富有的学生。

近几十年来，教育成本上升的一个更大的原因是州政府提供的支持公立大学的资金较少。这样一来，大学就把成本转嫁到了学生身上。自2007年以来，州税收对高等教育的支持率下降了约16%，而同一时期的入学率却增加了9%（College Board, 2014）。简言之，大学成本上升是因为学生要求他们的上学体验更丰富，而州财税支付部分在成本中的比重却更少了。这二者导致了学生费用上涨。与此同时，高校为更多学生服务的财力也日趋吃紧。

那么，如何把财务补助列入到计算公式里呢？它是否可以平整赛场，让低收入者有机会进入比赛？基于特长和需求设置的经济资助包括贷款、助学金和奖学金。为了吸引"更优秀"的学生，许多高校已经改变了他们的资助政策，让那些富裕的学生进一步受益。许多机构从基于需求的资助（针对经济困难的学生）转向基于特长的补助（为学业成就和其他天赋提供奖学金），这已成趋势。虽然这样的改变是为了吸引优秀学生，提高学校声誉，但受其影响，高等教育的社会阶层差距迅速拉大，因为中上阶层学生更可能拥有好成绩——更高的绩点分、SAT成绩和额外课程成果，这使得他们有资格获取奖学金（Schmidt, 2007）。结果是，留给低收入学生的基于财力需求的资助就大大减少了。

联邦政府学生资助政策的转变则进一步加剧了这种差异。联邦政府学生资助由联邦纳税人提供，旨在支付中低收入学生的大学费用。这些资助政策在1970—80年代为许多学生打开了高等教育的大门，但后来则变得不足以帮助学生支付全部大学费用了。可以举佩尔助学金（Pell Grant）"支付能力"下降的事实为例来证。以罗得岛州参议员克莱本·佩尔（Claiborne

Pell)的名字命名的佩尔助学金,自 1960 年代就已经是低收入家庭背景学生的最大资助来源。颁发给低收入学生的最大的佩尔奖目前只约为 5730 美元,表面上看这不算太糟。然而,考虑到高校费用的增加,与过去相比,佩尔助学金今天只能支付学生费用的一小部分。在 1970 年代,佩尔助学金可以支付一名学生大约四分之三的费用,今天,它仅支付约三分之一的费用(Education Trust, 2014)。

为了支付这些高额高校费用,学生越来越依赖贷款。自 1970 年代以来,贷款取代了助学金,成为主要的经济资助手段(Price, 2004)——关键的区别是贷款必须偿还,而助学金不用。2015 届的大学毕业生平均每人有 3.5 万美元的债务。虽然这种数额的债务对于那些很快找到工作的学生来说是合理的,但是劳动力市场的低迷使学生很难找到能帮助他们偿还债务的工作。事实上,政府统计数据显示,约有 14% 的借款人在毕业后三年内违约(也就是说,不能始终如一地支付债款);而就读于营利性院校——凤凰城大学(U. of Phoenix)、凯瑟大学(Keiser U.)、斯特雷耶大学(Strayer U.)和弗吉尼亚学院(Virginia College),这些为低收入人群服务的大学的毕业生,违约率则会高出一倍。

仔细研究学生贷款状况,就能更清楚地阐明为什么这是一个社会阶层问题,以及在高等教育中如何延续这种不平等。低收入和少数族裔学生基本上更讨厌申请学生贷款,因此有些人甚至因为害怕承担过多债务而不愿接受高等教育(Burdman, 2005);还有些人可能会注册入学,同时也拒绝申请贷款,但由于需要通过长时间工作来支付学费,他们很难保持良好的学业表现。最后,还有一些人申请学生贷款,可由于种种原因,在大学毕业之前就离开了大学,这些学生更可能也来自低收入和少数族裔家庭。在寻找工作和偿还贷款的斗争中,这些学生可能会发现自己不愿或无法获得额外的贷款,以帮助他们完成学位,找到更好的工作。从某些方面来说,他们比没有上过大学更糟糕。因此,与个体学生对大学学费的承受能力交相对照,通过经济资助来参与比赛的这些方法并不能缩小高等教育中的社会阶层差距。

展示天赋并被邀参与竞争

在考虑挑选申请者的时候，高校凭什么来决定哪些学生可以成功，并可以成为大学社区里有价值的成员？几乎所有两年制和许多四年制高校（尤其是州立高校）都提供了非竞争性的开放录取，而更具选择性的高校则使用一系列的标准来挑选学生。在这一过程中，富裕的学生更能展示他们的天赋，因此，他们更有可能被学校"征募"（即录取）。原因在于学生的 SAT 考试分数与他们的家庭收入密切相关。平均 SAT 分数的升高与收入呈直接相关。富裕学生（那些位于收入高的四分之一）的平均分数比低收入学生的平均分数高出近 200 分，这可以印证学生分数与其家庭收入间的关系。这 200 分的差距使得学生有资格申请的学校类型有很大的不同，分数越高的学生有更多的选择机会，有充足的资源和很高的毕业率（图 3.9）。

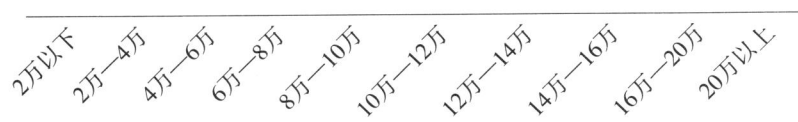

图 3.9 SAT 分数与家庭收入

最近几十年来，SAT 分数中存在的社会阶层差距有所增加，为什么呢？一个可能的答案是，富裕的孩子在基因上更聪明，这已经多次被评估又被否定（Bowen, Kurzweil & Tobin, 2005; Fischer et al., 1996）。另一种可能性是 SAT 考试存在一定程度的偏见，一些研究者认为，考试的批判性阅读部分中有一些问题包含了在学校里学不到的词语和文化，更密切地反映了特权家庭的文化资本（Freedle, 2003; Santelices & Wilson, 2010）。参读下面在 SAT 早期版本中使用过的类比题：

跑步者：马拉松（RUNNER：MARATHON）

A）使节：大使馆（envoy：embassy）

B）烈士：大屠杀（martyr：massacre）

C）桨手：赛舟会（oarsman：regatta）

D）裁判：比赛（refree：tournament）

E）马：马厩（horse：stable）

这道题包含了一些普通高中学生可能知道的概念和一些特定的文化术语。它的正确答案是 C，这儿的 regatta 指的是一种划船比赛。这个术语在特权阶层的文化中可能更加熟悉，像游艇和船员这样的水上运动知识会更普遍，有些高中甚至可能拥有一支很有竞争力的赛艇队伍。

另一个关于 SAT 成绩表现出来的社会阶层差距的解释是，来自富裕家庭的学生越来越擅长应对 SAT（Buchmann, Condron & Roscigno, 2010）。首先，来自富裕家庭的学生可以负担起多次参加考试的费用。考虑到目前的考试费用为 55 美元，这并不是一项小投资。不止一次参加考试可以增加对考试的熟悉程度和提高考试成绩的可能性，这对于申请那些要求"超高分"的大学来说尤其有利；或者，如果参加多次的话，便有机会结合每一次考试的各部分成绩来计算学生的最高分数。此外，他们还可以获得更多的考试准备机会。例如，他们的学校更有可能将备考作为常规课程的一部分；家庭也可能会借助开普兰（Kaplan）和普林斯顿复习（Princeton Review）等正规的考前辅导公司，开展一对一的付费辅导或课程。自 1990 年代以来，考前辅导业务已经大幅度扩张。随着越来越多的家庭关心他们的孩子能否进入一所"好学校"，巩固他们的未来财经地位，一些家庭愿意并能够掏钱购买一个价值 1500 美元的考前辅导课程。这一系统的批评者认为，这些课程更多地侧重于应试策略，而非内容掌握，因此，从本质上讲，这只是购买了更高的考试分数——并没有真正提高学生的阅读理解能力、词汇量或者对几何的理解。

作为负责 SAT 考试运营的公司，大学理事会对这些关于考试的批评非常敏感。多年来，它严格地检查了使用过的试题，寻找可能存在的种族、阶级或性别偏向。也许正因为这样，它几年前就取消了考试的类比部分（如上文所述）。为回应考试不足以检测学术知识或资质的批评，2016 年春季，大学理事会推出了一种新的考试版本。新版 SAT 旨在更好地反映学生在高中所学到的知识，并对学生在大学及以后可能遇到的各种问题的解决能力作出评估。这些试题通常会被设计成与考生有更多的意义关联，同时又让考生基本上没有办法通过一些技巧来快速排除错误答案。一方面，研究人员正紧张地对新版 SAT 进行分析，寻找其存在偏向的证据；另一方面，可汗学院（Khan Academy）已经开始为 SAT 考试提供免费的在线教程，目的在于让考前辅导业务更加民主化。

因此，如果富裕的玩家更善于展示他们的学术"天赋"，那么比赛的哪些方面会进一步强化高校录取中的社会阶级不平等呢？多年来，SAT 已经成为高校录取的主要指标。许多高校每年都会收到成千上万的申请，SAT 分数是一种对申请者进行区别比较的有效方法。于是在宏观层面上，高等教育机构似乎已经达成共识：SAT 分数最能反映一位学生的大学学习资质。

不幸的是，研究并不支持这一点。尽管 SAT 在大学入学考试中广泛使用，但研究人员怀疑该测试能否提供一个预测大学表现的有效指标。正如已经指出的那样，SAT 与家庭收入密切相关，似乎是一场可以通过考试策略来钻空子而得到高分的考试。更重要的是，无论是对 GPA 还是最终毕业概率的测算，这一考试只具备适度的预测大学成功的能力。尤其是对于少数族裔学生，SAT 分数对他们将在大学有怎样的表现提供的信息非常有限（Bowen & Bok, 1998; Hoffman & Lowitzki, 2005）。如果高校想要使用一个预测大学生成功的更有效的指标，那么他们将需要更加关注高中的 GPA，因为它往往与大学成绩和毕业可能性有更密切相关（Geiser & Santelices, 2007）。（注：ACT 考试在中西部和南部更广泛使用。与 SAT 相比，它更能预测大学的成功，但仍然不如 GPA 好。）

所以，如果高中 GPA 能更好地预测大学的成功，为什么在大学录取上不优先考虑它呢？自 2000 年代中期以来，一些学校已经执行"SAT 作为选项"，并开始使用更加全面的申请者评估办法（例如，全面考虑领导力、额外的课程参与和克服挑战的证据)(Soares, 2011)。然而,SAT 仍然保留着它在大学招生比赛中的特权地位。有些人辩护说 SAT 考试是一个统一的倾向性指标,不像高中的 GPA 或班级排名,其严格程度和评分的做法因学校不同而不同。批评者指出,那些"大名鼎鼎"的高校仍然致力于 SAT 考试,因为 SAT 分数是大学排名竞赛的重要组成部分。对高校进行排名的组织和出版物,如《美国新闻与世界报道》(*U.S. News & World Report*)所使用的排名方法,就严重依赖于 SAT 分数(SAT 高分 = 更高的排名)。对于高中咨询员、高中生和他们的父母来说,一所学校的平均 SAT 分数既是衡量一所学校有"多好"的指标,也是学生是否考虑申请的一个标志。简而言之,微观层面的观察有助于我们了解社会阶层背景与 SAT 成绩和大学录取过程之间的相关程度,而宏观层面的审视则可以呈现大学录取竞赛的构建方式,它由于严重依赖 SAT 分数,而给富裕的学生带来优势。

文化资本和参与竞争的秘诀

临近毕业时,学生们不可避免地开始考虑高中毕业后的生活。这时,文化资本便作为一种学生们可以利用的资源,在引导他们去思考是否上大学和上哪所大学方面发挥着作用。在高等教育方面,富裕的学生(他们的父母和家庭成员有可能已经上过大学)储备了更多与大学相关的文化资本;他们还拥有更多高中课程里的知识,这些课程的考试成绩对于高校选择中的录取标准、截止期限和信息提供都非常重要。低收入的学生可能不清楚技术学院、文理学院和大学之间的区别。对于这种缺乏文化资本的学生来说,他们并不了解学校之间的实质性差异,仅仅去"上大学"就是最终的目标了。低收入的学生可能会选择那些不适合他们的学校,或者很难能坚持到毕业,因此他们有限的知识就成为他们完成学位时的不利因素。

在描述低收入学生的大学选择行为时,研究人员发现他们尤其是其中那些成绩优异的学生,通常会申请那些招生标准"低于"他们学业表现的学校。研究人员将这些学生描述为"低匹配",指的是他们的学业证书与他们就读学校的学术状况之间的"脱节"(Hoxby and Avery, 2012; Roderick, Coca & Nagaoka, 2011; Smith, Pender & Howell, 2013)。低匹配反映了与社会阶层、文化资本相关的几个动态因素。首先，低收入学生对经济资助的缺乏详细了解，他们往往高估了上大学的成本（Grodsky & Jones, 2007），这限制了他们可以申请的学校范围。由于他们高中学校里上大学氛围不浓，缺乏足够的咨询资源，而且家庭成员这方面的知识也有限，这些学生可能没有意识到，许多高选择性学校拥有大量的经济资助资源。相比之下，家境富裕的学生可能更知道，许多学校提供大量的奖学金来吸引学生，因此，与某一特定学校就读的广告"标价"相比，学生和家长实际支付的价格通常要低得多。事实上，"折扣价"可能是广告价格的一半，将学费从 4 万美元降至 2 万美元（College Board, 2015a; NACUBO, 2014）。对于有学术才能、收入较低的学生来说，高选择性大学提供的"折扣"通常更高——然而，低收入的学生却依然对此并不了解。

这种低匹配的倾向还反映了人们对"离家"上大学的观念。低收入和少数族裔学生会更偏向于选择离家近的大学（Desmond & Lopez-Turley, 2009; Kurlaender, 2006），而富裕的学生则把离家上大学视为一个过渡仪式和成功的标志，这反映了他们不同的文化资本，或者他们关于大学是什么、它如何与个人发展和家庭的关系建立关联的不同观念。低收入和少数族裔的学生重视与家人的互惠关系，在大学期间既渴望能在经济上和情感上去支持家人，也需要获得家人在经济上和情感上的支持。此外，离家生活所产生的费用可能也被视为是不应当的。可见，这是社会阶层和文化资本碰撞的地方：渴望离家近意味着低收入的学生更有可能进入当地的两年制高校。尽管这可能是一个合理的经济选择，也是一个允许他们与家庭保持密切关系的选择，但它可能会最终妨碍学生在教育上取得成功，并在受教育程度上增加了社会阶层的差距，因为许多两年制高校的学业完成率和向高一级大学的升学率很低（Long & Kurlaender, 2009）。

缺乏与大学相关的文化资本也体现在"夏季融流"现象中。"夏季融流"指的是被高校录取的高中学生在秋季来临时却不去入学的行为模式。这个行为模式在低收入的学生中更为常见（Castleman & Page, 2014）。研究人员推测，低收入学生拥有的经济资源和文化资本较少，他们在大学前的暑假里步履艰难地应对财力和科层的挑战，因为学生们被要求支付住房的首付，完成经济资助的验证，提交健康和接种疫苗的文件，等等。应对这个迷宫可能非常困难，尤其是如果家里以前没有人做过的话，这个学生已经开始担心上大学了。幸运的是，由于这项研究，很多大学正积极地联系那些可能在秋季入学时会处于困境的学生，帮助他们完成入学前必须准备的、复杂而令人焦虑的相关步骤。

操纵竞争？偏爱特权学生的大学录取政策

最后，让我们关注大学录取——尤其是那些更具选择性的高校和著名的公共机构的录取政策，许多政策都将这一竞赛向富裕的申请者倾斜。你是否能找到一种方法，让你的 SAT 分数魔术般地增加 200 分，从而大大增加你被顶尖大学录取的几率？每个大学申请者都有这样的机会。这是什么意思呢？好吧，首先，你应该已经是一个强有力的大学申请者。但更重要的是，你应该知道，如果你被学校录取了，你必须接受录取通知，而不知道你可能会得到多少助学金。这个场景描述了许多四年制高校存在的提前录取（early admission）的申请程序，高选择性的学校提供给申请者的提前录取数最多。

为了通过提前录取程序，学生们通常会在他们高三年级的 11 月份提出申请，如前所述，如果被接受即视为同意自动入学（这称为"绑定招生"）。一些研究人员估算，与只有 8% 录取率的正常招生相比，有 41% 的提前申请人被普林斯顿大学录取。在哈佛，与只有 5% 的正常录取率相比，有 21% 的"提前"申请者被录取（Avery, Fairbanks & Zeckhauser, 2003）。学生喜欢这个选项，因为它大大增加了被录取的机会；高校喜欢它，因为它帮助他们聚集了一批将自己交到学校手里的学生，同时增加他们的"产出收益"（选择入学的录取比率）——用于大学排名竞赛中的另一个变量。正如上文强调的，申请人没有一个具体的经济资助奖金。这对富裕的家庭来说，可能不是问题，但对于依赖于经济资助的家庭来说，这限制了他们比较选择不同经济资助计划的机会。因此，每个学生都可以选择申请提前录取，但这一过程却明显呈现出优势学生远大于其他学生的特征。

在一些家庭中，成为一名（佛罗里达州）的加图尔人（Gator）或（印第安纳州）的胡希尔人（Hoosier）是一个代代相传的传统。而像这样的传统可以把家庭绑在一起，他们也结合高校的努力去构建传统，投入筹款活动。由于这些原因，许多高校为继承申请人（家里有一个或多个该校校友）提供有利条件。继承申请人的优势非常明显。例如，在哈佛，40%的继承申请人被录取，而其他人的录取率大约只有10%（Bowen, Kurzweil & Tobin, 2005）。在其他高校，继承候选人的录取率可能是正常申请者录取率的两倍或三倍（Hurwitz, 2011）。继承申请人——那些在父母教育的成功上已经拥有很多优势的人——在大学招生"竞赛"中又有额外的优势。即使当他们作为一名"竞技者"缺少相应的技能证明（即低SAT分数）时，竞赛还是会在很多方面优先考虑有特权的竞技者。

最后，在大学招生过程中，资金真的可以替代天赋或佳绩吗？事实上，一些高校的政策，实质上是让学生通过购买的方式进入大学。虽然很多顶级院校，包括所有的常春藤盟校，为它们的需求回避的招生过程（学生未及考虑自己的支付能力便被录取）而感到骄傲，但其他高校则采用需求体恤型招生（need-sensitive admissions）做法，寻求全额支付的学生。这些学生能获得高校的青睐是因为他们不需要经济资助，反过来还可以增加学校的收入。当一所高校把学生的支付能力作为筛选申请人的一个因素时，就发生了需求体恤型招生行为。在这个过程中，更多拥有学术资格但不太富裕的学生，则有可能被拒之门外。一些顶级院校采取更进一步的做法，使用所谓的"教务长自由裁量权"和"发展性准入"。这样，那些在正常招生无法获得录取资格机会的学生，由于他们的家庭将会向学校大笔捐赠而被考虑录取。《华尔街日报》（*Wall Street Journal*）的作家和记者丹尼尔·戈登（Daniel Golden, 2007）指出，杜克大学在这些项目下积极地设法获得并招收的学生每年都有125名之多。

当然，这些政策的影响必须进行整体检测。尽管这些政策确实"操控竞赛"以偏爱具备优势的学生，但在某种程度上，它还为收入较低的学生上大学创造了可能（make possible）。换句话说，没有学费收入和富裕家庭的捐款，一流大学也就没有足够的资源向低收入甚至中等收入的学生提供全额奖学金和助学金。虽然也有些大学在录取过程中偏爱第一代大学生（他们的收入往往比父母上过大学的学生低），但任何一项招生政策——即使是种族平权行动——都无法提供与继承录取（有家庭成员做为校友）同等有力的优先条件。

创造奇迹还是改变游戏规则？

因此，如果在工薪阶层和低收入家庭长大的孩子的成功机会如此寥寥，那么有些孩子（就像本章开头的凯特琳）到底如何做到在现实中通过教育系统实现社会升迁呢？在一定程度上说，运气在起了重要作用。从社会学角度来说，它抛起了一场"完美风暴"，将各种有利因素发生作用并改变一个人的人生道路：生活在一个可以与富裕的同伴及其家庭互动的社区，进入一所拥有优秀教师的小班化学校，得以入学一所拥有很强大学预科课程的高中并有机会参加高轨课程。通过这些环境，弱势的孩子可以获得提升他们的社会、文化和学术资本的机会，从而作为一名竞技者在一个通常对他们这类学生不利的竞赛中脱颖而出。

但是，怎样改变竞赛本身呢？事实上，人们已经作出许多努力，并且还在努力，来铺平赛场，以让每个孩子都能有机会展示自己的才能。如前所述，一些州的学校资助政策的变化有助于缩小教育成就的社会阶层差距。早期的儿童教育和"早期领先计划"等项目是另一类缩小差距的努力，让来自低收入家庭的孩子接受言语训练，提前在学业上做好准备。其他一些项目则把重点放在培训父母，通过亲子口头交流，来弥合300万词的语言差距。正如第五章和第十三章所讨论的那样，特许学校和代金券项目也发展成为一种有效路径，为低收入和少数族裔学生提供更多机会，选择能更好满足他们教育需求的学校。在高校层面上，一些学校正在重新考虑 SAT 在大学录取中的作用，并仔细研究学生的生活历史和其他可以表明他们拥有成功条件的证据。

在高等教育中，研究者正与招生办公室一道开发创新项目，以帮助缩小大学入学率和完成率的阶层差距。第一步是让资质高的学生来申请。卡罗琳·霍克斯比和克里斯托弗·埃弗里（Caroline Hoxby & Christopher Avery, 2012）建议高校改变其招生策略，将注意力从基地学校（拥有将大量学生输送到特定学院的传统）转移到那些拥有有才华的低收入学生的高中，在那里学生很少能接触到如何选择大学的知识与可咨询的资源。应该建立机制，服务这些高成就、低收入的学生，告诉他们现实存在的各种巨大机会，无论是从经济价值还是从学术价值上讲，都值得他们去追求。事实上，初步的研究显示这种由个人延伸到高成就、低收入学生的联系，给他们提供了关于成本和招生的准确而个性化的信息，确实提高了他们申请高选择性大学的可能性（Hoxby & Turner, 2015）。

为了让低收入学生进入高校并获得成功，社会心理学家尼科尔·斯蒂芬斯（Nicole Stephens）提出了一个简单的免成本干预办法：强调一种相互依赖（interdependence）的大学文化而不是独立（independence）的大学文化。她的研究发现，与听到学校将如何帮助他们每个个体变得更加优秀，进而实现他们的梦想相比，当大学招生资料关注的是如何满足低收入学生及其家庭需求、念大学将会如何帮助学生"回馈"其社区时，低收入学生更有可能入学并坚持学业（Stephens et al., 2012）。一进入校园，如果他们接触到其他低收入学生的成功故事、有机会听到并谈论社会阶层的问题，低收入的学生都更有可能持续学业并争取更好的成绩（Stephens, Hamedani & Destin, 2014）。事实上，有证据表明，只要低收入学生参加完一个小时的研讨会，他们听到其他低收入学生坦诚地讲述他们的奋斗历程，以及他们的背景如何成为大学的一笔财富，就可以为这些学生的 GPA 带来可测量的收益。

斯蒂芬斯的研究引人注目，因为她认为，高等教育改变叙述策略——学生为什么要入学，他们应该从经验中获取什么——可以使大学文化更欢迎并更包容第一代大学生和低收入的学生，因为学生在大学环境中有时会感到疏离，会寻求他们的文化认同，与他们原来的社区保持联系（Hurst,

2007; Stich & Freie, 2015; Stuber, 2011）。斯蒂芬斯强调，高等教育中的社会阶层差距不是一个关于学术不匹配的故事，而是关于文化不匹配的故事。这种文化的不匹配完全可以挑战并克服，它可以通过成本极低的文化改变来完成。

小　结

本章聚焦教育系统中的社会阶层差异和不平等现象，阐明学校体系往往是社会阶层不平等的再生产机制，而不仅仅是英才教育和为社会升迁准备的场所。在这里，我们分析社会阶层不平等在教育成就（考试成绩）和教育获得（受教育程度）中出现的动因和过程。

1. 社会阶层社会化和教育不平等

家庭出身的社会化为教育不平等奠定了基础。研究表明，在孩子进入学校系统之前，就已经存在教育成就（词汇、颜色和形状识别）的社会阶层差异。这反映出不同社会阶层（收入水平）的父母养育子女方式的差异，特别是在父母与孩子交谈和给孩子读书的过程中表现出来的差异。同样，文化资本的差异存在于父母如何与孩子互动，以及他们在孩子身上培养的互动方式和文化知识。因为学校倾向于用与中产阶级相匹配的文化资本来回馈孩子，这些不同的养育方式经常导致教育中的阶层不平等。

2. 差异的系统性根源

离开家后，孩子们进入了一个以阶层明显不平等为特征的学校系统。这些嵌入到宏观层面的结构和政策中的不平等，产生了学校之间在经费和资源上的差异。虽然花在教育上的经费多少与其学业成就并没有直接相关，但研究人员发现，花费在优质教师和缩小班级规模上的支出可以产生学习收益——尤其是对于弱势学生。而学校内部也同样存在阶层不平等现象，比如，在学业分轨等政策中，不同社会阶层背景的学生有着不同的学习机会。最后，设定了漫长暑假的校历结构，也在学业成就的持续性阶层差异中起到一定的作用。

3. 同龄人和文化的持续重要性

在学校系统在宏观层面上形塑着教育机会的同时，学生也在微观层面上作出相应的应对。首先，他们逐步形成对自我的认知，并知道相对于同龄人群体的适合自己的场合。对于许多劳工阶层的学生来说，学校可能是一处感受痛苦和社会排斥的地方。其次，学生产生了对学校的基本态度，并形成教育中的同龄人文化；于是，这些同龄人文化要么引导学生接受学校的正式使命，要么断然拒绝这种使命，并建构起一种与之对抗的文化。

4. 向高等教育转化

尽管阶层不平等存在于整个教育体系，但与高等教育相关的不平等则似乎具有最重大的影响。这是因为与那些只完成高中学业的人相比，完成大学学业的人有明显更好的经济收益。阶层不平等存在于谁能上大学、他们上什么样的大学、他们是否能够毕业等方面。这些不平等的部分原因，在于引导学生上大学的教育资助政策中的不平等，以及学生用于思考和把握高等教育景观的相关文化资本的不同。然而，高等教育竞赛本身就建构在一种赋予富裕学生特权的方式之上：招生过程中对 SAT 分数的重视、在学费定价和经济资助政策上的大规模转变，以及在高选择性学校的招生政策，都在使教育获得上的阶层分化永久化发挥着作用。

5. 创造奇迹还是改变游戏规则？

虽然个人偶尔可以结合运气和努力来"创造奇迹"，但为了确保一个更公平的竞争环境，并通过教育促进真正的社会流动，竞争本身需要改变。宏观层面的变化——学校的资助政策和早期的儿童项目——已经被证明可以提高孩子们在弱势背景下的学业成绩。关于特许学校和代金券项目提高低收入和少数民族学生的学术能力的问题，仍存在疑问。最后，在大学层面，在大学录取过程中 SAT 分数使用的变化，以及增加弱势学生的文化资本和大学知识的项目发展，将有助于缩小在受教育程度上的社会阶层差距。

思考题

1. 回顾你的童年生活：你的父母是否带着你从事过一些有助于你以后学业成功的事情？他们如何与你互动交谈？你从他们那儿获得了哪些信息，可能会关系到教育在你生活中的作用？
2. 在互联网上搜索你所在州的学校的数据，看看每个学生的资助与学生学习、与其他变量之间是否有某种关联模式（比如毕业率、上大学的百分比，等等）。
3. 反思你自己的教育经历。假如你就读于一所截然不同的学校——或者是那些拥有特殊资源的学校，或者是那些资源贫乏的学校，你觉得你的生活会有什么不同？你会在你目前就读的大学里完成学业吗？
4. 访谈你的同班同学，询问他们在大学选择过程中的情况，问问他们通过哪些途径来了解大学，他们怎么选定要申请的大学，他们最后怎么就决定在这个地方就读的。

参考文献

Alexander, Karl L., Doris R. Entwisle, and Linda Steffel Olson. 2007. "Lasting Consequences of the Summer Learning Gap." *American Sociological Review* 72(2): 167-80.

Allington, Richard L., and Anne McGill-Franzen. 2003. "The Impact of Summer Reading Setback on the Reading Achievement Gap." *Phi Delta Kappan* 85(1): 68-75.

Alon, Sigal. 2009. "The Evolution of Class Inequality in Higher Education Competition, Exclusion, and Adaptation." *American Sociological Review* 74(5): 731-55.

Anyon, Jean. 1979. "Ideology and United States History Textbooks." *Harvard Educational Review* 49(3): 361-86.

Anyon, Jean. 1981. "Social Class and School Knowledge." *Curriculum Inquiry* 11(1): 3-42.

Apple, Michael W. 2013. *Education and Power*. New York City: Routledge.

Apple, Michael W. 2014. *Official Knowledge: Democratic Education in a Conservative Age*. New York City: Routledge.

Applebee, Arthur N., Judith A. Langer, Martin Nystrand, and Adam Gamoran. 2003.

"Discussion-based Approaches to Developing Understanding: Instruction and Achievement in Middle and High School English." *American Educational Research Journal* 40(3): 685-730.

Aronson, Ronald. 1978. "Is Busing the Real Issue?" *Dissent* 25: 409.

Avery, Christopher, Andrew Fairbanks, and Richard Zeckhauser. 2003. *The Early Admissions Game: Joining the Elite.* Cambridge, MA: Harvard University Press.

Bailey, Martha J., and Susan M. Dynarski. 2011. "Gains and Gaps: Changing Inequality in US College Entry and Completion." National Bureau of Education Research (NEBR) Working Paper No. 17633.

Ballarino, Gabriele, Fabrizio Bernardi, Miguel Requena, and Hans Schadee. 2009. "Persistent Inequalities? Expansion of Education and Class Inequality in Italy and Spain." *European Sociological Review* 25(1): 123-38.

Bettie, Julie. 2003. *Women without Class: Girls, Race, and Identity.* Berkeley: University of California Press.

Blewitt, Pamela, Keiran M. Rump, Stephanie E. Shealy, and Samantha A. Cook. 2009. "Shared Book Reading: When and How Questions Affect Young Children's Word Learning." *Journal of Educational Psychology* 101 (2): 294.

Bourdieu, Pierre. 1977. "Cultural Reproduction and Social Reproduction," in Jerome Karabel and A. H. Halsey (eds), *Power and Ideology in Education.* Oxford, UK: Oxford University Press, pp.487-510.

Bourdieu, Pierre, and Jean-Claude Passeron. 1977 [1990]. *Reproduction in Education, Society, and Culture* (trans. Richard Nice). Newbury Park, CA: SAGE.

Bowen, William G., and Derek Bok. 1998. *The Shape of the River: Long-Term Consequences of Considering Race in College and University Admissions.* Princeton, NJ: Princeton University Press.

Bowen, William G., Martin A. Kurzweil, and Eugene M. Tobin. 2005. *Equity and Excellence in American Higher Education.* Charlottesville: University of Virginia Press.

Bowles, Samuel, and Herbert Gintis. 1976. *Schooling in Capitalist America: Education and the Contradictions of Economic Life.* New York City: Basic Books.

Brand, Jennie E., and Yu Xie. 2010. "Who Benefits Most from College? Evidence for Negative Selection in Heterogeneous Economic Returns to Higher Education." *American Sociological Review* 75(2): 273-302.

Brantlinger, Ellen. 1993. *The Politics of Social Class in Secondary School: Views of Affluent and Impoverished Youth.* New York City: Teachers College Press.

Breen, Richard, Ruud Luijkx, Walter Müller, and Reinhard Pollak. 2009. "Nonpersistent

Inequality in Educational Attainment: Evidence from Eight European Countries." *American Journal of Sociology* 114(5): 1475-521.

Buchmann, Claudia, Dennis J. Condron, and Vincent J. Roscigno. 2010. "Shadow Education, American Style: Test Preparation, the SAT and College Enrollment." *Social Forces* 89(2): 435-61.

Burdman, Pamela. 2005. "The Student Debt Dilemma: Debt Aversion as a Barrier to College Access." Berkeley, CA: Center for Studies in Higher Education.

Bureau of Labor Statistics. 2015. "Employment Projections." Retrieved September 3, 2016 (www.bls.gov/emp/ep_chart_001.htm).

Burris, Carol Corbett, and Delia T. Garrity. 2008. *Detracking for Excellence and Equity*. Alexandria, VA: ASCD.

Calarco, Jessica McCrory. 2011. "'I Need Help!' Social Class and Children's Help-Seeking in Elementary School." *American Sociological Review* 76(6): 862-82.

Calarco, Jessica McCrory. 2014. "Coached for the Classroom: Parents' Cultural Transmission and Children's Reproduction of Educational Inequalities." *American Sociological Review* 79(5): 1015-37.

Carbonaro, William. 2005. "Tracking, Students' Effort, and Academic Achievement." *Sociology of Education* 78(1): 27-49.

Carnevale, Anthony P., and Stephen J. Rose. 2004. "Socioeconomic Status, Race/ Ethnicity, and Selective College Admissions," in Richard D. Kahlenberg (ed.), *America's Untapped Resource: Low-Income Students in Higher Education*. New York City: The Century Foundation Press, pp.101-56.

Carnevale, Anthony, Stephen J. Rose, and Ban Cheah. 2011. *The College Payoff*. Washington, DC: Georgetown University Center on Education and the Workforce.

Castleman, Benjamin L., Lindsay C. Page. 2014. "A Trickle or a Torrent? Understanding the Extent of Summer 'Melt' Among College-Intending High School Graduates." *Social Science Quarterly* 95(1): 202-20.

Chafel, Judith A. 1997. "Children's Views of Social Inequality: A Review of Research and Implications for Teaching." *Educational Forum* 61(1): 46-57.

Chaney, Bradford William, and Laurie Lewis. 2007. *Public School Principal's Report on their School Facilities, Fall 2005*. National Center for Education Statistics, Institute of Education Sciences.

Chetty, Raj, John N. Friedman, and Jonah E. Rockoff. 2011. *The Long-Term Impacts of Teachers: Teacher Value-Added and Student Outcomes in Adulthood*. No. w17699. Cambridge, MA: National Bureau of Economic Research.

Chetty, Raj, John N. Friedman, and Jonah E. Rockoff. 2014. "Measuring the Impacts of Teachers II: Teacher Value-Added and Student Outcomes in Adulthood." *The American Economic Review* 104(9): 2633-79.

Chin, Tiffani, and Meredith Phillips. 2004. "Social Reproduction and Child-Rearing Practices: Social Class, Children's Agency, and the Summer Activity Gap." *Sociology of Education* 77(3): 185-210.

Clark-Ibáñez, Marisol. 2005. "Making Meaning of Ability Grouping in Two Urban Schools." *International Review of Modern Sociology* 31: 57-79.

Clotfelter, Charles T., Helen F. Ladd, and Jacob L. Vigdor. 2007. "Teacher Credentials and Student Achievement: Longitudinal Analysis with Student Fixed Effects." *Economics of Education Review* 26(6): 673-82.

College Board. 2014. "Trends in College Pricing, 2014." Retrieved September 3, 2016 (https://secure-media.collegeboard.org/digitalServices/misc/trends/2014-trends-college-pricing-report-final.pdf).

College Board. 2015a. "Trends in College Pricing, 2015." Retrieved June 15, 2016 (http://trends.collegeboard.org/sites/default/files/trends-college-pricing-web-final-508-2.pdf).

College Board. 2015b. "SAT: 2015 College Bound Seniors Total Group Profile." Retrieved September 3, 2016 (https://secure-media.collegeboard.org/digitalServices/pdf/sat/total-group-2015.pdf).

Collins, James. 2009. "Social Reproduction in Classrooms and Schools." *Annual Review of Anthropology* 38: 33-48.

Cookson, Peter W., Jr., and Caroline Hodges Persell. 1985. *Preparing for Power: America's Elite Boarding Schools.* New York City: Basic Books.

Cooper, Harris, Geoffrey Borman, and Ron Fairchild. 2010. "School Calendars and Academic Achievement," in Judith L. Eecles and Jacquelynne S. Meece (eds), *Handbook of Research on Schools, Schooling, and Human Development.* New York City: Routledge, pp.342-55.

Cummins, Jim. 2007. "Pedagogies for the Poor? Realigning Reading Instruction for Low-Income Students with Scientifically Based Reading Research." *Educational Researcher* 36(9): 564-72.

Dale, Stacy, and Alan B. Krueger. 2011. "Estimating the Return to College Selectivity Over the Career Using Administrative Earnings Data." *National Bureau of Economic Research (NBER)* Working Paper No. 17159.

Darling-Hammond, Linda. 2000. "Teacher Quality and Student Achievement." *Education

Policy Analysis Archives 8: 1.

Downey, Douglas B., Paul T. von Hippel, and Beckett A. Broh. 2004. "Are Schools the Great Equalizer? Cognitive Inequality During the Summer Months and the School Year." *American Sociological Review* 69(5): 613-35.

Duke, Nell K. 2000. "For the Rich it's Richer: Print Experiences and Environments Offered to Children in Very Low and Very High Socioeconomic Status First-Grade Classrooms." *American Educational Research Journal* 37(2): 441-78.

Duncan, Greg J., and Richard J. Murnane (eds). 2011. *Whither Opportunity?: Rising Inequality, Schools, and Children's Life Chances*. New York City: Russell Sage Foundation.

Eckert, Penelope. 1989. *Jocks and Burnouts: Social Categories and Identity in the High School*. New York City: Teachers College Press.

Education Trust. 2014. "Beyond Pell: A Next-Generation Design for Federal Financial Aid." Washington, DC. Retrieved May 10, 2016 (http://edtrust.org/wp-content/uploads/2013/10/BeyondPell_FINAL.pdf).

Finn, Jeremy D., and Charles M. Achilles. 1999. "Tennessee's Class Size Study: Findings, Implications, Misconceptions." *Educational Evaluation and Policy Analysis* 21(2): 97-109.

Fischer, Claude S., Michael Hout, Martin Sanchez Jankowski, Samuel R. Lucas, Ann Swidler, and Kim Voss. 1996. *Understanding Inequality in America: Beyond the Bell Curve*. Princeton, NJ: Princeton University Press.

Foley, Douglas E. 1990. "The Great American Football Ritual: Reproducing Race, Class, and Gender Inequality." *Sociology of Sport Journal* 7(2): 111-35.

Freedle, Roy O. 2003. "Correcting the SAT's Ethnic and Social-Class Bias: A Method for Reestimating SAT Scores." *Harvard Educational Review* 73(1): 1-44.

Gamoran, Adam. 2001. "American Schooling and Educational Inequality: A Forecast for the 2lst Century." *Sociology of Education* (extra issue): 135-53.

Gamoran, Adam. 2009. "Tracking and Inequality: New Directions for Research and Practice." WCER Working Paper No. 2009-6. *Wisconsin Center for Education Research (NJ1)*.

Gamoran, Adam, and Daniel A. Long. 2007. "Equality of Educational Opportunity: A 40 Year Retrospective," in Richard Teese, Stephen Lamb, and Marie Duru-Bellat (eds), *International Studies in Educational Inequality, Theory and Policy*. Dordrecht, ND: Springer Netherlands, pp.23-47.

Gamoran, Adam, and Robert D. Mare. 1989. "Secondary School Tracking and Educational

Inequality: Compensation, Reinforcement, or Neutrality?" *American Journal of Sociology* 94(5): 1146-83.

Gamoran, Adam, and Matthew Weinstein. 1998. "Differentiation and Opportunity in Restructured Schools." *American Journal of Education* 106(3): 385-415.

Geiser, Saul, and Maria Veronica Santelices. 2007. "Validity of High-School Grades in Predicting Student Success Beyond the Freshman Year: High-School Record vs. Standardized Tests as Indicators of Four-Year College Outcomes." Berkeley, CA: Center for Studies in Higher Education.

Golden, Daniel. 2007. *The Price of Admission: How America's Ruling Class Buys its Way into Elite Colleges and Who Gets Left Outside the Gates*. New York City: Broadway Books.

Grodsky, Eric, and Melanie T. Jones. 2007. "Real and Imagined Barriers to College Entry: Perceptions of Cost." *Social Science Research* 36(2): 745-66.

Haim, Eyal Bar, and Yossi Shavit. 2013. "Expansion and Inequality of Educational Opportunity: A Comparative Study." *Research in Social Stratification and Mobility* 31: 22-31.

Hart, Betty, and Todd R. Risley. 1995. *Meaningful Differences in the Everyday Experience of Young American Children*. Baltimore, MD: Paul H. Brookes Publishing Co.

Heath, Shirley Brice. 1983. *Ways with Words: Language, Life and Work in Communities and Classrooms*. Cambridge, UK: Cambridge University Press.

Hoffman, John L., and Katie E. Lowitzki. 2005. "Predicting College Success with High School Grades and Test Scores: Limitations for Minority Students." *The Review of Higher Education* 28(4): 455-74.

Hout, Michael. 2012. "Social and Economic Returns to College Education in the United States." *Annual Review of Sociology* 38: 379-400.

Hoxby, Caroline M., and Christopher Avery. 2012. *The Missing "One-Offs": The Hidden Supply of High-Achieving, Low-Income Students*. No. w18586. Cambridge, MA: National Bureau of Economic Research.

Hoxby, Caroline, and Sarah Turner. 2015. *What High-Achieving Low-Income Students Know About College*. No. w20861. Cambridge, MA: National Bureau of Economic Research.

Hurst, Allison L. 2007. "Telling Tales of Oppression and Dysfunction: Narratives of Class Identity Reformation." *Qualitative Sociology Review* 3(2): 82-104.

Hurwitz, Michael. 2011. "The Impact of Legacy Status on Undergraduate Admissions at Elite Colleges and Universities." *Economics of Education Review* 30(3): 480-92.

Jackson, C. Kirabo, Rucker C. Johnson, and Claudia Persico. 2015. *The Effects of School

Spending on Educational and Economic Outcomes: Evidence from School Finance Reforms. No. w20847. Cambridge, MA: National Bureau of Economic Research.

Jones, Stephanie, and Mark D. Vagle. 2013. "Living Contradictions and Working for Change Toward a Theory of Social Class-Sensitive Pedagogy." *Educational Researcher* 42(3): 129-41.

Kalogrides, Demetra, Susanna Loeb, and Tara Béteille. 2013. "Systematic Sorting: Teacher Characteristics and Class Assignments." *Sociology of Education* 86(2): 103-23.

Khan, Shamus. 2011. *Privilege: The Making of an Adolescent Elite at St. Paul's School.* Princeton, NJ: Princeton University Press.

Kohn, Melvin L. 1959. "Social Class and Parental Values." *American Journal of Sociology* 64(4): 337-51.

Kohn, Melvin L. 1963. "Social Class and Parent-Child Relationships: An Interpretation." *American Journal of Sociology* 68(4): 471-80.

Kornrich, Sabino, and Frank Furstenberg. 2013. "Investing in Children: Changes in Parental Spending on Children, 1972-2007." *Demography* 50(1): 1-23.

Kozol, Jonathan. 1991. *Savage Inequalities: Children in Our Nation's Schools.* New York City: Crown Publishers.

Krueger, Alan B., and Diane M. Whitmore. 2001. "The Effect of Attending a Small Class in the Early Grades on College Test Taking and Middle School Test Results: Evidence from Project STAR." *The Economic Journal* 111 (468): 1-28.

Kurlaender, Michal. 2006. "Choosing Community College: Factors Affecting Latino College Choice." *New Directions for Community Colleges* 133: 7-16.

Lafortune, Julien, Jesse Rothstein, and Diane Whitmore Schanzenbach. 2015. *School Finance Reform and the Distribution of Stuctent Achievement.* Cambridge, MA: National Bureau of Economic Research.

Lareau, Annette. 2003. *Unequal Childhoods: Class, Race, and Family Life.* Berkeley: University of California Press.

Lewis, Theodore, and Shih-Yu Cheng. 2006. "Tracking, Expectations, and the Transformation of Vocational Education." *American Journal of Education* 113(1): 67-99.

Loewen, James W. 2007. *Lies My Teacher Told Me: Everything Your American History Textbook Got Wrong*, revised edition. New York City: The New Press.

Long, Bridget Terry, and Michal Kurlaender. 2009. "Do Community Colleges Provide a Viable Pathway to a Baccalaureate Degree?" *Educational Evaluation and Policy Analysis* 31(1): 30-53.

Lucas, Samuel R. 2001. "Effectively Maintained Inequality: Education Transitions, Track

Mobility, and Social Background Effects." *American Journal of Sociology* 106(6): 1642-90.

McCombs, Jennifer Sloan, Catherine H. Augustine, and Heather L. Schwartz. 2011. *Making Summer Count: How Summer Programs Can Boost Children's Learning.* Santa Monica, CA: Rand Corporation.

Milner, Murray. 2013. *Freaks, Geeks, anct Cool Kids.* New York City: Routledge.

Mitchell, Ross, and Douglas Mitchell. 2005. "Student Segregation and Achievement Tracking in Year-Round Schools." *The Teachers College Record* 107(4): 529-62.

Mosteller, Frederick. 1995. "The Tennessee Study of Class Size in the Early School Grades." *The Future of Children* 5(2): 113-27.

National Assessment of Educational Progress (NAEP). 2016. "Nation's Report Card: 2015 Math and Reading Assessments." Retrieved June 6, 2016 (www.nationsreportcard.gov/reading_math_201 5/#?grade=4).

National Association of College and University Business Officers (NACUBO). 2014. "2014 Tuition Discounting Study." Washington, DC.

National Center for Education Statistics (NCES). 2016. *Digest of Education Statistics: 2014 (NCES 2016-006).* Washington, DC: US Department of Education.

Nenga, Sandi Kawecka. 2003. "Social Class and Structures of Feeling in Women's Childhood Memories of Clothing, Food and Leisure." *Journal of Contemporary Ethnography* 32: 167-99.

Oakes, Jeannie. 1985. *Keeping Track: How Schools Structure Inequality.* New Haven, CT: Yale University Press.

Oakes, Jeannie, and Amy Stuart Wells. 2004. "The Comprehensive High School, Detracking and the Persistence of Social Stratification," in Floyd Hammack (ed.), *The Comprehensive High School Today.* New York City: Teachers College Press, pp.87-113.

Patall, Erika A., Harris Cooper, and Ashley Batts Allen. 2010. "Extending the School Day or School Year: A Systematic Review of Research (1985-2009)." *Review of Educational Research* 80(3): 401-36.

Pfeffer, Fabian T. 2008. "Persistent Inequality in Educational Attainment and its Institutional Context." *European Sociological Review* 24(5): 543-65.

Price, Derek V. 2004. *Borrowing Inequality: Race, Class, and Student Loans.* Boulder, CO: Lynne Rienner Publishers.

Raftery, Adrian E., and Michael Hout. 1993. "Maximally Maintained Inequality: Expansion, Reform, and Opportunity in Irish Education, 1921-75." *Sociology of Education* 66(1): 41-62.

Ready, Douglas D. 2010. "Socioeconomic Disadvantage, School Attendance, and Early Cognitive Development: The Differential Effects of School Exposure." *Sociology of Education* 83(4): 271-86.

Reardon, Sean F. 2011. "The Widening Academic Achievement Gap between the Rich and the Poor: New Evidence and Possible Explanations," in Greg J. Duncan and Richard J. Murnane (eds), *Whither Opportunity?: Rising Inequality, Schools, and Children's Life Chances.* New York City: Russell Sage Foundation, pp.91-116.

Reardon, Sean F. 2013. "The Widening Income Achievement Gap." *Educational Leadership* 70(8): 10-16.

Reardon, Sean F., Rachel Baker, and Daniel Klasik. 2012. "Race, Income, and Enrollment Patterns in Highly Selective Colleges, 1982-2004." Center for Education Policy Analysis, Stanford University. Retrieved 2012 (http://inequality.stanford.edu/sites/default/files/reardon-baker-klasik_race_income_select_college.pdf).

Ridge, Tess. 2002. *Childhood Poverty and Social Exclusion: A Child's Perspective.* Chicago, IL: University of Chicago Press.

Rivkin, Steven G., Eric A. Hanushek, and John F. Kain. 2005. "Teachers, Schools, and Academic Achievement." *Econometrica* 73(2): 417-58.

Rockoff, Jonah E. 2004. "The Impact of Individual Teachers on Student Achievement: Evidence from Panel Data." *The American Economic Review* 94(2): 247-52.

Roderick, Melissa, Vanessa Coca, and Jenny Nagaoka. 2011. "Potholes on the Road to College: High School Effects in Shaping Urban Students' Participation in College Application, Four-Year College Enrollment, and College Match." *Sociology of Education* 84(3): 178-211.

Roksa, Josipa, and Daniel Potter. 2011. "Parenting and Academic Achievement: Intergenerational Transmission of Educational Advantage." *Sociology of Education* 84(4): 299-321.

Rosenbaum, James E. 2001. *Beyond College for All: Career Paths for the Forgotten Half.* New York City: Russell Sage Foundation.

Rosenbaum, James E. 2011. "The Complexities of College for All: Beyond Fairy-tale Dreams." *Sociology of Education* 84(2): 113-17.

Rowe, Meredith L. 2008. "Child-Directed Speech: Relation to Socioeconomic Status, Knowledge of Child Development and Child Vocabulary Skill." *Journal of Child Language* 35(1): 185-205.

Rubin, Beth. 2008. "Detracking in Context: How Local Constructions of Ability Complicate Equity-Geared Reform." *The Teachers College Record* 110(3): 646-99.

Santelices, Maria Veronica, and Mark Wilson. 2010. "Unfair Treatment? The Case of Freedle, the SAT, and the Standardization Approach to Differential Item Functioning." *Harvard Educational Review* 80(1): 106-34.

Schmidt, Peter. 2007. *Color and Money: How Rich White Kids are Winning the War Over Affirmative Action.* New York City: Palgrave Macmillan.

Shavit, Yossi, and Hans-Peter Blossfeld. 1993. *Persistent Inequality: Changing Educational Attainment in Thirteen Countries. Social Inequality Series.* Boulder, CO: Westview Press.

Sletten, Mira Aaboen. 2010. "Social Costs of Poverty; Leisure Time Socializing and the Subjective Experience of Social Isolation Among 13-16-year-old Norwegians." *Journal of Youth Studies* 13(3): 291-315.

Smith, Jonathan, Matea Pender, and Jessica Howell. 2013. "The Full Extent of Student-College Academic Undermatch." *Economics of Education Review* 32: 247-61.

Soares, Joseph A. (ed.). 2011. *SAT Wars: The Case for Test-Optional College Admissions.* New York City: Teachers College Press.

Stephens, Nicole M., MarYam G. Hamedani, and Mesmin Destin. 2014. "Closing the Social-Class Achievement Gap: A Difference-Education Intervention Improves First-Generation Students' Academic Performance and All Students' College Transition." *Psychological Science* 25(4): 943-53.

Stephens, Nicole M., Stephanie A. Fryberg, Hazel Rose Markus, Camille S. Johnson, and Rebecca Covarrubias. 2012. "Unseen Disadvantage: How American Universities' Focus on Independence Undermines the Academic Performance of First-Generation College Students." *Journal of Personality and Social Psychology* 102(6): 1178.

Stevens, Mitchell. 2007. *Creating a Class: College Admissions and the Education of Elites.* Cambridge, MA: Harvard University Press.

Stich, Amy E., and Carrie Freie (eds). 2015. *The Working Classes and Higher Education: Inequality of Access, Opportunity and Outcome.* New York City: Routledge.

Streib, Jessi. 2011. "Class Reproduction by Four Year Olds." *Qualitative Sociology* 34: 337-52.

Stuber, Jenny M. 2011. *Inside the College Gates: How Class and Culture Matter in Higher Education.* Lanham, MD: Lexington Books.

Tach, Laura Marie, and George Farkas. 2006. "Learning-Related Behaviors, Cognitive Skills, and Ability Grouping When Schooling Begins." *Social Science Research* 35(4): 1048-79.

Taylor, Jane, and Alex Fraser. 2003. *Eleven Plus: Life Chances and Family Income.*

Melbourne, Australia: Brotherhood of St. Laurence.

US Department of Education. 2016. "Digest of Education Statistics, 2014 (50th Edition)". Washington, D. C. : National Center for Education Statistics.

US Department of Education, National Center for Education Statistics. 2012. "Early Childhood Program Participation Survey" (ECPP:2012) of the National Household Education Surveys Program. See Digest of Education Statistics 2014, Table 207. 10.

Watanabe, Maika. 2008. "Tracking in the Era of High Stakes State Accountability Reform: Case Studies of Classroom Instruction in North Carolina." *The Teachers College Record* 110(3): 489-534.

Watanabe, Maika, Nicole Nunes, Sheryl Mebane, Kathleen Scalise, and Jennifer Claesgens. 2007. " 'Chemistry for All, Instead of Chemistry Just for the Elite': Lessons Learned from Detracked Chemistry Classrooms." *Science Education* 91(5): 683-709.

Wayne, Andrew J., and Peter Youngs. 2003. "Teacher Characteristics and Student Achievement Gains: A Review." *Review of Educational Research* 73(1): 89-122.

Weinger, Susan. 2000. "Economic Status: Middle Class and Poor Children's Views." *Children & Society* 14(2): 135-46.

Welner, Kevin, Carol Burris, Ed Wiley, and John Murphy. 2008. "Accountability, Rigor, and Detracking: Achievement Effects of Embracing a Challenging Curriculum as a Universal Good for All Students." *The Teachers College Record* 110(3): 571-607.

Wikeley, Felicity, Kate Bullock, Yolande Muschamp, and Tess Ridge. 2007. "Educational Relationships Outside School: Why Access is Important." [Discussion Paper] York, UK: Joseph Rowntree Foundation.

Wilder, Sandra. 2014. "Effects of Parental Involvement on Academic Achievement: A Meta-Synthesis." *Educational Review* 66(3): 377-97.

Willis, Paul. 1977. *Learning to Labour: How Working Class Kids Get Working Class Jobs.* New York City: Columbia University Press.

Zinn, Howard. 2005. *A People's History of the United States: 1492-Present.* New York City: Harper Perennial Modern Classics.

第四章
教育机会均等？（二）
——对性别差异与不平等现象的观察

1994年，萨德克夫妇第一次出版了一部观点不言自明的著作《公平的缺失：美国学校如何欺骗女孩》(*Failing at Fairness: How America's Schools Cheat Girls*, Myra & David Sadker)。2007年，伦纳德·萨克斯（Leonard Sax）出版了一本观点不同的书——《浮萍男孩》(*Boys Adrift*)，他认为男孩被欺骗了，并且探索了"促成消极男孩和无为青年流行症状的五个因素"。例如，男孩成绩不如女孩时，很容易被贴上"学习能力欠缺"的标签。难道世界上的性别和教育在这13年里已经发生颠覆性的变化？难道男孩成为了"新的女孩"——这一性别现在处于落后和被学校边缘化的危险之中？事实上，现况更加复杂。男孩和女孩在同样的学校和班级上学，却出现了不同的经历、兴趣、成就水平和期望。然而，在所有的这些不同之中，到底是这个性别还是另一性别有着根本性的缺陷，这些依然并不清楚。

在我们的经验中，高等教育中的性别差异也很复杂。在大学社会学课上，我们注意到一些课堂互动的不同模式。例如，男生参与课堂讨论的频率往往更高。这一模式在通识教育课程和大班（多于60个学生）中看起来尤为明显。当教师向全班提问时，男生更可能提出问题或说出答案；当让同学们自发回答问题时（通常是"突然被抽到"），他们似乎回答得更快。同时，女生在课堂讨论中会明显退缩，她们的反应偶尔会带有怀疑甚至不好意思的痕迹（"这可能是一个愚蠢的问题，但是……"）。女生在学期论文上得分更高，而且在班级里那些得到最高分的学生中，女生的比例通常也更高。从社会学的角度看，尽管这样，背景才是关键因素：随着班级规模的缩小,学生参与到高水平的选修课程里,我们的经验是女生的参与度在不断提高并且变得越来越自信。

无论如何,这些似乎冲突的模式引发了关于性别与教育的复杂问题。历史上,几乎在任何的社会,女性比男性受教育的机会更少;在多数情况下,女性不仅接受教育更少,还接受一种与她们对应而与男性不同类型的教育,也就是使她们适合于在社会中主内地位的教育。然而,自1950年代中期以来,这些模式就已经发生了根本性改变。例如,1982年,女性获得和男性同等的接受大学教育的权利;从那时起,女性接受大学教育的比率已经稳步提升,因此,现在全国校园里,女大学生占有很大的比例。但正如俗话所说,"事物变化得越多,它就越可能保持不变",并不是女性受教育程度的提高就意味着女性在教育体系中就获得更多优势。事实上,所有的证据都表明,在教育体系中,男性和女性都有优势和不足。

社会学的一个重要的假设是,个人在社会中和教育制度中所拥有的位置受其性别、种族、社会阶层和文化背景的影响。这些因素影响着教育系统和整个社会的分层,包括教育制度在内的各种制度的动态变化都不能不考虑这些因素。本章探讨的是教育经验和结果中的性别差异和不平等。回到开放系统的路径,学生在这里再次被认为既是教育系统的输入,也是教育系统的输出。学生作为输入是指,他们是进入学校系统有待"加工"的"原材料"或资源之一;而且他们作为输入,具有截然不同的品质和特点。学生作为输出的意思是指,学校最终负责将学生转化为毕业生;理想的情境下,毕业生成功地进入社会,获得了进入职场或高等教育所需的人力资本。贯穿本章,我们都将探讨基于性别的学生在校经验,研究教育经验如何再生产现存的不平等现象,以及学校如何作为社会变革的场所而发挥作用。

家庭和学校中的性别社会化

性别是社会赖以建构的基本特征之一。性别(gender)是指区分男人和女人、男孩和女孩的一套社会性差别,是一种社会习得并扮演的角色;相对应的,性(sex)则是指区分男性和女性的生物学特征。家庭、学校和媒体是我们学习性别角色并再生产性别差异的场所。在本节中,我们首先展示家庭的性别社会化模式。接下来,我们将阐述教育系统接收这些学生,采取一种次级社会化的形式,强化性别差异,并产生性别不平等。

作为教育系统的输入,儿童已经经历了性别社会化。社会化过程开始于我们出生的那一天,结束于我们死亡的那一天。女孩和男孩从出生以来的社会化有所不同,所以到他们上学的时候,大多数孩子都对自己的性别身份有着很明确的认识。父母通常会对自己的女儿有更多的身体接触,对她们的痛苦表达(哭泣、悲伤等)的回应也更快(Bronstein, 1988; Burns, Mitchell & Obradovich, 1989; Chaplin, Cole & Zahn-Waxler, 2005; Snow, Jacklin & Maccoby, 1983)。与此相反,小男孩得到更多更活跃、粗野、闹腾的玩耍——父母与他们玩抛"盒子",把他们抛到空中,或用他们的双腿摆出骑自行车的姿势(Carson, Burks & Parke, 1993; Lindsey & Mize, 2001; MacDonald & Parke, 1986; Paquette & Dumont, 2013)。从很小的时候开始,男孩可以闲逛,拥有更广阔的探索范围。与他们的儿子相比,父母与他们的女儿说话更多,会更主动地与她们对话(Clearfield & Nelson, 2006; Lovas, 2011; Sung et al., 2013),会同她们使用更多的情感话语(Adams et al., 1995; Fivush et al., 2013)。6岁时,女孩表达情感的词汇比男孩要多,她们会从人们的脸上解读出更多情感的线索(Denham, Zoller & Couchoud, 1994; Hall & Matsumoto, 2004)。相比之下,父母在与男孩互动时会使用更多的数学、科学和动作的话语(Tenenbaum et al., 2005; Weitzman, Birns & Friend, 1985)。

儿童玩具会有明确的性别区分,从而在性别社会化中发挥作用。"男孩的玩具"如玩具卡车、化学套装、医生套装、望远镜、显微镜、积木和乐高玩具,鼓励对环境的操控,并且通常比"女孩的玩具"更具职业导向性(Richmond-Abbott, 1992)。市场上供应男孩的玩具,包括电子游戏，往往带有暴力和竞争性（Blakemore & Centers, 2005），并且清晰地区分输赢。电子游戏通常只有少数女性角色，她们经常会被描绘成一类刻板的角色（遭遇苦难、衣着暴露），并且经常是暴力的受害者（Dietz, 1998; Dill & Thill, 2007）。研究人员推测，这些游戏的玩家与并不经常玩游戏的人相比，可能会有更多的成见，对指向妇女的暴力行为的容忍度更高（Dill, Brown & Collins, 2008; Fox, Bailenson & Tricase, 2013; Fox & Tang, 2014）。

相反，"女孩的玩具"包含共同合作形式的游戏（Blakemore & Centers, 2005; Neppl & Murray, 1997）。无论输赢，游戏关注角色扮演、分享、合作，还有偶尔的责骂（就像在学校或家里玩耍时一样）。佩吉·欧伦斯坦在《灰姑娘吃掉了我的女儿：来自新娇娇女文化前线的快报》（*Cinderella Ate My Daughter: Dispatches from the Front Lines of the New Girlie-Girl Culture*）中指出，女孩的玩具里灌注着身体管理的做法：无论是扮穿盛装、配制彩妆，还是用珠宝制作她沉迷的创意工具，目标似乎都在完善她的外在形象（Peggy Orenstein, 2011）。正是这些社会化模式为儿童入学奠定了基础，男孩的初级社会化培养了一种物质的、竞争的和行动的意识，而女孩的初级社会化则培养了一种重情感、相互依存和被动的倾向性。

小学里的性别社会化

尽管在教育系统中存在着很多的变性者和性别不确定的儿童，但学校仍然围绕着性别二元结构（这一观念里有且只有两个性别）来安排组织。在学生每天六个多小时的课堂和其他相关的学校活动中，社会性别化一直在持续。他们从教师和同龄人那里学会适合自己性别的行为方式。例如，孩子们观察到男女比例和教育等级中的权威结构，并注意到女性更常见于班主任，而男性则更多为校长。

孩子们还可以通过正式的课程学习适合于性别的行为。教材中的性别意识和性别歧视受到了学术界的广泛关注。从1970年代以来出版的教科书、故事书和教育软件里面，我们可以看到，男性角色总是占据了很大的比例，同时在标题、图片和核心角色中也更突出男性的代表性（Hamilton et al., 2006; McCabe et al., 2011; Sadker and Sadker, 1994; Tepper & Cassidy, 1999）。人物形象也表现出性别刻板印象的角色和行为：小学阅读教科书中显示出男性角色通常与进取、争辩和竞争联系在一起（Evans & Davies, 2000），而女性角色则表现为更多的养育行为，很少在户外冒险，往往更喜好一成不变的爱好和职业，还经常处于需要被拯救的位置（Hamilton et al., 2006; Wohlwend, 2009）。甚至科学和数学书籍以也这种成见来描绘女孩和妇女（Blumberg, 2008）。例如，涉及女孩的数学问题就会描述她们跳绳、买衣服、缝纫、烹饪，或计算购物账单（Kiefer & Sekaquaptewa, 2007）。这样的模式延续到大学课程，在会计教材里同样在问题解答和案例研究中提供了刻板的性别形象（Tietz, 2007）。

　　最近的一些研究表明，性别形象已有所改变。这些年来，在女性角色的描述中已经越来越多地出现了原本属于男性的刻板行为（Diekman & Murnen, 2004; Sheldon, 2004），这表明对女孩和妇女的性别角色期待在扩展、放松。尽管一些报道说越来越多的男人可以体现出儿童读物中积极（而不是缺席）的父亲形象，但是男性角色表现的变化并不大（Adams, Walker & O'Connell, 2011）。总的来说，书籍和媒体对少年时代和男子汉气概仍然存在着一个狭隘的观念。那么，在这些课程中我们会学到什么呢？通过儿童文学和正规课程进行的性别社会化包含了有关男孩和女孩在社会中的地位的信息。首先，某些社会群体在文学或媒体中的代表性不足会被称为象征性的歼灭（symbolic annihilation）（Tuchman, Daniels & Benet, 1978）。当一个群体代表性不足时，他们的成员是隐形的；潜在的信息是他们无趣味、不重要。其次，对这种形象的反复曝光有助于形成一种信念——此处有些狭隘化，正是这种对每一种性别的技能和能力的信念，最终影响着小男孩和小女孩如何憧憬他们现在和未来的生活。

　　除了正式课程之外，学校内的隐性课程（hidden curriculum）和互动在性别社会化中也扮演着重要的角色。隐性课程是指管理着在校时间的条例、惯例和规则，学生们从中微妙地吸收着他们社会的规范、价值和信念。学校的日常工作重点是按性别进行区分，无论是为了排队去休息，还是以竞赛的精神让男生和女生互相竞争。这些做法不断强化了性别差异意识（Thorne, 1999）。萨德克夫妇通过视频录制的方法观察了100个教室，他们发现教师更注重男孩而不是女孩：在课堂讨论中叫到男孩的频次更多，因为轮流说话而被斥责的很少，而是更容易因为没有集中注意力或没有完成"分内"行为而受到惩罚。他们还发现，男孩更有可能针对他们在课堂讨论中的发言，获得"表扬、纠正、帮助和批评"（Sadker & Sadker, 1994, p.55），而女孩则只收到"好"或"做得不错"等表面的反馈。最后，让学生在课堂上回答问题时，教师等待男生的时间更长，但如果女生没有立即回应，教师则很快便继续讲课。

那么，这些行为模式对性别社会化意味着什么呢？虽然女孩通常会得到积极的反馈和强化，但这往往是相当肤浅的。她们更有可能因书法和作业的整洁而获得赞美，而不太可能受到鼓励去超越她们的智力舒适区。另一方面，男孩有更多的机会参与批判性思维，并与教师建立更多联系（"再多告诉我一些你为什么这样想"，或者"这个观点如何与昨天的功课联系在一起？"），同时还会由于他们想法的质量而受到赞美（Sadker & Sadker, 1994）。日复一日，鼓励女孩被视为正确的做法，但只限于她们在学业上的努力，而男孩则被鼓励创造性地、批判性地思考。同时，他们也在冒着被训斥和纠正的风险，他们有些行为会被认为有破坏性或反社会性。

后一种现象引起了一些评论家——如伦纳德·萨克斯对男孩"危机"的推测（Leonard Sax, 2007 [2009]）。21世纪初以来，"男孩问题"受到越来越多的关注，人们希望了解现在男孩是否和为什么在教育制度方面处于劣势。我们可以关注一些事实，例如，男孩比女孩更有可能被归类为过度活跃分子，被安排在特殊教育课程中，甚至接受学校停课处罚。对于某些人来说，这是一个生物学问题，用大脑结构和生化反应上的性别差异来解释（Gurian & Stevens, 2005）。这些观察者注意到，男孩的大脑有更大片的皮层区域"连线"，比女孩的大脑更有利于在空间/机械加工方面开展思维活动，而女孩的大脑通常有一些结构偏重于言语处理方面的能力（Kalpern et al., 2007）。男孩的大脑可能需要更强烈的刺激，没有刺激，他们的大脑更可能进入神经静止状态（neural resting state）(King, Gurian & Stevens, 2010)。学校教育结构和一般教学风格可能会使男孩面临风险。可能的解决办法是在上课时加入更多的"适合男孩"的活动，如允许有更多活动的站立式课桌、进入课堂学习时的动态活动，以及在他们的课上，不仅仅只是文字，还利用男孩大脑的图形功能来让他们使用图片和影像（King, Gurian & Stevens, 2010）。

最后，如果不考虑儿童如何相互（each other）社会化，童年和小学中的性别社会化图景就不会完整。这项研究的一个核心发现是，自我分离是小学玩的游戏的基本特征（Thorne, 1999; Whiting & Edwards, 1973）。因为他们幻想着玩耍的"故事情节"有所不同，所以男孩和女孩倾向于排斥彼此的活动（Paley, 2014）。一部分原因是出于巴里·索恩（Barrie Thorne, 1999）所谓的玷污仪式（contamination rituals）——通常会被指控为"虱子"[①]，男孩与女孩之间的界限得到进一步强化。在这些游戏中，男孩对"入侵者"的喜爱程度低于女孩，他们比女孩更积极地扩张并捍卫自己的领地。研究人员同样发现，女孩比男孩更有可能在操场上挑战性别分离，并企图侵入男孩的地盘（Clark & Paechter, 2007; Karsten, 2003）。

巴里·索恩还发现，男孩占据的游乐场地比女孩多十几倍。在那里，他们形成了一种冒险和独立的意识，在更大的群体中游戏，注重竞争；与此同时，女孩们占用较小的空间，在更小、更亲密的群体中互动（Thorne & Luria, 1986）。甚至从更小的时候开始，她们就会一起谈论各自的暗恋，通过这种方式强化对异性恋的浪漫想象（Aydt & Corsaro, 2003; Myers & Raymond, 2010），并讨论她们的外表，通过这种方式强化一种苗条文化（Harriger et al., 2010）。

即使学校似乎是一个严格分离和非常刻板的环境，性别分离也有约束不到的地方。研究发现，例如，在学校里不一起玩耍的男孩和女

[①] 虱子是一种虚构的儿童疾病，在美国、加拿大和澳大利亚被用作排斥词和感染标签游戏。这种虱子游戏是在20世纪50年代早期的脊髓灰质炎流行期间发展起来的，并与肮脏和传染病联系在一起。——译者注

孩，却在社区里一起玩耍（Thorne, 1999）；此外，与富裕家庭的儿童相比，在非洲裔儿童和低收入儿童中，异性一起玩耍可能更常见（Corsaro & Nelson, 2003）。尽管有些儿童抵制这些模式，而且每项规则都有其例外之处，但这项研究表明，正规的学校教育结构强化（reinforces）了性别分离和性别差异。当有意识地激化性别边界，通过将男孩和女孩分列成排，或者将他们配对进行对抗竞赛，"一个松散的'男孩和女孩'的集合体，固化成'男孩'和'女孩'两个分离的真实团体"（Thorne, 1993, p.65）。

等到小学毕业时，学生的性别身份得到了塑造和强化。性别二元性是显而易见的，男生成为充满活力、竞争力和潜在问题的学生，而女生则表现得顺从、温和。尽管在学校经历中有一些值得注意的性别差异，但男女生在学习风格和成就上同样也有很多一致的地方（Hyde, 2005）。关于成就方面的性别差异，"国家教育发展评价"（有时称为"国家报告单"，The Nation's Report Card）的结果显示，9岁和13岁的女孩在阅读和写作方面的成绩高于男孩，但1971年以来差距一直在缩小（National Center for Education Statistics [NCES], 2013）。同时，男生在科学测试中得分高于女生，数学测试的高分人数略胜于女生。接下来，我们看一下这些模式在男女生升入中学之后的延续状况。

中学里的性别差异

美国的青少年在学校里度过的时间通常接近三分之一。在整个青少年时代，学生在学校的经历（无论是学习还是社会活动）都对他们的发展产生了巨大的影响。高中生比小学生拥有更多的自主性，并被期待要开始关注他们自己成年后的形象。尽管正式的课程和成人角色的准备是学校的两项正式职能，但同伴社会化和性别认同发展在这个过程中既密切交织，又明显带有他们自己的风格。

在初中以及进入高中之后，学生通常都以符合传统的性别角色期待的言行，来逐步确立自己在同伴中的地位。男孩通过成为运动员，或者表现得风趣、大胆，来获取地位（Kimmel, 2008; Pascoe, 2007; Rose, Glick & Smith, 2011），女孩则通过外貌以及参与一些非常看重外貌的表演来获取地位，比如舞蹈和参加啦啦队（Adler, Kless & Adler, 1992; Bottle, 2003; Closson, 2009; Eder, 1995）。对于女孩来说，这种出众的路径可能是有问题的，因为历史上啦啦队队员的地位一直都比运动员的地位要低。女孩面临的第二个挑战是，出众的男孩可以因为他们的成就而巩固地位，女孩因外表受到奖励，可是女孩对外表这东西的控制力较弱。有些女孩可能因拥有良好的遗传基因而幸运，而其他女孩则只能通过花费金钱和时间来完善自己的外表，对于低收入女性和有色人种女性来说，要应对高中学校里基于外表的地位系统就显得特别困难（Bettie, 2003）。

尽管与过去相比，女孩现在有更多的机会参加运动队和其他课外活动，但缺乏获取自己地位的更多机会还是会导致青春期时的竞争、不洁和"贱女孩"的行为。巧妙地引导青少年同龄人文化是一项艰难的任务。为了获得地位和知名度，青春期女孩必须保持良好的声誉，但是不能过于优秀；毕竟，从某种意义上来说，那些太过善良和对同龄人来说太容易接近的女孩，明显已经不再受欢迎了（Eder, 1985; Merten, 1997）。对于女孩来说，可能整个青春期都要艰难地面对同伴的不断变化和因性别而造成的压力。他们的自尊在初中时开始下降，在高中毕业时会再次下降（Robins et al., 2002）。在这个发展阶段，男孩的自尊心也下降了，但不如女孩明显（Robins & Trzesniewski, 2005）。对于女孩来说，这种自尊心下降的原因大部分是由于对外表的不满意与日俱增（Paxton, Eisenberg & Neumark-Sztainer, 2006; van den Berg et al., 2010）。

正如前面所指，青春期对男孩来说并非没有问题。由于相对于女孩，男性性别角色对男孩子有一种更为狭窄的期望，所以不能满足这些期望的男孩就会自己感受到压力。整个青少年时期，男孩子都会成为技巧娴熟的操练军士，用语言和体态动作激励他们的同伴要严格保持阳刚气质。迈克尔·基梅尔（Michael Kimmel, 2008）将这种现象称作男子汉准则（the guy code）：成为一名真正的男人所应持有的态度、价值观和品质的集合。这准则要求男人应该刚强、不受情感影响、永不示弱。在衣帽间、教室，以及之外的其他地方，男孩会互相责骂对方为"宝贝儿"和"娘娘腔"。社会学家 C. J. 帕斯科（Pascoe, 2007）发现青春期男生"监控"阳刚气质的边界，方法就是使用"娘炮"（fag）之类的话语——这个词被男孩用来表达违反了男子汉准则，比如容易多愁善感、过于关注自己的外表、参加戏剧表演或身体不协调等。"娘炮"这个词是一种侮辱，也是一个烫手山芋：人们会通过把"娘炮"这个词抛到另一个学生身上，从而把自己从别人指责他的"娘炮"中挣脱出来。基梅尔警告说，久而久之，青春期的男孩会转向内向，压抑自己的情绪，削弱他们的同情心以及与外界建立关系的能力。在更极端的情况下，男子汉准则可能会导致暴力行为，并容忍性骚扰、厌女症和同性恋恐惧症等行为。

并非所有的青少年都参与传统的性别文化。一些十几岁孩子在主流以外的亚文化群体中找到适合自己的小团体。这些团体包括哥特[①]、朋克[②]、游戏玩家、戏剧小子和"乐队怪人"（Haenfler, 2010; Wilkins, 2008）。对于一些青少年来说，这些另类空间在性别身份方面提供了更大的表达自由和完全不同的操作规则。并不是所有女生都需要成为啦啦队领队才算合乎学校的期待，也并不是所有男生都需要成为强劲的运动健将才算适应学校的要求。C. J. 帕斯科发现，尽管他们偏离了主流的性别角色期望，性身份认同趋于模糊，可运动型、假小子的"篮球女孩"同样非常受欢迎，戏剧俱乐部里的男生发现这是一片不受"娘炮话语"侵扰的自由空间。

对于一些主要因为他们的性别或性的表现而不能融入学校的青少年来说，欺凌是学校经历的一部分。欺凌是利用武力、威胁或胁迫来恐吓或控

[①] 哥特（goths），指哥特摇滚乐的爱好者，哥特摇滚乐是一种节奏缓慢、伤感的流行音乐，用电吉他和键盘乐器演奏。——译者注

[②] 朋克（punks），指朋克音乐的爱好者，朋克音乐用简陋的音乐、无所不在的重金属的威力、无拘无束地表现自我。——译者注

制他人的行为；欺凌行为可能有言语的、身体的、情绪的或网络的等形式。美国心理学会估计，有40%—80%的青少年在学校的某个阶段受到过欺凌，其他研究则提供了较低的估计（Cook et al., 2010）。让我们关注校园欺凌的一个方面，一些研究发现，近80%的男孩和女孩在学校遭受到某种形式的性骚扰，包括衣服被扯掉或脱光、在淋浴或换衣服时被窥视、传播关于他们的性谣言或者强迫进行性行为。骚扰对女孩可能会造成更大的伤害，受骚扰女生报告说缺乏信任感，对上学充满恐惧（American Association of University Women, 2001）。

从性别方面看，男生似乎比女生更容易参与到欺凌行为中。男生通常受到同性恋恐惧症或反同性恋观点的驱使，更可能参与身体的侵犯行为；女生则通常针对其他女生的外貌，更可能参与一些诸如说闲语和孤立他人的社会性侵犯（Wang, Iannotti & Nansel, 2009）。目前仍在进行大量的研究，以探讨欺凌的原因和后果。例如，人们并不清楚欺凌到底是出于权力和侵占的动机，还是出于自己的羞愧和焦虑的感觉。社会学家倾向于将青春期欺凌行为不断升级的现象（Espelage, Bosworth & Simon, 2001）视为他们博取更多关注的一种努力（Corsaro & Eder, 1990）。事实上，当知名度高的学生参与欺凌行为时，同学们更容易认为其行为可以接受（Dijkstra, Lindenberg & Veenstra, 2008）。

现在转过来看课堂和学业表现，我们继续观察有哪些复合证据，可以说明男女双方是否因受教育系统影响而获得优势。萨德克夫妇在《公正的缺位》(*Failing at Fairness*) 中描绘的形象，与通常所描绘的女孩在学业上表现谦逊、缺乏雄心的形象截然相反，课程登记的数据显示，在参加数学和理科课程的学生中，他们的性别差异很小（表4.1）。再进一步观察，男生在选择更多的先修课程和科学荣誉课程方面有略微优势。一些"男生俱乐部"也存在于发展最快和收入最高的两个学科领域，即工程学和计算机科学领域，而男孩也更愿意考虑来参加这些课程（NCES, 2015a）。

随着学生升入高中，走向毕业以及可能升上大学，另外两个方面的教

表 4.1 高中毕业生选择数学和科学课程的百分比

	女生 1994	男生 1994	女生 2005	男生 2005	女生 2009	男生 2009
数学						
几何学	72	68	85	81	90	87
代数学 II	62	55	73	67	69	69
三角学	18	17	8.6	8	6	6
微积分	9	9	13	14	16	16
先修/高等微积分					11	11
科学						
生物学	95	92	94	91	96	95
先修/高等生物学					25	20
化学	59	53	70	62	73	67
先修/高等化学					6	6
物理学	22	27	31	35	33	39
先修/高等物理学					4	8
工程学					1	6
计算机科学					14	24

来源：全国教育统计中心《美国教育统计年鉴 2006》，表 139；全国教育统计中心《美国教育年鉴 2013》，（2015b）表格 225.3。

育成绩是值得注意的，即 GPA 和标准化考试（如 SAT、ACT 和 AP）成绩。在这里，我们会再次看到复合证据和性别差异的复杂图景。首先，女生在高中阶段分数显然比男同学高。一个数据来源报告显示女生平均高中 GPA 为 3.24，男生为 3.07（Buddin, 2014）；另一项研究报告的结果略有不同，但女高男低的情况相同，女生平均 GPA 为 3.10，男生平均 GPA 为 2.90（NCES, 2011）。尽管所有学科都存在性别间的差距，但英语水平的差距则远大于数学。

在标准化考试方面，男生则有优势。这些考试在大学录取过程中起着重要的作用，尤其是对四年制高校。男生具有较高的 SAT 综合分数，在数学部分具有最强的考试优势（表 4.2, College Board, 2015b），女生在写作部分略有优势。虽然有更多的女学生参加了 AP 课程，但她们在年终 AP 考试中得分较低。这些考试通常用于向学生授予大学学分。在这里，61% 的男生得分在 3 分及以上（这通常是获得大学学位的最低分数），而只有 55% 的女生可以达到这个标准。除英语外，男生在几乎所有 AP 科目的考试成绩上都有优势，英语则无性别差异（NCES, 2012）。

表 4.2　高中生性别与学业成绩

	GPA	SAT 总分	SAT 阅读	SAT 写作	SAT 数学
女生	3.24；3.10	1486	493	490	496
男生	3.07；2.90	1512	497	478	527

来源：Buddin, 2014；NCES, 2011；College Board, 2015b.

那么，我们寻找的高中的性别差异和教育成就相关的综合证据是什么呢？在这种混合模式下，认为男孩或女孩具有天生的胜过对方的认知优势是不合逻辑的；相反，这些模式反映了性别社会化的主题一直在持续，并且指向了高中之后的性别不平等。首先，我们来看在 GPA 中女生所占的优势。高中 GPA 反映了长期的日常表现；不像"高风险"的标准化考试，它反映了正规化的行为和习惯。例如，研究表明，高中女生比男生花更多的时间在家庭作业上。她们对学校的态度更积极：她们更倾向于表达喜欢上学，她们发现她们的学校生活很有意义并且很重要，她们相信在学校学到的东西在未来生活中将会很重要（DiPrete & Buchmann, 2013）。这些行为模式与萨德克夫妇的早期观点相呼应，他们通过观察态度温顺、品行优良的年轻女孩，发现她们经常会因为良好的行为表现和正确、谨慎的学业表现而得到正向强化。总之，有些人认为女孩优秀的学业成绩与性别角色社会化的方向一直保持一致，都勉励她们成为"好女孩"（Mickelson, 1989; Weitzman, 1979）。

社会化和社会交往的影响进一步体现在 STEM 表现上的性别差异。尽管女生的数学和科学平均成绩高于同龄男生，但她们在这些学科中学习高级课程的可能性则略低于男生；她们在这些科目上的 SAT 和 AP 成绩也比男生低。在一个学科领域做得很好,与一个人在该领域具有优势的自我观念有部分关联。四年级、八年级和十二年级女生在"数学上的自我观念"比男生低(Lubienski et al., 2013);他们似乎较少同意类似"我喜欢数学""我擅长数学""我理解数学课的大部分内容"这类表述(McGraw, Lubienski & Strutchens, 2006)。这些观念中的一部分会被教师所吸收,并反映了教师的期待,形成刻板印象,进而不知不觉地影响到他们的课堂教学。教师倾向于将男生评估得比女生更具有能力——即使认知评估无法确保正确;他们也对男生有更高的期望,更强烈地激励他们对STEM的兴趣(Robinson, Lubienski & Copur, 2011)。久而久之,"在教师观念与数学教育之间似乎就存在着一种微小而细腻的互动和累积而成的联系",这些联系最终导致在课程设置模式、成就(Li, 1999, p.63)和职业愿望(Correll, 2001)等方面的性别差异。

对刻板印象风险(stereotype threat)的社会心理学研究也说明了刻板印象的破坏性影响。这项研究提出,当被要求执行一项可以证实刻板印象的任务时,那些被打上强烈刻板印象的团体的成员会感到压力。这种情况妨碍了他们执行任务的能力,使其表现打了折扣,从而证实了表现不佳的刻板印象。刻板印象风险是通过实验室实验来测量的。当研究人员有意将数学测试描述为过去曾经表现出性别差异时,女性测试者的表现就比对照组差,而对照组则并没有告知存在性别差异(Kiefer & Sekaquaptewa, 2007; Osborne, 2007; Spencer, Steele & Quinn, 1999)。图4.1对两组学生的数学表现结果进行了比较,一组是在完成测试之前提示考虑性别差异的考生(高刻板印象风险条件),一组则未被提示(低刻板印象风险条件),从而说明了二者的差异。测试环境也被证明可以提高男生在数学考试中的表现。与其性别社会化的主题相一致,比起竞争性弱环境中的低风险任务,男生对竞争的积极响应和在高风险学术任务方面表现更好(Niederle & Vesterlund, 2010)。相比之下,女生在竞争激烈的环境中表现不佳。这有助于解释为什么男生在SAT和AP考试等高风险考试上表现更好,而不是全国教育发展评价(NAEP)。

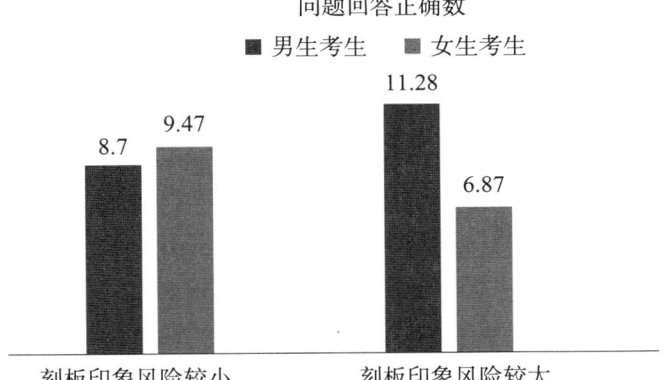

图 4.1　性别刻板印象与数学表现

来源：Osborn, 2007.

关于刻板印象和性别观念的作用的类似实验室研究还发现，角色建构对测试表现也起到重要作用。例如，当实验者打扮成一个干练的女性数学专业工作者——穿着一件带有爱因斯坦 $E=mc^2$ 公式的 T 恤，女学生比对照组的男生表现更佳（Marx & Roman, 2002; Stout et al., 2011）。但令人沮丧的是，一些研究发现，只有当实验性的"角色榜样"以传统女性的形象出现时，积极的性别角色建构效应以及随之而来的对女性测试表现的提升才会存在（Betz & Sekaquaptewa, 2012）。总而言之，这些研究表明了观念系统对学业表现的影响力，以及背景因素影响（有助于或有碍于）学业表现的途径。

男生在数学和科学知识方面的表现明显更好，即使这个结论也需要更深入地考量。事实上，不仅群体之间（between group）的差异很重要，群体内部（within group）也存在着学业表现的差异。也就是说，男生之间（among）的考试成绩差异很大。在 SAT 数学部分的平均分数可以说明一部分问题，事实上，与高中女生相比，高中男生参加考试的比例更小。因此，那些参加考试的人在学业水平上通常要强过全体高中男生的整体水平。这种与自我选择（self-selection）有关的解释证据，就是 NAEP 考试的结果事实，其中 12 年级男生只比 12 年级女生略占成绩优势，这是在 12 年级学生中抽取代表性样本所得的结果。

男性考生仍然有一个明显的表现优势：在那些参加 SAT 考试的学生中，

男生明显比女生更有可能得高分（Hedges & Nowell, 1995; McGraw et al., 2006）。事实上，在高风险考试的高分学生中，女生与男生所占的比例约为1∶2。此外，男生的学业能力差异很大，男生在高分和低分两端的学生中的比例都过高。这一发现反映了本章前面强调的性别社会化的模式：在学校里，男孩似乎要么遇到困难从而被纠正，要么得到鼓励和高期待从而表现更加出色，而女孩则密集地分布于在考试成绩的中间地带。

有一个事实值得关注，4—12年级学生的NAEP考试成绩的性别差距在趋于加大（widen）。社会学家越来越认识到，日益扩大的考试成绩差距是一个社会化和关于男性气质的理解问题。根据爱德华·莫里斯（Edward Morris, 2012）的说法，有些男孩随着时间的推移离开了学校，因为他们把学校成功看成是一件女孩要做的事情，这要求学生埋头读书，并得遵守规则。据莫里斯说，一些男孩以"故作粗心大意"的方式上学，在那里他们炫耀自己的不预习、不准备，嘲笑好学的男孩，并断言生活常识和街头智慧才是王牌智慧。然而，并不是所有的男生都拒绝接受学校教育，都没有取得成功。事实上，中上阶层的男孩成就上的性别差距可以忽略不计或根本不存在（DiPrete & Buchmann, 2013）。莫里斯认为，故作粗心大意和学业表现欠佳，反映了劳工阶层和低收入男孩的策略，像第三章中保罗·威利斯描述的"小伙子"一样，认识到成年男性传统的成功方式已经改变，而且他们所在的农村或非工业化社区也很少为经济成功提供机会。因此，由于认识到底层和劳工阶层社区中男性气质的脆弱，一些男生拒绝学业上的成功，并通过主张男性气质的另类标准来并获取地位。

最后，社会学还应当对这种事实作出说明：为什么在弱势少数族群学生成绩上的性别差距要比白人和亚裔学生中的性别差距更为明显？普鲁登斯·卡特（Prudence Carter, 2006）指出，学校的成功已经被定义为一个女孩的事，而街上的成功被视为一个男人的事。甚至比莫里斯描述的白人男性还要有过之而无不及，当黑人男子在学校里取得成功，他们实际上冒着被贴上同性恋或女里女气标签的风险，因此，他们必须在学业成功和男子气概之间作出选择。在城市中心区，有色人种年轻人获得经济成功的机会很少，他们寻求替代标准来衡量其价值。黑人和拉丁裔男孩可能会强调"硬派"和街头风度，作为更稳定的获得尊重的途径（Carter, 2006）。他们不争取在学校取得成功，但希望有一天他们能够过上体面的生活。他们通过成为球手和帮派成员，或者通过滑稽舞蹈和即兴说唱来展示聪明和口才，而获取当下的尊重（Morris, 2012）。

当高中即将结束时，其他方法也可以来标记教育成功中的性别差异。这些也会指向相互矛盾的结论。首先，在高中毕业率方面，女生有优势：近年来，大约有85%的女孩按时上完高中，而只有78%的男孩能做到这样（Stetser & Stillwell, 2014）。女孩也更有可能上大学。目前，大学生中有56%是女生，44%是男生（目前的统计只提供男和女的选项）。1982年前后，女生开始成为全国大学生中的多数，女生上大学的人数呈逐年递增的趋势。1994年，高中毕业生中有63%的女生升大学入学，而男生则为61%；今天，这个数据分别为71%和61%（Lopez & Gonzalez-Barrera, 2014）。尽管在黑人和拉丁裔学生中，性别差距还是最大，但在所有种族和族裔群体中也依然显而易见。

虽然这些统计数字表明女生的明显优势可以向大学转化，但另外一个发现使这个事情复杂化了。尽管学业成绩很好，但女生比起男生就读高选择性高校的人更少。虽然女生更有可能入读大学，但是男生更有可能就读于一所著名的"高选择性"学校（Mullen, 2012）。虽然女生拥有较高的教育成功率和全面的收获，但是男生再次在分配的顶端显示出优势。

高等教育中的性别差异

最后，随着学生转入大学，我们再次看到性别和教育公平的复杂情况。回溯历史，俄亥俄州的欧柏林学院于1837年第一个正式向女性敞开大门；即使如此，女性的教育仅限于家政科目。在整个19世纪和20世纪初期，大多数女大学生都在女子大学接受教育，她们接受了迎合年轻并享有特权的女性的教育，专注于文学和家政。虽然许多高校在20世纪向妇女敞开大门，但许多方案中妇女的入学率都受到配额的限制：女性必须比男性优秀，才能进入一些研究生课程。哈佛大学1977年开始接纳女生，成为最后一所接纳女生的常春藤联盟学校——尽管像许多精英大学一样，它保留了几十年的女性"同等学院"。如前所述，1982年标志着性别和高等教育的分水岭：这一年是女性在大学入学率上与男性持平并迅速"超过"男性的一年。

尽管大学校园整体上讲求性别融合，但男女生在不同领域往往各占其主导地位，从而促成了许多大学校园非正式的分离模式。表4.3显示了不同课程学习中男女学士学位的完成情况。基于多年的社会化，学生们根据自己的喜好和擅长选择专业。在人力服务领域，一些强调沟通、人际交往和养育角色的专业里，女性的比例过高。此外，学生似乎根据对未来角色的期望选择专业：男生注重薪水并期望成为物质赢家，而女生则专注于专业和岗位能帮助他们平衡工作和家庭（Turner & Bowen, 1999; Zafar, 2013）。那么，我们看

表4.3 获得学士学位的男女比例和研究领域，2012—2013

研究领域/专业	男性比例（%）	女性比例（%）
卫生学	16	84
教育学	21	79
英语言文学	31	69
传播学	36	64
商学	50	50
社会科学与历史	51	49
数学与统计	57	43
工程学	81	19
计算机与信息科学	82	18
全部领域	43	57

来源：国家教育统计中心《美国教育统计年鉴2014（2016b）》。
http://nces.ed.gov/programs/digest/d14/tables/dt14_323.40.asp; http://nces.ed.gov/programs/digest/d14/tables/dt14_323.50.asp。

到，女性学生在卫生专业领域完成学位的比例为84%，在教育专业领域完成学位的比例为79%。相比之下，男生则集中在STEM领域，在那里他们占工程专业毕业生的81%，计算机和信息科学领域的82%。在社会科学的广泛领域里，性别比例大致平衡，但在经济学和历史学方面，男性人数超过女性，

而在社会学和心理学方面，女性人数多于男性。

过去 20 年，人们一直在努力改进 STEM 领域女性比例过低的现象。很少有人关心：为什么可能除了护理领域之外，在女性主导的研究领域，男生一直不多？评论家之所以特别关注 STEM 领域的女性缺乏现象，一个原因是这些领域的工作岗位正在增加，而且往往薪资很高；由此可见，是高校里专业的性别分离导致了薪酬方面的性别差距。虽然有些人可能会怀疑女性由于数学和科学能力较低而不太可能进入 STEM 领域，但真实的情况并非如此。即使在女生 STEM 成绩很好的情况下，她们也不太可能像男生一样选择经济、数学或工程等领域的专业。而且，在开始宣布选择这类专业后，女生也比男生更有可能离开这些领域，部分原因是她们比男生更快地对自己的能力失去信心。

研究人员通过背景因素和"科学文化"来解释 STEM 中的许多性别差异。首先，年轻的大学生在 STEM 领域中的任何领域都会面临男性主导的教师队伍。科学和技术领域的所有教师中，女性占 28%，而女教师在工程学的比例低于 11%，在生命科学的比例高于 32%（相比之下，心理学占 46%）（Burrelli, 2008）。这些性别比例使得女大学生很难在教授中找到可以效仿的角色榜样；在几乎所有学生或工作者里女性占比小的机构里，这种指导显得至关重要。此外，科学文化在历史上被定义为可能会被有抱负的女性疏远的"极客文化"（geek culture）——强调追求孤独和远离社会（Cheryan et al., 2009）。最后，女性一旦立志谋求传统上由男性主导的职位，就容易面临独特的双重束缚：除非她们水平和能力确实高人一筹，否则人们就会认为女性在那些职业中不如男性；然而，一旦她们在"男性化"职位上表现出很强的能力，就会被认为不可爱。因为在工作上要取得成功，就既要受欢迎，又要能力强，STEM 领域的女性可能会发现面临艰难的选择：是要受同事欢迎，还是展示很强的能力（Hill, Corbett & St. Rose, 2010）？

最终，这些数据描绘出一幅复杂的图景。女生比男生更有可能进入大学，并获得四年制学位。然而，在校园里，性别分离相当严重：男生和女生在学科领域上的隔离。这种隔离在一定程度上就成了问题，因为学生在选择专业时受到性别角色期望的限制,而这些专业在一定程度上会导致职业上的不平等报酬。正如后文所述,许多性别行为模式将进一步持续到研究生教育。

尽管学业成绩和最终的工作收入是衡量学校成果的一个重要途径,教育环境本身还是社交和社会化的场所;构建身份的各种场所和教室以外的经验与教室里面的经验一样重要。在许多校园里,人们都期望女生要保持"天然完美"的样子——聪明、有修养、健康、美丽、宜人,而且,拥有这一切都不需要经过任何"明显的努力"(Keohane & Roth, 2003)。在这样做的时候,她们面临着许多双重的束缚。首先,她们要梳妆打扮、楚楚动人,但这又被看成是追求物质的肤浅表现(Stuber, Klugman & Daniel, 2011)。其次,她们还必须把握好一种在"荡妇"和"好女孩"之间有细微特征区别的"约会"文化,来管理好她们的浪漫爱情和身体欲望之间的关系(Armstrong & Hamilton, 2013)。在此基础上,她们必须驾驭这些亲密关系,同时设置她们的学业目标,并力争获取一个不错的职位(Hamilton & Armstrong, 2009)。对于那些想要关注个人学术发展的女大学生来说,约会可以成为满足其直接自然欲望的最有效的解决方案。然而,这也可能是一个不稳定的策略,它容易带来被诬蔑为在正当关系之外寻求性接触的风险。

这些性别模式和关系的紧张都是真实存在的:实际上,这些紧张关系许多是由于大学校园的人口不平衡而出现。在男女比例2:3的环境中,男生由于稀缺(假定大学生中对异性恋认同程度高)而获得优势。虽然这听起来可能是一种难以置信的成见,但研究表明,这种性别失衡越发激励了男生回避关系的承诺而保持游戏心态(Uecker and Regnerus, 2010),同时也激化了女生之间为博得男生关注而引发的竞争。这种激烈的竞争可能会破坏女生之间的友谊,导致坏女孩(mean girl)行为的增多。由于少数族裔女生的性别不平衡现象更加显著,对于黑人和拉丁裔女大学生来说,这种紧张关系可能进一步促进了无论男生、女生都更加紧密地联结在一起(Wilkins, 2012)。

这是否意味着大学是异性恋青年男性的梦想乐园?虽然有一种印象可能是,大学男生可以从性双重标准中得到确定无疑的好处,可以有机会享受稳定的性伴侣,但事实却更为复杂。正如布莱恩·N. 斯威尼所说,一些大学男生渴望与女性发生性接触，但却不愿意沦为这方面的"游戏者"，占了女生的便宜；成为一名"好男人"的愿望使得一些人避免了性交往（Brian N. Sweeney, 2014）。另外，如果涉及种族问题，少数族裔男生可能会面临额外的压力，尤其是在白种人占主导地位的校园里。拉索·雷和詹森·罗索的报告中说，由于在校人数不多，而且缺少联谊之家，黑人兄弟会的男生由于其知名度和责任感而与黑人女生有着更为浪漫和平等的关系（Rashawn Ray & Jason Rosow, 2010, 2012）。换句话说，他们缺乏那种使他们成为"坏男孩"的特权和不可见性。正如本章后面所讨论的那样，复杂的性别和性关系日益成为高等教育法律和政策的主题。

研究生阶段及以上的性别差异

由于越来越多的学生继续念研究生，体验大学生活的时间越来越长。在这里，我们仍然可以看到性别化的模式。越来越多的女性正在接受研究生教育。表4.4回应了一个反复出现的模式：女性在教育硕士学位中占绝大多数，男性在工程硕士学位中占绝大多数，女性在法律、医学和牙科领域，一直占了所有应届毕业生的近一半人数，也包括那些完成博士项目的毕业生（通常是作为学者或研究人员的职业）。

表 4.4　获得研究生学位的男女比例和研究领域

高级学位领域	男性比例（%）	女性比例（%）
医学（医学博士MD）	52	48
牙科医学（牙医博士DDS）	52	48
法学（法学博士JD）	54	46
商学（工商管理学硕士MBA）	54	46
教育学（硕士）	23	77
工程学（硕士）	73	27
哲学博士	49	51

来源：全国教育统计中心《美国教育统计年鉴2014（2016）》。
http://nces.ed.gov/programs/digest/d14/tables/dt14_323.40.asp
http://nces.ed.gov/programs/digest/d14/tables/dt14_323.50.asp
http://nces.ed.gov/programs/digest/d14/tables/dt14_323.60.asp
http://nces.ed.gov/programs/digest/d14/tables/dt14_323.70.asp
http://nces.ed.gov/programs/digest/d14/tables/dt14_323.20.asp

虽然女性在受教育程度上已经实质性地达到与男子平等的地位，但这一进步并没有转化为她们的薪金收益。人们经常说，为了得到相同的薪水，女性需要比男性接受更高水平的教育。这个说法在图 4.4 中可以找到明确的证据，图中显示拥有学士学位的女性的平均年收入几乎与副学士学位的男性相同。部分原因是男性和女性选择不同的研究领域而存在性别差异。在那些男性占毕业生人数较多的工程技术领域中，平均工资处于最高的位置；而女性的专业领域如教育和社会工作的薪水则处于较低水平。对于不同层级教育中薪酬方面性别差距的另一种解释是，即使男女获得了相似的学位，他们也往往侧重于不同的专业方向。这些专业方向有不同的需求和不同的薪水。例如，在法学院，女性更可能把重点放在家庭法上，一个更有弹性但收入较低的领域。男性更倾向于关注商业法，包括兼并、收购和专利法，这些领域通常需要更长的时间、更紧张的出差日程，当然也会有更高的工资。

然而，薪酬方面的性别差距仍然存在的最大原因，还是大多数雇主没有适应现代女性占了所有工作者近一半的现实。大多数工作都缺乏灵活的

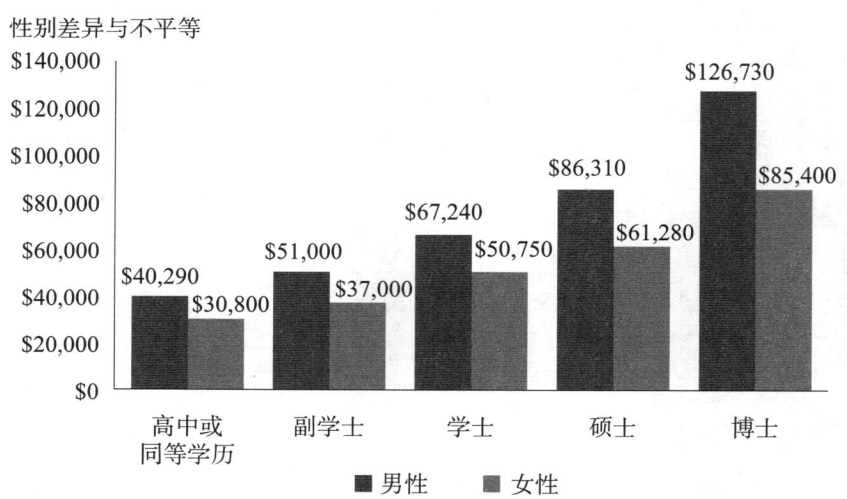

图 4.2　性别、受教育程度与薪酬差距（25 岁及以上的全职全年工作者）

来源：国家教育统计中心《美国教育统计年鉴：2014（2016）》。
http://nces.ed.gov/programs/digest/d14/tables/dt14_502.20.asp.

安排，以适应女性分娩和抚养子女的需要。因此，许多女性为了生孩子而休假，或者减少工作量，以平衡养育子女的需求。经过长时间的拉锯，工作与家庭生活之间的紧张关系导致女性的薪水更低，男子（特别是异性恋关系中的男子）的薪水更高。

那么，一个人受教育的最终结果与开始接受教育时没有什么不同：尽管男人和女人天生的认知能力水平是相似的，但他们的社会化过程却不一样。这些差异推动着女性去体验教育教育的经历，一般讲来，她们在教育经历中如果不是表现优异，至少也有扎实的学业表现。然而，她们选择维持一种稳定的课程，选择可以与她们性别社会化一致的、能努力与其性别角色期望保持平衡的专业领域。当然，也存在特殊的情况。与此同时，男性往往会朝着学业表现的两端偏离：在标准化考试中得分高的男性居多，而升入高择拔性高校的也是男性更多，同时在这个男性趋之若鹜的努力方向上，每个阶段都有人选择退出。最终，我们生活在这样的一个社会里：女性的平均教育成就率高于男性，但是性别角色社会化和劳动的社会组织却创造了一个共同环境——即使受教育水平相同，男性的收入还是超过了女性。

国际状况：全球背景下的性别差异和不平等

从全球角度看，教育成就和受教育程度的性别模式呈现出多大的差异？男女入学率和识字率的统计数据可以体现出不同社会对性别的不同期望。在女孩入学率比男孩少得多的 50 个国家中，大多数都位于南亚、非洲和中东最贫穷的地区。如表 4.5 和表 4.6 所示，在识字率和完成学年数的数据方面，存在显著的性别差异。尽管整个欧洲和中美洲、南美洲许多国家都实现了性别平等，但许多非洲国家和中东一些地区却存在着显著的差异。在后面一些国家和地区里，性别角色的期望和结构条件抬高了对男性的教育期望，男性也更有可能成为家庭的经济支柱；在那里，女性教育会被认为是一种奢侈品，女孩很早就得离开学校，经常在家里帮忙做家务。越来越多的评论家和社会活动家指出，对月经的负面态度和缺乏有效的月经保护产品（以及有限的冲水公共卫生间），都在很大程度上限制了全球一些贫穷国家的女性教育。很多女孩每年因为她们的月经期而失去了一个月的上学时间。目前，非政府组织正在与当地领导人和先进分子合作，给这些国家的女孩和妇女送去低成本的月经保护产品。

表 4.5 各国成人识字率（%）的性别差异

国家	男性	女性
法国	99-100	99-100
德国	99-100	99-100
葡萄牙	97	94
加纳	82	71
喀麦隆	81	69
埃塞俄比亚	57	41
中国	98	95
南非	99	99
巴基斯坦	72	45
智利	97	97
墨西哥	96	93
萨尔瓦多	91	86

来源：UNESCO. http://data.uis.unesco.org/?Reportid=201 (retrieved October 17, 2015). Regions based on UNESCO categories.

表 4.6 各国平均受教育完成年限

国家	男性	女性
法国	11	11
德国	13.7	13
葡萄牙	8	8
加纳	8	5.6
喀麦隆	6.6	4
埃塞俄比亚	3.6	1.4
中国	7.7	7
南非	12.6	11
巴基斯坦	6	3
智利	10	10
墨西哥	8.6	8
萨尔瓦多	6.7	6

来源：UNESCO, http://data.uis.unesco.org/?Reportid=201 (retrieved October 17, 2015). Regions based on UNESCO categories.

从历史的角度看，全球教育中的性别差距正在缩小。从全球来看，1990 年代女童入学率有所提高，从 1990 年的 93% 上升到 1999 年的 96%。86 个国家已经实现小学入学上的性别平等，而且还有更多的国家正在接近这个水平。1990 年代，所有国家的性别平等指数（GPI）都有所提高，并一直在持续上升。总的来说，GPI 保持在 0.9 以下，偏爱男孩的国家只有南亚和西亚、阿拉伯国家和撒哈拉沙漠以南的非洲国家。然而，在最贫穷的非洲国家、在阿富汗，能够接受中等教育的女性人数只保持在男性人数的一个零头（UNESCO, 2002）。没有教育，女性就不能充分参与社会的经济和政治等方面的事务。事实上，研究表明，社会福利严重依赖女性的教育，社会的预期寿命、经济增长、政治参与等等都与妇女教育有很密切的关联。尽管如此，扫盲和教育仍然是世界上大多数人的主要问题。

在全球北方（一般是西方工业化国家），女性的受教育程度普遍高于男性。即使在那里，跨文化模式下产生的一个令人困惑的问题便是 STEM 成绩中的性别差异。与美国的模式相似，经合组织国家（主要包括欧洲国家）的男孩在数学成绩上胜过女孩，而与女孩相比，男孩处于熟练以下水平或最高水平的人数可能都要多（OECD, 2015）。在科学成绩方面，在 65 个国家中有 21 个国家的女孩成绩比男孩好，有 11 个国家的男孩比女孩好，其余 33 个国家没有性别差异（OECD, 2011）。有趣的是，女生比男生好的国家往往偏于比较贫穷和不发达，包括阿塞拜疆、克罗地亚、拉脱维亚和土耳其等国。尽管如此，与美国的模式类似，尽管经合组织国家的女生成绩更好，但她们在数学和科学能力方面的自信心低于男生（OECD, 2015）。

再来看数学成绩的国际差异，男生的数学成绩总体上优于女生：在经合组织 65 个国家和地区中，有 37 个国家男生得分高于女生，只有 5 个国家和地区女孩得分高于男孩（包括瑞典、印度尼西亚、新加坡）。考虑到这些数据的国别差异，认为数学和科学成就中的性别差异根源于生物学解释几乎是不可能的。事实上，越来越多的学者都指出，社会化、社会结构和社会文化因素在其间发挥着作用。例如，研究表明，女孩在性别越平等的社会中成绩表现越佳——一个国家里的女性就业越多，工资的性别差距越小，女性从事数学、科学和工程方面工作的比例就越高。这些因素会逐渐渗入家庭环境中，在这种环境中实现社会化的年轻女孩，会认识到在这些领域取得成就的可能性和重要性（Gonzalez de San Roman & De La Rica, 2012; Kane & Mertz, 2012）。这里插入一段国外的事例，表明在美国显现出来的性别模式在类似的国家中也可以看到。尽管全球女性的教育已经取得了一定进步，但女性教育仍然存在着许多未被重视和未被开发的领域。

教育中反抗性别不平等的努力

鉴于教育中存在的一些性别差距，研究人员、政策制定者、家长和倡导者渴望找到更好的办法来解决问题。下面我们通过讨论几个这类例子来总结教育中的性别差异问题。

单性教育

作为向年轻女性提供"适合"其家庭内部角色的一种教育方式，单性教育以女子学院的形式产生于19世纪中期。一百年后，伴随着妇女运动的曙光，很多人都把女子大学视为一种改进教育的途径，为女性在社会上担任领导职位做好准备。今天，一些单性教育的倡导者仍然认为这是促进女性平等的一种方式，另外一些人则认为这是解决男孩教育程度不高的一种方式。那么，现有的研究如何阐述这个问题？两性分开的教育确实有利吗？

从理论上讲，女子大学应该提供一个独特的学习环境；在这个环境中女生拥有更多获取领导地位的机会，拥有更多与教师建立指导关系的机会——尤其是在STEM领域。研究表明，参加单性学院的女生确实比参加男女同校的女生有一些优势。这些优势出现在自我报告的很多方面，比如感觉参与更多学术讨论中（与教师的有意义的关系、具有挑战性的学习环境、更高层次的思考）（Kinzie et al., 2007），感觉智力上更自信（Kim, 2002），更多地参与校园活动，更多地受到女性榜样的支持（Miller-Bernal, 1993）。尽管进行了大量的调查研究，但是研究人员仍然不清楚保留下来的 40 所女子大学（美国有 5 所男子大学）的毕业生是否在 STEM 领域有更多的追求（Hoffnung, 2011），获得更高的薪水，或更成功地攀登职业的阶梯（Riordan, 1994; Stoecker and Pascarella, 1991）。研究者在观察单性学校毕业生步入社会后的一些情况后指出，女子学院毕业生在大学毕业后似乎更少拥有持久的友情，也不太可能受到校园内社会生活和文化体验的限制（Hoffnung, 2011）。

1970 年代的研究夸大了女子学院毕业生的非凡成就，但今天的证据却更为复杂。更精确的统计技术使研究人员已经得出结论：就读于学生全部为女性的学校，其优点不在于其独特的教育环境，而在于这样一个事实——学校一开始就具有高度的选择性，并且拥有较高比例的富裕的高成就的女生群体（Harper, 2006）。今天，许多大学生"用脚投票"：自 2000 年代初以来，女子学院的招生人数已经下降了 30% 左右。在一个更现代化的转向中，许多这类学校目前正在探索的问题是，是否通过招收男生来支持招生、如何应对越来越多的转出学生。具体而言，女子学院正在讨论中重新审视其内涵到底是什么，是否接纳跨性别的女性（从小到大一直被当作男性的女生）或者是否撤销跨性别男性（入学后可能会拒绝她们的女性角色任务）的入学机会。

那么，男孩的单性教育怎样呢？近几十年来，研究人员注意到男生在成绩测试方面落后的状况，从而提出男生可以从单性课堂中受益。单性教育倡导者认为，在小学、初中和高中，每天完全让男孩和女孩分开或有一段时间分开，对提高双方的学习成绩都有利。全国单性公共教育协会创始人伦纳德·萨克斯（Leonard Sax）认为，由于男孩和女孩的学习方式不同，所以课堂组织和教学法应反映这些差异。男孩不仅仅在学习上更显积极主动，通过让他们关注抽象的原则问题，男孩可以把数学学得更好，而女孩则可以利用现实世界的例子和故事问题来更好地发展。萨克斯认为，性别差异也存在于如何激励男孩和女孩表现出最好的一面，同样存在于教师如何利用不同的反馈来提高他们的表现（Sax, 2007〔2009〕）。一些学者认为，低收入和少数族裔社区尤其需要单性教育，这些学生在家庭中可能缺少男性榜样。

尽管对单性教育的热情重燃,但这类教育环境能够产生更好的学习成果的证据还是很少。缺乏研究的一个原因是,单一性别公立学校在美国受到"民权法案"第九条的禁止。在一些情况下,个别的单一性别课堂(classes)是允许的,目前还存在数量极少的单性公立特许学校。虽然一些研究发现女性在上女子学校时有社会和教育方面的好处(Lee & Bryk, 1986; Mael, 1998; Riordan, 1990),但许多学者质疑这些研究本身使用的方法(Marsh, 1989a, 1989b)。他们认为,单一性别学校的学生的起点(start)就拥有不同才干和更高水平。此外,它们往往是特许学校或私立学校,这就允许他们会让那些适应不良或表现不佳的学生选择退出(opt out)(Bigler & Signorella, 2011)。这两个因素都有可能影响数据,导出单性生活环境显得比实际情况更有效的结论(Mael et al., 2004)。从男生角度来看,如果学校特征和教师特征很好地结合在一起,例如,学生之间的兄弟情谊、安全感,教师们具有文化相关性的、学术上严谨的教学,以及持续进行的专业发展,那么,处境有风险的男孩在这样的学校环境中可以做得很好(Martin, Fergus & Noguera, 2010)。

总之,现有研究表明,为了确认哪些是与单一性别教育有关联的积极产出,分析技术必须仔细区分出哪些是与性别分离相关的学业成就,而哪些只是课程、教学和学校氛围等其他的差异(Hubbard & Datnow, 2005)。即使如此,还是有些学者和倡导者对单性教育保持有更加冷静的态度。他们警告说,这将减少男孩和女孩在一个有监督的有目的的环境中一起工作的机会,男孩和女孩之间的分隔实际上加深了对行为的性别差异的成见,比如男孩子的侵犯行为、女孩子的和识挑战能力(Halpern et al., 2011)。

"民权法案"第九条

1972 年,美国国会和尼克松总统通过并签署了"民权法案"第九条,规定:"在美国,任何人不得因性别原因被排除在由联邦政府资助的教育项目及活动之外,亦不得因性别原因在这些项目及活动中被剥夺待遇或受到歧视。"根据法案之规定,分隔开来的教育设施(无论在种族上或性别上)

本质上是不平等的，这个法律禁止在美国进行单一性别公共教育。法案颁布之后的头 40 年里，受最大影响的就是大学体育。根据法律，教育系统必须提供男女平等使用运动设施和设备的机会，提供参与运动的同等机会。但是，也存在相当多的争议，讨论应该用什么样的措施和标准来证明符合"公平"的目标。例如，一所大学不需要确保女子田径队的人数与男子田径队的人数刚好相等，而是应该让学生参与运动的机会大致与在校学生的性别成正比。进一步讲，教育机构必须衡量女性的兴趣和能力，然后确保他们能提供反映出她们兴趣和能力的机会（假设女性在体育运动方面参与的积极性不大）。

法案实施以来，女性参与高校体育活动的人数在急剧增加。此前，每个校区女子运动队的平均数量是 2.5；截至 2012 年，每所拥有运动项目的大学平均有近 9 个女子运动队（Acosta & Carpenter, 2012）。此外，在所有大学生运动员中，女大学生所占的比例略高于 40%。随着女性对体育运动的兴趣和参与度的提升，在体育部门预算受限的情况下，男子运动队进行了一些缩减。尽管从统计上讲，男性依然在大学生体育运动中占据多数（男生大约只占所有大学生的 42%，却占有大学生运动员中的 57%），但他们已经被裁减了几百个项目，以实现大学生运动中的性别平等。男子摔跤受到的冲击最为严重。虽然有些人责怪"民权法案"第九条减少了男性运动员参与运动的机会，但应该指出的是，许多高校已经削减了一些没有收益的运动，而保留一些更大、更可以看得见的体育项目，如男子足球和篮球，这些能给大学带来知名度的提升（Suggs, 2005）。

近年来，"民权法案"第九条因涉及校园性侵犯的处置问题，而重新回到公众对教育公平的讨论之中。尤其是强奸受害者和一些积极分子，他们对学校没有充分回应学生遭受性侵犯的指责，表达了越来越多的关切。在寻求法律或政策援助时，学生和积极分子援引了"民权法案"第九条。美国教育部民权办公室针对听到的这些关切，于 2011 年向高校发出了一封"致亲爱的同事"的信函，声称："针对学生实施的性骚扰，包括性暴力，会直接侵扰到学生接受不受歧视的教育的权利。"这封信还告知高校管理者，他们必须"立即采取有效的措施终止性骚扰和性暴力",那些因未能保护女学生的教育权益而被认定为犯错的机构,有可能被罚款并被剥夺联邦资金(包括学生助学贷款)。

　　随后几年,美国教育部门中的近百家知名高校接受了性侵案件调查。据称,许多学校在处理性侵犯案件方面的程序不合适,或者校园里缺乏承诺执行"民权法案"第九条的领导者。调查指出,这些程序上的缺陷给普通女学生尤其是自我宣称受害人员制造了一个"敌对的环境"。2014年秋季,普林斯顿大学被裁定违反了"民权法案"第九条的规定,经过调查得出来的结论称,该大学侵犯了被强奸者的权利,即通过使用高于联邦推荐的性攻击案件的证明标准,要求被害者提供"更确凿的证据"来确定有罪。其程序还允许被指控的学生对大学委员会做出的决定提出上诉,而被害人无权上诉(Kingkade, 2014)。其他调查指称,一些学校在程序设计上有意打击被指控的肇事者,也会采取有利于受害者的方式来执行。

　　受到这些关切的推动,对这一话题的研究大大增加。目前估计有五分之一的女性在大学中经历过非自愿的性行为(AAU, 2015)。由于表述模糊和定义不同,目前还不清楚有多少案件符合强奸(或性侵犯)的法律定义。也许有5%的男性成为受害者,但由于缺乏报道和耻辱感,这些数字的准确性较低。今天,高校在防范强奸和正确处理性侵犯案件方面采取了许多举措,包括揭穿强奸事件,还有对学生进行旁观者干预(bystander intervention,学生可以尝试阻止潜在的性侵犯案件的发生)和正面同意(affirmative consent,学生可以学习关于性的知识)的培训。这些努力表明,在当前女性已经占大学生中的大多数的情况下,我们有办法创造一种尊重所有学生的个人发展和教育的校园氛围。

小　结

　　在本章中,我们通过考察教育系统中的性别模式,继续讨论教育和社会的多样性和不平等。我们重点关注教育中有关性别不平等的复杂且时而矛盾的模式。尽管学生成绩、教育获得及学校日常经验中的性别差异依然存在，但很难说女性或男性在教育系统中处于比例不均的不利地位。

1. 家庭和学校中的性别社会化

女孩和男孩有着不同的学校经历，部分原因是父母、同伴和老师在期望、鼓励和待遇方面存在差异。性别社会化从出生开始，影响着孩子们对适合自己性别的行为的感受。影响男性和女性成就的因素包括：期望和榜样，书籍、文本和其他材料，电视和媒体，玩具，老师的刻板印象和期望，以及同龄人群体的压力。这些差异在早期是显而易见的，并且在性别分离明显的大学和工作中仍然存在。

2. 中学里的性别差异

男孩和女孩在教育成就上存在着有据可查的差异。男孩在数学能力和科学知识的测试中超过女孩，女孩在阅读和写作的测试中胜过男孩。在高中结束时，男生在 SAT 和 AP 考试中得分较高，但女生在 GPA 方面有优势。这些差异不太可能反映潜在的生物学因素或先天差异，相反，它们可能是社会化和社会组织训练的产物。

3. 高等教育中的性别差异

自 1982 年以来，大学生里的女生数量超过男生。最近，她们已经占了攻读研究生学位人数的一半。这种受教育程度的模式反映出教育不平等的一个令人惊讶和不安的担忧：男孩和男人落后的可能性，以及教育系统是否不适应他们的教育和社会需求。还有人担心性别社会化可能会不适应更大的经济变化，包括制造业的衰落和人们工资的下降，这些变化需要让男孩和男人有一段时间来承担传统上由女性承担的部分工作，比如教育和卫生保健。尽管女性比男性更有可能获得高等学位，但她们的收入仍然低于男性，并且继续在高等教育中面对一些说微妙也不微妙的性别歧视。

4. 教育中对抗性别不平等的努力

鉴于学校中性别差异和不平等的复杂形式，存在着纠正这些模式的很多努力。有人认为，一种解决办法可能是单性教育，这可能会鼓励女生对 STEM 领域有更深厚的兴趣和信心，并允许教师调整自己的教学法来迎合男生的学习风格。然而，反对者认为，单性教育不能产生有确凿证明的教育效益，他们担心分隔的教育设施会加强而不是减少教育中的性别差异。在高等教育中，"民权法案"第九条已经获得了新的认同。虽然它一度专注于运动员的权益，但它目前正用作保护学生受教育权利的工具，来确保高校有足够的制度和程序来对付性侵犯。

 **思考题**

1. 从你所在地的图书馆或书店里，随机挑选儿童读物作为样本，完成下表。

	男性	女性
故事中主要人物的数量		
插图数量		
向孩子们展示的次数		
积极参与		
显示独立		
解决问题		
挣钱		
获得认同		
创新		
参与运动		
表现害怕或无助		
获取帮助		

2. 访谈一群八年级女生，然后接着访谈男生，谈谈他们的愿望、未来的职业规划和高中课程计划。比较一下男孩和女孩在抱负上的不同。

3. 思考你自己的专业和职业目标，你认为性别社会化在塑造这些方面发挥了什么作用？你认为当前的就业结构对你未来的家庭和职业目标产生了怎样的影响？是否有某种职业可以让员工在工作和家庭之间保持平衡？

4. 了解一下你所在的学校，近年来有多少宗性侵犯案件被报道？他们是如何处理性侵犯案件？有专门处理这类案件的办公室或管理员吗？他们如何让性侵犯案件的受害者或肇事者知道他们所拥有的权利和资源？

 参考文献

AAU. 2015. "American Association of Universities Report on the AAU Campus Climate Survey on Sexual Assault and Sexual Misconduct." Rockville, MD: Westat.

Acosta, R. Vivian, and Linda Jean Carpenter. 2012. *Women in Intercollegiate Sport: A Longitudinal, National Study: Thirty-Five Year Update, 1977-2012*. Brooklyn, NY: Brooklyn College.

Adams, Matthew, Carl Walker, and Paul O'Connell. 2011. "Invisible or Involved Fathers? A Content Analysis of Representations of Parenting in Young Children's Picture Books in the UK." *Sex Roles* 65(3-4): 259-70.

Adams, Susan, Janet Kuebli, Patricia A. Boyle, and Robyn Fivush. 1995. "Gender Differences in Parent-Child Conversations about Past Emotions: A Longitudinal Investigation." *Sex Roles* 33(5-6): 309-23.

Adler, Patricia A., Steven J. Kless, and Peter Adler. 1992. "Socialization to Gender Roles: Popularity among Elementary School Boys and Girls." *Sociology of Education* 65(3): 169-87.

American Association of University Women. 2001. *Hostile Hallways: Bullying, Teasing, and Sexual Harassment in School*. Washington, DC: American Association of University Women.

Armstrong, Elizabeth A., and Laura T. Hamilton. 2013. *Paying for the Party*. Cambridge, MA: Harvard University Press.

Armstrong, Elizabeth A., Laura T. Hamilton, Elizabeth M. Armstrong, and J. Lotus Seeley. 2014. "'Good Girls': Gender, Social Class, and Slut Discourse on Campus." *Social Psychology Quarterly* 77(2): 100-22.

Aydt, Hilary, and William A. Corsaro. 2003. "Differences in Children's Construction of Gender Across Culture: An Interpretive Approach." *American Behavioral Scientist* 46(10): 1306-25.

Bettie, Julie. 2003. *Women without Class: Girls, Race, and Identity*. Berkeley: University of California Press.

Betz, Diana E., and Denise Sekaquaptewa. 2012. "My Fair Physicist? Feminine Math and Science Role Models Demotivate Young Girls." *Social Psychological and Personality Science* 3(6): 738-46.

Bigler, Rebecca S., and Margaret L. Signorella. 2011. "Single-Sex Education: New Perspectives and Evidence on a Continuing Controversy." *Sex Roles* 65(9-10): 659-69.

Blakemore, Judith E. Owen, and Renee E. Centers. 2005. "Characteristics of Boys' and

Girls' Toys." *Sex Roles* 53(9-10): 619-33.

Blumberg, Rae Lesser. 2008. "Gender Bias in Textbooks: A Hidden Obstacle on the Road to Gender Equality in Education." Paper commissioned for the EFA Global Monitoring Report. Montreal, Canada: UNESCO.

Bronstein, Phyllis. 1988. "Father-Child Interaction," in Phyllis Bronstein and Carolyn Pape Cowan (eds), *Fatherhood Today: Men's Changing Role in the Family*. Hoboken, NJ: John Wiley, pp.107-24.

Bronstein, Phyllis, and Carolyn Pape Cowan. 1988. *Fatherhood Today: Men's Changing Role in the Family*. Hoboken, NJ: John Wiley & Sons.

Buddin, Richard. 2014. "Gender Gaps in High School GPA and ACT Scores." *ACT Research and Policy*, Iowa City, IA. Retrieved September 23, 2016 (http://forms.act.org/research/researchers/briefs/pdf/2014-12.pdf).

Burns, Alyson L., G. Mitchell, and Stephanie Obradovich. 1989. "Of Sex Roles and Strollers: Female and Male Attention to Toddlers at the Zoo." *Sex Roles* 20(5-6): 309-15.

Burrelli, Joan. 2008. "Thirty-Three Years of Women in S&E Faculty Positions." Arlington, VA, *Infobrief, Science Resources Statistics NSF*: 08-308.

Carson, James, Virginia Burks, and Ross D. Parke. 1993. "Parent-Child Physical Play: Determinants and Consequences," in Kevin MacDonald (ed.), *Parent-Child Play: Descriptions and Implications*. Albany, NY: SUNY Press, pp.197-220.

Carter, Prudence. 2006. "Intersecting Identities: 'Acting White', Gender, and Academic Achievement," in Erin McNamara Horvat and Carla O'Connor (eds), *Beyond Acting White: Reframing the Debate on Black Student Achievement*. Lanham, MD: Rowman & Littlefield Publishers, pp.111-32.

Chaplin, Tara M., Pamela M. Cole, and Carolyn Zahn-Waxler. 2005. "Parental Socialization of Emotion Expression: Gender Differences and Relations to Child Adjustment." *Emotion* 5(1): 80.

Cheryan, Sapna, Victoria C. Plaut, Paul G. Davies, and Claude M. Steele. 2009. "Ambient Belonging: How Stereotypical Cues Impact Gender Participation in Computer Science." *Journal of Personality and Social Psychology* 97(6): 1045.

Clark, Sheryl, and Carrie Paechter. 2007. "'Why Can't Girls Play Football?' Gender Dynamics and the Playground." *Sport, Education and Society* 12(3): 261-76.

Clearfield, Melissa W., and Naree M. Nelson. 2006. "Sex Differences in Mothers' Speech and Play Behavior with 6-, 9-, and 14-Month-Old Infants." *Sex Roles* 54(1-2): 127-37.

Closson, Leanna M. 2009. "Status and Gender Differences in Early Adolescents' Descriptions of Popularity." *Social Development* 18(2): 412-26.

College Board. 2015a. "2015 College Bound Seniors: Total Group Report." Retrieved September 3, 2016 (https://secure-media.collegeboard.org/digitalServices/pdf/sat/total-group-2015.pdf).

College Board. 2015b. "2014 College Board Program Results: SAT." Retrieved June 5, 2016 (www.collegeboard.org/program-results/2014/sat).

Cook, Clayton R., Kirk R. Williams, Nancy G. Guerra, Tia E. Kim, and Shelly Sadek. 2010. "Predictors of Bullying and Victimization in Childhood and Adolescence: A Meta-Analytic Investigation." *School Psychology Quarterly* 25(2): 65.

Corbett, Christianne, Catherine Hill, and Andresse St. Rose. 2008. *Where the Girls Are: The Facts about Gender Equity in Education.* Washington, DC: American Association of University Women Educational Foundation.

Correll, Shelley J. 2001. "Gender and the Career Choice Process: The Role of Biased Self-Assessments." *American Journal of Sociology* 106(6): 1691-730.

Corsaro, William A., and Donna Eder. 1990. "Children's Peer Cultures." *Annual Review of Sociology* 16: 197-220.

Corsaro, William A., and Elizabeth Nelson. 2003. "Children's Collective Activities and Peer Culture in Early Literacy in American and Italian Preschools." *Sociology of Education* 76(3): 209-27.

Darling-Hammond, Linda. 2000. "Teacher Quality and Student Achievement." *Education Policy Analysis Archives* 8: 1.

Denham, Susanne A., Daniel Zoller, and Elizabeth A. Couchoud. 1994. "Socialization of Preschoolers' Emotion Understanding." *Developmental Psychology* 30(6): 928.

Diekman, Amanda B., and Sarah K. Murnen. 2004. "Learning to be Little Women and Little Men: The Inequitable Gender Equality of Nonsexist Children's Literature." *Sex Roles* 50(5-6): 373-85.

Dietz, Tracy L. 1998. "An Examination of Violence and Gender Role Portrayals in Video Games: Implications for Gender Socialization and Aggressive Behavior." *Sex Roles* 38(5-6): 425-42.

Dijkstra, Jan Kornelis, Siegwart Lindenberg, and René Veenstra. 2008. "Beyond the Class Norm: Bullying Behavior of Popular Adolescents and its Relation to Peer Acceptance and Rejection." *Journal of Abnormal Child Psychology* 36(8): 1289-99.

Dill, Karen E., Brian P. Brown, and Michael A. Collins. 2008. "Effects of Exposure to Sex-Stereotyped Video Game Characters on Tolerance of Sexual Harassment." *Journal of Experimental Social Psychology* 44(5): 1402-8.

Dill, Karen E., and Kathryn P. Thill. 2007. "Video Game Characters and the Socialization of

Gender Roles: Young People's Perceptions Mirror Sexist Media Depictions." *Sex Roles* 57(11-12): 851-64.

DiPrete, Thomas A., and Claudia Buchmann. 2013. *The Rise of Women: The Growing Gender Gap in Education and What it Means for American Schools*. New York City: Russell Sage Foundation.

Eder, Donna. 1985. "The Cycle of Popularity: Interpersonal Relations among Female Adolescents." *Sociology of Education* 58: 154-65.

Eder, Donna. 1995. *School Talk: Gender and Adolescent Culture*. New Brunswick, NJ: Rutgers University Press.

Espelage, Dorothy L., Kris Bosworth, and Thomas R. Simon. 2001. "Short-Term Stability and Prospective Correlates of Bullying in Middle-School Students: An Examination of Potential Demographic, Psychosocial, and Environmental Influences." *Violence and Victims* 16(4): 411-26.

Evans, Lorraine, and Kimberly Davies. 2000. "No Sissy Boys Here: A Content Analysis of the Representation of Masculinity in Elementary School Reading Textbooks." *Sex Roles* 42(3-4): 255-70.

Fivush, Robyn, Melissa A. Brotman, Janine P. Buckner, and Sherryl H. Goodman. 2000. "Gender Differences in Parent-Child Emotion Narratives." *Sex Roles* 42(3-4): 233-53.

Fox, Jesse, Jeremy N. Bailenson, and Liz Tricase. 2013. "The Embodiment of Sexualized Virtual Selves: The Proteus Effect and Experiences of Self-Objectification via Avatars." *Computers in Human Behavior* 29(3): 930-8.

Fox, Jesse, and Wai Yen Tang. 2014. "Sexism in Online Video Games: The Role of Conformity to Masculine Norms and Social Dominance Orientation." *Computers in Human Behavior* 33: 314-20.

Freeman, Catherine E. 2004. *Trends in Educational Equity of Girls & Women: 2004 (NCES 2005-016)*. Washington, DC: National Center for Education Statistics.

González de San Román, Ainara, and Sara De La Rica. 2012. "Gender Gaps in PISA Test Scores: The Impact of Social Norms and the Mother's Transmission of Role Attitudes." [Discussion Paper]. Bonn, Germany: Institute for the Study of Labor (IZA).

Gurian, Michael, and Kathy Stevens. 2005. *The Minds of Boys: Saving Our Sons from Falling Behind in School and Life*. San Francisco: Jossey-Bass.

Haenfler, Ross. 2010. *Goths, Gamers, and Grrrls: Deviance and Youth Subcultures*. New York: Oxford University Press.

Hall, Judith A., and David Matsumoto. 2004. "Gender Differences in Judgments of Multiple Emotions from Facial Expressions." *Emotion* 4(2): 201-6.

Halpern, Diane F., Camilla P. Benbow, David C. Geary, Ruben C. Gur, Janet Shibley Hyde, and Morton Ann Gernsbacher. 2007. "The Science of Sex Differences in Science and Mathematics." *Psychological Science in the Public Interest* 8(1): 1-51.

Halpern, Diane F., Lise Eliot, Rebecca S. Bigler, Richard A. Fabes, Laura D. Hanish, Janet Hyde, Lynn S. Liben, and Carol Lynn Martin. 2011. "The Pseudoscience of Single-Sex Schooling." *Science* 333(6050): 1706-7.

Hamilton, Laura, and Elizabeth A. Armstrong. 2009. "Gendered Sexuality in Young Adulthood: Double Binds and Flawed Options." *Gender & Society* 23(5): 589-616.

Hamilton, Mykol C., David Anderson, Michelle Broaddus, and Kate Young. 2006. "Gender Stereotyping and Under-Representation of Female Characters in 200 Popular Children's Picture Books: A Twenty-First Century Update." *Sex Roles* 55(11-12): 757-65.

Harper, Betty J. 2006. "Women's Colleges in the Era of Gender Equity: A Review of the Literature on the Effects of Institutional Gender on Women." *Higher Education in Review* 3: 1 -23.

Harriger, Jennifer A., Rachel M. Calogero, David C. Witherington, and Jane Ellen Smith. 2010. "Body Size Stereotyping and Internalization of the Thin Ideal in Preschool Girls." *Sex Roles* 63(9-10): 609-20.

Hedges, Larry V., and Amy Nowell. 1995. "Sex Differences in Mental Test Scores, Variability, and Numbers of High-Scoring Individuals." *Science* 269(5220): 41-5.

Hill, Catherine, Christianne Corbett, and Andresse St. Rose. 2010. *Why So Few? Women in Science, Technology, Engineering, and Mathematics*. Washington, DC: American Association of University Women.

Hoffnung, Michele. 2011. "Career and Family Outcomes for Women Graduates of Single-Sex versus Coed Colleges." *Sex Roles* 65(9-10): 680-92.

Hubbard, Lea, and Amanda Datnow. 2005. "Do Single-Sex Schools Improve the Education of Low-Income and Minority Students? An Investigation of California's Public Single-Gender Academies." *Anthropology & Education Quarterly* 36(2): 115-31.

Hyde, Janet Shibley. 2005. "The Gender Similarities Hypothesis." *American Psychologist* 60(6): 581.

Kane, Jonathan M., and Janet E. Mertz. 2012. "Debunking Myths about Gender and Mathematics Performance." *Notices of the AMS* 59(1): 10-21.

Karsten, Lia. 2003. "Children's Use of Public Space: The Gendered World of the Playground." *Childhood* 10(4): 457-73.

Keohane, N., and S. Roth. 2003. "Report of the Steering Committee for the Women's Initiative at Duke University." Durham, NC: Duke University. Retrieved September 3,

2016 (http://dukespace.lib.duke.edu/dspace/handle/10161/8410).

Kiefer, Amy K., and Denise Sekaquaptewa. 2007. "Impliat Stereotypes, Gender Identification and Math-Related Outcomes: A Prospective Study of Female College Students." *Psychological Science* 18(1): 13-18.

Kim, Mikyong Minsun. 2002. "Cultivating Intellectual Development: Comparing Women-Only Colleges and Coeducational Colleges for Educational Effectiveness." *Research in Higher Education* 43(4): 447-81.

Kimmel, Michael. 2008. *Guyland: The Perilous World Where Boys Become Men.* New York City: Harper Collins.

King, Kelley, Michael Gurian, and Kathy Stevens. 2010. "Gender-Friendly Schools." *Educational Leadership* 68(3): 38-42.

Kingkade, Tyler. 2014. "Probe Finds Princeton University Violated Title Ⅸ in its Handling of Sexual Assault Cases." 5 November. *The Huffington Post.*

Kinzie, Jillian, Auden D. Thomas, Megan M. Palmer, Paul D. Umbach, and George D. Kuh. 2007. "Women Students at Coeducational and Women's Colleges: How Do their Experiences Compare?" *Journal of College Student Development* 48(2): 145-65.

Lee, Valerie E., and Anthony S. Bryk. 1986. "Effects of Single-Sex Secondary Schools on Student Achievement and Attitudes." *Journal of Educational Psychology* 78(5): 381.

Li, Qing. 1999. "Teachers' Beliefs and Gender Differences in Mathematics: A Review." *Educational Research* 41(1): 63-76.

Lindsey, Eric W., and Jacquelyn Mize. 2001. "Contextual Differences in Parent-Child Play: Implications for Children's Gender Role Development." *Sex Roles* 44(3-4): 155-76.

López, Mark Hugo, and Ana Gonzalez-Barrera. 2014. "Women's College Enrollment Gains Leave Men Behind." *Pew Research Center*. Retrieved June 8, 2016 (www.pewresearch.org/fact:-tank/2014/03/06/womens-college-enrollment-gains-leave-men-behind/).

Lovas, Gretchen S. 2011. "Gender and Patterns of Language Development in Mother-Toddler and Father-Toddler Dyads." *First Language* 31(1): 83-108.

Lubienski, Sarah T., Joseph P. Robinson, Corinna C. Crane, and Colleen M. Ganley. 2013. "Girls' and Boys' Mathematics Achievement, Affect, and Experiences: Findings from ECLS-K." *Journal for Research in Mathematics Education* 44(4): 634-45.

McCabe, Janice, Emily Fairchild, Liz Grauerholz, Bernice A. Pescosolido, and Daniel Tope. 2011. "Gender in Twentieth-Century Children's Books: Patterns of Disparity in Titles and Central Characters." *Gender & Society* 25(2): 197-226.

MacDonald, Kevin, and Ross D. Parke. 1986. "Parent-Child Physical Play: The Effects of Sex and Age of Children and Parents." *Sex Roles* 15(7-8): 367-78.

McGraw, Rebecca, Sarah Theule Lubienski, and Marilyn E. Strutchens. 2006. "A Closer Look at Gender in NAEP Mathematics Achievement and Affect Data: Intersections with Achievement, Race/Ethnicity, and Socioeconomic Status." *Journal for Research in Mathematics Education* 37(2): 129-50.

Mael, Fred A. 1998. "Single-Sex and Coeducational Schooling: Relationships to Socioemotional and Academic Development." *Review of Educational Research* 68(2): 101-29.

Mael, Fred, Mark Smith, Alex Alonso Kelly Rogers, and Doug Gibson. 2004. "Theoretical Arguments For and Against Single-Sex Schools: A Critical Analysis of the Explanations." *American Institutes for Research*. Washington, DC: American Institutes for Research.

Marsh, Herbert W. 1989a. "Effects of Single-Sex and Coeducational Schools: A Response to Lee and Bryk." *Journal of Educational Psychology* 81(4) (December): 651-3.

Marsh, Herbert W. 1989b. "Effects of Attending Single-Sex and Coeducational High Schools on Achievement, Attitudes, Behaviors, and Sex Differences." *Journal of Educational Psychology* 81 (1): 70.

Martin, Margary, Edward Fergus, and Pedro Noguera. 2010. "Responding to the Needs of the Whole Child: A Case Study of a High-Performing Elementary School for Immigrant Children." *Reading & Writing Quarterly* 26(3): 195-222.

Marx, David M., and Jasmin S. Roman. 2002. "Female Role Models: Protecting Women's Math Test Performance." *Personality and Social Psychology Bulletin* 28(9): 1183-93.

Merten, Don E. 1997. "The Meaning of Meanness: Popularity, Competition, and Conflict among Junior High School Girls." *Sociology of Education* 70: 175-91.

Mickelson, Roslyn Arlin. 1989. "Why Does Jane Read and Write So Well? The Anomaly of Women's Achievement." *Sociology of Education* 62(1): 47-63.

Miller-Bernal, Leslie. 1993. "Single-Sex Versus Coeducational Environments: A Comparison of Women Students' Experiences at Four Colleges." *American Journal of Education* 102(1): 23-54.

Morris, Edward W. 2012. *Learning the Hard Way: Masculinity, Place, and the Gender Gap in Education*. New Brunswick, NJ: Rutgers University Press.

Mullen, Ann. 2012. "The Not-So-Pink Ivory Tower." *Contexts* 11(4): 34-8.

Myers, Kristen, and Laura Raymond. 2010. "Elementary School Girls and Heteronormativity: The Girl Project." *Gender & Society* 24(2): 167-88.

National Center for Education Statistics. 2005. *Trends in Educational Equity of Girls & Women: 2004 (NCES 2005-016)*. Washington, DC: US Department of Education.

National Center for Education Statistics. 2011. *The Nation's Report Card: National High School Transcript Study.* Washington, DC: US Department of Education.

National Center for Education Statistics. 2012. *Higher Education: Gaps in Access and Persistence (NCES 2012-046).* Washington, DC: US Department of Education.

National Center for Education Statistics. 2013. *The Nation's Report Card: Trends in Academic Progress 2012.* Washington, DC: US Department of Education.

National Center for Education Statistics. 2015a. "Stats in Brief: Gender Differences in Science, Technology, Engineering, and Mathematics (STEM) Interest, Credits Earned, and NAEP Performance in the 12th Grade *(NCES 2015-075)*." Washington, DC: US Department of Education.

National Center for Education Statistics. 2015b. *Digest of Education Statistics: 2013 (NCES 2015-011).* Washington, DC: US Department of Education.

National Center for Education Statistics. 2016. *Digest of Education Statistics: 2014 (NCES 2016-006).* Washington, DC: US Department of Education.

Neppl, Tricia K., and Ann D. Murray. 1997. "Social Dominance and Play Patterns among Preschoolers: Gender Comparisons." *Sex Roles* 36(5/6): 381.

Niederle, Muriel, and Lise Vesterlund. 2010. "Explaining the Gender Gap in Math Test Scores: The Role of Competition." *The Journal of Economic Perspectives* 24(2): 129-44.

Nord, Christine, S. Roey, R. Perkins, M. Lyons, N. Lemanski, J. Brown, and J. Schuknecht. 2011. "The Nation's Report Card: America's High School Graduates. Results of the 2009 NAEP High School Transcript Study *(NCES 2011-462)*." *National Center for Education Statistics.*

OECD. 2011. "How dlo Girls Compare to Boys in Science?" *PISA 2009 at a Glance.* Paris, France: OECD Publishing.

OECD. 2015. "The ABC of Gender Equality in Education:Aptitude, Behaviour, Confidence." Paris, France: OECD Publishing.

Orenstein, Peggy. 2011. *Cinderella Ate My Daughter: Dispatches from the Front Lines of the New Girlie-Girl Culture.* New York City: Harper Collins.

Osborne, Jason W. 2007. "Linking Stereotype Threat and Anxiety." *Educational Psychology* 27(1): 135-54.

Paley, Vivian Gussin. 2014. *Boys and Girls: Superheroes in the Doll Corner.* Chicago, IL: University of Chicago Press.

Paquette, Daniel, and Caroline Dumont. 2013. "Is Father-Child Rough-and-Tumble Play Associated with Attachment or Activation Relationships?" *Early Child Development and Care* 183(6): 760-73.

Pascoe, C. J. 2007. *Dude, You're a Fag: Masculinity and Sexuality in High School.* Berkeley: University of California Press.

Paxton, Susan J., Marla E. Eisenberg, and Dianne Neumark-Sztainer. 2006. "Prospective Predictors of Body Dissatisfaction in Adolescent Girls and Boys: A Five-Year Longitudinal Study." *Developmental Psychology* 42: 888-99.

Richmond-Abbott, Marie. 1992. *Masculine and Feminine: Gender Roles Over the Life Cycle.* Denver, CO: McGraw-Hill College.

Riordan, Cornelius H. 1990. *Girls and Boys in School: Together or Separate?* New York City: Teachers College Press.

Riordan, Cornelius H. 1994. "The Value of Attending a Women's College: Education, Occupation, and Income Benefits." *The Journal of Higher Education* 65(4) (July-August): 486-510.

Robins, Richard W., and Kali H. Trzesniewski. 2005. "Self-Esteem Development Across the Lifespan." *Current Directions in Psychological Science* 14: 158-62.

Robins, Richard W., Kali H. Trzesniewski, Jessica L. Tracy, Samuel D. Gosling, and Jeff Potter. 2002. "Global Self-Esteem Across the Life Span." *Psychology and Aging* 17: 423-34.

Robinson, Joseph P., Sarah T. Lubienski, and Yasemin Copur. 2011. "The Effects of Teachers' Gender-Stereotypical Expectations on the Development of the Math Gender Gap." Fall meeting of the *Society for Research on Educational Effectiveness.* Washington, DC.

Rose, Amanda J., Gary C. Glick, and Rhiannon L. Smith. 2011. "Popularity and Gender: The Two Cultures of Boys and Girls," in Antonius H. N. Cillessen, David Schwartz, and Lara Mayeux (eds), Chapter 5 in *Popularity in the Peer System.* New York City: Guilford Press.

Sadker, Myra, and David Sadker. 1994. *Failing at Fairness: How Our Schools Cheat Girls.* New York City: Scribner.

Sax, Leonard. 2007. *Why Gender Matters: What Parents and Teachers Need to Know about the Emerging Science of Sex Differences.* New York City: Harmony.

Sax, Leonard. 2007 [2009]. *Boys Adrift: The Five Factors Driving the Growing Epidemic of Unmotivated Boys and Underachieving Young Men.* New York City: Basic Books.

Sheldon, Jane P. 2004. "Gender Stereotypes in Educational Software for Young Children." *Sex Roles* 51(7-8): 433-44.

Snow, Margaret Ellis, Carol Nagy Jacklin, and Eleanor E. Maccoby. 1983. "Sex-of-Child Differences in Father-Child Interaction at One Year of Age." *Child Development* 54(1):

227-32.

Stout, Jane G., Nilanjana Dasgupta, Matthew Hunsinger, and Melissa A. McManus. 2011. "STEMing the Tide: Using Ingroup Experts to Inoculate Women's Self-Concept in Science, Technology, Engineering, and Mathematics (STEM)." *Journal of Personality and Social Psychology* 100(2): 255.

Stuber, Jenny M., Joshua Klugman, and Caitlin Daniel. 2011. "Gender, Social Class, and Exclusion: Collegiate Peer Cultures and Social Reproduction." *Sociological Perspectives* 54(3): 431-51.

Suggs, Welch. 2005. "New Developments May Alter Enforcement of Title IX." *The Chronicle of Higher Education:* A33-A34.

Suggs, Welch. 2006. *A Place on the Team: The Triumph and Tragedy of Title IX*. Princeton, NJ: Princeton University Press.

Sung, Jihyun, Anne Fausto-Sterling, Cynthia Garcia Coll, and Ronald Seifer. 2013. "The Dynamics of Age and Sex in the Development of Mother-Infant Vocal Communication between 3 and 11 Months." *Infancy* 18(6): 1135-58.

Sweeney, Brian N. 2014. "Masculine Status, Sexual Performance, and the Sexual Stigmatization of Women." *Symbolic Interaction* 37(3): 369-90.

Tepper, Clary A., and Kimberly Wright Cassidy. 1999. "Gender Differences in Emotional Language in Children's Picture Books." *Sex Roles* 40(3-4): 265-80.

Thorne, Barrie. 1999. *Gender Play: Boys and Girls in Schools*. Brunswick, NJ: Rutgers University Press.

Thorne, Barrie and Zella Luria. 1986. "Sexuality and Gender in Children's Daily Worlds." *Social Problems* 33: 176-90.

Tietz, Wendy M. 2007. "Women and Men in Accounting Textbooks: Exploring the Hidden Curriculum." *Issues in Accounting Education* 22(3): 459-80.

Tuchman, Gaye, Arlene Kaplan Daniels, and James Walker Benet (eds). 1978. *Hearth and Home: Images of Women in the Mass Media*. New York City: Oxford University Press.

Turner, Sarah E., and William G. Bowen. 1999. "Choice of Major: The Changing (Unchanging) Gender Gap." *Industrial & Labor Relations Review* 52(2): 289-313.

Uecker, Jeremy E., and Mark D. Regnerus. 2010. "Bare Market: Campus Sex Ratios, Romantic Relationships, and Sexual Behavior." *The Sociological Quarterly* 51(3): 408-35.

UNESCO. 2002. "Statistics Show Slow Progress Toward Universal Literacy, and More Literate Women Than Ever Before." Press Release No. 2002-55. New York: United Nations. Retrieved April 20, 2007 (www.unesco.org/bpi/eng/unescopress/2002/02-59e.

shtml).

van den Berg, Patricia A., Jonathan Mond, Marla Eisenberg, Diann Ackard, and Dianne Neumark-Sztainer. 2010. "The Link between Body Dissatisfaction and Self-Esteem in Adolescents: Similarities across Gender, Age, Weight Status, Race/ Ethnicity, and Socioeconomic Status." *Journal of Adolescent Health* 47(3): 290-6.

Wang, Jing, Ronald J. Iannotti, and Tonja R. Nansel. 2009. "School Bullying among Adolescents in the United States: Physical, Verbal, Relational, and Cyber." *Journal of Adolescent Health* 45(4): 368-75.

Weitzman, Lenore J. 1979. *Sex Role Socialization: A Focus on Women*. Palo Alto, CA: Mayfield.

Weitzman, Nancy, Beverly Birns, and Ronald Friend. 1985. "Traditional and Nontraditional Mothers' Communication with their Daughters and Sons." *Child Development* 56(4): 894-8.

Whiting, Beatrice, and Carolyn Pope Edwards. 1973. "A Cross-Cultural Analysis of Sex Differences in the Behavior of Children Aged Three through 11." *The Journal of Social Psychology* 91 (2): 171-88.

Wilkins, Amy C., 2008. *Wannabes, Goths, and Christians: The Boundaries of Sex, Style, and Status*. Chicago, IL: University of Chicago Press.

Wilkins, Amy C. 2012. "Becoming Black Women: Intimate Stories and Intersectional Identities." *Social Psychology Quarterly* 75(2): 173-96.

Wohlwend, Karen E. 2009. "Damsels in Discourse: Girls Consuming and Producing Identity Texts through Disney Princess Play." *Reading Research Quarterly* 44(1): 57-83.

Zafar, Basit. 2013. "College Major Choice and the Gender Gap." *Journal of Human Resources* 48(3): 545-95.

第五章
教育机会均等？（三）
——对种族、族群差异与不平等的观察

马里瓦伊·华盛顿青年基金会（MaliVai Washington Youth Foundation, MWYF）设在佛罗里达州杰克逊维尔市，它运作着一个服务于低收入少数族裔青年的课外项目。基金会由前专业网球运动员、温布尔登网球锦标赛决赛选手马里瓦伊·华盛顿创立，为从幼儿园开始贯穿十二个年级的当地小孩子提供"网球辅导"的综合性项目。这个机构所在的社区到处充满废弃物，看起来像是无人居住的房舍。在学校教室里，当地小学的孩子（几乎所有都是非裔和低收入人群）展现了明亮的笑容和无限的能量；他们为高年级孩子留下的地方明显地较为安静。事实上，尽管能在这个项目中坚持下来的学生创造了成功的记录（被高校录取），但很少有学生，尤其是男生，能持续跟在这个项目里，如同他们无法继续进入高中学习一样。这个课外项目的参与模式反映出周边高中的一些情况。

斯坦顿预科学校距离马里瓦伊·华盛顿基金会只有四个街区。作为一所受到赞誉的磁石学校，在《美国新闻与世界报道》的排名中，位列佛罗里达州第四，全国第29。尽管位于一个最贫穷的城市社区，斯坦顿学校吸引了整个大都市地区的学生，所以只有12%的学生被归入经济上的弱势群体。与当地其他学校相比，斯坦顿学校的毕业生比例高，并且把几乎所有学生都送去接受某种更高层级的教育。它还招收相当大比例的白人和亚裔学生。

尽管只隔四个街区，这两个教育机构感觉上则天差地别。这一片区域

内居住的学生都同样会依照他们的教育梦想和抱负从中选择一个,他们最终会在教育成就和收获上截然有别。虽然这种情况发生在佛罗里达州的杰克逊维尔,但它们绝非孤例;相反,它们代表着一套更广大的可以体现美国公共教育特征的模式。总之,这些例子呈现的不仅有持续体现我们教育系统特征的种族和民族不平等的模式,还有在矫治性课外项目和磁石学校等名义下缓解这些不平等的努力。

本章研究教育中种族和族群的不平等。像前面章节,它用开放系统的路径,展现了学生是如何构成教育系统的输入和输出。从种族和族群的角度看,学生会带着不同的资源和文化取向进入学校系统。来自某些种族和族群的学生可以在这个系统里如鱼得水,而其他不同的学生则有可能会陷于弱势境地。因此,学校系统生产并输出了有不同态度和成就的学生。本章详细描述了这些不平等以及一些改善这些状况的努力。

种族和族群的教育机会不均等

谈及种族和族群,我们在教育平等方面处于什么位置呢?民权运动在多大程度上改善了少数种族和少数族群的教育机会?还存在多大程度的差距?虽然1960年代民权运动之后的几十年里已经取得了巨大进步,但在教育成就(考试成绩)和受教育程度(毕业年限)方面仍然存在着令人不安的种族差距。首先,请参看NAEP测试中的13岁孩子的阅读能力。白人和少数族裔学生之间存在着显著差异。来自所有种族和族群背景的学生成绩在过去的30年中都有很大的提高,非洲裔和西班牙裔学生取得的收获最大(图5.1)。数学成绩的提高也呈现类似的模式。整体上看,9岁、13岁、17岁的孩子在NAEP测试中的阅读和数学得分都表明,测试分数的种族差距随着时间的推移已经逐渐缩小。

当这些17岁的孩子离开高中时,可以用另一种方法来记录学业成就中的种族差异。如表5.1所示,大学青年在SAT成绩上有明显的种族差异。

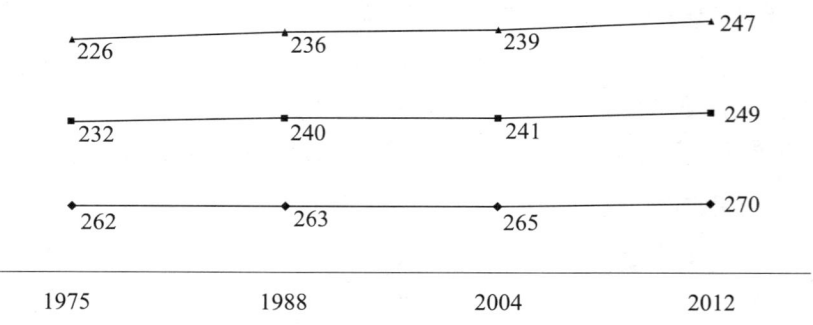

图 5.1　NAEP 成绩：13 岁儿童阅读测试分数的种族差距

数据来源：National Center for Education Statistics[NCES], 2013.

表 5.1　大学理事会 SAT 分数的种族差距，2015

种族/族裔群体	SAT 满分 2400 分（数学、批判性阅读、写作）
亚洲裔美国人	1654
白人	1576
美洲原住民	1423
西班牙裔（墨西哥和拉丁美洲）	1344
黑人	1277

注：大学理事会没有专门报告"西班牙裔"成绩；这个数字是墨西哥裔美国人和其他西班牙裔/拉丁美洲裔学生的平均数（不包括波多黎各考生）。

来源：College Board. 2015. "2015 College Bound Seniors: Total Group Report." Retrieved September 3, 2016 (https://secure-media.collegeboard.org/digitalSServices/pdf/sat/total-group-2015.pdf).

亚裔学生的成绩最高，其次是白人，美国黑人得分最低。SAT 考试的每个组成部分的最高分数为 800 分，美国黑人大约比白人低 100 分。在"大学和职业准备"（定义为有 65% 的可能性可以在四年制学院里第一年 GPA 中获得 B 及以上成绩）方面，管理 SAT 的大学理事会估算，2014 年有 43% 的考生可以达到这个标准。分解到各个种族，只有不到 34% 的美国原住民考生、23% 的西班牙裔考生和 16% 的黑人考生达到了这个标准。尽管在 SAT 分数上的种族差距随着时间的推移而缩小，这些数据仍然呈现出一个持续存在的差距——它对大学录取和大学学业成功有着严重影响。

在受教育程度（完成年限或年级）方面，类似的族群和种族的差异同样存在。首先，高中毕业是一个重要的基准：它被认作是大学入学的基本前提，同时也是许多服务性工作的入门级别的要求。表5.2描述了高中完成情况的种族和族群差异，再一次显示亚裔美国人的高占比，非洲裔、美国原住民、西班牙裔的低占比。根据这些数据，有少数民族背景的近十分之三的学生没有完成高中学业。这些模式为大学入学的种族差异埋下了伏笔。

近年来，大约有80%的高中生毕业后都升入了各种类型的高校（National Center for Education Statistics [NCES], 2013）。白人和亚裔美国人的数据均高于平均值，弱势少数族裔则低于平均值（图5.2）。与第四章所讨论的模式一致，从大学入学率上看，每个群体都存在着性别差距。相对而言，最大的性别差距存在于美国原住民和西班牙裔之间，其中女性更有可能接受高等教育。最后，观察最近几代年轻人的大学毕业数据，我们发现，一旦入学，弱势群体更难完成他们的学位，男生也毫不例外（NCES, 2013）（图5.3）。亚裔年轻人（不被认为是"弱势群体"）显然拥有最高的大学完成率——60%的人持有一个大学学位，非洲裔和西班牙裔学生完成大学学业的可能性只有他们白人同伴的一半。图5.4描述了每一群体所有成年人获得学士及以上学位的百分比。

表5.2 高中毕业率的种族差距

种族/族裔群体	高中毕业率
亚裔美国人和太平洋岛民	87%
白人	84%
美洲原住民	65%
西班牙裔	71%
非洲裔	67%

注：数据代表调整后的毕业率或ACGR。一个四年的ACGR被定义为拥有四年普通高中文凭的毕业学生数，除以组成毕业班"调整届次"的学生人数。术语"调整届次"指的是那些进入9年级的学生，加上9—12年级任何转到该届次的学生，减去所有因转校、出国或死亡而从这一届次中移出的学生。

来源：Stetser和Stillwell，2014.

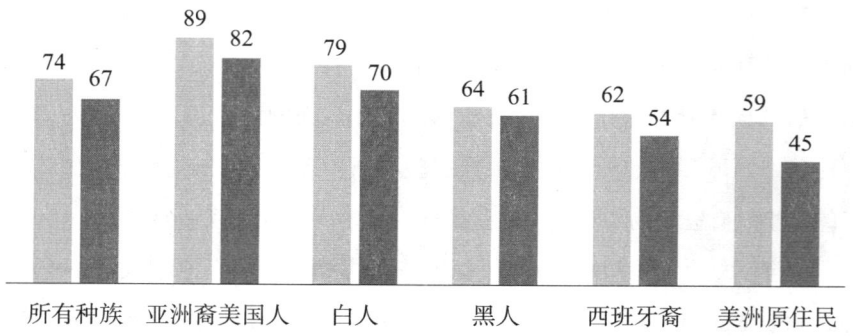

图 5.2　直接进入高等教育的比例（%）

来源：NCES, 2013。

这些数据结合在一起可以表明，尽管在学业成绩和教育获得方面依然存在着巨大的种族差异，但这一差距已经随着时间的推移而缩小。系统路径如何帮助我们来解释这些摆脱不掉的差距呢？例如，在结构层面的"输入"的差异（如资金和资源的分配）如何帮助我们来解释不平等的种族"输出"？家庭背景、看待教育的文化取向和同伴的影响（一切的输入形式）在这个过程中发挥什么作用？为了回答这些问题，我们首先进行有关教育中种族不平等的历史概述；然后，我们从宏观层面上的教育结构到微观层面上学生看待学校教育的取向，全面考察产生并延续教育中种族不平等的各种动因。

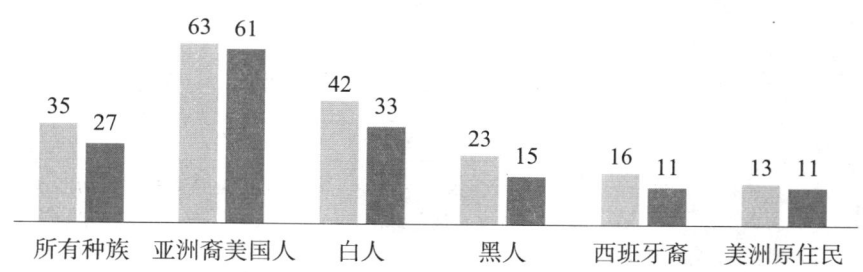

图 5.3　种族和大学毕业率（25—34 岁青年，%）

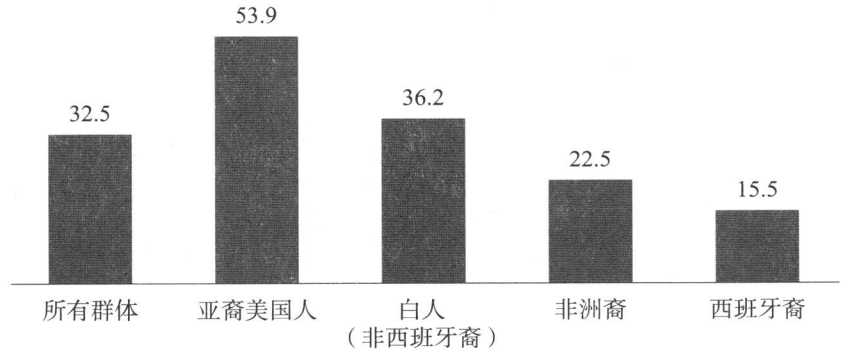

图 5.4 拥有学士及以上学位人数在人口（25 岁及以上）中的比例（%）

种族、教育和种族隔离：隔离的内在不平等

美国种族和教育的历史特征可以描述为隔离与不平等，尽管法院裁决与之相反。这种模式根植于奴隶制，并一直延续到今天。在奴隶制下，黑人的教育是被禁止的。许多拥有奴隶的殖民地以及后来成立的一些州，都立法禁止奴隶读书写字、接受教育，他们认定这类教育的存在会威胁到奴隶制，使奴隶对主人的依赖性更小，并且更有能力互相交流、组织反抗。1819 年《弗吉尼亚州法典》规定：

> 所有奴隶的会议或集会，或者是自由的黑人或混血儿夜里在任何一处礼拜堂或房屋中与这些奴隶发生交往、关联；或在任何学校里教他们阅读和写作，无论白天还是晚上，无论以什么借口，都应被视为一种非法的集会。

如果有上述行为，将被处以"不超过 20 鞭子"的肉刑（Goodell, 2006）；其他州则对促进奴隶教育发展的个人处以罚款。尽管有些时候阅读得到允许，但写作则受到严格的管制，因为一旦会写作，奴隶就可以伪造通行证而使他们自己获得自由。尽管存在明显的危险，许多奴隶还是无视这些禁令，在监视者的视线之外，在田野里组建起"坑道学校"（Wiliiams, 2009）。

对知识的追求——不管是自我赋权、个人表达，还是宗教指导——在废除奴隶制期间以及之后一直存在。从南方重建时期开始，经过吉姆·克劳时代，再到民权运动，黑人学校一直人满为患、资金不足。直到1950年代，当白人学校可以得到1美元资助时，南方腹地的黑人学校得到的资助平均只有30美分；在中大西洋区域的几个州（特拉华州、马里兰州和弗吉尼亚州），白人学校可以收到1美元资助时，黑人学校只得到60美分（Margo, 1990）。尽管存在结构性限制，黑人学生的教育成就在20世纪上半叶稳步增长，在成年男性黑人中，文盲率从1900年的50%下降到1950年的10%。

在1896年普莱西诉弗格森案（Plessy v. Ferguson）中，美国最高法院判定种族隔离是合法的（只要教育设施"分隔但平等"），但美国最高法院在1954年通过布朗诉讼教育委员会案（Brown v. Board of Education）推翻了这个判定。在这里，法官一致认为"隔离的教育设施本质上是不平等的"。法官们认为，即使种族隔离的不同学校获得了同等的资源，他们仍然会对少数人所遭受的违反宪法的社会上和心理上的伤害感到内疚。这种理解在首席大法官厄尔·沃伦（Earl Warren）的话语中表达得非常明确：在学校里，学生"仅仅出于他们的种族原因，而与其他相同年龄、相同资格的孩子"被隔离开来，"将会使他们对自己在共同体的地位产生自卑的心理，对他们的心灵和思想产生难以修复的伤害"，并且"影响了孩子学习的动力"。尽管美国学校的种族隔离通常限定为黑人—白人的问题，但值得指出的是，在一些西部州和整个南方，法律也同样限制华裔和墨西哥裔学生进入白人学校就读。事实上，最早禁止学校种族隔离的裁定是1947年美国上诉法院第九巡回庭对门德斯诉威斯敏斯特案（Mendez v. Westminster）裁定，种族隔离学校违反了美国宪法第14修正案，从而捍卫了法律面前平等的受保护权。

在布朗诉讼教育委员会案中，美国最高法院裁定，应该"谨慎并迅速地"废除种族隔离制度。因为法院的裁决缺少"牙齿"——一种法律强制执行机制，很少有学区执行这个裁决。1964年民权法案明确规定，再也无法容忍废除种族隔离的迟缓行动，接着政府要求各学区制定废除种族隔离的计划，并以削减经费相威胁，强制实施。1970—80年代的最大特点便是在全国范围内进一步扩大实施计划，使用校车这样的工具打破学校之间的界限，以达到学校内部的种族融合。最终，一些地区尤其在南方，成功地废除了种族隔离，而另外一些地方还保持着几乎都是非洲裔、西班牙裔或白人的学校。尽管原则上（de jure）的种族隔离（或者法律规定的种族隔离）已经结束，但事实上（de facto）的种族隔离（或者由选择或者优先选择的种族隔离）至今仍在许多领域完好无损地保持着。

自1990年代以来，许多地区废除种族隔离的努力有所减弱，导致种族再隔离（Orfield, Siegel-Hawley & Kucsera, 2014；Weiler, 1998）。一个原因是因为新一轮法庭判例有力地促成我们国家公立学校的再次种族隔离。在2007年，美国最高法院在审理两个案件——参与社区学校的家长诉西雅图第一学区（Parents Involved in Community Schools v. Seattle School District No.1）和梅雷迪思诉杰弗逊县教育委员会（Meredith v. Jefferson County Board of Education）时裁定，按照种族把学生分配给不同的公立学校的做法违宪。在登记过程中使用种族，目的在于让所有学校达到15%—50%非洲裔学生的代表率，被法官看作与一种配额系统太过相似——这在1978年巴基诉加利福尼亚州评议委员会案（Bakke v. California Board of Regents）的判例中被裁定违宪，因此，违反了美国宪法有关平等保护权的条款。目前，各方正在努力确定一种根据社会经济地位，而不是种族的方法来整合美国的学校。然而，鉴于现存的种族、收入和邻里隔离模式，这样的努力在实现整合的过程中将困难重重（Reardon, Yun & Kurlaender, 2006）。

过去的50年展现了我们国家公立学校一种过山车式的种族整合模式。尽管法院和学区已经采取措施来消除学校系统中的种族隔离，但许多家长尤其是白人家长一直在抵制这些努力。他们将自己的孩子送去私立学校，搬到远郊，参加政治活动，反对废除种族隔离，并且寻求在公共系统中的替代品，像磁石学校和特许学校。今天，居住在美国的白人占据总人口60%以上（如果包括西班牙裔白人在内的话，就达到77%），然而如表5.3所示，他们在公立学校上学的所占比例却并不高（而在私立学校中占有很大比例）。

表5.3 按族裔划分的公立学校入学率（1966-2013）

	1966	1976	1986	1996	2005	2013
总数	43039[a]	43714[b]	41156[c]	43775	50000	50000
百分率						
白人	80.2	76	70.4	62.5[c]	57.6	50
少数民族总和	19.8	24	29.6	37.5[c]	42.4	50
非洲裔	14.3	15.5	16.1	16.7	15.6	16
西班牙裔	4.6	6.4	9.9	11.9	19.7	25
亚裔	0.4	1.2	.8	4.4[c]	3.7	5
美国印第安人	0.5	0.8	0.9	1.0[c]	0.7	1
两个及以上种族						3

a 数字单位为千。
b 基于至1997年的美国政府长期规划。
c 基于作者对美国数据和人口参考数据的推断。
来源：From *The Condition of Education 1989*, Vol.1 (Washington, DC: US Government Printing Office, 1989), pp.110-11; *Digest of Education Statistics, 1976* (Washington DC: US Government Printing Office, 1977), p.40; *Projections of Educational Statistics, 2000* (Washington DC: US Government Printing Office, 1989), p.5; *The Condition of Education 2007*, indicator 3 and Table 5.1; NCES, 2016.

今天，每个种族/族群的学生都会选择他们自己种族占大多数的学校入学（Orfield, Kuscera & Siegel-Hawley, 2012）。也就是说，标准的白人学生就读于白人占大多数的学校；标准的西班牙裔学生就读于西班牙裔占大多数的学校。表5.4描述了不同种族和学校入学的几种模式。首先，大部分的非洲裔和西班牙裔学生就读于高度隔离的学校（hyper-segregated schools）：非洲裔和西班牙裔学生共同组成学校系统的40%，在40%的非洲裔和拉丁裔学生就读的学校里，他们90%的同学都是少数族裔。考虑到美国公立学校的族群构成，而且远不能代表美国的学校人口，这些比例远远高于人们的预期。只有亚裔美国学生才能进入真正多样化的学校，而且可以说他们很好地融入了教育体系。大约42%的亚裔美国人就读于"多族群学校"（这是指拥有三个种族人数都能达到10%及以上人数的学校），只有15%的白人进入这种学校；而对于非洲裔和西班牙裔，这个比例大约为26%。

表 5.4 学校种族隔离和种族构成

	多族群学校的入学百分比	高度贫困学校的入学百分比	严重隔离学校的入学百分比
非裔美国人	26	64	38
亚裔美国人	42	39	—
拉丁美洲人	27	64	43
美洲原住民	20	—	—
白人	15	37	—

来源：Qrfield, Siegel-Hawley, and Kucera, 2014.

教育机会和教育结果均等的研究

当美国最高法院裁定种族隔离因为"隔离在本质上不平等"违宪时，法院的观点关注的不是资金的不平等或者是资源配置的不平等，而是社会心理因素上的不平等。今天，围绕着教育不平等以及种族隔离、学校经费不等、社会心理和文化所扮演的不同角色等方面，引发了很多重要的争论。这一节，我们将一起探究教育中种族差异的不同解释。我们将首先关注宏观层面的因素，也就是那些从学校教育结构中呈现出来的现象；接着观察微观层面上的因素，也就是那些从家庭和在校学生身上呈现出来的特征。

不平等的学校教育：资源的影响

美国的大多数孩子不仅会上一种被隔离的学校，而且还倾向就读于资源不均等的学校。因为学校经费中的很大一部分来自当地的房产税，那些房价较低、有许多空置的建筑和免税财产（比如医院和教堂）的学区，给学校的预算就比那些拥有更高价格的住房和可增值产业的学区要少很多。由于经费不同，不同族群出身的学生通常会进入资源水平不同的学校。第三章曾经详细讨论过这些情况。至于不同族群，例如，白人和亚裔学生就读于"资源丰富的学校"（拥有高素质的教师和高质量的教学材料如书籍、实验室用品、电脑等）的可能性，大约是非洲裔和西班牙裔学生的 2 倍（图 5.5）。

基于这些情况，我们可以得出结论：种族隔离的学校基本上属于不平等的学校，正是学校资源的不均衡，导致了在教育成就和获得方面长期存在的种族差距。然而，在 50 年后对这个话题的讨论中，专家们仍然不好确定这些因素是否存在以及它们如何发挥影响。正如第三章所指出的，很多研究挑战了这样一种观念，即存在于学校预算和支出中的一些变量引发了教育上的社会阶层差距。然而，詹姆斯·科尔曼和他的同事发现了一种至今仍然显而易见的现象：尽管没有证据显示学校的变量和教育表现的变量之间存在着系统性的关联，但有证据表明资源变量确实对一部分学生也就是少数族裔学生有着重要的影响。

尤其在高素质教师方面，获得资源对于少数族裔学生尤为重要。研究表明，低素质教师集中在贫困和少数族裔学生集中的学校（Peske & Haycock, 2006）。在这些学校中，教师的流失率也很高（Hanushek, Kain & Rivkin,

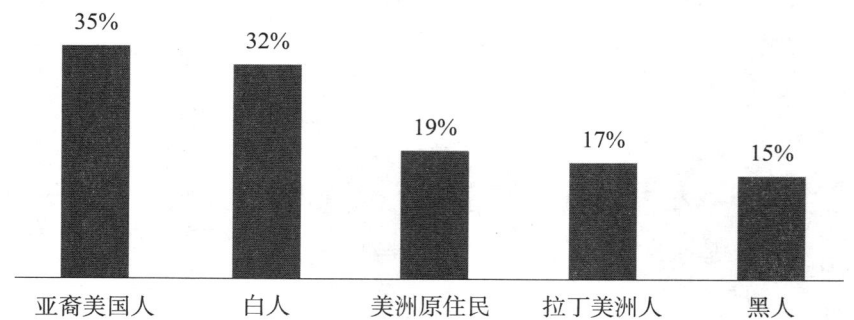

图 5.5　种族与学校资源的获得

来源：Schott Foundation, 2009。

2004)。鉴于拥有多年经验的教师比那些经验欠缺的教师的教学效果更好（Harris & Sass, 2011），这些情况暗示低收入和少数族裔学生的学校更有可能由低素质的教师组成，他们努力在学生身上创造收获。在实践的层面看，这些发现表明，弱势学生集中的学区可以通过对二至五年校龄教师的激励策略而获益。同样，针对学生学习的班级规模影响的研究，也发现了缩小班级规模在少数族裔学生中可以收到更加显著的益处，在较小规模的班级中，族群之间的成绩差距被缩减了54%（Krueger & Whitmore, 2011）。即使是只在低年级阶段接受小班授课的学生，他们在教育上的进步都非常显著。这些研究的实际结论是，少数族裔学生集中的学校可能通过缩小班级规模而获得更多的资源。这样做将可能有效地缩小测试分数的差距。

除了特定的学校资源外，高度贫困学校的特征还在于它往往拥有一个有害的环境。基于六年的民族志研究，社会学家鲍恩·保莱（Bowen Paulle, 2013）发现，低收入学校的学生和教师长期面临着不间断的压力和暴力的威胁。学校围墙之外的世界混乱不堪，并常常难以阻挡地侵入学校。在极端情况下，学校变成一个高度动荡不安的环境，"暴徒"有效地控制着他们的领地，教育成为离学生心灵最遥远的事物。鉴于几乎不可能维护并管控他们的课堂教学，教师本来期望将各种教化和方法带入课堂，但已经变得无关紧要了。如果教师能够在每个课时有机会提供15分钟的教学，他们便非常幸运，这意味着他们就能有效地完成每周一天的课程。在这样的条件下，教师感受着威胁和沮丧，这就难怪他们在这些高贫困学校里工作的时间非常短暂。

不平等的学校教育：家庭、文化和社会心理的影响

在微观层面，学生挟带着各种不同的输入进入学校，因而影响着他们与学校教育相关的学习收获或者说产出。从家庭经验和对学校教育的文化取向方面讲，这些输入的同龄人影响和对学校教育的社会心理反应都是由种族和族群建构的。我们先来看家庭。有研究揭示，在学校里获得成功

的能力甚至在孩子出生之前就开始成形。胎儿发育期间，孕妇的压力可能会在子宫内传导给发育中的孩子。母亲怀孕期间皮质醇（一种应激激素）水平升高，容易造成孩子调节情绪和集中注意力的困难（例如行为问题），甚至延缓或损伤其认知发展（Buss et al., 2012 Davis & Sandman, 2010; Weinstock, 2008）。这些情况与种族相关，研究人员指出，种族主义和贫困都会引发慢性压力（Dominguez et al., 2008; Rosenthal & Lobel, 2011）。

研究人员推测，经常遭受微冒犯（microaggressions）——指日常生活中对种族差异的各种暗示，从轻微的怠慢到躲避，再到讽刺、挖苦的恭维话（如对一位黑人说："哇，你说得太好了！"），会对一个人的身体产生压力，减缓其新陈代谢系统和免疫系统的反应。一个女人怀孕的时候，多年的种族压力已经开始制造一个环境，使发育中的孩子处于危险之中。对于中产阶级非洲裔女性来说，同样也存在这种情况，但对于拉丁裔的母亲来说就不那么明显，她们的孩子出生时往往会更健康。父母的压力和抑郁会一直持续影响孩子，伴随着他们进入小学。尽管非洲裔母亲对孩子会格外地关怀、呵护，但她们的抑郁和体罚，依然会导致孩子小学成绩不良（Bodovski & Youn, 2010）。

种族身份和早期生活经历中经常遭受的健康侵害，也影响着学生后来的教育获得。在城市地区，许多低收入居民的房子和社区都存在着一些容易致病的因素；这对低收入者尤其如此，有些时候，也会发生于一些中等收入的少数族裔身上。城市中心区的旧住房里，不管是管道、玩具、油漆还是泥土里，有许多难以去除的残留铅，在这些区域中长大的孩子们，血液中会有更高的铅含量。铅是一种神经毒素，它可能会导致认知发展和情绪控制上的困难（Grandjean & Landrigan, 2014）。最近一项研究发现，那些标准化考试中得分在"熟练层级以下"的孩子身上，都发现有血液中铅含量升高的现象（Zhang et al., 2013）。2015年，密歇根州弗林特市发生了一起水污染事件，引发了全国对种族、贫困和铅中毒现象的关注。他们的供水系统以及依赖于这个系统的儿童及其家庭遭受系统性重创，实际上，悲剧通过最低限度的投资即可避免。这样的住房条件同样也是让孩子接触到严重的哮喘的诱因。对于那些缺乏健康保障的低收入人群，未经治疗和不受控制的哮喘会导致他们不得不经常缺课。因为低收入的少数族裔群体更容易存在健康的风险，我们便可知早期的生活经历已经为后来学校生活中的挑战埋下了伏笔。

研究人员发现，孩子们进入学校学习之后，家庭环境对塑造学习态度和学业成功至关重要。鉴于非洲裔和西班牙裔学生的学业成绩较差，我们可以说他们对教育的态度不如白人和亚裔学生积极吗？研究人员为这个问题提供了复杂的答案。作为人类学家，约翰·奥格布（John Ogbu）是最早指出少数族裔学生在教育态度方面存在"偏常"的学者之一，他在自己的对抗性文化理论（oppositional culture theory）中阐述了这一点。他认为，少数族群——尤其是那些"非自愿"来到美国的人，例如奴隶——发展出一种对待学校的对抗性态度，因为他们相信自己在学校努力学习毫无意义。环顾四周，他们看到的是一个充满系统性障碍的世界，以及他们的家庭努力工作但是难逃失败结局的事实证据。出于一种矫枉过正的原因，他们拒绝接受教育的价值，并嘲笑学校教育成功者是"假洋鬼子"①（Fordham & Ogbu, 1986）。与讲一口标准英语、力求学业成功的追求不同，一些少数族裔形成了一种"对抗性文化"：崇尚意志坚韧和街头智慧，而不是书本上的智慧。这种分化始于学前教育中的态度倾向，在向中学过渡阶段表现得尤为明显，在家庭作业上所花费的时间以及教师对破坏性课堂行为的认知方面都可以看出种族间的差异（Downey, 2008）。随着教师出现放弃的态度，弱势的少数族裔学生开始感受到教师期望降低的影响（Harris, 2011），并随即调整自己的努力方向。

奥格布的著作出版以来，许多研究人员开始回应这一极具挑战性的理论，寻求探索其精微内涵，并在不同背景下测试其可应用程度。例如，罗

---

① acting White，意为装扮成白人的人，有些类似于中文中的"假洋鬼子"。——译者注

斯林·米克尔森（Roslyn Mickelson, 1990）专门研究了态度-成就悖论（attitude-achievement paradox），指出虽然非洲裔小学生表现出一些积极的态度，但是他们依然不能获得较好的成绩。米克尔森推测，非洲裔学生对学校教育的抽象的积极态度（如"教育是未来成功的关键"）并没有转化为学业上的成功，这是因为学生同时质疑学校教育对于他们这批人的具体价值（如"不管我的家人受过多少的教育，他们都没有获得公平的待遇"）。我们来看另外一个细微差别，研究发现，来自弱势群体的学生及其重要他者都有较高的教育抱负（Kim, Sherraden & Clancy, 2013），却具有相对较低的教育期望：尽管他们想去上大学，但他们怀疑自己是否真的能上（Cheng & Starks, 2002；Harris, 2011）。这些自我怀疑会让许多少数族裔学生很难长期保持积极的教育态度。

另一个阻碍这些价值观转变为现实的原因，是许多弱势群体的成员都缺乏社会资本和文化资本（Bourdieu, 1986），而这些资本是他们赖以实现转化的基础条件。教育的成功不仅来自每天都在练习的技能、习惯和风格（Ainsworth & Wiggan, 2006; Harris, 2011），还需要相当多的实用知识，特别是在学生从高中到大学这一段时间里（什么时候、怎么样参加SAT考试，怎样去搜寻目标大学并申请学费资助）。安斯沃思和威格安（Ainsworth & Wiggan）指出，在美国，以住房和学校隔离为特征的物理上和社会上的分隔，阻碍了少数族裔学生获取并实践一种可以促成其学业成功的技能或能力。这并不是说他们的父母缺乏对学校的正确认识，而是他们缺乏文化资本以及与学校相关的专业知识和技能——这些对积极促进孩子学业成功非常必要。从这个角度看，教育上的种族差距是种族隔离和孤立的社区环境的产物。

尽管如此，非洲裔青少年的教育态度已经成为研究人员、倡导者和社区成员的特别关注对象。伴随着高中低毕业率和大学低入学率，许多人开始为非洲裔的社会、经济地位感到担忧。在普鲁登斯·卡特（Prudence Carter）的著作《保持本色》（*Keepin' It Real*）中，她探索了教育领域内的种族和性别的交叉影响。通过民族志的方法，她发现学校的成功并没有被看作是一种"白人的东西",更多的人则将其视为一件"女孩的事情"。有色人种的男孩不愿意参加学业学习,是因为他们将课堂和教育的成功定义为女性的事情。卡特的一位受访者说:

> 对于一个女孩来讲,聪明就相对容易,因为如果一个男孩聪明,他的伙伴们就会塞给他一些东西,或者随便说点啥,比如,"啊,兄弟,你脑袋这么简单,你脑袋这么简单!我不相信你知道诗歌素材。"所以男孩会试图隐藏起他们的聪明,隐藏起他们知道这类东西的事实,(于是)我认为对于女孩来说更容易。
>
> ——Carter, 2005, p.87.

卡特指出这些情况有更广泛的意义:"由于没有足够的社会保障和经济资源,结果是贫穷的非洲裔和拉丁裔男性,为了在父权社会和男性主导的社会中维护男性的地位,他们可能会在自身的学术和社会经济地位被边缘化的环境中合作。"(2005, p.85)

针对制造教育中种族和民族差距的文化态度的作用问题,社会学家安格尔·哈里斯(Angel Harris)2011年出版的《孩子们不想失败》(*Kids Don't Want to Fail*)一书可能阐述得最好。他的题目反映了几十年研究的成果:很多证据证明少数族裔学生在学前教育中持不想失败的态度。非洲裔学生由于同伴的压力、担心被视为"假洋鬼子"而选择退学的证据却不多(Diamond & Huguley, 2014; Tyson, Darity & Castellino, 2005)。也就是说,研究人员仍在努力理解,学校教育的直接语境——尤其是学校教育的种族构成(Tyson, 2011)和教育态度是如何影响着教育的投入和学业上的成功的。

另一个导致非洲裔青年辍学的突出因素是纪律的作用。从全国范围看,非洲裔学生被停学的数量几乎是白人学生的四倍。安·阿内特·弗格森(Ann Arnett Ferguson, 2001)的研究细致地描述了一些非洲裔青年如何被视为是危险的并被他们的老师绑送进监狱。非洲裔青年,尤其是小男孩,往往会被构想成纪律的挑衅者,这就意味着完全同样的行为,当一个其他种族的学生去做时,看起来就会比非洲裔青年的破坏性行为问题要小得多。教师也会试图将他们的非洲裔女学生塑造为"女士们",因为在他们看来,这些女生的行为往往过于吵闹和武断(Morris,2007)。由于这些学生容易被设定为学校纪律惩戒的目标,他们开始质疑学校的意义以及学业成功的可能性,教师和学生之间紧张的关系最终将导致学生辍学。美国加州大学洛杉矶校区的一个民权项目研究中心估算,仅10年级一个年级就有超过6.7万的学生辍学。整个社会的经济成本相当巨大。按照一生时间来计算,每一个辍学者将减少税收收入16.3万美元,同时,将增加医疗保健和刑事司法费用等其他社会成本36.4万美元(Rumberger & Losen, 2016)。在极端情况下,这一现象被称为"学校通向监狱的管道",研究人员、政治家和社区工作者都在寻找改造弱势群体所在学校氛围的方法,将他们留在学校。

最后,社会心理学家认为直接的背景因素对学业成就的差距有着强大的影响力,学业成就的种族差距其实是一种人为的事实。研究发现,刻板印象风险对学业表现有显著影响(Inzlicht & Schmader, 2012; Steele, 2011; Steele & Aronson, 1995)。正如第四章所界定,刻板印象风险理论指出了在被要求执行一项可能会强化刻板印象的任务时,已经被烙上刻板印象的群体成员会感受到很大的压力。比如,黑人没有白人聪明这一刻板印象会制造一种压力感,进而影响到执行任务的能力;他们的不良表现又反过来最终证实并延续了表现不佳的刻板印象。通过一系列巧妙的实验,克劳德·斯蒂尔(Claude Steele)及其合作者发现,当非洲裔学生在考试之前被提示他们所拥有的种族身份时,就会比他们事先没有被要求考虑他们的种族身份时表现得差。相反,当白人学生在考试之前事先被提示他们的种族身份时,他们就会表现得更好,可见他们可以从正向的刻板印象中获得好处(被称为刻板印象提升,stereotype lift)。这项研究表明,测试场景本身的某些方面(例如要求考生填写他们的种族和族群,或以某种特定的方式来组织学业测验)都对学业成绩的差距有影响。

文化冲突：非洲裔、白人以外的学校教育

黑人和白人成就差距得到很多学者和政策制定者的关注，但它并非美国仅有的族裔之间的教育差距。

西班牙裔学生：文化紧张和法律地位

与非洲裔学生一样，西班牙裔学生的成绩比较差，高中毕业率比较低，与白人和亚裔美国学生相比，他们上大学的可能性更小。然而，很难对这个群体进行概括，原因至少有二：其一，这一群体涵盖了很大的地理范围，本身具有文化多样性；其二，一部分的多样性来源与他们的移民身份、代际地位或在美国的时间、英语语言能力有关。然而，事实上，随着西班牙裔学生入学人数的增加，关注这一部分学生教育经验的重要性也在与日俱增。到2024年，人们预测西班牙裔学生数将达到公立学校学生数的29%（NCES，2015）。尽管这些学生中有很多人在美国土生土长，但还有一大部分属于移民。对于这些学生而言，学会一门新语言是适应新的文化环境、为学业成功打好基础所迈出的第一步。

结合1968年的"双语教育法案"（Bilingual Education Act），美国最高法院1974年在劳诉尼科尔斯案（Lau v. Nichols）的裁决中要求学校为英语学习者提供适当的教育指导。然而，法律对提供的教育类型和持续的时间表述不清。不用说，双语教育仍然是一个有争议的话题：一方面，有些人认为单一的英语教学是获得学术能力的最佳途径，同时也激励其文化素质可以更好地融入美国；另一方面，支持双语教育的人认为让他们先用家庭语言（或"母语"）来提升读写能力，然后转向英语学习能力的建构，他们英语会学得更好。在实践层面上，他们推荐一个结构化的双语教学方式，重点关注英语语言教学，同时伴随着用本土语言来进行数学、科学和社会研究的教学，以确保他们在那些学科领域不至于落后（Cummins，1991）。第三个选择是双轨双语教育（two-way bilingual education），把

说英语的孩子和英语学习者安排在一个课堂里，同时对这两类孩子进行教学。这种方法获得了相当多的支持，因为许多研究人员都相信，讲两种语言的个体比讲单一语言的人会有认知上和情感上的优势（Barac et al., 2014; Goodrich, Lonigan & Farver, 2013; Wisehart, Vishwanathan & Bialystock, 2016），同时还有执行能力、记忆、注意和加工能力等方面的优势。

由于"双语教育法案"已经由2002年出台的"英语语言习得、语言强化和学业成就法案"（English Language Acquisition, Language Enhancement, and Academic Achievement Act）所取代，美国双语教育的现状并不明朗。后一个法律版本是伴随"不让一个孩子掉队法案"的通过而出台的，要求责任明确，将英语学习作为一个主要的教育目标，并将进行每年评估。由于"不让一个孩子掉队法案"对学校有相应的奖惩措施，学校努力追求在英语能力检测中的"年度进步奖"，双语教育资源已经显著减少。许多评论家注意到双语教育政策的这些变化，反映的不仅仅是对教育效果的关注；随着在一些州单一英语教学法令的出台及对多元文化教育的禁止，他们把这些做法看作是美国文化焦虑的指示器，反映了对移民和可能的种族主义、仇外心理的与日俱增的关切。在2015年年末，取代"不让一个孩子掉队法案"的"让每个学生都成功法案"可能会为这一趋势推波助澜，因为它给每个州设定了更多强制性的教育目标。

移民儿童及其家庭面临的挑战不仅仅表现在语言习得和学校里的学业适应方面，而且表现在文化适应方面，尤其是家长参与的期望方面。波萨、布鲁克斯和巴尔德斯写道，教师和管理人员普遍抱怨的是，拉丁美洲学生比例高的学校，特点是"缺乏家长参与"，对教育持冷漠和轻视态度（Poza, Brooks & Valdés, 2014, p.120）。教师和管理人员得出这一结论的依据是，家长不仅会缺席学校的开放日活动和家长教师会议，而且在家里也并不积极培养学生的读写能力。根据波萨等人的调查，事实上，拉丁裔或者说西班牙裔的父母会指导和干预他们孩子的在校学习实践，只是通常会通过学校以外的组织和社交网络干预他们的学习。从实践层面，波萨等人建议"学校可以通过家访和参加社区活动等行为方式在学校之外将家长很好地团结起来",在直接的学校环境之外,"开辟沟通家庭和地方组织的渠道"(p.145)。提供更加灵活的参与学校活动的时间表、开会期间的儿童照看服务、往返交通,以及在学校中纳入社区的语言和实践,这些措施将大大有助于确保学校文化更能符合这些家庭的文化现实(Hamayan & Field, 2012)。

事实上,许多学者已经把一些西班牙裔学生"学业不良"与家庭和学校之间的文化冲突联系起来。在瓜达卢佩·巴尔德斯(Guadalupe Valdés, 1996)对墨西哥裔美国人以及刚到得克萨斯的墨西哥家庭的研究中,她发现移民父母确实重视教育,并且将它视为获得工作的必要条件。尽管他们对那些"教育过度"的人持有怀疑态度,他们认为这些人缺乏常识,还会抛弃家庭。在一个家庭第一(家庭主义)的文化中,家长可能会把孩子从学校领出去,而与生病或垂死的祖父母守在一起,这使得学校职员对家长的教育承诺产生怀疑。同时,家长不太相信学校所强调的信条,即教育是经济稳定和社会成功的工具。出于强调墨西哥移民之中所尊崇(respeto)的价值,一个孩子去上大学了,便有可能被视为抛弃了家庭。虽然他们可以得到一份稳定的高薪工作,他们仍然可能背上了把自己家庭抛在脑后的道德上的嫌疑。

一些学者批评美国的教育制度丝毫不理会在许多拉丁裔社区内部所进行的教育活动——它们强调道德训练和人际关系,并将其置于竞争关系和个人成就之上(Suárez-Orozco, Suárez-Orozco & Todorova, 2010)。安吉拉·巴伦苏埃拉(Angela Valenzuela, 2010)在《减法教育》(*Subtractive Schooling*)一书中,形容这种社会风尚为"关怀政治"。她批评道,美国教育制度强制性地同化墨西哥裔学生,并将他们从自身家庭的文化背景中脱离开来。正如加尔萨和克劳福德(Garza & Crawford, 2005)所指出,教育差距不仅与学校里的文化多样性受贬损有关,而且也与不重视双语教育、只强调单一英语教学的方法有关。巴伦苏埃拉写道:减法的学校教育"剥夺这些青少年(墨西哥裔美国人)重要的社会文化资源,使他们逐步遭受到学业上失败的侵害"（2010, p.3）。

西班牙裔或拉丁裔学生在获取学业成功方面，有着许多经济、社会和文化上的障碍，而对于那些家长缺乏合法身份的学生来说，这些障碍更加严重。在普莱勒诉美国教育部案中（Plyler v. DOE, 1982），美国最高法院否决了一项禁止向非法移民儿童提供教育经费的州法令，随即推出一项法令，尝试向非法移民收取学费并让他们上公立学校。这一判决确保了无合法证件儿童——占所有移民儿童的四分之一（Suárez-Orozco et al., 2011）——享有12年接受公共教育的权利。尽管如此，家长在儿童教育上可能依然存在着身体上或心理上的困难（Suárez-Orozco and Suárez-Orozco, 2001）。当其他控制变量保持不变时，纽约的一项研究发现，伴随着社区公共资源信息不足所导致的家长的经济困难和心理痛苦，容易影响儿童的认知发展（Yoshikawa, 2011）。当家长"生活在阴影中"——作为移徙工人四处飘泊时（López, Scribner & Mahitivanichcha, 2001），他们就无法稳定地获取教育成功所需的资源。"当没有合法证件的年轻人进入公共领域并参加正式的成年仪式时，他们所体验到的原本暧昧不清的归属感变得越来越难以容忍。"（Suárez-Orozco et al., 2011, p.444）如果儿童在国家认可的过渡仪式上，例如考取驾驶执照、上大学或合法进入劳动力市场等，遭遇"屏蔽"，他们便可能脱离学校，去寻找通向成年和社会合法性的其他替代途径。

正是由于上述原因，人们近来正在努力提升无合法证件学生的教育成就。小时候出于各种原因被带到美国，如今，这些高中毕业的无合法证件居民在攻读大学学位时会异常艰难，一部分原因便在于他们没有获得联邦学生资助的资格。"梦想家"（Dreamers）运动致力于争取，"不管移民身份合法与否，实现人人平等接受高等教育"。United We Dream网站进一步阐明："我们的目标是应对移民青年所面临的不平等和障碍，建立一个由无证移民青年和他们的盟友所领导的可持续的草根运动。"使这些"梦想"成为现实的立法努力可以追溯到2001的两党提案，被称为"梦想法案"（DREAM Act [Development, Relief, and Education for Alien Minors]）——一个被多次提交国会的提案，但是从未被通过。提案建议，针对那些儿时被带到美国的移民，只要毕业于美国高中，拥有"良好道德品质"，无犯罪记录，就可以申请公民权。为了换取公民权，受教育者必须至少完成两年的大学学位或在军队服役。目前，有一项叫做"少年入境者暂缓驱离行动"（Deferred Action for Childhood Arrivals, DACA）的政策已经生效。2012年初，它由奥巴马总统签署，适用于2007年之前进入美国、未满16周岁的无合法证件的青少年，为他们提供两年的工作许可证并免除驱逐出境。然而，它并没有提供申请公民身份的办法。

因为少年入境者暂缓驱离行动（DACA）并不解决上大学的成本问题或学费资助的资格问题，"梦想家"运动一直致力于推动在经济上对他们给予教育援助的法案通过。法案包含的法律内容有：允许少年入境者暂缓驱离行动适用对象只支付本州居民的学费部分，并获得上大学的机会或者州财政支持的资助机会。在这些问题的解决上，走在前列的有得克萨斯州、加利福尼亚州、纽约州、犹他州、伊利诺伊州、华盛顿州、内布拉斯加州、新墨西哥州、马里兰州（社区学院）、俄克拉荷马州、威斯康星州和堪萨斯州，这些州通过法令规定，在州立高中就读三年以上的无合法证件学生可以享受本州居民的学费减免。尽管一些州也有类似的悬而未决的立法草案，但亚利桑那州、科罗拉多州和佐治亚州则明确禁止无合法证件的学生享有本州居民学费资格。（注：这种法律随时都可以被通过或被推翻，所以你阅读本书时，各州情况都有可能会发生变化。）

虽然无合法证件学生的命运并不确定，但他们入读美国学校却是确实存在的事实。"梦想法案"的支持者和相关立法者认为，开放高等教育的入口将有助于无合法证件人员获得相关的工作技能，最大限度地提高其经济生产力，从而刺激经济的发展；其他一些反对者则认为该法案会奖励"非法移民"，从而成为一块吸引更多移民的磁石。随着移民现象的持续发展，在国家社会和法律层面上理顺与移民的关系在未来几十年里只会变得越加紧迫。

美洲原住民与推动文化适应的学校教育

美洲原住民群体在教育体系中也经历了深刻的文化冲突。在全美国所有种族或族群中，美洲原住民的教育成果是最低的。65%的美国原住民学生获得高中毕业证书，而白人和亚裔学生的比率大约是85%，西班牙裔学生71%，非洲裔学生67%（Stetser & Stillwell, 2014）。虽然美国原住民的大学入学率自1970年代以来翻了一番，但仍然只有13%的美国年轻原住民（25岁至34岁）完成了学士学位或更高的学位。相比之下，亚裔美国人则有62%，白人有38%，非洲裔有19%，拉美裔有14%。虽然有些差距反映了植根于家庭的问题，例如贫穷和药物滥用，但如果谈论美洲原住民的教育经历，就不能不谈到官方如何努力消除他们的文化，并且把许多部落同化成为主流文化。

19世纪晚期，联邦政府为全美各地的美洲原住民建立了一系列寄宿学校（关于美国印第安人教育史，可参见 Reyhner & Eder, 2004）。20世纪，大多数受过正规教育的美洲原住民都就读于这些学校，入学率在1970年代达到顶峰。这些学校与军事学校保持同样规格的严格管理，用卡莱尔印第安工业学校（Carlisle Indian Industrial School）创始人理查德·亨利·普拉特（Richard Henry Pratt）的话来说，其中心目标是"驱赶他身上的印第安人属性，拯救这个人"。为了达到目标，学生们被褫夺了姓名、民族服饰和发型，并且禁止使用部落语言。在他们的土地上，他们被赋予了盎格鲁人的名字和"西部"服饰，而且被要求几乎完全使用英语。早在1928年，随着梅里亚姆报告（the Meriam Report）的发布，人们开始为这些学校经费微薄、学生营养不良、原住民师资缺乏、与部落语言和文化脱节过大等问题感到担忧。报告还对学校课程的职业性质提出批评，指出在校园里使用学生们的劳动力目的是为了节省钱财，而不是训练学生，让他们在毕业后可以找到有价值的工作。

虽然一些寄宿学校仍然存在，但大多数美洲原住民学生现在在印第安保留地里的公立学校学习，或者在他们生活的其他社区接受教育。1969年，美国参议院特别小组委员发表的报告《印第安教育：民族的悲剧，国家的挑战》指出，联邦政府为美洲原住民提供高质量教育的努力几乎完全失败。除了资金严重不足，这份报告还描述了从学校教育的地方失控、体现印第安人历史、文化或语言的课程缺乏，到学校工作人员的反印第安人态度等一系列广泛存在的文化紧张和不公正。1970年代初期，随着美国印第安人运动力量的增强，美洲印第安人地位变化所带来的压力在不断增加。他们开始争取更大的主权、解决条约问题、恢复文化和精神生活，并对类似明尼苏达州明尼阿波利斯市（Minneapolis, MN）社区中警察骚扰事件表示公开抗议。在来自莫霍克族（Mohawk）和苏族（Sioux）部落的活动家路易斯·卢克斯·布鲁斯（Louis Rooks Bruce）的指导下，联邦政府通过了"印第安人教育法案（1972）"（Indian Education Act, 1972）和"印第安人民族自决和教育援助法案"（Indian Self-Determination and Education Assistance Act, 1975）。这些行动将印第安人教育的控制权从印第安人事务局转移回到部落，为有十名以上原住民学生的非部落学校提供经费支持，以实施与其文化相关的课程。

　　研究表明，美洲原住民的教育事业确实得到了发展（Johnson, 1995；The Education Trust, 2013），可另一方面，发展已经趋缓，不平等现象依然严重。尽管有许多立法方面的努力，但依然需要持续增加原住民学生的经费和资源，促进"文化适应的学校教育"（culturally responsive schooling, CRS）的更大发展（Castagno & Brayboy, 2008）。CRS需要修订正式和非正式课程。在CRS框架下，正式课程与母语、历史、艺术和民间知识（以及认识的方式）进行了富有意义的整合。它还包括了与原住民价值观和文化相一致的非正式的学习方式。专栏5.1介绍了原住民学生在主流学校就读时可能发生的文化冲突。在教学方面，CRS需要从强调独立、竞争的学习方式，向追求互动、合作的学习风格的转变。它也意味着承认动手学习的重要性，以及对知识在复杂语境中的实际运用价值的渴望。教师必须提升他们自己的文化素养，理解原住民学生与主流文化之间可能存在的互动差异。例如，沉默可能意味着参与与敬重，而不一定是无聊或抗拒的表征。

推进文化关联的学校教育最充分地体现在部族院校（tribal colleges and universities, TCUs）的建设之中。目前，在15个州（和加拿大1个省）已经有34所全部获得认证的部落学院。TCUs主要为两年制学院，共有3万名学生，吸引了10%左右的原住民大学生在此上学（US Department of Education, 2015）。自1970年代成立以来，这些机构的目标是运用文化关联的教育学和课程来培养原住民学生的能力。与其他类型的少数族群服务机构相比，TCUs提供的课程中文化内容占到了最高的比例，并最有可能将这些内容贯穿于所有课程之中（Cole, 2006）。TCUs由部落当局管理，提供从职业教育到硕士的学位课程，重点关注与印第安社区相关的问题，包括可持续发展农业、水质、野生动物保护和公共卫生（如药物滥用的预防和疏导、糖尿病预防）等。这些学院同时力求促进学生的"编码转换"能力：一方面，回馈部落，为社区提供有用的知识和技能是TCUs最重要目标；另一方面，这些机构还为学生提供了与主流社会沟通所必需的技能（Conrad & Gasman, 2015）。

因为项目规模不大，内部差异显著，我们很难评估部落学院的效能。有一组规模不大的案例研究，通过对成绩提升和自尊增强等一系列的改进状况，以及与社区、教师和长者更多接触的记录，表明在高中阶段采用这些举措可以达到预期效果（Castagno & Brayboy, 2008）。从大学层面看，康拉德和加斯曼（Conrad & Gasman, 2015）指出，对于高中生来说，通过向上奋进（Upward Bound）项目（联邦资助的三人组计划）为大学做好准备非常重要，这样他们就可以在校园里做好准备，然后充分参与到文化关联课程之中。一般来说，考虑到每个部落的文化特殊性，CRS方案难以推广和复制。在盘点文化适应的学校教育的前景时，融入与文化相关的课程可能是容易做到的部分。仍然持续存在的挑战主要有，一是获得足够的资金，二是识别现存的教育学中的文化偏见，并有效地培训教师使用文化适宜的社会互动方法开展与文化关联的教学活动。

〔专栏5.1〕
一位印第安人父亲罗伯特·雷克（Robert Lake）
（医药灰熊）的请求

亲爱的老师：

我想把您介绍给我的儿子风狼（Wind-Wolf）。他可能是您想象中的一个典型的印第安小孩。他在保留地出生、长大，有着乌黑的头发、深棕色的眼睛和橄榄色的皮肤。和许多像他这样年纪的印第安孩子一样，他在教室里既害羞又安静。他才5岁，在读幼儿园，我不明白您为什么已经给他贴上一个"迟钝的学习者"的标签。

他与西方社会中的同龄孩子相比，已经经历了相当多的教育。在传统的原住民生育仪式中，他与他的母亲和大地母亲结合在一起。自从举行仪式以来，他的母亲、父亲、姐妹、堂兄弟、姑姑、叔叔、祖父母和部落家族都一直在照顾他。

传统的印第安婴儿篮成了他的"贝壳"，成为他教室的第一个座位。这是我们人民几千年来使用的相同类型的篮子。它专门设计出来提供给孩子一种知识和经验类型，这是他在未来的文化环境中生存的需要。

通过对手臂和腿的有意束缚，风狼被裹着紧贴在他的篮子里。虽然西方社会可能认为这阻碍了运动技能的发展和抽象推理，但我们相信它会迫使孩子首先发展直觉能力、理性智力、象征思维和五种感知（视、听、嗅、味、触）。风狼和妈妈在一起，身体紧紧地维系在一起，她背着他，或者一边抱着他，一边哺乳。她无论走到哪里都抱着他，每天晚上他都和父母一起睡。正因为如此，风狼的教育环境不仅是一个"安全"的环境，而且非常丰富多彩、复杂、敏感和多样。

随着年龄的增长，风狼开始从婴儿篮子里爬出来，发展他的运动技能，探索他周围的世界。当受到惊吓或困倦了，他总能回到篮子里，如同海龟缩进它的壳里。这种内在的旅程可以让一个人私下反思他所学的一切，并将这些新知识深深地带入无意识和灵魂之中。因此，形状、大小、颜色、质地、声音、气味、感觉、味觉和学习过程在功能上是统合的——既是身体的，也是精神的，既是物质的，也是能量的，既是有意识的，也是无意识的，既是个人的，也是社会的。

吸收和反思这些经验，需要很长的时间，所以，也许这就是为什么您认为我的印第安孩子是一个缓慢的学习者。当他的姑妈和祖母寻找材料在原住民的篮子里进行抽象设计时，她们已经在教他数数，并让他认识数字。我们还用传统的手工游戏，教他学会了数小木棍。因此，他可能会慢慢掌握您在教室里使用的方法和工具，这是他的白人同学所熟悉的，但我希望您对他耐心一点。适应新的文化体系，学习新事物，这都需要时间。

他在文化上并不处于"劣势"，只是他在文化上的确有些"不同"。

——Robert Lake, "An Indian Father's Plea," *Teacher Magazine* Vol.2, September 1990, pp.48-53. 转载已征得作者同意。

亚裔美国学生：一个模范的少数族裔？

如果文化冲突可以部分解释美国少数族裔群体低水平的教育成就和收获，我们如何才能解释亚裔学生的高水平的教育成就呢？如本章所示，亚裔美国人的标准考试成绩最高，如按照大学完成学业比率来看，受教育程度也最高。亚裔美国人最能融入主流社会（以住宅整合和通婚率衡量），收入在美国最高，这为他们赢得了"模范少数族裔"的称号（Kao, 1995; Li & Wang, 2008）。必须加以澄清的是，这个称谓不含有赞扬的意思，或者暗示其他少数族裔能够或应该遵循亚裔美国人的道路；相反，它通常用来描述成功的一种非典型模式，指出亚裔美国人作为范例所可能导致的问题。亚裔美国人约占美国人口的5%，是一个异质性的群体，他们的文化传统、语言传统，以及融入美国的模式都截然不同。在统计上，他们通常汇总在一起，并因其成就而受到赞扬。

研究人员探讨了亚裔美国人的学术成就是否反映了他们较高的社会经

济地位、认知能力或文化取向（Goyette & Xie, 1999；Hsin & Xie, 2014；Kao, 1995; Kao & Rutherford, 2007）。关于文化的态度，许多亚洲文化的特点体现为"孝"，一种对父母和其他权威人物的绝对忠诚与服从。这一点可以表现出一种特有的文化取向，即学生会努力学习，力争以后为家庭提供物质帮助；举止礼貌、品行正直，全力为父母和家庭带来好名声。

当研究人员试图确认学生行为与这种文化取向的关联性、这些行为是否以及如何转化为教育上的成功时，孝道如何转化为学校的成功便一直是一个关键点。在学校里，教师们反映，亚裔学生注意力更加集中，更能自我控制，更加刻苦努力（Hsin & Xie, 2014）。课下，亚裔美国学生会把更多的时间投入到作业里，只花少数时间去参与那些挤占学习时间与精力的活动，如约会、应酬、课外活动和家务事（Chao & Tseng, 2002）。他们还可能更积极地参加同伴辅导，家里还有父母在学业上给予帮助（Caplan, Choy & Whitmore, 1991）——尤其在小学阶段。在高中阶段，亚裔美国学生家里都有专用的学习空间，会参加市场上的SAT考前辅导课程（Byun & Park, 2012）。一些人将这些对学习的高度参与行为概括为一种根植于儒家哲学和价值观的核心文化信仰的反映。由于强调"止于至善"的追求，亚裔美国人很少将智力看作是与生俱来的，而更将其视为自己控制下的个人努力的结果。因此，这种信念可以鼓励他们更加刻苦努力地投入学习，并相信这些努力将得到回报。

研究人员越来越关注亚裔青年的学术成就可能会付出代价。例如，父母期望和"虎妈"的强烈压力可能会增加亚裔青少年的心理痛苦，"亚裔青年对自己所抱持的过高教育期望，以及父母和社会为他们所设定的期望，会让那些未能达到预期值的人产生挫败感。"（Hsin & Xie, 2014, p.8419）由于全身心投入学习，他们与家庭、同龄人的疏远可能会加剧这种痛苦（Kao, 2013；Lee & Zhou, 2014; Qin, Way & Mukherjee, 2008）。在学校语境中，同伴关系及参与课外活动是承诺、成就、自尊和亲社会行为的重要机制。虽然研究人员在少数族裔或移民青年中并没有找到完全不参加课外活动的情形，但程、特尼和高（Cherng, Turney & Kao, 2014, p.20）报告说，

"少数族裔和移民青少年在朋友数量和与朋友的社会交往方面较为不足。"这些情况表明，家庭和学校应该对亚裔学生可能的疏离、与社会脱节迹象保持警惕，并考虑一些方法通过他们的学术身份与义务来加强社会联系。

国际状况：种族／族群差异与全球语境中的不平等

在一个日益全球化的世界中，并非只有美国在努力实现移民和少数群体之间的教育公平。加拿大、澳大利亚和新西兰的原住民族群教育与美国原住民的经历大抵类似（Cole, 2011）。在欧洲大部分地区，吉卜赛人受到污名化与歧视，甚至在希特勒当政期间惨遭大屠杀。而且，吉卜赛人半游牧的生活方式使他们的孩子难以融入教育环境。几十年来，作为最大的非原生族群，土耳其裔和波斯尼亚族裔儿童的教育一直是德国的一个问题。当前，来自叙利亚和非洲难民的移民潮则将使许多欧洲国家再次体验新的种族、宗教和语言多样性，这一切都需要创造性的教育解决方案。由于受到模范少数族群神话的影响，日本是一个在消除族群之间教育成就差距方面最让人意想不到的地方。

许多美国人认为日本是一个同质的社会，实际上，日本也有少数族群，既有原住民（如阿伊努人），也有来自国外的民族。朝鲜族后裔构成了日本的第二大少数族群人口群体。在第二次世界大战期间，最初由于强制劳工计划来到日本，居住在日本的朝鲜人被称为"在日"（zainichi）——意思是"无国籍人"或居住在日本的外籍公民。在强调文化同质化的社会背景下，这一称呼表明，朝鲜族裔居民将是"永远的外来者"，从来没有资格成为日本社会的正式成员。20世纪，在日朝鲜人在日本遭受着排斥和歧视。他们被正式禁止参加政府的社会福利项目（如提供健康保险和失业救济等），被排除在某些工作之外，包括不能从事教学工作（Motani, 2002）。由于日本人强调文化同化，许多朝鲜族裔公开使用日本人的名字，在各个方面贬低他们自己的传统。

从教育方面看，生活在日本的朝鲜族裔有90%入读日本公立学校，其余10%参加单独的在日朝鲜人学校。由于这些学校在正式公共制度之外运营，它们资金保障不足，学校的毕业生也被排除在日本大学的正式申请程序之外（近几十年来，这些政策已发生变化）。即便如此，家长依然会选择送孩子去在日朝鲜人学校，因为他们把它视为学习并确认他们文化和语言传统的"安全空间"。事实上，有相当大比例的学生反映，他们感觉到作为朝鲜族裔的羞耻感，还反映说在学校遭受过排斥和"身份威胁"（Motani，2002）。他们的体验也同样反映了美国少数族裔学生所经历的一些文化冲突。例如，他们很少有机会可以接触到与自身文化相关联的教育，得不到任何有助于维护他们民族自豪感的信息或理由。

在日本，受到排斥和歧视的情况也同样可见于土生土长的少数族群，如部落民和原住民阿伊努人。部落民——字面意思是"村里人"，在日本早期的等级制度里位于社会阶梯的最底层。虽然他们在1871年已经被宣布正式脱离等级制度，但在婚姻和就业方面依然受歧视。阿伊努人是北海道岛北部的原住民。他们在19世纪后期一直处于奴隶般的地位，后来被鼓励通过婚姻融入"主流社会"。因为日本在历史上宣称，该国不存在少数族群，宣扬日本是一个团结、同质的社会，所以关于这些少数族群的教育成就和受教育程度的官方文件几乎没有。然而，事实确凿无疑，日本少数族群的受教育程度大大落后于人口占多数的民族。

今天，日本正在努力把握好少数族群与多元文化教育的复杂关系（Motani，2002）。1997年，日本首次承认阿伊努人为一个少数族群，标志着开始确认国内有少数族群的事实。自那时起，新推行的教育政策要求或至少鼓励对在日朝鲜人后裔的历史经历进行准确的描述，并实施减少歧视的知识课程。其总目标在于矫正日本少数族群曾经遭受的文化清除（与美国原住民的经历不同），鼓励大家更加尊重文化和语言的多样性（Okano，2010）。

尽管有证据表明，在日朝鲜人和全日本民众之间的不平等已经随着时间而缩减（Kim，2011），但少数族群分类上的不确定依然继续限制着人们对日本教育差距的理解。质性研究报告表明，教师在文化认同方面仍然有着根深蒂固的刻板印象和矛盾心理，这阻碍了为所有儿童建立平等教育机会的国家目标的实现（Gordon, 2006）。此外，来自亚洲其他国家的新移民不断流入，带来了新的挑战（Gordon, 2015）。这一例子表明，鉴于其他国家亚裔学生的教育经历的多样性及其遭遇不平等的状况各不相同，亚裔学生在美国所表现出来的教育优势不大可能是因为遗传。

针对种族/族群教育不平等的斗争

美国的教育制度建立在一个承诺之上，即无论种族、族群、性别、能力或其他特征，所有学生都将获得接受教育的机会。在像美国这样多元的国家里，实施面向所有儿童的公平的教育已被证明是一个巨大的挑战。鉴于每一个社会问题的解决办法后面都对应着不同的政治哲学导向，也鉴于任何改革都可能改变教育系统中的权力平衡，在寻找改善所有学生的教育经历的最佳路径方面，存在着很大的分歧。

择校方案、教育券和特许学校

指导教育改革的一个理念是，教育制度不能满足所有学生的需要，因为教育制度没有促进足够的竞争。从历史上看，不管是否产生学习收益，美国的公立学校都会得到资助。一些人认为，这种稳定的资金流允许教师"马虎松懈"，导致平庸的产出。从这个角度看，可以通过给予学生更多的选择机会、迫使学校展开竞争等途径，来缩小教育领域的种族差距。择校方案，包括教育券计划和特许学校，构成一个基于市场理念的改革项目。在教育券项目（voucher programs）中，学生既可以把他们的"教育券"用于支付私立学校的学费，也可以通过它从临近的社区学校转到一个水平更高的公立学校。通过允许学生和他们的家庭"用脚投票"，教育券计划可以迫使那些表现不佳的学校变得更有效，否则，他们就会有失去学生、失去经费的风险。特许学校（charter schools）是指那些允许采用比一般公立学校更灵活的办学方式的公立学校，在教什么、如何衡量成功、聘任谁，以及如何解雇缺乏效能的教师等方面，它们都更具弹性。这项改革措施得到了一部分人的支持，他们认为公立学校制度的失败源自规则过于繁杂，缺乏创新。特许学校能够提供更切合学生需要的课程。比如，一些特许学校会提供多元文化课程。而其他特许学校，如 KIPP 学校（知识就是力量计划，Knowledge Is Power Program；在第十三章中被称为"无借口"学校），则在学生心中树立高期待，逐步灌输严格的纪律，与周六和暑期学校项目参与校一样，往往要求较长的在校时间。磁石学校（magnet schools），如本章开头所述，以类似的逻辑运作，为学生提供他们附近的社区学校以外的公立学校选择专门课程的机会。

迄今为止，这些择校方案的成功都显得错综复杂。一些学校，比如纽约的成功学院（the Success Academy）特许制度就表现出了非凡的成果。2014 年，64% 的成功学院学生通过了州阅读测试，94% 通过州数学测试；如果把纽约市公立学校的学生数作为一个整体，他们则分别占到 29% 和 35%。再看一个样本范围更大的特许学校研究，斯坦福大学的一个综合报告显示，17% 的美国特许学校表现出学术上的优势，46% 的学校表现与公立学校不相上下，37% 的学校表现得很糟糕（Center for Research on Education Outcomes, 2009）。简而言之，特许学校表现出好坏参半的结果。教育券项目也是如此。单一教育券项目的个案研究发现，考试成绩和大学入学率都有所提高（Chingos & Peterson, 2012）。然而，这些结果并非结论性的，因为有其他研究表明，学生或学校在教育券制度中并没有真正的收益（Ladd, 2002; Witte, 2001）。第十三章将再次讨论这一问题，会详细介绍学校改革以及择校的动机和后果。

基于文化的教育

正如一些特许学校的创建秉持着在课程中纳入更多与文化有关的材料的宗旨一样，其他教育倡导者在致力于推动更具普遍性的多元文化主义学校课程建设。多元文化教育指的是涵盖不同（非主体）文化背景的群体的历史、文本、价值观、信仰和观点的教学或教育形式。这种做法反映出一种观念，即少数族裔在学校中抗争的原因之一是课程和教学方法与他们的文化背景不一致。多元文化教育方法旨在提供一个与文化相关的课程，使学生能够在更深层次上与他人建立联系，从而为他们提供自我理解、自豪和信心的来源。然而，这些好处不仅仅专门针对少数族裔学生。在社会公正框架内，多元文化教育也为主流群体的学生提供对历史和文化多样性的更广泛的理解，最终目标在于减少歧视，增进社会、政治和经济公平。

支持多元文化教育运动始于1960年代，并作为民权运动的一部分而出现。当时，教师培训计划开始要求教师具备文化素养，即了解不同种族和族群的历史，了解不同种族和族群在行为、学习方式和价值观方面的文化差异。在学校内部，课程的变革最初采取了"食物和节日"的方法来讨论多样性的话题（Banks & Banks, 2012）。由于"非洲裔历史月"和"西班牙裔传统月"，人们批评多元文化教育的做法肤浅，将文化差异贬抑地理解为特定的月份差别，而不是将不同群体的历史和文化整合进全年的不同学科课程之中。随着这一哲学思想的进一步发展，在始于1990年代的特许学校的高潮时期，出现了一批基于非洲中心教育（afrocentric education）观念的学校。根据莫乐菲·科特·阿散蒂的说法，非洲中心教育的理论家发现，"通过将他们自己视为教育的主体，而不是教育的对象……非洲裔美国学生不仅认为自己是知识的探索者，而且是知识的整体参与者。"（Molefi Kete Asante, 1991, p.171）

正如教育社会学中的任何问题一样，我们必须研究特定教育模式（例如课程）的投入和产出（例如学习）。很简单，有证据可以表明基于文化的教育或多元文化教育有效吗？它能促进少数族群学生的教育成就吗？它能否削弱偏见并促进社会正义？简单的答案是我们还不知道。虽然有大量的研究对促进多元文化教学的教师培训方案进行了评估，但很少有研究探讨多元文化教育的效力和成果。受到限制的一部分原因来自方法：没有大规模的数据库可以通过适当的统计控制来探索这个问题。相反，对多元文化教育的支持大多以理论原则为指导。戈登·奥尔波特（Gordon Allport, 1979）的接触假设（contact hypothesis）形成于1950年代，他提出如果满足关键特征，偏见就可以减少。这些关键特征是：

平等的地位 两个群体在相互关系上必须平等。群体成员应具有相同的背景、品质和特征（例如，虽在种族方面有差别，但在学术背景和财富方面应相同）。

共同的目标 两个群体必须应对一个问题/任务，并将其作为一个共同目标，然后共同汇集力量和资源以实现这个目标。

个人的互动 接触情境应该包括非正式的、非等级式的互动。这些互动可以促进分享和袒露，它可能是友谊形成的基础。

扩展的接触 随时间累积起来的信任和熟悉，比起一次性接触，能更有效地减少偏见。

尽管这一领域的研究仍然存有局限性（如，小规模、回顾性质、成果的事后界定等），仍有一些证据表明，接触多元文化课程有助于增进一些种族和少数族群成员的自我身份认同，也有助于提升批判性思维能力，提高在更大范围的学生中的群际理解能力。在某些情况下，白人学生似乎受益最大（Zirkel, 2008a）。此外，一些研究表明，积极、强烈的种族/族群认同感，与较高的学业表现呈正相关（Byrd & Chavous, 2011; Chavous et al., 2003; Sleeter, 2011）。然而，研究人员依然未能得出多元文化教育与学业成就之间的直接因果关系。

同许多教育改革运动一样，多元文化教育备受争议并遭遇抵制。一些政治家认为多元文化教育和"族群研究"弊大于利。2010 年，从"公立学校的学生应该作为个体被教育并彼此珍视，而不是被教导去厌恶或憎恨其他种族或阶层的人"这一前提出发，亚利桑那州的立法者通过了众议院第 2281 号法案。从这个角度看，关注多样性的课程就不是渗透民族自豪感或学习动机，而被视为一种分裂。因此，州政府禁止公立学校教授任何这些类型的课程：鼓动推翻联邦或州政府或宪法；鼓动对任何种族或阶层的不满（如种族歧视和阶层歧视）；宣扬单一民族的内部团结，而不是作为个体；针对某个种族而设计的。

该法案的最强有力的支持者之一是前亚利桑那州总检察长和州教育厅长汤姆·霍恩（Tom Horne）。在支持这项立法过程中，霍恩还试图撤销墨西哥裔美国人研究项目，指出该项目教授"破坏性的民族主义"（过度的族群骄傲），夸大了墨西哥裔美国人作为受压迫者的形象。霍恩相信，"人们都是个体，而非种族群体的范例。"在一个提供大量机会的社会语境里，他要求学生学习"他们可以做的东西，欣赏美的能力，他们的个性品质，而不是他们与生俱来的种族特征"。其他一些类似兰德研究所的保守团体，也担心民族研究项目会催生一种新形式的种族主义，鼓励族群身份的过度认同；他们相信，教育机构的目标，应该强化个体（individual）的身份和成就。

虽然亚利桑那州法案允许一些含有争议性问题的课程，包括"大屠杀、其他一些种族灭绝事件"，或者"历史上对基于种族、族群或阶层的特定人群的压迫"，但在美国各地的其他努力则似乎削弱了教育者传授一些美国严酷历史真相的能力。例如，一些教科书对奴隶制采用一种美化写法，把奴隶描述为"被带到"美国的"工人"。许多高中的教科书也尽量删减美国原住民所曾经遭受的系统暴力，他们被驱离家园——徒步行走，常常衣不蔽体，无鞋无袜，前往西部地区的保留地。讲述安德鲁·杰克逊总统在1830年"印第安人迁徙行动法案"时会提到的话语，比如"种族灭绝"和"死亡行进"，这些更准确的事件描述在教科书中都已不见踪影。2015年，在几个州威胁说要停止开设美国历史的 AP 课程后，大学董事会宣布修改课程。首要的批评是，美国历史 AP 课程描绘了一个毫无吸引力的国家历史形象，没有体现足够的"美国例外论"观念——即那些独一无二的成就和机遇，才是我们历史的一部分。这场持续不断的辩论反映了一个多元化国家在教育方面做了哪些努力、如何做到最佳的意见分歧。尽管有政治家和倡议者明确表达了不同意，但还是有一些其他倡议者和学者认为，直面美国历史上的权力和压迫问题，可以促进实现我们日益多元化人口的学习和公民目标（Steeter, 2013; Zirkel, 2008b）。

少数族群院校（MSIs）

与零零碎碎地渗入多元文化课程的努力相反，这些高等教育机构的使命是给予教育匮乏的人口以教育服务。少数族群院校（Minority-Serving

Institutions, MSIs），不仅包括了众所周知的传统黑人院校（Historically Black Colleges and Universities, HBCUs）序列，还包括了少为人知的亚裔美国人和太平洋岛屿院校、西班牙裔院校和部族院校（TCUs）。许多高校被指定为少数族群院校，是因为它们所处的地理背景，招收少数族群学生占据很大比例，而传统黑人院校的出现则可以追溯到当年法律上种族隔离的历史。一般来说，少数族群院校在学校规模、学生筛选力度、学生人口结构（比如，少数族群学生占比）、办学宗旨（比如，人文科学还是职业教育）等方面各有差别。但与白人院校（Predominantly White Institutions, PWIs）相比较，有一个共同的特征将少数族群院校联结在一起，很多这类院校都存在资源匮乏、学生准备不足的问题（Allen et al., 2007）。

作为第一所传统黑人大学，宾夕法尼亚州切尼大学（Cheyney University of Pennsylvania）创办于1837年。1890年代，由于联邦政府通过第二个莫里尔土赠地法案（Morrill Land-Grant Act）授权"为有色人种创建独立学院"，传统黑人院校获得了空前的发展。因霍华德大学（Howard U., 1867）、莫尔豪斯学院（Morehouse College, 1881）和斯佩尔曼学院（Spelman College, 1881）等私立的传统黑人院校倾向于提供人文科学的教育，联邦政府的行动便努力在公立的传统黑人院校中促进职业教育的增长。虽然黑人领袖对黑人最需要和最适合的教育方式持不同意见，但他们一致认为，高等教育是通向社会正式成员资格和社会升迁的重要途径。今天，现存100所的传统黑人院校大约占了全国所有高校的3%，但它们授予学士学位的非洲裔学生数则约占到全国所有学士学位的非洲裔学生的30%。而且，它们还成为一小部分立志考研的黑人学生的助力跳板（Allen et al., 2007; Wilson, 2007）。

1964年，美国的高校正式废除种族隔离制度（许多南方地区以外的私立大学和公立大学长期招收少数族群学生），这就产生出是否应该保持传统黑人院校的相关问题——或者在一个依法取消种族隔离的社会里至少应该如何扩展这些院校的使命的问题。尽管有一些研究表明，非洲裔学生巩固率和毕业率在传统黑人院校要比他们在白人院校高（Kim & Conrad, 2006），但其他人注意到，就读于传统黑人院校的相对优势已经逐年削弱（Wilson, 2007）。

从心理上看，1980-90年代的经典研究发现，传统黑人院校为非洲裔学生提供了许多减少敌意、增加扶持的体验（Allen Epps & Haniff, 1991; Feagin, Vera & Imani, 1996; Fleming, 1985）。与白人院校相比，非洲裔学生在传统黑人院校里还会与教师成员有更多的互动，这是他们获得大学成功的一个关键变量（Nelson Laird et al., 2007）。此外，研究人员利用复杂的统计技术，显示非洲裔学生在白人院校中感受到了更多与种族有关的压力（Greer & Chwalisz, 2007）。在以白人为主的教育环境和以白人为主的工作环境中，非洲裔美国人可能承受着"种族斗争疲态"———一种日常生活中的种族主义和微冒犯所带来的压力状态（Smith, Hung & Franklin, 2011）。这些发现被最近发表的质性研究结果所印证，研究表明少数族群学生在白人院校中不仅遭遇微冒犯，还容易过度地招人耳目（McCabe, 2009; Ray & Rosow, 2010; Solorzano, Ceja & Yosso, 2000; Winkle-Wagner, 2010），这可能会对他们的认同感和学业成功产生负面影响。最后，作为教育社会学的重要问题，研究者对从传统黑人院校毕业是否对劳动力市场的结果（如就业和收入）产生积极影响有很大的争议。虽然弗莱尔和格林斯通（Fryer & Greenstone, 2010）发现，可能是由于白人院校在教育不同人群方面变得更加成熟，早些时候在传统黑人院校就读所带来的经济优势已经消失，但普赖斯、斯普里格斯和斯温顿（Price, Spriggs & Swinton, 2011）认为，传统黑人院校继续为其毕业生提供更高的收入，显示出与它们相关的"令人振奋的教育正当性"（p.127）。

尽管他们有成功的记录，但传统黑人院校的入学人数正在下降。当白人院校已经适应了不同族裔的入学者时，传统黑人院校提供的一些独特的优势已经逐渐削减。然而，许多学者和倡议者依然相信少数族群院校要比以往更具有相关性。传统黑人院校和部落院校的支持者认为，这种支持反映出一种信念，即主流的社会机构仍然按照主流文化进行运作，而非洲裔和美洲原住民学生则可以在以他们的文化、历史和领导人为中心的教育环境中获得益处。其他一些支持者则指出，少数族群院校可以为人数不断增多的面临学业失败风险的大学生提供帮助。因此，他们既有机会也有任务，来制定解决这些学生文化和教育需要的方案（Conrad & Gasman, 2015）。特别是在 STEM 领域，支持者认为少数族群院校可以开发创新性项目，来留住学业方面有失败风险的少数族群学生，通过教育赋予他们技能和才华，让他们拥有建设自己家园社区的力量。

教育中的种族和族裔不平等：过去、现在和未来

尽管进行了几十年的学校融合与改革，但在教育成就和获得感方面仍然存在着持续的种族和族群差距。如果没有包括教育、家庭在内的个人和结构方面的变化，以及努力向少数族群学生赋权而不是剥夺他们的公民权，少数族群学生的状况不会发生根本变化。考虑到改变社会权力关系困难重重，这是一项艰巨的任务。许多项目保持着结构原封不动，或者变化微乎其微，部分原因在于改革的努力只是应对系统中的一小部分。另外，一些团体比其他团体拥有更大的权力来决定推行什么类型的改革，制止什么类型的改革。几十年的研究表明，综合学校也许是缩小教育产出中的种族和族群差距的最有效途径。摒弃种族隔离学校里的社会和教育环境似乎给少数族群学生带来切实的好处，如果它会给白人学生带来不好的影响，那也极为有限。尽管他们取得的成功有案可稽，但整合的方案还是备受非议。白人家长中，反对声音似乎最为响亮并且有组织地发出。因此，在过去几十年中，学校融合方案遭受了许多挫折，而相反，其他如上文所讨论的一些改革努力则已经推行。

最后，开放系统的视角提醒我们，平等问题远远超出了学校一方努力之所能及。学校可能只是融合的苗圃，在通往平等获得住房、保健、同工同酬、就业机会和许多其他方面的道路上还依然需要为机会平等而斗争。

小　结

我们在本章继续讨论了教育和社会的分层过程，重点关注种族和族群

不平等问题。通过讨论可知，虽然种族和族群间的教育差距随着时间的推移而缩小，但仍然存在着重大的和根深蒂固的差距。这些差距反映了各种因素的复杂组合，整合了学生带来的投入与教育管理实践的投入，尤其是在资源和教学方面。尽管许多改革者都在致力于通过零碎的改革来修补这些不平等，但很少有人努力去改变产生这些不平等教育产出的社会不平等根源。

1. 种族和族群的教育机会不平等

从早期教育开始，就存在着教育成就上的种族和族群不平等现象。这种差距已经通过小学的 NAEP 考试和高中的 SAT 测量出来。随着时间的推移，教育成就的不平等经过累积并转化为种族和族群的受教育程度不平等。与非洲裔美国人、拉丁裔美国人和美洲原住民相比，白人和亚裔美国学生获得大学学位的概率要高很多。在一定程度上讲，我们今天所看到的不平等是对一个建立在隔离和不平等基础上的教育制度的当代反思的结果。

2. 教育机会与教育结果平等的研究

研究对这些种族和族群的教育差距提供了许多解释。大量研究集中于学校经费和资源的影响。虽然这个话题争议颇大，但研究人员普遍认为少数族群学生可以由此受益，尤其是当他们可以获得优秀教师资源、实施小班教学时。其他研究人员则揭示了学校教育的结构与这些种族和族群差距产生的关联。特别引起教育研究者关注的是，随着暑假的延长，富裕的白人学生可以得到更多的学习收获，而低收入和少数族群学生则会更加掉队。最后，一些学者指出文化和社会心理的影响。在这里，克劳德·斯蒂尔提供了一种创新性的解释，他认为教育中的种族差距部分植根于社会心理过程和对智力的刻板印象。最后，性别以有趣的方式与种族交互影响，与前一章的情况相对应，这些群体的女性比她们的男性同龄人更有可能上大学。这一点指出了同龄人文化的作用，以及学生及其教师对教育的归因在塑造他们身份方面所起的作用。

3. 文化冲突：黑人和白人之外的教育

尽管作为一个种族和族群不平等在宏观层面的根源，教育资源不应该忽视，但贯穿本章的一个主题是，文化冲突同样导致教育无法投入与成绩低下。这些文化冲突最突出的表现在同化美洲原住民学生进入盎格鲁社会的那一段历史，以及有时拉丁裔学生在美国所经历的"减法教育"的当代经验。这种情况并非美国独有。相反，许多拥有主流族群和其他不同族群的社会都在努力地对少数族群施加教育。

4. 努力消除教育中的种族 / 族群不平等

有许多行动试图改变并改善少数族群学生的状况。这些项目包括问责运动（如标准化考试）、更大的学校选择机会（如磁石学校、特许学校、教育券）以及多元文化教育。似乎越来越清楚的是，这些努力对缓解学生校外生活中所存在的不平等影响有限。然而，很明显，如果没有接受教育，不同背景的青年之间的教育、社会和经济不平等将会大大超过已经存在的程度。作为减少教育和社会里的种族不平等的另一个手段，平权行动将在第十章里探讨。

思考题

1. 思考一下你自己的教育经历，你就读的学校的种族 / 族群构成是怎样的？是你自己的种族 / 族群占据大多数吗？你认为，这些学校的种族 / 族群混合对学生的社会和教育经历会有什么样的影响？

2. 在成长过程中，你都接触过哪些关于教育的看法？有没有人鼓励你应该拥有更高的教育追求？你认为你得到的关于教育的看法在多大程度上可以反映出你家庭的种族 / 族群背景？

3. 访谈一位小学或中学教师，询问他们在课程中努力推进文化多样性或多元文化主义所达到的水平如何，让他们讨论他们在课堂上使用的课本，以及这些教科书中所包含的种族和族群所呈现的方式。

4. 在你所在的州里，不同种族和族群的成员在国家标准化考试中表现如何？你们州的不同种族和族群的高中毕业率有多少？

5. 请到你的学校图书馆找一本标准的美国历史教科书。评估一下美国不同人口群体的历史经验在书中所体现的水平。课本是否凸显了来自不同种族/族群的历史成就？当呈现类似奴隶制度和血泪之路（Trail of Tears）[①]这样的事件时，他们是用粉饰过的语言（例如，"被带到新大陆的工人"）来表达的吗？

 参考文献

Ainsworth, James W., and Greg Wiggan. 2006. "Reconsidering 'Material Conditions': How Neighborhood Context Can Shape Educational Outcomes Across Racial Groups," in Erin McNamara Horvat and Carla O'Connor (eds), *Beyond Acting White: Reframing the Debate on Black Student Achievement.* Rowman & Littlefield Publishers, pp.159-75.

Allen, Walter R., Edgar G. Epps, and Nesha Z. Haniff. 1991. *College in Black and White: African American Students in Predominantly White and in Historically Black Public Universities.* Albany, NY: SUNY Press.

Allen, Walter R., Joseph O. Jewell, Kimberly A. Griffin, and De'Sha S. Wolf. 2007. "Historically Black Colleges and Universities: Honoring the Past, Engaging the Present, Touching the Future." *The Journal of Negro Education:* 263-80.

Allport, W. Gordon. 1979. *The Nature of Prejudice* (25th Anniversary Edition). New York City: Basic Books.

Banks, James A., and Cherry A. McGee Banks. 2012. *Multicultural Education: Issues and Perspectives*, 8th edition. Hoboken, NJ: John Wiley & Sons.

Barac, Raluca, Ellen Bialystok, Dina C. Castro, and Marta Sanchez. 2014. "The Cognitive Development of Young Dual Language Learners: A Critical Review." *Early Childhood Research Quarterly* 29(4): 699-714.

Bodovski, Katerina, and Min-Jong Youn. 2010. "Love, Discipline and Elementary School Achievement: The Role of Family Emotional Climate." *Social Science Research* 39(4): 585-95.

Bourdieu, Pierre. 1986. "The Forms of Capital," in John G. Richardson (ed.), *Handbook of Theory and Research for the Sociology of Education.* New York City: Greenwood, pp.241-58.

Buss, Claudia, Elysia Poggi Davis, Babak Shahbaba, Jens C. Pruessner, Kevin Head, and Curt A. Sandman. 2012. "Maternal Cortisol Over the Course of Pregnancy and

---

[①] 血泪之路，指1803年北美印第安人被驱赶到俄克拉荷马所经的路线，迁徙过程中有四千余人死亡。——译者注

Subsequent Child Amygdala and Hippocampus Volumes and Affective Problems." *Proceedings of the National Academy of Sciences* 109(20): E1312-E1319.

Byrd, Christy M., and Tabbye Chavous. 2011. "Racial Identity, School Racial Climate, and School Intrinsic Motivation among African American Youth: The Importance of Person-Context Congruence." *Journal of Research on Adolescence* 21(4): 849-60.

Byun, Soo-yong, and Hyunjoon Park. 2012. "The Academic Success of East Asian American Youth: The Role of Shadow Education." *Sociology of Education* 85(1): 40-60.

Caplan, Nathan S., Marcella H. Choy, and John K. Whitmore. 1991. *Children of the Boat People: A Study of Educational Success.* Ann Arbor: University of Michigan Press.

Carter, Prudence L. 2005. *Keepin' It Real: School Success Beyond Black and White.* New York City: Oxford University Press.

Castagno, Angelina E., and Bryan McKinley Jones Brayboy. 2008. "Culturally Responsive Schooling for Indigenous Youth: A Review of the Literature." *Review of Educational Research* 78(4): 941-93.

Center for Research on Education Outcomes. 2009. "Multiple Choice: Chapter School Performance in 16 States." Palo Alto, CA: Center for Research on Education Outcomes at Stanford University. Retrieved September 29, 2014 (http://credo.stanford.edu/reports/MULTIPLE_CHOICE_CREDO.pdf).

Chao, Ruth, and Vivian Tseng. 2002. "Parenting of Asians," in Marc H. Bornstein (ed.), *Handbook of Parenting, Volume 4, Social Conditions and Applied Parenting.* Mahwah, NJ: Lawrence Erlbaum Associates, pp.59-93.

Chavous, Tabbye M., Debra Hilkene Bernat, Karen Schmeelk-Cone, Cleopatra H. Caldwell, Laura Kohn-Wood, and Marc A. Zimmerman. 2003. "Racial Identity and Academic Attainment among African American Adolescents." *Child Development* 74(4): 1076-90.

Cheng, Simon, and Brian Starks. 2002. "Racial Differences in the Effects of Significant Others on Students' Educational Expectations." *Sociology of Education* 75(4): 306-27.

Cherng, Sebastian, Kristin Turney, and Grace Kao. 2014. "Less Socially Engaged? Participation in Friendship and Extracurricular Activities among Racial/Ethnic Minority and Immigrant Adolescents." *Teachers College Record* 116(3).

Chingos, Matthew M., and Paul E. Peterson. 2012. *The Effects of School Vouchers on College Enrollment.* Cambridge, MA: Brown Center on Education Policy at Brookings and Harvard Kennedy School.

Cole, Wade M. 2006. "Accrediting Culture: An Analysis of Tribal and Historically Black College Curricula." *Sociology of Education* 79(4): 355-88.

Cole, Wade. 2011. *Uncommon Schools: The Global Rise of Postsecondary Institutions for*

Indigenous Peoples. Palo Alto, CA: Stanford University Press.

College Board. 2016. "2014 College Board Program Results: SAT." College Board. Retrieved June 5, 2016 (www.collegeboard.org/program-results/2014/sat).

College Board. 2016. "2015 College Bound Seniors: Total Group Report." Retrieved September 2, 2016 (https://secure-media.collegeboard.org/digitalServices/pdf/sat/total-group-2015.pdf).

Condition of Education. 1989. Vol. 1. Washington, DC: US Government Printing Office, pp.110-11.

Condition of Education. 2007. Washington, DC: US Government Printing Office, Indicator 3 and Table 5.1.

Conrad, Clifton, and Marybeth Gasman. 2015. *Educating a Diverse Nation: Lessons from Minority-Serving Institutions.* Cambridge, MA: Harvard University Press.

Cummins, Jim. 1991. "Interdependence of First- and Second-Language Proficiency in Bilingual Children," in Ellen Bialystock (ed.), *Language Processing in Bilingual Children.* Cambridge, UK: Cambridge University Press, pp.70-89.

Davis, Elysia P., and Curt A. Sandman. 2010. "The Timing of Prenatal Exposure to Maternal Cortisol and Psychosocial Stress is Associated with Human Infant Cognitive Development." *Child Development* 81(1): 131-48.

Diamond, John B., and James P. Huguley. 2014. "Testing the Oppositional Culture Explanation in Desegregated Schools: The Impact of Racial Differences in Academic Orientations on School Performance." *Social Forces* 93(2): 747-77.

Digest of Education Statistics. 1976. Washington, DC: US Government Printing Office, p.40.

Dominguez, Tyan Parker, Christine Dunkel-Schetter, Laura M. Glynn, Calvin Hobel, and Curt A. Sandman. 2008. "Racial Differences in Birth Outcomes: The Role of General, Pregnancy, and Racism Stress." *Health Psychology* 27(2): 194.

Downey, Douglas B. 2008. "Black/White Differences in School Performance: The Oppositional Culture Explanation." *Annual Reviews in Sociology* 34: 107-26.

Downey, Douglas B., Paul T. Von Hippel, and Beckett A. Broh. 2004. "Are Schools the Great Equalizer? Cognitive Inequality During the Summer Months and the School Year." *American Sociological Review* 69(5): 613-35.

Feagin, Joe R., Hernan Vera, and Nikitah Imani. 1996. *The Agony of Education: Black Students at White Colleges and Universities.* New York City: Psychology Press.

Ferguson, Ann Arnett. 2001. *Bad Boys: Public Schools in the Making of Black Masculinity.* Ann Arbor: University of Michigan Press.

Finn, Jeremy D., and Charles M. Achilles. 1999. "Tennessee's Class Size Study: Findings, Implications, Misconceptions." *Educational Evaluation and Policy Analysis* 21(2): 97-109.

Fleming, Jacqueline. 1985. *Blacks in College. A Comparative Study of Students' Success in Black and in White Institutions.* San Francisco, CA: Jossey-Bass.

Fordham, Signithia, and John U. Ogbu. 1986. "Black Students' School Success: Coping with the 'Burden of "Acting White" '." *The Urban Review* 18(3): 176-206.

Fryer Jr., Roland G., and Michael Greenstone. 2010. "The Changing Consequences of Attending Historically Black Colleges and Universities." *American Economic Journal: Applied Economics* 2(1): 116-48.

Garza, Aimee V., and Lindy Crawford. 2005. "Hegemonic Multiculturalism: English Immersion, Ideology, and Subtractive Schooling." *Bilingual Research Journal* 29(3): 599-619.

Goodell, William. 2006. *The American Slave Code in Theory and Practice: Its Distinctive Features Shown by its Statutes, Judicial Decisions, and Illustrative Facts.* Ann Arbor: University of Michigan Library, Scholarly Publishing Office.

Goodrich, J. Marc, Christopher J. Lonigan, and JoAnn M. Farver. 2013. "Do Early Literacy Skills in Children's First Language Promote Development of Skills in their Second Language? An Experimental Evaluation of Transfer." *Journal of Educational Psychology* 105(2): 414.

Gordon, June A. 2006. "From Liberation to Human Rights: Challenges for Teachers of the Burakumin in Japan." *Race Ethnicity and Education* 9(2): 183-202.

Gordon, June A. 2015. "Educational Reform for Immigrant Youth in Japan." *Journal of International Migration and Integration* 16(3): 517-38.

Goyette, Kimberly, and Yu Xie. 1999. "Educational Expectations of Asian American Youths: Determinants and Ethnic Differences." *Sociology of Education* 72(1): 22-36.

Grandjean, Philippe, and Philip J. Landrigan. 2014. "Neurobehavioural Effects of Developmental Toxicity." *The Lancet Neurology* 13(3): 330-8.

Greer, Tawanda M., and Kathleen Chwalisz. 2007. "Minority-Related Stressors and Coping Processes among African American College Students." *Journal of College Student Development* 48(4): 388-404.

Hamayan, Else, and Rebecca Freeman Field. 2012. *English Language Learners at School: A Guide for Administrators,* 2nd ed. Philadelphia, PA: Caslon.

Hanushek, Eric A., John F. Kain, and Steven G. Rivkin. 2004. "Why Public Schools Lose Teachers." *Journal of Human Resources* 39(2): 326-54.

Harris, Angel L. 2011. *Kids Don't Want to Fail.* Cambridge, MA: Harvard University Press.

Harris, Douglas N., and Tim R. Sass. 2011. "Teacher Training, Teacher Quality and Student Achievement." *Journal of Public Economics* 95(7): 798-812.

Hoxby, Caroline, M. 2006. "Do Vouchers and Charters Push Public Schools to Improve?" in Paul E. Peterson (ed.), Chapter 17 in *Choice and Competition in American Education.* Lanham, MD: Rowman & Littlefield.

Hsin, Amy, and Yu Xie. 2014. "Explaining Asian Americans' Academic Advantage Over Whites." *Proceedings of the National Academy of Sciences* 111(23): 8416-21.

Inzlicht, Michael, and Toni Schmader. 2012. *Stereotype Threat: Theory, Process, and Application.* New York City: Oxford University Press.

Kahlenberg, Richard D. 2001. *All Together Now: Creating Middle-Class Schools through Public School Choice.* Washington, DC: Brookings Institution Press.

Kao, Grace. 1995. "Asian Americans as Model Minorities? A Look at their Academic Performance." *American Journal of Education* 103(2): 121-59.

Kao, Grace Sung-Tzu. 2013. *Somatic Complaints and Chinese-American Adolescents: Examining the Role of Parent-Child Relationships.* Waco: Texas A & M University. Dissertation.

Kao, Grace, and Lindsay Taggart Rutherford. 2007. "Does Social Capital Still Matter? Immigrant Minority Disadvantage in School-Specific Social Capital and its Effects on Academic Achievement." *Sociological Perspectives* 50(1): 27-52.

Kena, Grace, Susan Aud, Frank Johnson, Xiaolei Wang, Jijun Zhang, Amy Rathbun, Sidney Wilkinson-Flicker, and Paul Kristapovich. 2014. *The Condition of Education 2014 (NCES 2014-083).* Washington, DC: US Department of Education.

Kim, Bumsoo. 2011. "Changes in the Socio-Economic Position of Zainichi Koreans: A Historical Overview." *Social Science Japan Journal* 14(2): 233-45.

Kim, Mikyong Minsun, and Clifton F. Conrad. 2006. "The Impact of Historically Black Colleges and Universities on the Academic Success of African-American Students." *Research in Higher Education* 47(4): 399-427.

Kim, Youngmi, Michael Sherraden, and Margaret Clancy. 2013. "Do Mothers' Educational Expectations Differ by Race and Ethnicity, or Socioeconomic Status?" *Economics of Education Review* 33: 82-94.

Krueger, Alan B., and Diane M. Whitmore. 2001. "The Effect of Attending a Small Class in the Early Grades on College-Test Taking and Middle School Test Results: Evidence from Project STAR." *The Economic Journal* 111(468): 1-28.

Ladd, Helen F. 2002. "School Vouchers: A Critical View." *Journal of Economic Perspectives*

16(4): 3-24.

Lake, Robert. 1990. "An Indian Father's Plea." *Teacher Magazine* 2 (September): 48-53. Reprinted with permission from the author.

Lee, Jennifer, and Min Zhou. 2014. "The Success Frame and Achievement Paradox: The Costs and Consequences for Asian Americans." *Race and Social Problems* 6(1): 38-55.

Li, Guofang, and Lihshing Wang. 2008. *Model Minority Myth Revisited: An Interdisciplinary Approach to Demystifying Asian American Educational Experiences.* Charlotte, NC: Information Age Publishing.

López, Gerardo R., Jay D. Scribner, and Kanya Mahitivanichcha. 2001. "Redefining Parental Involvement: Lessons from High-Performing Migrant-Impacted Schools." *American Educational Research Journal* 38(2): 253-88.

McCabe, Janice. 2009. "Racial and Gender Microaggressions on a Predominantly White Campus: Experiences of Black, Latina/o and White Undergraduates." *Race, Gender & Class* 16(1/2): 133-51.

Margo, Robert A. 1990. *Race and Schooling in the South, 1880-1950: An Economic History.* Chicago, IL: University of Chicago Press.

Morris, Edward W. 2007. "'Ladies' or 'Loudies'? Perceptions and Experiences of Black Girls in Classrooms." *Youth & Society* 38(4): 490-515.

Motani, Yoko. 2002. "Towards a More Just Educational Policy for Minorities in Japan: The Case of Korean Ethnic Schools." *Comparative Education* 38(2): 225-37.

National Center for Education Statistics. 2011. *The Nation's Report Card: National High School Transcript Study.* Washington, DC: US Department of Education.

National Center for Education Statistics. 2013. *The Nation's Report Card: Trends in Academic Progress 2012.* Washington, DC: US Department of Education.

National Center for Education Statistics. 2015. *Digest of Ectucation Statistics: 2013 (NCES 2015-011).* Washington, DC: US Department of Education.

National Center for Education Statistics. 2016. *Digest of Education Statistics: 2014 (NCES 2016-006).* Washington, DC: US Department of Education.

Nelson Laird, Thomas F., Brian K. Bridges, Carla L. Morelon-Quainoo, Julie M. Williams, and Michelle Salinas Holmes. 2007. "African American and Hispanic Student Engagement at Minority Serving and Predominantly White Institutions." *Journal of College Student Development* 48(1): 39-56.

OECD. 2011. "How Do Girls Compare to Boys in Science?" *PISA 2009 at a Glance.* Paris, France: OECD Publishing.

Ogbu, John U. 1978. *Minority Education and Caste: The American System in Cross-Cultural*

Perspective. Cambridge, MA: Academic Press.

Ogbu, John U. 2003. *Black American Students in an Affluent Suburb: A Study of Academic Disengagement*. New York City: Routledge.

Okano, Kaori H. 2010. "Ethnic Koreans in Japanese Schools," in Ryoko Tsuneyoshi, Kaori H. Okano, and Sarane Boocock (eds), *Minorities and Multiculturalism in Japanese Education: An Interactive Perspective*. London and New York City: Routledge, pp.100-26.

Orfield, Gary, John Kucsera, and Genevieve Siegel-Hawley. 2012. "E Pluribus...Separation: Deepening Double Segregation for More Students." Los Angeles: University of California.

Orfield, Gary, Genevieve Siegel-Hawley, and John Kucera. 2014. "Sorting Out Deepening Confusion on Segregation Trends." Los Angeles: University of California, the Civil Rights Project/Proyecto Derechos Civiles.

Osborne, Jason W. 2007. "Linking Stereotype Threat and Anxiety." *Educational Psychology* 27(1): 135-54

Paulle, Bowen. 2013. *Toxic Schools: High-Poverty Education in New York and Amsterdam*. Chicago, IL: University of Chicago Press.

Peske, Heather G., and Kati Haycock. 2006. "Teaching Inequality: How Poor and Minority Students are Shortchanged on Teacher Quality: A Report and Recommendations by the Education Trust." Washington, DC: The Education Trust.

Poza, Luis, Maneka Deanna Brooks, and Guadalupe Valdés. 2014. "'Entre Familia': Immigrant Parents' Strategies for Involvement in Children's Schooling." *School Community Journal* 24(1): 119-48.

Price, Gregory N., William Spriggs, and Omari H. Swinton. 2011. "The Relative Returns to Graduating from a Historically Black College/University: Propensity Score Matching Estimates from the National Survey of Black Americans." *The Review of Black Political Economy* 38(2): 103-30.

Projections of Educational Statistics. 2000. Washington, DC: US Government Printing Office, 1989, p.5.

Qin, Desirée Boalian, Niobe Way, and Preetika Mukherjee. 2008. "The Other Side of the Model Minority Story: The Familial and Peer Challenges Faced by Chinese American Adolescents." *Youth & Society* 39(4): 480-506.

Ray, Rashawn, and Jason A. Rosow. 2010. "Getting Off and Getting Intimate: How Normative Institutional Arrangements Structure Black and White Fraternity Men's Approaches Toward Women." *Men and Masculinities* 12(5): 523-46.

Ray, Rashawn, and Jason A. Rosow. 2012. "The Two Different Worlds of Black and White Fraternity Men: Visibility and Accountability as Mechanisms of Privilege." *Journal of Contemporary Ethnography* 41 (1): 66-94.

Reardon, S. F., J. T. Yun, and M. Kurlaender. 2006. "Implications of Income-Based School Assignment Policies for Racial School Segregation." *Educational Evaluation and Policy Analysis* 28(1): 49-75.

Reyhner, J., and J. Eder. 2004. *American Indian Education: A History.* Norman: University of Oklahoma Press.

Rosenthal, Lisa, and Marci Lobel. 2011. "Explaining Racial Disparities in Adverse Birth Outcomes: Unique Sources of Stress for Black American Women." *Social Science & Medicine* 72(6): 977-83.

Ross, Terris, Grace Kena, Amy Rathbun, Angelina Kewal Ramani, Jijun Zhang, Paul Kristapovich, and Eileen Manning. 2012. *Higher Education: Gaps in Access and Persistence Study. Statistical Analysis Report (NCES 2012-046)*. Washington, DC: US Department of Education.

Rumberger, Russell W., and Daniel L. Losen. 2016. *The High Cost of Harsh Discipline and Its Disparate Impact.* Los Angeles: University of California, the Civil Rights Project.

Ryan, Camille L., and Kurt Bauman. 2016. *Educational Attainment in the United States: 2015.* Washington, DC: US Census Bureau.

Schott Foundation. 2009. *Lost Opportunity: A 50 State Report on the Opportunity to Learn in America.* Cambridge, MA: The Schott Foundation for Public Education.

Sleeter, Christine E. 2011. *The Academic and Social Value of Ethnic Studies: A Research Review.* Washington, DC: National Education Association Research Department.

Sleeter, Christine E. 2013. "Teaching for Social Justice in Multicultural Classrooms." *Multicultural Education Review* 5(2): 1-19.

Smith, William A. Man Hung, and Jeremy D. Franklin. 2011. "Racial Battle Fatigue and the Miseducation of Black Men: Racial Microaggressions, Societal Problems, and Environmental Stress." *The Journal of Negro Education* 80(1): 63-82.

Solorzano, Daniel, Miguel Ceja, and Tara Yosso. 2000. "Critical Race Theory, Racial Microaggressions, and Campus Racial Climate: The Experiences of African American College Students." *Journal of Negro Education:* 60-73.

Spencer, Steven J., Claude M. Steele, and Diane M. Quinn. 1999. "Stereotype Threat and Women's Math Performance." *Journal of Experimental Social Psychology* 35(1): 4-28.

Steele, Claude. 2011. *Whistling Vivaldi: And Other Clues to How Stereotypes Affect Us (Issues of Our Time).* New York City: WW Norton & Company.

Steele, Claude M., and Joshua Aronson. 1995. "Stereotype Threat and the Intellectual Test Performance of African Americans." *Journal of Personality and Social Psychology* 69(5): 797.

Stetser, Marie C., and Robert Stillwell. 2014. *Public High School Four-Year On-Time Graduation Rates and Event Dropout Rates: School Years 2010-11 and 2011-12. First Look (NCES 2014-391).* Washington, DC: National Center for Education Statistics.

Stoecker, Judith L., and Ernest T. Pascarella. 1991. "Women's Colleges and Women's Career Attainments Revisited." *The Journal of Higher Education* 62(4): 394-406.

Suárez-Orozco, Carola, and Marcelo Suárez-Orozco. 2001. *Children of Immigrants.* Cambridge, MA: Harvard University Press.

Suárez-Orozco, Carola, Marcelo M. Suárez-Orozco, and Irina Todorova. 2010. *Learning a New Land: Immigrant Students in American Society.* Cambridge, MA: Harvard University Press.

Suárez-Orozco, Carola, Hirokazu Yoshikawa, Robert Teranishi, and Marcelo Suárez-Orozco. 2011. "Growing Up in the Shadows: The Developmental Implications of Unauthorized Status." *Harvard Educational Review* 81(3): 438-73.

Tenenbaum, Harriet R., Catherine E. Snow, Kevin A. Roach, and Brenda Kurland. 2005. "Talking and Reading Science: Longitudinal Data on Sex Differences in Mother-Child Conversations in Low-Income Families." *Journal of Applied Developmental Psychology* 26(1): 1-19.

The Education Trust. 2013. *The State of Education for Native Students.* Washington, DC: The Education Trust.

Tyson, Karolyn (ed.). 2011. *Integration Interrupted: Tracking, Black Students, and Acting White After Brown.* New York City: Oxford University Press.

Tyson, Karolyn, William Darity, and Domini R. Castellino. 2005. "It's Not 'a Black Thing': Understanding the Burden of Acting White and Other Dilemmas of High Achievement." *American Sociological Review* 70(4): 582-605.

UNESCO Institute for Statistics. 2016. Montreal, Canada. Retrieved June 2, 2016 (http://data.uis.unesco.org/).

US Department of Education. 2015. *White House Initiative on American Indian and Alaska Native Education: Tribal Colleges and Universities.* Washington, DC: US Department of Education.

Valdés, Guadalupe 1996. *Con Respeto: Bridging the Distances between Culturally Diverse Families and Schools.* New York City: Teachers College Press.

Valenzuela, Angela. 2010. *Subtractive Schooling: US-Mexican Youth and the Politics of*

Caring. Albany, NY: SUNY Press.

Wayne, Andrew J., and Peter Youngs. 2003. "Teacher Characteristics and Student Achievement Gains: A Review." *Review of Educational Research* 73(1): 89-122.

Weiler, Jeanne. 1998. "Recent Changes in School Desegregation." *ERIC/CUE Digest* 133(April).

Weinstock, Marta. 2008. "The Long-Term Behavioural Consequences of Prenatal Stress." *Neuroscience & Biobehavioral Reviews* 32(6): 1073-86.

Williams, Heather Andrea. 2009. *Self-Taught: African American Education in Slavery and Freedom.* Chapel Hill: University of North Carolina Press.

Wilson, Valerie Rawlston. 2007. "The Effect of Attending an HBCU on Persistence and Graduation Outcomes of African-American College Students." *The Review of Black Political Economy* 34(1): 11-52.

Winkle-Wagner, Rachelle. 2010. *The Unchosen Me: Race, Gender, and Identity among Black Women in College.* Baltimore, MD: Johns Hopkins University Press.

Wisehart, Melody, Mythili Viswanathan, and Ellen Bialystock. 2016. "Flexibility in Task Switching by Monolinguals and Bilinguals." *Bilingualism: Language and Cognition* 19(1): 1-6.

Witte, John F. 2001. *The Market Approach to Education: An Analysis of America's First Voucher Program.* Princeton, NJ: Princeton University Press.

Yoshikawa, Hirokazu. 2011. *Immigrants Raising Citizens: Undocumented Parents and Their Children.* New York City: Russell Sage Foundation.

Zhang, Nanhua, Harolyn W. Baker, Margaret Tufts, Randall E. Raymond, Hamisu Salihu, and Michael R. Elliott. 2013. "Early Childhood Lead Exposure and Academic Achievement: Evidence from Detroit Public Schools, 2008-2010." *American Journal of Public Health* 103(3): e72-e77.

Zirkel, Sabrina. 2008a. "The Influence of Multicultural Educational Practices on Student Outcomes and Intergroup Relations." *The Teachers College Record* 110(6): 1147-81.

Zirkel, Sabrina. 2008b. "Creating More Effective Multiethnic Schools." *Social Issues and Policy Review* 2(1): 187-241.

第六章
作为组织的学校

有一次，我们到芝加哥富人区新特里尔高中（New Trier High School）访问，发现那所学校本身就拥有向孩子开启大学之门的可能性。那里的环境就像一个大学校园：设备先进的科学实验室、游泳池、先进的设施。学校有很多高阶的高中课程可供学生选择，每班的人数不超过15—20名。大部分学生是来自附近富人区的白人。这些学生中有93%会去四年制大学，而且其中很多是最好的常春藤学校。

与此相比，纽约市的一所小学第79公立学校（P. S. 79）则非常拥挤，每班有30多名学生。显然他们需要更多的空间，甚至连图书馆和体育馆也当作教室使用。学校没有计算机实验室或者科学实验室。教学楼也亟需修缮（Kozol, 1991）。对照这两所学校的基本情况，二者甚至连组织结构也因为学区规模和资金的不同而不同。

尽管两所学校间的一些区别与资金有关，但类似学校和班级的规模、决策过程等组织结构也决定了每所学校的基本效能。像第79公立学校这样的城市学校，它们并没有优渥的条件能够把每个孩子当作独特的个体去对待。这些学校就像一条条传送带——把学生放在一端并希望他们从另一端被吐出来。"库存学生"（warehousing students）是描述学生感受的另一种说法；成年人控制学生的行为，但是他们和大多数学生基本没有沟通。在贫穷、大而拥挤的高中，老师们一天要面对150个学生，在非常拥挤的城市学校里，这个数字甚至达到200人。这样，教师就没有时间去了解学生的需求了，有些学生就在这种嘈杂中迷失了方向。教师的工作是孤立的，他们只是执行政府所要求的常规事务。

我们从研究中可得知提供积极的学习环境所必备的条件。例如，研究显示，小规模的学校和班级会获得更好的成效，学生辍学、使用暴力和破坏公物的比率更低，校园中的积极情感更加充沛，学生对学校组织的活动的参与度更高。创建小规模的学校或是校中校是一种构建学校组织的方式，是一种满足学生需求，使教师能够持续一年以上陪伴同一名学生成长的一种组织方式建议。它便于学生与学校建立更多的联系。合作学习的组织形式会有更高的成效（Darling-Hammond, 2010, p.239）。然而正如接下来要介绍的，改变学校的这些方面，尤其是在高中，不但不简单，反而更困难（Carolan & Hammack, 2008）。让我们悄悄走进一所高中，学生将在这里开启他们新的一天。让我们一起关注许多学校里的一些典型的组织结构。

星期一，早上 8:45。我们来到了一所高中。随着我们身后那扇沉重的大门嘭地关上，大声喧哗、敲打储物柜的声音和奔跑的脚步声向我们袭来。铃声划破嘈杂的吵闹声，学生们渐渐消失在走廊尽头的门后。新的一天就这样开始了。在学校这个组织中，每个学生都知道适合自己的位置。日程表为每个学生提供引导，更新和维护这些日程是学校的一项主要的日常工作工作。如果一个学生迟到了，扰乱了组织的日常工作，学校的有关人员就会训导这个捣蛋学生，强调守时的重要性，使他的行为更符合社会化的要求。

把学校看作是一个组织的方式有很多种。在第六章和第七章中我们将把目光聚焦在学校的角色结构上，第八章是关于学校的非正式组织——课堂互动、教与学的过程以及学校氛围。在此我们研究学校系统的重要组成部分，并分析学校作为一个官僚系统的各个方面。我们的探讨将会展示学校是如何组织的——它的规模、它的师生组成结构、它的管理制度，以及影响学校运作的其他特点。我们将特别注重阐释这些特点以及其他的组织特点如何影响学校效率。学校的正式组织多年来不断发展，对学生、教师和管理者的经验都产生了重大影响。

尽管每个学校有自己的文化和亚文化，充斥着传奇、英雄、故事、惯例以及仪式，一个组织确切的实际情况关系到学校的每一项决议。正如先前的例子所展现的那样，学校的规模与其组织结构的类型和官僚化的程度相关——规模越大的学校，官僚化的程度越高。在这样的学校里，专门的工作项目由独立的办公室（处）负责（如考勤记录、学生纪律、学生健康，以及高中里的学科办公室），这使整个学校的运作和联系复杂化。这种现象就像是右手并不知道左手在做什么，也就揭示了工作专门化到底如何成为组织运作的一个消极因素。

所处的区域和学校的背景影响着学校的另一个组织特点——集中化程度，许多农村学校趋于集中化是因为所覆盖的区域人口过于稀少。由于城市人口和社区需求的多样化，城市学区内的社区居民推动了学校组织的分散化。社区的阶层和种族结构影响着学校的组织结构和氛围，私立学校或教会学校还受到其他特殊因素的影响。

当把学校作为一个组织来考虑时，我们开放系统的边界延伸到了学校和教室（图6.1）。尽管我们的重点是学校组织的内部构造，但需要记住的是系统是靠与环境的相互作用来塑造和变化的。学校为社会上其他组织和机构服务，并不能独立于其他组织和机构而存在。例如，当我们讨论学校

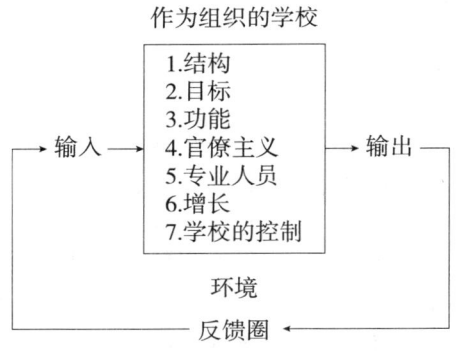

图 6.1 教育组织中的开放系统模型

的目标时，我们真正讨论的是对学校的期望、它在学校的目标中如何体现。一个较近的例子就是许多州的政治领导人所采用的"共同核心"课程，反映了他们对于市民未来经济和政治生活需求的评估。我们把学校作为一个组织分离出来，去单纯分析它的目的，由此可以作为理解整个教育系统的一个部分。

学校中的社会系统

在熙熙攘攘的学校走廊背后隐藏着一个正式的系统，它的独特之处在于每个人都能在这个系统中了解到自己的定位——去向何方、在这个系统中将扮演什么角色。根据功能主义理论，学校由许多不同的子系统或者部分组成，它们都有各自的目的，将这些部分组合在一起就构成了功能的整体（图 6.2）。如果其中某一部分遭遇困难、发生故障或者无法执行其功能，其他相互依存的部分也会受到影响。为了运行良好，为了功能实现而所需的材料或资源，甚至是为了它自身的存在，每个部分都与其他部分相互依赖。下文为你描述一个你所熟悉的学校。

1. 当我们走进一所学校时，首先迎接我们的是学校门卫（或者叫"学校资源官"），可能会让我们出示证件并在访客登记簿上登记。接着我们径直去了办公室。那里有许多工作人员，一般是秘书来接待我们并了解我们的来意。这个办公室以及其中的工作人员相当于缓冲区，日常工作就是防止学校其余部分受到扰乱。

2. 教室占据了学校的大部分空间。在教室中，教师和学生是主体，然而教室的秩序（包括教室布置、小组分工、位置、领导风格、班级规模，以及学生的类型）影响着位置持有者和他们所扮演的角色之间的关系，它们反过来又影响着教室里发生的行为。每个教室都有着独特的氛围和构成，很大程度上由教师的个性、教育方法及学生的特征一起共同创造。

3. 支持性服务对课堂正常进行而言是必要的。标准的服务包括食品、清洁和紧急医疗服务等。此外，很多学校都为咨询、技术、心理测试或辅导这些特殊服务以及图书馆服务等安排了工作人员和办公设备。整个学校系统处在一个更广阔的社会背景之中，这一背景包括了当地的社会阶层、少数群体和利益集团，区域设置，州政府及其教育委员会、立法机关、规章制度和条例，还有联邦政府及其联邦法规和经费支持。一个学校系统，包括其中的人、建筑、教室、教科书还有设备，在与环境的互动过程中，逐渐形成它目前的格局。

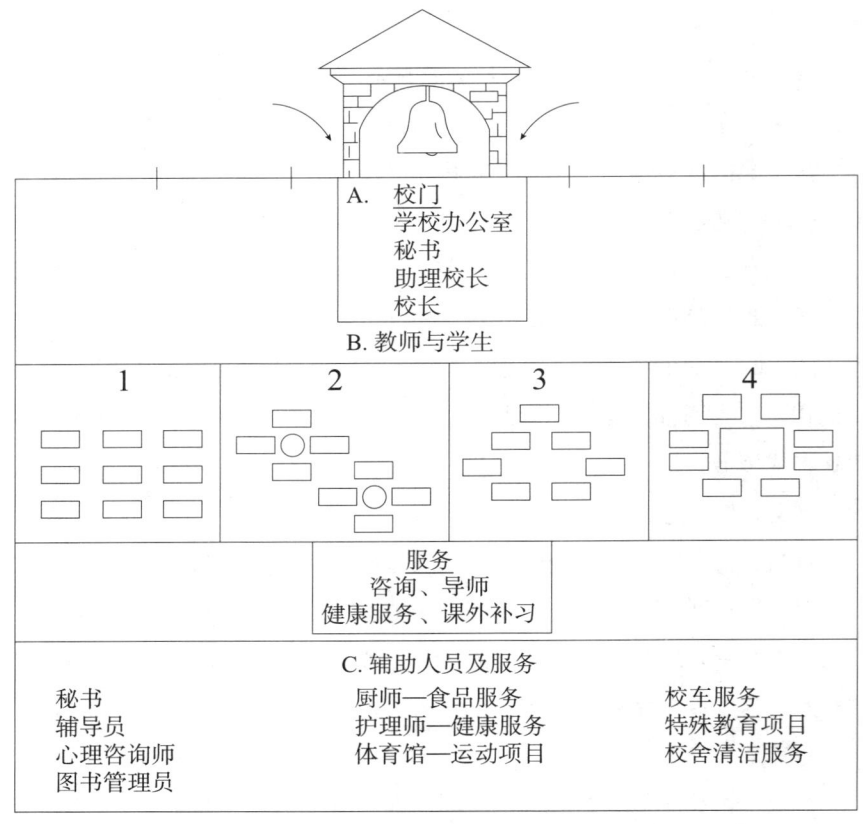

图 6.2 学校系统结构及角色

学校系统的目标

正式的目标与其宗旨保持统一,服务于社会系统多项功能的实现。它们为系统的活动提供指导,并关注成员的活动。它们暗含了社会对这种正式表达的宗旨以及实现目标所采用的方法的接受,并使得系统的活动合法化。然而人们对于什么样的目标应该被优先考虑以及如何实现目标,却总是难以达成共识。来看看关于学校课程的争议:一些大人认为学校不够重视基础技能,课程中包含了太多华而不实的"花架子"(例如艺术、音乐,还有体育);另外一些人的看法刚好相反,认为我们过分强调了专业学术知识，不利于实现更宽泛的教育目标。同时，学校也承受着来自许多社区成员的压力，特别是在像课后托管和对个人家庭的干预这样的社会服务领域，人们希望学校能够扮演更重要的角色。

因此，学校的目标便不断地被反复商议、重新制定。从功能主义理论而言，问题的解决有助于保持系统的平衡。从冲突理论而言，对学校核心目标缺乏共识可能折射了社会中强势群体和渴求改变的人这两个群体之间的不平等以及目标的不同。冲突理论并不将学校组织视为相互依赖的部分，而是将其视为一套旨在维持现有权力关系的结构。人们对学校的结构和流程有争议，都从服务于谁的利益的角度来阐释其中的冲突。现在我们简要讨论影响正规的学校目标的社会各部门的目标期待。

社会、社区和教育的目标

功能主义理论认为每个社会的教育系统里都有确切的目标，其理想是将其付诸学校和课堂的实践。重要的学校功能是将年轻人社会化为所需的成人角色；让年轻人留在学校里，延迟他们进入竞争激烈的就业市场的时间；将年轻人融入特定的社会价值观、传统和信仰，以延续社会；增长在社会中生存必备技能如读、写和公民责任等；还有将年轻人集中并分配到从专家到工人的一切需要他们的社会角色上去。冲突理论的视角将学校的社会化作用理解为培养顺从、温和的工人和自信、主动的领导者，这都取决于学校所服务的社会群体。一所学校极少会为所有的群体服务，这反映了我们的社会与族群隔离现象。

社会的分化来源于对关键目标的共识程度的不同，这样，国家教育项目在课程和教材方面也呈现出多样化。功能主义理论认为目标可以引导学校，帮助其平稳运行并支撑社会系统。冲突理论认为学校的目标反映了社会上占主导地位的权力集团的意志，它们仅代表了社会上一小部分，是他们使得不平等的等级制度长久存在。学校系统经常处于资源和观念管控的政治斗争的中心。

时间在推移，目标也会随之改变。例如，最早的社会学家涂尔干认为学校课堂的社会组织培养了社会团结的道德习惯（Durkheim, 1961）。虽然培养凝聚力依然是目标之一，但在重要程度上可能已经被其他目标所取代。教育家对于学校的课程、结构、成果的目标表述，甚至对于其中可能包含的教学价值和道德观念，都争论不休（Jackson, Boostrom & Hansen, 1993）。

每一届新政府都会针对教育制度提出目标。在老布什执政期间，该计划叫做《美国 2000：教育战略》(*America 2000: An Education Strategy/America 2000*, 1991)。克林顿政府时期的计划叫做《目标 2000：美国教育行动》(*Goals 2000: Educate America Act/Goals 2000*, 1994)，它呼吁系统的国家改革。小布什的"不让一个孩子掉队法案"（NCLB）呼吁对不达目标的学校实行严格的问责制和惩戒措施。奥巴马政府试图修改 NCLB 的目标，并添加了一项名为"力争上游"的计划，以实现其某些目标。国会在 2015 年通过的最新版本的 NCLB 命名为"让每个学生都成功法案"（ESSA），减少联邦政府在评估学校表现和问责上的参与，恢复地方和州教育局当局的权力；但还依然保留着年度测试的重点工作（Davis, 2015）。在美国每位总统的竞选活动期间，即使联邦政府对教育行使的权力有限（在宪法中未予设定，意味着每个州管控着其境内的教育），主要的总统候选人也会提出教育政策，阐明他们各自对于政府在教育中角色的思想观点。

社区中存在着利益竞争团体（competing intersest groups），而那些在学校中拥有利益的人，随便举几个例子，如学生、社会科学家、教育家、家长、政治家等，他们几乎无法达成共识，这样的诸多事实表明了美国教育目标和期望的多样性。这种目标的多样性使学区在面对诸多赞助者时陷入了两难的境地。

除了 NALB 的一些法律条文，近期关于教育改革最重要的提案聚焦于扩大家长对学校的选择权。"特许"学校对于家长来说是最佳选择。在绝大多数城市里，这些学校是由公款资助，却由私人组织运营。它们接受一个由正规的州教育当局颁发的"特许状"，并且必须遵守所在州颁布的许多规章制度，但它并不归地方学区或是当地教育委员会管辖。对于这些学校的效能与运营这些学校的组织存在相当大的争议，我们将在本章后面讨论这个话题。

对于社区和家庭而言，学校目标包括了形式化和结构化的社会化体验，促进同伴互动；帮助家庭实现子女学有所成的目标；让孩子在竞争激烈的市场上有更多的选择；培养适应社区的年轻人。在社区中，个别的组织或者家庭或许因为社会阶层、宗教派别、少数族群身份等原因，而对目标有着不同意见。

各社区对学校的期望可能要比社会的总目标要具体得多。举例来讲，正如经典作品《榆树镇青年》(*Elmtown's Youth*, Hollingshead, 1975) 描述的那样，农村地区传统小镇里的学校可能会强调努力工作、道德取向和其他美国主流价值观。占主导地位的社区成员（商业领袖和政治家）控制了学校委员会的选举，并将试图改变这种现状的教师淘汰出局。而城市学校由于其服务于各类人士，在教学目标上共识更少，并且将更多的精力放在了纪律和管控的"目标"上。郊区学校则可能更关注成功与成就方面的目标，这是其所在社区和赞助者目标要求的反映。为了满足社区的需要和期望，象征、格言和学生手册中所阐述的通识目标不断地被重新定义。由于受到来自社区的政治压力，学校将决定权交予了当地的学校理事会。

关于学校目标的一种思路涉及这个学校是促进学生的社会（阶层）流动，还是帮助他们维持在其父母所在的阶层。在郊区的富人学校，人们期望它们能帮助学生保持在同其父母一样的中层阶级或是中上层阶级的位置。而许多城市学校则致力于帮助穷困学生寻求在社会上流动，以改变其阶层的道路，例如，从那些可能是家中第一个上大学的人身上来提升大学入学率。这些目标都有着显著差异并且需要完全不同的资源和行动来达成。

正是因为持续变革的压力，教育目标的表述才会被广泛接受："我们的目标是让学生为未来全球化做好准备。"这避免了学校与政府、与社区、与家庭、与其他团体的冲突。然而，模糊而通俗的目标表述也意味着学校很容易受到来自许多利益冲突集团的影响和压力。

学校的目标

关于目标如何竞争与变化，可以在美国中学教育的发展中见到重要的历史例证。直至内战结束，这些学校绝大部分都曾经是私立学校，主要是为上大学做准备，而当时很少有人上过大学。当时的教育除了基本的读写能力和计算能力之外，与大多数成年人的生活或职业无关。1894年的"十人委员会报告"反映了这种观点，他们主张随着学校数目的增加，课程不应该包含任何不能进入大学课程的内容。直到1918年，全国教育协会的重组中学教育委员会才建议，中学教育应该"发展每个人的知识、兴趣、理想、习惯和能力，让学生能找到自己的位置，并以此实现将自己和社会推向更高尚的目标"。报告中所展望的高中并不局限于那些为上大学而做准备的少数青年人，而是面向社区所有青年的全面（comprehensive）教育，无论他们将来选择怎样的道路（Hammack, 2004）。

尽管这显得有些老旧，许多地方学校最近的目标表述反映了一些基本的美国价值观：良好的公民素养，或者说适应社会需求；个性化，或者说是用可接受的方式来做自己的事情。事实上，这些目标并未触及美国社会的某些群体。正如我们在第三、四、五章中所讨论的那样，机会均等与现实情形相差甚远。

公立学校的既定目标通常与操作程序有出入，它描绘了将要发生的事情，以及在每所学校都要进行的项目。为了达到既定目标，这些程序聚焦于课程内容、课堂风格和组织结构。学校的明确目标必须转化为行动；在这个过程中，确定目标和阐释目标会产生冲突。

社区和学校中的次级团体可能有着与正式颁行的目标不同甚至是相矛盾而又未被陈述的非正式目标。例如，教师可能会设法在与社区之间设立缓冲地带，以保护他们的职业自主权，而学校则可能会向家长和社区成员公开宣传一种开放的政策。教师和学校可能会设定保护性界线，以维护学校执行目标和学术项目的控制权。另一个例子涉及一些家长为他们的孩子提出的目标。据罗达和威尔斯（Roda & Wells, 2013）说，位高权重的家长为了寻求自己孩子的利益会向教师以及管理层施压，而不顾及其他学生的利益。资优学生班级的主张就会与对低水平学生的重点关注和资源投入产生冲突。

有两种典型的学校组织控制模式：在高度分散的学校里，教师和管理层有着实质性的工作自主权；而在组织严密且集中的官僚机构里，教师几乎没有自主权。正如我们在第七章中将要讨论的那样，在不同类型的学校里，教育理事会、校长和教师所采取的行动以及所实施的控制程度不同，决定了他们已表述或未表述的目标控制水平，以及教师和学校的自主权（Ingersoll & Merrill, 2012）。

个体的目标

个体在学校中扮演的角色不同，其目标相应地也就不同。我们要考察学校里教师、其他教育专业人士以及学生之间的不同动机。对于学生个体而言，学校是义务性质的，学生必须入学。然而，学校同时也提供机遇——社会学家将其叫做隐性功能，让学生可以与其同龄人在一起开展体育和其他活动。学生的受教育目标因个体动机而不同，有人16岁之后就不再上学，有人则会接着上大学。许多学生在进行富有挑战性的学术课程学习时，如果能从中获得回报，他们就能由此受到鼓舞。

对家长而言，目标是为他们的孩子提供出人头地的机遇，或者是仅仅让孩子在这里待上大半天。管理层和教师都期望拥有高质量的教育，但他们依然有类似于金钱、声望以及一份满意工作的需求。

刚才讨论的目标反映了教育服务于社会、帮助孩子做好进入社会的准备的许多功能或意图（第二章中已经涉及），同时也说明了这些目标之间可能出现的冲突。

> **思考与应用**
>
> 在你所在地区的学校里，学校理事会会议上哪一类目标之间的冲突最为常见？它们牵扯到了哪些利益团体？

作为组织的学校

萨莉·约瑟夫（Sally Joseph）是一位五年级的教师，因在阅读和数学上的成就以及亲近孩子的能力，她在学生和家长中很受欢迎。在她可及空间与学区设定的目标的范围内,如何组织并展示她的材料,首先可以由她个人决定。然而,在一个较大的组织系统里运作,既给她带来机遇,也伴随着限制。社会学家通常将学校看作一种官僚组织,但他们也指出,对于教育组织而言,官僚组织模型具有一定局限性;在商业组织之类的常规官僚机构中起作用的东西,在学校中或许完全无效。然而我们应将学校看作官僚组织,许多问题都与此模式及其替代模式有关。

作为官僚组织的学校

官僚作风!有多少次我们举起双手对官僚机构的繁文缛节、形式主义、人情寡淡和态度冷漠表达我们的厌恶之情?让人当作数字来对待是多少叫人愤愤不平?在官僚组织的刻板面孔背后,是无数生命历程、感受和经历与我们相似的个体。是什么造成了我们对官僚机构怒气冲冲?就其分内之事而言,官僚制度是一种合理且有效完成任务和回馈个体的方式。然而,它同样可以成为一种没有人情味、缺乏效率、烦琐累赘、对人们的需求反应迟钝的组织,比如,当你站在线外等候办理诸如付款、注册、更新驾照等业务时,你可能就会体验到这种感受。

尽管我们会抱怨,但官僚组织在我们社会中起着至关重要的作用。一种制度如果基于裙带关系和偏袒,而不是基于绩效来挑选和提拔,肯定会引起不平和歧视的抱怨,多数社会都将为此陷于瘫痪。如果将组织区分为正式和非正式(将在第八章讨论),我们将会更好理解官僚组织的运作及其与学校的关系。

在将学校作为一个官僚组织来讨论时,谨慎是很有必要的,因为学校是一种独特的组织类型。学校与众不同,因为对学生而言,它们并非出于主观意愿而选择的,但是学校却被报以如下的期待:传播价值与理想、分享知识、促进认知、发展情感、为将来成人后的不同状态而分类并进行筛选——读大学的料、有前途的人、聪慧的家伙,等等。依照组织分化,学校分为若干个班级,学期分为若干个阶段,学生按照年级或考试成绩分为若干小组(Hurn, 1993)。其他的官僚组织有着不同的目的和结构,还有主动参与者。

官僚组织的特征

在工业革命期间，官僚制组织形式在西欧和美国变得非常普遍，主要是因为它被认为是以高生产力和高效能为目标的最有效、最合理的组织形式。

第一章简要讨论过马克斯·韦伯的"理想型"特征类型学，他描述了构成一个官僚组织的基本要素（Weber, 1947）。没有一个真实存在的组织能够与这些理想型的特征完全匹配，不过他给出了一整套完备的特征来与真实的组织作对照。因为他概述的特征具有合法性，使得组织很难不遵从这些运作方式，至少表面上会依此而行。与此同时，我们不能忘记的一个事实是，在官僚机构中掌握着话语权的是人而非机器人。人不是严格遵循固定脚本的行为者，而是通过与组织中其他人的互动来形成脚本本身（Hallett & Ventresca, 2006）。在下面六条阐释中，斜体字部分是韦伯所说的特征，其次是大卫·高斯林对它们与学校关系的阐释（David Goslin, 1965, p.133）。

1. 日趋精细化的*劳动分工*，不仅体现在行政管理上，也体现在教学层面上，既关注将从业人员输送到最适合他们的岗位上，也涵盖了招聘、晋升和解雇政策等一系列程式。

2. 一套完善的*行政等级制度*，包含了一条特定的权力链条和指定的交流渠道。

3. 逐步积累的*具体条例和程序规则*，涵盖了从咨询、指导到学校范围或系统范围的测试项目与涉及历史、公民和社会研究等许多学科的主题学习要求等所有事物。

4. 师生之间以及教师与管理层之间的人际关系不受重视，以及由此产生的*更加形式化和情感中立的角色关系*的重新定位。

5. 强调整个组织以及组织内部过程的*合理性*。一般而言，特别是在中学这一层面上，有一股朝着多数政府机构和许多工商业公司所代表的理性官僚组织方向发展的运动。

6. 除了高斯林（Goslin）所讨论的这些特征之外，韦伯的观点认为

262　教育社会学：一种系统分析的方法

个体在组织中所持有的地位隶属于组织。因此，当一名管理人员、教师或学生离开了这个系统，新的个体就会进入组织，并持有他们的地位。

让我们更细致地审视韦伯所说的官僚组织的特征，观察它们在学校中如何显现出来。

劳动分工、聘用与辞退、晋升政策

这是所有组织都有必要并且持续在做的任务，学校也不例外。

劳动分工　在我们的工作中，每个人都有自己特定的任务，在家如此，在学校也如此。我们成了专业人士。由于程序繁忙，如果我们每个人都知道自己所负责的任务，并熟练地予以完成，工作效率便会提高。高度专业化可能导致的一个问题就是容易倦怠，可以去看看一个每天八小时面对单调无聊任务的流水线工人。然而，对于一名教师来说，每个学生、每个课堂都完全不同，并且充满挑战。这其中，有资源和技术的不断更新，还有新知识的学习。学生需求的变化可以缓解无聊，但是工作的强度同样会导致倦怠。这一问题将在第八章讨论。

基于能力和技巧的聘用与辞退　下面文字选自一个大学区对教师岗位的描述：

教师的职责　教师承担由校长分配给他们的班级任务。他们负责班级的教学、进度和纪律，在校时间忠于职守。教师应依循教育计划，在校长指示下，在学校建筑物之内或周围，提供以下辅助工作：家长来访和学生咨询，走廊、餐厅、操场上的监督，参加专业员工会议等。（教师岗位描述）

依照全面的资格认证规则和测试、人事政策、招聘委员会及其工作程序、机会平等的规范，学校工作人员必须明确达到符合岗位要求的资质。培训机构在为个体培养学校岗位所必备的能力和态度方面变得很重要。州一级或者地区性组织通常授权教育学院来开展这类培训，教授教师岗位所需的技能,并按照联邦和州教育管理的规定来执行。教育学院本身也作为一级筛选点;在修习教育学的学生中,那些适应系统、遵守规则的学生似乎更可能获得极力推荐而进入学校系统。

基于绩效的晋升和薪酬　薪酬安排与晋升标准通常由地区教育主管办公室制定,学校理事会批准,如果教师成立了工会组织,那么还需要双方代表谈判。薪资和晋升的标准与个人受教育水平和工作年限有紧密关系。最近,一些州正在实施一些办法来判定一位教师的价值,其中有一大部分是通过学生的考试成绩表现来评价的。这些规定着重从学生经过教师教学之后的取得成绩的"增值"部分来评价教师。然而,这些计划在教师和许多家长中都引发了很大的争议。我们会在接下来的章节中更详细地讨论这个问题。

权力等级制度　在礼堂,不用花多少时间就能看明白谁是领导、谁是被领导。任何官僚组织里的权力层级在都能用图解法来表示,大多数学校都能契合在图 6.3 中所呈现的模型。

这个层级暗含着学校中的沟通渠道。依据在层级关系中所处的位置,一个人可以收到并发出不同类型和数量的信息。参考一下你的大学教室:这里就有各种不同的教学风格、课堂规模和信息流动。一种典型的模式便是从教师到学生的下行传播流动。许多教育家主张改变单向流动,鼓励更多互动的方式,以缓解在许多大型官僚组织里所产生的人际疏远。更多的教师应该成为学习过程中的"协助者",而非"主管者"或者是单向传播者。

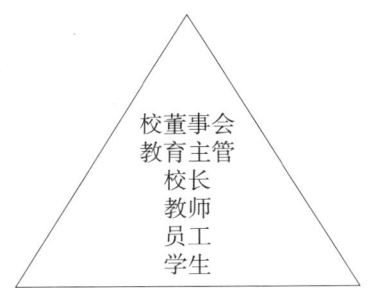

图 6.3　学校中的权威层级制度

个体在官僚组织中所承担的职责中，有一部分涉及相互关系，也就是说，与组织中的其他人之间的关系。这可以通过名字的使用来说明：教师通常会叫学生的名字，但反过来的情况却并不常见。这种等级秩序的差异也可以通过教师或是管理人员的正式头衔让人体会到。单一的常规的组织层级图表无法精确描绘权威与权力来自何处以及如何行使，但它可以给出结构和常规关系的图景。

规则、条例与流程　学生早上 8:40 开始进校，迟到的学生必须到办公室领取迟到通知单（tardy slip）。早上 8:50，学生开始上第一节课，这是由规章制度设定好的程序。此外，学校里还有形塑大多数行为方式的规则，包括着装、盥洗室的举止、自助餐厅时间、休假、课后活动、坐校车的举止，等等。

每个个体都将接受系统的规则及相关的规章制度。这些规章制度通常会正式地呈现在新生的入学指南中，或者写在学生或教师的手册里。然而，大部分的期望还是通过一些非正式的行为（比如，平时的观察、讨论和嬉笑怒骂）得以实现，或者因违反了规则而受到的严厉制裁。我们进入新环境时所感受到的焦虑，部分都出于对违反规则、失礼失态、被拎出来嘲笑的恐惧。绝大多数人都希望能避免这种尴尬，所以我们会尽最大努力去适应。

形式化、情感中立的角色关系　个体在官僚组织中如果地位相同，其待遇也相同。这至少是一种避免偏袒的方式。下面的例子就可以说明这一点。学校举行标准化考试时，所有孩子在会堂里坐成一排，手拿着课本被告知"开始""现在打开第……页""停""合上你的试卷""把它传给右边"。

规则中的例外现象，比如，那些给标准化测试带来例外现象的人，可能会给官僚机构带来麻烦，效率基于同一性的假设，每个异常都需要从组织例行工作中抽调出时间和精力来应对。如果某一个体被"差别"对待，可能就会受到特殊优惠对待、偏见或歧视的指控。形式化的、非个人的对待渗透到我们学校系统的许多方面，但是在涉及人际关系的地方，形式化的关系正不断地受到挑战。人类并不总是能适应简单高效的条条框框。

这些规则通常适用于相关类别中的每个人。同等对待所有学生是一种期望，尽管有许多"老师的宠儿"被赋予了其他人无法享有的特权。这些"宠儿"的存在凸显了权力如何在教室里行使。经常无视平等原则的老师在学生的眼中会很快失去其合法地位，从而威胁到他们让学生心甘情愿服从他们期望的能力（McFarland, 2004）。

组织的合理性 组织的趋势在于寻求更有效率的方法，来履行其功能，实现其目标。学校也不例外。因此，随着学校规模的扩大，形式化、专门化和集中化也在不断强化。一些校区尝试回归到小学校和小班级，通过分散决策将人的因素带回学校，从而可能接触到被疏远的学生。"分布式领导力"这一术语有时用来描述学校组织中更宽泛的权力配置（Spillane & Coldren, 2011），"人本主义"常用来描述学生与教师关系中并不强调恪守统一的规范，尤其在小规模学校里（Bryk et al., 2010）。

组织中的职位 她的退休晚宴上挤满了祝福者：她曾是一名受欢迎的教师，深受同事和学生喜爱。她即将离开，其职位将有人接替。明年秋季新学期，年轻的教师将来学校，为这份工作带来全新的个性和不同的天赋。

有件事很明确：组织会对职位加以描述，并阐明该职位所应拥有的权利和责任。每位应聘来担任该职位的个体却会用其独有的方式来行事，将其个性和经验注入工作中。我们知道麦克利尔丽女士（Mrs. McClearly）以纪律严明著称，而拉希姆先生（Mr. Rahim）擅长教授数学概念，诸如此类。然而，每个人拥有职位的职责描述却完全相同。

在韦伯的理论中，职位持有者只有在与其工作有关的领域里才有超过其他人的合法、正当的权力。权力是一种赋予持有者做决定、发挥影响力、操控特定领域的力量。在学校系统里，主要基于专业知识和层级结构中的地位来授予合法性。如果一位教师逾越其职位所赋予的权力之外，其合法性可能就会受到质疑。例如，你的老师或教授无法要求你晚上休息好，早上吃好早餐，或者甚至要求你花费一定的课外时间去进行与学校有关的活动。

当一名教师退休、辞职或是被辞退，接替者将承担同样的责任，人们同样会对新的职位持有者表示忠诚。每个人表示忠诚的原因可能会各不相同——对权力或是对这个人专业水平的敬重，或者是因为心里清楚，此人手里攥着工作机会、薪资或是评分的权力。只是职位和其相应的责任会保持一致。

在一个层级结构中，与那些等级较低的人相比，专业人员通常训练有素，并且在工作时享有更多的自主权及自由。其专业属性通常可以通过观察他们的工作是否例行公事来验证，其工作成功与否取决于基于经验的"专业判断"、专业知识与专业能力的掌握。他们所拥有的自由的多少，实际上取决于他们的互动角色和他们的工作环境。

在一个组织中认识我们的角色，也部分地包括了对互动角色的理解：学生与教师、教师与校长、学生与同龄人。符号互动理论阐释了我们为了应对各种情境，不断"扮演他者的角色"以自我调整的过程。这有助于我们认识自己的角色及其局限性，了解互动角色持有者的预期心态，这样我们可以理解并满足他们的期待。

学校作为官僚组织的发展

在 19 世纪，学校散布于全国各地，规模完全依赖于所在区位，但是与如今的中心城区大学校、统一的农村学校相比，其规模大多数都很小，通常一个教室里有多个不同的年级。

> 1865 年，公立教育制度在北部、中西部以及西部的各州建立。这一时期公立学校的规模大小不一，组织和课程都取决于它们所处的位置。大多数美国人都生活在农村地区，这个地方最有可能找到有一两间教室的校舍，这里一个学生的进步不是每年都从一个年级升到下一个年级，而是他完成了一篇课文后开始这个系列的下一篇课文。只有在大的城镇或者城市才引入了年级。
>
> ——Binder, 1974, pp.94-95.

早期公立学校的组织和经费支持主要来自为孩子寻求机会学习认字和计算的父母。随着入学人数的增加，国家教育组织也发展壮大，有关如何组成学校的法律也日益增多。由于美国宪法没有提到教育，所以这是各州的问题，不是联邦的也不是司法权的问题。各州制定了组建学区的计划，选举学校理事会成员，并通过地方财产税来规范其融资行为。地方主义得到强调，不同学区间的学校有很大差异（Fischel, 2009）。到了20世纪，这些差异开始缩小，各州教育当局开始规范学区及区内学校，使它们更加接近。这一历史性的治理模式有许多持久的后果，这一点我们都认同，但是，还应该考虑，学区内财富的差异决定了不同学区的学校，经费多寡有很大的不同。由于通过地方性财产税来建立学校经费保障制度，不同的学区在其资助学校的能力方面产生巨大的差异，各州已经采用"均衡化"准则来分配自己的资金，以减少它们之间的不平等，但巨大的差异依然存在（Odden & Pincus, 2014）。

> **思考与应用**
>
> 在你们的学校系统中，公立学校经费来源情况如何？地方财产税、国家基金、联邦财政资源各占多少比例？

中等教育的普及运动迫使早期的高中教育向现代模式转变，主要的变化包括公共教育官僚化，个体学校由原来的灵活结构转变为高度集中的管理结构，其中教师的权力变得极小（Tyack, 1974）。

进入20世纪以来，学校规模越来越大，也越来越具有官僚色彩，表现出许多与韦伯"理想型"官僚组织更相似的特征。学校人数规模的改变以及向城市中心迁移的结果是学校的集中化和官僚化。这些变化促成了学区的强大，其部分原因来自州官僚机构的现代化推进了这一变化，部分原因来自学生数量的日渐增多。从1985年到2013年，公立和私立的中小学入学率增长了26%（NCES, Digest, 2013, Table 203.10）。大部分的增长是由于幼儿园入学人数的大幅增加（3—5周岁），从1980年的9.6万人增加到1990年的30.3万人，再到2000年的77.6万人，到2010年达到了127.9万人。教育的入学率增长既包括了少年儿童，也包括了高等教育年龄的人;从 2002 年至 2012 年可授予学位的高校的入学率增长了 24 个百分点。（NCES, Digest, 2013, Table 303.10）。根据迈耶和罗恩（Meyer & Rowan, 1978）的说法，入学率的增长还与国家发展的全球趋势和现代化世界里公民权利的扩大有关。各地的教育官僚组织都服务于社会，并不仅仅服务于个体或家庭，它们有助于从社会不同群体中"分类、筛选和分配"个体进入职业和社会结构中。大卫·P. 贝克（David P. Baker, 2014）在其专著《学校化社会：文化全球化的教育转型》(*The Schooled Society: The Educational Transformation of Global Culture*) 中，讨论了全球范围内正式教育向上和向下扩张的社会化结果。我们将在第十一章回到这个主题。

教育官僚组织的问题

任何时候，我们总是试图在一个组织里将人整齐地划分为若干类型，以追求效率的最大化，但总有一些人并不适合划分进这些类型里。事实上，作为特有的官僚组织，学校内部可能会产生一些问题。思考以下几种问题：

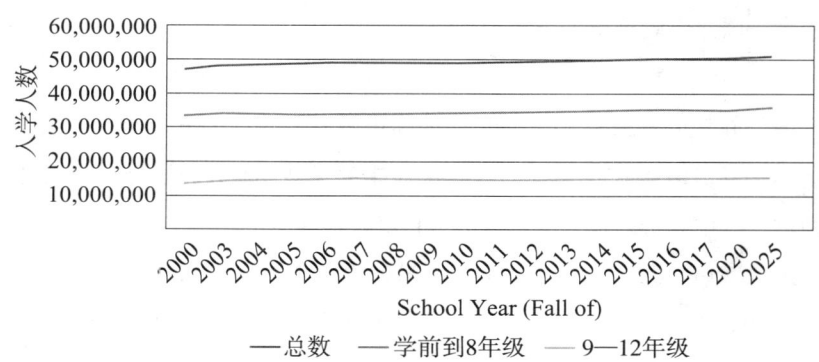

图 6.4　2000-01 学年至 2024-25 学年，从学前（PreK）到 12 年级公立学校实际和预计的年级入学人数

注：入学人数包括幼儿园到 12 年级的学生以及一些托儿所的学生。从 1980 年秋季开始，数据包括了对私立学校领域扩张的估计。预计 2004 年到 2016 年入学率将增长 9%。

来源：U. S. Department of Education, National Center for Education Statistics, Common Core of Data (CCD), "State Nonfiscal Survey of Public Elementary/Secondary Education", 2000-01 through 2012-13; and State Public Elementary and Secondary Enrollment Projection Model, 1980 through 2024. See Digest of Education Statistic 2014, tables 203.20, 203.25 and 203.30.

1. 规模巨大的入学人数导致考试成绩成为筛选、分派学生的主要标准，因而成为影响每个学生前程的决定性因素，而对学生家庭、背景、问题、动机、习惯以及其他个体特征的深入了解则受到了忽略。

2. 因为官僚组织杜绝个人之间的联系，学生尤其是处于不利地位的学生不能得到咨询和支持，或者通过与"易于让人接纳"的角色榜样交往而培养积极的自我形象。

3. 正式制度趋于过度控制学校人员的行为，也难以规避一些问题的出现。

4. 教师和学生经常感到无力改变学校状况，因而对于问题的解决变得漠然。

5. 教师，特别是管理人员，可能发展出一种缺乏安全感、过度保护自己职位、专业趋于窄化、越来越不关心教学、日常行为刻板的官僚化人格特征。

对于学生而言，学校的官僚组织像一个令人困惑和疏远的迷宫，但是他们却必须通过这个迷宫来发展自己。当这个组织逐渐变大时，我们容易被种种条规缠住，对官僚组织也会产生消极的情绪；组织将我们当作正在被处理的数字来看待，正如下面所言：

用一个极端的例子，纽约的八年级学生必须从总数接近400所学校和600多个独立的项目中挑选，从中申请12所之多的高中。每年大约有8万名学生都会经历这个过程，他们会综合考虑学校是否有招生要求（是否是一所"筛选型"学校，要求包括考试分数、GPA、出勤信息等），或者对学生有特定的城市区域要求，申请将由计算机进行处理。当这个过程力求公平地为学生及其家庭提供各种选项时，这往往是一个令人生畏的复杂过程。许多学生可以进入他们首选的学校，但是其他人则只能进入他们挑选的学校清单中的保底学校。受欢迎的学校有数以千计的学生去申请，可实际上只有几百个位置。或许最麻烦的是，最近超过 8000 名学生根本没有落脚点，不得不在第一轮录取结束后仍然有富余名额的学校中，再列举一个替补志愿名单。然后，可以启动一个申诉程序。很多父母都说，这是他们最焦虑的时间段：我们不是在讨论选择一所高校。

——Robbins, 2011, p. MB1.

系统越庞大，官僚主义越根深蒂固，变革的阻力也就越大。教师每节课面对 30 个甚至更多的学生，一天六节课，就不太可能意识到每个学生的问题，并投入时间和精力去处理。因此，在对 5000 个个体进行加工的高中系统里，学生个体也许会在缺乏面对面机会的情形下变得越来越疏远。我们将在讨论中看到，人们针对缺乏人情味的官僚组织提出了各种各样的解决方案，其中一些建议包括了决策的分散化、将大型学校分解为更小的单位、缩小班级规模、变革课程、个性化教学以及让学生更多地参与学校和社区管理。

认识作为现代组织的学校：结构和模型

关于中学或初中与其他一些组织结构相比所具有优势的争论可以用来说明这些问题。最近的趋势表现出由初中（7—9 年级）和中学（5—8 和 6—8 年级）的结构转向 K-8 或者 K-12 的结构。这两个结构模型，结合美国教育的整体结构，可参见图 6.5。我们应该如何来组织一所学校，这个问题并没有明确的答案。因为学校与社会上其他机构的联系非常紧密，每一个机构又随时会发生变化，最好的问题是：学校应该"松散耦合"还是严格控制？这个问题引出了学校作为组织的两种途径，让我们一起来思考这两种想法。

在一个组织内部，一个层面上的活动和决策不一定反射在其他层面上，这样的组织被称为松散耦合（loosely coupled）组织。这种描述可以用来说明许多学区的特征。这种组织结构的一部分还源于教育系统里不同层级水平的自治和实体分隔。正如先前例子中的萨莉·约瑟夫一样，在教室里的

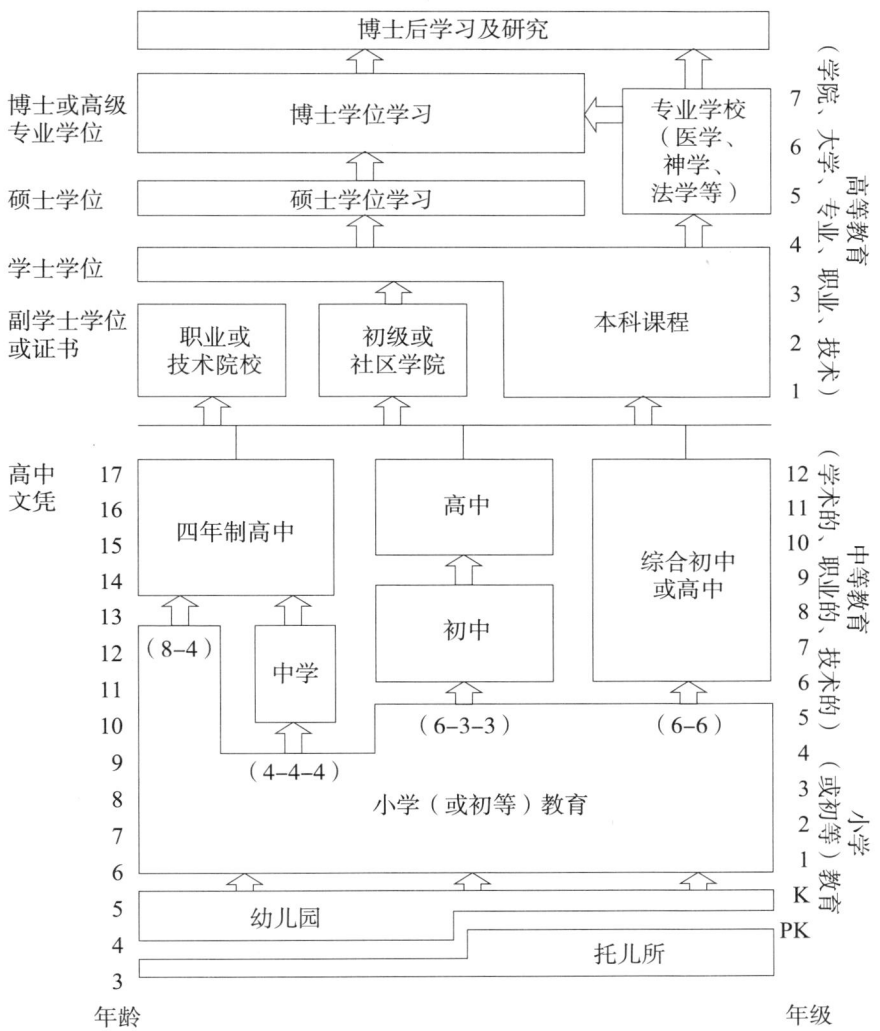

图 6.5 美国的教育结构

注：成人教育计划没有单独设定，可以提供小学、中学或大学水平的教学。图表只反映升学发展的典型模式，并非所有可能的变化。

来源：U. S. Department of Education, National Center for Education Statistics. Annual Reports Program, 2005. http://nces.ed.gov/programs/digest/d05/figures/fig_01.asp.

教师们被空间分隔开来，并享有专业自主性（Gamoran and Dreeban, 1989），许多渴望自主的教师都支持并喜欢这种设置情形。管理者授予教师支配课堂组织的权利，也能促进他们的自主。一些传统理论通过关注官僚制、学校管控机制或环境压力，来理解教师在控制决策行为中的行为与感受，相对而言，将学校作为松散耦合组织来考虑，也许能更接近教师所面对的现实。正如我们之前所指出，官僚组织里的人通过与组织中的其他人互动，而改变他在组织中的角色。然而，"不让一个孩子掉队"政策要求在课程中加强问责制、考试和变革，所有这些都加强了耦合，并导致更集中的决策（Hallett & Ventresca, 2006）。尽管奥巴马政府的教育政策为地方学校提供了资金，这些学校依然要为自己的支出和结果负责。

决策制定者试图对课堂教学产生影响的各种尝试通常都会失败。根据松散耦合模型，管理层所做的决定通常对课程影响甚微，而且，教室里发生的事往往会在学校的正式层级中受到屏蔽。许多管理人员始终在教学问题上都没有花费什么时间。在一个教师充分自主的情境里，学校及其管理层所面临的困境便是教育活动中的中枢协调（Weick, 1976）。今天，共同课程的标准化考试正越来越多地普遍举行，这或许可以减少这样的困境。

在多层级管理的都市大学区都可以看到关于教育系统松散耦合的例子。与此相反，美国的私立学校，如预科学校和天主教学校，就更加紧密耦合，但其行政管理方面却并不复杂；紧密耦合在大多数情况下会让课程更加连贯（Bryk et al., 2010）。在天主教学校里，教师根据课程大纲，可以更灵活地掌控课堂实践，一些研究指出这将赢得更高的满意度（Lee, Dedrick & Smith, 1991）。在行政管理控制了资源的供给与利用的地方，比如，材料费和资源的配置、时间分配以及学生分布等，教育系统里的各单元或许会变得更加互相依赖，受到更加严密的控制。系统到底如何紧密或是松散地耦合，也因年级和科目的差别而不同（Gamoran & Dreeban, 1989），同时还有来自地区、州、联邦政府对考试和对学校系统、老师的问责的压力。可以明确的是,"不让一个孩子掉队"和"力争上游项目"都试图加强评估与教学之间、集中的教育目标与课堂教师之间的联系。在讨论教师的评价与报酬的时候,我们将对此有更多了解。

制度理论与分析关注教育的系统环境和广域的文化规范的影响。使用这一方法的研究人员,围绕着几个问题展开他们的研究:为什么在不同的社区甚至国家里的许多教育机构都有类似的实践和结构?这些机构如何适应当地以及国际上环境状况的变化?是不是文化中的更广泛的力量导致了跨组织的全球变化?(Burch, 2007, p.84)

制度理论通常认为广域的文化模式指导组织,组织采取同样的模式去适应更庞大的国家以及全球体系。学校同样也被学校中各种角色扮演者(管理人员、教师、学生)及其行为所影响(Hallett & Ventresca, 2006)。例如,教师如何执行相关政策会直接影响到变革,课堂中的教师共同体能够影响到更庞大的系统。参看学校和课堂中的技术引入,教师如何采取并执行技术计划将影响到系统层面的全面实施(Shaffer, Nash & Ruis, 2015)。

从新技术到财政压力,外部环境一直形塑着教育系统(Mayer & Rowan, 1978)。随着教育系统不断处理来自环境的新需求,其行政机构也变得愈益复杂。

学校里的新项目通常都来自外部资源——营利或非营利的供应商,例如,私立教育企业推出的考前辅导课程、阅读项目或者技术学习系统。新项目在各学校的实施方式也许会相差甚远,它依赖于学生需求以及必须推动这个新项目的教师。这就是制度理论与松散耦合实践交汇在一起的地方(Coburn, 2004)。"从制度理论出发的研究所带来的必要的细微变化,可以帮助我们更好地理解教育制度和实践如何与制度环境互动,从而形成政策的结果"(Burch, 2007, p.84)。图6.6阐明了制度理论对影响学生成绩和良好教学的广域的教育文化力量的认识。

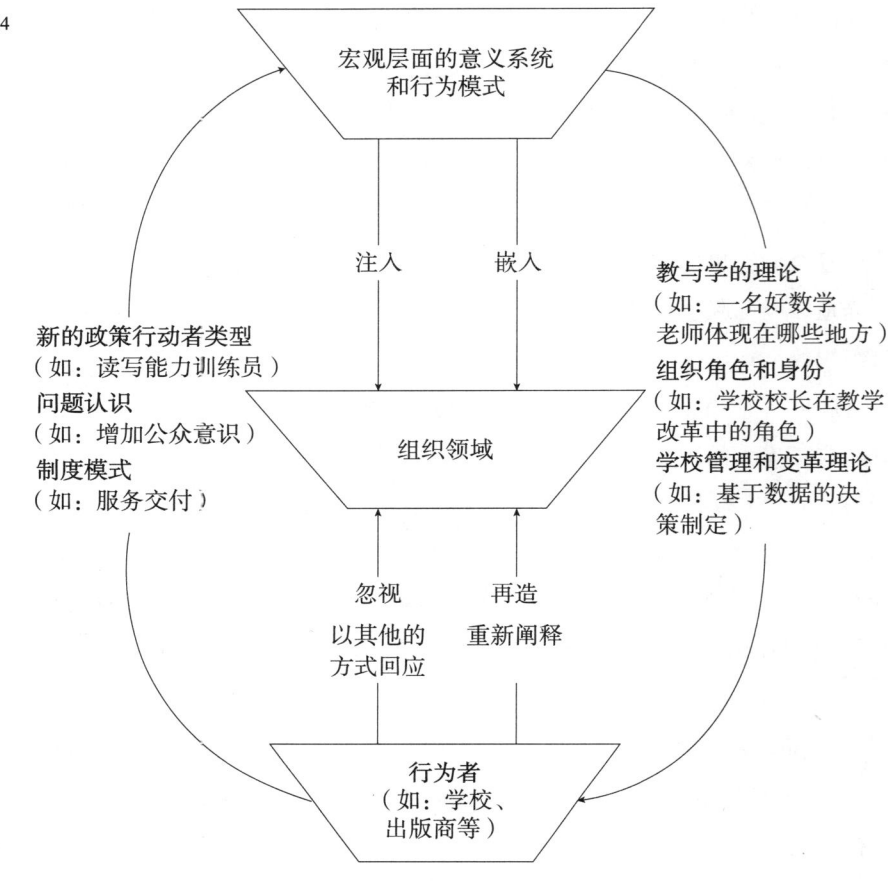

图 6.6 制度视角下的教育政策和实践

来源：改编自 Scott and Meyer, 1984。

思考与应用

对于学校来讲，官僚组织模型的哪些方面有用？哪些方面可能无效？

集中与分散决策：学校的控制之争

每个系统都有作决策的权力中心。多年来，学校社会系统的权力中心点一直处于争议中。关键问题聚焦于权力应集中在一个中心还是应分布在系统的各个部分，以及谁可以为什么人作出什么层级的决策。这一节关注在教育系统中权力和控制如何分布，关注教育中的政治，如上一节所强调，这本非它的组织性质。从学校理事会到教育主管，到课堂上的教师，再到学校里的个体参与者，许多决策发生在系统的每一个层面（Barr & Dreeben, 1983）。大多数理论模型都将决策分为两类：集中与分散（Ingersoll, 1994, p.150）。

集中决策

组织内部决策集中程度的变化，往往与系统规模的大小、系统松散或紧密的耦合状态、系统内成员的同质性程度、人们对系统的目标定位等紧密相关，无论这一系统是国际的、全国的、州的层面，还是地域性的/或组织的层面。

大国和国际组织影响着欠发达国家的政策和计划。例如，世界银行制定货币政策，同时也"帮助指导并创造知识"，这就产生了许多新的知识。想想看国际援助对非洲教育体系的影响。教育是发展的保障，但许多非洲国家无法承担基础教育之外的教育体系。因此，必然需要依靠国外的资金支持。获取这种资金支持的代价便是将课程、控制和政策制定的中心转移到国际层面，从而减少了地方在如何给本国人民以最好的教育上的想象和主动性（在第十二章有更多该主题的相关阐述）。

近年来，美国联邦政府通过确立国家重点领域、要求学校对举措有所反馈以及为这些领域的教育配置联邦经费等方式逐步获得了教育领域的控制权。一旦联邦经费提供给新的项目，就需要雇用新的管理人员来承担项目管理的责任。这就增加了地方教育官僚体系和行政支出，但却没有将这一行政单元与教育系统进行必要的整合。这种行政规模扩大而缺少整合的现象被称作"碎片化集中"。例如，"人造卫星"时代（Sputnik Era, 1950 年代），美国政府对苏联在太空计划中取得领先地位感到担忧，联邦政府在促进科学和数学发展上投入大量经费。于是，一些学校被设计为 STEM 学校，并在这些领域得到经费支持。1990 年代，通过残疾人教育法保障所有残障儿童都有机会接受教育（American with Disabilities Act, 1990）。25 年以来，法律在残疾人的生活中扮演了重要的角色（www.ada.gov）。最近，问责制已经成为一个重要议题。然而，教育领域的权力集中和政策制定不一定代表了地方社区的利益和关切，这导致了目标之间的冲突和潜在的碎片化。

另外一个关于集中决策的例子是，在联邦项目和私立基金会教育危急状况报告的驱动下，美国教育改革中的州倡议（state initiatives）。州教育委员会以前所未有的速度推进新政策：为3—4周岁儿童提供学前教育，建立全天候学校（Stevenson, 2007），构建K-8或K-12的新学制结构，提出更严格的毕业标准，推进能力测试，修订教科书，调整课程，延长学时，设置全年制学校以及其他许多改革。许多州对共同核心课程的采用、为此开发的全国性测试的进展，都有着类似的效果。联邦政府资助了两个团体，开发评估测试工具，用于全美学生的表现能力评估。两个团体分别为：智能平衡评估联盟（the Smart Balance Assessment Consortium, www.smarterbalanced.org）、大学和职业准备评估之友（the Partnership for Assessment of Readiness for College and Careers, www.parcconline.org）。如果他们的测试被广泛使用，整个州的课程和教学上的差别将很可能会减少。当学区变得更大、更加集中化，当问题变得越来越复杂并有赖于训练有素的专家时，学校理事会趋向于将教育政策的问题留给学校的管理层，给予他们审批权限。他们自己只保留了在学校和社区之间起到中间调和者的角色，并承担财务审查的任务。以此方式，在庞大的教育系统里，教育专业人士未经正式的权利变更，便能在政策问题上获得更多的自主权。

另一个"教育控制"集中化竞争中的参与者是诸如基金会或者实业公司等民间组织，它们已经越来越多地涉入教育实践和政策。学校理事会与外部组织签订服务合同，与能提供最优服务的公司进行谈判以求尽量减少支出。这通常发生在非教学领域，如食品或保洁服务，不过，也有辅导、阅读、技术还有其他的教学服务。例如，私人公司阅读计划承诺提升孩子的阅读等级。在一些领域里，企业也会为教师培训和特殊的儿童项目提供资金支持。在其他情况下，富裕精英和他们的慈善事业也在试图影响教育政策（Au & Ferrare, 2014）。

一些学区（school districts）拥有"最后一招"（last-resort）或"第二次机会"（second chance）项目，即将高风险或被驱逐的学生送到他们可以接受更好教育的特许学校或私立学校（Hardy, 1999）。许多学区正在增加基于计算机技术的学习系统的使用频率；例如，纽约市开发了一个网站（www.izonenyc.org），可以支持市里学生的许多课程的操作。服务私有化可以使学校理事会拥有更多时间去应对教育问题，但它也给学校决策带来了其他机构的影响，并意味着产生了教育控制的另一个层级。

许多郊区学校都有一个很重要的部分，即鼓励学生及家长参与并影响校理事会和学校官员的决定。与组织僵化的课堂相比，课堂小、期望高、纪律公平且严明，课堂坚持合作学习的组织方式，能够迎合更多学生的需求，这也使得参与成为可能。在城市学校里，让一些家长参与进来要难得多，但学校面临着来自其他家长和社会成员的舆论关注。比如，纽约市的一些大学区一直都在控制当地学校方面存在着重大争议，当地市民一直希望参与教职员工的招聘与辞退、建筑维护、施工计划以及课程方面的决策。

分散决策

反对中央行政决策的分散化学校管理是美国一个日渐增长的趋势，特别是小规模学校和特许学校的激增。分散通常作为校本管理（site-based management）被提及——"将权力下放到学校（点）而不是中央办公室，这是一种让不同利益相关者参与的共同决策模型，而不是指令式的领导"（Cromwell, 2005, p.1）。这一观念在教育改革的讨论中已经广为接受，它涉及将公共教育的首创精神从学校理事会、管理者和中央行政办公室转移到学校个体。这使当地学校更多地承担起学校自身运作的责任（Cromwell, 2005）。在许多决策者为分散化喝彩的同时，也有其他一些人指出分散化存在的问题，例如，操作缺少参数和标准、缺少自主性培训、缺少考核制度的中央行政管控，以及妨碍政策制定的权力等。

一些人简单地将分散化视为一种管理策略——作为一种从国家到州或市政府的管理的转变，或者从中心城市行政办公室到当地学校的转变。其他人则强调分散化应具体体现从中央政府到地方社区学校有意义的权力转移的设计，并且应有计划地超越教育层面，延伸到其他关键领域，如学生甚至家庭的咨询服务和健康等。

地方控制的支持者主张只有分散化才能缓解中央官僚机构在权力和决策上的垄断。对分权学校的研究表明，学生在学业成绩上有所提高，在小规模高中学校里尤其明显。地方控制可以促进学校适应并满足地方的需求，增进灵活度，对学生的才能和能力作出回应，并提供混合能力课程，开展合作学习。

在几个机构的帮助下，费城资助了一项学校行动，在合作课程和跨学科、跨年级教学上赋予当地学校更大的自主权。改进学校结构组织和分散决策持续成功的关键在于教师集体工作。这次实验取得大面积成功表明，重组行动应该由当地学校点的教师发起，并在初始阶段提供变革的外部动因和必要的资金部分（Useem, 1994）。给予教师决策的权力能够让他们获得完全不同的日常生活或教学质量的感知体验（Dworkin, 2009）。

旧金山推行的分散化计划是通过择校行动，允许家长为孩子选择他们公立学校。由于经费跟随学生转移，如果学校剩下的都是一些教育难度大的学生，比如，缺乏英语技能或有特殊教育需求，就需要在他们每人身上投入更多的经费。每所学校通过基于实地的预算来决定资金投向。这个计划促成了许多表演艺术、语言、数学和技术等方面的小众学校。类似的计划已经在辛辛那提、休斯顿、圣保罗、西雅图以及奥克兰等全美许多地区推行，其他一些城市也正在研究这类计划。研究表明，分散化学校计划减少了虚假或腐败，弱化了对官僚体制的依赖，在课堂层面提供了更多的资金，取得了更高的成就（Ouchi, 2003）。

虽然公立学校里对决策控制的权力斗争还在继续，一些家长正在通过将孩子完全撤离（公立学校）并将他们转到私立学校或者采取在家教育的方式，表达他们对于学校取向的担忧。一些关于教育替代结构的提议已经以非主流和免费学校的形式实现。家长和学生在决策中的投入就已成为这些学校结构组成部分。特许学校经历了快速发展，本章稍后将进行更细致的讨论。在快速发展过程中，特许学校也出现了许多问题、诉讼案件以及一些流于失败的现象。为了改变权力所在之处，一些教育批评家，比如伊万·伊里奇（Ivan Illich, 1971, p.154），就像我们今天所知道的那样，建议对教育进行彻底的重组或教育"去学校化"（这些选项将会在第十三章的教育改革、替代选择以及运动中讨论）。

有一件事已经明确：控制点问题的讨论依旧如火如荼。对学校管控问题的关注远远大于教育管控；对于少数群体而言，它反映了对人生机会的掌控问题。

思考与应用

参考地方需要、国家需要、师生积极性以及其他影响因素，分散化或者集中化在什么时间、什么地点才是学校的最佳组织模式？

学校组织的改革

学校如何改善和提高，建议一直不少。其中之一便是呼吁教育领导者考虑建设更多小规模学校或者校中校（Darling-Hammond, 2010; Honig, 2009）。

小规模学校和班级：是否更有益于学生成就？

1940年代，美国学区数超过20万个；现在，学区数不足1.5万个，却正在为三倍之多的学生提供服务（Meier, 2006）。这些学区中，有许多都规模很大而且集中。研究告诉我们，小规模学校将会拥有更多的参与，更多的归属感以及更多的"集体成员"。但其成就也相应更高吗？学生入读一所小规模学校，他们是否更加关心学习，学到了更多？是否可以成为更好的公民？小规模学校是否存在缺点？小规模学校的拥护者将其描绘成学生高度参与、教师们相互协作的社区（Lee & Ready, 2007; Raywid, 2006; Ready, Lee & Welner, 2004）；那些质疑经费使用与学校重组的人则指出，小规模学校缺少多样性，体育或其他活动更少，也并不见得能提供与成本相称的成绩优势（Schneider, Wysse & Keesler, 2006; Viadero, 2006）。

结合种种证据，教育者更倾向于认为，小规模学校能够提供那些缺乏个人位置的大规模学校所无法提供的有形和无形的利益。近年来，一些研究者已经指出，无论城市还是乡村，小规模学校都具有学业和个人发展的价值；它们趋于更高的学业成就，更加人性化，师生拥有更高的满意度和更佳的精神状态、更低的辍学率和行为问题，同时有更多的学生参与课外活动。这对弱势学生特别有益处。此外，学校规模与秩序混乱之间存在着细微却稳定的关系。小规模学校更加安全，有更好的沟通与表现反馈、更多的个体可以参与进决策（Gottfredson, 1986）。因为小规模学校具有显而易见的优势，一些教育家在大型学校的楼宇中创办了迷你学校或者校中校，将学生分为更小的群体（McAndrews & Anderson, 2002）。事实上，一些研究者认为，如果要进行有意义的学校改革，一个基本的做法就是缩小学校规模。可以明确的是，规模大小本身并非唯一重要的变量。小规模可以促进一些对学生有效的教育实践，例如，教师对学生的集体责任感会更强，会有更具针对性的课程，只是这并非小规模学校自然而然形成的结果（Steifel, Schwartz & Wiswall, 2015）。

与中等班（17—25人）和大班（25人以上）相比，小班（17人以下）的成效既是研究主题，也是政策的分歧点（Biddle & Berliner, 2002）。有人指出，有确切的证据支持小班有益于学习、能提高成绩的观点；虽然是同样的证据，另一些人则声称单独的班级规模并不一定导致学生的更高水平成就，但是在教师教育等领域的其他改革需要看到效果。

小班和小规模学校的早期研究主要是对单个学校或为数不多的学校群组的实验和田野研究，也采用大规模的调查来收集数据，还有在田纳西、印第安纳、威斯康星和加利福尼亚等各州进行的大型现场实验提供了大量数据。例如，加州合作学院（California Partnership Academies）有超过290个项目为10—12年级提供小型学习社群和事业上的伙伴关系。对学生而言，这些项目整合了学术教育和职业技术教育（California Department of Education, 2009）。使用所有这些研究的信息可以得出以下一些结论：

1.周密安排、经费充足的低年级小班项目（通常少于20个学生）

可以获得实质性的收益。

2. 学生在小班里学习时间越长，收益越多。

3. 收益体现在测试以及学生成功的其他指标之中。

4. 收益将通过升入高一级学校而一直保持。

5. 所有学生都可以获得收益，但是，弱势学生可以获益最大，他们到高年级能够获得更多收益。

对这些发现的阐释都强调，小班化有利于教师与学生个体之间的更多互动，可以让学生更好地理解课堂规则和文化，将其带到未来的课堂中。在低年级了解学校文化非常关键，因此小班化对低年级的积极影响是一个强有力的发现。热忱的、接受过良好训练的教师同样是小额班级优势的关键。花费在课堂管理和纪律上的时间和精力更少，学生就可以在课堂中更多地参与到小组活动中。

尽管已经有足够丰富的证据可以证明小班对小学生可以产生积极的成果，但政策制定者对这些发现依然行动迟缓。为什么呢？或许是因为对于这些问题的无知，或许是由于小班无效的说法的传播结果，或许是对可能最大获益的学生（穷困或少数群体）的偏见，或许是由于在高风险测试和更多教师数量之间的经费投入选择问题的政治化，或许是出于一些例如找空间、雇佣更多教师、为创立小班提供经费等实操性的问题（Biddle & Berliner, 2002, p.22）。我们会在第八章回到其中一些主题。

至于创立更多小型高中的运动，纽约市的证据非常有启发性。自2002年布隆伯格（Bloomberg）任市长以来，许多大型高中关闭、拆分，小型高中在它们的建筑里开设。它们通常被称作学校园区，这些新的教育组织共享基本设施，如自助餐厅、体育馆、科学实验室，以及图书馆，但是通常有它们自己的课程重点，并努力在学生中创建他们自己的身份认同。许多新学校的学生不超过500人。新学校的创立者倡导以强大的课程和关注每一位学生来建设学校，以突显其人本主义理念，其中心目标在于减少许多年轻人在原来高中里所遭遇到的匿名和疏离程度。过去十年的评估研究提供了确凿的证据：在许多情况下，新学校普遍比它们所取代的大型综合性高中效率更高。例如，比亚维森齐奥和马里内利（Villavicencio & Marinell, 2014）发现，新的小型高中辍学率和毕业率比案例中原有的大规模高中学校明显更好（辍学率更低，毕业率更高）。虽然已经申请，但没有被抽签选中进入新学校的学生，也不如被选中的学生表现出色。最终，翁特曼（Unterman, 2014）还发现，无论其出身什么背景，从这些学校毕业的毕业生更有可能申请学院、注册入学以及毕业，不管是四年制还是两年制的学院都是如此。

这些改进或许会成为其他高中学生的损失，例如那些依旧留在保留着的大型学校里的学生。将水平高一些的学生"分流"到新的小型学校里，可能意味着新的小型学校做得更好，但作为整体的学区可能就会停留在原地，甚至出现平均水平下滑。施蒂费尔、施瓦茨和维斯沃尔（Stiefel, Schwartz & Wiswall, 2015）的最新论文显示，这并非纽约市的个案。正如他们所总结的，"我们的结果表明，小型学校的引入改善了各类学校学生的学习成绩：大的、小的、持续进行的以及新近进行的。小型学校改革抬高了所有的船只。"（p.161）

特许学校

正如本章前面强调的，特许学校是近期的教育创新。最先于1991年出现在明尼苏达州，这是经相关政府机构授权的公立学校，并由公款注资。这些学校有许多形式，在不同的州，法律给他们的授权有很大不同。各种各样的团体都可以提出创建这类学校，有些是作为营利性企业运营，而另一些则是由现有的非营利性组织独立运营，有时候是一些宗教团体来运营，还有许多则与拥有多种学校的特许学校管理组织有关联。在后面一类中，最有名的便是知识就是力量项目（KIPP）学校。遵循着一套完整的办学规范，KIPP学校风格非常相似，已经是最为成功的特许学校之一（Boyd, Maranto & Rose, 2014）。

创立这些学校的思想是他们可以自由创新,如果可以的话,他们挑战普通公立学校以提高自己。那些为孩子挑选学校的家长,他们的理念强化了这一思想观念。特许学校的拥护者认为,选择可以带来竞争,一个学校市场可以提高所有学校的质量;其他一些人则把特许学校视为教育体系的私有化,视为从普通公立学校取走了必需的资源。一些州至今尚未通过准许特许学校的法律,包括亚拉巴马州、蒙大拿州、佛蒙特州以及西弗吉尼亚州。

如今,KIPP 学校涵盖了 20 个州的 183 所学校,从学龄前到高中,大约有 70 万名孩子注册在读(www.kipp.org)。这些学校不仅仅各自内部拥有领导和资源,还在区域一级组建起统一的领导和资源。这里有一个关于 KIPP 学校如何运转以及该组织寻求保持其学校间一致性的模型。如图 6.7 所示,KIPP 学校和其他特许学校组织的增长在全国数据里可以反映出来。

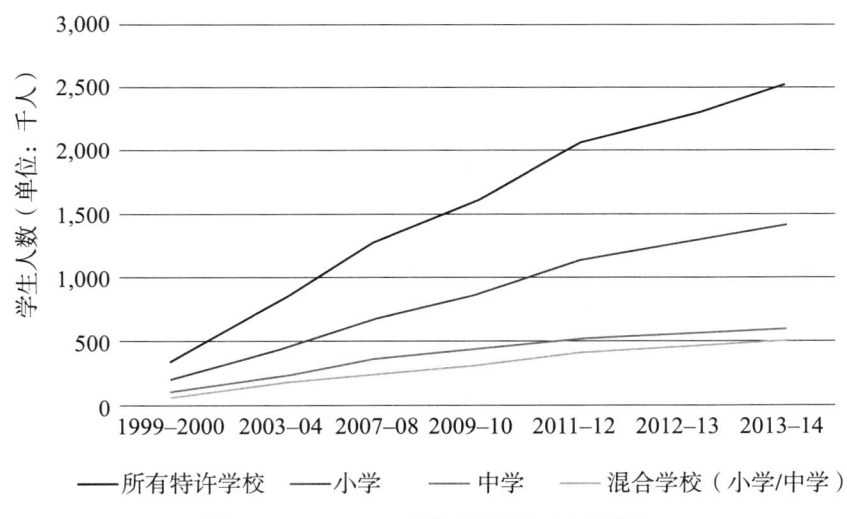

图 6.7 1999-2000 学年至 2013-2014 学年,
公立特许学校学生注册人数(按学校层级)

注:"初等学校"包括从 6 年级或以下开始,没有超过 8 年级的学校。"中等学校"包括没有低于 7 年级的学校。"初等/中等合并学校"包括从 6 年级或以下开始,结束于 9 年级或之上的年级。其他都没有按年级划分的学校都纳入"所有特许学校"的计算之中,没有在图中单独体现。

来源:U.S. Department of Education, National Center for Education Statistics, Common Core of Data (CCD), "Public Elementary/Secondary School Universe Survey," selected shool years, 1999−2000 through 2012−13.See Digest of Education Statistics 2014, tables 216.20 and 216.30.

在 2012—13 学年，加利福尼亚州有全国最多的特许学校注册人数，有着 47.1 万人，占全州所有公立学校学生人数的 8%。在 2014—15 学年，因为城市受到卡特里娜飓风的袭击，新奥尔良 46500 名学生中，有超过 2/3 的学生注册入读特许学校（Dreilinger, 2015）。哥伦比亚特区有 42%，即 31600 名学生登记注册了特许学校。到 2012—13 学年为止，全美就读特许学校的学生总占比为 4.6%（即 230 万人）。

大量针对特许学校的研究特别关注它们在学生学术成就上的影响。这是复杂且难以很好实施的研究，因为申请并就读特许学校的学生纯属自愿，他们的注册因而是自主选择。可以明确的是，一些学校在提高大多数学生的成绩方面工作卓越。同时，一些学校相比于邻近地区的公立学校，成效则要差一些。仅就学校本身而言，一个特许学校也许为创建一所成功的学校提供了机会，但是，如果不考虑学校控制的特性，成功便无法保证。

近期，一项针对特许学校中学生群体的大型研究（Clark et al., 2015）总结道："特许学校通常对学生的阅读和数学成绩有消极却并不明显的影响。"（p.432）然而，在不同特许学校之间也有相当大的差异，与服务于乡村地区和/或更有优势的学生的学校相比，城市学校和为弱势学生服务的学校有着更积极的影响。毋庸置疑，将会有更多研究关注这些学校及其对学生的影响。

对学校改进的支持

学校如何组织和运作可以在课堂教学中制造出成功和失败的差别。下面是从研究中收集的支持课堂生活和学生成就的成功学校的五个方面的特征（Bryk et al., 2010, pp.24—25）：

1. 一以贯之的教学指导系统：在教学上以教学指导的形式帮助教师，建立反馈机制帮助评估教学效果，提供教师们共享的资料、工具以及教学范例以支持他们的努力。

2. 专业能力：专业能力的发展支撑着教师素质，他们一起工作，以提高教学水平。这包括了教学反馈与合作解决问题。

3. 强有力的家校联合：学生的积极性和参与度反映出家长、社区与学校联系的力度。

4. 以学生为中心的学习氛围：学校的教师、管理人员和员工影响着学校的学习氛围，为学生创设将自己定位为学习者的基调。安全的环境、对学生学习能力的信任、对每个学生需求的支持，这些都是学习的基础。

5. 领导力推动变革：在成功发展的学校里，校长起到积极灵活的领导者作用。他们参与地方社区，聘用并建设富有效能的教职工队伍。

学校的组织形式对其成功有着重大影响。其他对学校成功有重要影响的因素，包括学校里面的状况和各种角色以及他们的行事方式。这些将是我们下一章的话题。

小　结

本章我们聚焦于学校内部功能实现的正式层面，对作为组织的学校展开讨论。在我们的系统模型中，这种组织代表了真实的学校或纳入考虑中的系统。从分析的目的上来说，这里的重点更多的是内部结构，而不是结构与其环境的互动。然而，当我们在讨论目标以及决策的分散与集中时，环境的影响也不容忽视。以下的纲要总结了主要的议题。

1. 学校的社会系统

讨论了组织与系统模型的关系，描述了班级等教育系统的组成部分和参与者在学校中的位置。

2. 学校系统的目标

学校的目标在帮助界定系统的活动方面有多重功能。目标并非孤立的教育系统的产物，而是反映了更大的社会、群体、学校参与者以及个体的关切。

3. 作为组织形式的学校

讨论了学校组织形式的两种模式——官僚组织与松散耦合组织，还讨论了韦伯对官僚组织特点的概述——劳动分工、聘用和晋升政策，权威的层级体系，规则、制度和程序，相等职位待遇相同，组织的合理性。

概述了在教育背景中使用官僚组织模式的问题，讨论了官僚组织与发展之间的关系。制度模式和松散耦合结构反映了在某个层面所进行的活动与决策，在其他层面却不一定实行。因为教师通常拥有大量的自主权，这个模型可能更适合于许多学校。

4. 集中与分散决策：学校的控制之争

随着学校的发展，决策也更趋集中。然而，当地居民对庞大官僚体系的挑战使学校官员不得不留意更多地方代表的需求。分散的行动之一是校本管理。另外一个是"择校"。

5. 学校组织的变革

研究显示，小型学校特别是小型高中（少于500名学生）有助学生坚持学业并参与到学校教育中。这些学校的学生更有可能顺利完成学业，但是，单一的小规模并不一定导致学业成绩的提升。

小班化（少于17名学生）的研究有力地指向了影响持久的学业获得。然而，这是一个昂贵的改革，需要更多的老师，给特定数量的学生建造更多的教室，许多学区并没有明显缩小课堂的规模。

6. 特许学校

这是迅速扩大的一批学校，投入公共资金却独立于绝大多数当地学区管理机构。它们拥有自己的托管委员会和相对自主权，其最初构想在于可以自主创新和实验。一些学校形成了独创性的结构和过程，但在许多情况下，它们只是复制其他地区的公立学校。有些学校的学生有着出色的学业成就记录，可是也有其他一些学校与它们相邻地区的公立学校相比，并不显得更成功。

7. 对学校改进的支持

通过有意义的教师专业发展来优化以学生为中心的课堂教学，是学校改进的根本着力点。研究还表明,由卓越学校领导者所推动的家长-社区-学校的强化联系同样重要。

 思考题

1. 请访问一所高中,如果可以的话,可以选择你曾经就读的学校。在你的田野记录中,列举它所具有的韦伯官僚组织的特点以及学校和班级的决策模型。
2. 把你自己想象成从另一种文化穿行而来,就像你并不熟悉教育系统一样,描述你所访问的学校。注意规范(规则、行为模式、沟通模式,诸如此类)和组织结构的运作。
3. 你最难忘的学校经历是什么?它们与本章中的内容有何关系?(例如,在组织中你处于何种位置?)
4. 回想一下你高中时的目标,将它与现在你对高中的目标设定进行比较。当你在高中的时候,你对大学的目标设定是什么?它们已经发生变化了吗?
5. 访问一所大型高中和小学以及一所小型高中和小学。在学校氛围上,你注意到什么不同了吗?你能从它们各自的教师-学生互动以及学生成就方面得到什么启发吗?
6. 学校的地方校本管理都有哪些优势与不足?

 参考文献

America 2000. 1991. Superintendent of Documents. US Government Printing Office.

Americans with Disabilities Act. 1990. US Department of Justice, Civil Rights Division.

Au, W., and J. J. Ferrare. 2014. "Sponsors of Policy: A Network Analysis of Wealthy Elites, Their Affiliated Philanthropies, and Charter School Reform in Washington State." *Teachers College Record* 116(8): 1-24.

Baker, D. P. 2014. *The Schooled Society: The Educational Transformation of Global Culture*. Stanford, CA: Stanford University Press.

Barr, Rebecca, and Robert Dreeben. 1983. *How Schools Work*. Chicago, IL: University of Chicago Press.

Biddle, Bruce J., and David C. Berliner. 2002. "Small Class Size and Its Effects." *Educational Leadership* 59(5) (February): 12-23.

Binder, Frederick M. 1974. *The Age of the Common School, 1830-1865.* New York City: Wiley.

Boyd, A., R. Maranto, and C. Rose. 2014. "The Softer Side of No Excuses: A View of KIPP Schools in Action." *Education Next* 14(1) (Winter). Retrieved September 25, 2016 (www.educationnext.org/the-softer-side-of-no-excuses).

Bryk, A. S., P. B. Sebring, E. Allensworth, S. Luppesco, and J. Q. Easton. 2010. *Organizing Schools for Improvement: Lessons from Chicago.* Chicago, IL: University of Chicago Press.

Burch, Patricia. 2007. "Educational Policy and Practice from the Perspective of Institutional Theory: Crafting a Wider Lens." *Educational Researcher* 36(2) (March): 84-96.

California Department of Education. 2009. "California Partnership Academies." Retrieved August 31, 2010 (www.cde.ca.gov/ci/gs/hs/cpagen/asp- works).

Carolan, B. V., and F. M. Hammock (eds). 2008. "Special Issue: Small Secondary Schools." *Teachers College Record* 110(9).

Clark, M. A., P. M. Gleason, C. C. Tuttle, and M. K. Silverberg. 2015. "Do Charter Schools Improve Student Achievement?" *Educational Evaluation and Policy Analysis* 37(4): 419-36.

Coburn, Cynthia E. 2004. "Beyond Decoupling: Rethinking the Relationship Between the Institutional Environment and the Classroom." *Sociology of Education* 77(3): 211-44.

Cromwell, Sharon. 2005. "Site-Based Management: Boon or Boondoggle." *Education World.* Retrieved May 11, 2007 (www.educationworld.com/a_admin/admin/admin176.shtml).

Darling-Hammond, Linda. 2010. *The Flat World and Education: How America's Commitment to Equity will Determine our Future.* New York: Teachers College Press.

Davis, J. H. 2015. "Revamping of No Child School Act is Signed." *New York Times*: A22.

Dreilinger, D. 2015. "New Orleans Public School Enrollment Grows Slightly to More than 46, 500." *The Times Picayune.* Retrieved May 6, 2016 (www.nola.com/education/index.ssf/2015/01/database_search_louisiana_publ.html).

Durkheim, Émile. 1961. *Moral Education* (trans. Everett K. Wilson and Herman Schnurer). Glencoe, IL: Free Press.

Dworkin, Anthony Gary. 2009. "Teacher Burnout and Teacher Resiliency:Assessing the Impacts of the School Accountability Movement," in Lawrence J. Saha and Anthony Gary Dworkin (eds), *New International Handbook of Research on Teachers and*

Teaching. Dordrecht, ND: Springer, pp.491-510.

Fischel, William A. 2009. *Making the Grade: The Economic Evolution of American School Districts*. Chicago, IL: University of Chicago Press.

Gamoran, Adam, and Robert Dreeban. 1989. "Coupling and Control in Educational Organizations," in Jeanne H. Ballantine (ed.), *Schools and Society: A Unified Reader*, 2nd ed. Mountain View, CA: Mayfield, pp.119-38.

Goals 2000: Educate America Act. 1994. Washington, DC: US Department of Education.

Goslin, David A. 1965. *The School in Contemporary Society*. Glenview, IL: Scott, Foresman.

Gottfredson, Denise C. 1986. *School Size and School Disorder*. Vol. 21, No. 2. February. Washington, DC: National Institute of Education (www.files.eric.gov/fulltext/ED261456.pdf).

Hammack, Floyd M. 2004. "What Should be Common and What Should Not?: James Bryant Conant and U. S. High School Reform," in F. M. Hammack (ed.), *The Comprehensive High School Today*. New York City: Teachers College Press.

Hallett, Tim and Marc J. Ventresca. 2006. "Inhabited Institutions: Social Interactions and Organizational Forms in Gouldner's *Patterns of Industrial Bureaucracy*." *Theory and Society* 35(2): 213-36.

Hardy, Lawrence. 1999. "A Private Solution." *American School Board Journal* 186(4) (April): 46-8.

Harris, E. A. 2015. "20% of New York State Students Opted Out of Standardized Tests This Year." *New York Times*: A1.

Hollingshead, A. B. 1975. *Elmtown Revisited*. New York City: Wiley.

Honig, Meredith I. 2009. "No Small Thing: School District Central Office Bureaucracies and the Implementation of New Small Autonomous School Initiatives." *American Educational Research Journal* 46(2) (June).

Hurn, Christopher J. 1993. *The Limits and Possibilities of Schooling: An Introduction to Sociology of Education*, 3rd ed. Boston, MA: Allyn & Bacon.

Illich, Ivan. 1971. *Deschooling Society*. New York City: Harper & Row.

Ingersoll, Richard M. 1994. "Organizational Control in Secondary Schools." *Harvard Educational Review* 64(2) (Summer): 150-72.

Ingersoll, Richard M., and Elizabeth Merrill. 2012. "The Status of Teaching as a Profession," in Jeanne H. Ballantine and Joan Z. Spade (eds), *Schools and Society: A Sociological Approach to Education*, 4th ed. Thousand Oaks, CA: SAGE/Pine Forge Press.

Jackson, P. W., R. E. Boostrom, and D. T. Hansen. 1993. *The Moral Life of Schools*. San Francisco, CA: Jossey-Bass.

Konstantopoulos, S. 2009. "What is the Impact of Class Size on Student Learning?" *Teachers College Record*. Retrieved September 15, 2015 (www.tcrecord.org). ID Number: 15511.

Kozol, Jonathan. 1991. *Savage Inequalities: Children in America's Schools*. New York City: Crown Publishers.

Lee, Valerie E., and Douglas D. Ready. 2007. *Schools within Schools: Possibilities and Pitfalls of High School Reform*. New York City: Teachers College Press.

Lee, Valerie E., Robert R. Dedrick, and Julia B. Smith. 1991. "The Effect of the Social Organization of Schools on Teachers' Efficacy and Satisfaction." *Sociology of Education* 64(3) (July): 190-208.

McAndrews, Tobin and Wendell Anderson. 2002. "Schools within Schools." *ERIC Digest* (ED461915). Retrieved April 3, 2011 (http://files. eric. gov/fulltext/ED461915. pdf).

McFarland, D. A. 2004. "Resistance as a Social Drama: A Study of Change-Oriented Encounters." *American Journal of Sociology* 109(6): 1249-318.

Meier, Deborah. 2006. "As Though They Owned the Place: Small Schools as Membership Communities.' *Phi Delta Kappan* 87(9) (May): 657-62.

Meyer, John W., and Brian Rowan. 1978. "The Structure of Educational Organizations," Chapter 4 in Marshall W. Meyer and Associates, *Environments and Organizations: Theoretical and Empirical Perspectives*. San Francisco, CA: Jossey-Bass, pp.78-109.

National Center for Education Statistics. 2014. *Digest of Education Statistics*, Table 203. 10. Washington, DC: US Department of Education.

National Center for Education Statistics. 2014. *Digest of Education Statistics*, Table 303. 10. Washington, DC: US Department of Education.

National Center for Education Statistics. 2014. *Digest of Education Statistics*, Table 216. 90. Washington, DC: US Department of Education.

Odden, A., and L. Pincus. 2014. *School Finance: A Policy Perspective*, 5th ed. New York: McGraw Hill.

Ouchi, William. 2003. *Making Schools Work: A Revolutionary Plan to Get Your Children the Education They Need*. New York City: Simon and Schuster.

Raywid, Mary Anne. 2006. "Themes that Serve Schools Well." *Phi Delta Kappan* 87(9) (May): 654-6.

Ready, Douglas D., Valerie E. Lee, and Kevin G. Welner. 2004. "Educational Equity and School Structure: School Size, Overcrowding, and Schools-within-Schools." *Teachers College Record* 106(10) (October): 1989-2014.

Robbins, Liz. 2011. "Lost in the School Choice Maze." *New York Times* (May 8): MB1.

Roda, A., and A. S. Wells. 2013. "School Choice Policies and Racial Segregation: Where White Parents' Good Intentions, Anxiety, and Privilege Collide." *American Journal of Education* 119(2): 261-93.

Saha, L. J., and A. G. Dworkin. 2009. "Teachers and Teaching in an Era of Heightened School Accountability," in L. J. Saha and A. G. Dworkin (eds), *New International Handbook of Research on Teachers and Teaching*. Dordrecht, ND: Springer, pp.3-14.

Schneider, Barbara, Adam E. Wysse, and Vanessa Keesler. 2006. "Small Schools Analysis of Education Longitudinal Study of 2002," paper presented at Brookings Institute Conference, May 22.

Scott, W. Richard, And John W. Meyer. 1984. *Environmental Linkages and Organizational Complexity: Public and Private Schools,* Project Report 84-A16, Institute for Research on Educational Finance and Governance. Stanford, CA: Stanford University.

Shaffer, D. W., P. Nash, and A. R. Ruis 2015. "Technology and the New Professionalization of Teaching." *Teachers College Record* 117(12): 1-30.

Spillane, J. P., and Coldren, A. F. 2011. *Diagnosis and Design for School Improvement: Using Distributed Perspective to Lead and Manage Change*. New York City: Teachers College Press.

Stevenson, Kenneth R. 2007. *Educational Trends Shaping School Planning and Design: 2007*. Washington, DC: National Clearinghouse for Educational Facilities.

Stiefel, L., A. E. Schwartz, M. Wiswall. 2015. "Does Small High School Reform Lift Urban Districts? Evidence from New York City." *Educational Researcher* 44(3): 161-72.

Tyack, David B. 1974. *The One Best System: A History of American Urban Education*. Cambridge, MA: Harvard University Press.

Unterman, R. 2014. *Headed to College: The Effects of New York City's Small High Schools of Choice on Postsecondary Enrollment*. New York: MDRC. Retrieved May 13, 2016 (www.mdrc.org/sites/default/files/Headed_to_College_PB.pdf).

Useem, Elizabeth L. 1994. *Renewing Schools: A Report on the Cluster Initiative in Philadelphia*. Philadelphia, PA: PATHS/PRISM.

Viadero, Debra. 2006. "Smaller Not Necessarily Better, School-Size Study Concludes." May 23. *Education Week*.

Villavicencio, A., and W. H. Marinell. 2014. "Inside Success: Strategies of 25 Effective Small High Schools in NYC." New York University Steinhardt School of Culture, Education, and Human Development: The Research Alliance for New York City Schools. Retrieved (https://steinhardt.nyu.edu/scmsAdmin/media/users/sg158/PDFs/inside_success/InsideSuccess-SSC.pdf).

Weber, Max. 1947. *The Theory of Social and Economic Organization* (ed. Talcott Parsons; trans. A. M. Henderson and Talcott Parsons). Glencoe, IL: Free Press.

Weick, Karl E. 1976. "Educational Organizations as Loosely Coupled Systems." *Administrative Science Quarterly* 31(4) (December): 612-32.

第七章
冲突或合作？
——教育体系中的正式角色

在近年来，没有什么教育问题比共同核心课程标准引发的争议更多了。共同核心课程标准于2010年提出，2014年在大多数州分阶段实施，意在提高美国高中学生的大学和职业准备水平。为实现这一目标，共同核心课程标准确立了学术能力的基础标准，每年测试学生对这些标准的掌握程度。它有提高大学和职业准备水平的目标，包涵让学生深度批判性体验语言艺术的课程，并培养学生举一反三的数学技能。这样的体系有什么不好呢？

正如现实所呈现的，其内容足够复杂。对共同核心课程标准的争议和批评已经出现在政治和教育领域的各个层面。一些保守的州长、政客和倡导团体反对该行为自上而下地接管各州对教育标准的控制，自由派的倡导团体也批评这些标准代价过高、未经检验，而且是一个危险的迹象，表明企业对教育的控制越来越强（许多公司支持这一行动，并帮助制定了标准；一些公司在开发和提供测试工具方面，保持着近乎垄断的地位）。一些教师团体表达了这样的关切：制定标准的过程中，并没有征询他们的意见，结果导致标准太难、混乱或不适合发展。最后，一些家长被孩子们带回家的数学作业搞糊涂了。反对派发起了一场"选择退出"运动，旨在通过把好奇心和创造力带回到课程中（而不是"教会考试"）来"恢复真正的学习"——这是威斯康星埃奇伍德学院（Edgewood College）教育系主任蒂姆·斯勒卡尔（Tim Slekar）的用辞。这些倡导者敦促教师、家长和学生通过选择退出测试程序来反对共同核心课程标准。

围绕共同核心课程标准的争议揭示了教育体系的一个重要事实：尽管参

与该体系的人在教育孩子的目标上保持团结，但在目标的内涵以及如何实现这一目标上存在严重分歧。这些分歧反映了教育系统的复杂组织、利益相关者在系统中所拥有的不同角色、义务和动机。本章关注的是构成教育系统的复杂的且偶尔会相互冲突的不同角色。它让我们回归开放系统的路径：除了教师、学生和家长参与日常的教学和学习之外，还有校长、督学，以及为保持组织的一致性而向当地的公民呈现其效能的学校理事会。此外，还有关注有效劳动力培训的州政治家，以及重点关心全球竞争力和经济发展的联邦官员。这些动态表明，尽管教学和学习是教育体系的核心，但冲突始终存在，因为对政治和经济问题的关注会影响到对教育目标的描述。

角色的意义

在组织语境中理解角色

教育系统是我们社会中最大的组织之一，也是每个公民在某种情况下几乎都参与其中的一个组织。包括教育系统在内的所有组织，都由排列在一个层级结构中的一组组相互关联的角色构成。这些角色为执行任务和实现系统目标所必需。每个职位都隐含着一系列相应的职责，其职责活动界定了系统中的角色。

有时，教育职位的具体要求会有明确说明；有时，一些职位只有大致的界定，在其位者可以相对自由地决定自己的角色行为。每个人在角色表现中可能都会有很大的灵活性，尤其是当你职位等级晋升并获得相应资历的时候。另外，所有人都会将自己独特的经历和个性带入工作中，尽管负责人 A 和负责人 B 的正式职位描述可能是一样的，但其工作内容和方式并不完全相同。最后，决策者对角色的期望影响到人们对特定职位的选择，这选择可能反映了占主流地位的刻板印象，比如鼓励女性选择小学教师职位，鼓励男性选择管理职位，或者当州政府在提高考试分数和显示其责任的压力下，鼓励聘用作风强硬、以结果为导向的校长（Hallett, 2010）。

另外，还有一层微妙变化，我们执行角色行为的组织环境也在界定并限制我们的行为方式。一个描述纽约市学校系统集权化的经典案例这样表述其目标："保证全市统一标准，在地方层面保持专业自治不受外来政治干涉，防止种族分离，并且维护总部对官员的控制。"（Rogers, 1969, p.272）为此，"在课程、人员编制、预算供应、学校建设和维护等方面的大多数决策都由中心总部的专业人员做出，穿过几个层级才到达学校。"（Rogers, 1969, pp.271-272）这种组织集权的结果意味着学校层面不再具有决策权；与地方化的组织体系不同，中央集权制可能会限制教师的自主——也就是他们根据自己的专业技能作出决定的权利。教育系统内的集权（不管是在地区、州，还是在全国层面）是影响系统成员角色表现的一个组织因素。即便如此，在教师自己的自主课堂上，他们仍然可以在如何扮演自己的角色上保持很大的灵活性。

组织内部角色期待与冲突的理论方法

我们对校长、教师、学校顾问和其他人的期望取决于我们自己在组织中的角色。当人们对角色的期待和角色的实际表现一致时，学校的运转就会顺畅，否则就会产生冲突。就像上文所说，教育系统的目标常常模糊不清，而且有时候互相矛盾，不同人对目标的界定又各不相同，在角色期待上，这一点也许不会造成角色间的冲突，但是可能会令人困惑。

涂尔干的功能主义观点认为，作为一群复杂的组织，不同的社会机构共同努力促进稳定，并共享相同的社会目标。在这一宏观层面视角上，当角色期待得到清晰界定并受到所有参与者的同意时，组织运行最好。最终，这些角色的期待通过帮助维持一个平稳运行的系统又惠及每个参与者。回到共同核心课程标准的例子，功能主义者认为，所有人都接受这一共享且严格的教育标准，并且系统中的每个人（从学区总监到校长、到教师、到父母再到学生）在坚持和实现这些标准方面有共同的利益。

相比之下，冲突论者认为，组织通常都依据有权力、地位的人的需求和利益来运作。在教育系统内，这一宏观视角下看到的不是有共同目标的人民的多样性，而是一群人在系统中有不同的利益关系。从这个角度看，某些职位上的人会比其他人拥有更大的权力来影响系统，并获得有利的结果。这些权力差异在系统内部导致了不同层级之间和角色之间冲突的可能性。例如，许多教师都感到被排除在共同核心课程标准的执行过程之外。一些批评者认为，比起满足学生和教育工作者的需要，采用共同核心课程标准更多地迎合了那些创设课程、测试产品的技术公司和出版公司的需求。

符号互动论也可以洞察组织内部的角色及其冲突。作为一种微观层面的方法，符号互动论注重人与人之间面对面的互动，视人类为有创造力、能够建构意义的装置。赫伯特·布鲁默（Herbert Blumer, 1969）阐述了符号互动论的三条核心原则：人类对事物的行为是基于这些事物对他们有何意义；这些事物的意义产生于与同伴的社会交往之中；人们在处置遭遇的事物时会有一个阐释的过程，在阐释过程中把握意义、修订意义。

组织中的角色是系统中的利益相关者进行互动并努力定义的"事物"之一。角色之间的冲突不是固有的或预先设定的，而是不同角色扮演者将不同的"情境界定"带入互动时才出现的。蒂姆·哈雷特展示了在执行共同核心课程之类的新标准和问责制度时，不同的角色扮演者如何操作的过程（Tim Hallett, 2010）。当一名新校长刚被聘任时，她更强调中央定义的标准，她的"情境界定"与经验丰富的教师的地方知识和惯例形成了鲜明的对比。角色冲突是通过面对面的交互作用产生的，在面对面的交流中，相互作用的个体给大家带来了不同的意义、历史与合法性。由此产生的结果取决于那些互动过程中的偶发性，而不是对学校和社会来讲何为最好的预先决定（类似功能主义）或权力差异（类似冲突理论）。概括一下社会学理论中对复杂组织内部的角色观点，为我们提供了进一步探索的基础。

学校中的角色

在复杂的角色层级结构中，最顶端是美国教育部长，在底部是教室里的老师（图 7.1）。最高职位由最接近政策发展的人担任，"底层"的立场代表了那些负责在课堂教学实践中实施政策的人。本节将重点介绍每个职位的职务和责任、担任该职位的人员特点，以及他们在履行职责时可能遇到的冲突。

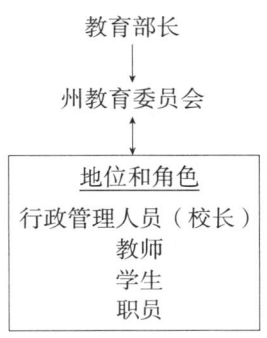

图 7.1　教育系统内部的职位等级

美国教育部和教育部长

从历史上来看，联邦政府在教育系统中扮演的角色并不重要。这种有限的影响反映了美国教育的一个基本原则：地方主义优先于中央集权。的确，美国宪法把教育问题留给了各州：各州制定教育标准，学校理事会和校长制定招聘指南，教师上课。此外，联邦基金在美国教育经费中所占的比例相对较小：目前约有 10% 的学校预算来自联邦政府的资金（NCES, 2016b）。这些资金用于支持联邦发起的教育项目，往往集中于为弱势群体提供教育机会。近几十年来，联邦政府和教育部长的工作权限已经扩大，这引起了一些教师和校长对联邦政府的过分关注。然而，他们在学校日常事务上的权力仍然有限。

虽然教育部创立于 1867 年，但是直到 1980 年，总统的内阁中才出现了教育部长职位。最初，教育部的重点是通过类似于 1862 年和 1890 年的《莫里尔赠地法案》（Morrill Land-Grant Acts）和后来的《退伍军人权利法》（the GI Bill）等立法行为，建立一个高等教育体系。随着时间的推移，联邦政府在小学和中学教育中的作用越来越大，教育部长的角色从很大程度上只具象征性，逐渐过渡到高度可见、有影响力，也富有争议性。在最近的历史中，联邦对全国性教育政策最重要的一项干预，便是在 1965 年通过了"中小学教育法案"（ESEA）。

作为民权运动和林登·约翰逊总统"向贫困宣战"（War on Poverty）政策的一部分，ESEA 为那些低收入学生占很高比例的学校提供联邦基金。由于对教育不公平等问题日益加剧的担忧，这些基金旨在缩小不同种族和社会阶层学生考试成绩的差距。尽管每所学校在如何使用这些资金（通常称为"头号基金"）方面都有一定的自主权，但他们通常都是把钱用于聘用助教和购买教学设备。这些设备可能会提高学校的表现，并实施拓展计划，以改善有学业失败风险的学生的心理健康、行为和应对技能。

随着 2001 年 ESEA 的重新修订，联邦政府和美国教育部长的角色变得更有影响力，也更具争议性。重新命名为"不让一个孩子掉队"（NCLB）的法案给美国的学校带来了更强的问责制。如果学校不再接受联邦政府的资助，就不再被允许在没有监督的情况下运行。如今，根据标准化考试的结果，学校将得到奖励或受到惩罚。该法案第一次为联邦政府创设了一种特殊的角色，来聘用和辞退教师、监控"失败学校"、制定改进计划，以及在连续多次未能取得适当的年度进步（AYP）的情况下决定是否关闭某一学校。尽管这项联邦立法强调了标准和结果，但各州仍然有权决定这些标准应该是什么，并制定了用来评估这些标准的测试方案。

有了 NCLB，联邦政府和教育部长的角色从议程设置转变为政策执行，并增加了对学校日常运作的直接参与。在教育部长阿伦·邓肯（Aren Duncan, 2009—2016 年在任）的领导下，联邦政府在教育领域的角色实现了更为强烈的转变。邓肯对共同核心课程标准的引导，提高了联邦政府的参与水平。他不仅要求各州每年进行年度测试，而且还要在数学和语言艺术教育中建立全国性标准，并且通过两个教育出版公司来促进测试材料的编制与实施。尽管联邦法律规定，"部长不得试图影响、激励或强迫各州采用共同的核心州立标准"，但各州在采用共同的核心标准时并没有完全自由的感觉。这是因为采用了共同核心课程标准的州在申请"力争上游"等联邦项目的大笔经费时，会获得一个优先权。目前，约有 45 个州正积极致力于共同核心课程标准的落实。

共同核心课程标准说明了教育部长和教师之间的角色冲突。2014年7月，全国最大的教师工会全国教育协会（NEA）通过了一项决议，要求邓肯辞职。就在同一个月，第二大教师工会美国教师联合会（AFT）要求，邓肯如果不对他的政策方针作出重大改变就应该辞职。通过列举NCLB法案、力争上游、共同核心课程标准，以及对标准和问责制的普遍强调，美国教师联合会要求他从"测试—惩罚"问责系统改变为"支持—提高"模式（值得一提的是，全国英语教师委员会表态支持共同核心课程标准）。

教育部长和普通教师之间的第二个争议涉及教师的工资和任期问题。历史上，这两个问题都是留给学区的，然而在这些问题上国家的声音却越来越大。这一点尤其体现在邓肯部长支持执行绩效工资或者说与表现挂钩的薪资上，这项制度强调应该部分依据学生的考试成绩给付教师工资。在加利福尼亚州——由于2014年维加拉诉加州案（Vergara v. California）的法庭判决，以及全国范围的其他州内，教师的终身教职和工作保障都遭受了侵害。通过强调问责制和学生获得足够的教育权利，联邦政府和一些州已经采取了一些措施来解雇那些被认为效能低下的教师。阿伦·邓肯对维加拉案的判决表示支持，声称"对于一个具有创新传统的进步的国家来说，这是为教师职业建立一个新的框架，保护学生平等受教育机会的权利，同时为教师提供支持、尊重和他们应得的职业荣誉的机遇"。美国教师联合会主席兰迪·温加滕（Radi Weingarten）指责邓肯在全国教育改革的争论中火上浇油，并指出，"全国的老师都在想，为什么教育部长认为剥夺他们的正当权利是帮助所有孩子取得成功的途径。"

这些例子说明了美国教育组织的两条重要原则以及组成这个体系的不同角色。首先，自2001年以来，联邦政府越来越多地参与到教育系统中来；其次，这种变化（一些人会理解为侵占）揭示了教育的层级结构中的角色冲突。虽然联邦政府很好地定位于确立广泛的教育优先权，监督并保护美国的教育机会，但教学专业共同体越来越为他们的专业自主权感到担忧，尤其是在运用其专业知识来制定标准、帮助每个学生实现目标的教学能力上。2015 年,"让每个学生都成功法案"取代了"不让一个孩子掉队法案"。我们拭目以待,在教育政策上是否会产生新的角色冲突。

学校理事会:学校与社区之间的联络人

学校理事会通常在学区层面组建,代表公众在教育问题上的声音,并提供平台让公民可以对教育系统进行监督(Berkman & Plutzer, 2005)。在法律的范围内,他们将社区对教育系统的愿景付诸实施。在这里,我们来看看学校理事会及其在学校和社区之间所起的桥梁作用。

学校理事会的角色 在州级层面,州教育委员会通常由州长任命、州议会批准,他们监督州标准和学区政策,尤其是涉及州级经费支出的地方。在最近的大学区破产案例中,州教育委员会在制定新的融资计划方面发挥了主要作用。尽管课程主要由学区决定,但州委员会可以对课程(科学教学、公民教育和性教育)的决定、学校的支出及财务资助方式产生重大影响。

然而,真正的行动大多发生在当地的学校理事会。由普通公民而非专业教育者组成的学校理事会是一个独特的美国实体,它源于地方控制公立学校的理念。这些团体也被称为教育理事会、受托人、学监或者主管,州政府赋予了它们相当大的权力。根据全国学校理事会联合会(National School Boards Association)的说法,其正式职责包括:(1)招聘教育总监、校长和教师;(2)决定教师的工资和合同;(3)为学生提供交通工具;(4)决定学校预算的规模;(5)决定学期的长度;(6)建造学校和设施;(7)变更学校辐射区间;(8)选择教科书和学科课程;(9)维持学校纪律。

事实上,一旦他们选出了教育总监,大多数理事会对学校的日常运作几乎没有控制权,包括与教学或课程相关的一些问题;因此,他们关心的是更广泛的政策问题(Maeroff, 2010)。

学校理事会的组成与期待 在美国,各州的法律决定了理事会成员的选择方式以及他们所持有的权力。典型的理事会有 5—8 名成员,一届的任期为四年,平均每个成员有 6.7 年的任期,这意味着许多成员可以连任。可以说，几乎所有（将近95%）的美国学校理事会成员都由选举产生的（只有5%的人被任命）。最新的全国性数据显示，44%的理事会成员为女性，88%为白人，近75%的人获得了学士或更高的学位（Hess & Meeks, 2010）。尽管学校理事会是作为公众与学校的联络人运作的，但理事会成员的人口特征并不能很大程度上反映出公众的特征：成员更有可能是白人，受过良好教育，他们的收入水平高于他们选区的平均水平。在大型的城市学区，少数族群成员所占的比例（19%）要比美国的平均水平（12%）高（Hess & Meeks, 2010）。就工作量而言，大部分学区的理事会成员每月工作不少于40小时。本着公民参与的精神，大多数理事会成员并没有工作报酬（Hess & Meeks, 2010；Leal et al., 2004）。

一些冲突论者将社会学理论应用于学校理事会的工作，他们认为"少数族群的观点"对学校政策制定几乎不会产生影响。新马克思主义者塞缪尔·鲍尔斯和赫伯特·金蒂斯认为，学校服务于那些与资本主义系统有关联的人的利益，而不是为学生与社区的教育需求提供服务（Samuel Bowls & Herbert Gintis, 1976）。在指定学校理事会的学区里，成员们倾向于代表那些拥有经济权力的人的需求和利益。与此相应，教育系统与其他社区团体产生冲突的可能性很高，其中包括教师应该拥有多大的自主权、他们应该教什么（性教育、进化论）以及更多方面的冲突。

并不是所有的观察者都同意冲突理论的观点。实用主义视角的支持者认为，理事会由那些对教育系统真正感兴趣的社区成员组成，代表了社区利益的交叠部分，因此，他们代表了对学校政策、课程和其他问题的多数观点。与认为理事会成员自我激励的观点相反，实际数据表明，在最常被提到的成为理事会成员的动机里，"回馈社会"排在第二位（排在首位的是确保学校会变得最好）（Hess & Meeks, 2010）。事实上，研究表明，自利和利他的原因都是参与学校理事会的强烈动机（Mountford, 2004）。

社区对学校理事会成员有特殊的期待。尽管大家可能会因身份是家长、纳税人或教育专业人士而有所不同，但其中有六个期望是相对普遍的：增进公众对教育的兴趣、保护社区价值观、倾听抱怨和不满、监督学校人员、保护资源，以及提高学校内部的个人权益。相比之下，学校理事会成员认为，他们的首要任务是为学区提供足够的资金，并改善学生的学习状况（Hess & Meeks, 2010）。因此，理事会成员和公众之间可能会产生冲突，即便他们同样致力于教育社区里的孩子。

学校理事会里的冲突和权力机制　理事会成员面临的最棘手的问题是筹款与回应州和联邦的指令。更新设施、支持课后项目都可能需要资金，但资金可能无法到位。于是，学校理事会成员和教师可能要为筹集额外资金而四处奔走。为了获得这些资金，理事会可能提议征收税赋，号召社区成员来决定是否让他们看到增加教育支出的价值。如果居民更喜欢低税赋，这就有可能造成居民不赞成学校理事会，并促成理事会成员的改选。在那些并没有直接感受到教育系统投入的老年人居多的学区，以及在那些有很大比例的家长把孩子送进私立学校的学区，资金问题引发的紧张状况可能尤为明显。

理事会也可能陷入有争议的文化问题中，这些问题阻碍了他们应对长期规划和政策问题。社区成员和学校理事会可能不同意什么人来负责教孩子学会亲密接触，如何预防怀孕和性病传播。一些家长反对学校开展性教育，认为这些问题应该由家里来安排，而其他家长则更倾向于全面的性教育，这时将会发生什么？正如艾伦和明特罗姆所指出的，这个问题是"父母想要采取负责任的行动，并使他们自己的孩子获得最大利益，这可能会无意间给其他孩子带来伤害。正因此，他们会为学校领导者制造困境"——例如，如果这样，在整个地区，青少年怀孕或性病传播感染的数量会激增（Allen & Mintrom, 2010, p.443）。

最后，造成学校理事会的有效性和影响力受限的一部分原因，还在于他们容易在公众选民的要求和学校的需要之间两面为难。学校理事会对面临的一些问题——比如有争议的性教育问题，会形成具体的、孤立的关切，并导致短暂的冲突。大多数学校理事会活动都涉及日常的决策，主要包括与家长—教师联合会、管理人员、教师和社区成员的互动。作为外行的政治团体，学校理事会并不掌握专业教育工作者的知识，这一事实本身就限制了他们的能力和控制力。因为理事会成员依赖于专业教育工作者的专业知识,在他们相互合作的时候,通常会使所有人都获益。

考虑到他们专业知识有限,一个学校理事会应该有这么大的权力吗?近几十年来,特别是由于类似联邦法案 NCLB 的实施,一些学区的权力已经从当地学校理事会转向集权的市长或州教育委员会。在拥有 110 万名学生的全国最大的纽约市学校系统内部,对地方选举出的理事会的不信任使他们通过一项州法案,将小学的独有权力转移到市长手里。在有些人看来,转向由市长控制的做法是一种有效的教育决策集权化。艾伦和明特罗姆认为,"将城市学区纳入城市政府的举措,创造了一种直接的责任链条,通过增加学区使用城市资源、伙伴关系和市长办公室政治权利的机会,来改进学校,造福学校。"(Allen & Mintrom, 2010, p.453)这一转向的批评者认为,这与地方主义和世俗影响力的原则完全相悖,因为它在教育问题上消除了社区的声音,而扩大了市长的声音(Ravitch, 2010)。

学校理事会与系统中的其他成员有相互影响的关系,最直接的是与他们聘用的教育总监的关系。这一关系被比作婚姻,而在大多数情况下是幸福的,理事会成员和教育总监相互支持。富有效能的教育总监拥有良好的沟通能力且被信任,还拥有理事会成员所无法完全掌握的专业知识;由于掌握充足信息,教育总监对理事会决策有着很大影响。但是,他们之间有时会产生冲突,这种冲突主要是由于失去了自信和信任,或者是财务管理不善所致。

> **思考与应用**
>
> 在你的社区中,学校理事会是如何选出来的?他们都代表了社区中的哪些群体?他们目前正在处理的一些什么问题?

教育总监:学校系统的管理者

每个学区的负责人是教育总监,是一名集教练、啦啦队长、公共关系专家于一身的行政管理人员。教育总监的角色出现在 20 世纪早期，那时的学校系统变得越来越复杂，需要训练有素的专业人士进行全天候的管理。教育历史学家大卫·泰雅克（David Tyack）描述了从"乡村学校"到"城市系统"的转变，它使教育系统从相对非正式的运作，转变为更加系统化和更理性的系统。这种转变与更广泛的社会变革一起发生，使这一系统更具官僚制特征，更接近企业管理的风格（Kantor, 2001; Tyack, 1974）。随着时间的推移，这一角色已经从"教师—学者"转变为经理和公共关系专家（Kowalski & Brunner, 2011）。一些观察者担心这种转变意味着真正的教育需求已经被商业思维中对效率的狂热追求所取代（Calahan, 1962）。

教育总监的构成和期待　从组织化的角度来说，小型学区可能会由一个全才的教育总监来领导。大型学区可能在法律事务、人事、公共关系和数据处理等方面需要几个专业人才，所以一般会在几个总监助理之间分配职责。一般来说，办公室的主要职责包括在如何发展课程和教学、确保学生的学习等方面进行长期规划。在日常工作中，这些宽泛的目标可能会被许多事务性工作所取代，比如，发布预算报告，参加员工谈判，回复邮件和电话，会见教师和官员，出席公共聚会，为理事会、州政府和联邦政府准备报告，落实新的规章制度，推荐员工等。

教育总监的典型形象主要是白人男性（Kowalski & Brunner, 2011）。在 1982 年，只有 1.2% 是女性；2010 年，这个数字增长到了 24.1%。仅仅 6% 是少数族群（www.aasa.org/NCE/NCEcontent.aspx?id=18176，2016 年 1 月 13 日的查询结果）。就人口统计而言，教育总监显然并不反映学生的身份，而且也不反映他们所监管的教师的情况（估计有 72% 的 K–12 教育者为女性）。那么，一个关键的问题是，为什么没有更多的女性担任学校教育总监？

尽管有很多因素导致了这一结果，但有两个主要的因素是：从教师到教育总监转换渠道的性质、教育总监角色的性质（Glass, 2016）。在转换渠道方面，教育总监通常是先从中学干起，后来担任中小学校长。然而，女性大多数在小学工作；当她们晋升到管理者的角色时，她们所担任的校长助理角色通常在财政事务（这是教育总监的关键职责之一）上缺乏经验。

从角色性质的角度看,教育总监的工作时间会持续到晚上和周末。作为家庭的主要照料者,女性需要努力平衡家庭责任和职业生涯。最终,很多女性发现自己对这个角色的渴望可能不受支持;与此相应,在研究发现中,超过 75% 的女性教育总监反映,学校理事会成员对其管理和财务能力表示怀疑(Glass, 2016)。

总监职位中的冲突和权力机制 成功的教育总监可以巧妙地平衡他们所有的支持者——社区团体、家长、学校理事会、校长、教师和员工。然而,仍然可能会出现一些紧张关系。先来看他们与教师的关系,教育总监可能会受到联合起来要求获得更高薪水的压力,同时他们又被要求以更精简的预算来运作。过于强调问责和考试分数也会导致冲突。近年来,这种紧张关系在亚特兰大公立学校系统中已经达到白热化的地步。2009 年,教育总监贝弗莉·霍尔(Beverly Hall)获得"年度全国教育总监"(National Superintendent of the Year)称号,这很大程度上是因为整个地区的考试分数有了很大的提高。仅几年后,她被指控为一起重大作弊行为的主谋,其中近 30 名教师被指控伪造考试成绩。尽管这是一个极端的例子,但还是可以说明了正是这种紧张关系导致了教育总监的频繁变动。

在基层,总监办公室里冲突的发生可能取决于其管理风格。在与理事会和公众打交道时使用柔和的政治手段,利用专业知识使优势最大化,可以让教育总监拥有强大的力量。美国早期的教育社会学家威拉德·沃勒(Willard Waller)曾指出:

> 我们必须得出结论,(教育总监)各不相同的个人技巧,使其具有(应对学校理事会问题的)履行职责的能力。……在决定个人人生发展的问题上,友好地主导学校理事会的能力是比管理一个学校系统里的教师和学生的能力更重要的因素。
>
> ——Waller, [1932] 1965, p.94.

而一些教育总监则被训练成一种更高效能的管理风格——一种有助于

应对官僚组织岗位管理方面的风格，他们可能会发现，在许多互动中，都需要一种更具合作特征的管理风格（Kowalski & Brunner, 2011）。在这些管理风格和期望之间进行转换的能力，对于维持任职期间的有效领导来讲至关重要。

校长：学校的居间负责人

你是否被叫到过校长办公室？如果没有，你可能不记得你的校长是谁或者他们整天都在做什么。与我们每天所接触的教师不同，校长似乎是遥远的人物，发挥着模糊但持久管束的威慑作用。这些神秘的人物都是什么人？和许多教育专业人士一样，校长占据了一个拥有竞争职责的"中层管理"的职位（Lortie, 2009）：尽管他们是学校里的最高权威，但他们同时也受教育总监的领导。作为这个系统中的中间媒介和领导者，他们协调教育总监办公室和学校教学团队之间的政策和活动，同时代表着社区中教育领导者的公众形象。

校长的角色 作为学校的最高管理者，校长与公众的接触比教育总监更直接。他们是学校的负责人，因此会提出聘用和辞退教师的建议，也会为教师提供引导和精神上的支持。他们的日常工作包括支持教师、管教学生、辅导学生和教师、管理预算、安排课程、写报告和填写文书工作、评估员工，甚至与提供午餐和清洁服务的承包商一起工作（Lortie, 2009）。中小学校长也会面对一些非常规的任务，例如，解决建筑维护问题、学生纪律和自然灾害的准备和应对等。他们可能还将面对 21 世纪独特的挑战，比如，学生青春期提前，学校的多样性不断增加，以及校园暴力的威胁（Tirozzi, 2001）。

与小学校长相比，高中校长或初中校长有着截然不同的教育环境。这个年龄段的学生被描述成一种"荷尔蒙的混杂"。他们试图将其"整合在一起"，而且每个孩子都要以不同的方式来应对。对于这个群体，需要校长充分关注其中的同伴冲突、欺凌以及他们的心理健康需求。在高中，校长还有额外的角色，即帮助学生为上大学、开启职业生涯做好准备。学区对这些由低年级逐级升上来、到最终毕业的学生负有责任。州政府和联邦政府的指令在这些决策中限制着校长的自主权。由于临近毕业却不能达到12年级甚至10年级的读写水平，一些学生正在提起针对学校系统的诉讼。对学生的能力测试和对新教师的测试通常是校长的职责。可是，一个人很难同时做到既是高效的管理者，又是得力的教学领导者，因此把这两项任务压在校长一个人的肩上可能会引起学校内部的冲突。

中小学校长的构成与期待 如今，女性在教育领域占据主导地位，其中包括了校长职位。大约52%的中小学校长都是女性（NCES, 2016b）。这与1990年代初的情况大不相同，那时候只有不到三分之一的校长是女性（Hammer, 1994）；但教育领域的领导中仍然存在性别差异，例如，虽然有64%的小学校长是女性，但在高中这一比例只有30%。与本章讨论的其他情况相一致的是，中小学校长的人口特征与学校里的孩子明显有差异：80%的公立中小学校长是白人，10%是非洲裔美国人，7%是西班牙裔（NCES, 2016b）。少数族裔校长较多都在公立学校，在私立学校并不常见。

中小学校长的工作不仅待遇相当不错，而且在工作时间和收获方面，也是一份期望值很高的工作。在公立学校，这一职位的平均年薪为90500美元，而私立学校则为65300美元。为了得到这样的薪水，校长每周平均工作57个小时。当被问及他们面临的主要挑战时，校长提到了获取充足资金的困难、上级的微观管理、来自联邦指令和问责制的压力，以及教师的能力与任期问题。尽管面临这些挑战，校长们报告说，他们在聘用和评估教学人员上都有很大的影响力和自主权（Goldring, Gray & Bitterman, 2013）。

校长办公室里的冲突与权力 如今，校长的角色压力越来越大。本书作者之一的一位朋友最近从她小学校长的位置上病退下来。她生病的主要原因是由于持续的工作压力：由于征税失败而导致教师减员、教室供应不足、工作时间过长导致员工士气低落、由于家长的边缘经济处境和工作流动所形成的"进进出出"的学生群体、政府不断提出要求生活在崩溃边缘的孩子们提高学业成绩、越来越多的时间花在论文上，等等。事实上，"许多中小校长都无法应付不断增长的需求和由此带来的压力。他们在精疲力

尽之后悄悄退下。"(Brown, 2006)

许多研究表明，有效能感的校长和有效能感的学校是那些让教师感到被重视并拥有决策权的根源。在最有效能感的学校里，校长会定期与老师见面，询问有关课程的建议，并回应教师对效能的关切是否有效（Lortie, 2009）。校长对教师的期望影响着教师的士气、表现和自我观念；教师则相信，那些清楚了解他们需求、奖励良好工作表现、鼓励大家参与决策的校长，会更让他们感到满意。这些因素营造了一种员工之间有凝聚力、对共同目标有高度共识的校园氛围（Price, 2012）。

然而，校长和教师也是人：有时，他们难以营造一种建设性的关系。教师高度重视他们的自主性，在权威可能受到挑战的情况下，他们期望校长为他们说话。如果校长没有这样做，教师就会利用他们的集体权力来反击校长、申诉或罢课。反过来，校长可能会通过分配班级和课程任务，在他们的班上安插难教的或没有什么问题的学生，给予不合意的时间安排，来"惩罚"不合作或效率低的教师。

校长经历的一些角色冲突反映出性别角色期待和领导期待之间的冲突。与她们的男性同行相比，女性领导者通常有不同的领导风格，更强调为教师提供情感和物质支持（Fridell, Belcher & Messner, 2009; NCES 1999），并倾向于分散化决策（Mertz & McNeely, 1998; Sobehart, 2009）。这种民主的领导风格可以使女校长在受欢迎程度上获得高分，当然也有人可能会认为她们软弱。相反，当她们的行为有更多的自主权而很少达成共识时，她们可能被认为是有能力但冷酷的人（Heilman et al., 2004; Rudman & Glick, 2001）。

虽然校长有权力运营学校，但也受到教育总监和理事会、教师工会、家长和学生的要求以及州政府和地方规章制度的限制。根据丹·洛尔蒂（Dan Lortie, 2009）的说法，校长们会更强调对学区政策负责。在一天结束的时候，学区当局"决定何时何地开办学校以及何时何地关闭学校，他们决定由谁来领导学校，并决定学校员工的工资水平。在日常运作过程中，他们要求校长亲临中心办公室，明确政策和流程，也要求他们与中心办公室（的工作人员）讨论想要实现什么样的变化"（Lortie, 2009, p.50.）。

尽管如此，州政府和联邦政府的政策对校长的约束越来越多。随着高风险测试的兴起，学校及其表现的公众能见度越来越高，有时甚至会降低到一种简单的字母分级的程度。家长和学生在教育市场上拥有了更多的选择。低成本的私立学校、教育券项目、特许学校和磁石学校的出现，都加剧了学校之间的竞争。对于校长来说，竞争加剧可能会减少与其他校长的合作，并加剧与他们之间的紧张关系。虽然人们对考试成绩和学校分级更加重视，可以帮助校长明晰预期的表现标准，但同时也会增加对这些标准能否达成的焦虑。为了提高校长的效率，应该采用一些研究生课程来帮助下一代学校管理者更好地满足这些需求（Brown, 2006）。

思考与应用

校长都在承担着哪些相互冲突的角色？为什么在当今局势下，当校长变得很困难？帮助当地一所学校找出学校报告卡，并考查其中所包含的类别和数据。一位校长应该如何影响其中所包含的数据？

教师：位居前线

回顾我们的学校生活，无论喜爱与否，我们最难以忘怀的人可能是教师。你是不是有一个改变你生活的时尚艺术教师或励志英语教师？你是不是有一个特别严厉、让你无法忘记的教师？一位校长偶尔会在我们的记忆里留下印记，一位指导顾问也会影响我们的未来计划，但我们接触最密切的还是教师。正是在他们的课堂里，我们沐浴在他们的凝视、赞扬与批评之中。某些情况下，甚至我们的父母都没有这么多时间与我们在一起，或者还不如教师对我们的能力了解得多。

那么，是什么原因让他们从事教育工作呢？多数教师列举了以下原因中的一个或多个：渴望给予知识、喜欢孩子、希望能做有益于社会的事情、对教学和一些主题有热切的兴趣、有安稳的经济收入、实现梦想（O'Brien & Schillaci, 2002; Phillips & Hatch, 2000）。看到学生们学会新的技能、获得知识的增长，本身便是一份可喜的回馈。理解教师从教的动机还不能离开动机与性别经验的关联：因为多数教师都是女性，似乎这一职业选择与多数女性处于儿童养育者和儿童健康保护者的位置有相同的价值关联，这能让她们在工作与家庭义务之间寻找到某种平衡。

教师的构成、特征和教学领域 美国大约有380万的人应聘为K-12教师，其中约有340万在公立学校，40万在私立学校（NCES, 2016b），约占美国全部劳动力的3%—4%，是最大的职业群体之一。在380万教师中，约一半在中学，一半在小学（NCES, 2016b）。教师其他特征可见于表7.1。

教学工作曾经一度是女性可以拥有的非常少的职业路径之一。对于那些曾经上过学或正在主修中小学教育的人来讲，教学专业显然主要为女性所占领。在那些申请获得教育学士学位的人员中，80%是女性（NCES, 2012, Table 317）。教育是大学女生第三大常见专业，仅次于商业和健康

表 7.1 1966—2012 年公立学校教师的基本特征

基本特征	1966	1976	1986	1996	2006	2012
教师数量（千）	1710	2196	2206	2164	3588	3385
性别（%）						
男	31.1	32.9	31.2	25.6	29.9	23.7
女	68.9	67.1	68.8	74.4	70.1	76.3
最高学位（%）						
学士以下	7.0	0.9	0.3	0.3	0.1	3.8
学士	69.6	61.6	48.3	43.6	37.2	39.9
硕士或专业学位	23.2	37.1	50.7	54.5	60.4	55.3
博士	0.1	0.4	0.7	1.7	1.4	1.1
平均教龄	8	8	15	15	15	缺
平均年工资（现值美元）	6253	12005	24504	35549	49482	57400

注：这些数据基于公立学校教师的样本调查。这些数据之所以与其他表格中出现的数字不同，是因为不同调查进行的程序和涵盖时间的差异所致。由于采用四舍五入的原因，具体数值相加之和不等于总数。

来源：US Department, Digest of Education Statistics, 2009, Table 69 (NCES 2009). For 2006, US Department, Digest of Education Statistics, 2010, Table 73 (NCES, 2010). For 2012, NCES, Digest of Education Statistics, Table 211.50 (NCES, 2016a, 2016b, 2016c).

卫生专业（Tulshyan, 2010）。如今，女性教师已经占到全美所有公立学校教师的 76%——这一百分比逐年增长。尽管只有 24% 的教师是男性，但是男女教师从事的工作还是存在性别差异：在幼儿园教师中，男教师只占 2.8%；而在高中教师中，男教师则占 43%（Bureau of Labor Statistics, 2015）。

对于女性来讲，尤其对非洲裔女性，从事教学工作在历史上一直是求取升迁机会的重要通道。今天，教学专业在种族/族群上的人口分布特征依然不能与学习群体人数对应相称。举例来说，49% 的学生有少数族群背景，但只有 18% 的教师来自少数族群。然而，当西班牙裔学生与日俱增，西班牙裔教师的百分占比也在递增。1988 年，西班牙裔教师还只占公立学校教师人数的 3%，可今天这一数值却已经达到 8%。

笼统地讲，教学工作是一项中产阶级的职业，也是较低阶层成员向上升迁的一条较为可行的通道。这不仅是由于与其他职业相比，教师在培训上的花费更少，而且是因为这一职业更为人所熟知。归功于我们在学校教育中所花费的可观的时间，我们所有人都能"明白"教师这一职业是干什么的。成为一名教师所需要的社会文化资本的类型，完全有别于成为一名博物馆馆长或一名企业律师所需要的资本类型。如今，美国教师的起始平均薪资是 36000 美元，最低的是蒙大拿州，只有 27300 美元，最高的是新泽西州，有 48000 美元。2014 年所有在职教师的平均工资是 56700 美元（NCES, 2016c）。这样的工资水平，在过去 40 年里一直稳定地保持着（按固定美元换算）。然而，从地位和声望角度看，教师角色颇为复杂，正如洛尔蒂所指出的，教学工作在美国是一种"特殊而身份不显"的职业，"既受尊重，又受鄙夷；既被褒为'奉献服务'，又被贬为'小菜一碟'"（Lortie, 1975, p.10）。

教学生命周期：教学队伍中的坚持与变化 教师职业生涯周期大抵经历三个阶段：起初几年的存留与应对挑战时期、中间时段的稳定时期，以及在他们走向职业终结时的解脱时期。今天，30% 的教师年龄在 50 岁以上，15% 的教师年龄在 30 岁以下（NCES, 2016c, Table 209.10）。过去 30 年里，有经验教师所占的百分比有着实质性增长，进入这一领域的年轻教师人数在减少。这一趋势有其优点：老教师拥有更广的专业知识、更多的领导技能，也更有可能归属于一些专业组织。但是，这一趋势也有其弊端：一些获得终身教职的教师缺乏教学效力，但由于已获终身教职，他们高枕无忧。对于教育系统来讲，老教师的工资支付费用也更高。如果他们教学效力很高，那么物有所值；而如果他们效力不高，这就可能限制了年轻教师进入这一专业领域。年轻教师会给他们的第一个工作带来新的教学理念和新的学科发展讯息，有助于老教师与这个领域同步发展。

每一年都有 80% 的教师留在同一所学校里，大约 8% 的教师调到其他学校，还有 8% 的教师离开了教育专业（NCES, 2016b）。那些离开教育专业的人中，10% 左右的人并非出于自愿（因为他们的协议没有续签），多数人由于退休或出于家庭所迫。教师工作满意度普遍较高，66% 的人表示他们会再次选择教师职业，只有 19% 的人表示不会再选它。另外，大约有 90% 的教师赞同这样的表述："我一直对在这一学校里当教师感到满意。"这一百分比从 2000 年以来一直没变（NCES, 2016c, Table 210.20）。影响教师满意度的一个最重要的变化是人们对标准化测试的重视程度在不断升温。按照 NEA 的说法，大约 45% 的在职教师因为标准化测试重视程度升温，已经考虑离开这一职业（Walk, 2014）。表 7.2 阐明了教师对他们一系列职业状况的态度。

依照人口统计状况，教师需求有涨有落。1960 年代，由于"二战"后婴儿出生高峰所引发的学龄儿童数量剧增，教师队伍告急。而到 1970 年代后几年，这一批婴儿出生高峰所带来的孩子都离开了学校，结果超过 60 万的教师"剩余"——下岗。从 1983 年开始，教师的市场需求增加，部分原因在于婴儿潮时期入职的教师大量退休。从全国范围看，过了 2020 年，对教师的需求都有望一直增长，将会空出来大约 44 万个岗位。随着教师储备项目应募人员数量的下降，人们开始担心教师短缺问题。在"高需求学校"（那些位于城市中心和农村地区的学校）和一些特定领域，如 STEM 课程、

表 7.2　1994—2012 年教师对就业条件的关切态度（%）

同意所占的百分比	1994	2000	2004	2008	2012
学校管理层对员工采取支持行为	79.2	78.8	85.2	87.7	83.6
我的校长依章规范学生行为，并在我需要时支持我	80.8	82.2	87.2	88	83.7
在这所学校里，工作人员因工作做得好而被认可	67.9	68.3	75.5	76.7	74.3
我所做的工作得到家长的大力支持	52.5	57.9	61.1	64.3	58.6
由于我的学生在州或地方考试中的表现，我担心我的工作是否能保住	—	28.8	31.2	30.9	44
在这所学校里当老师，我大体上感到满意	—	89.7	90.9	92.8	90.2

来源：US Department, Digest of Education Statistics, 2014, Table 210.20 (NCES, 2014).

特殊教育和双语教育，高意愿或有能力的教师短缺尤为明显。为了满足更多教师之需，包括"选择性认证"（alternative certification）和类似"为美国而教"（Teach for America）等项目在内，许多不同的策略纷纷采用。然而，当一些教学项目降低教师标准或一些学校聘用与保留低效教师时，人们也担心对教师的需求可能会损害到教师的质量。

　　如前所述，在特定年份身不由己的离职者不到10%。自1920年代以来，美国的教师一直受到终身教职政策的保护。这一政策是指教师在经过多年令人满意的表现后可以获得工作保障。在这种政策下，教师的终止需要有充分且经得起检验的原因：能力不足（学科、教学方法）、不道德（伪造记录、挪用资金、与学生发生不当行为）、吸毒、叱责和贬损聘用者的话语、亵渎的语言。目前，任期政策正在日益发生变化：在联邦政府"力争上游"计划的倡导下，至少有19个州改变了他们原有的教师任期政策，将聘任与绩效表现（通过标准化测试和其他手段衡量出的进步）更加紧密地关联起来。

　　教师的角色　我们是否对我们的老师要求太多？请参阅下面这个虚拟的广告，它有点儿戏剧性地表达了对教师的角色期待：

诚聘人才

大学学术型专业毕业（硕士学位优先）。良好的沟通/领导能力。这是一个挑战性很强的机会：每天依照紧凑的日程为 150 个客户提供服务，每天开发不到五种的不同产品来迎合个体需求，同时坚持多种产品的规格说明。要求拥有较强的适应性，因为供应商总是不能按时交货，任职者必须安排自己的支持服务，同时客户几乎不知道他们想要什么。理想的候选人应享受与同事分离的工作。这种多样化的职位允许员工可以在上班时间和下班之后进行打字、文书、执法和社会工作技能练习。一周大约工作 50 个小时。工作的特殊性质有碍于诸如电话或上网之类的让人愉快的事儿，但工作本身有许多内在的奖励。起薪……

——"What Matters Most,"1996, p.54.

的确，教师被要求在日常工作中扮演很多角色：他们是教育工作者、儿童的社会引导者、社会工作者和纪律维持者。这是一个薪酬一般的职业，进入这个领域的主要动机在于那些精神上的收获——因工作表现优秀而获得的体验（Lortie, 1975）。从其明确的角色功能上着眼，教师的角色期待包括教授特定的内容、管理课堂、最大限度地创造有利于学习的氛围。教师还在次级社会化中扮演着重要角色：帮助孩子学会如何成为对社会有用的人。在小学阶段，老师教育孩子要爱国、分享、守纪和自律。教师掌握权力，而且拥有多种应用它的手段：成人权威、成绩、留堂或羞辱等惩罚，还有表扬和强化。

随着时间的推移，两大著名且彼此相关的紧张分歧形塑了教师的角色。首先，对教师是否应该被视为专业人士存在分歧。历史上，教师在社区中很有地位，除了神职人员之外，很少有其他职业获得比教师更多的尊重。其中一部分原因是他们的教育程度很高，而且与有名望的家庭有密切联系。今天，有人质疑教学领域是否可以被认为是一种专业。一般而言，专业具有以下一些特征：（1）进入（行业）的认证和许可要求；（2）入职者的入职培训和指导计划；（3）专业发展支持、机会和参与；（4）专门化；（5）决策权；（6）薪酬水平；（7）声望和职业社会地位（Ingersoll & Merrill, 2012）。

虽然教学具有其中一些特征，但缺乏其他特征。例如，教师的薪酬与其他大学毕业生的薪酬相当，但并不显得更高一些；根据全国民意研究中心（National Opinion Research Center）的研究，在声望方面，教师在美国所有职业中排名前20位。专业人员有明确的资格和界限。相比之下，教师职业有多条获取资格执照的途径。在权威和决策方面，教师受聘于官僚组织，在校长、教育总监和教育委员会的指导下开展工作。因此，工作方向来自官僚组织，而不是由同行组成的专业自律组织。

考虑到这些职业特征，将教师称为"半专业"可能更为准确。与护士、社会工作者、图书馆员和其他人一样，半专业也有一些共同的特点，如培养、帮助和支持责任（Ingersoll & Perda, 2008）；在从事这些工作的人群中，女性占据了优势地位。因此，性别可能成为教师职业地位不高的一部分原因，一些人认为只有男性占主导地位的职业才能达到与之相符的职业地位，女性占主导地位的职业被赋予较少的薪资、声望和自主权。

教学专业的官僚制性质与职业角色中的另一个紧张关系相吻合：自主性受限，甚至可能在持续压缩。教师自主性是指教师在学校中的专业独立性，尤其是指他们决定他们教什么（课程）、如何教（教学法）的独立程度。由于学校是官僚组织，教师必须应对密切的监督、规则重点和集中化决策。对那些想成为专业人士的人来说，标准化和集中化的要求不啻于一种偏离。一方面出于对专业地位的渴望，另一方面是试图获得认可、声望、自主和更高薪酬所遭受的挫折，这二者推动了教育界的改革运动，并努力加强工会建设。

从21世纪早期开始，由于联邦政府越发重视测试和问责，这种努力变得更加强烈。教师与他们的支持团体认为，课程和教学的自主权日益受到侵蚀，有些学区用脚本化课程（scripted curricula）取代了教师的专业知识。在那些难以留住教师的学区（比如赤贫地区），非常普遍的是，脚本化课程要求教师不仅要按照设定的结构准备好一系列日常课程，还要通过直接阅读准备好的脚本来教学（这些材料由测试公司准备）。这种方法提高了教学效果。正如"教育改革术语表"（一家为"记者、家长和社区成员"设立的教育网站）所述，"虽然并非每位教师都是天生的优秀教师，但可以实现的是，至少所有教师都可以得到高质量的课程脚本来指导教学。"教学专业的倡导者对这一教育趋势提出了激愤的质疑：如果自主权受到实质性的侵蚀，那么教学领域能够在多大程度上吸引新的人才加入，并引导大家一起朝着专业方向迈进呢？只要教师工资水平不高、运用专业判断来指导教学的能力受到质疑，教师的招聘和培训可能都会受到影响。

教师的职前教育 从某种意义上说，教师的职前教育工作从我们入学的第一天就开始了。作为学生，我们对教师的做法，对卓越的、优秀的或者可怕的教师有什么样的特征有着非常清晰的认识。在教学领域花了12年左右的时间当"学徒"之后，一些学生决定投身教学事业。那么成为教师需要什么呢？在1930年代之前，美国的教师培训和资格认证是一件不那么正式的事情。此后，培训和招聘新教师采用了客观的资格标准。尽管美国所有的州都要求教师获得资格证书，但是各州对资格证书的认可程度和认证途径却存在差异（US Bureau of Labor Statistics, 2006–07）。一般来说，所有州都要求进入教学行业的人员必须满足以下条件：

——获得学士学位（通常适用于小学或中学教育，但有时也适用于历史、英语或数学等学科）。

——完成教师培训/准备课程（通常作为学士学位课程的一部分，但有时也通过硕士或其他资格认证的课程来完成）。

——通过一般的教学考试和内容考试（比如，Praxis 项目考试）。

不同的教师在资格标准上会有所差异。例如，亚拉巴马州要求K-6的教育者在教学与学习原理的Praxis II考试成绩不低于145分的通过线，而爱荷华州则要求最低分数为168分。不同科目（像生物学，化学，语言艺术和外语）考试内容的核心要求也有所不同。各州及不同机构对于教师教育项目中的"教学实习"部分的结构和长度的要求也各不相同。虽然39个州规定了"实习教师"必须完成的最低课堂教学时间，但只有一半符合全国教师质量委员会（National Council on Teacher Quality）提出的十周的建议。各州在"合作教师"所要求的资格上也存在差异：他们应该具有多少年的经验，以及确定哪些教师可以担任导师。总而言之，从一个州到另一个州，从一所大学到另一所大学，有抱负的教师会接受截然不同的培训，而且会受到非常不同的标准要求。

当学区不断扩大或者顶着压力寻找合格教师的时候，他们可能会使用非传统的手段招聘教师。大多数州都提供"选择认证"项目，招收具有学士学位的个人，将其作为专职教师并让他们学习一系列教师教育课程（有时在本地有资格的学院学习，有时则采取在线学习的方式）。学习完成后，教师候选人必须通过认证考试。传统教师培训计划中的实习教学指导或现场实践部分通常不包涵在认证计划中。虽然这可以作为亟需合格教师时所提供的有创造性和选择性的权宜之计，但是这种可供选择的认证项目培养出的教师与传统认证项目相比，他们在专业准备、有效性和职业持久性方面，有非常显著的差别（Darling-Hammond, 2010）。

另一个筛选有才能的教师的机制是"为美国而教"（TFA），这是一个在全国招收高水平毕业生去到人才不足的城乡学校任教两年的全国性项目。尽管被选入这一项目非常光荣，其中的老师也都精力充沛、不知疲倦地教育和激励着学生，但这一项目还是饱受批评，除了担心TFA招聘员工时为教师提供的培训时间有限之外，还有人担心TFA是资源贫乏的学校教师周转率高的根源。教师周转率的问题非常重要，因为教学能力会随着时间的推移而越来越优秀，那些永远只能接触到经验有限的教师的学生，根本接触不到有经验的甚至高效的老师，从而只能与低效的教师打交道。这是束缚低收入和少数族裔比例高学校的学生受教育水平的已知因素之一。

优质师资队伍的评估与建设　在高风险测试、学校日益多元化的年代，如何最好地培训下一代教师就成为新的问题。近几十年来，全国范围内的培训计划都得到了改进，各种标准也有所增加（Darling-Hammond, 2010）。然而，各种争论依然持续不断：教师培训项目的重心应该放在理论和教育学上，还是应该在内容知识上？如何在教师培训中增加实践经验（实习教学）的环节？在低效的学校进行教学是否需要增加特殊的准备？认证标准（包括教师在标准化考试中的表现）是否能提高新教师的质量？表7.3提出了界定教师质量的一些方法。

如何才能确定谁有资格可以当老师呢？一些讨论聚焦在针对标准化考试的教师预期表现上。有人认为，应该提高标准，以确保招收并培养出强大的教师候选人队伍。教育信托基金会主席凯蒂·海科克（Kati Haycock）表示："当然，考试上的高要求可能会让那些学业薄弱的学生感到沮丧，但学术上薄弱的人首先不应该做教师。"（Chaika, 2005）事实上，研究也表明，教师在资格认定考试中的成绩越高，其教出的学生成绩也越好（Clotfelter, Ladd & Vigdor, 2007）。

然而，这些测试的实施却揭示出一个问题：许多准教师没有达到及格分数。一些观察者认为，这表明师范院校的数量需要翻一番，并提供更严格的指导。其他人则认为这个消息并没有那么令人震惊，他们认为测试不能真实检验教师的素质，反而导致少数族裔合格教师的数量进一步减少。在任何情况下，学生没有按照预期通过考试，都会延误毕业。这对学生和高等院校都有很大的影响。师范生不得不多次参加资格考试，这对他们来说可能既昂贵又费时，但对开发和实施考试的公司来说，在经济上肯定非常有利。

表 7.3　检测教师质量的四个维度

维度	定义和指标示例
教师资格	教师进入课堂时所带来的资质、知识和经验，例如： 课程、成绩、学科教育、学位、考试成绩、经验、证书和参与继续学习的证据（如实习、入职培训、补充培训和专业发展）
教师特质	伴随教师进入课堂的态度和特质，例如： 对学生的期望、同事关系或一种合作性质的关系、种族和性别。
教师实践	教师使用的课堂策略——教师与学生互动的方式以及他们用来完成具体教学任务的教学策略，例如： 使教学与评估保持一致，传达清晰的学习目标及对学生表现的期望，提供智力挑战，让学生解释他们正在学习什么，使用形成性评价来了解学生实际学习的内容和程度，提供积极的学习经验，制定连续的教学实践计划。
教师有效性	对教师在课堂上帮助学生学习的水平进行"增值"评估，指标为： 学生成绩高于预期的分数提升。

来源：National Comprehensive Center for Teacher Quality, report on "Teacher Quality and Student Achievement:Making the Most of Recent Research", March 2008, p.2, www.tqsource.org/publications/March2008brief.pdf.

考虑到师范院校可能需要做出改变，以更好地为培养下一代教师做好准备，这就需要回答一个问题：教师培训到底需要更多地放在教学内容上还是教学方法上？答案似乎是，看情况。对于中学教师而言，加强基础知识的内容似乎尤为重要。数据表明，许多高中教师，特别是少数族裔和贫困公立学校的教师，教学在知识内容方面存在偏颇（Ingersoll, 1997; NCES, 2004; Nelson, 2006），而准确的教学内容才会使学生成绩提高。在早期儿童教育方面，教学方法、教育理论和儿童发展显得特别重要。许多幼儿教师都缺乏这种培训，应该敦促有关机构建议幼儿教育者至少应具有学士学位，而且最好为幼儿教育专业（Early et al., 2007）。

最后，为了确保培养出最高质量的教师，一个著名的群体建议将教师培训计划"倒置过来"，将重点从教育理论和教学方法转向亲自操作的诊断式实践。他们主张：

> 教学像医学一样是一种实践的职业，准教师必须准备成为专业的实践者。他们应该知道如何运用他们的专业知识来推动学生学习，如何通过实践来获得自己的专业知识。为了做到这一点，我们必须把实践作为教学准备的中心。
>
> ——NCATE, 2010, p.2.

除了在这个领域投入更多的时间，这一报告还建议更具结构性的指导；而不是从课程作业转向实习教学，准教师们会把两者融合在一起，这样，两种专业发展的方式可以相互贯通。

当教师完成学士学位课程时，教学准备并未结束。通过专业发展的机会，教师可以跟上技术、内容和教学的发展。每一年，估计有95%的教师参加工作坊、研讨会或其他培训；有59%的教师多年参加主题课题培训，73%的教师参与了额外的教学方法培训（Scotchmer, McGrath & Coder, 2005）。

虽然几乎没有人会不同意加强教师教育，但是，很多人对能否吸引更多有前途的候选人进入这一领域表示怀疑。优秀的教师需要自主性，需要有竞争力的薪酬。教师也需要在工作中感受到一种有效的感觉，这种感觉来自可以自由地专注于学生的学习，而不是严苛要求的考试成绩或管理任务。一些州已经推迟了延长在职培训实施，担心这会使教师准备计划增加了一年，从而增加州政府的高等教育预算。那么，就存在这样的疑问：当前教师职业的薪资水平一般，越来越重视客观性结果，其自主性又在下降，它是否真的能吸引到最优秀的学员？

教师的压力与倦怠　教师职业倦怠是一种超越身体疲劳的综合症状。"压力和情绪耗竭是其中的一部分，但是倦怠的标志是超负荷所导致的对工作的疏远。"（Maslach, Schaufeli & Leiter, 2001, p.397）。职业倦怠的发生是因为工作人员面临多重压力，从而变得情感枯竭，最终导致失去目标（Dworkin, 1985）。自我效能感强的教师不太可能变得精疲力竭（Schwarzer & Hallum, 2008）。心理上，职业倦怠包括无力应对生活压力、抑郁、自卑、缺少自信，并且容易被激怒（Bianchi, Schonfeld & Laurent, 2015）。身体上，它会导致头痛、感冒和流感，并对心血管系统造成压力，进而导致身体罢工（Schonfeld, 2001）。尽管职业倦怠明显影响的是教师的身心健康，但其实也影响到学校。首先，倦怠的教师教学效率会下降，因为他们缺乏应对挑战的情绪。其次，职业倦怠导致教师工作中的损耗，转换工作到另一所学校，或者被解雇——这些都影响着学校教师队伍的高效与稳定。

那么，哪些教师最有可能出现倦怠？在一定程度上，通过个人或微观层面的特征可以对教师职业倦怠加以预测。例如，报告指出女教师比男教师更容易有压力，更容易倦怠。虽然教师的职前教育似乎与处理压力的能力有关，但研究还无法确定年龄和教龄是否与职业倦怠有关（Pas, Bradshaw & Hershfeldt, 2012）。从心理学的角度来看，研究表明，内向的人可能存在更高的职业倦怠风险（Cano-Garcia et al., 2005; Larrivee, 2012）。内向是指通过安静的反思和深入的关系来获得活力的一种性格特征，并且在社交互动——特别是表面的互动中，会感到疲惫。教学环境正是日渐变化，课堂中独立的工作越来越少，小组的会议和行政工作越来越多。"协同过度"的可能性在增加（Cross, Rebele & Grant, 2016），这表明不断改变的工作环境和不同个性可能会相互交错，进而导致教学倦怠几率的加大。

学校层面的因素（有时也称为中观层面）也在影响教师的效能和职业倦怠。学校氛围，特别是校长对教师的支持，会减轻教师的倦怠，使其更有效率（McCoach & Colbert, 2010; Tschannen-Moran & Hoy, 2001）；缺乏校长支持的教师更容易出现倦怠。此外，学生不良行为较多的环境，或者教师认为自己付出过多，却不能从学生身上或其他地方得到应有的支持，这会增加教师对学生的情感投入，从而导致情绪超载和潜在的职业倦怠（Fernet et al., 2012; Grayson & Alvarez, 2008）。

最后，社会学家不仅将职业倦怠视为个人问题，更将其看作一个结构性问题（Dworkin, 2009）。在宏观层面上，旨在促进学习和问责的联邦改革似乎导致教师感到压力加大，对他们工作的欣赏则在减少。对教师职业倦怠的研究回顾表明，随着每一项新的教育改革，教师职业倦怠都有所增加（Dworkin, 2009）。1977年改革前教师队伍的倦怠率最低。随着"国家在危机中"报告，然后"基于校本的决策"，进而"高风险的测试"，还有近年来的"不让一个孩子掉队"和"力争上游"等政策的出台，教师职业倦怠在不断加剧。在此背景下，"企业、政府和公共利益相关者对学生成绩的担忧以及对国家经济竞争力下降的预测，加剧了教师的工作压力和职业倦怠。他们经常因为在提高学生的标准化考试成绩上不够努力而受到指责。"（Dworkin, 2009, p.505）

那么，什么样的解决方案可以减少教师职业倦怠，进而提高教师的效能？由于教师职业倦怠的源头在组织层面，因此必须改变学校氛围，尤其是增加行政和同伴支持。正如德沃金所指出的，"教师通过让公众了解他们的工作对其同事和管理者的意义，使社会支持系统不再给他们施加压力，从而使他们免于倦怠"（Dworkin, 2009, p.506）。实际上，这意味着打开教室的门，创建支持团队，提供在职培训以满足个人职业需求，并重构学校管理以允许共享决策权（School Mental Health Project, 2002）。最终，教师需要感受到他们在自己的领域里拥有控制权，这样，他们才能够成为有创造性和主动性的人。在此过程中，校长的支持可以起到重要的作用：在那些支持教师、合作意识强并让教师参与决策的学校里，很少有教师会产生倦怠的情绪（Dworkin, Saha & Hill, 2003）。

对教学和教师的改进建议　　美国教育部、私人基金会以及各类关注教育问题的组织都已经对学生辍学率、对缺乏大学和职业准备敲响了警钟。很多报告详细介绍了"教育的危机"，并提出改变的建议。此前，我们讨论了教师培训计划可能发生的变化。但目前教育界可以进行哪些改革？有一个议案力求通过改变激励结构来改善教学。由于教师薪酬历来是通过工会中的一部分人来共同决定的，教师薪酬与教师绩效没有多大关系。有人认为价值薪酬、奖励激励或绩效薪酬的引入可以提高教学效能。这些"增值"的建议背后的逻辑是，效率高的教师应该因为提高学生的学习而得到奖励，而教师在有激励的情况下会提升他们的教学表现。相反，对效率低的老师，应该减少他们的薪水，或者应该辞退。联邦教育改革的项目，比如"力争上游"，正越来越多地要求或鼓励各州采用绩效薪酬方案。然而，教师工会仍然对这些努力持怀疑态度，指出这会伤害教师的士气，制造分歧，给工作带来恶性竞争，而且很难管控。

那么这方面的研究表明了什么呢？这些研究将绩效薪酬的有效性与考试成绩结合起来（Ritter & Jensen, 2010），其中有几项研究结果说明并不具有有效性（Yuan et al., 2013）。一项研究通过分析一个项目的数据，对绩效工资的效果提出了质疑，这个项目里的300名田纳西州纳什维尔的数学老师接受了评估，评估内容是他们收到的额外奖金有没有取得切实效果，这些奖金数额不等（5000—15000美元），根据学生的测试成绩提升的效果颁发给老师（Springer et al., 2011）。使用增值技术计算增益，并剔除了学生成绩变化的其他来源后，分析显示该项目没有"在考试成绩上产生一致和持久的收益"（Sawchuk, 2010）。罗兰·弗莱尔对200多家纽约市公立学校进行的一项随机试验的分析发现，"没有证据表明教师激励措施会提高学生的成绩、出勤率或毕业率。"(Roland Fryer, 2011, p.1)尽管进行了这些研究,联邦政府对绩效工资的支持依然强劲。因此,现在有些教师团体正在考虑以有效的方式来执行绩效工资。里特和詹森指出,可行的计划里应该提供"可及的、透明的、实质的和持续的"激励措施(Ritter & Jensen, 2010, p.35)。另外,教师认为有效性不能通过狭隘地只考虑测试分数来确定,而应该使用多个"数据点"来评估表现,包括定性指标和课堂观察。

唉,并非一切都那么灰暗!2013年盖洛普调查结果显示,教师的幸福感排名仅次于医生,在"生活评估指数"和"情绪健康指数"上得分较高(Lopez & Sidhu, 2013)。但是,他们在工作领域的参与感和满意度指数较低,在所调查的14个职业中,教师排名第八。在"我的上司总是创造一个信任和开放的环境"这一表述所占比例上,教师排在最后。根据洛佩兹和希杜的说法:

> 相对于其他专业的职位而言,教师在工作场所舒适度低,表明学校和社区领导在学校工作场所有重要问题需要解决,以使教师和学生充分发挥其潜力。提高教师的工作参与度至关重要,因为他们的参与是预测和驱动学生参与的最重要的因素。
>
> ——Lopez & Sidhu, 2013, np.

最后,教师的满意度取决于许多因素,重要的是公众对教学的态度,此外还有班级规模、学校安全等工作环境、社区和家庭参与、专业发展机会、资源分配和有效领导等("Key Issues", 2008)。看来,如果这一专业想要吸引到充足的高素质的新成员,教师就需要更高的薪水、更多的尊重和自主权、更多的晋升机会。这些建议中有一些正在推进,但教职员工仍然表示对工作场所持有矛盾的态度,并反映在学校政策和专业自主权上遭受过挫折。

> **思考与应用**
>
> 描述一位你所认识的效率高的教师。你认为哪些因素使得这位教师特别高效?

场景的背后:学校中的支持角色

辅导员:挑选和配置的职能 随着高中学校规模越来越大,学术规划越来越多样,其教学人员也越来越专业化,并且专注于授课。现在是辅导员负责给不同学生提出关于大学和职业的建议,并且为需要动机、指导或者安慰的学生提供个人支持。今天,辅导员往往有教学经验,并通过了学校辅导硕士学位的课程进修。正如美国学校辅导员协会(American School Counselor Association)网站(ASCA, 2016)所述,辅导员是"教育团队的重要成员,他们在学业成就、个人/社会发展和职业发展等领域帮助所有学生,确保今天的学生成为未来富有成效、适应能力强的成年人",辅导员的任务委派——无论是提供职业指导、为学生选择合适的大学,还是参与他们的发展问题,不仅取决于咨询项目的资源(例如,是否有指定的专门负责大学准备的辅导员,辅导员的分派是根据年级还是学生的姓氏),也取决于学生群体的人口特征和需求。

以前,辅导员在决定其咨询对象的境况方面拥有较大的权力,学生高中毕业时,辅导员会扮演一个"守门员"的角色,他们的建议会对学生产生很大的影响(Brookover et al., 1996, p.100)。辅导员通过充分利用学生的学业成绩和纪律记录,引导学生选择满足其个人和社会需求的课程和项目。在这样做时,辅导员不仅使用了客观的等级标准和考试分数,而且激发了学生的主观感受。辅导员会依照教师和同学给学生贴上的标签,形成对该生的印象,此外,学生的班级背景、着装和说话的方式也会影响辅导员对他/她的印象。辅导员开展工作的风格也因学校而异。每个学校的社会阶层构成决定了辅导员会向学生提出什么建议,这个建议反映了他们学校的组织惯习(organizational habitus),并以当地关于"上大学意味着什么和选择哪一个大学合适"的观点为指导（McDonough, 1997, p.90）。辅导员办公室为学生的高等教育计划设定了参考框架，从而在不同社会阶层背景的学生完成其学业，再生产其所生长的社会阶层地位的过程中，扮演着一定的角色。

自1960年代以来，学校辅导员的影响力如果没有下降的话，至少也是发生了变化。其间发生了一些显著的变化，包括：社区学院开放招生政策的出台（上大学更容易了），家长在塑造孩子未来的过程中发挥了更多的积极作用，蓬勃发展的在线资源为有抱负的大学生提供信息，通用的申请系统简化了大学申请流程。这些变化已经使大学申请流程民主化并不再神秘，辅导员的"守门员"角色也就不再那么重要了。

那么大学申请流程的民主化和去神秘化有什么缺点呢？有人批评负责大学准备的辅导员和中学的学校文化强化了"人人都能上大学"（college-for-all）的心理（Rosenbaum, 2001; Rosenbaum & Person, 2003）。由于大学学位越来越与社会流动和中产阶级工资挂钩，高中毕业生上大学几乎是普遍的。不幸的是，并不是每个高中生都渴望取得大学学位，也不是所有人都准备好去获得一个大学学位。对有些人来说，上大学可能是浪费时间和金钱。詹姆斯·罗森鲍姆（James Rosenbaum）对这种"人人都能上大学"的心理提出了自己直言不讳的批评，他认为负责大学准备的辅导员对四年制学位课程的选择更加熟悉，并且成为了其应对其他替代选择的最大的捍卫者。对于一些学生来说，两年制的职业课程可能更快，更可靠，更直接通往一个令人满意的职业的路径，通过这条路径甚至可以拿到中产阶级水平的工资。

高中辅导员在高中生毕业后如何驾驭生活的问题上，只向学生提供狭隘的定制信息，其中的一个原因也许是他们不堪重负，人手不足。虽然美国学校辅导员协会建议每250名学生应该配一名辅导员，但实际比率是每491名学生有一名辅导员，亚利桑那州的比例最低，为1∶941；佛蒙特州最高，为1∶213（ASCA, 2015）。在这种情况下，辅导员很难认识每个学生，并提供适合他们的才能和目标。虽然许多州都有提案，甚至明确要求提高这些比例，但由于资金短缺，拖延了这些变化。

特殊的支持角色　一个由支持角色构成的层级，正越来越多地充实在教师和学生之间。其中一个角色是专业辅助人员，他们没有获得四年制大学学历，为教师提供一般的辅助工作，并向学生提供一对一的帮助。他们有时候被称为"伞兵"，最大数量的专业辅助人员是在特殊教育项目中为学生提供帮助的人，包括在补习课和双语课上。在那里，他们可以为行动能力有限的同学提供身体帮助、学业支持和监督，并帮助其进行行为管理。在"资源教室"工作或为全纳项目提供支持的专业辅助人员可能在行为管理、降级和冲突管理以及身体克制技术方面接受专门培训。在13%的美国学龄儿童拥有的个性化教育计划（IEP，依据"残疾人教育法案"）中，辅助专业人士在特殊教育中起着特别重要的作用。

根据"中小学教育法案"的规定，专业辅助人员的角色在第一条项目学校（Title I schools）①中也很重要。这项法案为学区——特别是那些低收入学生占很高比例的学区，提供了补充资金，用于额外的人员和规划。学校可以聘请阅读、数学和学前教育方面的专家，与在标准化考试中低于规定水平的孩子一起学习。此外，第一条项目中的孩子还可以接受其他辅助服务，如营养援助、药物、牙科服务和帮忙穿衣服。因为专业辅助人士不仅仅是教师的助手，他们还可以在帮助第一条项目学校的学生提升成绩方面发挥重要作用，所以他们必须接受培训。自2001年NCLB法案通过以来，专业辅助人员的专业资质得到加强。尽管目前缺乏全国性的培训标准，但现在许多州将两年大学或副学士学位作为这些职位的最低资格。

最后，由于资金和人员短缺，校内志愿者机会比比皆是。退休教师和其他专业人士、有能力的社区公民、家长、商界人士，甚至是高年级学生和大学生都会在学校担任志愿者。在这一职位上，他们可以辅导、辅助教师，就具体的课题进行授课，在办公室、图书馆或其他地方帮忙，陪同参

---

① 1965年通过的《中小学教育法案》第一条，规定联邦政府有义务"为低收入家庭的儿童提供教育援助"。接受此项援助的学校就是Title I school。——译者注

观实地考察和开展课外活动。一些项目利用社区资源为学生提供实践机会，一些社区机构还为学校的具体项目提供人力和资源。

学校职员：通道的护卫者 最后，这里有保持教育系统顺利运行的幕后人员。一进入学校，学生第一个接触到的可能是学校警卫或当地警员。成年人进入学校，第一个接触到的通常是办公桌后面的一位工作人员，作为外部世界和校长办公室之间的缓冲区：愤怒的父母可能会立即要求见校长，而体育器材的销售代表则礼貌地要求与"负责人"交谈。为了应对他们的许多要求，学校有一支由专业人员和服务人员组成的职员队伍。他们帮助确保整个学校顺利运行，使学校充分发挥教育和社会化的功能。

在前台，行政人员负责筛选价值的信息。副校长可能会要求提供关于和食品分销商商定的安排送货的信息，师生需要获得有关成绩等级和报告单、标准化考试成绩、出勤和纪律问题的记录。在这方面，承担这一职责的人往往发挥着很大的作用。其他重要的支持角色还包括图书管理员、饮食服务工作者、巴士司机和护士。

在学校工作人员中，一个重要的角色经常容易被忽略：门卫。他们处于一个独特的位置：虽然他们在等级制中没有什么正式的权力，但他们可能在他们自己的社群中有影响力。威拉德·沃勒（Willard Waller）在他经典的《教学社会学》（*The Sociology of Teaching*）一书中描述了门卫的独特地位：

> 门卫永远是当地社区的一员，而教师则属于外部世界……门卫作为一个打小报告的人，也是重要的。他经常把自己当作社区的官方守护者。他的角色就是看他所能看到的，并通过闲话向他的朋友和亲戚汇报他所得到的信息。
>
> ——Waller, [1932] 1965, p.80.

尽管护士的行为受到"联邦教育记录和隐私法案"（FERPA）和"健康保险流转与责任法案"（HIPAA）等法律规定的约束，但她们也知晓许多私人的信息。随着时间的推移，学校护士的角色已经发生了变化，从简单的绷带分发和疫苗接种，转变到为注意力缺陷障碍或注意力缺陷多动障碍（ADD/ADHD）学生处理药物，并处置药品滥用和有争议的问题，如性教育、怀孕测试和分发安全套。有时候，护士与社会工作者、教育心理学家一起工作，确保学生接触到社会民生服务。尽管这些需求日益复杂，学校护士却供不应求。全国学校护士协会（The National Association of School Nurses）估计，在所有学校中，只有不到一半的学校有专职的护士。在收入较低的学校，缺乏专业护理尤其会成为问题，学生可能无法经常获得医疗保健的机会，更有可能出现像铅暴露和哮喘这样的健康问题。

小　结

任何组织或系统都不能没有个人来充当必要的角色。虽然组织通常对职位所要求的资格和职位都作了明确的界定，但个人在履行职责时却有其独特的特征、能力和背景经验。而且，每个系统和每所学校都离不开自己特定的社会和历史背景，这个背景为其带来了独特的机会和挑战。因此，没有任何一种描述能够反映教育系统中角色系统的丰富性和多样性。

1. 角色的意义

角色是指个人在社会体系中所扮演的部分；在学校里，角色包括管理者、教师、学生和辅助人员。冲突可能源于对担任特定角色的人员的不兼容要求。教育系统中相互关联的角色说明了各部分的相互依存关系；没有学生，教育系统中的其他角色就都不存在。那些担任一种角色的人通常会迅速地社会化，进入这个角色；没有人能容忍一个不明确的角色的不确定性，没有人愿意面对违背角色期望所可能遭到的嘲笑或惩罚。因此，学校系统有一个内置的保障，大多数新手将尽量好地去适应而不会有任何破坏行为。这是系统变化通常很慢的一个原因。

2. 学校中的角色

学校系统中的角色贯穿了从联邦层面到每个教室的整个层级结构。联邦教育部及其部长扮演着议程设置的角色，掌握着近几十年里增长起来的权力。在学区层面，由社区成员组成的学校理事会负责监督学校人事、预算和政策。他们优先考虑的一些问题可能会与教育者优先考虑的问题相冲突。教育总监管理当地的学区。他们充当各所学校、理事会和社区之间的联络人。校长是一所学校的领导，在教育总监和教师之间充当桥梁的作用；这个职位要保持灵巧的平衡，以使双方都满意。教师服务于"前线"，教师的自主欲望和成绩要求的外部压力之间的冲突可能导致紧张局面。如果没有辅导员、专业辅助人员、门卫和其他工作人员等重要角色，学校也将无法运行。

思考题

1. 想象一下，你自己在一个具体的学校系统里担任不同角色的情形。比较一下你在每个角色中的角色行为，比如教育总监和教师。
2. 回想你自己的求学历程，你接触过哪些学校层面的角色或职位？
3. 观察一所学校里的不同人物，注意不同的角色及其相互关系。
4. 观看纪录片《高中》，并尝试界定你在片中看到的由个人执行的一些学校正式角色，描述角色之间的相互关系。
5. 仔细观看几个"教学系列问题"（科学研究出版社，Science Research Associates[①]）的教学趣事短片，识别教师、学生和管理人员在履行其正式职责时所扮演的角色。

参考文献

AASA: The School Superintendents Association. 2010. "The American School Superintendent: 2010 Decennial Study." Retrieved September 2, 2016 (www.aasa.org/content.aspx?id=458).

Allen, Ann, and Michael Mintrom. 2010. "Responsibility and School Governance."

---

① SRA 成立于 1938 年，是一家总部位于芝加哥的教育材料和教室阅读理解产品的出版商。以标志性的 SRA 阅读实验室工具包、算术和阅读的直接教学系统著称。——译者注

Educational Policy 24(3): 439-64.

ASCA. 2015. "Student-to-School Counselor Ratio 2013-2014." Retrieved September 2, 2016 (https://schoolcounselor.org/asca/media/asca/home/Ratios13-14.pdf).

ASCA. 2016. "Role of the Counselor." Retrieved September 2, 2016 (www.schoolcounselor.org/administrators/role-of-the-school-counselor).

Berkman, Michael B., and Eric Plutzer. 2005. *Ten Thousand Democracies: Politics and Public Opinion in America's School Districts.* Washington, DC: Georgetown University Press.

Bianchi, Renzo, Irvin Sam Schonfeld, and Eric Laurent. 2015. "Burnout-Depression Overlap: A Review." *Clinical Psychology Review* 36: 28-41.

Blumer, Herbert. 1969. *Symbolic Interactionism: Perspective and Method.* Berkeley: University of California Press.

Bowles, Samuel, and Herbert Gintis. 1976. *Schooling in Capitalist America: Education and the Contradictions of Economic Life.* New York City: Basic Books.

Brookover, Wilbur B., Fritz J. Erickson, and Alan W. McEvoy. 1996. *Creating Effective Schools: An In-Service Program for Enhancing School Learning Climate and Achievement.* Holmes Beach, FL: Learning Publications.

Brown, Pamela F. 2006. "Preparing Principals for Today's Demands." *Phi Delta Kappan* 87(7) (March): 525-6.

Bureau of Labor Statistics. 2015. "Employed Persons by Detailed Occupation, Sex, Race, and Hispanic or Latino Ethnicity." Retrieved September 2, 2016 (www.bls.gov/cps/cpsaat11.pdf).

Callahan, Raymond E. 1962. *Education and the Cult of Efficiency.* Chicago, IL: University of Chicago Press.

Cano-García, Francisco Javier, Eva Maria Padilla-Muñoz, and Miguel Angel Carrasco-Ortiz. 2005. "Personality and Contextual Variables in Teacher Burnout." *Personality and Individual Differences* 38(4): 929-40.

Clotfelter, C., H. Ladd, and J. Vigdor. 2007. *How and Why Do Teacher Credentials Matter for Student Achievement?* (NBER Working Paper 12828). Cambridge, MA: National Bureau of Economic Research.

Cross, Rob, Reb Rebele, and Adam Grant. 2016. "Collaborative Overload." *Harvard Business Review* 94(1-2) (January-February): 74-9.

Darling-Hammond, Linda. 2010. "Teacher Education and the American Future." *Journal of Teacher Education* 61 (1-2): 35-47.

Dworkin, Anthony Gary. 1985. *When Teachers Give Up: Teacher Burnout, Teacher Turnover and Their Impact on Children.* Austin: University of Texas.

Dworkin, Anthony Gary. 2009. "Teacher Burnout and Teacher Resilience: Assessing the Impacts of the School Accountability Movement," in Lawrence J. Saha and Gary A. Dworkin (eds), *International Handbook of Research on Teachers and Teaching.* New York City: Springer, pp.491-502.

Dworkin, Anthony Gary, Lawrence J. Saha, and Antwanette N. Hill. 2003. "Teacher Burnout and Perceptions of a Democratic School Environment." *International Education Journal* 4(2): 108-20.

Early, Diane M., K. L. Maxwell, M. Burchinal, S. Alva, R. H. Bender, D. Bryant, K. Cai, R. M. Clifford, C. Ebanks, J. A. Griffin, and G. T. Henry. 2007. "Teachers' Education, Classroom Quality, and Young Children's Academic Skills: Results from Seven Studies of Preschool Programs." *Child Development* 78(2): 558-80.

Fernet, Claude, Frédéric Guay, Caroline Senécal, and Stéphanie Austin. 2012. "Predicting Intraindividual Changes in Teacher Burnout: The Role of Perceived School Environment and Motivational Factors." *Teaching and Teacher Education* 28(4): 514-25.

Fridell, Max, Rebecca Newcom Belcher, and Phillip E. Messner. 2009. "Discriminate Analysis Gender Public School Principal Servant Leadership Differences." *Leadership and Organization Development Journal* 30(8): 722-36.

Fryer, Roland G. 2011. *Teacher Incentives and Student Achievement: Evidence from New York City Public Schools.* (NEBR Working Paper 16850). Cambridge, MA: National Bureau of Economic Research.

Glass, Thomas E. n. d. "Where Are All the Women Superintendents?" Retrieved January 15, 2016 (http://aasa.org/SchoolAdministratorArticle.aspx?id=14492).

Goldring, Rebecca, Lucinda Gray, and Amy Bitterman. 2013. *Characteristics of Public and Private Elementary and Secondary School Teachers in the United States: Results from the 2011-12 Schools and Staffing Survey. First Look (NCES 2013-314).* Washington, DC: National Center for Education Statistics.

Grayson, Jessica L., and Heather K. Alvarez. 2008. "School Climate Factors Relating to Teacher Burnout: A Mediator Model." *Teaching and Teacher Education* 24(5): 1349-63.

Hallett, Tim. 2010. "The Myth Incarnate: Recoupling Processes, Turmoil, and Inhabited Institutions in an Urban Elementary School." *American Sociological Review* 75(1): 52-74.

Hammer, C. 1994. *Public and Private School Principals: Are There Too Few Women?* Washington, DC: National Center for Education Statistics, pp.94-192.

Heilman, Madeline E., Aaron S. Wallen, Daniella Fuchs, and Melinda M. Tamkins. 2004.

"Penalties for Success: Reactions to Women Who Succeed at Male Gender-Typed Tasks." *Journal of Applied Psychology* 89(3): 416-27.

Hess, Frederick M., and Olivia Meeks. 2010. "School Boards Circa 2010: Governance in the Accountability Era." Washington, DC: Thomas B. Fordham Institute.

Ingersoll, Richard M. 1997. "Teacher Turnover and Teacher Quality: The Recurring Myth of Teacher Shortages." *Teachers College Record* 99(1) (Fall): 41-4.

Ingersoll, Richard M., and Elizabeth Merrill. 2012. "The Status of Teaching as a Profession," in Jeanne H. Ballantine and Joan Z. Spade (eds), *Schools and Society: A Sociological Approach to Education*, 4th ed. Thousand Oaks, CA: Pine Forge Press.

Ingersoll, Richard M., and David Perda. 2008. "The Status of Teaching as a Profession," in Jeanne H. Ballantine and Joan Z. Spade (eds), *Schools and Society: A Sociological Approach to Education*, 3rd ed. Thousand Oaks, CA: SAGE/Pine Forge Press, pp.106-18.

Kantor, Harvey. 2001. "In Retrospect: David Tyack's 'The One Best System'." *Reviews in American History* 29(2) (June): 319-27.

"Key Issues: Improving the Working Environment of Teachers." Retrieved March 13, 2008 (www.tqsource.org).

Kowalski, Theodore J., and C. Cryss Brunner. 2011. "The School Superintendent: Roles, Challenges, and Issues," in Fenwick W. English (ed.), *Sage Handbook of Educational Leadership: Advances in Theory, Research, and Practice*. Thousand Oaks, CA: SAGE Publishing, pp.142-67.

Larrivee, Barbara. 2012. *Cultivating Teacher Renewal: Guarding Against Stress and Burnout*. Lanham, MD: Rowman & Littlefield Education.

Leal, David L., Valerie Martinez-Ebers, and Kenneth J. Meier. 2004. "The Politics of Latino Education: The Biases of At-Large Elections." *The Journal of Politics* 66(4): 1224-44.

Lopez, Shane J., and Preety Sidhu. 2013. "U. S. Teachers Love Their Lives, but Struggle in the Workplace." Retrieved February 1, 2016 (www.gallup.com/poll/161516/teachers-love-lives-struggle-workplace.aspx?g_source=position4&g_ medium=related&g_ campaign=tiles).

Lortie, Dan C. 1975. *Schoolteacher: A Sociological Study*. Chicago, IL: University of Chicago Press.

Lortie, Dan C. 2009. *School Principal: Managing in Public*. Chicago, IL: University of Chicago Press.

McCoach, D. Betsy, and Robert D. Colbert. 2010. "Factors Underlying the Collective Teacher Efficacy Scale and Their Mediating Role in the Effect of Socioeconomic Status on Academic Achievement at the School Level." *Measurement and Evaluation in Counseling and Development* 43(1): 31-47.

McDonough, Patricia M. 1997. *Choosing Colleges: How Social Class and Schools Structure Opportunity*. Albany, NY: State University of New York.

Maeroff, Gene I. 2010. "School Boards in America: Flawed, But Still Significant." *Phi Delta Kappan* 91(6): 31-4.

Maslach, Christina, Wilmar B. Schaufeli, and Michael P. Leiter. 2001. "Job Burnout." *Annual Review of Psychology* 52 (February): 397-422.

Mertz, N. T., and S. R. McNeely. 1998. "Women on the Job: A Study of Female High School Principals." *Educational Administration Quarterly* 34(2): 196-222.

Mountford, Meredith. 2004. "Motives and Power of School Board Members: Implications for School Board-Superintendent Relationships." *Educational Administration Quarterly* 40(5): 704-41.

National Center for Education Statistics. 1999. "Selected Characteristics of Public School Teachers: Spring 1961 to Spring 1996." *Digest of Education Statistics*. Washington, DC: US Department of Education, p.80, Table 70.

National Ceniter for Education Statistics. 2004. *The Condition of Education 2004 (NCES 2004-077)*. Washington, DC: US Department of Education.

National Center for Education Statistics. 2009. *Digest of Education Statistics 2009, Table 69*. Washington, DC: US Department of Education.

National Center for Education Statistics. 2010. *Digest of Education Statistics 2010, Table 73*. Washington, DC: US Department of Education.

National Center for Education Statistics. 2012. *Higher Education: Gaps in Access and Persistence (NCES 2012-046)*. Washington, DC: US Department of Education.

National Center for Education Statistics. 2016a. *Digest of Education Statistics 2014, Table 210. 20.* Washington, DC: US Department of Education.

National Center for Education Statistics. 2016b. *The Condition of Education 2016*. Washington, DC: US Department of Education.

National Center for Education Statistics. 2016c. *Digest of Education Statistics 2014*. Washington, DC: US Department of Education.

National Commission on Teacher and America's Future. 1996. *What Matters Most: Teaching for America's Future*. New York City: Report of the National Commission on Teacher and America's Future.

National Council for Accreditation of Teacher Education (NCATE). 2010. "What Makes a Teacher Effective." Retrieved September 2, 2016 (www.ncate.org/LinkClick.aspx?fil

eticket=JFRrmWqaljU%3d&tabid=361).

Nelson, F. Howard. 2006. *The Impact of Collective Bargaining on Teacher Transfer Rates in Urban High-Poverty Schools.* Washington, DC: American Federation of Teachers.

O'Brien, Leigh M., and Martha Schillaci. 2002. "Why Do I Want to Teach, Anyway? Utilizing Autobiography in Teacher Education." *Teaching Education* 13(1): 25-40.

Pas, Elise T., Catherine P. Bradshaw, and Patricia A. Hershfeldt. 2012. "Teacher-and-School-Level Predictors of Teacher Efficacy and Burnout: Identifying Potential Areas for Support." *Journal of School Psychology* 50(1): 129-45.

Phillips, Marian B., and J. Amos Hatch. 2000. "Why Teach? Prospective Teachers' Reasons for Entering the Profession." *Journal of Early Childhood Teacher Education* 21(3): 373-84.

Price, Heather E. 2012. "Principal-Teacher Interactions: How Affective Relationships Shape Principal and Teacher Attitudes." *Educational Administration Quarterly* 48(1): 39-85.

Ravitch, Diane. 2010. "Why Public Schools Need Democratic Governance." *Phi Delta Kappan* 91(6): 24-7.

Ritter, Gary W., and Nathan C. Jensen. 2010. "The Delicate Task of Developing an Attractive Merit Pay Plan for Teachers: Successful Implementation of Any Merit Pay Scheme Requires Attending to Some Basics of Sound School Improvement, Including Developing Relationships and Encouraging Collaboration." *Phi Delta Kappan* 91(8): 32.

Rogers, David. 1969. *110 Livingston Street: Politics and Bureaucracy in the New York City School System.* New York City: Vintage Books.

Rosenbaum, James E. 2001. *Beyond College for All: Career Paths for the Forgotten Half.* New York City: Russell Sage Foundation.

Rosenbaum, James E., and Ann E. Person. 2003. "Beyond College for All: Policies and Practices to Improve Transitions into College and Jobs." *Professional School Counseling* 6(4): 252-60.

Rudman, Laurie A., and Peter Glick. 2001. "Prescriptive Gender Stereotypes and Backlash towards Agentic Women." *Journal of Social Issues* 57(4): 743-62.

Sawchuk, Stephen. 2010. "Merit-Pay Model Pushed by Duncan Shows No Achievement Edge." *Education Week* 29(33): 1-21.

Schonfeld, Irvin Sam. 2001. "Stress in 1st-Year Women Teachers: The Context of Social Support and Coping." *Genetic, Social, and General Psychology Monographs* 127(2): 133.

School Mental Health Project. 2002. "School Staff Burnout." *Addressing Barriers to*

Learning 7(2) (Spring): 1-6.

Schwarzer, Ralf, and Suhair Hallum. 2008. "Perceived Teacher Self-Efficacy as a Predictor of Job Stress and Burnout: Mediation Analyses." *Applied Psychology* 57(sl): 152-71.

Scotchmer, Marion, Daniel McGrath, and Ellinor Coder. 2005. *Characteristics of Public School Teachers' Professional Development Activities: 1999-2000.* Washington, DC: National Center for Education Statistics.

Sobehart, Helen C. 2009. *Women Leading Education across the Continents: Sharing the Spirit, Fanning the Flames. Lanham*, MD: Rowman and Littlefield.

Springer, Matthew G., Dale Ballou, Laura Hamilton, Vi-Nhuan Le, J. R. Lockwood, Daniel F. McCaffrey, Matthew Pepper, and Brian M. Stecher. 2011. "Teacher Pay for Performance: Experimental Evidence from the Project on Incentives in Teaching (POINT)." Evanston, IL: Society for Research on Educational Effectiveness.

Tirozzi, Gerald N. 2001. "The Artistry of Leadership: The Evolving Role of the Secondary School Principal." *Phi Delta Kappan* 82(6) (February): 434-9.

Tschannen-Moran, Megan, and Anita Woolfolk Hoy. 2001. "Teacher Efficacy: Capturing an Elusive Construct." *Teaching and Teacher Education* 17(7): 783-805.

Tulshyan, Ruchika. 2010. "Top 10 College Majors for Women." March 2. Retrieved September 25, 2016 (www.forbes.com/2010/03/02/top-l0-college-majors-women-forbes-woman-leadership-education.html).

Tyack, David B. 1974. *The One Best System: A History of American Urban Education.* Cambridge, MA: Harvard University Press.

US Bureau of Labor Statistics, Department of Labor. 2006-7. *Occupational Outlook Handbook 2006-7 Edition. Teachers—Preschool, Kindergarten, Elementary, Middle and Secondary.* Retrieved May 14, 2007 (www.bls.gov/).

Walker, Tim. 2014. "NEA Survey: Nearly Half of Teachers Consider Leaving Profession Due to Standardized Testing." Retrieved January 22, 2016(http://neatoday.org/2014/11/02/nea-survey-nearly-half-of-teachers-consider-leaving-profession-due-to-standardized-testing-2/).

Waller, Willard. [1932] 1965. *The Sociology of Teaching.* New York City: Wiley.

Yuan, Kun, Vi-Nhuan Le, Daniel F. McCaffrey, Julie A. Marsh, Laura S. Hamilton, Brian M. Stecher, and Matthew G. Springer. 2013. "Incentive Pay Programs Do Not Affect Teacher Motivation or Reported Practices: Results from Three Randomized Studies." *Educational Evaluation and Policy Analysis* 35(1): 3-22.

第八章
学生
——学校的核心

本书的作者之一珍妮，与一群四年级的男孩聊起他们在学校的事情。毫无疑问，他们很清楚成人世界对他们有怎样的期待，也很清楚为什么要来上学。他们认同必须要学会读写才能在当今的世界生存下去，也认同不提高能力就找不到工作。在学校做一个好孩子或坏孩子意味着什么呢？他们不假思索地就回答出来了：好孩子能按时交作业，课上专心听讲，不到处捣乱；坏孩子会制造混乱，有时又凶又恶，而且不关心学业。在学校做一个好孩子难吗？当老师吹毛求疵或心情不好时，的确很难；但大多数情况下，只要你想成为好孩子就不难。这让珍妮有一种似曾相识的感觉，她感到从她上学的时候到现在，几乎没有发生什么变化。随着时间的推移，人们对学生的期待一直没变。

学生的特征

学生的程度、类型、智能和动机水平各不相同。他们可能积极学习，可能消极上课，也可能惹是生非。但是这些学生是谁，他们学到了什么？全球大多数6—9岁的儿童或全天上课或部分时间学习，但到三年级以后，情况则参差不齐。儿童入学率在发达国家近100%，但在欠发达国家则低得多，我们在第十二章将谈到这一点（专栏12.1）。

1983年，《国家处于危险之中》（*A Nation at Risk*）报告建议，所有争取获得文凭的学生都应该达到"新的基础水平"。这包括四个单元的语文，三个单元的科学、社会科学和数学，以及半个单元的计算机科学。从 1982 年到 1994 年，完成这一课程表的公立学校学生比例从 13% 大幅上升到 32%。2005 年，有 51% 的学生完成了比这一要求更高的课程表（Manzo, 2007）。高中学生比在 1982-83 学年要修更多的课程（每年 7 门），但他们因修习这些课程花在实践上的时间减少了。修习量上升最多的课程是数学和科学，社会科学和英文的修习量也有所上升。学术性课程的开设量和修习量上升的趋势可能反映了较早时期教育部的报告中关于我们需要对教学程序进行升级的建议。这些变化对教育体制中所有年级、所有类型和能力水平的学生都产生着影响。

但是，国家评估考试的学生得分并未按人们对课程修习模式改革的预期而上升。一些人认为，虽然课程的名称发生了变化，但课程内容的变化却不足以反映其名称的变化。一位观察家称："我们抽取了样本，在同一所学校，名称相同的课程，在作业和对学生的期待方面却有着巨大不同。"（Manzo, 2007, p.2）如果考虑高中"共同核心"课程内容与美国大学入学考试（ACT）结果之间的关系，美国大学入学考试对核心素养（Quality Core）的要求是为了提高高中核心课程的课程内容、教学和评价的标准（ATC, 2016）。虽然有些人对考试决定课程的情况表示担忧，但将两者结合在一起可能会提高学生的学业成就。

一项与此相关的发展计划，是大学理事会为更好地监控大学先修课程（AP）所作的努力。随着越来越多的高中试图开设可以授予大学学分的课程，大学先修课程的数量激增（Lewin, 2007），但考试成绩却未见大幅提升。

在入学率上，过去 35 年最重要的变化就是 3—4 岁儿童的增长。其他年龄阶段入学率的变化主要是由于出生率的变化。初级水平（从学前教育到八年级）公立学校入学人数从 1990 年秋季的 2990 万人上升到了 2003 年秋季的 3420 万人。在 2003 年秋季到 2004 年秋季经历了一个低于 1% 的下降后，到 2013 年秋季，小学入学人数按计划可增加到 3510 万人。2013 年至 2023 年，公立小学入学率预计会增加 5%，公立中学入学率预计会增加 3%；从 2014 年到 2023 年，公立中小学入学率总体上预计每年都在增加。

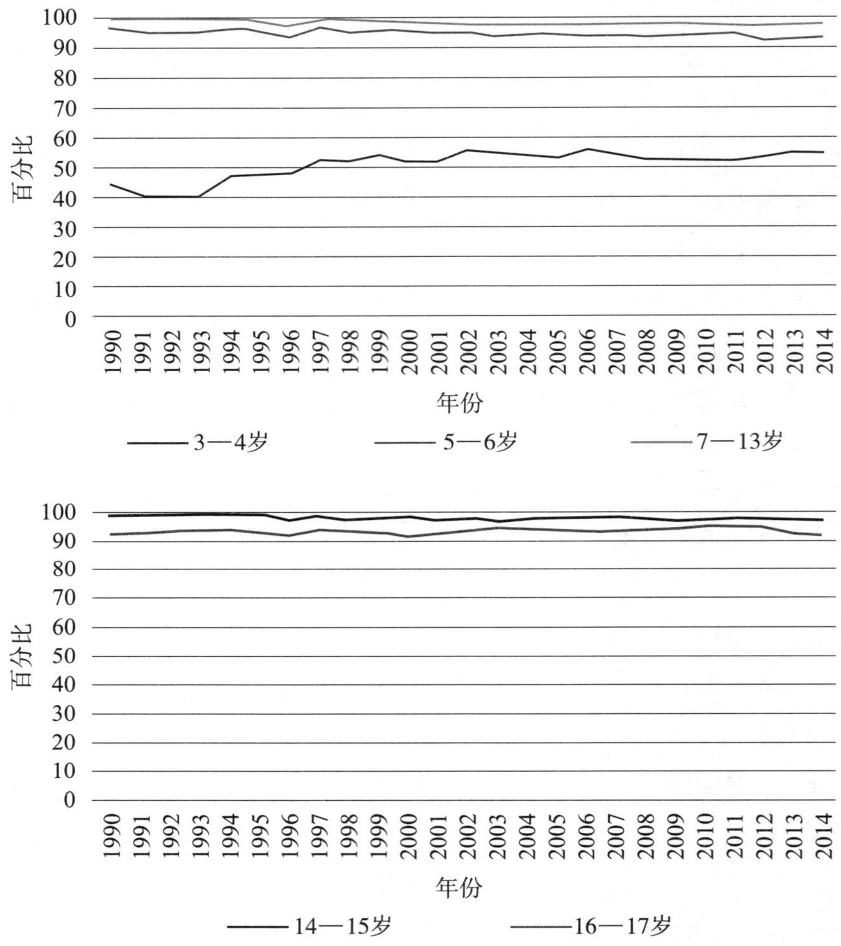

图 8.1　1990 年 10 月-2014 年 10 月，3-17 岁人口的入学百分比率。

注：从 1994 年开始，学前教育入学数据采用新办法收集。因此，1994 年之前的数据可能难以与 1994 年及之后的数据进行比较。

来源：US Department of Commerce, Census Bureau, Current Population Survey (CPS), October Supplement, 1994-2014. See NCES, Digest of Education Statistics, 2015, table 103.20.

观察其间的种族特征，2014 年，少数族裔学生占全国中小学学生的 50% 以上，而白人学生从 2002 年秋季的 59% 已经下降到了半数以下。在亚利桑那、加利福尼亚、哥伦比亚特区、夏威夷、路易斯安那、马里兰、密西西比、新墨西哥和得克萨斯，少数族裔学生占到学生总数的大多数

（NCES, Digest, 2014, Table 203.50）。公立学校白人学生的入学率预计在2024年前将减少到46%，而西班牙裔学生入学率将增加到29%，黑人学生比例将增加到15%，亚裔和太平洋岛民将增加到6%。这些情况不仅反映出不同种族出生率的差异，还反映出白人在私立学校中的高入学率。

少数族裔学生需要少数族裔的角色范式，还需要在学校中产阶层文化与少数族裔文化之间搭起桥梁。多年来，少数族裔教师的人数有所增加，少数族裔背景的教师比例在2011-12学年增加到了所有教师中的17%，但与少数族裔学生数量相比，少数族裔教师仍然只占教师队伍的一小部分（NCES, Digest, 2013, Table 209.10）。在岗少数族裔教师的数量对少数族裔学生非常重要，一个有力的证据是，对于非洲裔学生的课堂行为，非洲裔教师比白人教师给出了更为肯定的评价，而正面评价可能是影响到学生能否成功的一个因素（Downey & Pribesh, 2004）。

城乡学校教师招聘的困难使得一些学区依赖于"为美国而教"等非主流教师供给项目。从顶尖大学招聘毕业生去很难招到教师的学校任教两年，这个项目为许多学校提供了未经认证的教师。项目会提供夏季培训，并将其与导师和硕士学位建立起关联；尽管人们越来越重视招聘有色人种的毕业生，但大部分应征者还是白人毕业生（www.teachforamerica.org/）。为了扩大少数族裔教师队伍，许多其他的非主流教师供给项目，比如哥伦比亚特区助教（www.tntpteachingfelloes.org/dc）和纽约助教（www.nycteachingfellows.org/）也在应运而生。

学生的角色期待

在大多数公立学校系统中，学生的正式角色期待是成绩要达到标准。有精细的计划标示出学生的学业表现应该处于什么样的位置。正式的学生角色——俱乐部干事、运动队成员，或者（低年级时）倒垃圾、擦黑板、交通引导——在大多数学校里都能见到，但这些角色并不能反映出课堂与学生角色的特点与多样性。现在有许多学校精心制作了学生手册，其中有对其行为期望的细节描述，以及对违规行为的惩罚制度。例如，对毒品和武器的"零容忍"政策,在当今的学校里非常普遍。

许多独立于当地学区的公立特许学校要求学生及家长对各种期望作出承诺,比如,出勤、作业支持以及家长对学校工作的贡献。这些通常会超出常规公立学校的期望,而且可能是入学的一项必要义务(Hammack, 2016)。

学生文化是诸种"奇特习惯"的复合体,它由一种"参与的神秘性、个人关系的复杂仪式、一套习俗风尚、非理性的制裁,以及基于它们之上的一套道德准则"所组成(Waller, [1932] 1965, p.103)。虽然这些话反映了1930年代大萧条时期的起因,但大量年轻人集中进入学校,却培养了一种成年人之外的青年文化(Fass, 1977; Milner, 2013; Rury, 2004)。今天,这一青年文化似乎以社会媒体为中心,往往难以为成年人所理解,但历史学家早就指出,青年文化兴起于、并独立于成人世界之外。在描述学校内部对学生角色的期待时,我们必须考虑学生文化的正式和非正式两个方面。学生处于角色层级制度的底端,有一种权力结构依稀存在于他们头顶上。在教学体系中,尽管学生在人数上占了绝大多数,在决策上却是绝对的弱势。学校教职工在谈到学生时通常都将他们当成局外的群体——一个应该被教职工"制服"、教导或控制的群体。

与此相应,学生文化为许多年轻人确立了在同龄人生存中所需的适当行为,一种常常背离成人期待的行为。同龄人群体分为不同的类型:有些学生重视学校学习与成绩,有些学生对社交和体育活动更感兴趣,而有一部分同龄人群体参与不良行为。所交朋友关心学习的学生,与朋友对学习不感兴趣的学生相比,前者会有更佳的学业成果(Chen, 1997)。

如果一名学生的友谊模式是"高素质",即与重视教育的学生交往,那么他/她更有可能适应或担任领导角色;而那些所交朋友被定义为有行为问题的学生,在适应学业上的期望时就更为困难,特别是在初中阶段(Berndt, Hawkins & Jiao, 1999)。学生选择谁做朋友,不仅仅是个人的选择,也是文化的过程,并可能反映其自我观念,以及他们对自己在社会或学校分轨实践中所处位置的感觉。换句话说,友谊模式可以被看成阶层再生产过程的一部分（参见第三章中关于学生文化的讨论）。

与没有获奖的运动员或学生相比，获运动员奖及纯奖学金的学生往往有更高的自我期许，参加更多课外活动，具有更强的领导能力；一个例子是，参加体育活动（啦啦队除外）的女生在科学方面成绩更好（Hanson & Kraus, 1998；Snyder & Spreitzer, 1992）。近期更多的研究案例还有利文斯通和塞夫顿—格林（Livingston & Sefton-Green, 2016）对于学生使用媒体的研究，以及安德森（Anderson, 2008）对于非洲裔男生的研究。

另一个影响学生角色的变量是性别。性别既使像语言使用这样的细微不同，也能对学生的经验产生影响（Bettie, 2014）。如果教师意识到了语言使用上的差异，他们也许能够在教导女孩和男孩时有效地运用这些知识。根据对学生语言使用的研究，女孩跟自己最好的朋友讲述秘密，而男孩则参加大型的群体活动，讲求地位的层级。男孩更喜欢挺身而出，更愿意争辩，而女孩则抗拒"有敌意"的讨论。由于此类差异，一些人争辩称，对女生施行单性教育也许能获得更为积极的社会和学业成果（Riordan, 1990）。大多数研究不支持单性教育对学生有益的观点，但它也许对部分学生有积极作用（Pahlke, Hyde, & Allison, 2014）。这一主题会在第十三章进行更详细的阐述，性别与成绩的关系已在第四章讨论过。

学生角色的学习

每年都有新的一批学生必须学会进入他们的角色，适应幼儿园和小学课堂的期望。准备进入新班级或新学校的学生，容易担心自己会在同龄人面前犯错或遇到麻烦，因为这些学生还没有学会自己的角色期待。大多数孩子渴望被人接受。学生的角色学习很多都与教育的社会控制功能相关联——学习如何调节、接受命令、服从指令。成为"好"学生意味着要遵从学校的惯例和规章。这些早期的经验对学生以后的自我调节以及对学校的态度都有影响。

在学校系统中，学生角色的学习以及接受道德训练大多通过隐性课程进行。隐形课程指的是那些微小的、非正式课程以及惯例，学生通过它们学到社会理想态度、价值观、观念以及行为。隐性课程与正式的学术课程同时存在。

哈利·格雷西在其经典文章（Harry Gracey, 1967）中，将这种通过隐性课程进行的文化培养与"学术新兵训练营"联系起来。比如，基于每天相同的日程，学生通过聆听有规律的铃声，面对可以预测到的一个个接踵而来的任务，学习规划并管理时间。合作与努力工作是通过给学生分派课堂杂事来培养，还利用图表，让学生根据自己的工作成果来公开评选"金牌明星"。爱国主义是通过日常背诵效忠誓言以及升旗仪式等方式来培养。个人主义和纪律也通过惯例、日常礼仪和交际来培养。

在校学生应当学习公民意识、尊重、合作以及领导能力，虽然这些观点听起来并不特别矛盾，但社会学的两个相异视角在阐述其中的涵义时，却显示出细微差别。从功能主义视角看，学习这些技能和价值观显然是积极的：通过学习这些技能和价值观，学生被共同的目标和约定紧密维系于社会中。朱尔斯·亨利（Juels Henry）在他的人类学著作《反对人的文化》（Culture Against Man, 1963, p.287）中讨论了教育的通用功能："美国的教室，就像其他任何地方的教育结构一样，表达着在作为一个整体的文化中所发现的价值观、职业和恐惧。学校别无选择，必须培养孩子适应这样的文化。"那么，学生的部分角色就是去学习这些事，以更好地融入一个有凝聚力、运行良好的社会。

> **思考与应用**
>
> 收集你和你同学的小学成绩报告单，或者从当地学校拿到成绩单的复印件。之后，分析教师已经明确评分的行为和作业的类型。看看在不同的成绩段，这些类型发生了怎样的变化。学校使用的评分系统是什么？这些文件与成人工作背景中使用的有怎样的不同？家长必须在成绩单上签名吗？成绩单必须交还给老师吗？思考一下，成绩报告单其实是一个沟通工具，用来告诉学生及家长，在学校里什么最重要。

每年有一批新生成为一个"班级",并作为一个群体或队伍在教育系统中升学。我们来画出一个分为好多层的巨大筛子。学生被放在筛子顶上,一层层下渗,每一层的孔眼越来越小。无法通过某一层次的学生必须留在原地或被剔除出分类筛选的过程。筛子的底端便是毕业,到达这部分的学生被系统看作是最成功的。并不是每个人都能很好地把握学生角色的要领。

如果按照能力水平,对有共同经验和价值观的学生进行分类,他们的标签——聪明人、运动健将、失败者——可能会影响其角色模式。学生被分置在不同轨道的事实也表明了学生教育经历多样性的一个主要原因。总的来说,无论他们打算升学还是工作,学生选修的课程受到他们的未来规划的影响,并在其未来规划的基础上选定。在几个欧洲国家比如德国和英国,学生在升学过程中都要经历越来越严格的分轨或"分流"。德国几场学校层级的考试、英国在16岁时举行的考试、日本和其他许多国家的高考,都对学生未来的教育机会起着主要的决定性影响。虽然美国现在有超过800所学校采用了"可选择考试"的政策(www.fairtest.org/university/optional),但许多高校都要求 SAT 或其他考试的成绩。

学生角色期待的冲突

人们期待学校能帮助学生完成社会化,成为一名成功的社会成员,这就要求学生在学校里要努力发展其学术能力和社会技能。塔尔科特·帕森斯(Talcott Parsons)的研究表明,学校期待的"成功"学生能在小学阶段完成两个方面的成就:第一是"认知"学习,包括处理信息的能力、构建参照的框架、获取关于世界的真实信息;第二是"道德"部分,包括公民责任心、尊重、体贴、合作、工作习惯、领导力和主动性(Parsons, 1959)。根据同龄人群体对这些目标的不同叛逆程度,分化和冲突便产生了。高中学生可能有另一份日程表,以同龄人群体关心和接受的事情作为中心来安排。威拉德·沃勒指出,成人和学生之间的这一冲突有着适当的价值。他的分析描述了学校的一个基本功能,即文化传播的功能:

> 某些文化冲突处于校园生活的中心……师生之间产生的一个冲突是因为教师代表着较大群体的文化,而学生则受到当地社区文化的浸染……师生之间产生的第二个冲突,也是更为普遍的冲突,是因为教师是成人而学生不是。因此,教师是成人社会文化的承载者,并试图将此种文化强加给学生,而学生却代表着学生群体自身的文化。
>
> ——Waller, 1965 [1932], p.104.

学生的应对机制

学生在经过教育体系里的不同层级时使用了不同的应对机制。他们选用了领导者、小丑、恶霸等不同的角色。扮演这些角色需要适应不同处境的要求。

> 因此,领导者可能还是领导者,但他的领导权必须与(通常情况下)更高一级的教师的权力相适应,他可能通过联合、反对、对抗或其他方式来进行适应。小丑还是小丑,但他的插科打诨必须经过伪装,可能是变得隐蔽,也可能做出一种无辜的样子,摆出又蠢又笨的姿态。
>
> ——Waller, 1965, pp.332-333.

沃勒指出,聪明的教师能识别学生的角色,能对这些角色进行操控,并有效地加以利用。教师对自己期待较高和期待较低的学生,说话方式有所不同。学生能从蛛丝马迹中发现教师对自己感觉如何。唐尼和普瑞比什(Downey & Pribesh, 2004)描述了教师对学生种族的认识如何影响到他们对学生行为的评价,通常容易对非洲裔学生造成伤害。比如,老师在秋季学期对幼儿园学生的认识,影响到对学生春季学期在能力和行为上的评价。对非洲裔孩子来说,秋季学期的行为评价会特别影响到对其春季学期的能力和行为评价(Minor, 2014)。丹尼尔·麦克法兰(Daniel McFarland)的研究也有助于我们理解课堂生活。他对许多班级进行了近距离的长期观察,发现班级的结构和在班级内发生的教学活动对学生行为有着强烈的影响。学生行为还受到班级里学生状态的影响。比如说,学生中的公众人物能够影响其他学生的行为,无论是在积极方面还是消极方面(McFarland, 2004)。

> 一些班级比起其他班级有更多的声音,这是因为他们学生之间的个人关系更好,这使他们得到更多机会在团体活动和讨论中开展互动。此外,一些学生比起其他人有更多的声音,这是因为他们拥有不同的地位资源(如长相好或讨人喜欢),这使得他们拥有了更多参与不同课堂活动的合法性。
>
> ——McFarland, 2004.

强大的学生可能需要老师拉拢或者回避,这视情况而定,因为教室的工作要进行下去。

教师对男生和女生也有不同的处理方式,其结果是男孩和女孩在学生的经历上有所不同。比如说,许多教师相信男生的数学能力更强,并因此对男生的数学成绩有更高的期待(Li, 1999; Riegle-Crumb & Humphries, 2012)。在教学体系中感到疏离的学生则会对班级中发生的事情保持漠不关心的状态,贬低正在进行的事务,比如作弊,或做白日梦,或摆出一副厌烦的样子,从而试图妨碍教学活动(Jackson, 1968; Willis, 1977)。

另一个学生的应对机制是冷漠,这是当他们感到自己无法在竞争中获胜时,保护自己免遭彻底失败的方式。如果他们的自我价值感受到威胁,进取心就会减弱。在这些学生不再感到做事徒劳无功,而是看到通过努力可以获得成功的可能性之前,他们是不会付出努力的。一位在华盛顿特区执教的老师这样说道:"我每天看到的事情都很糟糕。这里那么多青少年在读书中挣扎,他们感觉需要通过拒绝参与来表现出强硬的态度,而不是寻求帮助。"在学校遭到失败可能会创造一种自我实现的预言——学生可能会逃避在他们认为得不到回报的学习活动中付出努力,结果用不了多久,他们就会因为学习不佳，不再付出学习所需的努力（Alexander, Entwisle & Horsey, 1997）。第四章和第五章分别聚焦性别和种族，更具体地讨论了这些动因。态度积极的学生很可能成绩优异。具有防御性心理、缺乏自尊或其他问题的学生通常需要得到帮助才能成功。虽然学校无法解决社会的问题，却可以试着辨识出遇到麻烦的学生，并与其他公共事业机构合作，尽量满足学生需求。

我们为什么要关心疏离的、厌烦的、冷漠的学生？因为人类潜力的损失非常巨大。

> 我们的社会正在老龄化，与人口总量中其他年龄群体相比，儿童和青年所占比例正在下降。如果当前趋势继续下去，在我们的社会需要所有的年轻人健康、受过教育并具备生产能力的时候，却会发现还有不成比例的大量年轻人成长不良、未受教化并缺乏培训。
>
> ——Children's Defense Fund, 1996.

对于许多辍学者而言，非法活动可能会吸引他们，给予他们合法劳动力市场不能提供的机会。其证据在于，总人口中有约18%为高中辍学者，与之相对应的是，联邦监狱囚犯中有超过30%的人，州级监狱囚犯中有40%的人为高中辍学者，有一半的死因有着教育失败的记录（Laird et al., 2007）。"从学校到监狱的通道"已经成为学校和刑事司法改革的重要话题（www.aclu.org/fact-sheet/what-school-prison-pipeline; Kearney & Harris, 2014）。

对学生角色的批评

总的来说，学生对他们在学业中所处的位置有着清醒的认识。学生一进入学校，教师和其他学生就给他们贴上了标签。在一个二年级的班级，教师将学生分成不同的阅读组别——宇宙飞船组、喷气式飞机组、轻型小飞机组。学生心中无疑知道自己处在怎样的位置！甚至高年级学生对低年级学生的分类也会影响到低年级学生的角色界定；这里就有"蠢货"类课程和"精英"类课程。这些位置和标签会对学生的自我观念造成永久的，有时是有害的影响（McFarland, 2004）。

各种文化对学生学习的态度有所不同。日本学生很少在学业中"失败"，部分原因是日本人不会将学生定义为失败者。如果有学生在学业中不够成功，家长和教师会希望他或她更加努力学习，以达到预期目标。日本人并不认为有部分学生无法学好，而是认为只要付出足够的时间与努力，所有学生（除了那些有缺陷的学生）都能通过。这一点与美国有效学校的研究发现完全一致，对学生和教师在学业成果上抱以较高期待，可以使学生获得优良成绩。

许多教育家都因关注社会自身的内核结构而对学生角色提出批评。鲍尔斯和金蒂斯（Bowles & Gintis, 1976）称，学生在学校里的角色大致上是为将来不平等的阶层系统进行准备。学生被依照不同的行为准则进行了分轨。"普通的就业轨道强调的是学生遵从其角色，并接受严格的监督；而升大学的轨道则导向更为开放的氛围，强调的是准则的内化。"这些社会关系的差异反映了学生的社会背景，并很可能预示了他们将来的经济地位。因此，非洲裔和其他少数族裔学生被集中在这样一类学校：其内在秩序压抑、专制，通常混乱不堪；具有高压的权威机构；学生得不到多少发展的可能。这些都反映了下等人的处境特征。与之相似，来自工薪阶层学生的学校倾向于强调行为控制和角色遵从；而位于富裕郊区的学校则采取相对开放的体系，更喜欢学生自主参与，较少直接对学生进行监督，学生选修课程也更多，且总的来说更倾向于强调内化控制标准的一套价值体系（Bowles & Gintis, 1976）。

根据这一观点，对于为劳动世界而培养学生的学校而言，驯服、缺乏创造力以及遵从规则是其所设定的目标。在我们这个强调绩效与标准化考试的时代，这种以学业成绩为狭隘标准的做法显得尤为压抑。

虽然现有的教育改革运动为学生主张更多权益、机会平等和自由，在大多数学校环境中，学生角色仍然没有显著改变。学生是教育的服务对象，但他们却对获得什么样的教育几乎全然无能为力。学生是否有权决定他们学习的内容和方式？正如伊里奇（Illich, 1971）和科佐尔（Kozol, 1991）等激进的教育家所辩称，这本是一项基本权利，却出于听起来并非教育学的原因而被否定了。

学业失败与辍学者

疏离是一种无力、失范、无意义、孤立或自我隔离的感觉。在学校里，疏离源自正式、非个人、科层制的教育体系之中。为防止疏离感造成学生辍学，对学校结构进行全面改革势在必行。辍学者（所谓辍学"状态"者）是指年龄在16—24岁、未在学校注册也未完成高中学业者，而不管何时从学校退学。取得普通教育发展水平（GED）证书者按高中毕业生计算（Sable & Gaviola, 2007）。正如我们看到的，对学校进行改革和重组的动机通常是希望学校能够不让学生因为感到疏离而辍学。在这个话题上，朗伯格（Rumberger, 2011）进行了很好的综合分析。

哪些人会辍学？

谢莉（Sheri）是一名高中辍学者和未婚母亲，有着双重的污名。她曾经的愿望是读完高中，而她的孩子能上日间托儿所，这样她就能找到好工作来养她的孩子。但当冬天来临时，孩子生病了，她无法定期上学，只得辍学。

当胡安（Juan）读小学时，他们全家从故乡波多黎各搬到了一个大城市。因为家里需要钱，他上高中的同时要兼职工作。由于语言有障碍、需要现金，而且从家里得不到支持，他从学校辍学，以便有更多时间去工作。谢莉和胡安只是从高中辍学的众多年轻人中的两个典型例子。

2013年，年龄在16—24岁之间的所有学生中，有7%从高中辍学（NCES, Fast Facts, https://nces.ed.gov/fastfacts/display.asp?id=16）。1970—90年代，所有西班牙裔学生中有三分之一在读完高中前辍学，很多是为了帮助自己的家庭，但大多数最终陷入更加严重的贫困中。2013年之前，16—24岁的西班牙裔学生未完成高中学业的比例是12%，反映出从1995年以来辍学比例有所下降的趋势（图8.2）。

来自非英语家庭的墨西哥裔美国学生疏离感可能更明显，双语学生比非英语学生竞争力更强，因为他们能够获得制度支持以完成学业，实现社会流动（Diggs, 2011; Stanton-Salazar & Dornbusch, 1995, p.116）。此外，研究还显示，英语学习者越来越多，在特殊教育项目中英语学习者人数比重过大，有一种判断指出，这将会影响到他们获得常规的教育成就（Fernandez & Inserra, 2013, Sullivan, 2011）。

辍学者中绝大多数为男生，来自少数族裔和教育程度较低的低收入家庭，且未得到多少教育上的激励，年龄大于同年级学生的平均数（比所在年级年龄水平大两岁以上），承受着成绩低下和行为问题的负担。正是这些人构成了资本主义体制中的反向劳动力。失业率与教育成就直接相关：受教育程度越高，失业率越低。与此同时，2012年，25岁以上高中以下学历男性的收入中间值大约为2.5万美元。据参考文献可知，这一时期25岁以上完成了高中学业或者获得了普通教育发展水平证书的男性收入均值大约为4.6万美元（Stark, Noel & McFarland, 2015）。如果用一生来计算，则其收入差距大约可达到67万美元。

在美国许多大城市，辍学问题正日益严峻，平均辍学率已经超过40%；在纽约，2015年约有9%的学生无法在四年内毕业，列在表格里的毕业率为大约70%。其间的差异主要在于一些学生可以继续参加课程，有些学生从城市中转学出去，或者要不然被归类为没有毕业的学生。不过，整个国家的辍学率已经趋向平稳，且有轻微地下降。

学生为何辍学

辍学也许最好应该描述成一个过程，而不是一个结果——一个通常有迹可循的从儿童最初的学校经历到逐渐脱离学业的过程。它常常是一些小事累积混合的结果（Alexander, Entwisle & Kabbani, 2001; Rumberger, 2011）。

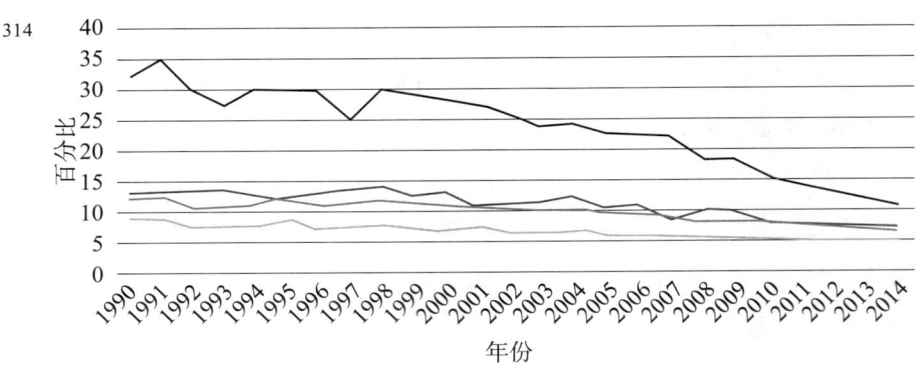

图 8.2　不同种族/种族的 16—24 岁学生辍学率（1990—2014 年）

注："辍学状态比率"是指 16 至 24 岁未入学或者没有获得高中文凭（或者是高中毕业证书，或者是同等学历的证书，如普通教育发展水平 [GED] 证书）的人口所占百分比。采用数据基于对平民非机构化人口①的抽样调查，这些人不包括监狱、军队里的人员以及其他没有和家人一起住的人员。表中所有种族的数据包括了其他没有单列的种族/族群的类型。种族类型中不包括西班牙裔。

来　源：U.S Department of Education, National Center for Education Statistics (2015).The Condition of Education 2015 (NCES 2015-2144), Status Dropout Rates.

比如说，在亚历山大及其同事对巴尔的摩进行的案例研究中，那些辍学的学生在一年级的时候，就远比完成了学业的学生旷课的频率更高。两类学生旷课频率的差别先在初中加大，又在高中前期进一步加大（Alexander, Entwisle & Kabbani, 2001）。社会经济地位（SES）背景差、母亲十几岁就生育、家庭频繁发生变化（如频繁搬家），这些家庭出身的学生辍学的可能性会更大一些（Gaspar, DeLuca & Estacion, 2012）。这些背景因素经常导致成绩处于较低水平，这就导致了学生的挫折、疏离感以及学业成就的持续低水平。

学生在家和在学校的经验形塑了他们的发展，这些经历不仅影响他们如何思考，而且影响他们如何行动。行为举止的习惯一旦形成，便趋向于持续下去，因为人们对他们的看法也正基于这些习惯。我们知道，教师基

---

① 平民非机构化人口（civilian noninstitutionalized population），是指 16 岁及以上居住在 50 个州和哥伦比亚特区里不属于特定机构（军队、监狱、精神病院、养老院）的人员。——译者注

于学生在班上的举止而对他们作出判断。我们也知道学生的学习习惯、参与班级事务的情况以及对学校日常规范的遵守情况在决定其成绩水平上占有不容忽视的影响,也暗含了不同社会轨道之间的成就差异。就目前的结果而言,在校参与行为与考试成绩一样能够预测最终是否会辍学,而且这一点贯穿始终,包括了一年级(Alexander, Entwisle & Kabbani, 2001, p.802)。

其他导致辍学率居高不下的原因来自宏观层面。一些学校过于贫困和拥挤,无法提供足够的校内支持,更不用说与其他机构合作来满足学生需求。科佐尔(他的工作我们之前提过)描述了芝加哥地区两所学校的差异——一所富有,一所贫困。在富有的学校,每班平均规模为24人,且后进生班级规模仅为15人。在贫困的学校,补习班有39名学生,"天才"班有36名学生。在富有的学校,每名学生配备一位辅导员;在贫困的学校,一位辅导员则要指导420名学生(Kozol, 1991, p.66)。要应对强制性的、严苛的、形式的教育体制的要求非常困难,那些无法适应规范、达到法定年龄后经常辍学的学生在这一教育体制中经常无法找到自己的位置(National Dropout Prevention Network, www.dropoutprevention.org/)。

影响辍学的因素有时被分为推力因素和拉力因素。一位学生在考试不及格、留级、被停课等方面的经历,无论什么原因,都发生在学校和教育制度的中心,这些可以被看作将学生推出学校的原因。这些因素是由学校控制的,而且是学校所采取的政策导致的结果,是可以改变的。来源于学生的因素,或者受学生环境刺激的因素,比如工作机会和家庭义务(如怀孕或照顾兄弟姐妹的需要),可以被看作将学生拉出学校的因素。另外,一些人认为与学校加速脱节,无论是学业上还是社交上,也可以被看作一种失学(Doll, Eslami & Walters, 2013)。

少女怀孕和来自帮派的同龄人群体压力之类的问题是拉力因素中的两个范例。怀孕的少女通常无法完成学业,这在城市中心区里更为普遍,有必要进行早期干预,如提供性教育、家长培训、儿童护理,以及降低教育门槛。近期的数据显示,这些计划似乎有积极效果。在2013年,15—17岁的少女生育率是 1.2%，达到历史最低记录。这一数字从 2007 年的 2.2% 下降了超过 40%。非洲裔和西班牙裔的少女生育率高一些（非洲裔为 1.9%，西班牙裔为 2.2%），但这一比率也已明显下降（Federal Interagency Forum on Child and Family Statistics, www.childstats.gov/americaschildren/family6.asp, 2016 年 4 月 28 日下载）。

帮派与学校

帮派暴力对邻里和学校都是一个威胁。这些充满敌意的年轻人毫不顾忌他人，他们持有武器，气势汹汹，冲动激愤。社会弊病与年轻人加入帮派有着直接的联系。在美国每个地区和许多其他国家都有年轻人的帮派；据估计，在美国有超过 85 万的帮派成员（Egley, Howell & Harris, 2014）。一些人认为，加入帮派是一个阶层和族群的问题。大多数帮派都由情绪不满的年轻人组成，他们居住在贫困地区，在学校遇到困难，有时候帮派成员全部来自无法融入主流社会的一些族群。

年轻人为了寻求保护、展示对其邻里的强烈忠诚以及"保护自己的地盘"而加入帮派。在帮派很常见的地区，要躲开他们恐怕很难。帮派对街头生活的控制导致许多社区的家长都尽量让孩子待在家里，并设法把孩子送到外地的学校上学。

学校里的帮派活动

帮派成员通常从事冒险行为，非犯罪的过失行为发生率在帮派成员中很高（Valdez, 2007）。不断增加的种族差异、难于融入主流文化，或者发展机会有限，都可能成为加入帮派的理由（Petering, 2016; Umemoto, 2006）。外来移民加入帮派多是为了捍卫和保持其种族身份，以此营造一种归属感。

由美国司法部（April 28, 2016 from www.nationallangcenter.gov/Survey-Analysis）发起的全国青少年帮派调查（NYGS）从 1995 年起得以实施，全面描述了青少年帮派及其行为。司法部将这一调查结果交送各级警局。根据这些调查，2012 年，美国估计共有 30700 个活跃的帮派，帮派成员有 85 万名，与近年最低值相比有所增加。2003 年活跃帮派约为 2 万个，2001

年帮派成员约为 693500 名。大多帮派成员为男性（92%），也有女性掌控的帮派，但数量不多。大多数帮派成员年龄在 18 岁以上（65%），大约有 35% 的成员未满 18 岁。在所有帮派成员中，西班牙裔青年占 46.2%，非洲裔占 36%，白人占 11.5%，其他种族占 7%。虽然大多数帮派普遍位于城区，但郊区、小城镇和农村也会见到帮派活动。

许多帮派都涉及严重的暴力犯罪。28% 的帮派专门进行有组织的毒品交易；其他帮派犯有人身侵犯和抢劫罪，有时与毒品交易活动同时进行。帮派成员斗殴、盗窃、酗酒和贩毒，可以使他们从同伙那里得到权力和尊敬。据估计，约有 50% 的人身攻击罪犯都会携带枪支。

帮派对学校会有什么影响呢？事实上，学校内的帮派成员数量通常极少，但帮派的存在会造成很大的混乱，带给学校恐慌、暴力、毒品，有些帮派甚至在学校内招收成员。最近的研究显示，被拘留的年轻人正常毕业的可能性很小，他们越早与刑事司法体系接触，辍学的可能性就越大，而且，跟那些其他方面与他们相似但未被拘留过的学生相比，他们的高等教育生涯也明显更短（Hirschfield, 2009; Kirk & Sampson, 2013）。

有些族群会被教师和同学贴上标签，认为他们会容易辍学并加入帮派，拉美裔青年便通常遭遇这种成见。对某些学生来说，这种标签和成见可能是不公正的。学校的氛围可能会使某些族群的学生感受到挫败、语言受限、缺乏对异文化的尊重，且缺乏归属感。对于帮派的影响，学校能做些什么呢？首先，学校可以通过法律途径保护学生的学习环境不被威吓、恐怖或暴力威胁所侵蚀。要求所有学生穿相似衣服，可以消除帮派服饰在学校可能产生的冲击影响。另外，校风有着举足轻重的作用。一些研究人员引用法院的裁决，指出法院对学生的程序保护，限制了学校当局可以采取措施来遏制帮派犯罪活动。阿鲁姆强调说，这并非仅仅是权力的扩展，而是观念的广泛传播，为教师、管理者和家长所共享，即学校的管束即使只是较小的制裁，也应诉诸司法机关，而不是单纯的行政监督。学生可能随时随地真实行使宪法正当程序的权利，这种观念并不必然导向对个人的巨大保护，而是导向学校实践的法律化，使学校人员在模糊的法律领域面临威胁，从而有损学校道德权威的基础（Arum, 2003, p.208）。根据这一观点，为保护学生免遭不公平的处置，学生权利的倡导者破坏了一个重要的教育资源。阿姆勒争辩称，为了抗拒削弱学校道德的权威，为年轻人创造适宜的社会化环境，我们需要限制法庭裁决在学生事务上的适用范围，并清楚地看到学生权利的扩展所导致的无意中的后果（Arum, 2011）。

社区可以帮助年轻人脱离帮派，比如说，青年俱乐部、体育活动、午夜篮球、拳击、自由谈话及其他活动可以吸引年轻人加入，而不是去参加帮派。最佳的补救方式是，把所有年轻人集中到学校里，让他们感受到参与所带来的归属感，明白他们的努力将会带来就业市场上的成功。然而，这也要求存在合法的就业机会。

校园犯罪与暴力

在询问公众对学校态度的民意测验中，校园犯罪和暴力是公众最关心的事情之一。在盖洛普民意测验最近一年关于犯罪的调查中，家长最关心的事情之一是学龄期子女是否在学校遭受身体侵害。然而，"父母时常担心孩子在学校受到伤害"的比例从2006调查中的20%下降到了2015年的17%（Gallup Poll, 2015, www.gallup.com/poll/1603/crime.aspx）。这些百分比在过去几年内都有些不同，但"从未担心过孩子在学校受到伤害"的百分比在2015则达到了31%，是自收集数据以来的最高值。

校园枪击案经常登上新闻头条，但许多学生天天面对的则是欺凌、性骚扰和殴打。事实上，一些学生害怕去学校，或将武器带入学校以求自我保护，这些问题在本书其他章节讨论过。父母、教育者和社区成员关心学生的安全和学习进程的完整性。根据2014年校园犯罪与安全报告的数据，虽然最近的犯罪率在校内和校外大体上都在下降，但过去九年中，校园犯罪率一直有所起伏，没有明显的总体走向。

已经有人开始致力于研究学校及周边社区暴力的影响后果（Beland & Kim, 2016）。这项研究的结果表明，学校及周边社区的暴力削弱了学生的学业表现。一些研究人员将犯罪地理统计数据与邻近学校学生成就的变量进行了整合（Burdick-Will, 2013; Sharkey et al., 2014）。这些新的分析技术的结果揭示了环境对学生的学习内容及标准化测试成绩的影响。这些发现为评估社区事件对学生成绩和学习的影响开辟了新的方法。

许多研究都表明，大多数学校是安全的。那么，为什么人们会感到学校不安全呢？报纸用头条报道了学校操场上发生的恶性事件。受到影响的大多学校中的教育者都为这些事件所震惊，正是这些事件的偶然性和不可预知性让人们担惊受怕。虽然暴力事件在90%的学校非常罕见，可剩下的10%的学校却是问题重重。想想奇卡诺少女群体的情况吧。她们所在学校的条件非常糟糕，教室过于拥挤，教学计划经费不足，辍学率居高不下，大量学生贫困不堪，教师倦怠且沮丧，不及格的学生也可自动升级，充满性别歧视和种族主义，而且没有任何矫治疗救的措施，这一切造成几乎没有一个毕业生打算考大学。女生根据所处的现实环境进行人生抉择，这些抉择通常伴随着早孕、加入帮派和辍学（Valdez, 2007）。

像这些女孩一样参与反社会行为的学生很可能都会面临学业上的失败。然而，现有的计划要么针对反社会行为，要么针对学业成功，而不是将二者联系起来；而且这些计划只是狭隘地针对改变态度和行为本身，而不是改变行为发生的环境或风气。如果能够确认那些导致学业失败和反社会行为的风气，学校也许能更有效地应对这些问题（Benbenishty et al., 2016; McEvoy & Welker, 2000）。

为了和校园暴力作斗争，人们发起了安全校园运动（Safe Schools Movement）。这是人们围绕一个共同的目标发起的集体行动。减少校园暴力是美国差不多所有学校的目标，也是安全校园运动的目标。随着男女同性恋者、双性恋者、变性学生频繁地遭受侮辱、恐吓、骚扰和暴力，社会对校园暴力的担忧倍增（Biegel & Kuehl, 2010）。然而，构建可以有效改变学校风气的校本管理计划，是件极具挑战性的工作。其间存在的相关问题如下："减少暴力的计划与学校服务之间存在冲突；缺少适用的计划评估方法；计划限于改变个人特质，而不是试图改变暴力发生的环境；缺乏针对进一步预防和干预校园暴力的理论指导。"（McEvoy, 1999）

留级与停学：学校对于问题学生的反应

受社会学研究成果的启示，学校可以重新思考如何处理"危机"学生和制造麻烦的学生。让学生留级是导致他们最终辍学的原因之一。虽然一些学者支持这一政策，但留级似乎并不能改善差生的表现，反倒是在告诉学生，学校认为他们没有能力。这会使学生产生挫败感并失去归属感，从而增加了学生离开学校的可能（Stipek & Lombardo, 2014）。

留级生自尊心较差，且很少能修补上最初造成他们后进的学业缺陷（McCollum et al., 1999; Stipek & Lombardo, 2014）。留级生跟不上进度，辍学的可能性更大。比如说，芝加哥一所大学的研究发现，在八年级的留级生中有78%在其19岁生日之前辍学了（Trotter, 2004）。据估计，有269万名学生被留级，相关费用达100亿美元。这些学生通常是年轻的男生，他们社会经济地位较低，自尊心不强，动力不足，符合辍学学生的典型特征（Stearns et al., 2007）。最近一项关于留级影响的评估结论是："保留小学的分数给学生的教育生涯烙下了持久的伤疤，在相对而言本该最容易树立信心的早期教育阶段，降低了完成高中学业的可能性。"（Andrew, 2014, p.681）。不幸的是，太多的学校运用停学之类的策略，这只会减少希望，并使学生蒙受污名。被停学的学生一开始通常是学业存在风险的学生。让学生停学也许能解决眼下的问题，却会造成许多长远的问题，包括停学学生跟不上课堂进度而造成辍学率的升高（Massar, McIntosh & Eliason, 2015）。

由于人们发现除了其他一些问题之外，停学手段还经常被用来对付少数族裔青少年，一些学校系统正试图减少使用停学策略。纽约已经减少了30%的停学使用率，代之以修复性惩戒、同龄人调解以及其他技术（*New York Daily News*, 2016）。这反过来又导致一些学校人员的抵制，他们担心会产生意想不到的后果，包括学生中错误行为的高发率，因为他们以为自己可以从不适当行为中逃脱开来。

为防止学生辍学，一些关注最脆弱群体的项目将设法减少造成冷漠与疏离的原因，提升学生的自尊心和成就感，且在学习生涯的早期就开始介入。许多干预项目已在规划之中，其中一些已在中小学试行，比如学业提速项目、非主流学校项目以及周六和课外教育项目等。

斯特恩斯和她的同事（Stearns et al., 2007）建议学校努力留住学生，让他们具备上暑期学校的机会和学术能力，特别是让孩子和同龄人在一起时，要帮助学生获得他们所缺乏的技能。然而，一些州正在通过立法，对这一群体进行越来越严厉的惩罚，他们不允许学业上有困难或18岁之前辍学的学生获得驾照。

降低辍学率的其他策略，还包括与家长一道协作将学生留在学校，让家长对不来上学的学生承担起责任。最后，对已经辍学的学生，现在已经有越来越多的项目可以帮助他们完成高中学业。

始于1988年的全国教育纵向研究表明，超过60%的辍学学生最终完成了高中学业；一些学生回到高中上课，其他人则通过了普通教育发展水平证书（GED）考试。2012年，有674000名学生参加了GED考试，有40.1万人通过（NECES, Digest, 2013, Table 219.60）。他们完成高中学业与一些变量有关：即使平时表现不好，但具备学业能力的学生最有可能完成高中学业。家境好的辍学学生中，有75%完成了高中学业（Hurst, Kelly & Princiotta, 2005）。

青少年打工与辍学

青少年打工与学生的角色期待形成互相冲突；青少年像工人一样提供劳动力，在快餐店打工，送报纸，还做其他许多夜间和周末的工作。对于成人角色来说，工作经验是非常宝贵的历练，尤其在承担责任、守时、为老板工作、服从命令、筹划经费和练习所获得的任何技能等方面。然而，工作会占用学生学习、课余活动、与同龄人交往以及"成长"的时间。人们对高中生打工的后果提出了两个主要问题：将部分时间用在工作上会对学生造成怎样的影响？打工的高中生是否更容易辍学？2014年，18%的高中生和低于半数的大学生从事全职或兼职工作（Child Trends Databank, 2015）。打工的类型以及所花费的时间显然影响了学生关于辍学的决定。从事传统学生打工的职业，比如照料婴儿、修剪草坪、零工和农活的学生，与做零售或在私企打工的学生相较，有着完全不同的工作环境。传统工作的环境不会过于乏味，可以产生与成人之间的富有意义的互动，是另一种社会化资源。但是，长期在服务行业打工，无论对男生还是女生都是有害的（Mortimer, 2010）。如果青少年用于打工的时间有限，且不会实质性干扰其他活动，打工经历就是有益的。许多研究者提到，学生打工的动机就是使他们有能力购买衣服、汽车、电子产品和其他想要的商品。

高中生辍学与他们打工的动机和所花的时间有关，一些学生工作的时间超过法律允许的限度；另一些学生打工的原因是他们在学校遇到问题，需要用钱，或家庭遇到问题。尽管一些学生不得不打工贴补家用，但将打工的部分或全部收益上交给家里以帮助供养家庭的学生不到十分之一。

在上学期间打工是否会阻碍学生学习成绩和学业进步？这个问题很难回答（表8.1）。总体而言，关于学生打工会造成什么样的影响，打工学生的工作强度至关重要：工作强度较大（打工时间较长且从事非传统青少年打工职业）的学生在学校表现较差，且一定程度上更容易辍学。不过，这一点是否与打工有关还有待进一步分析。这些研究者发现，学生打工之前就存在的特性（比如，低年级、低社会经济地位、低考试成绩，以及上大学前景无望，等等）能够完全解释工作强度和文化课成绩之间的负向关系。换句话说，学生似乎是在学校难以取得成功之后转向在打工方面进行努力（Mortimer, 2010）。

表 8.1 基于全国代表性研究和数据库的辍学原因报告

2006 年 a		1992 年 b		1990 年 c	
原因	频率（%）	原因	频率（%）	原因	频率（%）
请假太多	44	不喜欢学校	43	不喜欢学校	51
认为通过GED更容易	41	学业失败	39	学业失败	40
成绩太差或学业失败	38	学业跟不上	31	无法与教师相处	35
不喜欢学校	37	找到了工作	29	学业跟不上	31
学业跟不上	32	怀孕	27	怀孕	31
怀孕	28	没有归属感	24	没有归属感	23
找到了工作	28	无法同时工作和上学	23	无法与同学相处	20

续表

2006 年 a		1992 年 b		1990 年 c	
认为无法完成课程要求	26	无法与教师相处	23	经常被停课	16
无法与教师相处	25	结婚	21	不得不找工作	15
无法同时工作和上学	22	被学校停课或被开除	16	找到了工作	15

1980 年 d		1979 年 e		1972 年 f	
原因	概率（%）	原因	概率（%）	原因	概率（%）
不适合上学	33	不喜欢学校	29	学习习惯差	67
成绩太差	33	工作	10	教师帮助不够	62
得到工作并选择去工作	19	怀孕	10	不喜欢学校提供的课程	52
结婚或计划结婚	18	结婚	8	课程太难	49
无法与教师相处	15	成绩太差	7	教学差	49
怀孕	11	被开除或停课	7	感到不是学校的一部分	48
不得不养家	11	家庭责任	6	发现适应学校惯例很难	48

来源：Doll, Eslami, and Walters (2013).

a. "Table 10. Education Longitudinal Study (2002) Ranked Reason for Dropout in 2006 by Student Dropouts" (Dalton, Glennie, and Ingels, 2009).

b. "Table 7. National Education Longitudinal Study (1998) Ranked Reasons for Dropout in 1992, From 10th to 12th Grade by Student Dropouts" (McMillen et al., 1992).

c. "Table 6. National Education Longitudinal Study (1998) Ranked Reasons for 8th to 10th Grade Dropout in 1990 bu Student Dropouts" (McMillen et al., 1992).

d. "Table 5. High School and Beyond Study (1980) Ranked Reasons for Sophomore Dropout in 1980 bu Student Dropouts by Peng" (Peng and Takai, 1983).

e. "Table 4. National Longitudinal Study of High School Class of 1973 Ranked Reasons for Dropout by Rumberger" (Rumberger, 1993).

f. "Table 3. National Longitudinal Study of High School Class of 1972 Ranked Reasons for Things that Interfered with Education for Students Who Dropped Out, According to Gender" (US Department of Education, National Center for Education Statistics). "Table 2. National Longitudinal Study of Young Women and Young Men (1996) Ranked Reasons for Dropout by Student Dropouts."

辍学者的未来

许多辍学者都面临一个灰暗的未来。在年轻人中,相较于 73% 的新近高中毕业生未能上大学,近年高中辍学的学生只有 41% 得以就业(www.bls.gov/careeroutlook/2015/data-on-display/dod_q4.htm)。他们及其子女更有可能需要依靠社会福利来救济生活。很大比例的辍学者最后进了监狱,辍学者从事非法活动的可能性为完成高中学业者的四倍。辍学者在劳动力市场很难与他人竞争:他们缺乏当今职业相应所需要的技能,缺少日常生活相关的知识,且缺乏自尊心,但最重要的是,在世界上没有竞争力的个体会对社会制造了很大的人力成本。有人提议提高学校的毕业标准,要求设置毕业考试,但这会造成边缘学生的辍学率升高,尽管一部分辍学者最终可以通过 GED 考试获得高中文凭。增加资源、更有弹性的时间要求、修订休学政策,以及提供特殊的咨询辅导服务,这都是一些项目努力将学生留在学校的做法。

在纽约市皇后区,约翰·亚当斯高中开展的一个新项目可以用来说明另外一种办法。该项目提供 20 所区青少年教育中心,从中择取一所与社区的组织相携手,为已经辍学或离预期要求落后许多学分的学生提供帮助,不过,它要求学生至少已经修习了毕业所需的 40 个学分中的 17 个学分(http://schools.nyc.gov/ChoicesEnrollment/SpecialPrograms/AlternativesHS/YoungAdult/default.htm)。除提供课程和辅导外,该项目还提供职业与上大学的规划、工作技能发展,以及成为社会服务人员的途径,并提供其他公

表 8.2　2003—2008 年 10 月,年届 23 岁的非在学青年就业状况(%)
(分受教育程度、性别、种族、西班牙或拉美裔)

	合计	就业公民	参军	无业	非劳动力
高中辍学者	100	60.1	0.1	7.8	31.9
男性	100	68.1	0.2	9.2	22.5
女性	100	49.6	0.0	6.0	44.4
白人,非西班牙裔	100	64.6	0.0	7.9	27.6
非洲裔,非西班牙裔	100	43.7	0.6	11.7	44.1
西班牙或拉美裔	100	68.4	0.0	4.8	26.9

续表

	合计	就业公民	参军	无业	非劳动力
高中毕业从未上大学者	100	75.1	5.0	5.4	14.4
男性	100	76.6	7.9	5.5	10.0
女性	100	73.0	0.9	5.4	20.7
白人，非西班牙裔	100	78.1	4.8	4.6	12.5
非洲裔，非西班牙裔	100	67.1	4.9	8.6	19.4
西班牙或拉美裔	100	70.9	6.3	5.5	17.3
大学肄业	100	80.6	4.1	3.2	12.0
男性	100	82.6	5.9	2.9	8.6
女性	100	78.6	2.4	3.5	15.5
白人，非西班牙裔	100	82.3	4.5	2.7	10.5
非洲裔，非西班牙裔	100	72.9	3.5	5.7	17.9
西班牙或拉美裔	100	82.1	3.8	3.4	10.7

来源：Bureau of Labor Statistics. 2016.

共资源。学生可以自己设置日程安排。未修满17个学分的学生通常年龄更小，学习能力更差，该项目帮助他们转入某些全日制学校，这些学校提供强化项目，旨在帮助学生达到高中毕业的成绩（Gwertz, 2007）。

然而，学校问责制、评估以及为教育者设置的有关激励方案的增加，有时会对这些项目产生有害的影响。经常有发生一些丑闻，他们允许学生通过完成短期的"补修学分"计划而避开常规的期望，这种方式可能会提高毕业率，但不会产生合格的毕业生（Smith, 2014）。

另一种新办法正在佛罗里达州的布劳沃德县公立学校试行。对于许多学生来说，高中的第一年是具有风向标意义的一年。这一年的学业成绩与毕业的概率密切相关。第一年的学业计划和社会支持计划可以为那些可能落后的学生带来巨大的回报。布劳沃德县项目是一个实践共同体（CoP）办法：在拨款基金的支持下，教师和来自该地区几所学校的其他学生经常聚在一起，分享他们的成功和困难。一个首要的关键点是，这个群体如何利用学生的数据，并学会协调他们的工作，更好地为学生服务（Letgers & Parise, 2016）。

> **思考与应用**
>
> 描述一下你作为学生在教育系统不同层级上的角色。这一角色在升上不同教育层级时会发生怎样的变化?

学生与非正式制度

人要履行既定的角色,就必须相信自己能够成功。所以,学生为了获得好成绩,就必须相信自己是好学生。我们对自己能力的评价会基于隐含其中的我们所坚信的付出、回报和动机而改变。以下的部分可以就看出在学生学术自我、成绩和学校体验等方面所受到的微妙影响。

校风与学生的自我观念

在学习能力方面的自我认知与学习表现在很大程度上相互关联。贴标签以及对条件的看法会影响我们在任何领域里看待自己能力的方式。如果一个学校里有许多学生对自己持有较低的学习期待,它便会影响整个学校的学习水平(Brookover et al., 1996)。然而,掌控学校的相关变量则可以提高学生在学业上获得成功的机会。学校的价值氛围、背景经验、与同龄群体的关系,以及学生生涯中的其他因素都会影响到学习上的自我认知,反之亦然。因此,有关有效学校的研究文献中的建议,便是帮助学生掌握课程的要求,进而提升他们的自我观念和学业期待。

"无借口"学校的兴起是努力促进学生动机和教育收获的新近做法之一,这是指对学生的行为和成绩都有很高期待的学校(Whitman, 2008)。这些学校尤其希望通过他们学生中的教育收获来促进社会流动。他们明确地告知学生应该如何行动,不容许有任何混乱,开设严格的大学先修课程,保持学校课程与国家标准一致并标明具体的课业表现结果,定期对学生进行评估,并用结果来为努力奋斗的学生设定目标,让学生有清晰的计划,完成各种各样的作业,从而让课堂更加充实(Whitman, 2008, p.259)。

这些学校高度强调,学生的目标是大学毕业,因此,学校高度专注于为学生的这一成功做好准备。这些学校有各种各样的模式,包括了"知识就是力量计划"(KIPP)特许学校、非凡学校(Uncommon Schools)及其他。但是,所有模式的学校都在努力地通过获取大学教育证书来将他们大部分城镇的、贫困的和少数族裔学生转变成中产阶级的成年人。这是一项艰巨的任务,也是学生家长和学生自身的一项极其重要的需求(Golann, 2015; Hammack, 2016)。这些学校以有别于一般公立学校的方式,干预学生的生活(虽然不一定是私立学校),并且要求学生达到相同的标准。有关这些学校的一个重要的社会学观点是,他们证明了学校在学生的生活中可以起到强有力的作用,在合适的环境条件下,可以扭转贫困和危险社区所带来的挑战,帮助学生获取学业上的成功。话虽如此,假如因为一些学校在改变学生教育生涯中拥有强大的力量,就要求所有学校都应该能够取得类似的结果,这并不现实。学生和他们的父母会自行选择这些学校,并自愿接受学校的要求,并不是所有的学生和家长都能接受这些条款或者能够接受学校的要求。

一些学校改革家,例如上文所提及,认为学生的徒劳感可以通过设定较高的期待来加以改变,即学生不能低于在下一个教育阶段取得成功所需的水平。但是学生的动机和努力并不是很容易就能创造的,特别是在学校外部环境无法证明学校成绩的重要性的时候。

> **思考与应用**
>
> 在你所在社区的学校里,有没有一些学生群体在抗拒学校的价值氛围?你会如何改变社区学校的价值氛围来提高学生的学习成绩?

同龄人群体和学生文化

当我们走进一所学校,观察操场上的活动时,我们可以看到学校所呈现出的独特的文化。控制同龄人群体成员的规范非常强大。一个人只需要观察特定学校在穿着、体态、用语和俚语方面的一致性,就可以知道该校接受什么样的言行。潮流和趋势是学生文化中的关键方面,它们使同学们结为群体,并与成人文化区别开来。

操场上的活动与游戏能帮助学生将他们的世界与成人文化分隔开。即使在操场游戏中，学生也在学习如何与同学建立相互间的联系，他们的方式有遵守规则、轮流游戏，以及通过语言和其他方式来表现自己。在孩子们的生活中，这些行为都是一种重要的社会化中介，并将延续到他们正式进入成人世界的时候（Corsaro, 2014; Thorne, 1993）。

学生亚文化有着很强的影响力，能左右学校里发生的事情。因为学生按年龄划分群体，并服从一系列与年龄相关的要求，他们便发展起一种独立的亚文化，其中有规范、期待和处理这些要求的方法或"策略"。这一同龄人亚文化是学校长期训练的结果，而学校的长期训练是工业社会所必需的，延迟了年轻人进入成人世界的时间。同龄人群体服务于其成员的诸多目标：年龄相近、社会体系与教育体制中地位相近的年轻人能够自由地表达自我，在学会与他人相处的同时尝试进行社会互动并寻找友谊，学习性别角色，强化规范、规则和道德标准。在这一进程中，同龄友伴非常重要，因为他们共同参与学校的活动（Wilkinson, 2003）。

在《青少年社会》(*The Adolescent Society*)一书中，科尔曼（Coleman, 1961）描述了这一亚文化的力量及其对成员的控制力。科尔曼发现，对于青少年而言，同龄人的拒斥几乎与父母的拒斥同样难以接受，并且，特立独行还会付出代价。对于大多数青少年来说，同龄人是一个参照群体，影响着他们的整体生活方式——穿着、习惯、谈话方式、偏好，等等。比如说，吸烟、早期性行为、饮酒、吸毒等行为都与其最好的朋友以及亲近的同龄人的行为紧密相关。然而，一个稳定的身份可以成为同龄人群体和个体行为之间的缓冲（Dumas Ellis & Wolfe, 2012）。高中亚文化通常非常看重男生的体育水平、女生的领导力和长相，而聪明或努力学习则被认为对男生、女生都没什么价值。对女生来说，成绩好通常会导致人缘变差。一些学生甚至因为担心失去同龄人群体的认可而尽量不表现出聪明来。高中校园里地位最高的学生往往来自校内社会经济地位最高的群体，他们热心学校活动，基本不关心能否获得成年人的认可。学习上出类拔萃的学生不被同龄人接受，也得不到积极回馈，有时还被嘲弄。科尔曼（Coleman, 1961）建议学校转移其关注的重心，这样青少年群体的规范就会加强对教育目标的配合，而非抑制它。不过，在那些对学生有高度职业期待的高中里，学习的竞争非常激烈。在这些学校，好成绩会得到积极回馈，一些学生甚至宁可作弊也不愿让自己成绩显得糟糕（Attewell, 2001; Kilgore, 2016；McCabe, 1999）。学生同龄人群体常常是由邻里伙伴的友谊发展而形成，这可能从小学开始就存在了。其活动也许与在校学习无关，但可以影响学习成绩以及其他组织层面的方面，比如课外活动（Garner & Raudenbush, 1991, p.251）。

学生同龄人群体行为是在学校的框架或环境之中建立起来的。菲利普·卡西克（Philip Cusick）勾勒出了这一社会文化环境的关键部分，它既有取消行动自由、将学生混同为无差别群体的预期效应，也有图 8.3 中所显示的非预期效应（1973. pp.216-217）。卡西克在其所调研的高中发现："学生倾向……保持紧密的校内群体，是学校基本组织结构的结果。这一结果很自然，却未被认识到。只要支撑结构存在，学生就很可能会继续形成群体。"（pp.208-209）

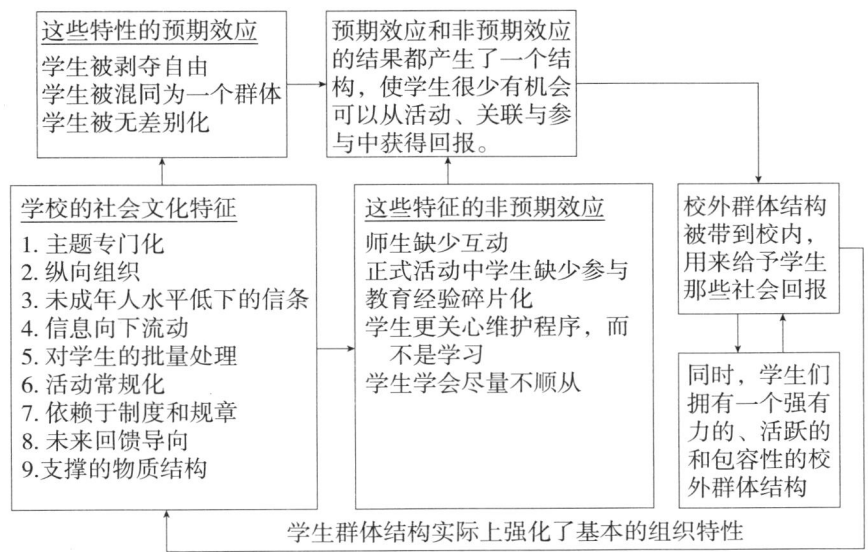

图 8.3　学生行为与学校组织的关系

来源：Philip A. Cusick, 1973. *Inside High School: The Student's World.* New York City: Holt, Rinehart and Winston.

在高中这一潜在的疏离文化中,有一起行走、坐下来共进午餐和共同参加活动的朋友非常重要。高中通常有由"运动健将"精英分子和漂亮女生组成的核心团体,有的学校可能还有地位很高的音乐与戏剧团体。不幸的是,有的学生在社交上孤立,没有朋友,因此在教育系统中也得不到"保护"(Cusick, 1973, p.173)。然而,在金德曼(Kindermann, 2007)一项对整个六年级的研究中,他发现大约80%的学生都有一个特定的同龄人群体。虽然在学年的课程中,成员的身份发生了变化,但同龄人群体基本上保持不变,并维持着他们对学校的总体取向。

这一研究的一个重要结论是,同龄人群体的影响是对个体成员的"放大":如果学生参与了学校的学习,那么同龄人群体就会加强这种联系。如果学生感到不满和疏远,同龄人效应就会放大他们的不满和疏远(Kindermann, 2007, p.1199)。近期许多聚焦于学生亚文化和同龄人效应的研究对考察种族的影响作出了贡献,对研究反对"模仿白人"(acting White)的规范是否存在并影响到学生的学习成绩,这一贡献尤为突出。我们在第五章中提出过这个问题。至于"白人性"(whiteness)及其与其他种族身份的关系,以及这些种族身份在学校里是如何表现的,相关的研究也越来越普遍(比如,可见于 Jay & Jones, 2005)。

关于学校内不同种族的学生之间的关系,塔特姆(Tatum, 2003)的工作产生了广泛的影响。正由于并非只有非洲裔孩子都坐在一起,而是所有种族和大多数的种族群体也都坐在一起,塔特姆认为,作为一种文化,我们并没有开发出一种好的工具来讨论群体的差异。他们经常害怕自己会说错话,或者无意中冒犯了另一群体的成员,学生们经常与自己的群体保持联系。塔特姆主张,学校要努力工作,以促进群体之间的联系和交流,打破这些障碍。

学校组织有时会根据能力对学生进行分班或"分流",因而造成学生两极化,正如社会阶层差异在学生中造成两极分化一样。威利斯提出的证据表明,来自工人阶层或贫困阶层背景的学生可能会对未来前景看不到任何希望,并聚集在消极倾向的群体中:

反学校文化提供强有力的非正式标准和受到束缚的经验历程，它致使工人阶层子弟"自愿"选择进入工厂，从而既复制了职业中的现有阶层结构，又复制了作为包罗万象的工人阶层文化的一部分的"车间文化"。

——Bygren, 2016; Willis, 1997, pp.53-54.

在美国，虽然家庭曾经对于青少年的价值观与行为具有主导性的影响，但如今，作为社会化中介的家庭却要和同龄人群体竞争来获得子女的注意（Goodlad, 1984）。越来越多的人关注青少年和年轻人对社会媒体的使用及其影响。研究似乎支持这样一种观点：社交媒体是用来补充和加强年轻人与同龄人的面对面交流，而不是取代了这种交流（O'Keefe & Clarke-Pearson, 2011）。

学生的应对策略

学生的"应对"策略，或者说适应学校文化权利结构的方法，是非正式制度的主要方面。学生根据自身需求，基于自己关于学校教育、自我认知、同龄人群体关系、按能力分班和其他因素的经验，发展出相应的策略。尽管学生的早期学习对此后在学校的成功至关重要，学校需要的策略与早期社会化过程中在家学习者的策略极为不同。学生渐渐进入学校里那个充满竞争、评判和纪律的世界。教师因其在教育体制中的位置而具有权威性，这使得学生与教师之间的社会性距离早就得以确立。因此，学生从很小的时候就开始学习如何应对学校与课堂的策略。随着两三岁儿童学前教育的发展，这一学习过程甚至比过去更早了。

这个领域的许多研究都是符号互动理论路径的分支，在一定程度上主张，我们在所处环境中建构自己的现实，且我们的行为与这些建构保持一致。根据这一观点，策略的发展可以看作一种协调方式，它要求学生在试图使自身利益最大化的同时，理解教师的角色和需求。学生之间的需求各不相同，从与教师目标几乎完全一致到对教师要求完全不在乎。教师虽然拥有权力，但要让学生按自己的希望行事则需要采取策略而不是直接运用权力（Woods, 1980）。尽管有一些互动已经司空见惯，学生之间、师生之间以及班级之间的"协调方式"常常改变（Cusick, 1983）。学生之间和师生之间的信任对于作为学习环境的课堂有效性至关重要，而研究也强调了它的重要性（Raider-Roth, 2005）。

在学生成长的不同时期，适用的策略各不相同。在学生生涯中，学会如何学习和解决问题可能在某一个时期非常重要，而掌握应试技巧则是另一个时期的重点（Woods, 1980）。学生生涯中的转折点可以让他们从"游手好闲"变为"行家里手"，也可以让他们从积极有为变成百无聊赖。同龄人在学生的自我观念中扮演着主要角色，因为每个学生在班级和学校里的角色都是由其同龄人来定义的。请参阅下面这一同时关照到师生策略的互动模型。这套模型始于对学生行为的意向、动机和观点的分析。学生考虑了各种可能采取的行为、其付出与回报，然后基于多种行为的感知结果与实际结果作出决断。教师制定了在课堂情境中或者针对具体教学部分、课程或问题时所执行的指南、期待或"框架"。学生可能遵从教师的"框架"，也可能建立与教师"框架"相背离的不同选项或"框架"。学生是遵从还是背离，部分取决于同龄人群体的行为及其对课程内容的参与程度（Hammersley & Turner, 1980; McFarland, 2004）。

学校的社会文化结构也在学生的经验与策略选择中起到至关重要的作用。罗伯特·默顿认识到这一点，并建立了一种类型理论，研究学生对学校目标与方法（学校为达成目标所采取的方法）的反应。

学生个人对学校目标和方法有不同反应，其范围为从接受到拒斥，如默顿所列的四种类型所示：(1) 遵从（conformity）：接受学校的目标和方法；(2) 逃离（retreatism）：拒绝学校的目标与方法；(3) 矛盾（ambivalence）：冷漠相对；(4) 拒斥并代以他物（rejection with replacement）：心中另有打算（Merton, 1975）。

彼得·伍兹在对英国公立寄宿学校男生的研究中使用了目标—方法类型学，并对此模型进行了修改，使之能反映更多类型的学校个体的反应。

他为目标—方法类型学增加了几个类型（Peter Woods, 1980）：

（1）拓殖（colonization）　拓殖混合了对目标的冷漠和对方法的矛盾心态。这些学生接受自己必须花时间上学的现状，并试图尽可能获取最大的回报，而不管这些回报是否得到允许，也不管这些回报是官方的还是非官方的。他们能够接受学校体制内的部分，但也可能采取非法的方式，比如抄作业或考试作弊。

（2）投入（indulgence）　非常积极地回应学校目标和方法。

（3）遵从（conformity）　这分为几个类型。

a. 顺从（compliance）　学生"被学校目标和方法所吸引并与之保持一致"。

b. 逢迎（ingratiation）　学生"通过赢得掌权者的欢心而获取最大的利益。他们通常在同学中不受欢迎"。

c. 机会主义（opportunism）　学生"不能持之以恒地学习，时常间断性地模仿其他模式的行为"，——尝试那些模式，而不是固定于一种模式。这最终会造成行为上的摇摆不定。

（4）顽固（intransigence）　采取这一策略的学生对学校的目标甚为冷漠，并排斥学校通过规章、礼仪和规定达到目标的方法。他们可能破坏课堂，甚至对教职工进行人身攻击，或毁坏公物。我们可以从外表——发型、衣着、鞋子或靴子上分辨出这类学生。这些学生一般令学校感到非常棘手。

（5）叛逆（rebellion）　学生排斥学校的目标与方法，同时替代以自己的目标与方法。这在学校生涯的晚期较为常见。目标的置换使得这类学生的威胁小于强硬派学生。

在这个由默顿建立并经伍兹修改的模型中，学生为应对学校的目标与方法而形成的策略主要体现在中小学生身上。在大学阶段，因所处环境的要求和本质不同，策略也发生了改变。大学生的应对机制主要用来安排他们在每一年级需要完成的学业。斯奈德论述了高等教育中隐性课程与正式课程之间的许多鸿沟，也就是探讨隐性和显性要求哪一个更容易被认识到（Snyder, 1971）。正如我们在第十一章讲高等教育时将提到的，关于课程实际要求和学生努力的研究表明，一些学生付出了很少的努力就通过了大学课程的学习。这并不是发生在所有大学中，也不是所有学生中，但这的确说明了大学的学习是完全不同的（Arum & Roksa, 2011）。

一些大学生很快发现，那些掌握了隐性课程、能够"玩转教育体系"的人学会了重要的应对策略。"暗示意识"，即学生可以在多大程度上把握教授所提到的关于考题和所喜欢的科目领域一类事情的暗示，能够决定他们是成功还是失败。其中包括了三类学生：

（1）暗示意识者（cue-conscious） 这类学生凭借努力学习和运气来取得良好的学业成绩。他们往往因为想要学习更多的课目而在应试准备上并不很充分。他们只选择有限的暗示。

（2）暗示寻找者（cue-seekers） 这类学生有选择地学习。他们经常积极地从教师那里寻求信息，并通过寻找哪类专题较为重要的暗示，他们也试图给人留下好印象。

（3）暗示盲（cue-deaf） 这类学生几乎无法破译暗示来发现何者更重要，他们试图学习所有的材料，而不是有选择地学习（Miller & Parlett, 1976）。

研究者发现，最具暗示意识和考试得高分有一定关系。一些研究者在调研高等教育环境中的学习成绩差异时，也将暗示意识作为文化资本不平衡的一个例证（Ibarra, 2001; Margolis, 2001）。

其他研究者调查了学生带进大学的文化和社会资本如何影响到他们的经历和成就。劳工阶层出身的学生进入大学，尤其是进入主要由中产阶级和中上阶层出身的学生所影响和主导的私立或一流的公立大学时，可能会经历一个特别的适应学校环境的艰难时段（Hurst, 2010; Stuber, 2011）。

学生学习风格指每个人主要的学习模式。如果教师能够认识到在学习风格上的个体多样性和班级样貌，就能对课程做出规划，使之契合主导性的学习模式或学习风格的多样性。了解自身学习风格的学生能够适应学习模块。我们根据外界传来的听觉、视觉和触觉刺激，在合作群体中学习、在竞争环境中学习，或独自学习。神经科学和神经心理学研究的扩展影响了对学习方式的研究以及社会环境作为理解学生如何学习的关键性要素的认识。脑科学的崭新观点正在整合到这个领域中来（Pritchard, 2014）。

学生的各种策略形成了各不相同的个体角色以及多样化的标签类别：遵从者、浪荡者、计划者、逃避者、顽固派、叛逆者、老师的宠儿、小人物、麻烦制造者、运动健将、傻孩子、聪明人、书呆子、人气角色、瞌睡虫，或大众偶像（Jackson, 1968），任何一个标签都可能会发生变化。但是学生一旦被贴上标签，其行为便可能越来越与标签相一致，如同完成一个可以自我实现的预言（Rist, 2007）。

在评估学生策略时，认真思考学生赖以执行的整个系统非常重要。这个整体系统包括了权力机制、教师与其他学生的策略、社会文化结构或者学校目标与方法。马丁及其团队（Martin et al., 2010）在对男校的研究中，强调了学校及其教职员工帮助男孩学会在学校中如何行事的重要性：

> 在这些单性学校里，学生对其所学的智力参与越多，学生拥有的校内成人关系的质量越佳，他们可能表现出的学术进取行为就越多，这有助于促进他们的学业表现。
>
> ——Martin, 2010, p.14.

作为另一个正被日渐广泛传播的例子，人们越来越普遍地认识到学生和老师之间的个人关系非常重要，有时还被称为一所学校所表现出的"个人主义"水平。对家境贫寒的学生来说，这可能正确，因为这些家庭可以帮助孩子应对挑战的资源更少。正如我们之前在第六章提到的，这是一个支持小型学校运动的理由，研究指出，较小的学习社区不太可能让学生

"从缝隙中溜走"。利用这种做法，老师和学生在课堂之外讨论他们的生活和话题，在官方课程之外，可以分享个人知识，学校希望由此来促进学生的社会技能和学业学习（Hammack, 2008）。然而，这些扩展出来的教师需要专门的支持与专业培训，而学校系统中并不一直有这样的培训。

接下来，我们将对学生的学习环境开展审慎思考。无论是单一性学校还是特许学校，环境对学生的经历都至关重要。

思考与应用

作为一名学生，你都采取了哪些策略来应对你的课程？

学生及其所处环境

学生的环境包括家庭和兄弟姐妹、邻居、工作环境、霸凌者或帮派成员、运动等课外活动，以及对于很多青少年来说最重要的——同伴。下面一起来看其中的一些环境。

家庭环境对教育成就的影响

一位学校社工所在学区小学的服务区域都是低收入家庭，她谈到，孩子们的父母因为工作时间长、疾病或其他社会问题根本无法照顾他们，有一些小孩子还要照顾更小的弟弟妹妹；许多孩子的早餐就是喝可乐、吃薯条，许多孩子冬天上学时鞋子有洞、双脚潮湿，一些孩子不知何故身上满是青肿，甚至有老鼠咬痕。美国总人口中的贫困率是 14.8%，也就是说有 4670 万人生活在贫困线以下（Proctor et al., 2015）。目前超过 20% 的孩子生活在贫困中，而非洲裔和西班牙裔孩子有 22% 生活贫困（Proctor et al., 2015）。如果得不到必要的系统支持，这些处境艰难的孩子也就无法在学校有良好的表现。

学生在学校和社会上的地位很大程度上由家庭背景决定。正如第三章中讨论过的，因父母社会经济地位各异，不同家庭提供的环境差异也非常大。这种差异与学校中一些至关重要的特性密切相关。比如，为了获得老师和学校的奖励，中产阶级的父母会动用一切必要的手段，让他们的孩子获得社会化的"全部行为技能"；劳工阶层的父母不太可能为孩子的成功做好准备，尤其是在遇到问题时，他们鼓励对老师的尊重，而不是寻求帮助（"没有任何借口"）（Calarco, 2011, 2014）。出身于不同社会阶层的孩子在夏季里的学习差异、不同阶层和种族隔离的居住模式的影响（Sharkey et al., 2014; Chetty et al., 2014; Chetty, Hendren & Katz, 2016），都导致了学生的校外环境完全不同。虽然这些都不是学校或教育系统所能过多干预的事情，我们将在第十三章进一步讨论它，但学生学习的差异化影响依然激励着许多教育方面的改革与努力。

单亲家庭

18岁以下的孩子中，有35%生活在单亲家庭，66%的18岁以下的非洲裔孩子生活在单亲家庭（Anna E. Casey Foundation, 2016）。研究发现，与双亲家庭相比，单亲家庭的子女总体上考试成绩和排名都较差，辍学率较高。这些结果也受到家庭所属种族、家长受教育程度以及家长缺位所造成的参与水平等因素的影响；另一个重要原因，也许还是这些家庭与双亲家庭相比所面对的经济压力（Ziol-Guest, Duncan & Kalil, 2015）。

许多靠社会福利生活的儿童得到的认知刺激与情感支持较少，早在他们3—5岁时，就有信号警示他们将来可能在学校会遇到问题。如果没有家长有力的支持与监督，这些因素会造成学生在校迟到或旷课，不做作业，不跟家长交流，以及频繁约会和发生早期性行为（Gavanagh & Huston, 2006）。吸引全体儿童入学的托儿所项目在全国范围的大幅推进，对来自单亲家庭的孩子来说是一个进步（Barnett et al., 2015）。

与双亲家庭的子女相比，单亲家庭的子女从家长那里得到的鼓励、家长对教育活动给予的注意和尊重都较少。然而，一些研究结果显示，与社会经济水平接近的学生相比，他们的教育成就并没有显著的影响（Wie & Qi, 2006）。

母亲的角色

因为不习惯与教师和学校打交道、工作时间冲突、缺乏社会支持，贫穷的母亲较少参与子女的学校生活（Calarco, 2014; Lareau, 2011）。由于家长较少介入学习事务，学生不得不独自决定自己的安排，他们的辍学率就相对较高（Rumberger, 2011）。不过，如果单亲家庭的家长积极参与子女的教育，这些问题也可以得到补救（Pallas, 1989）。研究发现，非全职工作的母亲倾向于较多地参与子女的教育，而其子女的表现通常更好。全职工作会挤占对子女进行课余监督的时间，这才是产生差别的真正原因（Duncan & Chase-Lansdale, 2000）。

在母亲参与学校进程的影响的研究中，一群八年级学生的母亲讨论用相似的策略鼓励子女提高学校成绩，但她们对于这些策略的使用和实施方式却因其社会经济水平不同而大相径庭。受过大学教育的母亲对其子女的高中学习计划表进行"管理"，为他们选择大学先修课程。社会经济背景较好的学生在学校体系中表现较好，一定程度上是因为他们家长的管理技能较好（Baker & Stevenson, 1986）。事实上，一些中产阶层家长在子女遇到问题时可能会因试图"控制"学校事务而采取行动，而底层家长只会感到无助，与学校少有互动，或者将教育者视为其判断不应受质疑的专家（Calarco, 2014; Lareau, 2011）。许多家庭都关心的一个问题是，母亲参加工作对子女的学习成绩有何影响，研究结果较为复杂，涉及多种变量，如工作时间与强度、对子女的关怀，以及家庭的社会经济水平。通过对主要研究发现的概括，我们可以说，参加工作的女性为子女提供了正面的角色模型，子女通常能在考试中取得较高的分数。说得更具体些，参加工作的非洲裔单身母亲对其上小学的子女的成绩有着积极影响。非洲裔双亲家庭的母亲参加工作对子女的成绩影响较小。

参加工作的母亲为家庭带来收入，是有能力的成人榜样，这会带来其他非常积极的影响，同时，她们与待在家中的全职妈妈相比，她们会适当地离开孩子的生活，而在全职妈妈家庭里长大的孩子则可能会缺乏独立与个人成长的机会。

兄弟姐妹的数量

家庭中子女的数量是影响学校经历的另一个变量，尤其会影响子女能完成多少年的学业。家庭人口较少时，家长能给予子女更多的智力与教育优势。我们知道，男生家里兄弟姐妹较少时，他们的学习动力更强；也就是说，他们通常会比自己的父亲完成更多年份的学业。家里兄弟姐妹越多，父母给予单个子女的关注和物质资源就越少，子女的成绩也就越差。然而，他们的社会技能似乎可以在高中之前就得到充分发展（Bobbitt-Zeher & Downey, 2013）。

当学生家里兄弟姐妹的数量较少时，他们具有许多个人天性上的优势，比如，语言文字能力明显较高、在校好好表现的动机较强、更喜欢"益智"的课外活动、有着倾向于追求更好成绩的典型家庭环境，而且家长更鼓励他们考大学。而那些家里兄弟姐妹数量较多的学生，

> 大致上看，语言文字智商较低，在校表现较差，较少参加"益智"课外活动，而更多参加体育活动和社区活动，家长不太鼓励他们考大学。因此，如果他们想要从高中毕业，便依赖于家里给予更多的支持。
>
> ——Blake, 1986, p.416, Conley & Albright, 2004; DeHaan, 2010.

学校在让家长参与子女教育方面扮演着重要的角色（Hutchins et al., 2012）。不是所有的学校都欢迎家长；教师已经超负荷工作，而家长的进入则又会给他们增添了一部分工作量。有的家长对教师要求过高，或干脆对教师出言不逊。不过，还是有一些建设性的方法既可以让家长参与到子女教育中来，又有助于在较大范围上推进学校的教育工作（MacIver et al., 2015）。

学生是学校中最大的群体,因此对学校的成绩水平和氛围产生着最主要的影响。要理解他们的角色,最重要的是要知道他们给学校环境带来了怎样的影响;当他们离开学校加入社会时,他们已经作了怎样的准备。

> **思考与应用**
>
> 从你目前所学到的知识出发,要提高子女的学习成绩,家庭都可以做些什么?

小　结

学生是学校系统中最大的群体。学校的存在是为了使学生社会化,使他们成为广阔社会中的生产者角色。本章研究学生角色的各个方面。

1. 学生的特质

美国中小学教育系统招收的少数族裔学生数量在增加。学生受到学校、同龄人与家庭期待的影响,这些都会影响学生成绩。学生亚文化与友谊模式会像社会阶层与性别一样影响学生在校的自我认知与学习成绩。学生很早就在学校——托儿所或幼儿园——学会了他们的角色,且在整个学习生涯中都在履行这些角色。每群新生都会作为同伴或同级生一同升学。有的学生面对的角色期待会发生冲突,教师、代表成人权威的管理者与同龄人的期待会截然不同。学生在班级中采用不同角色来应对期待:他们可能对学校教育项目漠不关心,无动于衷,也可能接受它。若学生难以适应学校系统,他们的学业就可能失败。

2. 学业失败与辍学者

有的学生会经历学业上的失败。这些是最容易从学校辍学的学生。家庭问题、怀孕、第二语言问题、参加帮派、移民状况、贫困以及在学校体系中的疏离感都可能导致学生辍学。年轻人加入帮派寻求保护与归属感;许多团伙涉及违法活动,他们的影响会在学校里蔓延。尽管他们的数量可能很少,但他们对学校的影响却可能很大,他们会制造恐惧、暴力、威胁、吸毒，并吸收学生加入其组织。为控制帮派的影响，学校试图对学习环境施加影响，因此更需要接受处于危险边缘的学生，同时为其他学生维持一个安全的环境。"安全校园运动"推出了一些计划来减少暴力侵害，避免学校中的暴力威胁。一些学生的留级或停学，通常会使他们辍学的危险加大。专家就减少此类问题给出了几条建议。

打工对学生成绩既可能有益，也可能有害，这取决于工作的类型和占用时间的多寡。辍学者的未来道路甚为艰难；因此，努力把学生留在学校里是教育界的一个重要目标。冲突理论者称，学校是根据学生在社会上的阶层地位为他们准备人生道路的。

3. 学生与非正式制度

学生的自我认知会影响其成绩。学校或班级对学生的期待较低会造成学生的成绩较差。学校的价值氛围影响着期待；各校在学生成绩方面确有不同，人们讨论了成效显著的学校的一些特征，比如，教师设定较高的标准。教师对学生的期待和同龄人群体对学生的影响之间有冲突，二者会从相反方向影响学生的成绩。高中运动队便是一个例子。按照能力分班会影响学生的同龄人群体，其结果并不总是正面、积极。互动理论者所讨论的"应对策略"，是指学生解释和回应学校期待的方式。有一个审视学生策略的模型对与学生成绩相关的学生目标与方法进行了思考。

4. 学生及其环境

环境是指对学生的在校角色产生作用的学校外部的影响。比如说，家庭环境具有主要的影响因素。学生是否从家庭、角色模型、教师或其他人那里获得支持，是否有人要求他们在学校表现良好，这些都会对学生的成绩产生影响。当家长参与子女的学校生活时，子女的成绩会相对较好。因社会阶层与养育子女的风格不同，家长参与状况也不相同。家庭对子女未来的期望也会影响子女的成绩。比如说，受教育程度较高的母亲会在管理子女教育方面扮演更为积极的角色。母亲是否参加工作对子女成绩产生的影响因人而异。兄弟姐妹的数量也会影响学生的成绩，因为子女较少的家庭会对每个子女给予更多的关注。

因此，有许多因素都会影响学生在校的成绩。

❓ 思考题

1. 讨论一下，教师的期待对你的教育或者你子女所受的教育产生过怎样的影响？
2. 在你的高中学校，都有什么样的同龄人群体或小团伙？这些群体或小团伙对参与同学的学习态度和成绩产生了哪些影响？
3. 学生的自我认知对学习会产生怎样的影响？请具体举例说明。
4. 访谈背景不同——不同阶层、种族和性别——的家长。询问他们对其子女学校教育的参与状况，以及他们对参与学校教育的基本看法。
5. 在你认识的学生——你的子女、兄弟姐妹或你认识的其他人中，他们生活中最重要的影响来自哪里？家庭、同龄人？还是其他方面？
6. 调查一下你所在社区的教师评价情况。看看是否有一些增值的条款在讨论或被人提出来？

📝 参考文献

ACT. 2016. "Building and Measuring Essential Knowledge and Skills." Retrieved May 15, 2016 (www.act.org/content/act/en/projects-and-services/act-qualitycore/about-qualitycore.html).

Alexander, K. L., D. R. Entwisle, and C. S. Horsey. 1997. "From First Grade Forward: Early Foundations of High School Dropout." *Sociology of Education* 70(2): 87-107.

Alexander, K. L., D. R. Entwisle, and N. Kabbani. 2001. "The Dropout Process in Life Course Perspective: Early Risk Factors at Home and School." *Teachers College Record* 103(5): 760-822.

Anderson, Elijah (ed.). 2008. *Against the Wall: Poor, Young, Black and Male.* Philadelphia: University of Pennsylvania Press.

Andrew, Megan. 2014. "The Scarring Effects of Primary Grade Retention: A Study of Cumulative Advantage in the Educational Career." *Social Forces* 93(2): 653-85.

Anna E. Casey Foundation. 2016. "Children in Single-Parent Families by Race." Kids Count Data Center. Baltimore, MD. Retrieved May 5, 2016 (http://datacenter.kidscount.org/

data/tables/107-children-in-single-parent-families).

Arum, Richard A. 2003. *Judging School Discipline: The Crisis of Moral Authority.* Cambridge, MA: Harvard University Press.

Arum, Richard. 2011. "Improving Relationships to Improve Student Performance." *Phi Delta Kappan* 93(2): 8-13.

Arum, Richard A., and Josipa Roksa. 2011. *Academically Adrift: Limited Learning on College Campuses.* Chicago, IL: University of Chicago Press.

Attewell, Paul. 2001. "The Winner-Take-All High School: Organizational Adaptations to Educational Stratification." *Sociology of Education* 74(4): 267-95.

Baker, David P., and David L. Stevenson. 1986. "Mothers' Strategies for Children's School Achievement: Managing the Transition to High School." *Sociology of Education* 59 (July): 156-66.

Barnett, W. S., M. E. Carolan, J. H. Squires, K. Clark-Brown, and M. Horowitz. 2015. *The State of Preschool 2014. State Preschool Yearbook.* New Brunswick: The National Institute for Early Education Research.

Beland, Louis-Philippe, and Kim Dongwoo. 2016. "The Effect of High School Shootings on Schools and Student Performance." *Educational Evaluation and Policy Analysis* 38(1): 113-26.

Benbenishty, Rami, Ron Avi Astor, Ilan Roziner, and Stephani L. Wrabel. 2016. "Testing the Causal Links Between School Climate, School Violence, and School Academic Performance." *Educational Researcher* 45(3) (April): 197-206.

Berndt, Thomas J., Jaqueline A. Hawkins, and Ziyl Jiao. 1999. "Influences of Friends and Friendships on Adjustment to Junior High School." *Merrill-Palmer Quarterly* 45(1) (January): 13-41.

Bettie, Julie. 2014. *Women Without Class: Girls, Race, and Identity.* Berkeley: University of California Press.

Biegel, Stuart, and Sheila James Kuehl. 2010. *Safe at School: Addressing the School Environment and LGBT Safety through Policy and Legislation.* UCLA: The Williams Institute. Retrieved May 4, 2016 (http://eprints.cdlib.org/uc/item/6882f656).

Blake, Judith. 1986. "Sibship Size and Educational Stratification: Reply to Mare and Chen." *American Sociological Review* 51: 416.

Bobbitt-Zeher, Donna, and Douglas B. Downey. 2013. "Number of Siblings and Friendship Nominations among Adolescents." *Journal of Family Issues* 34(9): 1175-93.

Bowles, Samuel, and Herbert Gintis. 1976. *Schooling in Capitalist America: Education and the Contradictions of Economic Life.* New York City: Basic Books.

Brookover, Wilbur B., Fritz J. Erickson, and Alan W. McEvoy. 1996. *Creating Effective Schools: An In-Service Program for Enhancing School Learning Climate and Achievement*. Holmes Beach, FL: Learning Publications.

Burdick-Will, Julia. 2013. "School Violent Crime and Academic Achievement in Chicago." *Sociology of Education* 86(4): 343-61.

Bureau of Labor Statistics. 2016. "Labor Market Activity, Education, and Partner Status Among America's Young Adults at 29: Results from A Longitudinal Survey." Table 3. Washington, D. C.: US Department of Labor. https://www.bls.gov/news.release/pdf/nlsyth.pdf.

Bygren, Mannus. 2016. "Ability Grouping's Effects on Grades and the Attainment of Higher Education: A Natural Experiment." *Sociology of Education* 89(2): 118-36.

Calarco, Jessica M. 2011. "'I Need Help!' Social Class and Children's Help Seeking in Elementary School." *American Sociological Review* 76(6): 862-82.

Calarco, Jessica McCrory. 2014. "Coached for the Classroom: Parents' Cultural Transmission and Children's Reproduction of Educational Inequalities." *American Sociological Review* 79(5): 1015-37.

Cavanagh, Shannon. E., and Aletha C. Huston. 2006. "Family Instability and Children's Early Problem Behavior." *Social Forces* 85(1): 551-81.

Chen, Xianglei. 1997. *Students' Peer Groups in High School: The Pattern and Relationship to Educational Outcomes*. Washington, DC: NCES, ERIC (ED410518).

Chetty, Raj, Nathaniel Hendren, and Lawrence F. Katz. 2016. "The Effects of Exposure to Better Neighborhoods on Children: New Evidence from the Moving to Opportunity Experiment." *American Economic Review* 106(4): 855-902.

Chetty, Raj, Nathaniel Hendren, Patrick Klein, and Emmanuel Saez. 2014. "Where is the Land of Opportunity? The Geography of Intergenerational Mobility in the United States." *Quarterly Journal of Economics* 129(4): 1553-623.

Children's Defense Fund. 1996. *A Children's Defense Fund Budget*. Washington, DC: Children's Defense Fund.

Child Trends Databank. 2015. *Youth Employment*. Retrieved June 15, 2016 (www.childtrends.org/?indicators=youth-employment).

Coleman, James S. 1961. *The Adolescent Society: The Social Life of the Teenager and its Impact on Education*. New York: Free Press of Glencoe.

Conley, D., and K. Albright (eds). 2004. *After the Bell: Family Background, Public Policy, and Educational Success*. New York: Routledge.

Corsaro, William A. 2014. *The Sociology of Childhood*, 4th ed. Thousand Oaks, CA: Pine

Forge Press.

Cusick, Philip A. 1973. *Inside High School: The Student's World.* New York City: Holt, Rinehart and Winston.

Cusick, Philip A. 1983. *The Egalitarian Ideal and the American High School: Studies of Three Schools.* New York City: Longman.

DeHaan, M. 2010. "Birth Order, Family Size, and Educational Attainment." *Economics of Education Review* 29(4): 576-88.

Diggs, Nancy. 2011. *Hidden in the Heartland.* Lancing: Michigan State University Press.

Doll, Jonathan, J., Zohreh Eslami, and Lynn Walters. 2013. *Understanding Why Students Drop Out, According to Their Own Accounts.* Sage Open. Retrieved April 28, 2016 (http://sgo.sagepub.com/content/3/4/2158244013503834).

Downey, Douglas B., and Shana Pribesh. 2004. "When Race Matters: Teachers' Evaluations of Students' Classroom Behavior." *Sociology of Education* 77(4): 267-82.

Dumas, T., W. E. Ellis, and D. A. Wolfe. 2012. "Identity Development as a Buffer of Adolescent Risk Behavior in the Context of Peer Group Pressure and Control." *Journal of Adolescence* 35(4): 917-27.

Duncan, G. J., and L. P. Chase-Lansdale. 2000. *Welfare Reform and Child Well-Being.* Chicago, IL: Joint Center for Poverty Research, ERIC (ED452289).

Egley, Arlen, Jr., James C. Howell, and Meena Harris. 2014. *Juvenile Justice Fact Sheet, December.* Department of Justice. Retrieved April 7, 2016 (www.ojjdp.gov/pubs/248025.pdf).

Fass, Paula S. 1977. *The Damned and the Beautiful: American Youth in the 1920s.* New York City: Oxford University Press.

Fernandez, N., and A. Inserra. 2013. "Disproportional Classification of ESL Students in US Special Education." *Teaching English to Speakers of Other Languages—Electronic Journal* 17(3). Retrieved March 13, 2016 (www.tesl-ej.org/wordpress/issues/volume17/ej66/ej66a1).

Gallup Poll. 2015. "Historical Trends: Crime." Retrieved May 10, 2016 (www.gallup.com/poll/1603/crime.aspx).

Garner, Catherine L., and Stephen W. Raudenbush. 1991. "Neighborhood Effects on Educational Attainment: A Multilevel Analysis." *Sociology of Education* 64(4) (October): 251-62.

Gaspar, Joseph, Stefanie DeLuca, and Angela Estacion. 2012. "Switching Schools: Revisiting the Relationship Between School Mobility and High School Dropout." *American Educational Research Journal* 49(3): 487-519.

Golann, J. W. 2015. "The Paradox of Success at a No-Excuses School." *Sociology of Education* 88(2): 103-19.

Goodlad, John I. 1984. *A Place Called School.* New York City: McGraw-Hill.

Gracey, Harry L. 1967. "Learning the Student Role: Kindergarten as Academic Boot Camp," in Dennis Wrong and Harry L. Gracey (eds), *Readings in Introductory Sociology.* New York City: Macmillan.

Gwertz, Catherine. 2007. "Pathways to a Diploma." *Education Week* 26(32): 29-31.

Hammack, Floyd M. 2008. "Off the Record—Something Old, Something New, Something Borrowed, Something Blue: Observations on the Small Schools Movement." *Teachers College Record* 110 (September 9): 2067-72.

Hammack, Floyd M. 2016. "Schooling for Social Mobility: High School Reform for College Access and Success." *Journal of School Choice: International Research and Reform* 10(1): 96-111.

Hammersley, Martyn, and Glenn Turner. 1980. "Conformist Pupils?" in Peter Woods (ed.), *Pupil Strategies: Explorations in the Sociology of the School.* London: Croom Helm, pp.24-49.

Hanson, Sandra L., and Rebecca S. Kraus. 1998. "Women, Sports, and Science: Do Female Athletes Have an Advantage?" *Sociology of Education* 71(2): 93-110.

Henry, Jules. 1963. *Culture Against Man.* New York City: Vintage Books.

Hirschfield, Paul. 2009. "Another Way Out: The Impact of Juvenile Arrests on High School Dropout." *Sociology of Education* 82(4) (October): 368-93.

Hurst, Allison. 2010. *The Burden of Academic Success: Loyalists, Renegades, and Double Agents.* Lanham, MD: Lexington Books.

Hurst, D., D. Kelly, and D. Princiotta. 2005. "Educational Attainment of High School Dropouts 8 Years Later." *Education Statistics Quarterly* 6(4).

Hutchins, D. J., M. D. Greenfield, J. L. Epstein, M. G. Sanders, and Claudia L. Galindo. 2012. *Multicultural Partnerships: Involve All Families.* New York City: Routledge.

Ibarra, R. A. 2001. *Beyond Affirmative Action: Reframing the Context of Higher Education.* Madison: University of Wisconsin Press.

Illich, Ivan. 1971. *Deschooling Society.* New York City: Harper & Row.

Jackson, Philip. 1968. *Life in Classrooms.* New York City: Holt, Rinehart and Winston.

Jacob, Brian A., and Lars Lefgren. 2009. "The Effect of Grade Retention on High School Completion." *Educational Evaluation and Policy Analysis* 35(1): 96-117.

Jay, Gregory, and Sandra Elaine Jones. 2005. "Whiteness Studies and the Multicultural Literature Classroom." *MELUS, Pedagogy, Praxis, Politics, and Multiethnic Literatures*

30(2): 99-121.

Kearney, M., and B. H. Harris. 2014. "Ten Economic Facts About Crime and Incarceration in the United States." Retrieved June 8, 2016 (www.brookings.edu/~/media/research/files/papers/2014/05/01-crime-facts/v8_thp_l0crimefacts.pdf).

Kilgore, S. 2016. "The Life and Times of James S. Coleman." *Education Next* 16(2).

Kim, Catherine, Daniel Losen, and Damon T. Hewitt. 2010. *The School to Prison Pipeline: Structuring Legal Reform*. New York City: New York University Press.

Kindermann, T. A. 2007. "Effects of Naturally Existing Peer Groups on Changes in Academic Engagement in a Cohort of Sixth Graders." *Child Development* 78(4): 1186-203.

Kirk, David, S. and Robert J. Sampson. 2013. "Juvenile Arrest and Collateral Damage in the Transition to Adulthood." *Sociology of Education* 86(1): 36-62.

Kozol, Jonathan. 1991. *Savage Inequalities: Children in America's Schools*. New York City: Crown Publishers.

Laird, J., M. DeBell, G. Kienzi, and C. Chapman. 2007. *Dropout Rates in the United States: 2005 (NCES 2007-059)*. Washington, DC: National Center for Education Statistics.

Lareau, Annette. 2011. *Unequal Childhoods: Class, Race, and Family Life*, 2nd ed. Berkeley: University of California Press.

Letgers, Nettie, and Leigh Parise. 2016. "Policy Brief: A Community of Practice Approach." Retrieved May 5, 2016 (www.mdrc.org/sites/default/files/A_Community_of_Practice_Approach_NGA_2016.pdf).

Lewin, Tamar. 2007. "College Board Tries to Police Use of 'Advance Placement' Label." *New York Times* (July18): B7.

Li, Qing. 1999. "Teachers' Beliefs and Gender Differences in Mathematics: A Review." *Educational Research* 41(1) (Spring): 63-76.

Livingston, Sonia, and J. Sefton-Green. 2016. *The Class: Living and Learning in the Digital Age*. New York City: New York University Press.

Long, Cindy. 2013. "Conquering Cliques in School." *NEA Today*. Retrieved June 7, 2016 (http://neatoday.org/2013/07/12/conquering-cliques-in-school/).

McCabe, D. 1999. "Academic Dishonesty Among High School Students." *Adolescence* 34(136): 681-7.

McCollum, Pam, Albert Cortez, Oanh H. Maroney, and Felix Montes. 1999. *Failing Our Children: Finding Alternatives to In-Grade Retention*. San Antonio, TX: Intercultural Development Research Association.

McEvoy, Alan. 1999. "The Relevance of Theory to the Safe Schools Movement." *Education and Urban Society* 31(3) (May): 275-85.

McEvoy, Alan, and Robert Welker. 2000. "Antisocial Behavior, Academic Failure, and School Climate: A Critical Review." *Journal of Emotional and Behavioral Disorders* 8(3) (June): 130-40.

McFarland, D. A. 2001. "Student Resistance: How the Formal and Informal Organization of Classrooms Facilitates Everyday Forms of Student Defiance." *American Journal of Sociology* 107(3): 612-78.

McFarland, D. A. 2003. "When Tensions Mount: Conceptualizing Classroom Situations and the Condition of Student-Teacher Conflict," in M. T. Hallinan, A. Gamoran, W. Kubitschek, and T. Loveless (eds), *Stability and Change in American Education: Process and Outcomes*. Clinton Corners, NJ: Eliot Werner Publications, pp.127-52.

McFarland, D. A. 2004. "Resistance as a Social Drama: A Study of Change-Oriented Encounters." *American Journal of Sociology* 109(6): 1249-318.

MacIver, M. A., J. L. Epstein, S. B. Sheldon, and E. Fonseca. 2015. "Engaging Families to Support Students' Transition to High School." *The High School Journal* 99(1): 27-45.

Manzo, Kennedy K. 2007. "Students Taking More Demanding Courses." *Education Week* 26(25) (February 28): 1-2.

Margolis, E. (ed.). 2001. *The Hidden Curriculum of Higher Education*. New York City: Routledge.

Massar, M. M., K. McIntosh, and B. N. Eliason. 2015. "Do Out-of-School Suspensions Prevent Future Exclusionary Discipline? Positive Behavioral Intervention and Supports." Retrieved April 7, 2016 (www.pbis.org/evaluation/evaluation-briefs/suspensions-and-future).

Merton, Robert K. 1957. "Social Structure and Anomie," in Robert K. Merton (ed.), *Social Theory and Social Structure*, revised and enlarged ed. New York City: The Free Press.

Miller, C. M. L., and M. Parlett. 1976. "Cue-Consciousness," in Martyn Hammersley and Peter Woods (eds), *The Process of Schooling: A Sociological Reader*. London: Routledge, pp.143-9.

Milner, Murray, Jr. 2013. *Freaks, Geeks, and Cool Kids: American Teenagers, Schools, and the Culture of Consumption*. New York City: Routledge.

Minor, E. C. 2014. "Racial Differences in Teacher Perceptions of Student Ability." *Teachers College Record* 116(10): 1-22.

Mortimer, J. 2010. "The Benefits and Risks of Adolescent Employment." Retrieved June 7, 2016 (www.ncbi.nlm.nih.gov/pmc/articles/PMC2936460/).

National Center for Education Statistics. 2013. *Digest of Education Statistics 2013*.

Washington, DC: US Department of Education.

National Center for Education Statistics. 2014. *Digest of Education Statistics 2014*. Washington, DC: US Department of Education.

National Center for Education Statistics. 2015. *Digest of Education Statistics*: 2013.(NCES 2015-011). Washington, DC: US Department of Education.

National Center for Education Statistics. 2016. *Fast Facts*. Retrieved May 16, 2016 (http://nces.ed.gov/fastfacts/display.asp?id=l6).

Nielson, Harriet B., and Barrie Thorne. 2014. "Children, Gender, and Issues of Well-Being," in Asher Ben-Arieh and Ferran Casas (eds), *Handbook of Child Well-Being*. New York City: Springer, pp.105-30.

New York Daily News. 2016. "Disbelief in Suspensions: No Justice in Schools, No Peace for Students Wanting to Learn." April 30. Retrieved May 2, 2016 (www.nydn.us/1VXRdh4).

Northwest Regional Educational Laboratory. 1990. *Effective School Practices: A Research Synthesis*. Portland, OR: Northwest Regional Educational Laboratory.

O'Keefe, Gwenn S., and Kathleen Clarke-Pearson. 2011. "Clinical Report—The Impact of Social Media on Children, Adolescents, and Families." *Pediatrics*. Retrieved May 3, 2016 (www.pediatrics.org/cgi/doi/10.1542/peds.2011-0054).

Pahlke, E., J. S. Hyde, and C. M. Allison. 2014. "The Effects of Single-Sex Compared to Coeducational Schooling on Students' Performance and Attitudes: A Meta-Analysis." *The Psychological Bulletin* 140(4): 1042-72.

Pallas, Aaron M. 1989. "The Changing Nature of the Disadvantaged Population: Current Dimensions and Future Trends." *Educational Researcher* 18(5) (June/July): 16-22.

Parsons, Talcott. 1959. "The School Class as a Social System: Some of Its Functions in American Society." *Harvard Educational Review* 29(4): 297-318.

Petering, R. 2016. "Sexual Risk, Substance Use, Mental Health, and Trauma Experiences of Gang-Involved Homeless Youth." *Journal of Adolescence* 48 (April): 73-81. Retrieved April 7, 2016 (www.ncbi.nlm.nih.gov/pubmed/26897432).

Phillippo, Kate L. 2010. "Teachers Providing Social and Emotional Support: A Study of Advisor Role Enactment in Small High Schools." *Teachers College Record* 112(8): 2258-93.

Pritchard, Alan. 2014. *Ways of Learning: Learning Theories and Learning Styles in the Classroom*, 3rd ed. New York City: Routledge.

Proctor, B. D. et al. 2015. Income and Poverty in the United States. Report Number 60-256. Washington, DC: United States Census. www.census.gov/lirbary/publications/2016/

demo/p60-256.html.

Raider-Roth, Miriam. 2005. "Trusting What You Know: Negotiating the Relational Context of Classroom Life." *Teachers College Record* 107(4): 687-728.

Riegle-Crumb, C., and M. Humphries. 2012. "Exploring Bias in Math Teachers' Perceptions of Students' Ability by Gender and Race/Ethnicity." *Gender & Society* 26(2): 290-322.

Rist, Ray. 2007. "On Understanding the Processes of Schooling: The Contributions of Labeling Theory," in A. R. Sadovnik (ed.), *Sociology of Education: A Critical Reader.* New York City: Routledge, pp.71-82.

Rumberger, Russell, W. 2011. *Dropping Out: Why Students Drop Out of High School and What Can be Done About It.* Cambridge, MA: Harvard University Press.

Rury, John L. 2004. "The Problems of Educating Urban Youth," in Floyd M. Hammack (ed.), *The Comprehensive High School Today.* New York City: Teachers College Press, pp.45-68.

Sable, J., and Gaviola, N. 2007. *Numbers and Rates of Public High School Dropouts: School Year 2004-05.*, Washington, DC: National Center for Education Statistics, Institute of Education Science. US Department of Education. Retrieved August 2, 2008 (http://nces.ed.gov/pubs2008/2008305.pdf).

Sharkey, Patrick, Amy Ellen Schwartz, Ingrid Gould Ellen, and Johanna Lacoe. 2014. "High Stakes in the Classroom, High Stakes on the Street: The Effects of Community Violence on Students' Standardized Test Performance." *Sociological Science* 1: 199-220.

Smith, Morgan. 2014. "With Climbing Graduation Rates Come Renewed Doubts." *New York Times* (September 25): A25A.

Snyder, Benson R. 1971. *The Hidden Curriculum.* New York City: Alfred A. Knopf.

Snyder, Eldon E., and Elmer Spreitzer. 1992. "Social Psychological Concomitants of Adolescents' Role Identities as Scholars and Athletes: A Longitudinal Analysis." *Youth and Society* 23(4) (June): 507-22.

Stanton-Salazar, Ricardo D., and Sanford M. Dornbusch. 1995. "Social Capital and the Reproduction of Inequality: Information Networks Among Mexican-Origin High School Students." *Sociology of Education* 68(2) (April): 116.

Stark, Patrick, Amber M. Noel, and Joel McFarland. 2015. *Trends in High School Dropout and Completion Rates in the United States, 1972-2012* (NCES 2015-015). Washington, DC: US Department of Education.

Stearns, E., S. Moller, J. Blau, and S. Potochnick. 2007. "Staying Back and Dropping Out: The Relationship Between Grade Retention and School Dropout." *Sociology of Education* 80(3): 210-40.

Stipek, D., and Lombardo, M. 2014. "Holding Kids Back Doesn't Help Them." *Education Week* 33(32) (May 21): 22-3.

Stuber, Jenny M. 2011. *Inside the College Gates: How Class and Culture Matter in Higher Education*. Lanham, MD: Lexington Books.

Sullivan, A. 2011. "Disproportionality in Special Education Identification and Placement of English Language Learners." *Exceptional Children* 77(3): 317-34.

Tatum, Beverly Daniel. 2003. *Why Are All the Black Kids Sitting Together in the Cafeteria? And Other Conversations about Race,* revised ed. New York City: Basic Books.

Thorne, B. 1993. *Gender Play: Girls and Boys in School.* New Brunswick, NJ: Rutgers University Press.

Trotter, A. 2004. "Studies Fault Results of Retention in Chicago." *Education Week* 23(31) (April 14): 18.

Umemoto, K. 2006. *The Truce: Lessons from an L.A. Gang War.* Ithaca, NY: Cornell University Press.

Valdez, A. 2007. *Mexican American Girls and Gang Violence.* New York City: Palgrave Macmillan.

Waller, Willard. [1932] 1965. *The Sociology of Teaching.* New York City: Wiley, pp.120-33.

Whitman, D. 2008. *Sweating the Small Stuff: Inner-City Schools and the New Paternalism.* Washington, DC: Thomas Fordham Institute.

Wie, Fang, and Sen Qi. 2006. " Longitudinal Effects of Parenting on Children's Academic Achievement in African American Families." *The Journal of Negro Education* 75(3): 415-29.

Wilkinson, I. A. G. 2003. "Introduction: Peer Influences on Learning: Where Are They?" *International Journal of Educational Research* 37(5): 395-401.

Willis, Paul. 1977. *Learning to Labor: How Working Class Kids Get Working Class Jobs.* New York City: Columbia University Press.

Woods, Peter (ed.). 1980. *Pupil Strategies: Explorations in the Sociology of the School.* London: Croom Helm.

Ziol-Guest, K. M., Greg J. Duncan, and Ariel Kalil. 2015. "One Parent Students Leave School Earlier: Educational Attainment Gap Widens." *Education Next* 15(2): 37-41.

第九章
非正式系统和"隐性课程"
——"无形的"力量如何影响教育经验

学校是一个迷人的地方。以社会学家的眼光看,学校里的所有事情几乎都会对学校里的人产生意义和影响。开启你的社会学慧眼,想象你正在一个美丽的大型旧高中主厅里漫步,这所高中坐落于曾经繁荣一时的中产阶级街区;可今天,这个街区的居民主要是移民,其中许多人正与贫困作斗争。你的目光被墙上一块巨大而华丽的牌匾吸引了,上面列出了学校85年历史中的优秀毕业生及其献辞。你浏览牌匾中的名字和日期,注意到最后一条是16年前刻上去的。从那以后,再也没有顶尖学生的名字出现在牌匾上了。你还会注意到其它一些有意思的事情:牌匾上的名字与现在学生的名字已截然有别。像"爱德华兹"(Edwards)、"肯尼迪"(Kennedy)和"布莱克"(Blake)这样的姓氏,已经被"阮"(Nguyen)、"黎"(Le)和"陈"(Tran)所替代。尽管学校仍然维护并保留了"学习大教堂"的光环,但这块牌匾已经不再定期更新以引起你的注意。这意味着,学校已经没有员工将此视为他们的责任,去维护让公众看到学校中优秀学生的成就这一传统。这种关注的消失,会对现在的学生产生什么影响?

因为学生每天至少要在学校待上6个小时,而且要如此度过12年,显然,教育的体验对学生产生巨大的影响。除了显性的和易测量的影响(例如,考试成绩和对其它学业成就的测量),学校体验也会对学生产生巨大、且经常是无形的影响。这种巨大而无形的影响来自学校内部的非正式系统。明确地说,学校的内部体系由两部分组成:(1)正式部分,由角色和结构组成;(2)非正式部分,包括那些与学校正式的职能无关、非计划、非官方、通常是无意的方面。学校的非正式系统是本章的主题。在这里，我们将识别和描述"隐藏在平日视线之下"的学校力量的多种方式。我们将探讨诸如学校的隐性课程如何进行、它的组织惯习，尤其是其架构究竟如何影响着学生的身份、经历和教育结果等问题。

开放的系统分析与非正式系统

正如前文所述，教育系统是一个复杂的组织；它嵌入在复杂的环境背景中，广泛的社会机构（例如，政治和经济环境）既影响着学校，也会被学校发生的事情所影响。图 9.1 可以说明这个开放系统模型，特别描述了内部系统的正式和非正式方面，以及内部系统与更广泛的环境之间的关系。本章介绍了非正式系统的几个方面，包括隐性课程、文化资本和组织惯习；这些方面伴随着目标一起呈现，将教育系统中最微妙却毋庸置疑的方面，与教育系统的"产出"，即学生、公民和工人联系起来。

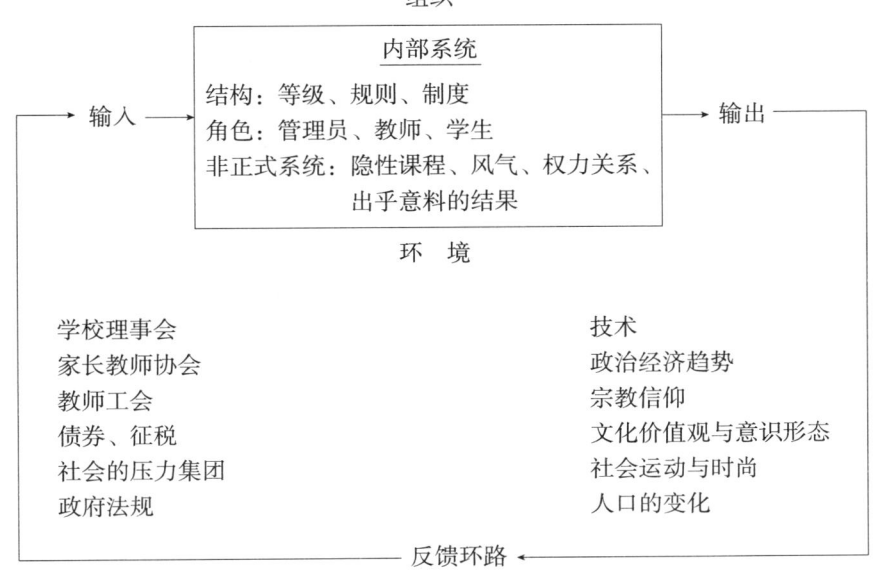

图 9.1　学校的开放系统

隐性课程

教育系统在复杂的推进过程中培养学生，促进学生社会化。这些教学和社会化的许多方式都显而易见；系统通过正式的或者"显性课程"的方式进行——这些正式的课程建立在文本和课程计划之上，本质上是3R，即读、写、算（reading, writing, arithmetic）。显性课程包含了美国历史的正规知识、古典文学和写作惯例，以及一系列的科学和数学知识。相比之下，隐性课程是由另一套"3R"组成：规则（rules）、程序（routines）和制度（regulations）。隐性课程这个术语是由菲利普·杰克逊（Philip Jackson）在他1968年的经典作品《教室生活》（*Life in Classrooms*）中提出；此后，这个概念已经广被教育工作者、社会学家和心理学家所接受，他们希望更多地去关注学校非正式系统内发生的事情。正是通过隐性课程，学生巧妙地掌握了教育系统和更广泛的社会中的规范、价值观和信仰。表9.1使用了课程大纲中的片段来解释隐性课程，这表明课程大纲中已经包含了隐性课程，但是这也引发了我们该如何运用这些隐性课程的思考。如果学生想成功，就必须成为熟练的隐性课程观察者，并掌握其隐含的要求（Snyder, 1971）。

为了更好地理解隐性课程的内容和功能，我们可以转向社会学理论。以隐性课程的这些方面为例：

表9.1　101课程大纲

实际或显性课程	隐性课程
教师：姓名	**教师**：我该怎么称呼老师？
课文：名称	**课文**：我们真的需要它们、阅读它们吗？
课程主题：已列出	**课程主题**：什么是教师真正要教的？ 什么是他或她真正感兴趣的？
要求：	**要求**：
阅读	我必须要做什么才能通过？
表达	如果我在课堂上讲话，会有帮助吗？
测试	如果我去见老师，会有帮助吗？
参考书目	**参考书目**：我真的应该使用这个吗？

——上课和下课的铃声。

——教室里的桌子整洁有序地排列，教师通常位于教室的前面。

——一块标明教室杂务和助手的海报板。

——一块列出学生姓名的海报板，其中一些学生获得了很多金色星星，其他学生则很少。

正如第八章所讨论的那样，哈利·格雷斯将这些作为从幼儿园开始就培养学生的关键因素（Harry Gracey, 1967）。学校是一个学习场所，更是学生学会举手、等待、排队、专注地倾听、消磨时光的地方。从强调和谐与社会凝聚力的功能主义视角看，隐性课程是教育系统中一个必要而积极的特征。学生通过隐性课程学习集体价值观（例如，爱国主义和竞争），以及如何与他人合作。从冲突理论角度看，隐性课程似乎就不同了。第三章提到过，塞缪尔·鲍尔斯和赫伯特·金蒂斯（Samuel Bowles & Herbert Gintis, 1976）认为，统辖学校日常生活的惯例和规定并非将人们融合成一个紧密整体的手段，而是资本家和其他权贵延续权力和特权的工具。这些惯例通过不同方式削弱我们的创造力，培养我们的顺从感，从而有利于资本主义和那些权贵。这些理论的共同之处在于，它们都观察到学校实际上在教授许多东西，其中之一便是，它运用了最微妙的方式，教导一个群体如何发挥功能，作为一个整体融入社会。

学生的成绩单是隐性课程不那么隐性的地方。成绩单上，学生的正式课程或者说显性课程上的表现由不同的字母等级来评估；相比之下，"公民"或"性格发展"的成绩，则是评估了学生对隐性课程的遵循。在这里，教师通常用 S（满意）或 U（不满意）来评估学生，评估的内容包括：独立完成工作、服从组织、付出努力、适时发言、按时完成工作、完成作业、清晰地表达想法、参与课堂讨论、尊重他人、与他人工作和玩耍时关系融洽、遵守课堂和学校规定、认真倾听。学生被要求学习如何做好一个学生，以及之后如何做好一个公民；这种学习的重要性与评估程度丝毫不弱于学校常规测试中的学业学习。

从更抽象的角度来看，民族学家探究了隐性课程如何教授学生探索某些类型的"自我"。萨莉·吕贝克（Sally Lubeck, 1984）在她对儿童保育场所的田野研究中发现，领先计划在为低收入儿童创设的环境中，其时间和空间往往比为中产阶级儿童服务的设施限定得更为严格。领先计划的孩子们有限定的时间表，闲暇时间有限，而且使用哪个教室、如何使用教室空间都有明确的规定。相比之下，中产阶级的孩子在课堂上拥有更大的自由，允许选择各种感兴趣的活动。最终，通过这些日常实践，学生学到了一种深刻但沉默的信息，这是与他们个人主义、自主、创造力、自我表达的机会有关的信息。

鉴于学校系统中标准化考试急剧增加，一些学者希望了解频繁的测试和评价是如何影响学生的自我认知以及他们对世界运作方式的理解。这些频繁测试的目的之一是加强学生的成就意识。教师鼓励学生尽自己最大的努力学习，学生参加一些激励他们成功的动员大会。在一些教室里，高高悬挂在墙上的"誓言"提醒学生尽情享受考试，不要因为回答不出问题而无谓地懊恼；当学生没有通过测试时，人们往往认为是他们自己对学习不够重视。面对这些场面，珍妮佛·布赫-詹宁斯认为：

> 高风险测试中的隐性课程……使得学生可以生活在美国社会中，并且可以理解奖励的不平等分配。在这样一个社会里，公民必须解释为什么这种不平等的分配是公平和公正的……及格的学生能够证明他们的特权地位，而不及格的学生则学会不去质疑社会秩序，因为他们只能怪自己。
>
> ——Jennifer Booher-Jennings, 2008, p.158.

虽然隐性课程的典型例子通常集中在小学，但隐性课程也可以在整个教育系统中发现。思考一下你作为一个大学生的经历：你能想到你日常生活中有哪些东西基本上是看不见、却能把你塑造成一个可以"融入"社会的人？相比较于过去有严苛的铃声系统来提醒学生完成任务，大学环境中缺乏必要的铃声教会学生自律。那些没有内在时间管理意识的学生可能会很快发现自己陷入学业困境。大学教室也是由预期的、未经说明的、理智的、语言的和社会的约定来管理。也就是说，"规则"存在于学生如何在课堂上说话和写作，这些规则似乎倾向于一种超脱的抽象思维方式，而不是热情的反应或分享个人经历。如果一个学生的家庭文化（在种族、族群、社会阶层等方面）与学术思维、交流方式有所不同，那么不擅长或者不熟悉抽象思维的学生最终可能会感受到与校园生活的疏离，并质疑他们自己取得学业成功的能力（White & Lowenthal, 2011）。在第三章里提到过，妮可·斯蒂芬斯和她的合作者（Nicole Stephens, 2012）对许多大学校园的规范性假设提出了类似的观点，即学生追求大学学位是为了促进他们的个人目标——无论是经济方面还是个人发展；隐性课程强调个人主义和独立性，而不是教育的集体或集体利益，一些劳工阶层和少数族群学生可能会感到被排斥在校园的主流文化之外。

课堂法则

无论是在小学还是大学层面，大多数课堂都有日常程式的特点。互动组成了这些程式，在一个课时内估计有300—600个互动。除了明确的口语信息之外，还有通过语气、手势和面部表情传达的不言而喻的信息。无声的语言可以比任何有声的话语告诉我们更多有关课堂气氛的信息。所有这些信息——无论是口头的还是非语言的——都能传递关于价值观、期望和权力关系的信息，并且，对他人的态度和学习过程都是通过口头和非语言的线索传递的。英国社会学家伯恩斯坦（Basil Bernstein）称这些为法则（codes），而且这些相互作用的法则对社会再生产有着强大的影响。

根据伯恩斯坦的说法，术语指的是一系列组织原则，它支配着一个社会群体成员的语言实践。在教育方面，法则是各种信息系统的基础，尤其是课程和教学法。教学法指的是知识的传递手段，是学生和教师掌握课程内容的活动，通常通过结构化课程来进行。这些法则塑造学生与老师的互动关系，并通过规定谁能说话、说什么以及什么时候说来塑造课堂气氛。

那些控制课堂上什么知识可以传播的人，也可以控制知识如何传播——知识传播和接收的材料、组织、路径和时间（Bernstein, 1990）。这些看似常规的语言实践影响着学生的学习，在一定程度上，学生也就承认并使用了在教育环境中被定义为合法的语言法则。

　　让我们使这些抽象的想法更具体一点。想象一下，一个一年级的老师拿着一张图片到她的课堂上，让学生讲一个关于这张图片的故事。图上有一个敞开的窗台，上面放着一个吃了一半的蓝莓派；外面的草地上坐着一只熊，脸上带着内疚的表情。同学们焦急地举起双手，赫斯特老师叫了布兰登，他回答说："他吃了。"老师皱起了眉头，对他的回答不太满意，于是，赫斯特老师叫了奥利维亚回答，她说："熊宝宝吃了馅饼。"作为回应，老师笑着说，"很好！"这种常规的、看似微不足道的互动传达给在场的所有人，谁是"聪明"的学生，谁是"笨"的学生。

　　伯恩斯坦认为，像这样普普通通的互动说明了对精致型话语法则的偏爱。一套复杂的话语法则是一个明确而详细的说话方式，在上下文明确的情况下，外人很容易理解其含义。在刚才的故事里，听众可以不用看"他"和"它"，而能够轻松地理解故事。布兰登的说法不太清楚，他运用了限制性的话语法则。其实这种说话方式是有效的，它用几个字来表达一个核心意思。在与具有共同理解的小团体交谈时，使用这个法则会特别有效。

　　伯恩斯坦认为，问题并不在于一个话语法则比另一个好。两者都有其合适的用途（细节丰富或简洁明了）。问题在于，这些语言的差异反映和再现了社会阶层的不平等。首先，语言使用反映了阶层差异，因为劳工阶层的孩子被社会化使用限制性法则，而中产阶级的孩子被社会化使用精致型的法则。第二，语言的使用再现了不平等，因为学校和中产阶级的工作世界是按照精致型的语言法则运作的：你必须清楚地解释你的意思，这样才能彻底地解释思想，不会留下歧义。因此，那些已经被社会化地使用精致型话语法则的人更有可能被定义为聪明和勤奋，而使用被公认为限制性话语法则的人被看做懒惰或不那么聪明。学校按照精致型法则的形式运作这一事实，意味着劳工阶层的孩子在学校教育的主导法则中容易处于劣势，因此，那些可能被视为交流中的文化差异的东西，实际上应该视为一种伤害。

文化资本与组织惯习

一个历史悠久的返校仪式，便是老师会给新生布置一篇"我暑假时干了什么"的作文。米凯拉介绍了她去她祖父母阿肯色州农场一次为期两周的旅行。她在作文里热情地介绍了开着她爷爷的拖拉机参加乡间集市、和堂兄弟一起烤棉花糖的细节。她的同班同学安德鲁也写了访问祖父母的作文。安德鲁不是坐拖拉机，而是坐飞机去了意大利，在那里参观乌菲齐博物馆，吃了冰淇淋和布法罗干酪。费莱斯老师在家里一边品着一杯基安蒂红葡萄酒，一边给这些作文评分，她想起了自己在佛罗伦萨留学的经历，并期待在开放日期间能与安德鲁的父母会面。

费莱斯老师已经喜爱她的新学生安德鲁，这反映了皮埃尔·布尔迪厄的文化资本理论及其在教育中重塑社会阶级不平等的作用。正如第三章所讨论的那样，文化资本是一种与我们的文化风格、品味和经验相关的象征资源，它可以用作"社会交换"的一种形式。这意味着拥有"适宜"的文化资本的个人经常会得到社会的回报——如老师的关注，被贴上有趣或聪明的标签。文化资本与非正式程序的这一章相契合，是因为它构成了教育环境中无形但有影响的力量之一。安德鲁不是刻意为了给老师留下深刻印象而在文章中写这些信息；费莱斯老师也不是有意识地认为安德鲁必须要成为一个比米凯拉有前途的学生。相反，文化资本不知不觉地引导着我们的评价。由于学校领导和教育制度受中产阶级和上中层阶级的文化资本的支配，拥有这种资本的人几乎不可避免地会得到"回报"。

皮埃尔·布尔迪厄和他的合著者让-克劳德·帕塞罗（Pierre Bourdieu & Jean-Claude Passero, 1977 [1990]）认为，教育系统是围绕着一系列教学行为而构建的，它对那些缺乏社会价值的文化资本的人施加了符号暴力。教学行为和教学工作是指管理学校一天的教学和课程的过程，包括教师在正式课程中如何思考、讲话、感受文学或艺术作品、如何争论和证明，以及如何区分一个聪明的学生和一个迟钝的学生。在某种程度上，这些问题的答案是任意的：为什么在争论时，冷静地表达、引用"事实"和古典哲学，比表达情感、谈论个人经验和第一手知识更好呢？为什么学者认为歌剧值得学术界重视，而蓝草音乐和嘻哈音乐却被视为是小众的音乐形式呢？

　　布尔迪厄用"文化专制"这个术语来形容这样一个事实：那些被定义为文化资本的有价值形式的东西，之所以有价值，是因为统治阶级说了算。事实上，没有一条标准可以被教授用来批评学生选择了坎耶·维斯特（Kanye West）作为音乐自传作业的主题，并说坎耶·维斯特的作品是"微不足道的"，而去赞扬那些选择拉赫玛尼诺夫"紧凑、严谨"的作品为主题的学生。然而，问题在于缺乏那些被随意界定为文化资本的形式的学生，他们渐渐地会得到了一个信息，即他们不属于学校：他们知道自己的思维方式、行为方式和文化知识是没有价值的。布尔迪厄说，这种排斥的信息给学生制造了"符号暴力"。从某种意义上说，他们遭到打击并感到沮丧，因为他们的文化资本不适合。一直以来，学生因为"它"而受到称赞和鼓励——这个"它"指的是我们视为智力承诺的"自然"指标，但它在很大程度上却是被任意定义的。

　　自从布尔迪厄的影响深远的理论出版以来，学界一直在具体的环境中探索他的概念如何发挥作用。一些研究人员创造了一个新的术语——组织惯习或者说制度惯习，来描述"在一个共同的组织文化中，观点和喜好是如何基于阶级的倾向传递给个人的"，就如同学校一般（Horvat & Antonio, 1999, p.320）。从这个角度考虑，学校不仅仅是个人将独特的愿望、技能和偏好带入环境的集合；相反，学校还是透过"一股信仰、期望和行为四处渗透的潮流"涌动而形成的集体（Diamond, Randolph & Spillane, 2004, p.76）。组织或制度惯习嵌入学校的文化中，假定学生是谁、他们有什么能力，然后基于这些假设形塑其常规活动。

　　在小学阶段，组织惯习已经被用来解释教师通往创新和挑战性的教学路径。戴蒙德、伦道夫和斯皮莱恩（Diamond, Randolph & Spillane, 2004）

发现，在低收入非洲裔社区的小学，教师既不相信他们的学生想学习，也不相信他们有很强的学习能力。这种信念导致了教师抵制运用创新教学方法的组织惯习，"强调基本技能，排除更先进的知识应用"（p.86），结果，由于这套不容置疑的想法，后进生的学习经验有限，进而影响学校的常规活动和实践。

在高中阶段，这个概念已经被用来解释一些学校不考虑学生的个人表现，而只是按惯例把他们的毕业生几乎全部送进两年制学院，或几乎全部送进具有高度选择性的四年制大学（McDonough, 1997; Palardy, 2015）。考虑到学校的社会经济或种族构成，学校工作人员（校长、辅导员和教师）对学生的未来，包括他们接受高等教育的能力产生了一些想法。这些想法引导着具体实践，例如邀请哪所高校来参加校园开放日活动，是否、如何准备 ACT 和 SAT 考试，甚至对学生如何选择适合自己的高等教育项目给出建议。这些实践构成了一种毫无疑问和理所当然的文化和做法。结果是，在社会经济地位高的学校，学生往往被鼓励上四年制大学，即使当某个学生的记录表明她不会在这样的大学中取得成功；这种现象被称为高配（overmatching）。相反，社会经济地位低的学校，学生则可能被引入到两年制学院，即使某个学生的 GPA 和考试成绩表明他会在一所更具竞争性的学校里茁壮成长；这种现象称作低配（undermatching）。最终，一所学校的组织惯习是不平等再生产赖以产生的一种媒介。这些例子共同解释了形塑教育系统中非正式领域的那股微妙而有影响的力量。

规范性制度安排

研究高等教育的学者也研究了组织惯习对学生经历的影响。他们经常用规范性制度安排这个术语来描述大学校园生活的特点如何塑造学生生活，并在大学校园里传播一种共同的组织文化。规范性制度安排体现在学生群体数量与构成（比如，种族和社会阶层）、宿舍条例、饮酒规定、空间配置、兄弟会组织的管理、多样性和公平的监督和管控，等等。这些安排——许多学生只是模糊地意识到了其中一些——最终"形塑了社会互动，并确立了对社会环境的控制"（Ray & Rosow, 2010）。

校园里的兄弟会和姐妹会到底是强化传统的性别关系还是有机会可以发展出一种进步的性别关系？按照拉肖恩·雷（Rashawn Ray）和詹森·罗苏（Jason Rosow）的说法，这得视情况而定。他们在中西部一所规模较大的高校的案例研究中表明，规范性制度安排在互助会内部塑造了性别关系。他们发现，白人兄弟会和姐妹会（互助会内部理事会和泛希腊组织）内部的性别关系比非洲裔兄弟会和姐妹会（全国希腊组织或以神圣希腊字母命名的九个组织）内部的性别关系要区分得更加明确。雷和罗苏认为，由于非洲裔联谊会学生在校园里构成了少数群体，鉴于他们在同一个理事会共同担任行政职位，男女学生必须共同工作；另外，由于非洲裔互助会机构在校园里缺乏正式的"议事场所"，这些互助会没有空间举办大型集会，他们的集会通常选择在"中性场所"举行，这一事实说明，非洲裔互助会内的性别关系比白人主导的组织中男女之间的性别关系更为平等。

在哪些地方可以看出校园性侵犯的规范性制度安排呢？伊丽莎白·阿姆斯特朗、劳拉·汉密尔顿和布莱恩·斯威尼（Elizabeth Armstrong, Laura Hamilton & Brian Sweeney, 2006）认为，派对强奸——在大学生中发生的一种性侵犯——是在组织层面上动态运作（即组织的活动、规则、资源配置和意识形态）的"可预见的结果"（p. 485）。更具体地说，这反映了这样一种情形，在校园内一个居住区域内聚集了大量富有又爱社交的学生，同时伴随着（intersects with）校园社交活动缺乏空间且大学当局对宿舍内饮酒有严厉政策（Sweeney, 2011）。这些因素结合起来，导致集会不能在校园里举行，因此那些尚不了解校园动态的新生可能会在由互助会成员控制的场合酗酒，而校方很大程度上又无法管理。讽刺的是，大学保护学生、防止校园饮酒的努力带来了意想不到的后果，聚会在校园内绝迹，却使学生面临了更大的风险。

在社会阶层和身份认同方面，规范性制度安排可能会加剧低收入学生内部的隔阂感和疏离感（Jack, 2016; Reay, 2001）。尽管精英学院已经做出了很大努力，让弱势学生更加容易获得一些资源，可情况依然如此。例如，就在精英学院帮助低收入学生获得校园和当地社区的音乐会和戏剧活动门票的时候，他们也为满足要求的学生获取门票划出了一条分隔线。同样，在经济援助一揽子计划中可能包括学校教学用书的代金券，但是这些代金券可能不足或者在学期的后期（当财务资助资格终于得到确认时）才到手，这样低收入的学生可能被排除在课外阅读量大的课程之外或者可能落后于课程要求的阅读进度，直到他们的代金券到手。即使是给学生安排校园内住所这种看似微不足道的行为，也会加剧社会阶层的隔离和孤立（Armstrong & Hamilton, 2013; Stuber, 2015）。因为中上层学生有更多的关于"上大学"的社会和文化资本，他们可能会收到应该在学校什么地方住的个人建议，这可能导致他们集中在校园内的集体宿舍，而低收入学生则容易分散在校园四周。因此，家境富裕的学生始终不会觉察到他们当中的社会经济多样性，而对海外学习、实习和研究助理等机会的信息和获得保持着近乎垄断的地位。这些例子总体上说明了当地具体的结构性安排是如何产生了互动发生和身份形成的背景状况。简言之，性别关系、阶层身份和机会获得都是基于校园境况而形成的特征。

教育与建筑环境：物质条件和建筑

建筑设计反映了一座建筑物所计划服务的目的；反过来，设计又影响了建筑物内的活动和相互作用。学校设施规划领域一直存在的问题是建筑环境与使用者特别是学生的表现和行为之间的关系（Earthman & Lemasters, 1996）。有证据表明，建筑物的结构和教室布局影响着学生的学习、行为和身份构建。这是研究应该继续探索的一个领域，是学校和政府可以比较容易控制的一件事。

研究表明，学生学习在很大程度上是学生所在学校物理环境的产物（Hayward, 1994; Uline & Tschannen-Moran, 2008）。一般认为，影响工作和学习状况的建筑环境的具体特征，包括建筑年龄、保暖因素、视觉因素、颜色和内部绘画、听觉因素、窗户的存在、场地的大小和建筑物的维护（Earthman & Lemasters, 1996）。例如，研究表明，课堂学习的理想温度约为22.5℃（72.5 ℉），其变化取决于活动、衣着和心理压力等因素（de Dear et al., 2014）。自然光照的状况还可以提高受教育水平，增进身体健康（Higgins et al., 2005；Winterbottom & Wilkins, 2009）。从建筑质量的角度出发，一般来说，"优等"校舍里的学生测试成绩比差等校舍内同类学生高出5—17个百分点。研究人员推测，学习效果更好的原因之一是学生在高品质学校中的出勤率更高（Duran-Narucki, 2008），而且功能性的物理环境增强了学生和教职工的集体感，让他们在环境中更有安全感（Uline & Tschannen-Moran, 2008）。

现在转移到教室内部。大多数教室都是按照以教师的活动为中心的思路设计建造的，学生则要面向教师，这样便于教师掌控学生的一举一动。在教室里，学生座位的位置既影响学生的行为，也影响教师对学生的态度。坐在教室前部或中心（有时被称为T区或"行动区"）的学生似乎更能集中精力，更积极参与，也更有成就感（Higgins et al., 2005）；此外，老师和同学们也会更看重这些学生，对他们寄以更高的期待。而且，与按照群/组来分相比，学生被分成一排排可以更有利于集中个人任务；一项研究表明，"集中任务的时间"从分成一排排的75%到后来分组时变成了56%，重新分成一排排时，又回到79%。相比之下，当学生围着老师形成一个半圆时，课堂讨论似乎最有成效（Marx, Fuhrer & Hartig, 1999）。这允许更多的目光接触，从而激发更大的信任，并最大限度地减少学生被忽视和缺乏责任的感觉。对于一些任务，沙发和有效的房间装饰（比如彩色的、吸引人的海报）能够创造一个最佳的学习环境。座位安排也影响课堂气氛和学习，所以教师应该根据具体的学习任务选择适合的座位安排。

课堂和学校的结构也会影响友谊模式。学生的友谊和互动取决于课堂以开放的还是传统的方式来组织。1970年代流行的开放课堂致力于将不同年龄和能力的学生融入到一个开放式的学习环境中，使他们的学习变得更加灵活并具有选择性（Houston, 1990）。这样的课堂设计可以增加互动和共享活动，让每一位学生都得到应有的关注，增加学生展示不同任务技能的机会（Hallinan, 1976）。开放课堂也鼓励更多和更长久的友谊，虽然学生

"最好的朋友"少了（Hallinan, 1979），但整体上，朋友更多了。尽管这对学生的社交能力有积极的影响，但由于在这样一个多元化的环境中，管理学生学习需要付出艰辛的努力，开放式课堂已经不受青睐。

学校的组织结构也会影响学生之间的互动。例如，分轨制或能力分组（在第三章讨论过）减少了学生可能接触到的人的数量和种族；因此，学生不可能跨越种族和社会阶层形成友谊。跨种族和跨阶级交往的教育价值越来越被确定为学校的重要目标。事实上，这成了最高法院在密歇根大学支持平权行动的裁决中最重要的论据之一（Moreno et al., 2006）。学校本身的布局可以促进或抑制不同特征的同龄人之间的交流。在一些学校里，学生按能力分组，他们通常也被按种族和社会阶层分开了。朱文君（Queenie Zhu, 2014）研究了在加利福尼亚的两个高中，其中，在兰奇高中，她发现学生是通过能力和学术兴趣分组，低年级的学生被赶到学校里不怎么明显、不怎么理想的区域，整个低年级群体都与那些被认为"较优秀"的高年级学生之间存在着较紧张的关系。相比之下，在博尼塔高中，同伴关系是平等的。那里，校园的圆形设计，围绕主题教室组织而不是按照不同学轨来配置学生互动的平台。因为不同的社会群体共享相同的空间，在这些空间中互动，所以学生群体就较少受到学生分层的影响；尽管存在不同的群体，学生们并不认为某些群体比其他群体更好。虽然研究人员早就知道学生们会倾向于通过同龄人群体的选择进行自我分隔，但是这种研究表明，学校的非正式环境，即建筑，影响着学生的互动和友谊。

学校规模：越小越好吗？

从教育的角度看，学校规模是不是越小越好？对一大群学生提供多种课程轨道的综合性高中的旧模式受到了批判，因为它们被认为一口吃成胖子，却一件事也做不好（Ross, Milliken & Darling-Hammond, 2007）。大学预科、职业教育和普通教育课程很少有共同之处。批评人士认为，学校可以更个性化、更具学术性。因此，自1990年代以来，盖茨（Gates）和卡内基（Carnegie）等几个主要基金会已经投入了数亿美元帮助建立新的小型学校，在更大的学校里创建"校中校"。以纽约市为例，这类学校已经超过150所，大部分招生不超过500人或600人。它们有些只是新装修的独立空间；也有一些则是独立的学校坐落在原学校之中，在那里它们共享图书馆、科学实验室和食堂。

多年的研究证明了小型学校的好处，包括学生对学校活动的兴趣更高，成绩更好，更加平等（Griffith, 1995; Lee, 1995）。在规模较小的学校里，学生可以扮演更积极的角色，担任更多的领导角色，并与教师和管理人员进行更多的非正式互动。相比之下，大型学校的气氛导致学生处于更为被动和追随者的地位。观察学生的参与情况可以发现，尽管一些学生活动，如不同的兴趣俱乐部，可以根据学生人数的增加调整规模，然而其它活动特别是运动队，则很难调整人数。可见，虽然小型学校提供的课外活动数量有限，然而，也应当看到，大型学校的学生面临更激烈的竞争。

随着越来越多的学校转向校中校模式，研究人员发现很难再造那些天然小型学校所呈现出来的优点（Lee & Ready, 2007）。例如，芝加哥在创办小型高中方面非常活跃。最近的一项研究发现，虽然这些小型学校有更友好的支持性环境，辍学率更低，学习成绩更好，但他们的成就感并不高（Kahne et al., 2008）。全国层面进行的研究也印证了这些发现（Levine, 2010）。然而，对纽约150所小型学校的全面研究表明，学生的学习能力有所提高（Abdulkadiroğlu, Weiwei & Pathak, 2013）。最后，尽管对小型学校某些方面的研究，仍然没有定论，但小型学校确实让教师和学生有了更多接触，可以产生更强的亲近感和安全感（Carolan, 2012；Weiss, Carolan & Baker-Smith, 2010）。

尽管有这些成功的证据，小型学校仍然面对着挑战和批评。综合性高中的一个主要问题是他们的课程轨道是分层的，大学先修课程的地位最高。通常，以主题为基础的校中校在小型学校之间重新建立了这种分层，例如，一所以科学和数学为重点的小型学校，成绩优秀的学生会首先得到挑选，其他人则被分到剩余的学校中去。出于这些原因，安塞斯和艾伦认为，小型学校"可能会导致只是把旧式学校作了一次重新包装和分隔"(Ancess & Allen, 2006, p.401)。事实上,尽管这些学校的师生的满意度较高,但它们仍然受到严格的应试约束,并且仍然存在很多(本书讨论过的)缺陷,这些缺陷挑战了所有学校、教师和学生实现真正的教育公平的能力。

学校是复杂的社会机构,是促进学习和社会化的地方,使下一代能够在经济和社会中占有一席之地。学校里发生的事情也是学校组织看似无形或无意的特征的结果。然而,这一章表明,学校教育的非正式方面同样重要。虽然较少直接作用于学习,也非有意设计,但学校里发生的大部分事情,对学生的学习、友谊和身份认同都有很大的影响。

思考与应用

你认为学校的规模、物质条件和建筑结构,会对你在学校里的学习态度和社会交往产生怎么样的影响?

教育"风气"与学校效能

我们都熟悉学校里的方方面面:走廊、关上门的教室、大钟,以及指引我们找到办公室的标志牌。但是每个学校都有独一无二的、无形的环境或氛围。这些形成了学校风气。

风气一词,让人想到温度等天气条件;在学校里,"温度"可以是一个温暖和滋养的氛围,也可以是冷酷而正式的规则,或者是彻头彻尾的恐怖和危险。对学校风气影响学习感兴趣的研究人员,通常会探索学校内部的相互作用,以及影响学校社会环境和氛围的环境因素(Brookover, Erickson & Mcevoy, 1996, p.26)。学校风气改变是指"以实证为基础的学校改进策略,支持学生、家长/监护人和学校工作人员的学习和工作,共同创造更安全的、更具支持性和参与度的 K-12 的学校"(Thapa et al., 2013, p.357)。不那么正式地讲,风气和文化构成了弥漫于各种教育机构的非官方的事件和气氛。探究最有利于学生学习的条件或环境,已成为美国和其它国家研究人员的关注点。在这一小节，我们考虑学校、课堂的文化和风气，聚焦于影响学校效能的相关因素。

学校与课堂文化

每所学校、每个课堂都有自己的文化，像一个微型社会。学校和课堂的风气由组成该系统的人的价值观、态度、信念、规范和习俗组成。这种文化的一个关键功能是培育一种团队忠诚感。大多数学校的动员大会、运动会上的欢呼、集会、唱歌、祈祷、消防演习、颁奖仪式、户外演习和毕业典礼都是相似的，但这些仪式在每个学校也有其独一无二的地方。很多仪式都会围绕着田径运动会来进行，运动员往往是学生中的佼佼者，甚至可能在学校中享有特权和地位。因此，每所学校的文化包括仪式和典礼（Waller, [1932] 1965）。回想起近年来，学校不再将学生的成就正式地镌刻在位置醒目的牌匾上：这将如何影响学校的风气？高校也有自己的仪式和庆典，如集会、校友日和毕业典礼。

在许多地方，学生是被派位到其居住地的公立学校。学校文化反映了学校所处社区和学生的特点。住宅社区之间的种族和社会经济隔离，意味着学校在服务的学生类型和所创造的环境方面经常存在差异（Kahlenberg, 2001; Saporito & Sohoni, 2006）。学校也可能根据其课程中所反映的主题或重点而有所不同，有的学校提供美术课程，有的学校则提供一系列职业课程。随着学生及其家庭的选择权的扩大，他们也在影响学校文化，同时，也会被学校文化所影响。

学校和课堂学习氛围

我们可以将学校中发现的所有问题都记录下来，但我们将如何定义高效学校？学风是指"一所学校里影响学生整体学业成绩水平的标准态度和行为模式"，包括教师期待、学业规范、学生的希望或徒劳感、角色定义、分组模式和教学实践（Brookover et al., 1996, p.28）。高效学校的概念包括本章讨论的正式结构变量和非正式风气变量，并充分考虑两者之间的相互关系。渗透所有这些方面的观点是，一个积极的校风应该强调和奖励学业成就，维护秩序和公平的纪律。作为相应的补充，还应该有积极的家庭学校关系：为学生提供支持的家庭环境，家长参与适当的学校活动，如演出和家长会，而且，家长应该辅导学生做作业（Epstein, 1995）。

学校课堂经常被形容为一个封闭的社会系统。许多研究者都集中在"一个老师—许多学生"的模型上，而不是像开放系统模型所倡导的那样在更广泛的背景下观察课堂。然而，课堂并不存在于真空中。更具包容性的开放系统模式包括课堂所在的环境、学生所在的街区以及其他相关变量。另一个模型将学校课堂比拟为一个人群（Jackson, 1968, p.10）：一群人（学生）摩肩接踵，一位中心人物（老师）一般靠纪律来努力维持其控制权。无论是什么样的模式，除非认识到学生更广泛的背景的重要性，否则动态的课堂行为都很难理解。亚历克斯今天早上吃早饭了吗？约兰达和她最好的朋友吵架了吗？史蒂芬的父母离婚了吗？教师有个人或职业方面的问题吗？

学风是由施加于学生的各种既定规程所组成，以维持控制和纪律。一些学校允许学生成为被动的学习者，导致他们不参与思考或动手的活动。然而，由于自身的期望和组织，教师会假定这部分学生应该采取一定的行为和态度，比如，延迟其满足（注意力集中而不是旷课），同时，支持超越个人兴趣与需求的群体的团结与目标。这些态度在学校中并不容易传授，但却是有序的教学情境必要的组成部分。理想的情况下，孩子们在上学之前应该知道课堂学习所需的行为和态度。学校的经验对于"毫无准备"的孩子来说，可能没有意义，而且会有疏离感。一些家庭可能会存在问题，如不守纪律、深受媒体的影响和同龄人压力，这些都对传统课堂的调整并无裨益。教师们再也不能假定学生做好了全面的准备。

我们可以做些什么来帮助学生在教育系统中取得成功呢？当前的建议既包括解决社会经济问题以增加家庭的稳定性，也包括支持特许学校。今天，美国有很多孩子在日托中心、学前班和幼儿园都有类似学校的经历。2014年，美国参加学前课程的儿童所占的比例分别为三岁儿童中的43%，四岁儿童中的66%，五岁儿童中的85%（National Center for Education

Statistics, 2016）。将学生安置在这些"非家庭环境"，目的在于帮助他们顺利进入幼儿园或一年级。

从少年早期的社会性发展和个性发展的需要出发，合作学习活动在创造积极的学习氛围方面既重要又有效。这些活动通常基于小组学习设计，尤其适用于异质课堂，这些课堂上主要是有各种先前经验和学习的不同儿童，有时基本上都是一些有缺陷的儿童。

通过一段时间对两所高中的许多课堂的观察，丹尼尔·麦克法兰仔细研究了教师对课堂的控制受到挑战时的各种情形。他得出结论，当教学的形式让学生有机会在课堂上讲话，同时学生在教室里又有强大的朋友社交网络时，阻力可能就会出现。他发现，社交机会加上学生网络的政治机会，使学生不断地破坏和改变课堂事务。"结果表明，学生抵制行为的出现，更多是因为社会网络和教学的课堂组织特征导致的，而不是学生'异化'的结果，因此可以通过课堂管理来纠正"与重组（Mcfarland, 2001, p.612, 2003）。

本质上说，学校和课堂学风是影响学生身心健康和行为的主要因素。旷课，辍学比率，学习动力，侵犯、暴力和骚扰，以及学习成绩不佳都是消极学风导致的结果。

校风的维度

影响学生的学习动机、抱负、成就、安全感和舒适感的因素都有哪些？为什么有些学校能比其他学校更有效地营造出积极的校风？要解开这些相互联系的问题很困难，因为可能得到的解释是密切相关的，没有一个可以解决所有问题。研究人员已经探索了校风的几个方面（Thapa et al., 2013, pp.2-3）：安全、关系、教与学、机构环境与学校关联度、价值氛围（道德）。这里，我们来详细说明每个维度。

（1）安全

社会、情感、智力和人身安全是人类的基本需求（Maslow, 1943）。但许多在校学生，在这些基本需求的类别中，都感到不安全。想想同龄人的身体和言语暴力、网络欺凌和同性恋恐惧的例子吧。研究人员认为，积极的校风与较低（频率）的霸凌行为，以及其它与学生安全相关的行为之间存在联系（CDC, 2010）。大多数学校，学生不会遭受身体暴力（Mayer & Furlong, 2010），但对于担心在日常生活中遭遇暴力的人，学校是一个可怕的、不舒服的地方。学校纪律的维护与执行、关心儿童的成年人的在场与保持警惕，可以增加学校的安全（Klein, Cornell & konold, 2012）。目前增进学校安全方面的做法包括：对于受霸凌的学生，力保他们在学校中感受到更安全；对于霸凌者，则强调建立学校规则和纪律，对欺凌行为实施处罚；由关心儿童的教师和员工来规划干预措施（Osher et al., 2010；Swearer et al., 2010）。

（2）关系

师生关系是教育过程取得成功的关键因素。学生—教师角色的伙伴关系与目标、规范、互动之间的联系是构成学校氛围的基本要素。当学生认为自己得到了公平对待，并与老师保持着良好关系时，他们的行为问题就会减少（Gregory & Cornell, 2009; Wang et al., 2010）。教师也受到他们工作环境的影响；积极的同伴关系、支持和尊重，能够降低职业倦怠发生的几率（Guo, 2012）。

如果学生与教师之间的关系是消极的，学生的学业和行为问题就更有可能发生，这个问题从幼儿园开始，会延续到高中，通常是因为标签效应的存续。一种积极关系的风气，包括基于对阶层、种族和性别差异的尊重，可以促成更好的学业成绩和更少的纪律问题（Schneider & Duran, 2010; Shirley & Cornell, 2012）。

一个对教师和学生都两难的处境是，学校环境中的许多规范和强大的文化在拉大师生之间的距离。一个试图对学生过于友善的新老师可能会受到其他教师的惩罚，包括嘲笑或排斥。在大多数学校里，教师都把保持距离作为权威的标志，同时可能也不鼓励亲密的关系，这可能会导致学生和教师之间的举止不当。

然而，支持性的师生关系确实发挥了重要影响，使学生在学校和课堂感到安全放心，并保持学生的积极性。在许多低收入的中小学校，教师发展并保持与学生亲密、温暖的联系和积极的态度，以帮助学生的社会情感发展，增强自尊。指导这种行为的理论背后的观念是，这种关系可以激励学生积极参与学校活动，从而有更好的学业表现。对"个性化"的强调似乎为学生创造了一个更积极的环境，结果便是出勤率更高和对学校更有感情，并取得了较高的学业成绩（Cataldi et al., 2009; Fan, Williams & Corkin, 2011）。

（3）教学和学习

每个班级的成员都对课堂小世界有着独特的见解。每个人的行动计划都取决于他或她如何看待这个世界，并对此作出回应。请参阅霍华德·贝克尔（Howard Becker）对芝加哥教师的经典研究（Becker, 1952）。教师对学生的看法与文化差异、学生所属阶层有关，这反过来又影响到教师对个别学生的反应、教师与学生可能产生的麻烦程度。

学校在学习生涯的早期就经常给学生贴上标签，并按照这些标签把学生放进一些苛刻而僵化的学业轨道之中。比如，一位老师把学生分成老虎、红衣主教、小丑几组；这些给予的标签被学生内化，就成为一种自我实现的预言。"老虎"组获得了最积极的互动，而低一级的组里，学生则受到更少的关注。研究人员发现，这些分组与学生的社会阶层有关联，例如，"老虎"组学生比其他组的社会地位高（Gouldner, 1978）。这些因学生社会阶层而不同的教师期望，影响着选拔和分配过程，导致社会阶层低的学生处于劣势。在一项关于学生个体如何理解教师责难的研究中，亚当斯等人发现了标签影响学生行为的另一种结果，即那些受到教师指责的学生被卷入了更多的犯罪行为之中（Adams & Evans, 1996; Rist, 2007）。

教师代表着成人社会文化和主流群体；学生的文化以学生的同龄人、学校和当地社区为中心，边界较为有限。因此，不同的世界观将两个群体分隔开来。学生视教师为"不同"，将他们罩上了一层神秘的面纱。可以回顾一下你对老师的各种印象、盛传的谣言以及送给他们的绰号。学生会创造自己的文化，涉及语言、着装、幽默、音乐、游戏和诡计，并传递给刚入校的新生（Corsaro, 2005）。有些学校也在试图缩小师生之间的社会距离。

教师作为课堂里面主要决策者的角色是复杂的。这个话题的大部分研究都来自互动理论家，侧重于研究课堂互动的动态变化以及个体如何理解这种情况。他们的决策行为被视为本能的、基于经验的。但教师确实存在有意识或无意识的决策策略，可能是"因情况而定"，以适应可能出现的具体情况。教师尤其是新教师的策略，往往是建立在对世界的教科书式认识的理念之上。然而，学生会偏离理想状况，教师就得跟着偏离理想模式，而采取针对此种情形的现实策略。

应用一种角色冲突模型，关注教师角色不协调的情形，我们可以看到其决策如何受到学生、家长、其他教师和行政部门，以及教师自己对形势的界定的影响。教师可以利用规则，利用自己的专业知识和讨价还价来获取权力。进一步运用符号互动论的视角，我们可以看到，教学在很多方面都是一种表演艺术，很像一部独立的喜剧：虽然有一个剧本（表演者长时间创作的剧本或一系列笑话），但是在观众面前表现这些内容却可能是一个艰巨的体验。

权力动态变化在任何层级系统中都存在。学生和教师都生成应对策略来应对这些变化，无论是管理和维护自己的权力，还是应对无权力状态。学校和教师的权力可以积极地利用，也可以看作是让学生遵守纪律的潜在力量。教师试图在公开使用权力和获得学生合作之间保持微妙的平衡。因此，教师在课堂上必须随时调整策略，范围包括从权力运用的微妙线索，到对班级进行实质的或社会的组织变革。教师每天面临的主要挑战（在代课教师中尤其明显），是努力防止因为学生（例如，无聊和/或努力让教师偏离正轨）而导致课堂教学解体和内部崩溃。

功能主义理论家认为，学生通过与成人的强化规则合作来学习社会角色；冲突理论家则认为，由于每个课堂中都存在权力动态，冲突总是潜在地存在。学生总是被要求集中注意力在"官方环境"之中，即由教师主导的课堂环境之中，而不是朋友、漫画书、手机或其他让人分心的事物。许多学生需要娱乐，他们期望即时的满足，注意力跨度较短，较难取悦，对教师有较高的期望，不愿意付出努力去学习，更多地受到外部而不是内部回报的激励。学生可能会尝试掩饰他们的不当活动，学校通过禁止手机来阻止这些行为，因为学生利用手机偷偷地发送关于作业或测试问题的短信。因此，针对学生的上述行为，教师加强了对一些有价值的事物——休息、空闲时间、手机和游戏——进行管控。

> **思考与应用**
>
> 在你现在的课堂上，教授们通常都会采取哪些应对的策略？

（4）学校关联度和机构环境

学校关联度是指学生对大人和同学关心他们的学习和个人的一种信任。研究表明，积极的学校关联度与积极的学业成果、与预防暴力和减少危险行为密切相关（Centers for Disease Control and Prevention, 2009）。前面讨论的变量——小型学校和基于学校实际布局的安全性——影响着学生与学校的关联度。一些关于"小型学校"的研究表明，当大学在同一栋大楼中分成较小的单元时，学校会吸引不同的学生群体，因为他们的学业成就水平接近，对学校的态度也近似，因而希望和他们的朋友一起继续上学（Lee & Ready, 2007）。

（5）价值观氛围

学校的教学不仅仅是阅读、写作和算术。正式和非正式的组织和课程都包括价值观和道德方面的教诲。菲利普·杰克逊及其同事（Philip Jackson et al., 1993）研究了传授道德价值观的学校教育实践。虽然道德课程会在其他学科的课程内容中非正式地呈现出来，但这些课程的目的鲜少是为了传播这些道德内容。而与之有别的是，学校道德教育有其他许多形式，比如，学校的仪式和庆典——吸毒者发言、学校集会、毕业典礼、效忠誓言或者类似马丁·路德·金日等节日庆典。标志、图片、招贴画的视觉展示也会包含一些道德信息，如"为自己所做的而骄傲"和"地球上的和平"，它们都在推行一种"宣传类道德教育"。有时候教师会在课上穿插进一些有关道德问题的话语，对一名盗贼、一件残忍的或缺乏体育精神的行为进行评论。如今，为了减少霸凌现象，学校课堂上会渗透讲授关于尊重和宽容的道德内容，这些努力便是一个例证（Aarons, 2010）。学校和教室里也会张贴各种能做和不能做的列表——规则、条例和习俗。其中一些涉及学生行为、着装和语言使用。此外，语言和非语言的线索让学生了解什么时候他们的行为是不可接受的。正是通过这些信息，学生学习了学校的非正式课程。

本章的主要内容是，在所有层级的学校教育中，学业成绩都与校风直接相关。对他人和共同的学业期望的尊重状况，与学生的成绩直接相关，同时，积极的校风一旦形成，参与率也会随之提高（Thapa et al., 2013, p.9；MacNeil, Prater & Busch, 2009）。校风的改善也会提高学生的学业测试成绩（Durlak et al., 2011）。

思考与应用

根据你对有效学校的了解，你觉得需要改变哪些方面才能让社区学校变得更加有效？

对学校非正式系统的认识，包括教育风气、权力动态和其他主题的隐性课程，其重要性在于可以理解教育系统表象之下的诸多方面。本章提供了教育社会学这一方面话题中的几个范例。在更广泛的社会和社区环境下的学校动态同样至关重要，这是下一章要讨论的话题。

小　结

人们要了解在学校和课堂内发生的过程，就必须有意识地关注非正式系统。我们在本章讨论了非正式系统的几个关键方面，探讨了它们与成就、身份认同、群际关系、情感氛围以及学校内部的权力动态之间的关系。

1. 开放系统方法与非正式系统

在每所学校里，学习、身份和互动都是由微妙的力量塑造的。这些力量在很大程度上是无意识的，隐藏在课程中，对语言和文化、政策和程序甚至课堂布局和校园建筑都有深刻的影响。通过类似墙上的牌匾那样普通的东西，学校可以传达这样的信息：学生和学习非常重要，或者现在的学生不再值得称赞。

2. 教育"风气"和学校效能

学校和课堂的风气或氛围来自学校中的各种组织特质，包括领导风格、学校建筑、课堂类型、能力和年龄分组等。价值观氛围影响学生的学习动机、愿望和成就。家庭环境、自我认知和学校价值观等因素影响着学校的效能。学校文化在每个学校都是独特的。课堂上的互动模式也是风气的一部分。同时，本章还讨论了性别等影响互动的一些因素。

思考题

1. 采访一些学生，让他们描述关于学校经历的一些深刻记忆。在这些经历中，非正式系统的哪些方面起到了重要作用？
2. 描述你在高中和大学时期的同龄人亚文化。你有没有受到社会孤立的同学，能回想起他们的特点吗？通过观察或采访，比较一下你当时的高中和现在的高中。
3. 在你上高中的时候，学生都扮演了哪些角色？跟今天的学生谈谈，他们都在扮演哪些角色？
4. 看看你的课堂：教师用什么策略来维持对课堂的控制？学生如何作出回应？他们用什么策略来在课堂上表现出自己的力量和控制力？
5. 画出你高中学校的地图。思考一下，学校的建筑和实体布局如何可以有助于学生的学习？如何可以有助于形成学校的社会环境以及同龄人群体之间的界限？

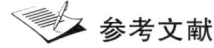 参考文献

Aarons, Dakarai I. (ed.). 2010. "Efforts to End Bullying, a Challenge to Leaders, Gain New Momentum." *Education Week* 29(31): 1-15.

Abdulkadiroğlu, Atila, Weiwei Hu, and Parag A. Pathak. 2013. *Small High Schools and Student Achievement: Lottery-Based Evidence from New York City* (NEBR Working Paper 19576). Cambridge, MA: National Bureau of Economic Research.

Adams, Mike S., and T. David Evans. 1996. "Teacher Disapproval, Delinquent Peers, and Self-Reported Delinquency: A Longitudinal Test of Labeling Theory." *Urban Review* 28(3): 199-211.

Ancess, Jacqueline, and David Allen. 2006. "Implementing Small Theme High Schools in New York City: Great Intentions and Great Tensions." *Harvard Educational Review* 76(3): 401-16.

Armstrong, Elizabeth A., and Laura T. Hamilton. 2013. *Paying for the Party*. Cambridge, MA: Harvard University Press.

Armstrong, Elizabeth A., Laura Hamilton, and Brian Sweeney. 2006. "Sexual Assault on Campus: A Multilevel, Integrative Approach to Party Rape." *Social Problems* 53(4): 483-99.

Becker, Howard S. 1952. "The Career of the Chicago Public Schoolteacher." *American Journal of Sociology* 57: 470-7.

Bernstein, Basil. 1990. *Class, Codes and Control: The Structuring of Pedagogic Discourse*, Vol. 4. London: Routledge.

Booher-Jennings, Jennifer. 2008. "Learning to Label: Socialisation, Gender, and the Hidden Curriculum of High-Stakes Testing." *British Journal of Sociology of Education* 29(2): 149-60.

Bourdieu, Pierre, and Jean-Claude Passeron. 1977 [1990]. *Reproduction in Education, Society and Culture*. London: SAGE.

Bowles, Samuel, and Herbert Gintis. 1976. *Schooling in Capitalist America: Education and the Contradictions of Economic Life*. New York City: Basic Books.

Brookover, Wilbur B., Fritz J. Erickson, and Alan W. McEvoy. 1996. *Creating Effective Schools: An In-Service Program for Enhancing School Learning Climate and Achievement*. Holmes Beach, FL: Learning Publications.

Carolan, Brian V. 2012. "An Examination of the Relationship among High School Size, Social Capital, and Adolescents' Mathematics Achievement." *Journal of Research on Adolescence* 22(3): 583-95.

Cataldi, E. F., J. Laird, Ramani A. Kewal, and C. Chapman. 2009. *High School Dropout and Completion Rates in the United States: 2007*. Washington, DC: US Department of Education.

Centers for Disease Control and Prevention. 2009. "School Connectedness: Strategies for Increasing Protective Factors among Youth." Retrieved September 25, 2016 (www.cdc.gov/healthyyouth/protective/pdf/connectedness.pdf).

Centers for Disease Control and Prevention. 2010. "Youth Risk Behavior Surveillance United States, 2009. Surveillance Summaries." *Morbidity and Mortality Weekly Report* 59: SS-5.

Corsaro, William A. 2005. *The Sociology of Childhood*, 2nd ed. Thousand Oaks, CA: Pine Forge Press.

de Dear, Richard, Jungsoo Kim, Christhina Candido, and Max Deuble. 2014. "Summertime Thermal Comfort in Australian School Classrooms." Proceedings of the 8th Windsor Conference: Counting the Cost of Comfort in a Changing World, Cumberland Lodge, Windsor, UK, 10-13 April 2014. London: Network for Comfort and Energy Use in Buildings. (http://nceub.org.uk).

Diamond, John B., Antonia Randolph, and James P. Spillane. 2004. "Teachers' Expectations and Sense of Responsibility for Student Learning: The Importance of Race, Class, and Organizational Habitus." *Anthropology & Education Quarterly* 35(1): 75-98.

Durán-Narucki, Valkiria. 2008. "School Building Condition, School Attendance, and Academic Achievement in New York City Public Schools: A Mediation Model." *Journal of Environmental Psychology* 28(3): 278-86.

Durlak, J. A., R. Weissberg, A. Dymnicki, R. Taylor, and K. Schellinger. 2011. "The Impact of Enhancing Students' Social and Emotional Learning: A Meta-Analysis of School-Based Universal Interventions." *Child Development* 82(1): 405-32.

Earthman, Glen I., and Linda Lemasters. 1996. "Review of Research on the Relationship Between School Buildings, Student Achievement, and Student Behavior," paper presented at the annual meeting of the Council of Educational Facilities Planners, International, Tarpon Springs, FL, October 8.

Epstein, Joyce L. 1995. "School/Family/Community Partnerships." *Phi Delta Kappan* 76 (May): 701-12.

Fan, W., C. M. Williams, and D. M. Corkin. 2011. "A Multilevel Analysis of Student Perceptions of School Climate: The Effect of Social and Academic Risk Factors." *Psychology in the Schools* 48(6): 632-47.

Gouldner, Helen R. 1978. *Teacher's Pets, Troublemakers and Nobodies: Black Children in*

Elementary School. Westport, CT: Greenwood Press.

Gracey, Harry L. 1967. " Learning the Student Role: Kindergarten as Academic Boot Camp," in Dennis Wrong and Harry L. Gracey (eds), *Readings in Introductory Sociology*. New York City: Macmillan.

Gregory, Anne, and Dewey Cornell. 2009. "'Tolerating' Adolescent Needs: Moving Beyond Zero Tolerance Policies in High School." *Theory into Practice* 48(2): 106-13.

Griffith, James. 1995. "An Empirical Examination of a Model of Social Climate in Elementary Schools." *Basic and Appliect Psychology* 17(1-2) (August): 97-117.

Grubaugh, Steve, and Richard Houston. 1990. "Establishing a Classroom Environment that Promotes Interaction and Improved Student Behavior." *Clearing House* 63 (April): 375-8.

Guo, P. 2012. "School Culture: A Validation Study and Exploration of its Relationship with Teachers' Work Environment." Unpublished doctoral dissertation. Fordham University, New York.

Hallinan, Maureen T. 1976. "Friendship Patterns in Open and Traditional Classrooms." *Sociology of Education* 49: 254-65.

Hallinan, Maureen T. 1979. "Structural Effects on Children's Friendship and Cliques." *Social Psychological Quarterly* 42: 43-54.

Hayward, Pamela A. 1994. "When Novelty Isn't Enough: A Case Study of Students' Reactions to Technology in the Classroom." *College Student Journal* 28(3) (September): 320-5.

Higgins, Steve, Elaine Hall, Kate Wall, Pam Woolner, and Caroline McCaughey. 2005. *The Impact of School Environments: A Literature Review*. London: Design Council.

Horvat, Erin McNamara, and Anthony Lising Antonio. 1999. "'Hey, Those Shoes are Out of Uniform': African American Girls in an Elite High School and the Importance of Habitus." *Anthropology & Education Quarterly* 30(3): 31 7-42.

Jack, Anthony Abraham. 2016. "Same Folks, Different Strokes: Class, Culture, and the 'New' Diversity at Elite Colleges and Universities." Dissertation. Cambridge, MA: Harvard University.

Jackson, Philip. 1968. *Life in Classrooms*. New York City: Holt, Rinehart and Winston.

Jackson, P. W., R. E. Boostrom, and D. T. Hansen. 1993. *The Moral Life of Schools*. San Francisco, CA: Jossey-Bass.

Kahlenberg, Richard D. 2001. *All Together Now: Creating Middle-Class Schools through Public School Choice*. Washington, DC: Brookings Institution Press.

Kahne, Joseph E., Susan E. Sporte, Marisa De La Torre, and John Q. Easton. 2008. "Small High Schools on a Larger Scale: The Impact of School Conversions in Chicago."

Educational Evaluation and Policy Analysis 30(3) (September): 281-315.

Klein, Jennifer, Dewey Cornell, and Timothy Konold. 2012. "Relationships between Bullying, School Climate, and Student Risk Behaviors." *School Psychology Quarterly* 27(3): 154.

Lee, Valerie E. 1995. "Effects of High School Restructuring and Size on Early Gains in Achievement and Engagement." *Sociology of Education* 68(4) (October): 241-70.

Lee, Valerie E., and Douglas D. Ready. 2007. *Schools Within Schools: Possibilities and Pitfalls of High School Reform.* New York City: Teachers College Press.

Levine, Thomas H. 2010. "What Research Tells Us about the Impact and Challenges of Smaller Learning Communities." *Peabody Journal of Education* 85(3): 276-89.

Lubeck, Sally. 1984. "Kinship and Classrooms: An Ethnographic Perspective on Education as Cultural Transmission." *Sociology of Education* 57(4) (October): 219-32.

McDonough, Patricia M. 1997. *Choosing Colleges: How Social Class and Schools Structure Opportunity.* Albany, NY: State University of New York Press.

McFarland, Daniel. A. 2001. "Student Resistance: How the Formal and Informal Organization of Classrooms Facilitates Everyday Forms of Student Defiance." *American Journal of Sociology* 107(3): 612-78.

McFarland, Daniel A. 2003. "When Tensions Mount: Conceptualizing Classroom Situations and the Condition of Student-Teacher Conflict," in M. T. Hallinan, A. Gamoran, W. Kubitschek, and T. Loveless (eds), *Stability and Change in American Education: Process and Outcomes.* Clinton Corners, NJ: Eliot Werner Publications, pp.127-52.

MacNeil, Angus J., Doris L. Prater, and Steve Busch. 2009. "The Effects of School Culture and Climate on Student Achievement." *International Journal of Leadership in Education* 12(1): 73-84.

Marx, Alexandra, Urs Fuhrer, and Terry Hartig. 1999. "Effects of Classroom Seating Arrangements on Children's Question-Asking." *Learning Environments Research* 2(3): 249-63.

Maslow, Abraham Harold. 1943. "A Theory of Human Motivation." *Psychological Review* 50(4): 370-96.

Mayer, Matthew J., and Michael J. Furlong. 2010. "How Safe Are Our Schools?" *Educational Researcher* 39(1): 16-26.

Moreno, J. F., D. G. Smith, S. Parker, A. R. Clayton-Pederson, and D. Hiroyuki. 2006. *Multiple Lenses: An Examination of the Economic and Racial/Ethnic Diversity of College Students.* San Francisco, CA: The James Irvine Foundation.

National Center for Education Statistics. 2016. *Digest of Education Statistics: Most Current*

Digest Tables. Retrieved September 2, 2016 (http://nces.ed.gov/programs/digest/current_tables.asp).

Osher, David, George G. Bear, Jeffrey R. Sprague, and Walter Doyle. 2010. "How Can We Improve School Discipline?" *Educational Researcher* 39(1): 48-58.

Palardy, Gregory J. 2015. " High School Socioeconomic Composition and College Choice: Multilevel Mediation via Organizational Habitus, School Practices, Peer and Staff Attitudes." *School Effectiveness and School Improvement* 26(3): 329-53.

Ray, Rashawn, and Jason A. Rosow. 2010. "Getting Off and Getting Intimate: How Normative Institutional Arrangements Structure Black and White Fraternity Men's Approaches toward Women." *Men and Masculinities* 12(5): 523-46.

Reay, Diane. 2001. "Finding or Losing Yourself? Working-Class Relationships to Education." *Journal of Education Policy* 16(4): 333-46.

Rist, Ray. 2007. "On Understanding the Processes of Schooling: The Contributions of Labeling Theory," in A. R. Sadovnik (ed.), *Sociology of Education: A Critical Reader*. New York City: Routledge, pp.71-82.

Ross, Peter, Michael Milliken, and Linda Darling-Hammond. 2007. "High School Size, Organization, and Content: What Matters for Student Success?" *Brookings Papers on Education Policy* 2006(1): 163-203.

Saporito, S., and D. Sohoni. 2006. "Coloring Outside the Lines: Racial Segregation in Public Schools and Their Attendance Boundaries." *Sociology of Education* 79(2): 81-105.

Schneider, S. H., and L. Duran. 2010. "School Climate in Middle Schools: A Cultural Perspective." *Journal of Research in Character Education* 8(2): 25-37.

Shirley, Erica L. M., and Dewey G. Cornell. 2012. "The Contribution of Student Perceptions of School Climate to Understanding the Disproportionate Punishment of African American Students in a Middle School." *School Psychology International* 33(2): 115-34.

Snyder, Benson R. 1971. *The Hidden Curriculum*. New York City: Alfred A. Knopf.

Stephens, Nicole M., Stephanie A. Fryberg, Hazel Rose Markus, Camille S. Johnson, and Rebecca Covarrubias. 2012. "Unseen Disadvantage: How American Universities' Focus on Independence Undermines the Academic Performance of First-Generation College Students." *Journal of Personality and Social Psychology* 102(6): 1178.

Stuber, Jenny. 2015. "Normative Institutional Arrangements and the Mobility Pathway: How Campus-Level Forces Impact First-Generation Students," Chapter 6 in Amy E. Stich and Carrie Freie (eds), *The Working Classes and Higher Education: Inequality of Access, Opportunity and Outcome*. New York City: Routledge.

Swearer, Susan M., Dorothy L. Espelage, Tracy Vaillancourt, and Shelley Hymel. 2010.

"What Can be Done about School Bullying? Linking Research to Educational Practice." *Educational Researcher* 39(1): 38-47.

Sweeney, Brian N. 2011. "The Allure of the Freshman Girl: Peers, Partying, and the Sexual Assault of First-Year College Women." *Journal of College and Character* 12(4).

Thapa, Amrit, Jonathan Cohen, Shawn Guffey, and Ann Higgins-D'Alessandro. 2013. "A Review of School Climate Research." *Review of Educational Research* 83(3): 357-85.

Uline, Cynthia, and Megan Tschannen-Moran. 2008. "The Walls Speak: The Interplay of Quality Facilities, School Climate, and Student Achievement." *Journal of Educational Administration* 46(1): 55-73.

Waller, Willard. [1932] 1965. *The Sociology of Teaching*. New York City: Wiley.

Wang, Ming-Te, Robert L. Selman, Thomas J. Dishion, and Elizabeth A. Stormshak. 2010. "A Tobit Regression Analysis of the Covariation between Middle School Students' Perceived School Climate and Behavioral Problems." *Journal of Research on Adolescence* 20(2): 274-86.

Weiss, Christopher C., Brian V. Carolan, and E. Christine Baker-Smith. 2010. "Big School, Small School: (Re)testing Assumptions about High School Size, School Engagement and Mathematics Achievement." *Journal of Youth and Adolescence* 39(2): 163-76.

White, John Wesley, and Patrick R. Lowenthal. 2011. "Minority College Students and Tacit 'Codes of Power': Developing Academic Discourses and Identities." *The Review of Higher Education* 34(2): 283-318.

Winterbottom, Mark, and Arnold Wilkins. 2009. "Lighting and Discomfort in the Classroom." *Journal of Environmental Psychology* 29(1): 63-75.

Zhu, Queenie. 2014. "On Common Ground: How Spatial Layout Facilitates Schools' Power to Segregate Students." Presented at the Annual Meetings of the American Sociological Association. San Francisco, CA.

第十章
教育系统和环境
——一种共生关系？

约翰·希加德（John Heegard）并没有花费太多时间便把这些线索联系在一起。瓦伦西亚·麦克默瑞（Valencia McMurray）曾是他在明尼阿波利斯（Minneapolis）诺斯高中开设的美国历史大学先修课（AP）上最有前途的学生之一。但这位高三学生却连续缺席了三天、四天、五天，并常常只是为了能通过考试才出现，鉴于大家对希加德考试难度的传言，这还真是一种胆大妄为。

希加德尝试过，但无法联系到瓦伦西亚或她的家人来确认她是否还好。当轮到她发言时，他注意到她平时的机智和才能受到抑制而不断磕磕巴巴。"很明显，有什么事情发生了，"希加德说，"一个那么聪明的孩子，不需要多长时间就可以知道他们正遭遇到某种麻烦。"

这位老师和他的学生们建立了信任关系，最终瓦伦西亚告知了他真正的问题——她无家可归，在不同的生活空间持续奔波一年多。从这一点出发，两人开始将她与她要成功所需的资源联系起来。根据美国卫生与社会福利部（HHS）的定义，无家可归者是指一个"没有住所的人，包括夜间主要住在受监控的公共或私人设施（如屋檐下）的个人"（National Health Care for the Homeless Council, 2016）。他们睡在屋檐下、临时住房、汽车、露营地和汽车旅馆，并与其他人共享一个遮蔽物（NAEHCY, 2009）。

"明尼阿波利斯北部是一个因失业和贫困而倍感压力的社区，这里的年轻人被迫快速成长并小心翼翼地生活着。"这是瓦伦西亚和成千上万像她一样的儿童和青年的处境。在 2012-13 学年，美国公立学校有 1258182 名无家可归的儿童入学，比 2011-12 学年增加了 8%。由于难以核算所有无家可归者，这些数字只是一个低估的数字（NAEHCY, 2009; Teaching Tolerance, 2010）。这些学生中的大多数都住在别人家里（75%，936441 人），或者在屋檐下（190000 人）、酒店或汽车旅馆（70000 人）。没有容身之所的学生数量为 41635 人，无家可归且没有父母儿童有 75940 人（Covert, 2014）。

问题在于：教育系统如何对待那些在校之外有很多问题的孩子，并期望他们在学校里取得成功？孩子们的环境使学习成为学校面临的一个严峻挑战。事实上，无家可归的儿童数量在上升，同时，他们的学业成绩在下降（Covert, 2014）。本章重点讨论学校环境，包括学校的参与者和其他环境因素给学校带来的影响。我们思考学校的环境如何影响学习，以及如上例所示——学生的环境如何影响其在学校学习的能力。

我们的环境包围、吞没着我们。在真空中没有人和任何东西存在，因为我们不可能存在于我们的环境之外。环境包括所有塑造我们、也塑造着我们学校的个人和组织——家庭、宗教、政治和法律制度、经济、医疗保健、社区、社会潮流，以及影响我们生活的许多其他因素。每个人的环境因我们的地区、人际关系和经历的不同而不同，就如每个教育系统的环境都不相同一样。造成我们的环境与众不同的因素，取决于我们的背景经历、我们出生的家庭，以及我们接触到的个人和机构。同样，每个学校的环境也都是独一无二的。

作为大学生，我们的高等教育环境设定了一定的角色期望：支付学费、上课、学习、取得成绩、最终毕业。与环境的某一部分相关的事件和一系列行为或角色将影响我们扮演的其他角色，因为它们都是相互关联的。让我们假设我们即将参加一个重要的考试。由于时间的压力，我们可能会经历角色冲突。也许我们会忽视了家人或朋友，也许我们会决定不花太多时间在考试中，转而与朋友一起去参加聚会或者为另一门课写论文。我们环境中的每个因素都受到来自其他因素的需求的影响。

本章我们将从微观到宏观、不同层次地分析环境的意义以及学校制度环境的范例。作为宏观社会制度的一部分，学校系统被意识形态团体、政治制度、经济条件和社会潮流所包围。社会的每一个领域都相互关联，学校不能忽视构成其环境的政治、经济和文化意识形态领域（Apple & Weis, 1986）。

环境与教育系统

由于大家都把孩子想象成海绵，等待着去吸收呈现给他们的知识，环境构成中的许多部分（政府、社区压力团体、宗教和其他特殊利益团体）都要求在这些小"海绵"所教和所学的内容和方法中注入他们的东西。因此，教育系统面临着来自这些环境的许多压力。学校尤其容易受到环境的影响，这些问题关系到他们对年轻人所实施的社会化功能。

人口变化、技术进步、时尚潮流以及国家或国际层面的社会运动都是在宏观层面影响教育系统的环境因素的例子。1960年代，美国进行了大量先锋教育项目实验，产生了许多对公立学校有影响的理念。1970年代，人们非常关注学校里的纪律问题；"回归基础"成为主题。1980—90年代给教师和学生带来了问责制和能力测试。21世纪初，许多相同的问题——问责制、测试和"让每个学生都成功法案"的努力，依然都是学校的主要影响因素。今天，学校的"兴奋点"集中围绕于个性化教育计划、基于项目的学习以及课堂上的技术应用。每一代人都批评过去解决问题的方法，并引入一些其他学校系统甚至其他国家成功尝试的"修正方案"。

我们在讨论学校系统内部运作时，考虑了人们持有的许多个人立场和学校组织的结构单元之间的关联。问题的关键在于，没有任何一个组织、机构或个人可以不依赖环境、不受环境影响而存在。

所有个人和组织都依赖他们的环境生存，并提供组织的需要；反过来，他们也通过给个人或机构留下个性的或机构的印记，影响其周围环境。有时，环境中的某些部分，比如经济压力，会对教育系统构成威胁。

在许多系统中，组织和环境的相互依赖都显而易见。可以思考一下像纽约市这样的系统的复杂性，以及当系统某一部分发生故障时会出现的问题（Darling-Hammond, 2010）。如果停电，或者环卫工程师、地铁工人、电话接线员或学校教师罢工，相互依赖的城市结构就会崩溃，系统的所有部分都会紧张到崩溃的地步。纽约市的学校系统非常复杂，并处于变革中。直到近些年，学校还由一个任命的委员会和32个地方选举出来的社区委员会控制，它们有自己的教育总监和工作人员。2002年纽约立法机构把这些都取消了，给了市长对系统的全部控制权。市长任命校监作为领导小组的组长，并由13个成员组成教育政策小组（WNYC, 2016）。该系统有13.5万名全职员工，为110万名学生提供教育，其中许多学生都生活在不讲英语的家庭里。由于许多社区存在着不同比例的不同少数族群，许多学校可以反映出社区的人口结构。总的来说，拉美裔学生约占全系统的40%，非洲裔美国人占30%，白人占14%，亚裔美国人占15%。2015—16学年的学校预算经费276亿美元，其中218亿美元用于校长、教师、助理、课本和其他物品补给，其余的用于各种支持服务（New York City Department of Education, 2016）。这个庞大的学校系统里，各个部分相互依存，迫使它在相互竞争的社区利益之间做出微妙的平衡调整（图10.1）。

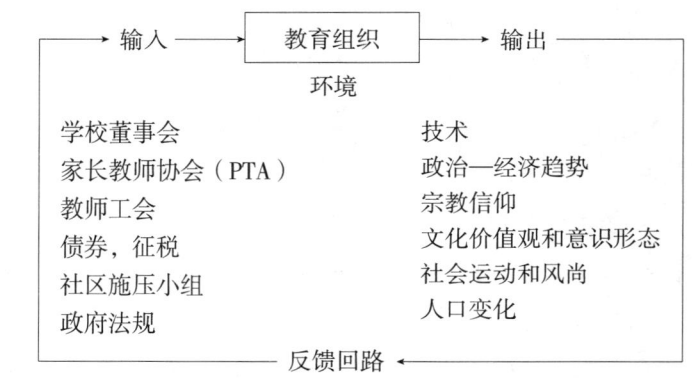

图 10.1　学校系统的环境

环境的类型

环境中的某些部分对我们的生存来讲比其他部分更重要,这些是我们的直接环境。次要环境对生存来讲不太重要。我们的家庭对我们的情感、身体和经济福利来讲至为关键,而周五晚上与朋友的聚会对我们大多数人来说并不是一个事关生存的问题。对于学校组织来说,环境的相关部分可以分为几类:政府,包括地方、州以及全国性的立法机构;司法系统;财政支持单位;每所学校周边的"实体"社区,包括人口结构(年龄、性别、宗教、种族和社会阶层);社区的利益团体;技术环境,包括教学创新和新的科学研究;教育系统产品的消费者,如聘用毕业生或从教育系统吸收新知识的人;以及宗教机构。

直接或者说主要环境与不太重要的次要环境之间的区别随着时间的不同而变化,这意味着环境因素的重要程度不同取决于学校面临的紧迫问题:一项教育征税的通过、要求改变学校课程的压力团体、母语为非英语的学生的涌入。对变化的认识让我们在任何时候都可以找出那些最能影响学校系统决策的环境因素。环境单元的距离越远,学校受到的影响越小,就像池塘里的涟漪离中心越远就越微弱。

组织不是封闭的系统,而是依赖于从中获得资源、材料、人力,以及最终生存的环境。教育系统环境单元的重要性或者说显著性可以作为一个连续统一体来加以说明(图10.2)。环境单元的显著性差异,取决于所考虑的个别学校的具体情境。

还有一点需要解释。我们通常认为那些在学校任职的人——行政人员、教师、学生和后勤人员——是组织内部的构成部分。这些群体占据着学校

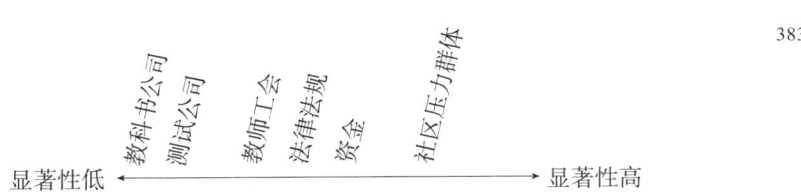

图 10.2　环境显著性随时间变化以及学区间的差异

内部结构的位置，执行学校教育的过程。他们也为学校里的非正式关系奠定了基础。然而，毫无疑问，每一位学校职员都会将他们各自独特的背景和个性带进学校，这可以被看作一种"环境的影响"（一些社会学家认为学生是学校系统的客户，因此，他们可以被视为学校环境的一部分）。此外，一些学校人员，如校长、学校辅导员和社会工作者，在学校和家庭或社区环境之间发挥着桥梁作用。这些"跨界"的角色促进了思想和产品在学校系统内外的流动，并在维持与环境的关系和接触方面起着至关重要的作用。

总而言之，环境单元的重要性必须视为程度上的不同；有些在特定时期对组织福利能否良好运转乃至生存，都至关重要。在系统环境中，一个部门的问题，或者一个部门与环境关系的问题，都会对其他部门产生影响，影响大小取决于该部分在系统生存方面的突显程度。

任何学校的环境中都有许多元素，从其中的个人到围绕它的附属组织，都会给它施加压力，并为它提供服务。在本章，我们主要关注学校的制度环境：家庭、宗教、经济系统、政治和法律系统、社区影响。

思考与应用

列出影响当地学校的不同环境类型，以一种连续统一体的形式，将它们进行从主要环境到次要环境的分类。

学校系统环境：制度间的相互依赖

学校官员每天处理来自外部环境的问题。请参看家庭、宗教、司法系统、政治和经济系统以及特殊利益集团之间的相互作用：

——对学校有些失望的家长、社区成员和联邦政府，要求学校和教师对他们所提供的教育担负起责任。这是否会产生要求标准化测试来测量成绩水平的学区、州和联邦计划？

——如果父母把他们的孩子送到未经认可的宗教学校，他们是否违反了一些不成文的规定？学校可以讲授"科学神创论"和进化论吗？

——许多地区的法院正在处理有关政教分离的问题。公立学区是否应该为宗教附属学校提供交通、辅助性课程和咨询等服务？

——当一些地区比其他地区有更多的财产税用于教育的时候，学校经费拨付问题就会引发争议。州政府或联邦政府是否应该通过补贴学区来平衡教育方面的经费？

——就少数族群研究、教科书的选择、学校在性教育方面的作用以及其他许多问题，持有不同观点的特殊利益集团之间爆发了激烈辩论。谁可以对有争议的问题作出决定？

本节我们将研究一些环境压力及导致影响学校问题的例子：住所和家庭的影响、宗教机构（教会和国家）、教育财政（为学校拨付经费）、政治和法律制度、社区和它们的学校。

家和家庭对学校的影响

当孩子们走进学校时，他们往往带着志向、动机、能力、期望、生理和心理上的优缺点，还有偶尔会有的恶习、不安全感、压力，还有如在本章开头讨论的无家可归等其他问题。如果教师希望有效地与学生打交道，了解学生入学时的社会和家庭背景非常重要。我们在第三章讨论了家庭对学生成绩的影响。在这里，我们再次强调家庭制度与教育之间的关联。

许多家庭要在工作和养育儿女之间寻求平衡，必须为学龄前儿童找到可靠的儿童保育机构。"家庭课程"涉及学习的态度和习惯的养成，以及对个人发展的重视。影响这种非正式课程的因素有家庭价值观、家庭规模和兄弟姐妹的顺序、阅读材料和家庭阅读、词汇积累、看电视所花费的时间、家长对学校决策的参与度和家庭资源等。

有头条新闻赫然登载，"低收入家庭的孩子在三岁时可能会少听到3000万个单词"，而这种从婴儿期开始的差距正在扩大。18个月时，孩子们可能就会表现出巨大差异；24个月时，不同的社会经济地位群体之间会存在六个月的差距（Bergland, 2014）；五岁时，社会经济地位较低的儿童在语言发展水平测试中会有落后两年的分值差距（Fernald, Marchman & Weisleder, 2013）。这些差异大多归因于养育方式和家庭学习环境。一个好消息是，我们可以采取措施来缩小这种差异，加强他们的入学准备。

研究人员发现，专业的父母会用更加鼓舞人的语言跟他们的孩子说话，而贫穷的父母经常使用惩罚性的专制语言。孩子们在"家庭课程"中所接受的准备对他们在学校的成功有着重大影响（Hart & Risley, 2003）。底线是：研究人员建议所有父母在交谈中要做到"倾听，多聊，轮换着讲"。一个有趣的环境现象将学校教育和家庭融为一体。2012—13学年，美国大约有3.4%的5—17岁的学龄儿童实际在家里上学（National Center for Education Studies [NCES], Digest, 2015, 206.10），其中83%是白人，5%是非洲裔美国人，7%是西班牙裔。所提到的主要原因是对其他学校环境的担忧（NCES, 2013）。其他的原因包括对安全、药物和同伴压力的担忧（88%），父母想进行宗教和道德教育（83%），对公立学校教学的不满（73%），以及希望采用非传统的教学方法（65%）（Lloyd, 2009）。这一教育运动是近年来教育类型的最大变化，在数量上超过了教育券和特许学校项目，并创造了新的教育形式。越来越多的州公立学校允许在家上学的孩子参加个人课程、体育、音乐和其他课外活动和支持服务。州政府和民间组织都在为在家上学的孩子开发课程教材，网络课程如雨后春笋般涌现。

两种家庭教育占主导地位：一种源于自由主义非主流学校运动，另一种来自基督教日间学校运动；两者都起源于20世纪六七十年代。尽管他们的理念有很大的不同，但都关心儿童教育的控制权和家庭在当今社会中的重要性。这种提供课程材料支持的社会运动为实现他们的目标制定了组织战略，而且大多数在家教育孩子的父母都得到了地方和全国性团体的支持。在州和全国性考试中，大多数在家上学的孩子都相当有竞争力，并且在大学里继续取得成功（Stevens, 2003）。

　　学校和家庭之间的另一个环境变量是父母的参与。公立或私立学校的学生，如果他们的家长参与学校活动，例如约见教师、参与学校事务、担任志愿者、在委员会内任职，那么这些学生就不太可能有行为问题，他们会有更好的学业成绩，得到老师更多的关注，比那些父母缺少参与的学生有更高的高中毕业率（Child Trends, 2013）。

　　父母以几种主要方式影响着孩子的教育成就和志向。例如，家庭的社会经济背景会起到重要作用。受教育程度较高的父母（85%）与那些未达到高中学历的父母（48%）相比更有可能参与孩子的学校教育和教育选择，后者只有19%的家长是自愿参与（Child Trends, 2013），他们常常会离学业成功的要求距离很远。如前所述，家长参与学校教育也与孩子在校时间更长、在学校有更好的表现有关，也与孩子们能否按时毕业有关（Child Trends, 013）。研究结果表明，孩子不在校期间70%的清醒时间里，父母与孩子一起做的事情对孩子的成就有很大的影响：鼓励学习的家庭环境比父母的收入或教育水平更重要，会带来更高的等级分、考试成绩和毕业率，更高的出勤率，更高的动机，更少的停学、吸毒、酗酒和暴力行为（Michigan Department of Education, 2007）。在家的阅读经历，比如父母为孩子们大声朗读，可以增加阅读成功的机会；家长与子女谈论学业可以促进学业的成功；家长参与监控和安排孩子的时间，辅导孩子的家庭作业，讨论学校问题对孩子也有帮助（Michigan Department of Education, 2007; National Education Association, 2007）；有暑假和度假经历或与家人一起参观博物馆和图书馆的孩子在学校表现更好。因此，发展学校和家庭的伙伴关系可以促进孩子的学习，帮助他们在学校和未来生活中取得成功。

　　专栏10.1中讨论的是约翰·霍普金斯大学的学校、家庭和社区合作中心的研究人员提出的家长参与类型。父母对子女的教育投资、对高等教育的支持与他们对地位获取的观念有关。根据人力资本理论，一些家长将孩子视为一种投资；另一些人认为教育支付是"资源稀释"，与可用的资源相比，通常和家庭中有多少孩子有关。如果父母为孩子的教育买单并认为这是一种责任，他们往往更愿为孩子支付高等教育的费用；如果家庭中的孩子数量没有多到耗尽他们的资源，他们也将更愿意支付（Steelman & Powell, 1991）。

〔专栏10.1〕

爱泼斯坦（Epstein）的六种参与类型框架

1. 养育：帮助所有家庭建立支持儿童作为学生的家庭环境。

——家长教育和其他课程或家长培训（如普通教育水平证书、大学学历、家庭读写能力）。

——提供卫生、营养帮助和其他服务的家庭支持项目。

——幼儿园、小学、初中和高中过渡期的家访。

2. 交流：设计家校（home-to-school）和校家（school-to-home）交流的有效方式，了解学校计划和孩子的进步。

——与每位家长每年至少举行一次会议。

——根据需要，由语言翻译员来协助家庭。

——定期安排有用的通知、备忘录、电话、信件和其他交流方式。

3. 志愿服务：招募并组织家长给予帮助和支持。

——学校和班级志愿者项目，帮助教师、管理人员、学生和其他家长。

——为家庭提供志愿服务、会晤和资源的家长室或家庭中心。

——开展年度回邮卡调查，以确定所有可用的人才、时间和志愿服务位所。

4. 在家学习：向家长提供如何在家辅导学生的信息和观念，包括帮助孩子做家庭作业、完成其他课程等相关活动、进行决策和规划。

——为家庭提供各年级所有科目学生所需技能的信息。

——家庭作业要求的信息以及在家如何监督和讨论家庭作业。

——家庭成员每年参与制定学生的目标，以及大学或工作计划。

5. 决策：包括家长参与学校决策，选出家长领导者和代表。

——活跃的家长教师联谊会/家长教师组织（PTA/PTO）或其他家长组织、咨询委员会或由家长领导和参与的委员会。

——独立的宣传团体为学校的改革和改进而游说和工作。

——用网络将所有家庭与家长代表联系在一起。

6. 与社区协作：开发并整合社区资源和服务，以增强学校项目、家庭实践以及学生的学习与发展。

——为学生和家庭提供关于社区健康、文化、娱乐、社会支持和其他项目/服务的信息。

——提供与学习技能和才能有关的社区活动信息，包括学生暑期项目。

家长/家庭参与的国家标准

在约翰·霍普金斯大学的学校、家庭和社区合作中心乔伊斯·L.爱泼斯坦博士所确认的家长参与六类活动的基础上，全国家长教师联合会（PTA）建立了项目的卓越标准。

家长/家庭参与项目的国家标准

标准一：交流——家庭和学校之间的交流能做到定期、双向、富有意义。

标准二：养育——养育孩子的技能得到提升和支持。

标准三：学生学习——父母在帮助学生学习中起着不可或缺的作用。

标准四：志愿服务——学校欢迎并寻求家长的支持和帮助。

标准五：学校的决策和动议——父母是影响孩子、家庭所有决策的全面伙伴。

标准六：与社区合作——社区资源用于加强学校、家庭和学生学习。

来源：Joyce L. Epstein et al., "Epstein's Framework of Six Types of Involvement," Baltimore, MD Partnership Center for the Social Organization of Schools, 2000.

> **思考与应用**
>
> 在一个积极或消极的家庭环境中,哪些方面会对孩子在学校的成绩产生影响?

宗教制度:教会与国家

宗教与国家在一些穆斯林和天主教的国家里是同义词,而美国和许多欧洲国家是二者分离的典范,或许某些地方会像英国那样介于二者之间,在那里庆祝基督教节日和其他宗教团体的节日在学校里都可以得到认可;宗教团体可以拥有他们自己的学校,所有的团体都默许公立学校里宗教庆祝活动的存在。例如,英国作为一个文化多元、但主要宗教信仰为基督教的社会,居住在这里的非基督教学生的假期经常被拿来讨论如何应该用来增进跨文化理解。

美国的宗教史与教育 美国尝试了一个前所未有的实验。自建国以来,政教分离的原则就得以确立并受到拥护。宪法第一修正案表述为:"国会不得制定关于下列事的法律:确立国教或禁止信教自由……"美国的开国元勋们建立起一种保障,以避免在其他许多国家已经出现的宗教冲突,保证美国许多地方可以从这些纷争中脱离出来。政府的责任是保护所有人的权利和自由,而不偏袒任何人。然而,确保政教分离并非总是一帆风顺。问题的根源在于,多元化社会中的信仰自由是价值体系和政治意识形态不可分割的一部分(专栏10.2),但某些宗教传统却一直占据主导地位。

我们在开放系统模型中看到了制度的相互依赖性,这意味着宗教也与其他制度相互依赖。当个人把宗教从家庭、经济、政治、卫生和教育等日常生活制度中分割出来时,冲突就不大可能出现。但是,当宗教融入到包括教育在内的一个人生活的各个方面时,宗教环境就会给学校带来压力。

宗教的庭审案例 在美国,学校承受的宗教压力衍生出法庭诉讼,有宗教团体发起的,也有世俗教育的支持者发起的。美国的法庭诉讼主要有几种代表性的案例类型:那些声称学校或其政策侵犯了个人信仰的诉讼案件(例如,在课堂上或在典礼上祷告可能被视为学校在推崇某一特定的宗教而排斥了其他宗教),以及与某些宗教信仰相矛盾的进化论教学的诉讼案件。

当学校官员或政策阻止个人在上课时间或在学校场所参加宗教活动,如宗教团体使用公立学校设施和资源时,就容易引发一类诉讼案件。还有一组案件涉及宗教附属私立学校应该得到多少及何种公共援助。以下部分回顾了最高法院有关宗教与学校的重要案例。

早在 1948 年,在公立学校建筑之内的宗教活动课(religious released-time classes)就被裁定为违宪。1962 年,最高法院通过了一项由纽约州委员会起草的极具争议性的裁决,反对在公立学校诵读祷文的要求 [恩格尔诉维塔尔(Engle v. Vitale),370 US 421]。其用意在于禁止学校指导、引导或鼓励人们走向任何特定形式的宗教崇拜。随后,几个州通过了允许自愿祈祷的法律。

1963 年,宾夕法尼亚州阿宾顿镇诉申普案(Abington Township, Pennsylvania v. Schempp)的判定——学校祈祷判定,禁止学校官员在公立学校里组织或领导祷告、开展《圣经》的虔诚阅读。任何有信仰与没有信仰的学生的宗教自由都要求学校保持中立。这个裁决提出了宗教教育的重要性,其中说道:"如果不对宗教及其与文明进步的关系开展比较研究,一个人的教育就会不完整。"判决书指出,我们不能忽视宗教作为学术研究的一个领域,因为它们包含了很多人的生活,并对社会的发展产生了巨大的影响。因此,学校可以讲授宗教知识、比较宗教、宗教历史或圣经文学,但不能宣扬宗教。

另一项最高法院关于学校祈祷的判定是在 1985 年的华莱士诉杰弗里案(Wallace v. Jaffree)中。这一判定推翻了亚拉巴马州出于"冥想和自愿祈祷"目的的默祷法令,指出客观中立的沉默是允许的,但不可以包含宗教的动机。

最近一次关于学校祈祷的最高法院案件是 2000 年的圣达菲诉美国教育部案（Santa Fe v. DOE）。判决规定，学校在足球比赛前不得要求学生在公共广播系统主持祷告；这是因为学生们可能在代表学校发言，而不是作为学生个人（First Amendment Rights Center, 2010）。

1992 年的韦斯曼诉李（Weisman v. Lee）案曾再次提到了学校祈祷，这一次涉及的是毕业典礼或晋升仪式上的祷告是否合乎宪法。一方认为，援引上帝的名字应该得到宪法的支持；另一些人则认为，这种做法违反了分离的权利，因为他们倾向于某些宗教，并且让非信徒感到自己是局外人，而公立学校体系也不属于他们。最高法院禁止足球比赛中学生主导的祷告，并指出这相当于在公共场所祈祷；在这个得克萨斯州的案例中，与学生言论自由的权利问题相比，政教分离问题更为严重（2000 年圣达菲独立学区诉美国教育部案，Leveritt, 2000; Mauro, 2000）。

到 2008 年，有 32 个州的法律允许或规定每次一到五分钟的默祷、反思或冥想。这些法律允许有一段"沉默时间"，通常是"安静地沉思当天的预期活动"。这是合宪的，因为它没有"推进宗教"；然而，背诵主祷文并强迫学生背诵效忠誓词已经被裁定为违宪。

其他法庭诉讼处理的是复杂的课外宗教俱乐部问题。在 1981 年的一项裁决（韦德玛诉文森特案，Widmar v. Vincent）中，最高法院授予公立大学学生在校园内组建宗教俱乐部的权利；而在 1990 年 6 月的一项裁决（韦斯特赛德社区学校诉默根，Westside Community Schools v. Mergens）中，它将某些情况下应用于中学的裁决进行了扩展（Sendor, 1990, p.15）。"平等机会法案"（The Equal Access Act）指出，如果学校许可举办其他任何与课程不相干的俱乐部集会——休闲的、政治的和哲学的，那也必须允许宗教团体集会的存在。美国国会也加入辩论教会和政治的问题，思考是否可以在学校里宣讲"十诫"。

政教分离问题尚未结束。尽管最高法院并不审理全部的案件，但还有更多的案件被递交到最高法院。在未来的岁月里，这将是一个值得关注的有趣问题。

〔专栏 10.2〕
美国教育中的教会与国家

学校是否可以许可祷告活动？在什么样的情况下可以许可这种活动？学生可以在诸如毕业典礼等活动中率众祷告吗？教会学校是否可以获得联邦基金对特殊教育的资助？公立学校可以为学生购买宗教出版物吗？

1971年，美国最高法院确立了违反政教分离行为构件的基本指南。莱蒙试验（1971年莱蒙诉库兹曼法庭判例）建立起一次合宪性的违禁检验。受到挑战的政府行为必须（1）有一个世俗的目的；（2）有一种对宗教既不促进也不抑制的首要或主要影响；（3）不会助长政府对宗教的过度干涉（Cord, 1982）。尽管有了这些指南，但法院近年来收到越来越多的诉讼案，最高法院对学区却几乎没有给出任何明确的指导。他们力求避免出现迫害宗教团体的现象，也避免推进或支持宗教。例如，1992年的李诉韦斯曼案（Lee v. Weisman），法院裁定，在公立学校的毕业典礼上对上帝进行非宗教式祈祷同样违反了宪法。

请参看纽约城外柯雅士·约珥（Kiryas Joel）地区的一个哈西德派犹太人社区的案例。他们的主要语言是意第绪语（Yiddish），有独特的服饰和其他文化形态。孩子们都在哈西德派社区资助的犹太教区学校就读。

社区里的残疾儿童会到毗邻的学区上学，接受特殊的教育服务，可是，他们的父母因为孩子们"在离开他们自己的社区所遭受的恐慌、恐惧和创伤"，又将这些儿童带回（李诉韦斯曼）。柯雅士·约珥地区为220个儿童设立了一个新的学区，只针对那些有特殊需要的孩子，用英语授课，没有宗教符号。关注特殊需求学生的法律争议提出了这样的问题：这些学校是否有意地帮助宗教？因此，该学校受到了起诉，纽约最高法院裁定该学区违反了宪法第一修正案，1994年，最高法院维持了这一判决（李诉韦斯曼）。

在高等教育领域，美国最高法院在弗吉尼亚大学的一宗案件中，就为宗教导向的学生出版物提供资金的问题进行裁定，宣布该大学必须从学生活动基金中为宗教导向学生出版物支付印刷费用。法院的论点是，该大学拒绝团体资助，侵犯了言论自由权（Rosenberg v. Rector and Visitors of University of Virginia, 1995）。

在一些学区允许家长使用教育券支付私立学校学费的情况下，公共税收款项资助教会学校这个问题在泽尔曼诉西蒙斯-哈里斯案（Zelman v. Simmons-Harris, 2002）中被提了出来。最高法院以五票赞成、四票反对，裁定俄亥俄州克利夫兰市允许父母在教会学校使用教育券的计划并没有违反美国宪法规定的政教分离原则。在这之后的许多裁决中，法院系统又对私立和教会学校的援助进行了限制（Bill of Rights Institute, 2002）。可见，这些问题还远未解决！

政教分离是一个有争议的政治问题，不太可能在短时间内以一种明确而直接的方式得以解决。

科学的创造与发展　1981-82年，涉及政教分离的最具争议的案件之一在位于阿肯色州小石城的州法院得以审理。麦克利恩诉阿肯色州教育委员会案（McLean v. Arkansas Board of Education）与1925年对约翰·斯科普斯（John Scopes）在课堂上讲授进化论的审讯类似，通常被称为"第二个斯科普斯案"（Scopes Ⅱ）。这一发生在1981-82年的案件处理了在课堂上宣扬"科学创世论"和"进化论"需要同等时间的问题。这些同一类型的案件集中于创世论者相信的"绝对真理"与那些被原教旨主义基督徒称为"世俗人文主义者"的"相对真理"之间的斗争。那些赞成讲授不同观点的人认为，进化论并不是一个被证实的理论，其他理论应该得到同等的授课时间；那些反对的人则坚持指出创世论观点取自《圣经》，将会把宗教带入课堂。

经过长时间的专家辩论，法院裁定，允许讲授创世论的观点违反政教分离原则。这一案件尤其重要，因为它为其他18个州的案件开创了先例。

其中一个是在 1987 年 6 月递交到最高法院的；他们的观点是，"创世科学"在课堂上应该与进化论享有同等的讲授权利。支持者认为，创世论是一个令人尊敬的科学理论，生命形式并不是进化的，而是突然出现的，这个论题应该被给予同等的授课时间。然而，根据七比二的投票结果，法院裁定这是一个把《圣经》带回课堂的诡计，将违反宪法第一修正案规定的权利内容（Mirga, 1987, p.23）。

这个问题后来在堪萨斯州重演过一次。该州的教育委员会通过了"堪萨斯科学教育课程标准"；它并没有将进化论纳入必修的科学课程，而是把讲授进化论的选择留权给了当地的学校董事会（Larson, 2004）。民意调查显示，83% 的美国人希望在科学课上讲授进化论，而 70% 的人没有看到科学课上讲授的进化论和作为宗教概念的神创论之间的矛盾，不到 30% 的人则希望在科学课上讲授神创论（People for the American Way, 1987）。另一个案件发生在宾夕法尼亚州哈里斯堡。多佛学区通过了一项规定，鼓励儿童思考可以替代进化论的理论，并建议将智能设计植入生物课程（Biever, 2005），因而被起诉。教育委员会的规定指出，"智能设计是一种有争议的主张，它认为决定宇宙和生物的特定特征的原因，不是一个类似进化的无受指导的进程，而是源于一个智能的动因。"（Biever, 2005, p.44；楷体为引者所加）。法院裁定，禁止多佛学校理事会在公立学校内讲授这一概念，因为法院认为智能设计理论具有宗教的动机，并在实际推广和发展宗教（Boyle, 2005）。

参阅联邦和最高法院关于政教分离的各项裁决，可以看到，尽管一些裁决保留了剩余的问题，大多数调查结果都站在了维护分离的一方。这个问题实际上并未终结！

教育券和特许学校　教育券制度和特许学校仍然存有争议，尤其是涉及宗教的时候。在那些希望更多地控制子女教育的家长那里，这些学校备受欢迎。但是，诸如"拯救咱们的学校"（Save Our Schools）一类组织则认为，与其将资金转用于其他项目，还不如用这些资金来维护公立学校的有效性（Postlewaite, 2003）。对特许学校项目的评估显示了其"成就、准入、整合与公民社会化"等方面的复合结果（The Rand Corporation, 2002）。虽然学者和政策制定者还在辩论特许学校的优缺点，但其数量却在增长。最近在华盛顿特区发生了一场争议，起因是天主教教区在学校缺少资金的情况下，请求允许开设 7 所特许学校。由于希伯来语特许学校的开放，类似的争议也随之而来（Medina, 2010）。这再次引发了政教分离的争议，因为特许学校接受了公共资助（Martin & Sanchez, 2009）。在华盛顿特区，有 20% 的学生在不同类型的特许学校上学。然而，传统公立学校的四年级学生的国家教育进展评估（NAEP）测试中的成绩要比特许学校的学生略好。这里并未考虑学校设立的时间和学生的出身背景（The News Hour, 2007）。

一些州和联邦法院对教育券制度和特许学校的裁决导致了对私立学校尤其是教会学校资助的困惑。根据加利福尼亚州里奇克莱斯特特许学校诉西拉·桑德斯统一学区（Ridgecrest Charter School v. Sierra Sands Unified School District in California, 2005）的一项裁决，公立学校和特许学校的学生必须得到平等对待；特许学校的学生是地区公立学校的学生。人们普遍担心的是，教育券正在为那些进入教会学校的学生提供补贴，违反了宪法中教会与学校分离的原则。法院似乎鼓励各州专注于改善公立学校，而不是寻求资助私立学校的解决方案。

教会学校争议的另一个问题是州标准和私立学校之间的冲突。许多宗教团体更倾向于控制孩子接受教育的类型和数量。1976 年，俄亥俄州达克县发生了一起诉讼案。当时，为基督教宗教团体服务的神龛基督教学校（Tabernacle Christian School）被告知，它未能遵守州教育委员会的要求。由于学校未能达到州标准，家长们将被指控为没有送孩子上学。这在学校的支持者和同情者看来，无异于试图摧毁福音派基督教学校。其他诉讼案件则涉及宗教团体之间的冲突，如阿曼门诺派（Amish）和他们所居住的州围绕入学法规形成冲突的诉讼。尽管州政府与宗教团体对教育的理念和期望之间存在差距，但在大多数地区，他们已经达成和解。

与此相关的一个争议在于如何看待用公共资金向教区学校提供教学材料和服务。在 1975 年最高法院的米克诉皮滕格（Meek v. Pittenger）案件中,严格和宽松的宪法解释者之间的冲突达到了顶点。法院裁定,"州政府可以将世俗的教科书借给那些就读于教区学校和其他宗教取向学校的学生。"政府还可向非公立学校提供公共汽车、午餐、消防、水、警察、下水道;免税;标准化测试和评分;在校内诊断语言、听力和心理障碍;校外的治疗、指导和补救服务;实地考察付款;以及向学生提供教学材料和设备的贷款。然而,直接贷款提供教学材料和辅助服务,则被裁定为违宪,因为它可能导致宗教活动的直接和实质性发展。

教会学校的资助。 1985年,阿吉拉尔诉费尔顿案(Aguilar v. Felton)依法要求公立学校给所有孩子提供联邦资助,但关于如何做到这一点,问题仍然存在。一些法院的裁决支持对私立学校停止资助某些设备,例如,可用于宗教目的计算机和复印机等设备(Crawford, 1986, p.15)。其他诉讼案件还发现,财政资助可能不会支持一些特定的学术科目;例如,美国最高法院裁定,资助大学生的州政府并不需要支持神学专业的学生(Bloomberg.com, 2004)。显然,在可接受和不可接受之间有一条明晰的界线,许多检验这条界线的诉讼案件正不断地递交给法庭。

思考与应用

请列举支持与反对公立学校里类似俱乐部和祷告等宗教行为的各种观点。

教育经济:学校的财政支持

大多数社会认为教育是对未来的一种投资。将年轻人培养成社会中的建设性角色,让他们准备好为社会作出贡献,并"筛选"他们进入未来的角色。在许多国家,中央政府为地方学区提供资金,以开展公平的公共教育。这些政策都基于效率、公平和自由的目标。然而,富裕的社会成员可能为他们的孩子购买精英的私人教育,从而确保他们可以再生产社会层级系统中的高地位。

广大学校努力让学生为经济部门的不断扩张和技术发展做好准备。这反映在培训就业人口的学校快速增长上。请参看美国学校教育的戏剧性增长情况。从 1890 年代到 1960 年代，中等教育的入学率从适龄人口的 7% 提高到 90% 以上。从 1985 年到 1990 年，公立中学入学率下降了 8%，但从 1990 年到 2005 年又上升了 31%，由于婴儿潮的影响净增加了 20% 以上。2015 年，公立高中招生人数为 1490 万，而 1998 年为 1330 万（NCES, 2000, 2015）。在功能主义者看来，学校的发展迎合了受过教育的劳动力的经济需要。二者紧密联系，共同支撑国家经济。学校的发展和改进强化了劳动者的技能和性格特征，进而促进了经济增长和社会进步。更多针对个体的学校教育也为个人和国家提供了更多的经济机会。

一种反对功能主义的观点认为，仅靠教育进步并不会导致社会的发展。学校充当的是筛选和分类机构。冲突理论家认为，学校训练个人以适应社会的经济、职业需求。通过对精英职位和其他劳动力进行资格认证来实现分层，就如测试来区分个体一样，并不一定意味着社会进步。

美国学校的财务环境并不确定。实际的教育经费在不断增加，但学校成本的增长速度要比通货膨胀得更快，而帮助适应成本不断上涨的学校征税则经常失败。在美国，那些逐年进入公立学校就读的学生平均教育成本，已经从 1919-20 学年每个学生 453 美元增长到 2002-03 学年的 8313 美元，再到 2007-08 学年的 10297 美元，最近则增长为 12605 美元（以定值美元来计算）(NCES, The Condition of Education, 2006; Hussar & Bailey, 2014）。这个数字在美国各地都有很大的不同，平均每个学生是 10658 美元（Atlas, 2015）。例如，犹他州每年为一名学生支付的教育费用约为 6555 美元，而纽约州在 2013 年花在每个公立学校学生身上的钱平均为 19818 美元（Ballotpedia, 2015; Deseret News, 2015）。

美国每年在公立小中学教育上的花费超过 5500 亿美元。学校资助有三个层级：地方、州和联邦（Reyes & Rodriquez, 2004）。总的来讲，州财政为公共教育提供了最多的资金；然而，这种状况正在发生变化。在 1980 年代，州级的资金份额稳步增长到大约 50%。然而随着地方经费从 1986-87 学年的 43.9% 上升到 2005 年的 46.9%，州级经费开始下降。2015 年，州和地方所投入的资金平均起来各占了直接支出的 50%，联邦政府为其他教育项目提供了约 12% 的资金（Atlas, 2015）。基本状况因不同的州和学区而异。那些为特殊项目开支较大的城内学校，在试图获得资助方面尤其受到了沉重打击；城市里的教师工会很强大，经常成功地要求增加工资；学校建筑需要维修；城市中心对特殊项目的需求很大，如补偿性教育；学生的流动性也更高。不幸的是，随着支持学校的税率提高，一些居民开始迁往郊区，这就进一步减少了城市的税基。因此，联邦政府和州政府给缺乏强大税基的内城学区等贫困区域提供的经费较高。在贫困儿童比例较高的学区，联邦政府的支付近乎占到了学校收入的 13%。即使在政府补贴的情况下，贫困学区和富裕学区的资助情况看起来也很不一样：例如，在伊利诺伊州，新特里尔镇高中学区每名学生需要花费 21465 美元，而与之同时，法明顿中心社区单元学区则只需要花费 7259 美元（Atlas, 2015）。在富裕学区，联邦政府拨款低至 3%，州财政占到 41%，地方财政则占 56%。

地方资助 财产税一直是地方资金的主要筹集方式，但学区之间的差距巨大。内城区的财产税税收基础较低，而且随着富人迁往郊区、工业转移，继续失去他们的税基。因此，郊区有更大的税基来提供更好的学校。如果房产税不能提供足够的资金，可以投票表决是否征收债券税，但是成功的征收记录对于依赖这个来源的学校来说并不是一个好兆头。在城市中心区域，每名学生的支出一般都比较少，但通常需要更多的钱来帮助贫困学生、维护和改造旧校舍，并征收财产税。

在美国各地，大学区和小城镇都面临资金短缺的问题。正如前面提到的，一个主要问题是，许多学区的税基正在减少，而随着纳税人反对负担过重，支持学校的地方财产税正在下降。

在大多数州，学校财政改革一直是重中之重。目前，各州平均支持提供每个学生在学校预算总费用的 50%，联邦税收提供的要少得多。此外，地方税基也受到诸如军事基地关闭和工业破产等危机的影响。为了应对这一问题，一些当地的学区正在采取措施筹集资金，从学校的征费到出售儿童艺术品、赞助的资金筹措，以及增持彩票来筹集所需的教育资金。

各州资助 自 2008 年和 2009 年的经济大萧条以来,大多数州都削减了教育经费——自那时起,尚未恢复;一些州仍在削减经费。"与经济衰退前的水平相比……2014 年,至少有 31 个州为每个学生提供的政府资助在减少。至少有 15 个州,削减超过了 10%。"(Leachman et al., 2016, p.1)在一些贫困学区,几乎有 60% 的资金来自州政府,主要来自销售税、个人所得税,以及类似州彩票和博彩业的特殊资金,有些地方的销售税高达 7.75%(如内华达州的一些县),而在五个州里则为零。财产税是地方收入的最大来源,个人所得税占了其余的部分,这些税率因州而异。越来越多的州依靠彩票和博彩业来筹集教育资金。

一场对于使用财产税资助学校的旷日持久的辩论影响了许多州的法院。反对使用财产税的团体的观点是,富裕的地区有更多的钱投入学校,并能为儿童提供更好的教育。大多数州正在设法减少地方学区之间的经费差距。两起著名的早期诉讼案件就是通过财产税解决了当地学校的资金问题。1971 年,在塞拉诺诉普里斯特案(Serrano v. Priest)中,加利福尼亚州最高法院裁定,"这一资金计划(地方财产税)不公地歧视穷人,因为它将儿童的教育质量转变成其父母和邻里财富的一项功能。"这一具有里程碑意义的裁决影响了 46 个州的学校资金立法。在 1973 年的得克萨斯州圣安东尼奥市诉罗德里格斯案(San Antonio v. Rodriguez)中,原告认为教育是一项基本权利,所有学校都应该有相同的财务基础。此案递交到了美国最高法院,最终法院认为"教育不是一项基本权益或权利"。这意味着,尽管各州被敦促制定新的税收和支出计划,但使用财产税来支持学校不应受到干扰。

自从上述塞拉诺诉普里斯特案和圣安东尼奥市诉罗德里格斯案这两件具有里程碑意义的案件以来,法院对资助计划的裁决已经传递了对于平等和资金的混合信息(Pennington, 2006)。新泽西州的阿伯特(Abbott)案和纽约州的财政公平运动(Campaign for Fiscal Equity)案已经成功地运用州教育成就标准来迫使州政府增加对学校的投入,以确保学校有足够的资金来支持成功的教育体系。

细想得克萨斯州的例子,说明资金问题仍然令人担忧。在过去25年里,由于得州生均教育开支在全美排名第38,得州最高法院第七次审理了有关得州教育资金筹集方式的案件。许多得州学区接收到的州级财政资助一直处于或低于他们五年前的水平。一个主要问题是高财产税学区与贫困学区之间的巨大差距。许多学区声称,州的资金分配不公平,他们没有得到足够的资金来执行州政府的指令和标准,而且他们不能提高财产税,因为他们已经把税率提高到了最高值(Stulz, 2015)。学区之间学校经费的公平问题未来可能会再呈交美国最高法院。

联邦资助 联邦政府为教育提供的资金会受到全国经济状况的影响。2007年12月开始的经济衰退席卷美国并持续了至少18个月,政府收入的可支配资金就大大减少。所有这些都发生在公用事业经费、养老基金和其他成本上升的时候。如今,由于地方财产税收入减少,州预算削减,其他州项目的高增长,以及联邦资金的减少,教育预算大幅度降低。所有这一切都导致了一些学区教师失业,课外活动和非必修课程被削减,暑期学校被取消,学校教育变成每周上四天课,教师专业发展和学生实地旅行教学计划被削减(Center for Public Education, 2010)。恢复以前的州预算估计将会是一个缓慢的过程,因此对于资金短缺的学区来说,几乎没有什么帮助。

一个国家的优先事项和领导人的理念也会影响学校资金拨付的方式和政府的作用。里根政府和布什政府的理念是把教育和决策交给州政府和地方政府。因此,联邦政府为处境不利的学生提供的项目中除了"领先计划",全都遭到削减。27个联邦项目被整合到各州的单独转移支付中,导致一些项目在州一级无法实施,特别是在这些项目受到一些强大群体的反对时,这导致许多人认为联邦政府应该继续支持旨在增加机会均等的项目。城市中小学校因项目和资金的损失遭受最严重的伤害。最终的结果是,美国每个学生在教育上的花费比全球许多其他北方发达国家都要少,目前美国平均每个学生的教育费用为10658美元,占国内生产总值(GDP)的3.3%(图10.3)(Atlas 2015; OECD:Education Resources, 2015)。

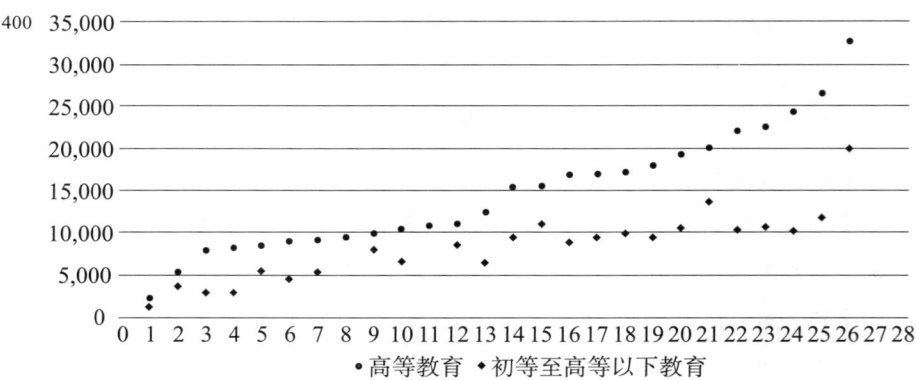

图 10.3　2012 年高等教育、初等至高等以下教育的教育支出（美元 / 生）

来源：OECD, 2016. Education spending（indicator）. doi: 10.1787/ca274bac-en（Accessed on 23 June 2016）.

人们提出了几个增加教育经费筹措的想法：学费税收抵免、教育券和特许学校、私营部门支持和公司运营学校，还有彩票和博彩业征收，这些都是一些最常见的建议方法。如前所述，教育券在各界引起了争议。基本的想法是，儿童和他们的家庭将得到一张教育券来支付给他们选择的学校，或者是能够满足学生特殊需要的学校。批判这种观点的一些人认为，这可能导致种族隔离学校的出现，挑战教师工会，允许宗教团体等特殊利益团体主导教育，并破坏大众公共教育的观念。

由于经济上的压力，学校不得不把自己推向市场，兜售他们的项目优势，强调他们人员配置的合理性，并证明其成功。他们会仔细审查一些被社区认为是"虚饰"的项目。因此，体育、音乐和艺术项目、咨询服务、年鉴、报纸、辩论队、戏剧、音乐会等课外活动往往在预算紧缩中被首先淘汰。学校的财务环境对学校所推进的项目和规划类型有着很大的影响。

> **思考与应用**
>
> 对公立学校来说，地方、州和联邦等不同的经费来源之间的平衡意味着会有什么样的影响或结果？

政治氛围和教育理念直接影响到教育经费的拨付。我们的下一个环境因素是政治和法律机构。

政治和法律制度

无论是通过影响教学内容和价值观、资助特殊项目，还是制定政策，政府都在直接参与教育活动。许多国家的教育系统通常由中央政府通过教育部来管控，其他政府通常对学校有着法律和财务上的控制和影响。学校面临的一些政治问题是世界性的，而另外一些则只独属于某些特定的教育系统。请参看大多数教育系统所面临的问题：

（1）我们应该为儿童提供全面、综合性的教育，还是一部分人接受职业教育、其他人接受学术课程的分轨教育？

（2）学校应该由联邦政府教育部还是地方当局管理？

（3）我们是否应该允许家长为他们的孩子选择学校（尤其是一些未经认可的学校，如一些教会学校）或在家上学？或者，是否应该要求孩子去认证过的学校上学？

（4）是否应该把教育券交给家长，让他们来选择孩子的学校？

（5）对于有特殊意识形态关切的家长，是否应该允许他们取缔对该群体有所冒犯的学校教科书？

（6）是否应该在课堂上讲授有争议的团体或性教育等社会问题？

在许多方面，教育和政治分不开，学校的教育项目受到经济和政治决策的影响：

——一些计划经济国家为每种类型的职位指定培训人数。

——家长和社区为了孩子的成功而向学校施压。

——不同利益群体就课程和教科书应该传递什么知识给孩子这个问题发生冲突。

——Apple & Weis, 1986, p.8.

在美国，正如国家教育发展评价（NAEP）测试所显示，教育标准在各州之间有显著差异；奥巴马的教育计划要求各州采用共同的核心课程标准，但由于一些州及教育工作者强烈反对，导致了不断放宽要求，并频繁地进行评估测试。

然而，另一些人认为，各州人口因贫困水平、移民人口和其他因素而存在差异，以同样的标准来判断所有人并不现实。最近的研究结果表明，各州的毕业考试，即一些州对那些希望高中毕业的学生所进行的考试，正在伤害那些不合格的学生，而不是让那些通过考试的学生受益（Warren & Grodsky, 2009）。仔细研究一下联邦政府问责制的作用就可以一目了然。

学校一直是社会变革的温床。美国早期历史上，联邦政府划拨了用于教育的土地，并计划按照1785年"西北法令"（Northwest Ordinance）和1862年"莫里尔法案"（Morrill Act）的规定筹集资金。联邦政府通过修订法律来确保为美国原住民等特定群体的学生提供教育，为所有学生群体提供教育保障。举个例子，"平权法案"（Affirmative Action）的立法就对美国各地大学的少数族裔学生录取工作产生了重大影响（Brown & Hirschman, 2006）。

司法系统各级法院审理的与教育有关的案件范围很广，涉及从学校中的宗教问题到种族隔离和残疾人教育，也涉及教育券制度和特许学校。学区、社区居民或利益团体都有向法庭提起诉讼，我们在本书中会提及其中几项：学校祷告、创世论教学、教科书选择、学校资助、跨区校车接送、种族融合、特殊教育以及其他。

从1954年布朗诉教育委员会案（Brown v. Board of Education）判例、1964年"民权法案"，以及1975年"残疾儿童教育法案"（Education for All Handicapped Children Act, Public Law 94-142）中，都可以看到立法对学校产生的巨大影响，并要求学校将3—21岁的残疾学生的教育纳入"主流"之中。"残障人士个体教育法案"（IDEA）要求学区对儿童进行测试，在需要之处提供特殊服务，并保障其在学校学习到21岁。在第94-142法条通过之前，有 100 万残疾儿童被排除在公立学校系统之外，另有数十万儿童得不到合适的服务。现在，许多残疾学生从高中毕业，进入大学，并进入劳动力市场，但毕业生的比例因残疾人和所提供服务的不同而有所差异。在 6—21 岁的残疾学生中，40% 有特殊学习障碍（如阅读障碍），18% 有演说或语言障碍，14% 有其他健康缺陷，如注意力缺陷、多动症、癫痫或糖尿病，此外还有视觉或听觉障碍的学生（Samuels, 2015, p.1）。将这些学生纳入公立学校的理由包括（IDEA, 1997）：（1）残障人士在不被孤立的情况下，其学术水平和社会技能水平都能达到较高值；（2）常规的学校环境有助于他们应对成年后必须面对的世界；（3）接触残障人士有助于其他孩子理解彼此之间的差异。

司法部的执法部门每年都会发布一份关于"美国残障人士法案"（ADA）法律效能的现状报告，它是一部针对残疾人的综合性民权法。多年来，他们的结论是，自法律生效以来，从让学生进入主流教育途径并确保其参与学校活动，到提供公平的考试机会，残疾学生的状况有了很大的改善（Department of Justice, 2010; "Enforcing the ADA", 1995）。但是，哪些人可以根据法律得到保护和机会的资格认定仍然存在疑惑，尤其是那 1240 万名身份不明确、有认知障碍的美国人（"The Disbled ADA", 2006）。"美国残障人士法案"的反对者认为，许多残疾儿童遭受同班同学的嘲笑，也遭受那些试图使项目发挥作用但未经培训的教师的伤害。他们建议在安置时要谨慎，要对教师进行特殊培训，并在任何一个教室里都应该限制残疾儿童的数量。

学校环境中的各级政府部门和机构都有责任推动与学校运行有关的立法工作，因此，它们会对学校的内部运作发生影响。它们将影响整个教育系统，并改变其结构，包括适宜的教育资料、物质设施和支持人员，并将重新定义学校中的所有角色以满足新的期待，重申学校的目标以避免陈述中可能存在的冲突。各项法律要求对学校、班级、课程和个人角色责任的改变，意味着对系统的重组以及对各层次结构和职位的调整。

> **思考与应用**
>
> 在你们的社区学校里，政治制度起了什么样的作用？请举一些具体的例子来说明。

社区及其学校

家长会抱怨学校不应该采用有争议的教科书。企业会给学校施加压力，要求他们给学生传授一些就业所需的电脑知识和技术。一些移民团体希望学校用他们的母语来教学。同龄人群体与学校在争夺学生的注意力和忠诚。学生所属的社区影响着其学术成就和考试分数（Carlson & Cowen, 2015）。所有这些例子都表明学校系统在环境压力下的脆弱性，这些压力来自各种各样的社区、州、全国和全球资源。学校所在社区的人口构成决定了其"原材料"，即当地学校的生源。

在某些时候，我们大多数人都会在学校系统所面临的问题上偏于某个立场。它可能涉及学校教育的适当角色、课程内容，或者雇用和解雇人员。由于学校对环境要求的脆弱性，学校的管理经常处于两难境地。它面临着在一个问题上要考虑所有意见的压力，可并不是所有的观点都能被接受。

学校的伙伴关系 美国企业界由于认识到其未来的员工队伍存有风险，因而对学校给予了更多的关注。这种关注采取了多种形式，从直接的现金捐赠到影响其课程，再到通过企业场所来经营学校。各个基金会都特别积极地为学区的项目提供资助，一些基金会正在转移以前给大学的经费，以进一步支持中小学。

越来越多的企业都参与到学校中来，尤其是在一些大城市里，企业为高中学生提供实习机会，给毕业生承诺相应的工作，并给那些上大学的学生提供奖学金。企业领导者认为这种支持符合他们的利益，可以为他们提供训练有素的劳动力和更加宜居的城市。各公司与城市中心区学校升入大学的学生之间所建立起来的联系，鼓励着一大批学生坚持完成他们的高中教育。当地小型企业也为特殊教育项目、图书馆和体育项目捐款。然而，企业也表达了挫败感，因为他们并不总是知道他们的现金和实物捐赠给学校的最终效果。衡量其效果非常困难，许多企业领导人质疑他们的努力是否产生了影响。

然而，主要的企业捐赠者也被称为企业教育改革家，他们将捐赠视为社会投资——许多人希望有人来说明如何让他们的贡献发挥作用。资助者建立起像 Parent Revolution 和 Heartland Institute①这样的智库，以宣传他们的想法并争取其他组织的支持。比尔·盖茨夫妇基金会、沃尔顿家族基金会、马克·扎克伯格夫妇基金会等利用资源促进教育改革（Forrest, 2016）。盖茨基金会提供了 3.35 亿美元用于研究有效教学并资助几个学区，马克·扎克伯格于 2010 年 9 月向新泽西州纽瓦克市的学校捐赠了 1 亿美元（Del Falco & Henry, 2010）。

一些学校人员质疑商业在公共教育中的作用，担心企业部门可能利用经费给课程和政策带来不当影响；另一些人则认为，企业伙伴关系为贫困学区注入更多经费、通过尝试创造性的想法以提高成就水平提供了希望。

另一种伙伴关系是特殊利益集团，他们的影响可能对学校作出积极贡献，或者他们也可能不断地对学校提要求：

——应该把更多的经费投入到体育项目中；
——性教育不是学校的职责，而应该采用在家教育的方式；
——教授多元化的文化遗产应该是学校的首要任务；
——学生在学校里应当学会遵守纪律与尊重他人，以便成为合格公民；
——少数族裔学生应该有特殊的文化项目。

同龄人群体是特殊利益群体的一个例子；在儿童向青少年过渡时期，群体会变得越来越重要。每个孩子都可能受到几个不同群体的影响——有些是学校正式组织的，比如团队运动，有些是通过宗教团体或童子军组织

---

① Parent Revolution，美国洛杉矶一个以帮助少数族裔学生家长为宗旨的智库。他们帮助家长为子女选择更好更合适的学校，督促学校公布学生成绩，让学生看到他们的进步。Heartland Institute，美国成立于 1984 年的全国性非政府非营利的研究、教育机构，关注教育政策、预算与税收、医疗健康政策、环保等诸多领域。——译者注

的社区活动，有些是非正式的，比如社区和学校的友谊团体。

少数族裔项目是特殊利益集团提出的另一个问题。由于学生的社会阶层和种族构成，教室变得更加多样化。多年来，少数民裔群体要求在学校课程中增加一些项目，美洲原住民、非洲裔、亚裔、西班牙裔、妇女研究以及其他项目现在都已经启动。最近，福特基金会和洛克菲勒基金会等慈善组织资助了一些民族志研究项目。许多教育工作者认为，需要重新修订原来的标准课程，因为它们最初旨在让孩子们成为社会上的主流群体，并按照"美国人"的标准对他们进行同化。而今天的趋势正朝着支持系统内部群体多样性的多元文化计划的方向发展，其目标是将每个群体都纳入历史视野的国家图景中，并将尊重文化多样性和多元化列为规范。

利益团体在社区中提出问题的力量基础越强，问题就越可能引起重视。一些小团体虽然愿意发声，但其影响却完全不成比例，这可以参看第二章关于书籍审查的例子。学校的制度环境塑造了世界各地学校的内部流程，使每所学校在其教育环境中成为一个独特的组织。

教育制度的环境所产生的诸多影响，给学校之间带来了一些相似之处，但由于学校独特的环境所带来的不同的贡献和压力，又使得每所学校都是独一无二的。为了了解学校内部的政策和活动，有必要了解学校所承受的环境压力。

小　结

1. 环境与教育系统

为了生存，学校对环境各种各样的需求都需要作出反应。因为他们依靠环境来获取资源，所以环境的需求不容忽视。在这一章里，我们重点关注了学校的制度环境：家庭、宗教团体、金融和经济、政治和法律制度、社区。

利益冲突是学校环境的固有组成部分，对立的群体都希望他们的观点能占据主导地位。为了获得生存所需的资源，学校必须花费更多的精力来应对环境中最突出的需求。

2.学校系统环境：制度间的相互依赖

构成环境的关键制度包括家庭、宗教组织、财经环境、政府和法律制度、社区及特殊利益集团。

（1）在儿童对待事物的态度中，会带来受家里影响而形成的对学校的态度。家长对学校活动的参与程度不同，家长越活跃，孩子的学校体验结果就越正面。

（2）在一些社会里，宗教与国家，包括教育在内都是一体的。在美国，政教分离在几个问题上都引发了矛盾，最值得一提的是：学校里哪些行为会构成传授宗教信仰？课堂中应该教授什么内容？"创世故事"的问题就是一个典型的例子。

（3）美国教育经费主要来自三个层面：联邦、州和地方。这些年来，这三个层面所提供的资金比例已经发生了变化。法院的诉讼裁定对一些地方政府资助学校的计划提出了质疑，因为这些计划对贫困学区不公平。近年来，州级拨款有所增加。资金筹措共有几个来源：个人所得税、销售税、财产税和其他捐税，以及一些州的博彩业附加费。资金分配方式也因州而异。联邦资金支持少数族裔、残疾人以及其他有特定目标的项目。包括税收抵免和教育券在内的一些改革建议仍在热议中。

（4）政府在教育方面的作用主要体现为通过法律和制定政策。尽管美国的地方控制至高无上，但联邦政府对那些不遵守联邦教育方针的人核减甚至拒绝提供教育资金，借此发挥着很大的影响。人们要求法院对与法律和政策相关的问题作出裁决，例如，为残障人士制定教育政策的法律已经极大地影响了这一群体，向法院提起诉讼的案件继续对法律进行检验。

（5）所有社区都在为学校提供"原材料"，这些进入学校的"原材料"又会影响到一个特定社区所提供的教育类型。社区的构成决定了对特殊项目的需求，比如双语教育。社区的特殊利益也会给学校施加压力，以维护他们的利益。

（6）学校环境对学校的内部运作有重大影响。不考虑影响教育系统的关键因素，我们就不能完全理解学校。

思考题

1. 请描述一下，在你的环境中，哪些部分影响着你作为学生的角色。其中的一些因素会引发你的角色冲突吗？
2. 对你所在学区产生影响的社会运动或人口趋势都有哪些？咨询一下教师和校长，他们认为与当前趋势相关的学校压力都有哪些？
3. 调查当地学校的经费状况，了解一下它们是否有些特殊的资金来源。
4. 你当地学校的直接环境和次级环境都有哪些？请用图解法表示。
5. 举出几个例子，来讨论环境反馈所带来的学校制度变迁。

参考文献

Apple, Michael W., and Lois Weis. 1986. "Seeing Education Relationally: The Stratification of Culture and People in the Sociology of School Knowledge." *Journal of Education* 168(1).

Atlas. 2015. "PreK-12 Financing Overview: Federal, State, and Local K-12 School Finance Overview." June 29. Retrieved April 4, 2016 (www.newamerica.org/education-policy/policy-explainers/early-ed-prek-12/school-funding).

Ballotpedia. 2015. "Public Education in New York." Retrieved April 4, 2016 (https://ballotpedia.org/Public_education_in_New_York).

Bergland, Christopher. 2014 "Tackling the 'Vocabulary Gap' between Rich and Poor Children." February 16. *Psychology Today*. Retrieved March 28, 2016 (www.psychologytoday.com/blog/the-athletes-way/201402/tackling-the-vocabulary-gap-between-rich-and-poor-children).

Biever, Celeste. 2005. "Court Case May Determine How Evolution is Taught in U.S." NewScientist.com. Retrieved May 10, 2007 (www.newscientist.com/article.ns?id=dn8042).

Bill of Rights Institute. 2002. "Zelman v. Simmons-Harris 2002." www.billofrights institute.org/educate/educator-resources/lessons-plans/landmark-supreme-courtcases-elessons/zelman-v-simmons-harris-2002/.

Bloomberg.com. 2004. "U.S. States Can Deny Scholarships for Ministry Study." February 25. Retrieved May 10, 2007 (http://quote.bloomberg.com/apps/news).

Boyle, Alan. 2005. "Judge Rules against 'Intelligent Design'." Retrieved April 2, 2011(www.msnbc.msn.com/id/10545387/ns/technology_and_science-science/).

Brown, Susan K., and Charles Hirschman. 2006. "The End of Affirmative Action in Washington State and Its Impact on the Transition from High School to College." *Sociology of Education* 79(2)(April): 106-30.

Carlson, Deven, and Joshua M. Cowen. 2015. "Student Neighborhoods, Schools, and Test Score Growth: Evidence from Milwaukee, Wisconsin." *Sociology of Education* 88(1): 38-55.

Catchpole, Nathan, and Aaron Miller. 2006. "The Disabled ADA: How a Narrowing ADA Threatens to Exclude the Cognitively Disabled." *Brigham Young University Law Review* 2006(5): 1333-79.

Center for Public Education. 2010. "Cutting to the Bone: How the Economic Crisis Affects Schools." Octoloer 7. Retrieved April 4, 2016 (www.centerforpubliceducation.org/Main-Menu/Public-education/Cutting-to-the-bone-At-a-glance/Cutting-to-the-bone-How-the-economic-crisis-affects-schools.html).

Child Trends. 2013. "Parental Involvement in Schools." September. Retrieved March 28, 2016 (www.childtrends.org/?indicators=parental-involvement-in-schools).

Civil Rights Division of the Department of Justice. 1995. "Enforcing the ADA, Fifth Anniversary Status Report." July 26. Washington, DC: Department of Justice.

Cord, Robert L. 1982. *Segregation of church and state: Historical facts and current fiction*. New York: Lambeth Press.

Covert, Bryce. 2014. "The Number of Homeless Children in American Public Schools is Skyrocketing." September 23. *Think Progress*. Retrieved March 28, 2016 (thinkprogress.org/economy/2014/09/23/3570962/homeless-students-2/).

Crawford, James. 1986. "Chapter 2 Limits Set in Suit Settlement." *Education Week* 6(2) (September 17): 15.

Darling-Hammond, Linda. 2010, *The Flat World and Education: How America's Commitment to Equity Will Determine our Future*. New York City: Teachers College Press.

Del Falco, Beth, and Samantha Henry. 2010. "Mark Zuckerberg Makes Massive Donation to Newark Schools." September 23. Retrieved September 26, 2010 (www.csmonitor.com/usa/latest-news-wires/2010/0923/Mark-Zuckerberg-makes-massive-donation-to-Newark-schools).

Department of Justice. 2010. "ADA Enforcement." Retrieved September 26, 2010 (www.ada.gov/enforce_current.htm).

Deseret News. 2015. "See Which States Spend the Most, Least per Pupil on Public

Education." Retrieved April 4, 2016 (www.deseretnews.com/top/2663/1/New-Your-See-which-states-spend-the-most-least-per-pupil-on-public-education.html).

Fernald, Anne, Virginia A. Marchman, and Adriana Weisleder. 2013. "SES Differences in Language Processing Skill and Vocabulary are Evident at 18 Months." *Developmental Science* 16(2) (March): 234-48.

First Amendment Rights Center. 2010. "Religious Liberty in Public Schools: School Prayer." February 11. Retrieved September 25, 2010 (www.newseuminstitute.org/first-amendment-center/).

Forrest, Sharita. 2016. "Wealthy Donors, Think Tanks Major Influences on Education Policy, Study Says." March 11. *Illinois News Bureau.* Retrieved April 4, 2016 (https://Illinois.edu/blog/view/6367/337906).

Hart, B., and T. R. Risley. 2003. "The Early Catastrophe: The 30 Million Word Gap." *American Educator* 27(1): 4-9. Retrieved October 6, 2010 (www.nccp.org/downloads/ResearchCaseSept08.pdf).

Hussar, William J., and Tabitha M. Bailey. 2014. "Projections of Education Statistics to 2022: Forty-First Edition." National Center for Education Statistics. Retrieved April 4, 2016 (https://nces.ed.gov/pubs2014/2014051.pdf).

IDEA. 1997. "An Overview of the Individuals with Disabilities Education Act Amendments of 1997." Retrieved April 3, 2011 (www.files.eric.ed.gov/fulltext/ED430325.pdf).

Larson, Edward J. 2004. *Evolution: The Remarkable History of a Scientific Theory*. New York City: Modern Library Chronicles.

Leachman, Michael, Nick Albares, Kathleen Masterson, and Marlana Wallace. 2016. "Most States Have Cut School Funding, and Some Continue Cutting." Center for Budget and Policy Priorities. January 25. Retrieved April 4, 2016 (www.cbpp.org/research/state-budget-and-tax/most-states-have-cut-school-funding-and-some-continue-cutting).

Lee v. Weisman. *Oyez.* Chicago: Kent College of Law at Illinois Tech (January 9). Retrieved Jan 9, 2017. www.oyez.org/cases/1991/90-1014.

Leveritt, Mara. 2000. "School Prayer and Football Games: Don't Sideline the U.S. Constitution." *Church and State* 53 (January). Retrieved September 15, 2016 (https://au.org/church-state/january-2000-church-state/viewpoint/january-2000-viewpoint).

Lloyd, Janice. 2009. "Home Schooling Grows." January 4. *USA Today*. Retrieved September 25, 2010 (www.usatoday.com/news/education/2009-01-04-homeschooling_N.htm).

Martin, Michel, and Claudio Sanchez. 2009. "Religion a Big Part of the Charter School Debate." June 16. Retrieved September 25, 2010 (www.npr.org/templates/story/story.php?storyId=105461721).

Mauro, Tony. 2000. "Supreme Court Bans Student-Led Prayer at Football Games." Retrieved May 10, 2007 (www.firstamendmentcenter.org/supreme-court-bans-student-led-prayer-at-football-games).

Medina, Jennifer. 2010. "Success and Scrutiny at Hebrew Charter School." *New York Times* (June 25): A1.

Michigan Department of Education. 2007. "What Research Says on Parent Involvement in Children's Education." Retrieved September 25, 2010 (www.education.com/reference/article/Ref_What_Research_Says/).

Mirga, Tom. 1987. "Louisiana Creationism Law: A 'Religious Purpose'." *Education Week* 7(20) (August 4): 23.

NAEHCY (National Association for the Education of Homeless Children and Youth). 2009. "Facts about Homeless Education." Retrieved September 26, 2010 (www.naehcy.org/educational-resources/k-12).

National Center for Education Statistics. 2000. *Digest of Education Statistics.* Washington, DC: US Department of Education.

National Center for Education Statistics. 2006. *The Condition of Education.* Washington, DC: US Department of Education.

National Center for Education Statistics. 2013. "How Many Children are Homeschooled in the United States?" *Fast Facts.* Retrieved March 28, 2016 (https://nces.ed.gov/fastfacts/display.asp?id=91).

National Center for Education Statistics. 2014. "Parent and Family Involvement in Education Survey of the National Household Education Surveys Program" (PFI-NHES: 2003, 2007, 2012). (nces.ed.gov/pubs2013/2013028rev.pdf).

National Center for Education Statistics. 2015. "Elementary and Secondary Education: Enrollment." *Fast Facts.* Retrieved April 4, 2016 (nces.ed.gov/fastfacts/display.asp?id=372).

National Education Association. 2007. "Getting Involved in Your Child's Education." Retrieved May 10, 2007 (www.nea.org/tools/17360.htm).

National Health Care for the Homeless Council. 2016. "What Is the Official Definition of Homelessness?" Retrieved March 28, 2016 (www.nhchc.org/faq/official-definition-homelessness/).

New York City Department of Education. 2016. "About Us." Retrieved March 28, 2016 (schools.nyc.gov/AboutUs/default.htm).

OECD: Education Resources. 2015. "Education Spending." *Education at a Glance.* Retrieved April 7, 2016 (https://data.oecd.org/eduresource/education-spending.html).

Pennington, B. 2006. "Small Colleges, Short on Men, Embrace Football." *New York Times* (July 10): A1, A14.

People for the American Way. 1987. "Most Frequently Challenged Books, 1982-1987." *Education Week* 7(34) (September 16): 3.

Postlewaite, Charlotte C. 2003. "School Choice Gains Momentum." June. *State Government News*.

Reyes, Augustina H., and Gloria M. Rodriquez. 2004. "School Finance: Raising Questions for Urban Schools" *Education and Urban Society* 37(1): 3-21.

Rosenberg v. Rector and Visitors of University of Virginia. 1995. (515 U.S. 819). Justia. http://supreme.justia.com/cases/federal/us/514/819/case.html.

Samuels, Christina A. 2015. " Graduation Rates Vary for Students with Disabilities" June 4. *Education Week*. Retrieved April 4, 2016 (www.edweek.org/ew/articles/2015/06/04/graduation-rates-vary-for-students-with-disabilities.html).

Sendor, Benjamin. 1990. "Religious Clubs Gain Equal Access to Schools." *The American School Board Journal* (September): 15.

Steelman, Lala Carr, and Brian Powell. 1991. "Sponsoring the Next Generation: Parental Willingness to Pay for Higher Education." *American Journal of Sociology* 96(6) (May): 1505-29.

Stevens, Mitchell L. 2003. *Kingdom of Children: Culture and Controversy in the Homeschooling Movement*. Princeton, NJ: Princeton University Press.

Stulz, Terrence. 2015. "Texas Supreme Court to Again Hear that State is Shortchanging Schools." August 31. *The Dallas Morning News*. Retrieved April 4, 2016 (www.dallasnews.com/news/education/headlines/20150830-texas-supreme-court-to-again-hear-that-state-is-shortchanging-schools.ece).

The News Hour. 2007. "Charter Schools." June 11. *Public Broadcasting System*.

The Rand Corporation. 2002. "Grades Still Pending on Vouchers and Charter Schools." Retrieved May 10, 2007 (www.rand.org/pubs/periodicals/rand-review/issues/rr-04-02/news.html).

Warren, John Robert, and Eric Grodsky. 2009. "Exit Exams Harm Students Who Fail Them—and Don't Benefit Students Who Pass Them." *Phi Delta Kappan* 90(9) (May): 645-9.

WNYC. 2016. "Guide: Understanding New York City Schools." Retrieved March 28, 2016 (www.wnyc.org/schoolbook/guides/understanding/).

第十一章
高等教育系统

"从中小学进入大学的道路并没有明确的标识。"(Boyer, 1987, pp.13–14)我们中的一些人有兄弟姐妹、父母或者辅导员作为榜样,还能对大学先修课程、大学考试、申请和选择过程以及录取进行指导;但另一些人则没有什么人可以指导,这些学生通常很少有机会上大学或者在高等教育上取得成功。初等和中等教育是强制性的,但是,是否继续接受高等教育,选择权则完全在我们自己。与初等和中等教育相比,高等教育在学校的氛围、教师的专业水平以及系统的组织架构上都有其独特的特征。本章我们要了解高等教育系统:它的发展和意义,进入系统的机会,系统内部的组织结构、过程和角色关系,变迁中的环境压力,以及高等教育的产出与改革。开放系统模型帮助我们勾勒了高等教育的许多侧面,并且看到了这些侧面与整个教育体系的关联。这一模型呈现了今天高等教育系统的每个部分,然而,对于许多在历史上参与过高等教育的人来说,对此却可能并不熟悉。

高等教育的历史与发展

走进英国牛津大学和剑桥大学,在看到庭院、尖顶、法式花园、镶嵌着彩色玻璃窗的长厅以及引人注目的雕像等环境要素时,人们会意识到现在许多高等教育的传统来源于12—13世纪。在古老的牛津大学博德莱安(Bodlien)图书馆,中世纪学者曾坐在那里学习,与今天的学生穿着牛仔裤带着书包和笔记本电脑坐在那儿学习完全一样。传播知识的传统始于早期的大学,例如法国的巴黎、意大利的博洛尼亚和威尼斯、西班牙的萨拉曼卡、英国的牛津和剑桥。这些大学主要建立在宗教思想的中心区域。除此之外，还有埃及开罗的艾资哈尔大学，它也是建立在伊斯兰教逊尼派的中心地区。许多这样的大学在其自行决策以及与教会、国家的互动中，建立了独立与自治之间的微妙平衡。这种平衡，持续了几个世纪，并一直延续到现在。

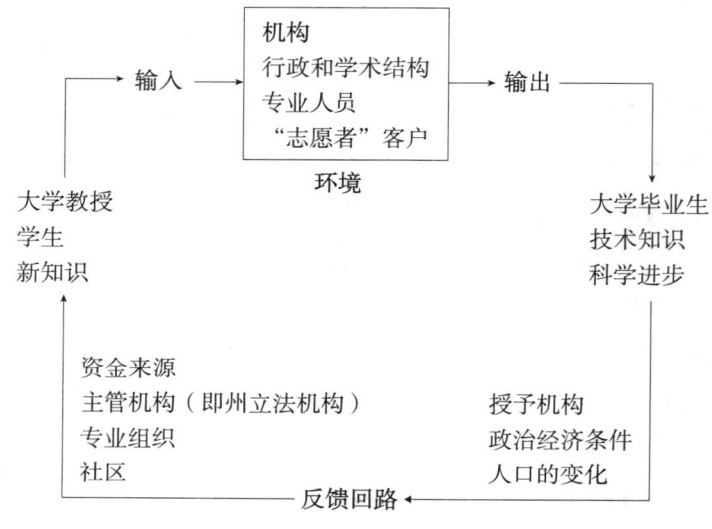

图 11.1　高等教育的系统模型

高等教育的历史性功能

19 世纪，在传统的传播知识的基础上，高等教育的另一个使命应运而生：研究成为它的一个目的。这个新的使命同时也制造了教学和研究之间的矛盾冲突，导致了师生关系的紧张以及有着不同志向和利益的教师之间的张力。这种紧张对今天的我们来说再熟悉不过，因为教授们会把他们的时间分配给教学和研究。在许多国家，研究胜出了，因为与教学相比，研究活动被贴上了更多的金钱和荣誉的标签（Cuban, 1999）。随着时间的推移，高等教育在治理、行政结构、课程设置以及学生组成等方面都在不断发生变化。新的秩序快速发展，以适应现有的结构。多年来，创设更具代表性的多元化的课程、为世界上更多的人提供教育机会，这些压力已经成为主要的教育议题。

高等教育的发展趋势

美国的高等教育发展历程与英国和西班牙等欧洲国家有所不同。在殖民时期，美国成立的几所小型学院，大多数由宗教团体赞助，但由非宗教人士来运营，这一模式在斯堪的纳维亚半岛国家也很典型。这些大学的主要目的是培养神职人员来领导、支持他们的宗教团体。在接下来的一段时间里，许多其他类型的大学迅速涌现，但很多都失败了。这些大学是由中上层阶级建立，致力于维持这种阶级差别。1776年，只有大约1%的人接受过高等教育；但是，许多年轻人会从导师那里或是通过自学来进行学习（Jencks & Riesman, 1968, pp.90-91）。在此期间，女性被排除在高等教育之外；然而，还是有少数非常幸运的女性在小型私人团体中会接受来自附近的大学里心胸开阔的男性教授的教导。从1837年开始，女性首次被欧柏林学院录取。欧柏林学院也是第一个招收非洲裔学生的高校，第一批非洲裔学生在1844年毕业。直到内战时期，随着莫里尔法案在1862年得以通过，许多州建立了公立的赠地学院和大学，目的是为广大学生提供自由而实用的教育。到19世纪末，为了满足日益增长的对教师的需求，公立教师培训学院或"师范学校"蓬勃发展。大约在同一时间，本科学院开始增加独立设置的研究生院和专业学校，逐渐形成我们现在所知的大学。第一批提供研究生教育并变成研究型大学的是在1869年完成转型的哈佛大学（哈佛学院成立于1636年），以及成立于1876年的约翰·霍普金斯大学。

到1900年，这里已经拥有几百所小型私立本科学院，其中大部分都是教授一些希腊语、拉丁语、数学、道德和宗教等"古典"课程。院系并不存在，大多数大学聘用的都是通才，而不是专业的学者。在接下来的几年里，教师开始专业化，经常到德国去学习先进的专业知识，回到美国后开始倡导并建立基于他们共同的专业知识、具有一定自治权的院系。此外，更专业化的学校——也就是今天的专业学校的前身，开始大量涌现，例如，麻省理工学院和加州理工学院，都专注于工科。

美国现有近5000所高等教育机构，包括两年制学院（National Center for Education Statistics [NCES], Digest of Educational Statistics, 2015, Table

317.10），每100名25岁（我们典型的全日制学生毕业年龄一般为22—24岁）以上的学生中有28名是从四年制大学毕业的毕业生（NCES, Digest, 2015, Table 104.40）。就25—34岁年轻人大学毕业率来说，美国一度是全世界最高的国家，现在排在包括挪威、英国和波兰在内的许多其他发达国家之后（NCES, Digest, 2015, Table 603.30）。

不同的历史因素导致了一些国家的高等教育模式有许多限制，但是美国的大众教育模式已经成了国际标准。美国没有一所国立大学或一家中央教育机构（美国宪法并未提及教育），各州自行制定教育法规，经常鼓励私人教育机构的发展。然而，19世纪以来，随着各州不再愿意通过对公民征税来支持教育之后，这些新的私立大学不得不依靠自身来发展。这就是为什么莫里尔法案的公立大学、"赠地学院"在我们的教育史上如此重要的原因。

通常被称为"社区学院"的两年制学院的出现，是20世纪的一个现象。他们提供最终学位或作为四年制大学的支流而存在，或两者兼而有之。"与四年制大学相比，社区学院有可能招收那些不太优秀的学生、少数族裔学生、兼职学生、经济上不太富裕的学生、通勤学生、年龄较大的学生和家里第一代大学生。"（Cohen & Brewer, 2014）最初作为一种美国的机构，社区学院有多重目的：教师队伍专注于教授学生而非研究、在需要的地方开展矫正教育、职业课程、社区服务、非传统和少数族裔学生易于入学，以及一些学生转到四年制大学的可选择性（Cohen & Brewer, 2014）。2013年，大约有40%的大学生在两年制学院就读，而在四年制大学就读的学生则占60%（NCES, Digest, 2014, Table 303.70）。在2013-14学年获得学士学位的人中，有46%的人在本科阶段的某个节点就读于两年制学院（Research Center, 2015），这或许是社区学院在美国高等教育中有更好的表现，50%的西班牙裔学生与31%的非洲裔美国学生都以社区学院为起始点。与之相比，只有28%的白人学生以社区学院作为起始点（Community College Research Center，未注明日期）。在那些以社区学院作为起点接受高等教育的人中，大约有14%的人会在六年内从四年制大学毕业（Community College Research Center，未注明日期；United States Department of Education, Web

Tables, 2011）。这些转学生在六年内从四年制大学毕业的可能性与那些从四年制大学开始学习的学生相比是相同的（69%），尽管转学本身受到了学生父母的社会经济地位、他们自身的学业准备和年龄（进入社区学院的年龄越高，转学的可能性就较小）的巨大影响。毕业还受到四年制大学的申请难度、对转学者的经济资助以及社区学院的学分是否被接受等因素的影响（Dougherty and Kienzl, 2006; Jenkins & Fink, 2016）。

60多年前，伯顿·克拉克（Burton Clark）观察到，1950年代加州的专科学校主要有两个功能：提供两年制的最终学位、为一小部分学生转入四年制大学做准备。克拉克指出，当越来越多的学生有转学意愿的时候，那些成绩较差的同学会遭到专科学校的劝阻，并被告知以职业为导向的两年制课程的优点。克拉克将此称为"冷却功能"（Clark, 1960），意思是学校试图通过让那些在学术上比较吃力的学生的学术志向转向职业与职位计划，来降低（或冷却）他们在学术上的雄心壮志，而不是准备将所有学生都转入四年制大学。学校的逻辑是，相比于在转校环节中的失败，这些学生可以在最终计划上取得成功，尽管他们不得不放弃获得四年制大学学位的梦想以及与这一学位相应的职位。

这个"冷却功能"的观念一直在引发有关两年制学院角色的争论。精英人士认为社区学院的地位较低，且不符合标准四年制大学的学术标准；主流批评家支持社区学院的原则，但认为他们在服务弱势学生和促进转学到四年制大学的环节上可以做得更好。批评者认为高等教育的层级体系制造了不平等，且两年制学院在这个体系中扮演了特定的角色（Pincus, 1994）。他们认为，社区学院是一个清除贫困生和少数族裔学生的筛子，或者阻止这些学生在教育阶梯上向上攀爬；处于边缘位置的学生，他们通常是少数族裔学生，都在高等教育系统中被过滤处理（Jenkins, 2016）。

因此，进入一所社区学院与进入四年制大学相比，获得一个四年制学位的机会很小（Dougherty & Kienzl, 2006），而完成副学士学位的学习很可能会阻碍学生获得更多的受教育年限（O'Connor, Hammack & Scott, 2010）。社区学院扩招的效果与预期的截然相反（Rosenbaum, 2001; Rosenbaum,

Rosenbaum & Stephan, 2011）。鼓励那些准备不足的高中毕业生去上大学（"面向所有人的大学"），结果产生出许多因无法达到自己目标而垂头丧气的学生。

社区学院学位对职业的定位与成功到底有什么样影响呢？我们进入的学院的类型决定着我们的职业地位。一般来说，社区学院毕业的职场新人，职业地位要低于四年制大学毕业的。然而，正如我们前面提到的，平均而言，社区学院的学生入学前的合格程度往往也不如四年制大学的学生，因此，这些学生上大学前程度不同，读大学后仍然不同。针对这个问题，最近的一些评论指出了就读于特别是毕业于社区学院在经济和其他方面的诸多好处（Belfield & Bailey, 2011）。阿特威尔和拉文（Attewell & Lavin, 2007）认为，向那些成绩不佳的高中毕业生敞开一扇能够进入大学的宽阔大门，已经产生了积极的成果。若非如此，这些学生可能就没法获得这么好的工作和收入（Rosenbaum, Rosenbaum & Stephan, 2011）。詹姆士·罗森鲍姆（James Rosenbaum）是社区学院的支持者，他指出，许多两年制学院毕业生的收入超过了很大一部分四年制大学的毕业生（Rosenbaum, Stephan & Rosenbaum, 2010）。很显然，社区学院发挥着一种独特的作用，并正在全世界范围内发展壮大，且类型多样。例如，英国为很多综合高中增设了"第六年级"学院；日本也为那些以女生为主的两年制学院提供可以选修的课程。然而，在一些高等教育系统中，比如加拿大，两年制的学院课程就不可以转换成大学的课程。

> **思考与应用**
>
> 你认为社区学院能够或应该为学生和社区发挥什么样的作用？

高等教育的理论研究

在过去的半个世纪里，高等教育在世界范围内迅速扩张。一个主要的理论问题是这种快速扩张的原因和结果都有哪些，另一个则集中关注高等教育的机会，即一些群体是否比其他人机会更多。让我们通过功能主义和冲突理论家的视角，来简要地概览这两个争议焦点。

高等教育的扩张

功能主义者或共识论者认为，大学可以通过发展和利用新知识来解决社会问题；冲突理论家认为如果我们想要改变目前的不平等状况，就需要有更基本的社会变革，否则大学可能只会永久地维持现状。

功能论研究 根据功能主义的观点，高等教育在美国和其他国家发展如此迅速有如下几个原因：第一，高等教育有助于增进个人机会；第二，高等教育通过教授在复杂的技术世界中所需要的技能，提高个人竞争力和融入系统的能力，这种卓有成效的方式增加了个体获得平等机会的可能性；第三，社会需要通过高等教育把一些个体培养成为社会中的重要角色。这一理论推动了欠发达地区进一步扩大高等教育的规模。

冲突论研究 冲突理论家认为，高等教育的增长与资本主义制度的需求变化有关。他们认为高等教育与初等教育、中等教育一样，是为了满足精英阶层的需要而建立的。就同中学将学生引导到职业或学术的轨道上一样，高等教育系统也可以被看成是一系列的分轨制度。向上流动的错觉一直存在，但其真实性已经遭到质疑。他们认为，两年制院校毕业生的职业地位与精英大学毕业生的职业地位有着天渊之别。塞缪尔·鲍尔斯和赫伯特·金蒂斯认为，大多数高校是为了让学生获得一些无需太多自主权和自由决策权的低级白领工作，而精英学校的学生往往有更多的选择机会，并容易获得那些有较大自我裁定权的工作（Bowels & Gintis, 1976, 2002）。他们甚至对精英教育鼓励学生反思高教系统及其正当性的做法都表示怀疑。他们认为，研究经费同样受到了精英阶层利益的引导，以利于维护现状。

兰德尔·柯林斯（Randall Collins, 1978）开拓了另一条冲突理论的路径，他认为教育是社会不同阶层群体之间竞争的工具。与功能主义者不同，兰德尔·柯林斯认为，不同职业对应聘者的教育程度要求越来越高，并不是工作性质本身对认知能力要求提高的结果。确立起不同职位对教育文凭的要求，显然只是为了阻断那些因为缺乏文凭而"无资质"获得工作的机会，而并非出于他们的工作技能不够或能力不足。那些由于教育水平出于种族或族群身份而形成的群体，他们往往又通过获取特定的教育文凭来扩大他们之于其他群体的优势。这实际上是教育者所喜闻乐见的，因为他们可以获得更多的生源。由此产生的唯文凭论作为一台自我驱动的永动机，实现着不同职位对教育门槛的持续膨胀。大学课程也越来越变得"职业化"，因为许多学生现在主修的是商学而非经济学，是传播学而非英语文学。

为了理解这种"把关控制"（Karen, 1990）的政治逻辑，或者说进入精英大学教育和项目的主体资格问题，我们必须研究教育系统的每一部分，包括那些制定准入规则的人，如大学招生官和高中的咨询人员（Rosenbaum et al., 1996）、他们使用的标准以及理想中的大学类型。招生程序反映了这所大学在广大社会中的位置及其可能的筛选程度。因此，个体在社会准入上的挣扎求存也鲜明地体现在大学的招生程序之中（Karabel, 2005; Soares, 2007; Stevens, 2007; Wechsler, 2014）。

高等教育的入学机会

这是一个全球性的问题：什么人可以凭借什么进入什么样的大学学习？无论正确与否，教育在大多数国家都被理解为通向个人进步与成功的道路。在当今大部分社会，精英都占据着名牌学府，并伴随着现代化的结构变迁，向服务型经济转移，而社会中的其他阶层只能表达利益共享的诉求。

世界范围的古老大学正承受着重新考虑其严格准入标准的压力，而新的大学正为学生群体敞开大门。例如，马来西亚国民大学现在首选本地生源，作为本土民族，与中国人和印度人相比，马来人接受高等教育的比例直到近年依然处于劣势。

但在美国，情况有所不同。入读精英大学的情况与英国和日本类似，但其准入主要并不是基于大学入学考试。美国大多数公共机构都设有"开放式政策"，也就是说，任何具备必要条件的高中毕业生都可以被录取。自

1980年以来，私立学校分为开放录取和选择性录取。公立四年制大学已经变得更具筛选性，这意味着对高中课程作业和考试成绩的期待有所增加。入读精英大学的激烈竞争凸显了美国大学的地位层级。与其他大多数国家不同的是，这里既有强大的公立大学，也有老牌的私立大学。随着大学排名的流行，如《美国新闻与世界报道》公布的大学排行榜，当今大学的"强弱顺序"格外受人关注。此外，高中毕业生继续接受大学教育的比例持续上升到现在的接近70%（NCES, Digest, 2015, Table 302.10）。相较于几年前，高中入学率有一个较大幅度的增长，但顶级大学的录取名额却几乎没有或极少增加，大学入学机会的竞争比以前更加激烈。许多顶级大学现在的录取率只有10%或者10%以下。这便使得大学排名略微靠后的一些大学就随之变得更有吸引力，因而也就更富竞争性（Athaveley, 2007）。推动这一激烈竞争的最终因素是一个广阔的全国性大学市场的出现。虽然以前成绩最好的学生都更倾向于在家乡或本地区上大学，但现在在全国范围内申请到其他城市去读大学已经非常普遍（Davies & Hammack, 2005）。所有这些因素导致学生会同时申请10所甚至更多学校，也导致了大学录取过程的竞争加剧。数据表明，随着高中毕业生人数的减少，紧张的大学招生压力将在未来几年有所缓解。

高等教育的分层与机会均等

在美国，大学招生官会考虑几个因素，即高中成绩、活动表现、相关人士的推荐信和考试成绩（Stevens, 2007）。如第三章所讨论的，所有的争议都尤其集中在考试成绩上。那些在录取过程中赞成使用标准化考试成绩的人认为，分数可以帮助甄别出"不能达标"的学生，如果是一些精确分级的学校，分数还可以作为选拔大学生的统一标准。成就测试的批评者认为，考试并不能精确地测试学生的才智或展现出学生所学到的东西，学生如果承担得起辅导的费用，就可以通过训练来提高他们的分数，因而，它对少数族裔的学生来讲并不公平。虽然少数族裔学生的成绩已经有所提高，但在SAT考试中，大多数族群的分数都提升得不明显（表11.1）。然而，正如第三章所提到的,社会阶层差距已经扩大。为了回应这些关切,许多精英院校已经选择采用 SAT 非强制性政策,希望扩大学生群体的多样化,能够基于能预示学生未来成功的品行来更加精确地筛选学生(Soares, 2011)。

表 11.1 2015 年不同性别与族裔群体的 SAT 平均成绩

	批判性阅读	数学	写作	总分
男生	497	527	478	1503
女生	493	496	490	1479
美国印第安人	481	482	460	1423
亚洲人/亚裔美国人/太平洋附近岛民	525	598	531	1654
非洲裔美国人	431	428	418	1277
墨西哥裔美国人	448	457	438	1343
波多黎各人	456	449	442	1347
其他西班牙裔或拉丁裔美国人	449	457	439	1345
白人	529	534	513	1576
其他全体	495	511	484	1490

注:SAT 每一个部分的得分范围都在 200 到 800 分之间。
来源:Fair Test, 2016, www.fairtest.org/sites/default/2015-SAT-ScoresReaction.pdf.

在欧洲、拉丁美洲、非洲、亚洲以及世界其他地区的许多国家,大学入学考试决定着一个人的未来。要么成功,要么失败——就这么简单!这种制度使日本出现了这样一种年轻人,叫做"浪人"(没有领主的武士)——如果第一年没能考上大学,他们会多花一年或更多的时间来重新参加入学考试。然而,在日本,也有一些学生干脆放弃争夺进入顶级大学的机会,转而选择知名度较低的大学或直接工作;更常见的是,这些放弃竞争而选择直接工作的常常是蓝领工人的孩子,这导致了现有阶层制度的固化。对于美国以外、家境殷实的学生来讲,一个比较好的策略就是来美国读大学。

精英大学与公立大学

对于来自较低社会经济背景的学生,不管具有何种能力、成就和期望,都最有可能去那些录取竞争不那么强的高校,比如两年制学院以及开放招生的机构。尽管美国的高中生知道总会有学校接受他们,但中产阶级学生很少会考虑进入这类学校。例如，美国的旗舰类大学的学生入学数据表明，他们正变得不成比例的"更白更富"（Gerald & Haycock, 2006; Haycock, Lynch & Engle, 2010）。总体来讲，美国的高等教育正越来越呈现出以学生家庭收入为分界线的隔离化（Mortenson, 2005）。

西加尔·阿隆（Sigal Alon, 2009）指出，随着越来越多的学生申请入学，美国的高等教育竞争愈发激烈。社会地位高的学生可以在那些顶尖大学用来对申请者进行分类的领域提升自己，以增加他们的录取概率。他们有机会接触导师、AP课程和课外活动，这些活动让他们比起不那么富裕的学生更有竞争力。她断言，其结果是越来越多的富裕学生进入了最顶尖的大学，从而加剧了高等教育进一步的社会分层。

精英寄宿制学校的毕业生最有可能进入高选择性大学——精英学校中有61%可以进入名牌大学，这一比例在普通学校只有39%（Gaztambide-Fermandez, 2009; Karen, 1990, p.238）。私立大学的招生官正在致力于让他们校园里的学生群体多样化，这往往是自愿行为，尽管他们拥有独立于法规之外的完全的自主选择权（Farnum, 1997; Stevens, 2007）。然而，这些举动引起了争议，并引发了平权措施的问题。

事实仍然是，绝大多数大学生都就读于当地和地区内的公立大学。对常青藤联盟和其他顶尖学校的关注使我们对大部分大学生的经验产生了认识上的偏颇。事实上，对18—24岁的适龄大学生来说，能够在全日制四年制大学就读的人数还不到三分之一（Casselman, 2016）。

法院在高校招生中的影响

对少数族裔学生的录取并非总是大学的自愿行为。政府会通过各种途径对大学施压，包括一些特殊项目的财政支持、推进平权措施的立法，除此以外，政府还在少数族裔入学和员工聘任上设立一定的标准，如果一所大学不遵守标准，政府就会取消对这所大学的科研资助。

与此同时，在影响教育方向的各个层面上，我们能越来越多地看到法院在主要决策权上的参与。在高等教育中，法院的裁决及其造成的影响非常广泛，从录取、平权行动、学校体育的筹资到学生权利的法律问题均有涉及。下文两个涉及机会均等的早期案例，对法院在高等教育环境中的角色或有相当的说明意义。

给少数族裔学生予以倾斜的政策并非一直没有受到挑战。1970年1月，小马可·德弗尼斯（Marco DeFunis, Jr.）被华盛顿大学法学院拒收，他将学校起诉至法院，认为分数更低的少数族裔学生得到了优先录取。案件被上诉至最高法院，法院支持了其诉讼请求，却没有就少数族裔学生录取及定额问题给予明确的表态。

招生部门希望1978年巴基诉加州大学校董会案（Bakke v. California Board of Regents）能够解决德弗尼斯案所留待回答的对少数族裔区别对待和比例配额问题。此案中，加州大学戴维斯分校的医学院设定了具有争议的招生比例标准。艾伦·巴克（Allan Bakke）已经达到了录取标准，然而未被接收，分数不如他的少数族裔学生却被录取，因此，巴克提起诉讼，主张这构成了反向歧视。法院宣布此招生比例标准违宪，但仍旧支持在高等教育准入问题中将种族因素作为考量因素。

高等教育平权行动实施约20年后，1996年3月，美国联邦第五巡回上诉法院否认了得克萨斯大学法学院招生政策的合法性。在霍普伍德诉得克萨斯州案（Hopwood v. State of Texas）中，法庭判决对墨西哥裔美国人和非洲裔美国人倾斜的招生政策违法，这一判决造成了随后一段时间内少数族裔学生录取数量急转直下（Diaz, 1997）。这个裁决与路易斯安那和密西西比等州平权法案下的指导条令完全互相矛盾（Healy, 1998）。

2003年，最高法院对两个涉及密歇根大学的案件作出了判决。第一个案件：密歇根大学在本科生招生程序中对少数族裔学生进行了加分，从而提高少数族裔学生的录取几率。两个被拒绝录取的白人学生提起上诉，要求判决招生程序违法（Jennifer Gratz and Patrick Hamacher v. Lee Bollinger）。第二个案件：与普通本科生招生有所不同，在法学院的招生程序中，种族因素确实可以作为一个考量因素，但并不意味着少数族裔申请者就必然会享受固定优待（Barbara Grutter v. Lee Bollinger）。在第二个案件中,法庭的判决支持了法学院的招生政策,因为法官认为,在整个招生系统中,种族仅仅是考量因素之一。此外,法庭认可了"教育多样性作为各州高等教育系统中重要目标"的观点,并由此证实了种族因素在招生程序中可以作为一个考量因素的正当性。法院否决了本科生的录取过程,认为增加分数来提高录取的几率的手段是歧视性的,因为这些加分全部只授予给少数族裔,这已经是接近于配额制度的操作了。法院断言,虽然这个问题将继续存在,但在25年后,不应该再有理由在大学招生程序中考虑种族问题(www.law.cornell.edu/supct/html/02-241.ZO.html)。

直到2015年,最高法院听取了阿比盖尔·菲舍尔(Abigail Fisher)的上诉,她的求学申请遭到得克萨斯大学的拒绝。在这个案件中,得克萨斯大学依照"最高法对密歇根大学法学院的判决",认为种族因素可以作为众多入学资格考量中的一个因素。得克萨斯大学录取的大多数学生是通过"10%计划"录取的,在这一计划中,每个得州高中前10%的学生会被自动录取。她却没有被按照"10%计划"自动录取,她认为任何使用有关种族因素干扰正常入学程序的做法都违反宪法。在2013年,她的投诉被最高法院审理,并将这个案件发回到联邦地方法院重新审理。联邦法院再次裁决,认为得克萨斯大学使用种族的理由是合法的。最高法院同意审理她的上诉,被许多人看作是对招生中使用种族理由的一个不利的信号,但在2016年,保守的大法官安东宁·斯卡利亚(Antonin Scalia)的去世让这个判决变得不确定起来。2016年6月23日,法院以4∶3的结果维持了下级法院的判决(索托马约尔法官回避了这一判决),认同了得克萨斯大学将种族作为是否录取的一个考量因素(Liptak, 2016)。

鉴于目前适用平权法案的司法困难,许多大学正在探索如何提高低收入家庭学生入学率的方法。最近,哈佛大学、宾夕法尼亚大学、斯坦福大学等多所大学接受了更多来自低收入家庭的合格学生。戴维森学院已采取了向家庭收入低于6万美元的学生提供低学费或免学费的政策。由于许多少数族裔学生都来自低收入家庭,这种方法将增加高等教育中少数族裔和低收入家庭学生的入学人数。但很少有学校有足够的财力来采取这一政策,因此这一做法的影响有限。

思考与应用

各种高等教育机构如何提供平等的机会来公平对待所有的学生群体？

美国高等教育的特征

高等教育是一个指在高中毕业后能够获得学位的包涵各种教育项目的术语。然而，本节中，我们一般不涉及职业教育或岗位培训项目。在美国，有超过5500个高等教育机构可以提供副学士学位和学士学位（NCES, Digest of Educational Statistics, 2014, Table 318-60）。

首先，作为一个重要的区分，根据财政资助的不同，大学分为两个主要的类型——公立和私立。在公立类型之中，高等教育机构存在于地方、州和联邦不同层级。大多数公立机构都由州资助。地方资助的机构往往是两年制学院和技术培训机构。超过一半以上的私立教育机构是宗教附属机构，通常附属于新教和罗马天主教家长组织。

第二，学生的构成也可以说明有关高等教育机构的一些情况：男、女、少数族裔和外国学生的比例，学生的年龄和背景（表11.2）。虽然女性占所有大学生的近60%，但在两年制学院和大学里，女生比例高，而在精英教育机构里，女生的比例低。

第三，不同的项目类型可以区分出不同的机构：两年制、四年制、硕士或研究生层次、博士学位授予单位以及法律、医学等专业院校。许多高等教育机构开发了特定的专门领域或专业学院，并因此而扬名。有些高等教育机构，特别是州级财政资助的公立大学，正在朝着多校区方向发展。加州的公立高等教育体系是一个很好的例子，它有10个大学校区，23个四年制州立大学，112个两年制学院。两年制学院既可以是高等教育的终点，也可以作为高等教育系统其他部分的起点。

我们有许多类型的专业学院（表11.3）。这些学院的规模、财力、研究生或本科生培养、有关平权行动的规定以及性别分布都各不相同。尽管高等教育体系的差异很大，但它们的共同点是为已经完成12年学业并且志愿接受进一步教育的学生提供服务。

表11.2 1998、2006、2009、2015年四年制大学中不同族裔新生和女性所占百分比

种族和民族背景	1998年	2006年	2009年	2015年
美国印第安人	2.1	2.2	2.5	2.8
亚裔美国人	4.0	8.6	8.9	14.7
非洲裔美国人	9.4	10.5	11.0	11.6
白种人	82.5	76.5	73.1	68.2
拉丁美洲人	4.5	7.3	11.2	16.5
其他	2.3	3.6	3.4	2.9

注：2015年的调查所使用的种族类别与之前的统计类别有所不同，学生可以选择一个类别以上。由于许多学生选择了两个或多个类别，因此总人数之和超出100%。

来源：Higher Education Research Institute at UCLA, The American Freshman: National Norms for Fall 1998, 2006, 2009, 2015.

表11.3 专业学院的类型

建筑学	新闻学	眼科医学
商学	法律学	药剂学
牙科医学	图书馆学	公共卫生学
教育学	医学	社会工作学
工程学	音乐学	神学
林业学	护理学	兽医学

高等教育的价值

高等教育文凭真的能带来更高的职业地位和更高的收入？大学毕业生的收入相对于高中毕业生要高出61%。2013年，在25岁及以上的全职男性工人中，拥有高中以下文凭人群的收入中位数为25390美元，拥有高中毕业证书人群的收入中位数为35160美元，学院毕业但无学位人群的收入中位数为40900美元，有两年大学学位人群的收入中位数为45670美元，有学士学位人群的收入中位数为61130美元，硕士学位人群的收入中位数为

79870美元，有专业学位人群的收入中位数为111510美元（NCES, Digest of Educational Statistics, 2014, Table 502.40）。就读大学和专业等其他因素对预测未来的地位和收入也很重要（年龄在25—34岁间，图11.2）（http://collegestats.org/articles/2010/02/whats-a-college-degree-actually-worth-20-good-answers/，可链接20篇关于大学学位价值的论文）。

那些进入名牌大学的学生比那些进入普通大学的学生有更多的机会获得更高的收入；而且，这种影响对低收入家庭的学生来说最大。对男生来说，"就未来收入来讲，选择一个盈利性高的专业并尽快获取学位比选择就读什么样的大学更为重要。"（Fitzgerald, 2000）由于某些不完全清楚的原因，仅就收入而言，女性似乎更能从她们就读学校的特点中获益，这一点与男性不一样。然而无论男女，两个数据都表明，相比于进入名牌大学却没有成功毕业的毕业生，从任何一所大学成功毕业的毕业生都有更好的结果，而且职业的经济回报与选择的专业关系很大，不同专业之间的毕业经济回报差距很大（Davies & Hammock, 2005；Ma & Savas, 2014）。

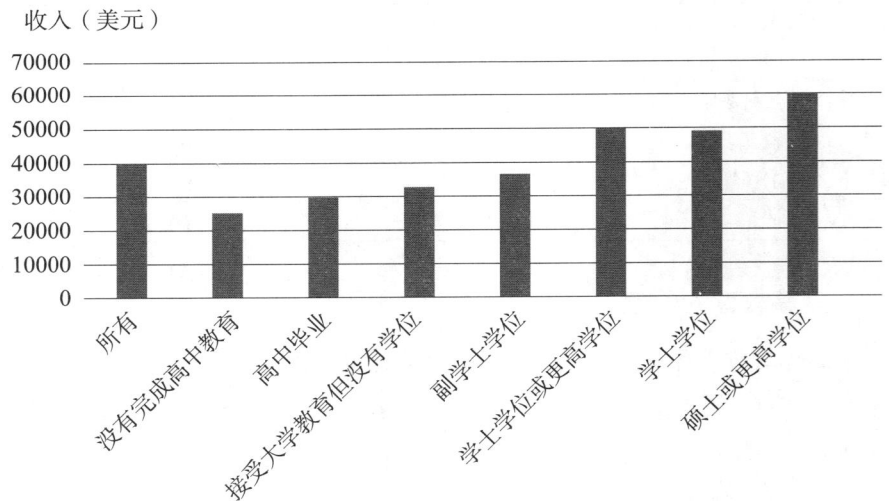

图11.2　2013年25—34岁全年全职劳动者的受教育程度及平均年收入

来源：U. S. Department of Commerce, Census Bureau, Current Population Survey（CPS），"Annual Social and Economic Supplement，" 2014. See NCES, Digest of Educational Statistics, 2014, Table 502.30.

最近的证据表明，每个人上大学所得到的好处并不一样。在一篇方法论创新的论文中，布兰德和谢（Brand & Xie, 2010）发现，对于少数族裔或社会经济地位较低的群体，无论男女，由于他们不太可能进入大学并从大学毕业，因此他们在毕业后获得的经济效益要比那些本身就有可能上大学的人大得多。人们对这一发现普遍存在这样的理解，因为这些毕业生比那些普通的毕业生更稀缺，因此在劳动力市场上会更有价值。许多学生在与自己专业无关的领域工作，这种情况以及由此造成的上大学的经济优势的弱化，导致年轻人产生这样的疑问：是否值得在接受大学教育上花费时间和金钱？比较表明，大学毕业生的收入高于中小学毕业生，而且最近的劳动力市场变化继续减少了所有"大学以下学业毕业生"这一群体的经济回报（图 11.2）。

帕斯卡雷拉和特伦济尼（Pascarella & Terenzini, 2005）对大学教育所带来的无形成果作了总结。大学可以帮助学生形成积极的自我形象，增强人际关系和智力能力。大学生会以更自由的政治观点和态度（可能有，也可能无法坚持）对待社会问题，他们的宗教倾向也会有所减少。

学校—工作的过渡和文凭危机

每个人都有上大学的权利吗？那些没上大学的人有工作的权利吗？谁来决定谁拥有这些权利？最后，对那些试图进入大学和职场的人，他们的失败是不可避免的吗？

与其他工业国家相比，美国在帮助高中和大学毕业生寻找工作这方面所做的准备较少。许多国家为就业提供了具体的垫脚石——从高中到大学或贸易学校，再从学徒到工作岗位。他们可能会有计划地提供一定数量的市场岗位，安排好从学校到工作的过渡，或者有计划地开展职业和技术培训，通常采取学徒制的形式（Buehler & Konietzka, 2010; Kohlrausch & Baas, 2010; Van Houtte & Van Maele, 2010）。高中毕业生很少可以看到学校和工作之间的关系，然而，他们必须适应就业市场的要求。大学毕业生的表现会好一些，因为他们已经在特定领域受过训练，尽管他们中的许多人所学专业与工作并没有直接的联系。雇主一般需要有专业技能的员工，但是新员工又往往缺乏这方面的技能,这意味着雇主必须在培训上耗费精力,并承担培训费用。

各种各样的新的证书类型正在推出,工作岗位的要求也正在不断提高,这并不一定是新的教育知识的结果,而是因为越来越多的人在寻求职业系统里的高层职位。因此,相对于所从事的工作而言,许多人的受教育程度过高,这一现象被称为"职位差距"。曾经没有受什么教育的人就可以从事的工作,现在正被更多受过高层级教育的人所从事,除非他们能找到与他们所受教育水平相匹配的工作。这在一定程度上是因为2007—2009年经济衰退的后果,近期找不到工作的毕业生人满为患。人们相对于所从事职位的资质过剩,会使他们的工作满意度往往较低(Vaisey, 2006)。但现在大学毕业生被聘为零售职员(比如在书店或星巴克)的情况已经不在少数,而在大学学位还并不常见时,这种情况真的并不多见。我们已经适应了这一变化,并为现在所有大学毕业生明显缺乏适当的职业机会而发出哀叹。对大学学位价值的争论已经有了进一步发展,一些人认为,鉴于大学毕业生就业结果有很大的变数,读大学的人肯定完会有可能会减少(例如,可见于Reynolds, 2014)。正如前文所强调,大学的经济回报很大程度上取决于一个毕业生能否毕业以及他所学的专业。文凭的泛滥与经济和社会分层制度密切相关;学生们希望获得更高的学历,以获得更高的职位,事实上也是如此,美国的大学毕业生的收入比只有高中文凭的人多出接近20000美元(48500美元比30000美元),而且他们的收入增长得也更快(NCES, Digest of Educational Statistics, 2014, Table 502.30)。

大学作为"通往美好生活的道路"的形象已经失去了根基(Abel & Deitz, 2014;Karen & Dougherty, 2005)。由于高中文凭在就业市场中的价值在大幅下降,大学学位的经济价值依然得以保持,但是并非所有大学毕业生都能平等获益(Brand & Xie, 2010)。事实上,许多大学毕业生接受与他们的大学专业无关的职位,工作能力的不同导致他们在就业市场上的回报有很大的不同(Carnevale, Strohl & Melton, 2014)。当前的经济形势正在挑战功能主义者所作出的扩大教育机会可以满足社会需求的阐释,而依据冲突理论者的说法，由于大量不满现状的毕业生的出现，这种社会紧张态势可能会推动经济体系的重组，并反过来促进教育制度的变革。

> **思考与应用**
>
> 我们每个人都应该接受高等教育吗？还是我们已经出现了过度教育化？应该由谁来做出这些决定？

高等教育系统的功能

高等教育在社会中服务于特定的功能或者说目的。这些目的是什么，或者应该是什么，是一个存在争议的问题，可能会引发家长、教育者、学生、政府官员、雇主和其他社会团体之间的矛盾。在接下来的讨论中，我们思考三个方面：作为社区的大学、大学的功能以及这些功能之间的冲突。

作为社区的大学

应用社区的概念——成员共同之处、劳动分工，以及成员之间的相互依存关系，是一种研究大学功能的方法。大学就是有一个全面的学术计划和集中的物理环境，有一种治理方式，提供一系列服务的社区，人们可以在那里吃饭、睡觉和工作。也许对现代大学最好的描述就是，这是一个履行多项职能的机构。

一所拥有拓展项目、研究设施、研究生院和专业学院、支持服务部门的完备的大学，已经设定了高等教育系统内所有学术体系的标准。但是，大学也时常受制于相互矛盾的目标，尤其是在有关组织结构和自主性的领域。传统意义上把大学人员凝聚在一起的诸如共同的信仰、态度和价值观之类的纽带已经分崩离析，一些更正式的结构、规则和程序已经取而代之。人们提出了许多有关大学基本价值的问题——学术项目的本质，大学应该教授什么样的事实知识、何种价值观及什么样的信仰与实践技能，学生和学者自由探究的意义，以及在大学的活动中应该包括哪些内容。随着课程范围的扩大、学科类型的增多,曾经一度存在的围绕基本学术问题的共识已经变得越来越难以建立和维护。高等教育经常被提及的形象是它的三个主要功能:科研——创造新知识,教学——传播现有知识,服务——将知识转化到有用的社会活动中。

研究的功能

高等教育被大家普遍接受的一个目的就是生产知识,尤其是那些科研比重较大的高等院校。在科学和工程领域,科研项目的方向和范围主要由商业界、工业界和政府提供的财政支持所决定。这种影响让科研人员不禁发问:"知识为谁而生产?"一些研究项目正被削减,尤其是纯理论方面的研究,这是因为在当前财政紧缩的环境下,这些研究并未处于优先发展的位置。一些学者对此提出质疑,认为这势必导致未来知识的断层。各州和联邦政府削减了对大学的财政投入,严重影响了那些依靠政府财政支持的大学科研人员、学生和其他职能部门("The American Research University",1993),使得他们更加依赖于私人和慈善基金的支持。自从20世纪中期以来,科研已经成为高等教育的一个重要组成部分,不仅仅是在大型研究型大学,可以说除社区学院以外,其他所有高校都将科研放在最主要的位置。一些州已经开始尝试利用其高等教育体系和教职人员的资源来刺激当地经济发展(Brint, 2002)。

在所有类型的高校里,越来越多的教职人员都期待把自己的工作成果以论文的形式发表。成功发表一篇论文,意味着他的工作受到了来自整个他所从事的领域的专家们的关注及认可。这种评价已经超出了他工作的机构所能给予的。那些并没有被授予终身教授的教研人员,会把他们所有精力都放在科研、发表、教学上,并尽可能服务于各种委员会。在大多数四年制大学里,教研人员都需要发表文章,而教学有时处于次要地位。

教学的功能

教授,特别是那些承担了研究生课程的教授,如何平衡教学与科研的关系,成为高等教育机构中普遍关心的话题。1990年代初期,斯坦福大学率先宣布科研人员的教学能力评估将对其晋升产生重大影响，康奈尔大学和其他大学随之纷纷效仿。许多学科都在制定教学资料，并推动教学的专业化发展。一些专业学院同样将注意力投放到教学艺术之上。而在此之前，研究型大学并未正式认识到教学质量的重要性。

然而，从1990年代初期开始，我们听到了另一种声音——大学的重点应该回归到教学，应该保证教育学生的优先地位（Boyer, 1990）。对学生学习的评估行动有了很大的发展，举个例子，大学学习评估（CLA）90分钟测试要求学生阅读一组聚焦某一话题的文章，利用文章里有量化信息和其他形式的信息，写一份两页的备忘录，来描绘并分析与该话题相关的讨论。与多选题不同，大学学习评估旨在衡量学生评价素材并参与讨论的能力（Glenn, 2010）。一些对考试的研究质疑学生究竟学习了多少知识（Arum & Roksa, 2011），这些研究者发现，如果学生选修了那些要求更多阅读和写作量的课程，他们的成绩就会飞速提高，然而，这样的课程在许多校园里并不常见。这一系列的研究已经激起了高等教育领域的一场强劲运动，来关注学生在大学时代学习到了什么，并创建一个将学习纳入高校排名系统的评估体系。这种变相加大教师责任的运动，在高等教育领域里备受争议。对学生学习的重视与日俱增的同时，教师所承担的创新性科研的压力却丝毫未减。2000年代后期的经济衰退导致州政府削减了对公立高等教育机构的财政支持，所有这些压力都顿时备增（Lederman, 2015）。

服务的功能

学校的另一个功能或目的就是在一个更广泛的社区里提供公共服务。公众希望大学教师将他们在各自领域的研究成果通过出版物、媒体、讲座、教学等方式传播给社会。历史上这方面最好的例子，就是赠地学院的农业顾问网络推动了1890年代末期的绿色农业革命——1887年的"哈奇法案"以及之后1914年的"史密斯-利弗法案"资助了许多推广站和代理机构。今天，这类服务的形式已经发生了巨大的改变，但始终非常重要，例如，能源部的橡树岭（Oak Ridge）、阿贡（Argonne）和圣地亚（Sandia）等国家实验室，每一个都隶属于一所大学（http://energy.gov/about-national-labs）。各种思想的传播都获得了热烈的反响，甚至引发世界范围内许多国家的社会变革。大学学者们究竟应该参与到什么程度，来传播知识、提高社会认知或引发变革，依然有待观察。

然而，大学里的学生已经参与到社区的服务工作之中，有时，这些服务工作本身就是他们教育的一部分要求。许多大学校园里"服务学习"的盛行，不仅大大增加学生参与校外活动的时间，而且参与校外活动的学生数量也在增加。

大学功能间的冲突

一个凉爽的秋天周六下午，球场内外人山人海，这场比赛的胜负将决定哪支队伍会进入重要的大学橄榄球比赛。大学竞技运动是一笔价值几百万美元的大生意，而围绕着大学竞技运动的一些话题正反映着大学的各个功能间的矛盾。拥有成功竞技项目的大学，运动不仅能够帮助学校获得经济收入，而且更能吸引学生来就读。一些批评家指出，这并非大学主要功能的一部分，大学的主要功能应该是获得和传播知识、服务或其他传统功能。这个案例很好地诠释了大学的学术功能和大企业取向之间的矛盾（Dowling, 2007; Nocera & Strauss, 2016）。

大学的学术功能与商业功能

近些年来出现的一些问题反映了大学面临的矛盾。许多大学都派遣各路人马去各个高中搜寻运动明星并与他们签定协议。竞技运动领域获胜的压力是如此巨大，以致于他们甘愿铤而走险、无视规则。几所大学爆出的篡改成绩的报道引发了一系列丑闻，并导致了对学校及相关个人的制裁（请参照北卡罗来纳大学的案例）（Ganim & Sayers, 2014）。一些学习成绩很差的男生和女生被招入学来参加比赛，但是他们常常挂科以至无法正常获得学位。

全美大学行动联合会（NCAA）（http://web1.ncaa.org/app_data/GSR/nablus/GSR_Fed_Trends.pdf）的统计数据显示，2008年开始大学生涯的同

期学生中，参加一级联赛的非洲裔运动员（53%）同其他拥有奖学金的学生（67%）相比更不容易毕业。然而，同非运动员的非洲裔美国学生相比，非洲裔运动员在六年内拿到学位的比例偏高（53%∶45%）。2014-15学年赛季大学橄榄球一级联赛 A 组足球队里面，超过90%的队伍的运动员可以毕业一半以上。然而，白人学生和非洲裔美国学生之间毕业率差距依然巨大。75 所参与足球联赛的运动员中非洲裔学生的毕业率为67%，而白人学生的毕业率为85%。这两个比例都明显高于一般男生的毕业率，一般非洲裔男生的毕业率为41%，一般白人男生毕业率为63%（The Institute for Diversity and Ethics in Sport, 2015; www.tidesport.org/football-bowl-bound.html）。

两位社会学家耗时几年运用参与式观察的方法，研究参加大学生一级联赛的运动员，观察他们相互冲突的不同角色。大多数运动员上大学，都期待打球、有良好的社交、获得学位、进入 NBA 或其他专业球队。然而，许多人都很快便希望幻灭，他们感觉自己已经被粉丝尤其是教练不断地掏空，这些教练、粉丝只是当他们在球场上表现良好时才会对他们有兴趣。问题在于许多运动员变得无法好好准备学业，训练成为他们生活的全部。他们经常分隔开来住宿，远离学校，如同被抛弃了一样（Adler & Adler, 1991）。

另一个问题是，运动员一旦进入大学，就无法得到应有的支持。人们专门针对这种"肉食市场"①的现象，几度提出抑制的措施。为了成为一名在大学第一年可以参加比赛的"合格者"，从2008年开始，这些运动员就必须先从高中毕业，完成一个包括16个学业课目的核心课程（主要是英语、数学、科学），同时，结合 GPA、SAT 或 ACT 分数，力求达到全国大学体育学会（NCAA）专设的学业合格标准。NCAA 使用一种滑动的尺度来评判 GPA 标准，例如，如果一个学生的 GPA 为 3.55，那么他的 SAT 成绩需要在

---

① "肉食市场"（meat market），指大学运动员好像市场上待人选择、任人宰割的肉食，在学校中处于被动无援的状态。——译者注

400 或以上，ACT 成绩必须在 37 或以上。因为他们只计算 SAT 中的口语和数学部分，最低分数为 200 分。所以说 GPA 高是补偿其他测试分低的一个方法。如果 GPA 没有达标，那么 SAT 或者 ACT 的成绩要求就会相应提高，所以一个学生如果只有 2.0 的 GPA，那么他的 SAT 成绩需要在 1020 以上，或者 ACT 成绩在 86 分以上（http://fs.ncaa.org/Docs/eligibility_center/Quick_Reference_Sheet.pdf）。许多教练和运动倡导者把这个飙升的学业要求看成是一个削弱少数族裔运动员的错误决定，而其他人则认为这是抵制这些学生被体育训练过度掏空的一个方法（Dowling, 2007）。

还有一个建议是把运动员的学制改为五年，让他们有更多的时间去完成学业。许多学校都引进了一些专门辅导的项目、限定赛季和训练时间，还提供咨询服务，来帮助那些成绩不佳的体育生。近期还提出了一些其他建议，包括让运动员形成一个联盟，与大学进行谈判，让那些在一类和二类联赛参加比赛的运动员可以获得正常财政补助之外的运动员薪水（Nocera & Strauss, 2016）。

什么样的课程类型？

高等教育的矛盾在课程问题上也有体现。一方面，人们要求大学在艺术教育和科学教育上保持其博雅教育传统：根据学生兴趣传授知识，使他们成为全面发展的人才；另一方面，人们又倡导学校安排一些有实践意义、以职业为导向的课程，强调所传授知识的社会实用性。由于大学现在正面临着生源增长缓慢的阶段，经济环境也在迫使学生去获取一个直接指向就业的"可用"的学位，所以这些矛盾在今天愈发突显。州政府对高等教育的经费削减有时也已经导致通识教育部分课程（例如，学校分配的必修课程）被削减或合并，同时扩充了很多职业取向的项目（Clune, 2015）。

"黑人的命同样珍贵"运动（Black Lives Matter）的兴起引发了一场对种族主义、学校历史和各种关系的全面筛查。一个广为人知的例子便是：要求普林斯顿大学去除国际关系学院主楼上伍德罗·威尔逊（Woodrow Wilson）的名字。威尔逊是这所大学的校长，也是新泽西州州长，在他就任美国总统之前，是一个不折不扣的种族主义者，并利用职权贯彻了其种族主义思想。《纽约时报》编辑委员会指出："19世纪末期至20世纪初期，成千上万的黑人男女通过了公务员考试，或者接受了政治上的任命。他们获得了收入不菲的政府部门工作，他们摇身一变开始监管白人员工。威尔逊在1913年接管了联邦政府，他对这种现象无法容忍，因为他认为美国黑人不应该具有完全的公民权。"（The Editorial Board, 2014, A30）他开始逐步削减政府部门里黑人职员的数量，并给一些黑人职位降级。普林斯顿大学董事会最终决定不去除他的名字，但还是决定采取一些其他措施（Markovich, 2016）。

将参与社区服务纳入必修课程，显示了强调服务学习和发展公民意识的态势。出国游学也变得越来越普遍，有时甚至成为必修。有些大学甚至在其他国家建设分校。从19世纪开始，在大学里应该教什么和应该学什么都不再确定（Trow, 1972）。

> **思考与应用**
>
> 大学应该满足社区的需要，还是保持独立于社区的需要之外，或者是找到另一种选项？他们的社区都由哪些东西构成？

作为组织的高等教育

高等教育结构和官僚模式：它有效吗？

许多大学在试图采用官僚模式或商业模式来运行时都面临着特殊的矛盾，然而这样的模式却是大多数学校所采用的。大学的层次结构图可能与商业组织很相似，但其相似之处多数也仅限于此。

——大学里有两种明显的结构：学术结构和层级管理结构。
——多数员工是知识专家和专业人员，他们依据传统希望自治和学术自由；他们可能对学校机构只是短暂地服从，但是会永久忠于他们的学科。

——学院在很大程度上脱离社区和广大社会，以从事其基本活动——转化知识和做科研。

——教学和研究要求每个教职人员对其最终成果拥有自主权。

——决策行为广泛分布于整个组织内部，有时学生也可以在很多问题上有实质性的发言权。

让我们一起来思考层级体系和决策行为的细节问题。

双层级体系　学术机构有两种层级体系。大学及其许多部门和项目中的学术结构是层级体系的一种形式，它通常是基于头衔和终身教职。尽管这些教职人员有不同的头衔，但是他们在大学中的正式地位是一样的。然而，他们的非正式影响力、权力、责任和薪资在整个机构中都不同。行政结构更加近似于商业模式和韦伯的官僚制劳动分工模式。层级体系的顶端是理事会、校长和包括院长在内的其他高层管理人员。其他行政人员行使不同的职能，提供健康服务、图书管理、餐饮服务、建筑和操场维护、财务管理和心理咨询。

大学由于注重学术自由所形成的松散结构，可能会与集中决策形成矛盾。专业教职人员希望能在自己的专业领域拥有决策权，讨厌其他非专业人员来侵犯他们做决定的"权利"；这尤其体现在教职人员招聘、升迁、留任和课程安排等领域。一旦教职工成员经过同事推举、校长和理事会通过，被授予终身教职，他们相对于行政决定的独立性就会更强。最后，这里还有一种内在的矛盾，存在于提供一种良好教育与执行一种商业或官僚模式所要求的经济、有效的行政操作之间。由于2008年的经济衰退，世界经济所面对的困难已经对高等教育产生影响。许多大学都可看到他们接受到的捐赠在减少，州财政拨款在大幅削减。不仅高校遭遇如此情况，企业捐献也在下降，许多基金会接受到的捐助都大幅下滑，这也导致越来越少的礼物流向大学。只有到了最近，高等教育经济状况才有所好转，它们重新获得了许多社会捐赠，州政府也开始增加对大学的财务支持。

由于大学规模迅速扩张，相应的"综合性大学"行政管理变得更加复杂，这些问题和矛盾越发突出。随着部门、项目和研究团队的增加，行政结构也与学术结构一道变得更复杂。事实上，一些人也将高等教育成本上升归因于大学校园里的管理人员和非教学专业人员的增加。

大学的层级结构与决策　尽管不一定恰当，但用官僚制模型的特征来描述大学还是很有用的，因为这种模型比起其他模型更接近于现实情况。在高等教育层级结构中要考虑七个层次。

1. 系　系是一个行政单元，其领导者可以被任命或选举，也可以在系成员之间轮换。这个领导者要对系的成员和更高一层的管理人员负责，同时承担支持教师团队、提薪时对他们予以评判、有时还对他们的晋升进行评判等职责。系也是按层级构建，通常按等级划分为：讲师、助理教授、副教授、教授。系的权力和决策通常分散于成员之间，他们经常使用民主程序来作出重大的决策。越来越多的教职员工都按非终身职位来聘用——也就是说，他们没有资格获得终身职位，并只签短期协议。他们有些是全职的，有些是兼职教员或客座教员。他们在院、系和大学的决策中所扮演的角色非常不同，随着这部分人数量的增加，这就变成了一个日益重要的问题。

2. 学院　一些相关学科被归类为一个学院，院长为行政管理上的领导者。例如，艺术与科学学院或教育学院，他们与专业学院在大学里的地位相同。这一行政管理层级要对财务、工资、计划、新项目等影响到所有单元的事项作出相应的决策。

3. 行政团队　校长、副校长、院长、助理可能是也可能不是活跃的教师。他们对大学的各个方面负有责任，包括学术事务、学生服务和财务事务。通常那些监督学术问题和教员的人都有担任教员的经验，通常担任过部门的领导。但高等教育还有许多重要的组成部分，如注册办公室、财务资助办公室和会计办公室，它们与学术工作几乎没有任何联系，而且运作起来就像一个非学术的商业机构。

4. **教师代表机构** 由各学院和学校的代表组成的教师委员会或教师代表大会，在学术问题上有决策权或咨议权。

5. **理事会** 这些来自社区的外行拥有最终的法律责任。其成员通常由其他委员会成员通过选举来产生，或者由州长或其他公共机构实体所指派、委任。多数大学理事会将正式批准对校长和教师代表机构组成人选的建议。作为一种协调结构，一些多校区大学已经组建起核心委员会。这些"超级理事会"就像理事会一样运作，它们拥有最终的控制权，但其存在进一步将决策权从教职员工和独立校区中移走（Clark, 1976）。

6. **区域认证组织** 全国有六个进行办学成果评估的志愿团体，他们会拿机构所设定的目标来进行参照、比较，并聘请区域内的专业人员来参与评估，涉及区域包括了中北部、西北部、新英格兰、中部、南部和西部，目的是帮助机构达到它们为自己设定的标准。

7. **全国性组织** 许多国家都有全国性的公共机构协调组织。尽管美国并没有正式的对决策行为的全国性管控，但联邦基金资助了大学的许多项目。联邦政府的学生资助可以影响全国的高等教育实践。如果失去了联邦政府的支持，许多机构将会遭受严重的危机。

控制和决策 重大决策由院校的校长和理事会决定或批准，但各个单位依然掌握着越来越多的分散决策权。

在大学里，官方并不认可一些低级别参与者所掌握的权力，但他们在决策中实际上却有影响力。例如，许多办公室职员是无法替代的，因为他们掌握了许多专业知识，然而，他们得到的报酬却很少与他们难以捉摸的权力相匹配。学生虽然在组织中的时间不长，但是他们带来了新的视角，他们虽匆匆离开并留下了自己的标记，但他们可能为评价并改变教育现状提供了不可或缺的推动力。当然，学生可以通过多种方式表达自己的声音，包括组织和抗议。他们仍然是可以去影响单所学校和高等教育发展方向的一个普遍潜在的力量，比如普林斯顿大学的学生，出于总统的种族主义思想，他们想从大学建筑中移除伍德罗·威尔逊的名字。

> **思考与应用**
> 你是否可以辨识出大学层级结构与商业模式之间的矛盾领域？

高等教育中的各类角色

我们每个人都在高等教育体系中扮演着重要角色，但这只是我们众多角色中的一个，这是高等教育的一个问题——必须努力争取每一位有多重角色义务的成员的忠诚。我们讨论高等教育体系中的主要角色时，必须充分考虑个体在角色责任发生冲突时的两难境地。

高等教育中的角色：客户

没有学生，就没有高等教育机构，大多数教授就会失业。学生是高等教育系统的客户，也是系统的成员，他们购买服务，在系统的运行中扮演着一个不可或缺的角色。在不同时期，学生在系统中有不同程度的权力，从开始毫无实权的群体已经演变成一个可以决定哪个教职人员、哪个项目、甚至哪所大学能够生存下来的群体。

在1960年代后期至1970年代，从加州大学伯克利校区的言论自由运动到反越战运动，政治上活跃的学生群体已经开始展现他们的力量。科恩和斯奈德收集了讨论1960年代南方学生激进主义如何改变高校的文章，为我们呈现了这一运动的广度（Robert Cohen & David Snyder, 2013）。今天的学生对总统选举、政治制度、环境问题以及大学所传授的内容都有影响。

经历婴儿潮那些年，高校招生规模急剧扩大，但随后出现了萧条和紧缩。从1979年到1985年，18岁的高中毕业生人数减少了50万。大学担心没有足够的学生来维持大学运营，所以进行扩招（如妇女和退伍军人等非传统学生）。经济衰退使学生选择离家近的大学，同时由于大学扩招，可以进入大学的高中毕业生数量增加，为许多小型高等教育机构预先阻挡了风险。在此期间，大学通过直邮、视频、电话联系、邀请访问和"优秀"奖学金来招收有学术天赋的学生,因此,大学的营销预算大幅增加。

入学率的波动由许多因素造成,包括人口中的大学适龄学生的数量,但最主要的波动缘自私立盈利机构的出现。过去十年来,许多学校,包括许多职业学院和商学院,以及凤凰大学和卡普兰大学等大型多校区学术企业,受联邦政府大幅加大财政支持力度的鼓励,招生人数从2000年秋季入学的45万人,增长了近三倍,到2008年达到1469142人(NCES, Digest of Educational Statistics, 2009, Table 189)。最近,私营盈利机构的招生模式发生了变化,在2010年达到高峰之后,2010—2014年间,私立盈利机构的入学人数下降了26%(从170万人减少到130万人)(NCES, Digest, 2015, Table 303.70)。在过去数年里,这个行业面临着越来越多的审查和来自联邦政府的压力,政府对其教学质量和对学生的承诺提出了质疑,有些学校不得不缩小规模或关闭校园(Cohen, 2016)。看看这些"客户"的构成,随着大量的大龄非传统学生、少数族裔学生、已婚学生在课堂或者网上上学,典型大学生的形象已经日趋多样化。1965年,美国大学生中只有4.8%是非洲裔美国人,法学专业的学生中只有1%是非洲裔美国人。这些数字在过去30年里发生了巨大的变化。在2014年秋季入学的大学生中,非洲裔美国人入学人数接近13.8%,西班牙裔学生则超过了15.1%(NCES, Digest of Educational Statistics, 2014, Table 306.10)。这些数字大致相当于他们在整个人口中的比例。印第安人的入学率也在上升,今天美国有32个经过完全认证的部落大学(US Department of Education, 2015)。

高等教育中的性别和种族

自1970年代以来,美国上大学的女性数量增加了一倍。事实上,在2014年,大学女生人数已经达到了1140万(56.5%),超过了男生(879万,43.5%)。这种增长一部分原因是由于非传统年龄的女性重返大学,但是这个差距已受到广泛关注。

对一些招生困难的高等教育机构来说,吸引非传统年龄段的女性入学是其希望所在。这些女性已经大量进入或正在重返大学校园。在高等教育中，已有超过 100 万的"再读女性"。许多重返校园的女性正在试图实现两类期待：家庭角色和教育角色。她们通常都是由于家庭状况的改变（比如离婚或丧偶）而返回学校。调查数据显示，大多数重新进入大学的女性都专注于她们的学习，她们拥有足够的信心和精力。包括精英女子学院在内的几所大学，都承认将再读女性作为其学院班级的一部分，并为她们提供特殊计划。

女性大学入学率的增长，很大程度上是由于女性高中毕业生的比例较高。这种因受教育水平变化带来的社会经济后果刚刚开始为人们所察觉。许多大学担心招收男生的人数已经达到了临界点，为了使他们的学校对男性申请者更具吸引力，有几所没有将足球列为体育选项的大学开始引入足球队，由此，全国大学体育学会（NCAA）、全国大学体育校际协会（NAIA）和独立的大学足球队增加到 773 个（不包括明年计划增加球队的八所大学，National Football Foundation, 2015）。

女性所获研究生学位多数集中在人文、社会和行为科学、教育和卫生等专业领域，而男性所获学位多数则在自然科学、计算机科学、工程和商业管理方面。在科学、技术、工程、数学（STEM）领域，有 40% 的学士学位由男性获得，女性则获得 29%，但除博士学位之外，女性获得各种学位的比率正在下降（Bidwell, 2015）。由于数学成就是通往科学和工程领域许多高薪职位的大门，因此，研究人员一直对女性在各级教育中的数学和理科课程成绩备感兴趣。在大学里，尽管参加数学课程的女生人数不多，但她们和男性在数学课程上通过微积分的成绩相似。现在的研究表明，参与 STEM 项目的女性和少数族裔的就业情况已经有所改善，但带小孩的女性在这些领域和其他领域里都面临着不利的处境（Jaschik, 2015）。

2013 年，拥有学士学位的 25 岁及以上的全职男性职工的年收入中位数为 67240 美元，拥有副学士学位的人平均为 51000 美元。同一类别学士学位的女性平均收入则为 50750 美元，副学士学位为 37700 美元（NCES, Digest of Educational Statistics, 2014, Table 502.20）。虽然可以将诸如育儿时间等因素考虑在内，但同等受教育水平的女性收入仍然相对较低。然而，对于那些主修 STEM 和相关科目的女性来说，有证据表明，他们与男性的收入差距正在消失（Ma & Saves, 2014）。

大多数女性学生看起来对自己的大学经历感到相当满意，包括对教授、其他学生、课堂和学习条件等。在所有女子学院，学生对她们的经历往往非常满意。她们认为自己获得技能的能力很高，她们的教育抱负，包括读研究生的可能性，也很高。然而，这类学校的数量在持续下降，因为很少高中女生会对女子学院感兴趣（Salomone, 2007）。其他几所女子学院，包括新泽西州的圣伊丽莎白学院（St. Elizabeth's College）和印第安纳州圣玛丽-伍兹学院（St. Mary-of-the-Woods College），最近改变了招生政策，允许招收男生。在过去的几年里，另外两家学院——弗吉尼亚州的斯威特·布莱尔学院（Sweet Briar College）和加州的米尔斯学院（Mills College），都面临着艰难的财务状况。斯威特·布莱尔已经关门了。跨性别女性（变性人）的入学资格也成为这类大学所面临的一个问题（Feldman, 2014）。

许多大学正通过继续教育或终身学习项目为成年男女提供更多的非学位课程。这些项目不仅能让有兴趣的成年人快乐学习，而且还能帮助抵消因经济损失而产生的预算赤字。这些丰富的课程可以吸引各种类型的成年人——动手能力很强的人、老年人、有具体目的比如为出国度假而学习一门语言的人、为再读大学做准备的人、与他人接触来增加精神刺激的人，或者只是单纯觉得有乐趣的人（来自作者对继续教育课堂上学生的调查）（Barrett, 2016）。

少数族裔学生成功或失败的相关因素　学生在高等教育上的成功不仅取决于个人的目标、动机和能力，还取决于社会阶层、种族、性别和早期"标签"——成功或失败始于早期生活中对儿童的标签效应，以及他们的背景不同所带来的优势和劣势。到了中学时代，教师、咨询员、学生和家长都对学生学业成绩有相当清楚的认识。分轨参加大学预科还是职业课程往往很容易作决定。可是，有一部分学生，虽然自己有某种强烈愿望，但却得不到支持，比如教师的推荐、测试的结果、咨询员的评估结果以及父母的鼓励，这些都得不到时，便会产生内在的冲突。一旦进入了高等教育机构，就经常有报道说，学生由于自身的背景（经济问题和儿童关怀问题）以及高校的原因，出现学习并取得成功的障碍（专栏11.1，Ballantine and Feltey, 2017）。

〔专栏1.1〕

"学生学习障碍"

如果一项知识并非不可能学成，那为什么还会出现学习困难呢？这正是费尔蒂（Feltey）和巴兰坦（Ballantine）等研究人员想要知道的。他们从1000多名随机挑选的学生中了解学生学习的主要障碍，又将这些障碍分为几个类别：学生个人问题、角色冲突、教师的问题、环境的问题、课程和课堂的问题。以下是对主要因素的简述，每个类目下的因素按重要性排列：

学生个人问题：时间、金钱、学费、兴趣、学习障碍、疲劳、准备不足、不做作业、学习功课落后、阅读能力差或不喜欢阅读、懒惰/拖延、时间管理不善、注意力不集中、睡眠不足、开车时间长。

角色冲突：有生病的亲戚/孩子、工作冲突、个人生活/浪漫、社交、娱乐、体育、消遣（电视、游戏和卡片）。

教师的问题：糟糕/无趣的教师、没有人情味的教授、难以接近的教授、外教、教学风格、教师不愿有错误或不愿回答问题、学生提问过多或干扰秩序、教学时间过长。

环境的问题：不舒服的椅子、教室里的噪音水平、教室里的温度、停车位。

课程和课堂的问题：测验/考试结构不完善、只有一种评估方法或一次任务/测验、班上学生太多、课程安排在不方便的时间、考试压力过大、网络的干扰、在同一时间分配多项任务、课程作业负担、上课节奏快、枯燥的书籍、小组项目、班级学生能力参差不齐。

> 课堂出勤率也可以用来解释学生的学习障碍。大约15%的学生表示他们从未缺过课,接近60%的学生在一学期里缺过一至五节课,13%的学生在一学期里缺过五至十节课,还有8%的学生在一学期里缺过十至十五节课。缺课的最常见的理由是生病,其他理由依次是学习另一门课程、没有要求必须参加、"老师很无聊"。
>
> 通过对学习障碍的了解,学生、教师和管理人员可以致力于消除高等教育中学生问题产生的原因。
>
> 来源:Study by Jeanne Ballantine and Kathy Feltey, 2007.

思考与应用

思考一下,你自己的教育都遭遇过哪些障碍?它们包含在以上的要素中吗?

没有对大学生活作好充分准备的学生将面临额外的挑战。阅读、写作和数学的基本技巧,再加上大学先修课程的缺失,会将学生置于"危险的境地"。学生上高中时,通过早期诊断和补救行动来培养学生的基本技能,有助于他们将来有所成就,许多大学也在提供补救和拓展教育方面的特殊服务。

囿于经济能力的学生相对于其他学生来说,被大学录取并从大学毕业的可能性更小。申请资助的选项由于政府和学校的削减也变得越来越有限。表11.4比较了不同收入群体的大学入学率。

表11.4 2013年高中毕业生的大学入学率

全部	65.90%
高收入	78.50%
中等收入	63.80%
低收入	45.50%

来源:Census Bureau data; Jaschik, 2015.

2012年获得学士学位的学生中,超过60%的学生都来自收入占前四分之一的群体,29%的学生来自中间两个四分之一的群体,只有14%的学生来自收入最低四分之一的群体（NCES, Condition of Education, 2015）。大多数来自低收入四分之一群体的那部分学生也是少数族裔学生。2012年获得学士学位的学生中，72.9%是白人，10.3%是非洲裔，8.8%是西班牙裔，还有7.3%是亚裔或太平洋岛屿居民，印第安人占总数的0.007%（NCES, Condition of Education, 2012, Indicator 47）。这一差别往往始于早年的学校教育，许多大学都在努力为能力弱、成绩差的学生提供补习课程。由于受到资金不足和服务削减的打击，导致一些大学，特别是城市大学，不能有效满足许多低收入者和少数族裔学生的需求；再加上学费攀升、资助转为贷款的政策变化所导致的学生债务水平上升，这些学生正面临着严重的经济压力。

许多进入大学的少数族裔学生难以完成他们的学术任务，不是因为他们的能力、水平，而是因为他们薄弱的学术基础、经济问题和校园氛围。举拉丁裔大学生的例子来讲，相对于那些面临着敌对的种族氛围的学生来说，那些在大学头两年里有宗教或者社会组织关系的学生或者和班级以外的学生有所交流的学生更有可能继续留在大学（Hurado & Carter, 1997）。包括拉丁裔人口很多的加州（几乎有50%的学龄儿童）在内，许多州都在关心如何提高教育和成绩水平，以提升其经济福利（Lempert, 2010）。获得博士学位的非洲裔学生人数从1997—2012年间占全体博士数量的4.5%，已经提高到2007—2008年间的7.4%（NCES, Condition of Education, 2012, Indicator 47）。其他少数族裔群体被授予博士学位的人数比例可见表11.5。

即使有充分的心理准备，许多少数族裔学生仍旧感到自己被低估、污蔑，并经常受到他人的攻击与排挤。校园里的种族事件，比如仇恨言论，阻碍了非洲裔美国人和其他少数族裔群体的情感融合。有一种解释说这些事件是由于争夺稀缺资源——学分、竞争性项目的参与度、毕业、最终就业和收入所引起。最近的研究表明，以下政策和实践可以促成学生达到更高成就水平：尽可能早地教育一年级学生去利用校园资源；把课堂改造成一个社区；开发早期预警系统，在学生需要帮助时提供支持；利用一种行为或者积极的角色模型让每一位学生建立起联系（Kuh et al., 2007）。

学生亚文化或同龄人群体　学生都会归属于一些对他们行为、兴趣和学业成功有重大影响的同龄人群体。伯顿·克拉克和马丁·特罗（Burton Clark & Martin Trow, 1966）曾总结了学生亚文化和同龄人群体的类型，他们可以被归入四种类型：

表 11.5　1999-2000 学年和 2009-2010 学年，根据学位层次和种族/族群，学位授予机构授予美国居民的学位数量、百分比率以及授予女性学位的百分比

学位层次和种族/族群	数量		分布百分比率		授予女性学位的百分比	
	1999-2000	2009-10	1999-2000	2009-10	1999-2000	2009-10
副学士学位	554845	833337	100.0	100.0	60.3	32.0
白人	408772	552863	73.7	66.3	59.8	30.9
非洲裔	60221	113905	10.9	13.7	65.2	68.3
西班牙裔	51573	112211	9.3	13.5	59.4	62.4
亚裔/太平洋岛屿居民	27782	44021	5.0	5.3	56.8	58.5
美洲印第安人/阿拉斯加原住民	6497	10337	1.2	1.2	65.8	64.9
学士学位	1198809	1602480	100.0	100.0	57.5	57.4
白人	929106	1167499	77.5	72.9	56.6	56.0
非洲裔	108013	164844	9.0	10.3	65.7	65.9
西班牙裔	75059	140316	6.3	8.8	59.6	60.7
亚裔/太平洋岛屿居民	77912	117422	6.5	7.3	54.0	54.5
美洲印第安人/阿拉斯加原住民	8719	12399	0.7	0.8	60.3	60.7
硕士学位	406761	611693	100.0	100.0	60.0	62.6
白人	324981	445038	79.9	72.8	59.6	61.8
非洲裔	36595	76458	9.0	12.5	68.2	71.1
西班牙裔	19384	43535	4.8	7.1	60.1	64.3
亚裔/太平洋岛屿居民	23538	42072	5.8	7.0	52.0	54.3
美洲印第安人/阿拉斯加原住民	2263	3960	0.6	0.6	62.7	64.3
博士学位[①]	106494	140505	100.0	100.0	47.0	53.3
白人	82984	104426	77.9	74.3	45.4	51.4
非洲裔	7080	10417	6.6	7.4	61.0	65.3
西班牙裔	5039	8085	4.7	5.8	48.4	55.0

续表

学位层次和种族/族群	数量		分布百分比率		授予女性学位的百分比	
	1999—2000	2009—10	1999—2000	2009—10	1999—2000	2009—10
亚裔/太平洋岛屿居民	10684	16625	10.0	11.8	48.8	56.5
美洲印第安人/阿拉斯加原住民	707	952	0.7	0.7	52.9	54.8

① 包括博士（PhD）、教育博士（EdD）以及相对于博士层次的同等学位，包括以前界定为第一批专业的大部分学位，比如医学博士（MD）、牙科博士（DDS）和法律专业的学位。

资源：US Department of Education, National Center for Education Statistics. 2012. The Condition of Education 2012 (NCES 2012-045), Table A-47-2.

1. 大学生活型——体育、约会、乐趣、兄弟会和姐妹会、"混大学"①、金钱。
2. 职业型——职业准备、实际的态度、经济上不富裕、经常工作、已婚。
3. 学术型——知识分子、对教师的认同、花时间在图书馆和实验室、毕业计划和专业培养。
4. 不随主流型——几种类型：好斗的知识分子、寻求个人身份的学生、叛逆的学生。

随着1960年代激进学生运动的涌现，出现了一些新的学生类型，这些类型的学生并不适用于上述的类型。虽然这些类型可能已经改变了，但是"参照群体"的概念并没有改变，这提供了一种归属感和大学环境中的行为模式。

兄弟会和姐妹会可以为一些高等教育中的学生提供"正式"的同龄人群体关系，这些通常都会归入大学的亚文化。它们提供了大学生活中学术之外的另一种选择。然而，对兄弟会和姐妹会却一直存在着严厉的指控，

① "混大学"，joe college，指不用功读书、爱玩乐的（美国）典型男大学生。——译者注

从欺侮行为到毁坏财产、约会强奸甚至是轮奸,有时与酗酒相关,也可能是兄弟会和姐妹会房产(Greek house)①所存在的问题(New, 2015)。虽然许多大学都有官方的严格政策,各州也有涉及兄弟会和姐妹会行为的刑法规定,但批评人士仍在指责这些法律并没有发挥作用,问题依然在持续。好消息是毒品和酒精的使用在校园里已经有所减少,一些兄弟会也在取消酒会派对。然而,在许多校园里,兄弟会和姐妹会的魅力依然非常强大,许多学生都会被吸引(O'Donnell, 2009)。

最近一本关于大学文化的书中强调,主要在富裕学生中流行的女性"派对"文化发挥着维护高校教育不平等的功能。阿姆斯特朗和汉密尔顿(Armstrong & Hamilton, 2013)观察到女性在大学生活中通常会出现的三条"通道"或路线,并给将它们贴上"流动性""专业的"和派对通道的标签。值得关注的是,这些路线与克拉克和特罗早年发现的"大学生活型""职业型""学术型"同龄人群体之间有着怎样的对应关系。根据阿姆斯特朗和汉密尔顿(2013)的说法,社会上占主导地位的派对群体拒绝接受经济背景差的女性,置她们于较低的社会地位,这就再生产了她们家庭之间的不平等地位。

由于经济压力、工作竞争以及许多第一代大学生在努力提高他们向上流动的机会,职业型的亚文化主导着许多校园。我们应该清楚地认识到,大学生群体中有相当大一部分不是全职学生,超过25岁的成年学生也占有非常大的比例。对传统的大学生来说,大学生活主要是一种社会体验,但是对于超过25岁的成年学生来说,大学是帮助他们提高学历、获取知识与技能的一种手段。

大学毕业生的老龄化

1980年代,18—20岁的传统适龄大学生群体减少了270万人,但是大学生的总数却增加了180万人。为什么?因为年龄超过25岁的大学生

---

① Greek house,指北美兄弟会和姐妹会成员共同生活和工作的房屋或住宅区,用以举办社会聚会、会议和有益于社区的活动。——译者注

数量大幅增加。2013 年，18—24 岁的大学在校生注册人数为 1220 万（占此年龄段人口的 39.9%），25 岁以上在校学生 820 万人——这两组年龄段的学生人数均有所增长。非传统的年长学生在经历了家庭或军队生活后重返大学，目的是提升他们的工作技能、改变职业路线、通过参加学历课程或旁听课程来完善其个人能力。教育在对有偿劳动力进行再加工的过程中变得非常重要，许多年长者都愿意进来（Pew Research Center, 2015）。联邦政府及州政府的财政资助可以帮助年长者接受教育支付学费，老年人参与课程一般免费。年长的学生可能更多地会去社区学院和以盈利为目的的非全日制学校，绝大多数 25 岁以上的学生在这些学校中就读（http://nces.ed.gov/programs/coe/indicator_csb.asp）。尽管是非全日制学生，但是研究表明，即使可能需要更长的时间来完成学业，这些学生经常可以在充满挑战的环境中坚持下来，他们和他们的孩子也可以从中受益（Attewell & Lavin, 2007）。

这种人口结构的变化正在对课程和校园生活产生影响。从 2013 年到 2014 年，参与两年制学院网络在线（远程教育）课程的人数增加了 4.7%，呈持续增加的趋势，而与此同时，社区学院的在校人数下降了 3.5%（Juszkiewicz, 2015）。在线课程允许一定的灵活性，尤其适合年长的学生；然而，家庭和工作责任往往会与学业发生一定的冲突，在线课程的留存率因此变成了一个棘手的问题（Smith, 2015）。夜校及周末课堂蓬勃发展，是因为它们提供了更为方便的校外上课地点，这些地点一般都在城市的中心地带。许多年长的学生已经对学校生活产生了一定的思维定势，并害怕在多年以后重返校园。他们担心自己难以应对大学的人际关系、工作、全新而苛刻的环境或压力。尽管随着年龄的增长，学习机能会有所下降，但是很多年长的学生仍然保持着很高的工作效率，享受着大学生活。他们可以成为好学生，他们保持着高昂的斗志且非常可靠（Ross-Gordon, 2011）。

包括美国在内的一些国家通过联邦和州的立法，解决老年人的需求，确保教育机会属于全体公民，"不受之前所接受的教育或训练、性别、年龄、不利条件、社会种族背景或经济情况的限制"。例如，俄亥俄州所有州立大学在空间条件允许的情况下，都必须对 60 岁及以上的人提供免费的入学注册（Ohio Revised Code）。对年长公民开展教育并合理利用的国家可以增强其社会经济的活力。所有这些均意味着高等教育的客户结构正在发生变化，且他们的需求必须要纳入考虑之中。我们需要一个能应对多变需求的更加灵活的教职工团队。

高等教育中的角色：教职人员

所有大学都希望自己的教授教学良好，在各自学科领域学问渊博并引领潮流，写出有影响力的、声名卓著的著作。这样学校的声望就可以提高，并进而转化成资源。学生、家长以及高校环境中的其他人也对教职人员持有一定的期望。以下部分便就这一角色的具体方面进行阐述。

教职人员的特点　社会学家根据人们的共同特征来给人们分组。教职人员也不例外。他们可以按照种族、性别、机构类型和学术科目进行特征归类。1940 年，美国高校共雇用了 1.5 万人为教职工。在 1960 年代，随着学生人数的增加，教师人数也大幅度增加。到 1970 年代，全职教职工人数超过了 60 万人。但是到了 1992 年，教职人员则降为 526222 人。2007 年，这一人数再次上升到了 691588（The Chronicle of Higher Education Almanac, 2010），2013 年则进一步上升到了 791391（NCES, Digest, 2014, Table 315.10）。

一个越来越复杂的问题是兼职教职人员和非终身全职教职人员数量的急剧增加。今天，许多课程只由兼职教师授课，他们有时要在几所不同的大学里教授一门或者两门课程。这些教师中的许多人想要有全职工作，但是没有人来聘用他们。从几个兼职工作的缝隙中几乎很难抽出时间做研究和发表论文，而做出研究成果并发表论文又是获得全职教职的必要条件。这些教职员工在维持自己的生活和做必要的工作以获取全职工作之间进退维谷。

那些没有获得终身教职的全职"合同教师"的状况可能会好一些，因为他们通常可以享受全部的福利，而且可能签多年期的合同，但他们仍然缺乏完全进入许多学院和大学里教职人员角色的能力。他们的职位通常不需要全部履行大学教职人员的责任三要素：教学、研究和服务社会。大多数情况下，这些教职员工只需要教学，而不需要像终身教职人员那样做科研，发表论文。有人担心，终身教职人员的比例下降会威胁到高等教育的质量和自主性，而另一些人则认为这是对高等教育所面临的不断变化的经济现实的必要调整。在大学教职人员中发生的另一个重要趋势是兼职工作教职人员比例上升。他们在教职人员总数中所占的比例从 1970 年的 22.2%、1991 年的 35.2%、2001 年的 44.5%，已经上升到 2011 年的 50%（NCES, Digest of Educational Statistics, 2014, Table 315.10）。许多人认为，随着课程转向更多职业的科目，人员配备需要更大的灵活性，正是这些促使人们从全职、终身教职人员中转移出来。另一些人则认为，这是学院走向商业化的一个例证——证明了学院的商业需求已经逾越了其学术完整性的需要，居于优势地位。事实上，兼职教职人员的薪水低于他们的全职同事。当然，最近经济衰退导致的经济不景气对高校预算产生了非常负面的影响，并导致了停招新人、让一些人员停薪休假，以及裁减其他人员的现象。上述现象，连同其他一些趋势，让那些本就担心自己职业生涯的教职人员产生了更深的焦虑（American Association of University Professors, 2015; Finkelstein, 2003）。

在教职人员队伍中，女性和男性的比例因课程而异。在护理学方面，女性占教职人员总数的近 100%，而在工程和农业方面，她们占教职人员队伍的比例不足 1%。总体而言，2013 年，女性占教职人员总数的 48.8%（NCES, Digest, 2014, Table 315.10），比 2001 年的 42.1% 有所增加。女性高频率地出现在教学部门而不是研究机构，同时也高频率地出现在声望较低的院系。2013 年全体教职人员总数为 691588 人，其中女性为 289133 人。

表格11.6　2009年秋季、2011年秋季和2013年秋季，按照种族/族群、性别和学术排名，拥有学位授予权的高等学校全职教职人员——非洲裔、西班牙裔、亚裔、太平洋岛民、美洲印第安人/阿拉斯加原住民，以及两种或多种血统的人

年度、性别和学术排名	总数	白人	总数	百分比[1]	非洲裔	西班牙裔	亚裔/太平洋岛民 总数	亚裔	太平洋岛民	美洲印第安人/阿拉斯加原住民	两种或更多血统	种族/民族不明	非住民外国人[2]
1	2	3	4	5	6	7	8	9	10	11	12	13	14
2013[3] 总数	791391	575491	157480	21.5	43188	33217	72246	71038	1208	3538	5291	20013	38407
教授	181530	148577	29111	16.4	6665	5604	15417	15247	170	573	852	2323	1519
副教授	155095	116817	32580	25.3	8812	6381	15809	15626	183	987	1254	2859	2839
助理教授	166045	112262	38011	21.9	10542	7130	18402	18070	332	683	781	5695	10
讲师	99304	73859	20684	19.4	7448	6340	5236	4950	286	879	295	3180	1581
兼职教师	36728	27453	6591	24.0	1728	2015	2436	2403	33	117	295	1151	1533
其他教师	152689	96523	30503	20.9	7993	5747	14946	14742	204	695	1122	4805	20858
男性	436456	316912	83905	16.6	18905	17198	43519	42928	591	1736	2547	10813	24826
教授	125836	102520	20450	22.1	4018	3669	11882	11772	110	350	531	1664	1202
副教授	87420	65320	18552	25.2	4321	3533	9897	9810	87	287	514	1727	1821
助理教授	82331	54700	18387	21.3	4169	3506	9887	9725	162	304	521	2957	6287
讲师	42877	32014	8665	22.5	2714	2888	2304	2179	125	430	329	1349	849
兼职教师	16588	12464	2756	18.1	760	834	992	983	9	39	131	580	788
其他教师	81404	49894	15095	23.2	2923	2768	8557	8459	98	326	521	2536	13879

续表

年度、性别和学术排名	总数	白人	非洲裔、西班牙裔、亚裔、太平洋岛民、美洲印第安人、阿拉斯加原住民,以及两种或多种血统的人										种族/民族不明	非住民外国人[2]
			总数	百分比[1]	非洲裔	西班牙裔	亚裔/太平洋岛民			美洲印第安人	两种或更多血统			
							总数	亚裔	太平洋岛民					
1	2	3	4	5	6	7	8	9	10	11	12	13	14	
女性	354935	258579	73575	22.2	24283	16019	28727	28110	617	1802	2774	9200	13581	
教授	55694	46057	8661	15.8	2647	1935	3535	3475	60	223	321	659	317	
副教授	67675	51497	14028	21.4	4491	2848	5912	5816	96	304	473	1132	1018	
助理教授	83714	57562	19624	25.4	6373	3624	8515	8345	170	379	733	2738	3790	
讲师	56427	41845	12019	22.3	4734	3452	2932	2771	161	449	452	1831	732	
兼职教师	20140	14989	3835	20.4	968	1181	1444	1420	24	78	164	571	745	
其他教师	71285	46629	15408	24.8	5070	2979	6389	6283	106	369	601	2269	6979	

1. 非洲裔、西班牙裔、亚裔、太平洋岛民、美洲印第安人以及两个或两个以上种族的教职人员,以公共服务工作为主的教职人员,以及没有列出来的教职人员,都归在民族不明和非住民外国人员。
2. 种族/族群情况未予采集。
3. 只有教学人员按学术等级进行分类。以研究工作为主的教职人员,以公共服务工作为主的教职人员,以及没有列出来的教职人员,都归在"其他教师"类目之下。

来源: US Department of Education, National Center for Education Statistics, Integrated Postsecondary Education Dada System (IPED), Winter 2009—10 and Winter 2011—12,Human Resources component, Fall Staff section; and IPEDS Spring 2014, Human Resources component, Fall Staff section. (此表完成于 2015 年 3 月)

在过去40年中，非洲裔美国人的全职教职人员数量几乎没有变化，这个群体在2013年占全体教职人员的5.5%（非洲裔约占美国总人口的13%）。最近的数据显示，女性和少数族裔教授的比例正在增长，但速度很慢。然而，这些教职人员不太可能是终身职位，新增加的这些教职人员更有可能是外籍人士（NCES, Digest, 2014, Table 315.10; Finkelstein, Schuster & Seal, 1995）。

要增加少数族裔教职人员的数量，就意味着更多的少数族裔学生必须要进入这个系统。然而，非洲裔读研究生和成为博士的人数却几乎没有增加。劳工阶层背景的学生也是如此；他们没有得到特别的照顾，因为他们无法划归到某一个"正式"类别。20世纪上半叶，天主教和犹太背景的教职人员代表人数翻了一番，但近年来已经趋于平稳或下降。

高等教育中的师资问题

三个与高等教育中的教职人员角色相关的问题特别重要：专业化、集体谈判、高校女性教师和工作人员的地位。

专业和定位：教职人员的角色　为了成为专业人士，教职人员需要经过多年的艰苦训练。被职业圈接受的最主要标志就是获得该领域的最高学位，例如，PhD（哲学博士）、LLD（法学博士）、MD（医学博士）。在接受教育的阶段，高强度的训练和专业领域的社会化认知都是必需的，因为研究生不仅要学习他们学科领域的知识，还要学习适当的态度、行为和学科的道德伦理。一般来说，研究生院的博士培养需要两到三年的课程，接着是全面的考试和原创性研究阶段的最主要工作——论文。在经历了一段紧张的共同经历之后，毕业生成为了这个专业领域"同业协会"的一员，这个"同业协会"作为一种情感认知，一直维护这个专业领域的传统，并严格把守着这个专业领域的纪律之门。这些传统在最有声望的职业中得到了高度的保护，例如医学。

然而，这些社会化过程也遭到了一些批判。一些已经毕业的研究生抱怨他们接受的训练和他们目前正在执行的专业任务之间缺乏关联性。其他人声称他们很少或没有接受过教学技术培训,而且他们的研究领域通常非常窄。此外,在这个过程中,专门为成为教职人员所做的准备可能是最小的。一般来说,标准的终身制教职人员需要承担课堂教学任务,制定和实施自己的研究计划,依照委员会的要求(例如发展课程)来为他们的学术单位和大学提供服务,以及在课下与学生一同工作。越来越多教职人员的工作可以在家完成或外出完成,也可以在办公室里完成。有些人很喜欢在家里就可以访问整个图书馆的功能,而另一些人则认为远程办公除了"工作、工作、工作",并无任何好处(Fogg, 2008)。

《学术漂泊》(Academically Adrift)的作者声称,许多大学课程对学术方面的要求很少,学生通常把很少的时间放在学习上,几年下来,实际上的学习几乎没有发生(Arum & Roksa, 2011)。结果,越来越多的机构都开始强调高质量教学的重要性。许多主要的学位授予机构,正在培训他们的博士生,让他们担任教职人员的职责,包括教学(未来教职人员培养)。正如前面提到的,人们担心教职人员花费太多的时间和精力在研究上,导致在教学和与学生的合作上投入太少。当然,这种批评也会因为高等教育机构的不同而有所不同:研究型大学希望他们的教职人员能够深入研究,而文理学院期望在教学、与学生互动和研究之间能有更平等的平衡。随着州立大学的教育投入成为州预算的一个更大因素,对教师如何配置时间的审查越来越多。这当然反映在最近的高等教育报告对教学的关注之上(Spelling, 2006)。加上对高等教育成本的担忧,人们开始呼吁提高大学的效率,即通过重新定位教职人员角色来提高学生的保留率和毕业率,兼职教职人员的就业人数的增加反映了这一点,尽管人们对教职人员水平下降的担忧也在上升(Desrochers, Kirshstein & Ginsburg, 2011)。

一旦走上工作岗位,教职人员就会面临不同的角色期望。教学是两年制学院和四年制文理学院的主要任务,而研究在大多数大学里占了教职人员很大比例的时间。教职人员的定位也与学校的类型有关。"世界型"的教职人员(那些在学校之外有相关副业和职业利益的人)的研究和著作与更广泛的读者有关,他们会吸引更多的资金和声望。"本地型"教职人员则将他们的注意力集中在学校内部，积极关心机构事务，对机构也更加忠诚。尽管这两种类型的教职人员存在于所有机构中，但在两年制、四年制的学院里，"本地型"教职人员可能占更高的比例（Gouldner, 1957）。

声望最高的机构吸引了最杰出的教职人员，但如何留住他们也是一个问题。这些"明星"教职人员的教学任务更少，他们花大量的时间作咨询、演讲、参加会议，或者以来访的学者或讲师的身份在其他机构工作，委员会的任务和教学往往落在较年轻的教职人员身上。学校之所以容忍这种状态，是因为那些德高望重的教职人员能提高大学的声望，并可能吸引其他顶尖的学者和学生，可以带来更多的校友和研究资金的支持。

对许多教职人员来说，困难在于教学和研究之间难以协调。这一困境往往会给年轻的学者以最沉重的打击：他们必须"证明自己"才能被留下来，并获得终身教职，这意味着不仅要在教学和大学服务方面表现出色，还要在研究和发表方面表现出色，他们往往得不到应有的关注，虽然这些关注是他们的职业生涯早期所需要的。有家庭责任的年轻教职人员可能被迫在家庭和事业之间作出艰难的抉择。一些人指出，人们在催着教职人员"把它写出来，而不是把它做正确"。因此，人们聘用大学教职人员来教学生，但又往往期望他们能够发表文章，否则就抛弃他们。尽管存在压力，教授对自己的职业生涯很满意，65%的男性和59%的女性表示，如果有选择的话，他们将依然选择学术事业（Leatherman, 2000; Ott & Cisneros, 2015）。

专业人士、工会和集体谈判 学术专业人士的特征在于对学术自由的信仰、在与他们的学科和教育过程相关的决策中拥有自主权，以及能够服务社会。美国大学教授协会（AAUP）在传统上代表了教职人员的利益，制定有关教职人员工资、晋升和政策的指导意见。协会对院校的"影响力"一直是其会员的后盾，它可以把一所大学加入黑名单，这样教职人员就会抵制去那里就业。

在教职人员中，大家对教师工会的代表作用的支持力度差异较大。许多教职人员不愿意通过中介组织来解决他们对管理层的不满，而是倾向于保留个人对解决问题能力的控制权。在两年制学院，教职人员可能更愿意把自己视为"雇员"，从而喜欢一种更加接近中等学校的模式，即期望通过工会代表自己获得更多的利益。著名大学的教职人员不太可能使用工会代表去谈判，因为他们在被代表的情况下获益更少。他们许多人已经拥有相对于其他人来说较高的工资，而且如果他们不满意，他们还有重新安置的灵活性，例如跳槽。然而，许多教职人员都隶属于某些具有代表性的组织——专业协会和美国大学教授协会，作为这些组织成员的观念已经深入人心。在如今工会遍地的校园里，美国大学教授协会事实上一直代表着教职人员在诸如正当程序和教职工资等领域的利益。美国教师联合会（AFT）和全国教育协会（NEA）是代表小学和中学教师的工会，他们一直在能够代表大学教师利益的方向上做努力。

高等教育在迅猛发展，尤其是两年制学院，这些学校拥有博士最终学位的教职人员数量较少。经济问题已经引起学术就业市场的不确定性，尤其是在2008年经济衰退之后。教职人员参与行政决策的权利已经被进一步削弱，年轻的教职人员往往来自不同的阶层，这便为工会组织提供了一大群愿意接受集体谈判作为一种策略的教职人员（Morgan, 1992, pp.2719-20；也见于 Saltzman, 2001）。因此，近年来，教师工会和集体谈判开始对学术界的大部分人显得更有吸引力。工会和集体谈判在允许公共雇员工会存在的州公立大学中更为普遍（FindLaw, 2016）。私立大学和私营企业一样，受全国劳资关系委员会和联邦法律的管辖，这对集体谈判的限制更大。最近的研究证明，拥有工会组织对保护地方公立高校教职人员的经济利益有利。参加工会组织的教职人员工资明显高于没有工会组织的教职人员，尤其是在一些郊区的高校里（Katsinas, Ogun & Bray, 2016）。

自1980年最高法院对全国劳资关系委员会诉耶什华大学案（NLRB v. Yeshiva University）判决以来，大多数私立院校都禁止工会化，因为在这个判决中，最高法院的裁决认定，大多数私立四年制高校的教职人员都有参与管理决策的职责，因此他们是管理人员，而不是那些有资格加入工会的普通员工。这一决定在许多希望有资格加入工会的教职人员中仍然存有争议，尤其是在当前的经济形势下（FindLaw, 2016; Wilson, 2010）。

高等教育中的性别问题 比起大学来，女性教职人员多数都集中在两年制学院中；同时，在所有学院中，拥有终身教职的女性比例低于她们在全体教职人员中的比例，这意味着女性集中在较低的职位上。根据女性研究学者的说法，造成这种局面的一个原因是长期以来男性主导学术机构的传统。传统的研究路径往往建立在男性生命周期的基础之上，遵循一系列已经确立的步骤以通向成功（Gilligan, 1979）。然而女性在科研路上，往往伴随着另外一种职业假设，那便是完成育儿任务之后再从事专业研究就很可能只能从事协作性质的学术工作。接受其他可替代模式的机会非常有限，这一事实对那些有能力、效率高的女性来说不啻于一种惩罚，这也造成了学术圈中失去了很多有天赋的女性。

"校园中工作的女性往往面对着充满敌意的环境"，这个结论来自一项针对女性在学术界所应对状况的研究。不仅性骚扰是一个一直存在的问题，还存在着表现为同工不同酬、更低的职位和更少的晋升机会等非常普遍的歧视（Ceci & Williams, 2006）。非洲裔美国女性往往会面临更多挑战，感觉到别人把她们看成是群体性的代表；她们经常会有强烈的孤立感。

近年来，女性教职人员的比例有所上升。2013 年，女性在教职人员队伍中的比例上升为 48.8%，而在 2007 年，女性只占全职教职人员的 41.8%。女性占全部教授的 30.4% 和助理教授的 50.4%（NCES, Digest, 2014, Table 315.20）。当教职人员和工作人员面临解雇时，女性总是首当其冲，被解雇人数根本不成比例。一些职位，比如行政职位，过去一直排斥女性，现在也依然很少聘用女性和少数族裔人士。同样，在一些女性主导的领域、一些低工资和低声望机构中，女性教职人员的数量也并不与之相称。不过，情况正在逐渐发生变化，最新的证据表明，各方的努力正在取得一些成效（Jaschik, 2015）。对女性教职人员职业生涯的研究表明，生孩子会产生负面影响，尤其是在职业生涯早期，这一点非常具有普遍性（Mason, Wolfinger & Goulden, 2013）。我们强烈建议在高校中采纳家庭友好政策，尽管这项政策在高等教育中还不常见。

高等教育中的角色：行政管理人员

一边是对机构而言至关重要的教育制度环境构建者，一边是教职人员和广大学生的学术利益，行政管理人员必须善于变通，在二者之间保持善意、微妙的平衡。

对公立机构而言，财政和项目方面的主要权力落到了州（或地方）监事会或理事会手中，这些权力可能取决于州立法人士和州长的态度和偏见，而从理论上讲，这些人都应该反映公众的情绪。州政府对高等教育的支持力度明显减弱，特别是在2008年经济衰退之后，这在全国范围内对公立大学的经费筹措都是一个非常大的打击。这些压力在一些州会特别集中，比如威斯康星州，该州州长和立法机关正在试图改变州政府和高等教育机构之间的基本关系（Schmidt, 2016）。

就私立大学而言，行政管理人员在一定程度上依赖于私人基金的支持，这些资金通常来自校友、基金会和公司。这种私人来源的资金支持对公立大学来说也越来越重要，因为州政府的资助水平在下降。但这种资助很微薄，而且需要捐赠者一直保持着善意和持续的兴趣。在一所知名学府的案例中，校友的压力甚至影响到了学校决策。校友通讯报道了在大学传统结构中即将发生的各种变化：在以前全部为男生的学院里招收女生，向更多的少数族裔学生敞开大门，重新考虑给予校友亲属优先录取的做法。校友们发出了愤怒的呼叫，他们威胁要停止或实际上已经停止了对学校的捐赠。最终，这些提议变成了政策，但是在形式上发生了一些改变，以便让校友更容易接受。位于加州奥克兰的米尔斯学院是一所女子学院，只招收女生的传统已经维持了138年，校董们投票决定在1991年秋季允许招收男性学生。学生们打砸了校园，拒绝上课并占领建筑。校友们抗议并威胁说，她们将撤回支持。学校董事会重新考虑了她们的决定，并投票决定继续保持学校为女子学院。校长和董事会的许多成员在不到一年时间内辞职离开了学校。最近，弗吉尼亚州斯威特·布莱尔学院的领导决定关闭学院，而不是允许男人进入这所苦苦挣扎中的学院。校友们反对这个决定，于是学校仍然开放并且只招收女生,尽管学校仍然处于不稳定的财务状况中（Murphy, 2015）。

由于教职人员越来越关注他们的学科和学术追求,他们在大学生活中的影响已经减弱。例如,现在他们在学生生活中的参与度比历史上的任何时期都要差。随着教职人员把更多的精力投放到教学和科研上,负责学生事务的行政管理人员的数量在随之增加,包括学生宿舍工作人员、学生中心工作人员和其他学生服务管理人员。

有人批评行政管理人员角色和数量增加的现象,认为随着这些高薪的行政管理人员的进入,大学已经开始变得"上层机构臃肿",他们正在把大学推向成一个商业竞争性和以盈利为导向的商业机构。这些批评人士还指出,很多院校的行政管理人员已经接受了大幅度的加薪。最近,经济衰退已经导致教职人员和行政管理人员的工资冻结、停薪休假或解聘。一些观察人士担心,最后只有行政管理人员将会被留下来（Ginsburg, 2011）。

如果不考虑环境的因素,比如校友,我们就很难真正理解高等教育系统。本章的下一部分将思考有关高等教育环境的一些例子。

> **思考与应用**
>
> 在高等教育系统中,你在扮演着什么角色？与高等教育中你身边的其他人相比,你的角色有什么不同？

高等教育的环境压力

影响高等教育系统的环境压力来自政府、法院、教师组织、出版公司、教会、社区、家长和其他利益团体（图11.3）。高等教育机构正在进行一场生存游戏：大学系统环境里,所有对其生存产生至关重要影响的部分,都会对学校的决策和即将发生的变化产生最大的影响。让我们思考影响高等教育的几个关键环境因素。

高等教育的经费来源

州政府和联邦政府通过控制经费走向可以对高等教育机构拥有一定的权力。联邦、州和地方政府对高等教育机构的拨款总额，占2013-14学年的公立大学财政预算的34.41%，而在2007-08学年，这一比例还高达41.35%（NCES, Digest of Educational Statistics, 2015, Table 333-10）。

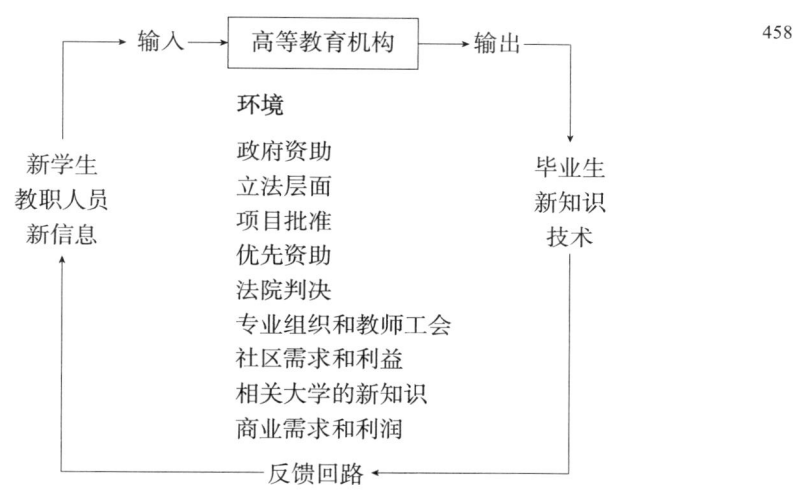

图11.3 高等教育开放系统模型

尽管有所减弱，但政府对公共机构的影响力依然巨大。在一些偶尔的情况下，私立机构也依赖政府对研究和特殊项目的支持。学杂费通常占据私立大学收入的主要部分。教会院校通常最不依赖政府，也不受政府的影响，尽管政府的一些规定有时被认为是在干涉他们的信仰。比如，鲍勃·琼斯大学（Bob Jones University）便决定放弃获得联邦基金资助的资格，以保护自己的"禁止不同种族人士约会"的校园规定（该规定在2000年被终止）。

例如，如果政府优先资助艾滋病和癌症研究或智力发育迟缓方面的研究项目，那么研究人员就会被吸引到这些领域来寻求资金支持。一些领域在资助方面要比其他领域优先，事实上，它也许只能在资金的支持下存续。

优先资助方向的变化可能会改变一个学术部门的教职人员和工作人员的数量。那些平时依赖于"软钱"①或资助项目的员工，都有可能会被削减或不续聘。实验室或其他设施、教职人员的教学负荷、院系因为专业而吸引的学生人数、甚至一个部门或一所大学的生存机会，都可能依赖于政府层面的支持。

大学还会从校友、企业基金会和宗教组织那里获得资助。这些资金通常会打上标记，用于一些特定的项目。大学收到的资助常被用于各种不同的用途。一些资金被放入学校的捐赠基金中，这些钱将被用于投资，它所产生的利息或者收益用于学校支出，但是本金必须原封不动地存留生息。一些学校（如普林斯顿和耶鲁）已经积累了大量捐赠基金，平均到每个学生头上，超过了100万美元。这可以极大地减少学生上大学的费用，并为学校提供经济缓冲。不仅仅主要的私立大学有捐赠基金，一些公立大学也有数目很大的捐赠基金，比如，弗吉尼亚大学拥有超过59亿美元的捐赠基金，得州农工大学拥有105亿美元的捐赠基金，其他的学校只有少量这样的资金。许多私立大学每年都在努力平衡他们的预算。在2012-13学年，共有超过343亿美元的资金通过私人途径捐赠给大学，这些资金的大部分来自：校友（26.2%）、基金会（29.1%）、其他个人（18%）和公司（14.8%）（NCES, Digest of Educational Statistics, 2014, Table 333.80），其余部分则来自其他组织（如宗教组织）。无论如何，高等教育的成本一直在以高于通货膨胀率的速度增长，许多人担心高等教育的成本将会降低它为那些家庭不富裕的学生提供机会的能力（Sacks, 2007; US Department of Education, 2016）。

在过去35年里，公立四年制大学的学费从1980年的2320美元/年涨到了2015年的9410美元/年（http://trends.collegeboard.org/college-pricing/figures-tables/tuition-and-fees-and-room-board-over-time-1975-76-2015-

---

① 软钱（soft money），指某种指定给予某机构的捐赠资助。——译者注

2016-selected-years）。一些拥有巨额捐赠基金（或储备）或特殊基金的大学正在为学生尤其是来自低收入家庭的学生提供全额奖学金。下面这些拥有大量捐赠基金的名牌大学，为低收入家庭的学生提供低成本甚至是免费的大学教育：康奈尔大学为父母年收入低于6万美元或者家庭总资产低于10万美元的家庭的孩子提供免费教育；杜克大学提供了一个浮动模式的奖学金和学生工作来帮助学生支付他们部分的教育费用；同样，哈佛和麻省理工学院也为那些低收入的家庭提供低成本甚至是免费的大学教育；而其他许多大学则向合格的学生提供低成本的教育（Affordable Schools, 2016）。2008-09年的经济低迷对大学的捐赠基金以及州政府的财政都产生了毁灭性的影响，因为人们日益喜欢把大学捐赠基金放在风险高的投资上，以期获得更高的回报。当经济危机爆发时，它对这些捐赠基金的冲击尤其严重。例如，哈佛大学在2008年的捐赠基金总额为36556284美元，2009年下降至24662055美元，到2014年底，又上升到36429256美元（表11.7）。真正的问题在于，拥有高额捐赠基金的大学将这些投资的回报用于支付它们大部分的支出预算。当回报率大幅下降时，这些学校的运营预算就会出现很大的赤字，而这些预算必须要填满，否则他们的支出就必须大幅削减（Foderaro, 2010）。他们本可以卖掉基金来弥补赤字，但因为市场下跌太多了，大多数人都不愿意这样做，因为他们意识到，这些基金现在在证券市场上的价值比平时较好的时期要低得多。另一种选择是借钱，许多捐赠基金"富裕"的学校都不得不这样做：哈佛大学就借了15亿美元来满足其需求（McDonald, 2010）。讽刺的是，经济衰退对那些捐赠基金富裕的大学的伤害比那些不那么富裕的学校要严重得多。

联邦政府为那些有经济需要的学生提供助学金和贷款，以帮助他们支付大学学费。1990年代末，美国教育部长宣布禁止基于种族作为唯一因素的奖学金发放，从而引发了争议。一些观点认为种族可以作为发放奖学金的唯一因素，这有助于增加大学生群体的多样性，或者修补已证实存在

表 11.7　2014 财政年度 25 支最大笔高校捐赠基金

大学	排名	捐赠基金（千美元）
哈佛大学（马萨诸塞州）	1	36429256
得克萨斯大学系统办公室	2	25445315
耶鲁大学（康涅狄格州）	3	23858561
斯坦福大学（加利福尼亚州）	4	21466006
普林斯顿大学（新泽西州）	5	20576361
麻省理工学院	6	12425131
得州农工大学学院站校区	7	10521034
密歇根大学安娜堡校区	8	9603919
宾夕法尼亚大学	9	9582335
哥伦比亚大学（纽约州）	10	9223047
圣母大学（印第安纳州）	11	8189096
西北大学（伊利诺伊州）	12	7501116
加州大学系统行政中心办公室	13	7413709
杜克大学（北卡罗来纳州）	14	7036776
埃默里大学（佐治亚州）	15	6981308
华盛顿大学圣路易斯校区（密苏里州）	16	6719449
芝加哥大学（伊利诺伊州）	17	6539290
弗吉尼亚大学主校区	18	5876310
莱斯大学（得克萨斯州）	19	5553717
康奈尔大学（纽约州）	20	4646134
南加州大学	21	4593014
达特茅斯学院（新罕布什尔州）	22	4468220
范德比尔特大学（田纳西州）	23	4046250
俄亥俄州立大学，主校区	24	3595323
匹兹堡大学，匹兹堡校区（宾夕法尼亚州）	25	3470665

来源：NCES, Digest of Education Statistics, 2015, Table 33.90.

的种族歧视。到 1995 年，最高法院支持了一个类似的案例，驳斥了以种族为基础的奖学金发放。联邦奖学金资助的主要来源是佩尔助学金（Pell Grant），多年来没有增加，通货膨胀还降低了它的价值。然而，在 2010 年，奥巴马政府增加了佩尔助学金的资金。2015 年这笔奖学金的金额提高到

5775 美元，但依然仅占公立大学四年平均学费的 61% 左右（http://trends.collegeboard.org/student-aid/figures-tables/maximum-pell-grantand-published-prices-four-year-institutions-over-time）。

高等教育除了让受教育者个人获益外，还有社会经济上的影响，大学在研究活动上的支出对私营企业有着持久的影响。这一点尤其正确，因为大学是纯研究的主要场所，这些研究让美国的产业发展得以建立在研究结果的应用之上。

除了政府和家庭一起努力为高等教育提供资金，我们还有其他关于环境影响和院校相互依存的例子。政府还与高校合作开发和资助课程，以满足国家重点发展的项目需求。然而，随着大学费用的快速增长，对许多家庭而言，负担能力仍然是一个非常大的问题（表 11.8）。

表 11.8　2012—2013 学年的大学平均费用

	四年制大学	两年制学院
学费	$ 14101	$ 3322.00
住宿费	$ 5433	$ 3340
伙食费	$ 4338	$ 2912
总计	$ 23872	$ 9574

来源：NCES, Digest, 2014, Table 330.10.

"1964 年 9 月 30 日，五名关心民权的学生遭到加州大学伯克利分校校长传唤谈话，因为他们违反了在校园内禁止政治宣传的规定。"（"Ten Years Later", 1974, p.1149）根据尼尔·斯梅尔泽（Neil Smelzer）的集体行为理论（Smelzer, 1962），这是激起学生与大学管理者之间长达四个月对抗的"诱发因素"，并为世界各地其他学校的学生抗议树立了榜样。随后，即发生了这样的事件：

> 1964 年 12 月 2 日，1000 名学生在民谣歌手琼·贝兹（Joan Baez）的支持下占领了伯克利的行政大楼。紧接着就发生了耸人听闻的场面，大约有 700 名警察和保安下手驱逐了不屈不挠的示威者。转瞬间，对

学生的同情者和合作者数量自发地增长了好几倍。

——Lipset, The Berkeley Student Revolt, 1965, p.51.

一所大学关注其公众形象，是因为公共形象对其所接受的公共和私人资金及其对学生吸引力都会产生影响。伯克利分校的言论自由运动改变了加州大学在环境中的形象和决策结构。许多人试图分析这些事件。一些人认为，这一运动是学生试图在教育系统中攫取权力的结果；另一些人则认为，他们是对这种缺乏言论自由的具体剥夺行为作出回应（"Berkeley Student Revolt"，1965, p.51）。在学生运动之后的几年里，人们开始激烈地辩论大学的宗旨，变革的压力席卷了高等教育中的大多数机构。在许多情况下，一些院校将更多的学生纳入决策结构，或者在言论自由问题上更加宽容。而其他院校则以相反的方式作出反应，加强对决策的控制，以应对社会压力。

这个例子表明，反馈来自原生环境社区（把学生看作来自次生环境的客户），这种反馈带来了改变和变革。伯克利所发生的剧烈互动是一种要求关注和行动的反馈形式，这导向了变革以及对制度改进的长期探索（Cohen & Zelnik, 2002）。

2015年，大学生运动空前高涨，学生对大学的收费、校园里的种族敌对氛围进行抗议，要求大学从石化燃料的投资中撤资，还对其他一些地方和全球性问题提出诉求。根据大学新生的年度调查，十分之一的学生表示愿意参加抗议活动，其中非洲裔美国学生最有可能参加抗议。大学生对政治和校园问题的兴趣达到了50年来的最高水平（HERI, 2015）。最近关于校园学生运动的例子，针对的是南北战争期间的南方联盟战旗的飘扬问题，这些历史人物的雕像现在被认为是种族主义，这些建筑物或许会被重新命名。而例如"占领华尔街"和"黑人的命同样珍贵"等校外运动，重新燃烧起1960年代的热情，许多年轻人在2008年、2012年和2016年参与了政治抗争。关于学生参加抗议或示威的可能性的问题，第一次提出是在1967年对美国大学新生规范的研究中，2015年这一可能性达到了最高点（Egan et al., 2015）。

影响每种情况变化的变量不同，但是，通过开放系统模型可以追踪并研究持续变化的过程。采取这一路径，组织就不会呈现为静态——组织功能分析的一类常见判断；同样也不会被认为是由于派系或利益集团之间的复杂权力斗争所导致的必然改变——就像在冲突理论中一样。相反，变化可以被看作是组织进程和功能的自然组成部分。环境的影响可以通过许多州立大学的微薄预算、选举周期以及谁成为州长和州议员而看出来。变化是任何系统中一个持续的、动态的过程；不同的组织如果要生存，必须依靠来自环境的反馈，并且必须不断地适应和改变，以应对环境需求的变化。

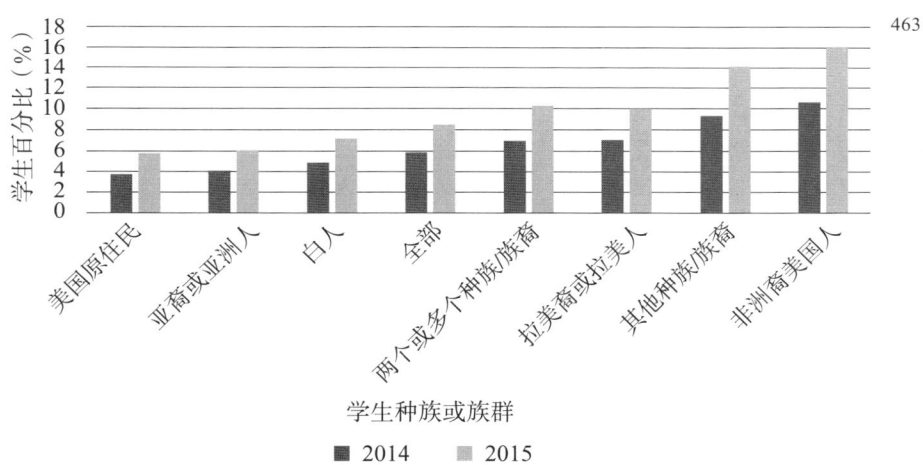

图 11.4　各种族/族群学生参加抗议和示威的意愿（% 表示"有很大几率"的百分比）

来源：Egan, K. et al. 2014, 2015.

> **思考与应用**
>
> 你所在的高校面临着哪些来自环境的压力？它如何应对这些压力？

高等教育的成果

高等教育：态度、价值观和行为

大学教育对上学的学生都有什么影响？这是研究随着时间的推移，大学生政治、宗教和道德观念、价值观的关键问题。在高等教育研究所（HERI）进行的一年级学生年度调查中，75%的新生认为"帮助其他有困难的人"是非常重要，这是近年来选择人数有所增加的一项。"成为社区领袖"被40%的受访者认为"非常重要"，还有59%的人认为"提高自己对其他国家和文化的了解""非常重要"（HERI, 2015, 图2）。

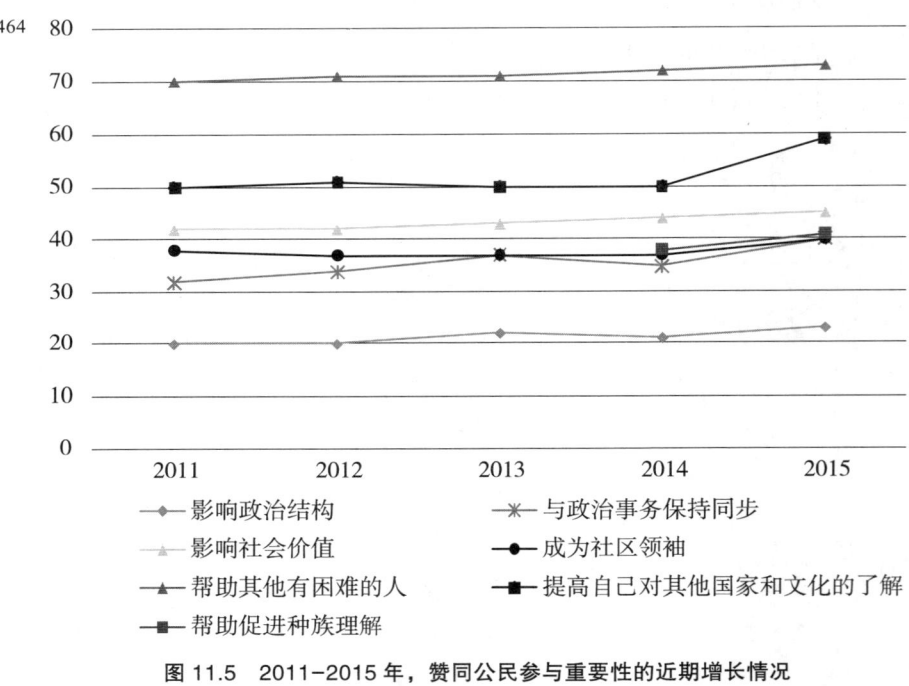

图11.5　2011—2015年，赞同公民参与重要性的近期增长情况
（％表示认为"非常重要"或"至关重要"的百分比）

来源：K. Egan, et al., 2011–2015.

这些数据与新生有关，但是他们没有告诉我们学生在高等教育过程中，思想是如何变化的。这最终还是一个很难的研究问题。首先，传统的大学适龄年轻人不仅体验到大学所提供的东西，而且无论他们是否上大学，都会逐渐成长为成年人。他们都有一些至关重要的生活经历，影响着他们的人生方向、态度，以及他们是否要上大学、工作、组建家庭或参军等方面的价值观。从成长过程的诸多影响因素中筛选出大学的影响，着实不易。大学之间的差别很大：有的学校以住校为主，住宿体验是不可或缺的经历，而有的学校则全部是通勤生；有的学校在招生时有很强的选择性，而另一些则不然；有的学校在偏远的乡村，而另一些则位于主要城市的中心地带。此外，理科专业的学生可能会体验与艺术专业不同的一套规范。简而言之，就大学对学生的影响而言，我们需要进行非常周密的分析。

多年来，大学生的态度和信仰发生了实质性的变化。最大的积极变化与支持女性主义有关，他们致力于净化环境，促进种族理解，培养有意义的人生观，以及支持合法堕胎。可以看到，他们在关注经济富裕方面呈下降趋势。在过去的几年中，宣称自由主义或极左政治态度的新生比例已经上升到34%，而只有超过21%的人被认定为保守派或极右派（Egan et al., 2015）。

> **思考与应用**
> 大学值得大家投入时间和金钱吗？为什么？

高等教育的问题及改革

伴随着对教育体系的问责压力，高等教育正处于公众和决策者的批判性审视之下。象牙塔面临着更多的挑战，许多学校正在应对各种问题：提高教学质量、设法控制上学费用、评估教育计划、增加少数族裔学生的入学机会、使学生为美好未来做好知识和技能的准备。

大学也因某些"不道德"行为而备受关注，体育丑闻就是一个例子。另一个例子是分数通胀，在1960年代到1970年代之间快速膨胀，但近年来已经趋于缓和。许多院校的学生作弊行为正在得到坚决的处理，针对违规行为和剽窃的政策和程序都已经就绪。课程和学分评定正在接受内部和外部的审核。针对教学资金滥用的情况正在调查之中，同时，课程改革也在持续进行。

近年来，有几位学者对高等教育，特别是人文社会科学的教育，提出了全面的批评。社会学家安德鲁·海克和克劳蒂亚·德赖弗斯（Andrew

Hacker & Claudia Dreifus, 2010）最近针对高等教育的抨击就是其中一例。他们在书中重复了当今对于大学的许多常见批评，包括高昂的花费、高价设施的增加（如精心设计的娱乐中心）、教员重视研究而不是教学，等等。

大学成为批评的对象，是因为其产品（毕业生）可以观察与衡量。可参看教师教育学院。一些委员会报告致力于推动提升教育学的地位，将它视为一个专业，而另一些人则认为学生应该主修其他学科领域，在第五年学习教育学即可。正如第八章所强调的，美国对教师质量的重要性有一种全新的认识，这既是"不让一个孩子掉队"立法及其后续的"让每个学生都成功法案"的产物（Davis, 2015），也是因为研究结果表明，教师对学生成绩有着显著影响。它要求加大对教育学院工作的审视（Olson, 2007）。在纽约州和其他一些地方，正在进行在非学术环境中培养教师的实验（Otterman, 2011）。纽约市接力研究生院（The Relay Graduate School in New York City）原来隶属于纽约市立大学亨特学院，现在是一所提供教育硕士学位的独立院校，校园分布在五个州，由特许学校组织、基金会和其他组织提供赞助（www.relay.edu）。相比于其他更多基于课堂的项目，它更加依赖于自己动手和学徒制的教学模式。

传统的智慧告诉我们，大学是为了保存、推进、传播和解释知识而存在。按照过去大多数时候几乎普遍接受的定义，它所暗含的经久不变的宗旨并不必然需要方法或课程内容的经久不变。通过开放系统的路径可以说明，大学远非脱离社会，而是其所处环境的重要部分，其工作人员和学生一直在经历着经济技术快速变化带来的社会压力和紧张状态。

小 结

事实上，并不存在一个与世隔绝的高等教育系统。通过跨系统的一般化概括，我们讨论了一些共同的特征和问题：高等教育的发展和意义，系统的进入机会，系统内部的结构、过程和角色关系，面向变化的环境压力，以及高等教育的一些成果和改革。

1. 高等教育的历史与发展

组织化的高等教育可以追溯到十二三世纪。随着时间的推移，其结构和功能发生了巨大的变化。目前，它有一个由两部分组成的结构（行政管理人员和教职人员）并承担着一些额外的功能，如研究和服务。20世纪出现的两年制学院，拥有其全新的宗旨、结构和功能。

2. 高等教育的理论路径

通过功能主义和冲突理论，我们可以更好地理解社会学家如何看待高等教育。系统模型有助于整合高等教育的各个方面，以获得更全面的视角。接受高等教育的机会问题——谁能上大学和为什么能上大学，一直是教育理论家主要关心的问题。他们特别关注招生过程和考试，关注公立院校与私立院校的区别。专业院校的招生决策一直都面临着法律挑战，而且结果并不明确。与普通教育一样，社会学的问题仍然是：教育在多大程度上强化了现有的社会经济关系，以及在多大程度上促进了变革？

3. 美国高等教育的特点

院校的不同取决于赞助、学生构成、课程类型及其所提供的学位。高等教育的迅猛发展极大地丰富了所提供的课程种类和院校自身的特征。例如，两年制学院现在几乎招收了全体一年级学生中的一半，而只有少数的学生是全日制的18—24岁的学生。正在发生变化的招生及经济模式迫使高等教育进行必要的调适。

4. 高等教育系统的功能

大学可以被视为一个大型社区。大学的发展一直伴随着对大学功能的争论：课程应该采取的形式、研究和教学之间的关系以及在社区中应该提供的服务角色。一些高校的"大产业"运动的作用以及大学应该设置的课程类型，都可以用来诠释大学在学术功能方面存在的争议。

5. 作为组织的高等教育

高等教育一直沿用一种官僚模式进行管理，许多人认为这并不适合大学的独特结构。在大学里，决策既因大学中的支持者不同而不同，也因决策责任区域的不同而不同。例如，教职人员通常保留对课程事务的控制权，但是不同类型的学院或大学，其模式也不同。

6. 高等教育中的角色

学生正在成为一个更多元化的群体，大龄学生、少数族裔和已婚学生人数越来越多。与过去相比，如今有更多的女性学生通过这个系统进入研究生院，并扮演着多重角色。此外，大学还在应对着缺乏完成大学学业所必需技能的学生准备不足的问题。

本章还讨论了教职人员面临的三个议题：专业主义、集体谈判和性别问题。

7. 高等教育的环境压力

可以用几个与高等教育环境有关的问题来说明其重要性：高等教育经费、法院诉讼和社区对项目的压力。

8. 高等教育的成果

高等教育的成果包括价值观、态度、发生的行为变化以及大学教育的经济产出。随着入学人数的增加，学生及其家长越来越关切大学就读和毕业的经济回报。

9. 高等教育的问题及改革

最后，本章简要讨论了高等教育系统和伦理规范中一些挑战领域的问题和改革，包括对教职人员和课程的几点批评。同时，对一些改革的建议进行了思考。

思考题

1. 列出你所在地区的高校名单。

    a. 每所高校的服务宗旨都是什么？（提供哪些课程和学位，都向哪些人提供？）

    b. 每所高校都是什么类型的学生来入读？

    c. 你的高中同学毕业后做什么？读大学？工作？还是其他？

    d. 你所在的地区有高中毕业后没有接受过高等教育的人吗？

    e. 你是否认为你所在地区的高等教育系统内部存在巨大的差异？

2. 思考你们学校最近发生的一次争议。把你自己放在争议中代表不同观点的其他学生、教职人员或管理人员的立场上。他们在争议中的观点有何不同? 请访谈相关人员来帮助你阐述它们。
3. 就本书提到的几个高等教育问题或其他你所关心的问题,说明一下功能主义者和冲突理论家会以何种不同的方式来解释它们。
4. 就你所知,你所在的学校或你的专业领域都有哪些项目或课程上的问题? 是否有针对你学校现有制度的替代方案来帮助解决这些问题?
5. 在你的学校里,哪些人拥有各个领域的正式权力和决策权? 什么人拥有非正式的权力? 举一些例子,可以就这个问题访谈一下其他人。
6. 你所在的学校必须与环境中的哪些领域发生相互影响? 与行政管理人员一起探讨大学所面临的压力,将有利于回答这一问题。

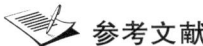 参考文献

Abel, J. R., and Deitz, R. 2014. *College May Not Pay Off for Everyone*. New York: Liberty Street Economics, Federal Reserve Bank of New York. Retrieved June 13, 2016 (http://libertystreeteconomics.newyorkfed.org/2014/09/the-value-of-a-college-degree.html#.V-ma-PSffa4).

Adler, Patricia A., and Peter Adler. 1991. *Backboards and Blackboards: College Athletes and Role Engulfment*. New York City: Columbia University Press.

Affordable Schools. 2016. "20 Tuition-Free Colleges." Retrieved April 19, 2016 (affordableschools.net/20-tuition-free-colleges).

Alon, Sigal. 2009. "The Evolution of Class Inequality in Higher Education: Competition, Exclusion, and Adaptation." *American Sociological Review* 74(5): 731-55.

American Association of University Professors. 2015. "Busting the Myths: The Annual Report on the Economic Status of the Profession." Retrieved May 17, 2016 (www.aaup.org/reports-publications/2014-15salarysurvey).

Armstrong, Elizabeth, and Laura T. Hamilton. 2013. *Paying for the Party: How College Maintains Inequality*. Cambridge, MA: Harvard University Press.

Arum, Richard A., and Josipa Roksa. 2011. *Academically Adrift: Limited Learning on College Campuses*. Chicago, IL: University of Chicago Press.

Athaveley, Anjali. 2007. "College Reject Record Numbers." *The Wall Street Journal* (April

3): B9.

Attewell, Paul, and D. E. Lavin. 2007. *Passing the Torch: Does Higher Education for the Disadvantaged Pay Off Across the Generations?* New York City: Russell Sage.

Ballantine, Jeanne H., and K. Feltey. 2007. "Factors Related to Minority Student Success or Failure," paper presented at the North Central Sociological Association Meetings, Chicago.

Barrett, Dan. 2016. "A School Focuses on Moving Students into the Work Force." May 13. *The Chronicle of Higher Education.*

Belfield, Clyde, and Thomas Bailey. 2011. "The Benefits of Attending Community College: A Review of the Evidence." *Community College Review* 39: 46-68.

Bidwell, Allie. 2015. "More Students Earning STEM Degrees, Report Shows." January 27. *US News and World Report.* Retrieved April 18, 2016 (www.usnews.com/news/articles/2015/01/27/more-students-earning-degrees-in-stem-fields-report-shows).

Bowles, Samuel, and Herbert Gintis. 1976. *Schooling in Capitalist America: Education and the Contradictions of Economic Life.* New York City: Basic Books.

Bowles, Samuel, and Herbert Gintis. 2002. "Schooling in Capitalist America Revisited." *Sociology of Education* 75(1): 1-18.

Boyer, Ernest L. 1987. *College: The Undergraduate Experience in America.* New York City: Harper & Row.

Boyer, Ernest L. 1990. *Scholarship Reconsidered: Priorities for the Professorate.* Princeton, NJ: Carnegie Foundation for the Advancement of Teaching.

Brand, Jennie E., and Yu Xie. 2010. "Who Benefits Most from College? Evidence for Negative Selection in Heterogeneous Economic Returns to Higher Education." *American Sociological Review* 75(2): 273-302.

Brint, Steven (ed.). 2002. *The Future of the City of Intellect: The Changing American University.* Stanford, CA: Stanford University Press.

Buehler, Christoph, and Dirk Konietzka. 2010. "The Transition from School to Work in Russia During and After Socialism: Change or Continuity?" Paper presented at the International Sociological Association World Congress of Sociology, Sweden, July 2010.

Carnevale, A. P., J. Strohl, and M. Melton. 2014. *What's It Worth? The Economic Value of College Majors.* Washington, DC: Center on Education and the Workforce, Georgetown University. Retrieved March 6, 2016 (http://cew.georgetown.edu/wp-content/uploads/2014/11/whatsitworth-complete.pdf).

Casselman, Ben. 2016. "Shut Up About Harvard: A Focus on Elite Schools Ignores the Issues

Most College Students Face." March 30. *FiveThirtyEight*. Retrieved April 20, 2016 (http://fivethirtyeight.com/features/shut-up-about-harvard/).

Ceci, S. J., and W. M. Williams (eds). 2006. *Why Aren't More Women in Science? Top Researchers Debate the Evidence.* Washington, DC: American Psychological Association.

Clark, Burton R. 1960. "The Cooling-Out Function in Higher Education." *American Journal of Sociology* 65(6): 569-76.

Clark, Burton R. 1976. "Structure of Academic Governance in the United States." Working paper, Institute for Social and Policy Studies, Yale University Press, New Haven, CT.

Clark, Burton, and Martin Trow. 1966. "The Organization Context," in Theodore Newcomb and Everett Wilson (eds), *College Peer Groups: Problems and Prospects for Research.* Chicago, IL: Aldine, pp.17-70.

Clune, Michael W. 2015. "The Gutting of General Education." *The Chronicle of Higher Education* 82(15) (December 11).

Cohen, A. R., and F. B. Brawer. 2014. *The American Community College*, 6th ed. San Francisco, CA: Jossey-Bass.

Cohen, B., and R. E. Zelnick (eds). 2002. *The Free Speech Movement: Reflections on Berkeley in the 1960s.* Berkeley, CA: University of California Press.

Cohen, Patricia. 2016. "ITT Educational Services Closes Campuses." *New York Times* (September 7): B1.

Cohen, Robert, and David J. Snyder (eds). 2013. *Rebellion in Black and White: Southern Student Activism in the 1960s.* Baltimore, MD: Johns Hopkins University Press.

Collins, Randall. 1978. *The Credential Society*. New York City: Academic Press.

Community College Research Center. n.d. "Community College FAQs." Teachers College, Columbia University. Retrieved March 28, 2016 (http://67.205.94.182/ community-college-FAQs.html).

Connell, C. 1983. "Bob Jones University: Doing Battle in the Name of Religion and Freedom." *Change* 15(4) (May/June): 38-47.

Cuban, Larry. 1999. *How Scholars Trumped Teachers: Change Without Reform in University Curriculum, Teaching, and Research, 1890-1990*. New York City: Teachers College Press.

Davies, S., and F. M. Hammack. 2005. "The Channeling of Student Competition in Higher Education: Comparing Canada and the U.S." *Journal of Higher Education* 76(1): 89-106.

Davis, Julie H. 2015. "President Obama Signs into Law a Rewrite of No Child Left Behind."

New York Times (December 11): A22.

Desrochers, Donna M., and Rita Kirshstein. 2014. "Labor Intensive or Labor Extensive? Changing Staffing and Compensation Patterns in Higher Education." The Delta Cost Project at American Institutes for Research. Issue Brief. Retrieved (www.deltacostproject.org/sites/default/files/products/DeltaCostAIR_Staffing_Brief_2_3_14.pdf).

Diaz, Idris M. 1997. "What's at Stake: The Court Decisions Affecting Higher Education and Diversity." *Black Issues in Higher Education* 14(22) (December 25): 19-21.

Dougherty, Kevin J. 2001. "The Community College: The Impact, Origin, and Future of a Contradictory Institution," in Jeanne H. Ballantine and Joan Z. Spade (eds), *Schools and Society: A Sociological Approach to Education*. Thousand Oaks, CA: Pine Forge Press.

Dougherty, Kevin J., and Gregory S. Kienzl. 2006. "It's Not Enough to Get Through the Open Door: Inequalities by Social Background in Transfer from Community Colleges to Four-Year Colleges." *Teachers College Record* 108(3): 452-87.

Dowling, W. 2007. *Confessions of a Spoilsport: My Life and Hard Times Fighting Sports Corruption at an Old Eastern University*. University Park, PA: Pennsylvania State University Press.

Egan, K. et al. 2014, 2015. *The American Freshman: National Norms*. Cooperative Institutional Research Program, Higher Education Research Institute. Los Angeles: University of California. www.heri.ucla.edu/publications-tfs.

Egan, K., E. B. Stolzenberg, A. Bates, M.C. Aragon, M. R. Suchard, and C. Rios-Aguilar. 2015. *The American Freshman: National Norms, 2015*. Los Angeles: Higher Education Research Institute, UCLA.

Farnum, Richard. 1997. " Elite College Discrimination and the Limits of Conflict Theory." *Harvard Educational Review* 67(3) (Fall): 507-30.

Feldman, Kiera. 2014. "Who Are Women's Colleges For?" *New York Times* (May 25): SR4.

FindLaw. 2016. "Teachers' Unions and Collective Bargaining: Higher Education." Retrieved April 19, 2016 (education.findlaw.com/teachers-rights/teacher-s-unions-and-collective-bargaining-higher-education.html).

Finkelstein, Martin. 2003. "The Morphing of the American Academic Profession." *Liberal Education* 89: 6-15.

Finkelstein, Martin J., Jack H. Schuster, and Robert K. Seal. 1995. "The American Faculty in Transition: A First Look at the New Academic Generation." National Center for Education Statistics. Washington, DC: US Department of Education.

Fitzgerald, Robert. 2000. *College Quality and the Earnings of Recent College Graduates*.

Washington, DC: Office of Education Research Improvement, US Department of Education, NCES2000-043.

Foderaro, Lisa W. 2010. "Yale, with $150 Million Deficit, Plans Staff and Research Cuts." *New York Times* (February 4).

Fogg, Piper. 2008. "The 24/7 Professor." *The Chronicle of Higher Education* 54(21) (February 1).

Ganim, Sara, and Devon Sayers. 2014. "UNC Report Finds 18 Years of Academic Fraud to Keep Athletes Playing." October 22. Retrieved April 7, 2016 (www.cnn.com/2014/10/22/us/unc-report-academic-fraud/index.html).

Gaztambide-Fernandez, Ruben A. 2009. *The Best of the Best: Becoming Elite at an American Board School.* Cambridge, MA: Harvard University Press.

Gerald, D., and K. Haycock. 2006. *Engines of Inequality: Diminishing Equity at the Nations' Premier Public Universities.* Washington, DC: The Education Trust.

Gilligan, Carol. 1979. "Women's Place in Man's Life Cycle." *Harvard Educational Review* 49: 431-46.

Ginsburg, B. 2011. *The Fall of the Faculty: The Rise of the All Administrative University.* New York City: Oxford University Press.

Glenn, David. 2010. "A Measure of Education is Put to the Test." September 19. *The Chronicle of Higher Education.* Retrieved April 10, 2010 (http://chronicle.com/article/A-Measure-of-Learning-Is-Put/124519/).

Gouldner, Alvin W. 1957. "Cosmopolitans and Locals: Toward an Analysis of Latent Social Roles, I." *Administrative Science Quarterly* 2: 281-306.

Hacker, Andrew, and Claudia Dreifus. 2010. *Higher Education? How Colleges Are Wasting Our Money and Failing Our Kids—And What We Can Do About It.* New York City: Times Books.

Haycock, Kati, Mary Lynch, and Jennifer Engle. 2010. "Opportunity Adrift: Our Flagship Universities are Straying from Their Public Mission." Washington, DC: The Education Trust. Retrieved May 6, 2016 (www.edtrust.org/resource/19453/).

Healy, Patrick. 1998. "Affirmative Action Survives at Colleges in Some States Covered by Hopwood Ruling." *The Chronicle of Higher Education* 33: A42-A43.

Higher Education Research Institute (HERI). 2015. "College Students' Commitment to Activism, Civic Engagement Reach All-Time High." *Higher Education Research Institute* (Fall). Retrieved April 20, 2016 (heri.ucla.edu/pr-display.php?prQry=196).

Hurado, Sylvia, and Deborah Faye Carter. 1997. "Effects of College Transition and Perceptions of the College Racial Climate on Latino College Students' Sense of

Belonging." *Sociology of Education* 70(4): 324-45.

Jencks, Christopher, and David Riesman. 1968. *The Academic Revolution*. Garden City, NY: Doubleday.

Jenkins, Davis, and John Fink. 2016. *Teaching Transfer: New Measures of Institutional and State Effectiveness in Helping Community College Students Attain Bachelors Degrees*. New York: Community College Research Center.

June, Audrey Williams. 2015. "How a Top Business School Added More Women to its Faculty." *The Chronicle of Higher Education* 62(3) (September 18).

Juszkiewicz, Jolanta. 2015. *Trends in Community College Enrollment and Completion Data, 2015*. March. AACC. Washington, DC: American Association of Community Colleges.

Karabel, Jerome. 2005. *The Chosen: The Hidden History of Admissions and Exclusion at Harvard, Yale, and Princeton*. New York City: Houghton Mifflin.

Karen, David. 1990. "Toward a Political-Organizational Model of Gate Keeping: The Case of Elite Colleges." *Sociology of Education* 63(4): 227-40.

Karen, David, and Kevin J. Dougherty. 2005. " Necessary But Not Sufficient: Higher Education as a Strategy of Social Mobility," in Gary Orfield, Patricia Marin, and Catherine L. Horn (eds), *Higher Education and the Color Line*. Cambridge, MA: Harvard University Press.

Katsinas, Stephan G., Johnson A. Ogun, and Nathaniel J. Bray. 2016. "Monetary Compensation of Full-Time Faculty at American Public Regional Universities: The Impact of Geography and Collective Bargaining," paper presented at the 43rd Annual National Conference of the National Center for the Study of Collective Bargaining in Higher Education and the Professions. Hunter College, City University of New York.

Kohlrausch, Bettina, and Meike Baas. 2010. "Unintended Outcomes of Vocational Training in Germany, " paper presented at the International Sociological Association World Congress of Sociology, Sweden, July.

Kuh, G. D., J. Kinzie, J. A. Buckley, and B. K. Bridges. 2007. *Piecing Together the Student Success Puzzle*. San Francisco, CA: Jossey-Bass and ASHE Higher Education Report Series.

Leatherman, Courtney. 2000. "Despite Their Gripes, Professors are Generally Pleased with Careers, Poll Finds." *The Chronicle of Higher Education* 46 (March 3): A19.

Lederman, Doug. 2015. "Stabilizing Financial Picture." July 8. *Inside Higher Ed*. Retrieved May 8, 2016 (www.insidehighered.com/news/2015/07/08/moodys-reports-portray-stabilizing-higher-ed-finance-picture).

Lempert, Ted. 2010. "School Matters: California Must Raise Latino Student Achievement."

January 22. Retrieved October 10, 2010 (http://news.newamericamedia.org/news/view_article.html?article_id=35e7746bf85a81504955d2383c5fd4cc).

Lipset, Seymour Martin (ed.). 1965. *The Berkeley Student Revolt: Facts and Interpretations.* New York City: Anchor.

Liptak, Adam. 2016. "Justices Uphold Race-Aware Admissions." *New York Times* (June 24): A1.

Ma, Yingyi, and Gokhas Savas. 2014. "Which is More Consequential: Fields of Study or Institutional Selectivity?" *The Review of Higher Education* 37(2): 221-47.

McDonald, Michael. 2010. "Amherst-to-Yale Funding Need Follows Harvard's Crisis Over Cash." September 23. (Bloomberg.com/news/articles/2010-09-23/amherst-to-yale-funding-need-follows-harvard-endowment-s-crisis-over-cash).

Markovich, Alexandra. 2016. "Princeton Board Votes to Keep Woodrow Wilson's Name on Campus Buildings." *New York Times* (April 4): A 23.

Mason, M. A., N. H. Wolfinger, and M. Goulden. 2013. *Do Babies Matter? Gender and Family in the Ivory Tower.* New Brunswick, NJ: Rutgers University Press.

Morgan, Neville N. 1992. "Race and Gender Differences in Support of Collective Bargaining by College and University Faculty." *Dissertation Abstracts International* 52(7-A) (January): 2719-20.

Mortenson, T. G. 2005. "Segregation of Higher Education Enrollment by Family Income and Race/Ethnicity." *Postsecondary Education Opportunity* 160: 1-16.

Murphy, Colleen. 2015. "Sweet Briar Savors the Promise of Revival, but Fund-Raising Challenge is Vast." *The Chronicle of Higher Education* 61(38) (June 15).

Myers, Ken. 1995. "Denial of Scholarship Case Leaves Some Officials Wondering." *National Law Journal* 17(41) (June 12): A13.

National Center for Education Statistics. 2009. *Digest of Education Statistics.* Washington, DC: US Department of Education.

National Center for Education Statistics. 2012. *Condition of Education.* Washington, DC: US Department of Education.

National Center for Education Statistics. 2014. *Digest of Education Statistics.* Washington, DC: US Department of Education.

National Center for Education Statistics. 2015. *Condition of Education.* Washington, DC: US Department of Education.

National Center for Education Statistics. 2015. *Digest of Education Statistics.* Washington, DC: US Department of Education.

National Football Foundation. 2015. "Colleges and Universities Offering Football Increases to All-Time High of 773." July 23. Retrieved April 18, 2016 (www.footballfoundation. org/News/NewsDetail/tabid/567/Article/55373/colleges-and-universities-offering-football-increases-to-all-time-high-of-773aspx).

New, Jake. 2015. "Bad Apples or the Barrel?" April 15. *Inside Higher Ed.* Retrieved April 19, 2016 (www.insidehighered.com/news/2015/04/15/how-widespred-are-issues-facing-fraternities).

Nocera, Joe, and Strauss, Ben. 2016. *Indentured: The Inside Story of the Rebellion Against the NCAA.* New York City: Portfolio/Penguin.

O'Connor, Noga, Floyd M. Hammack, and Marc A. Scott. 2010. "Social Capital, Financial Knowledge, and Hispanic Student College Choices." *Research in Higher Education* 51(3) (May): 195-219.

O'Donnell, Ben. 2009. "What's Right with Fraternities." *The Chronicle of Higher Education* 56(15) (December 6).

Olson, Lynn. 2007. "Scholars Suggest Policies to Bolster Teacher Quality." *Education Week* 26(32) (April 5): 9.

Ott, Molly, and Jesus Cisneros. 2015. "Understanding the Changing Faculty Workforce in Higher Education: A Comparison of Non-Tenure Track and Tenure Track Experiences." *Education Policy Analysis Archives* 23(90). Retrieved (http://epaa.asu.edu/ojs/article/view/1934).

Otterman, Sharon. 2011. "Ed Schools' Pedagogical Puzzle." *New York Times* (July 21): Education Life, ED24.

Pascarella, E. T., and P. T. Terenzini. 2005. *How College Affects Students: A Third Decade of Research.* San Francisco, CA: Jossey-Bass.

Pew Research Center. 2015. "Secure Job, Ability to Save Seen as Top Requirements to be Middle Class." February 4. Retrieved April 18, 2016 (www.pewsocial trends.org).

Pincus, Fred L. 1994. "How Critics View the Community College's Role in the Twenty-First Century," in George A. Baker Ⅲ (ed.), *A Handbook on the Community College in America: Its History, Mission, and Management.* Westport, CO: Greenwood Press.

Research Center. 2015. "Snapshot Report—Contribution of Two-Year Institutions to Four-Year Completions." *National Student Clearinghouse.* Retrieved May 21, 2016 (http://nscresearchcenter.org/snapshotreport-twoyearcontributionfouryearcompletions17/).

Reynolds, G. H. 2014. "Degrees of Value: Making College Pay Off." *The Wall Street Journal* (January 15).

Rosenbaum, James E. 2001. *Beyond College for All: Career Paths for the Forgotten Half.* New York City: Russell Sage Foundation.

Rosenbaum, James E., Shazia Rafiullah Miller, and Melinda Scott Krei. 1996. "Gatekeeping in an Era of More Open Gates: High School Counselors' View of Their Influence on Students' College Plans." *American Journal of Education* 104(4) (August): 257-79.

Rosenbaum, James E., Janet E. Rosenbaum, and Jennifer L. Stephan. 2011. "Perfectionist Dreams and Hidden Stratification: Is Perfection the Enemy of the Good?" in M. T. Hallinan (ed.), *Frontiers in Sociology of Education*. New York City: Springer, pp.181-204.

Rosenbaum, James E., Jennifer L. Stephan, and Janet E. Rosenbaum. 2010. "Beyond One-Size-Fits-All College Dreams." *American Educator* (Fall): 2-13.

Ross-Gordon, Jovita M. 2011. "Research on Adult Learners: Supporting the Needs of a Student Population that is No Longer Nontraditional." *Peer Review* 13(1) (Winter 2011).

Rusbridger, Alan. 2015. "Lifting the Lid on Oxford Admissions." December 15. *Times Higher Education*. Retrieved April 3, 2016 (www.timeshighereducation.com/blog/alan-rusbridger-lifting-lid-oxford-admissions).

Sacks, Peter. 2007. *Tearing Down the Gates: Confronting the Class Divide in American Education*. Berkeley, CA: University of California Press.

Salomone, Rosemary. 2007. "A Place for Women's Colleges." *The Chronicle of Higher Education* 53(24) (February 16): B20.

Saltzman, Gregory M. 2001. "Higher Education Collective Bargaining and the Law," in H.W. Wechsler (ed.), *The NEA 2001 Almanac of Higher Education*. Washington, DC: National Education Association, pp.45-58.

Schmidt, Peter. 2016. "Wisconsin's Tenure Battle Shifts to Campuses." *The Chronicle of Higher Education* 62(27) (March 18).

Smelzer, Neil J. 1962. *Theory of Collective Behavior*. New York City: Free Press.

Smith, Ashley A. 2015. "The Increasingly Digital Community College." April 21. *Insider Higher Ed*. Retrieved April 19, 2016 (www.insidehighered.com/news/2015/04/21/survey-shows-participation-online-courses-growing).

Soares, Joseph A. 2007. *The Power of Privilege: Yale and America's Elite Colleges*. Stanford, CA: Stanford University Press.

Soares, Joseph A. 2011. *The SAT Wars: The Case for Test-Optional College Admissions*. New York City: Teachers College Press.

Spellings, M. 2006. *A Test of Leadership: Charting a Future for U.S. Higher Education*. Washington, DC: US Department of Education.

Stevens, Mitchell L. 2007. *Creating a Class: College Admissions and the Education of Elites*.

Cambridge, MA: Harvard University Press.

The Chronicle of Higher Education Almanac. 2010. Retrieved October 6, 2010 (http://chronicle.com/article/Percentage-of-Faculty-Members/123927/).

The Editorial Board. 2014. "The Case Against Woodrow Wilson at Princeton." *New York Times* (November 24): A30.

The Institute for Diversity and Ethics in Sport. 2015. *Keeping Score When It Counts.* Orlando, FL: University of Central Florida.

The Institute for Diversity and Ethics in Sport. 2015. " Bowl Bound College Football Teams Graduation Rates Reports." Retrieved April 20, 2016 (www.tidesport.org/football-bowl-bound.html).

Trow, Martin. 1972. *The Expansion and Transformation of Higher Education.* Morristown, NJ: General Learning Press.

US Census Bureau. 2009. "United States Population Projections: 2000 to 2050." Retrieved April 9, 2016 (www.census.gov/population/projections/files/analytical-document09.pdf).

US Department of Education. 2011. "Web Tables: Community College Student Outcomes, 1994-2009 (*NCES 2012-253*)." Retrieved May 13, 2016 (http://nces.ed.gov/pubs2012/2012253.pdf).

US Department of Education. 2015. "White House Initiative on American Indian and Alaska Native Education: Tribal Colleges and Universities." Retrieved April 18, 2016 (http://sites.ed.gov/whiaiane/tribes-tcus/).

US Department of Education. 2016. "College Scorecard." Retrieved April 71, 2016 (www.collegescorecard.gov).

Vaisey, S. 2006. "Education and Its Discontents: Over Qualification in America, 1972-2002." *Social Forces* 85(2): 835-64.

Van Houtte, Mieke, and Dimitri Van Maele. 2010. "Students' Sense of Belonging in Technical/Vocational Schools Versus Academic Schools," paper presented at the International Sociological Association World Congress of Sociology, Sweden, July 2010.

Wechsler, Harold S. 2014 (1977). *The Qualified Student: A History of Selective Admission in America.* New Brunswick, NJ: Transaction.

Wilson, Robin. 2010. "For-Profit Colleges Change Higher Education Landscape." *The Chronicle of Higher Education* 56(21) (February 7).

第十二章
世界教育系统
——一种比较的观点

每个国家都必须问自己这样的问题：教育是为了什么？是国家试图为公民生存提供基本技能；教育公民满足他们从事稼穑等日常生活的需要；准备最有能力的学生离开乡村去接受进一步的教育；为学生提供理财所需的技能；为劳动者提供一种教育，而为精英和领导者提供另一种教育；给所有公民一个教育进步的平等机会；或是在一个不断变化的世界里学会竞争？不同国家的领导人一直在为这些问题及其公民的教育目的等许多其他问题而奋斗，也一直在探讨他们的教育专用经费在国家预算中的合理比例问题。

教育提供一支训练有素的劳动力大军，增进国家统一和认同，为个人发展和国家进步团结提供必要的品质（Benavot, 1992）。与此同时，发展中国家（Global South）教育系统通常追随着发达国家（Global North）的模式发展。国家之间的经济竞争对所有国家都施加了压力，要求各国以类似的方式组织教育系统，导致了各系统之间学校教育的统一性与相似性（Ramirez & Boli-Bennett, 1987）。国家课程的普遍性可以证明这一趋势——但并非所有国家都如此！

教育发展的世界性趋势包括：所有各层次教育的入学人数剧增，特别是小学教育；中央政府建立教育部门，颁行义务教育法；各国增加教育资金的需求；为所有人开放受教育的机会，包括女性和少数族裔；学校既是国家的社会化机构，也是商业和政府的人才分类系统。

尽管教育系统受到殖民模式与世界趋势影响（Archer, 1987），但每个国家都会在教育中赋予其独一无二的文化。一些国家的国民或团体积极抵制西方模式。作为要求学习特定教育内容的全球性压力的一部分，我们可以一起探索激励不同学校课程统一的全球体系的一个例子：全球性评估测试。

中国香港和台湾、新加坡、韩国、日本——这些亚洲国家和地区有什么相同之处？他们在 OECD 组织 2015 年国际高中生数学和科学测试中，一举超过了 76 个参与的国家和地区中的 71 个。欧洲的芬兰排名第六，且多年来一直名列前茅（McSpadden, 2015; Yng, 2015）。可以看到，这些国家和地区不仅是教育的领先者，而且是世界经济的领先者。教育标准可以有力地预测各国在全球经济体系中能够生产的财富。

比较教育研究者开发了国际评估测试，对参加这个测试的各国学生的熟练程度进行比较（Meyer & Benavot, 2013）。他们研究不同的教育系统，以确定是哪些因素让一些国家和地区在测试比较中比其他国家取得更大的成功。不同的教育系统利用测试结果来评估他们相对于其他国家和地区的表现，从而把握其教育政策和规划。这五个亚洲国家和地区教育的成功，部分原因在于他们对教育的态度。其间隐含的假设是：所有学生都可以学习，所有学生都应该通过"严谨、专注、坚持不懈"来获取成功，"每位学生都能遇上优秀的老师"（Coughlan, 2015; Pitv, 2015）。教师训练有素，作为专业人士，他们在声望和薪水上可以得到丰厚的回报（Coughlan, 2015）。这些国家和地区相信学生在学习上的努力胜过基因上的"聪明"，他们有着明确的成果意识和目标，拥有一种高度负责、强调利益相关者广泛参与的文化（Lepi, 2014）。

芬兰在评估测试里跻身一流教育体系的前列，在 2012 年位居第一。教育研究者列举出芬兰成功的四个原因（Simola, 2015）：

1. 精简、优质的标准化考试：学生在小学和初中完成学业时只有一次标准化考试。问答题由教师打分，涵盖一些复杂的思想和有争议的问题。教师不把注意力集中在频繁的标准化考试上，得以把时间用于提高其他学习、思考和解决问题的能力上。

2. 更多玩耍的时间：7岁正式上学之前不会开始正式学习或学习阅读。在幼儿园里，他们玩耍！随着他们的成长，他们在家庭作业上花费时间很少，与美国学生每周花费6.1小时相比较，他们大约每周2.8小时。这留下了与朋友社交、参加体育运动以及享受其他活动的时间（Moore, 2016）。

3. 免费的高等教育：获得高等教育学位的毕业生免受债务纠缠。这让更多学生得以接受高等教育，为参与工作做好准备。而美国高等教育的平均贷款债务是3万美元。

4. 提升教学的专业品质：教学是一个受人尊敬的专业，只有7%的申请人才可能被教师教育项目所录取（Crouch, 2015）。教师被视为大学里的教授一样，有更多的时间去规划课程，获得与其他专业人士足以竞争的薪水。教师接受广泛的训练并在课堂上拥有自主权。

思考与应用

你的国家在国际测试中排名怎么样？为什么？对教育产生的学生成果的关注点不同，是否可以引致国际测试中成绩的不同？请解释。

在光谱的另一端，南苏丹、加纳、南非和印度尼西亚在76个国家中排名最后，大多数的学生都缺乏基本技能。想想印度尼西亚，同样位于亚洲，是世界上第四大教育系统，在国际考试中成绩排名却几乎垫底（Al Jazeera, 2013）。

印度尼西亚是一个处在政治经济转型中的中等收入国家，民主政治羽翼未丰。在这个转型阶段，贪污腐败的问题非常严峻，教育资金通常绕过课堂进入了公务员的口袋。请看一下事实：5700万学生中只有三分之一完成了基础（小学）教育。260万教师中持有最低层次教师资格认证的人不到一半（World Bank, 2014），而且，教师的缺勤率达到20%，因为许多教师都有第二份工作以增加他们的收入。据估计，学校教育预算有40%因贪污、贿赂、挪用而流失。至于教学方法，最多的学习方式便是机械背诵，而非创造性的独立思考。严格的纪律以及驱逐政策使学生失去了大量上学的时间。因此，由于教师不合格且常缺勤，学校关闭、损失上学时间、学习资料、书本和设备极度缺乏，以及缺乏有效的教学方法，学生几乎没有机会在竞争性国际测试中取得好成绩。

世界各地的教育：比较视角

为什么绝大多数国家都有比较教育研究的兴趣？当我们从一个新的有利视点来思考教育时，整个全新的视域就会随之开启。国际评估测试比较就是比较教育对于全球化教育研究众多贡献中的一个例子。正如你在本章将看到的，这种贡献还有很多。

什么是比较教育？

比较教育是：

> 不同国家教育理论与实践的比较研究……（它）试图使用跨国的数据来检验教育与社会、教学实践与学习成效之间关系的各种命题，（并且）思考比较研究对教育政策的形成和实施的影响。
>
> ——USLegal, 2016, p.1.

比较教育学者使用跨国的数据（如先前所述的评估测试结果），"通过比较的、跨文化的、国际的视角，增进对教育议题、发展趋势与政策的理解"，从而"形成并实施关系到国家发展和国际发展的教育政策"（CIES, 2016, p.1）。

作为社会科学、教育学和跨国学科的交叉点，比较教育使用来自许多国家和项目的可比性数据。它所提供的信息，既有独属于某些教育系统的特殊性，也有可以在所有教育系统中见到的普遍性。尽管比较教育是跨学科的研究，但社会学家在这个领域做了许多研究，并作出了主要的贡献——开发有效方法，确定关键变量，建立分析模型。大多数研究成果在比较教育的期刊上发表，并由政策制定者应用于实践中。表12.1通过对1000多家期刊2500篇该领域参考文献的回溯，来说明期刊中出现的研究主题和频次（Easton, 2014, Table 4）。

表12.1 比较教育研究论文的主题演变（1979、2013、1979-2013年合计）

	1979	2013	1979-2013 合计
教育的层级和类别	50	1125	5604
小学/早期幼儿教育	0	146	566
中学/青年教育	0	64	381
城市学院/职业技术教育	0	50	262
高等及专业教育	31	218	1731
成人教育、非正规教育、大众/终身学习	19	114	466
侨民、移民、难民教育	0	111	448
教师教育和培训	0	199	812
特殊教育	0	41	265
其他语言为母语的英语学习中的多语言/多文化教育	0	182	672
教育中的主题焦点	39	619	2528
公民、儿童和人类权利	0	42	310
比较教育	39	107	698
经济与财政视角	0	40	40
教育与健康	0	53	53
教育与宗教	0	35	35
可持续发展教育	0	61	177
性别和性	0	148	720
原住民和少数民族教育	0	43	171
身体和体育教育	0	0	10
社会学视角：民族、种族、阶层	0	90	314
专业技术和研究方法	16	453	1821
课程与教学	0	145	611
教育评定、测试和评估	0	61	61
教育领导力和管理	0	65	232
教育政策、规划和发展	16	127	516
教育技术与线上学习	0	97	591

续表

	1979	2013	1979—2013 合计
国际化/境外学习	0	33	220
研究方法及理论	0	70	201
区域	240	189	3213
非洲	17	46	467
澳大利亚及太平洋流域	3	23	200
中亚、南亚和东南亚	19	30	277
东亚	10	28	611
欧洲和俄罗斯	141	28	1106
拉丁美洲和加勒比	33	20	239
中东和南非	3	14	299
北美	14	0	14
综合	83	0	164
合计	428	2531	

来源：Easton, 2014.

随着这个相对较新的领域的发展，对比较教育的重点也有不同的观点。例如，请参阅下面四个观点（Dale, 2005）：

1. 一个教育系统的发展过程是每个国家的关键所在，应该由"当地文化机关"来完成，而非全球组织。教育应该反映每个国家自我认同的需要。

2. 技术信息共享、教育券、远程教学和学习，以及其他可在全球系统中共享和实施的革新方法，这套全球适用的解决方案是各国教育成功的关键。

3. 国际组织制定的教育比较模式和统一的优秀标准应该指导世界上不同区域教育系统的发展。

4. 个体和国家既影响全球化，又受全球化压力的影响，这相互影响导致的变化应该成为比较教育研究的焦点。

事实上，这些观点里没有一个会永远正确，但这些观点和其他很多观点可以为不同教育系统找到其在世界上的位置提供建议与答案。

作为研究领域的比较教育

与早期的冒险家分享关于世界各地的教育实践的故事一样，现今的科学家也分享他们对不同教育系统的研究。早期对于教育的趣闻故事逐步演化成对特定国家特定教育系统的个案研究，开启了一个跨学科的领域。今天的比较教育用各种理论、复杂的方法、跨国数据库来研究比较语境中的不同教育系统（Easton, 2014; Spring, 2008）。研究方法包括了从描述性的人类学和民族志方法，到可比性成绩研究中可以看到的大规模数据收集（Easton, 2014）。以下通过几个历史发展阶段概述比较教育的发展进程：

——19世纪中叶到20世纪：教育学家用比较探究法来完善和发展他们自己的系统，共享并借用旅行者分享的对教育实践、学校体系和结构以及教育方法的观察（Kubow & Fossum, 2007）。

——1950年代中期：许多国家的事实分类引起了国际教育的区域研究（即非洲和苏联集团各国）。

——1960年代：聚焦于教育在改造新兴发展中国家中所扮演的角色，其中许多都受到过殖民化的影响。

——1970年代早期：美国由于认为自己是处于领导地位，很少向其他国家学习，而忽视了比较研究（Cummings, 1999）。

——1980年代至2000年：随着系统性全球数据收集技术的发展（Dede & Baskan, 2011; Noah & Eckstein, 1998），致力于国际合作（Arnove & Torres, 1999）。

——21世纪：教育家如今需要同时具备本土眼光和全球眼光，在全球体系中为教育问题寻求解决方案（Dede & Baskan, 2011; Wiseman, Astiz & Baker, 2013）。

从2000年开始，一些主题开始在比较教育中占据主导地位，包括国际经济发展和教育伙伴关系（Crossley & Holmes, 2001）、课程的全球化和教育实践（通用教科书和环境教育等议题）（Boli, 2002; Brint, 2006; Bromley & Meyer, 2011）、教师培养、必备的教育质量和数量、教育系统的内部结构、教育目标、教育财政、教学技术和学习效果、教育决策的控制、特定人口群体的教育、科学素养（Bray and Thomas, 1995, p.1; McEneaney, 2003）、受技术影响的新型学习方式（Easton, 2014, 表4）。

教育社会学是一个社会建构的领域，比较教育也是如此，其建设是通过领域里的学者的互动不间断地进行。作为一个年轻的领域，大部分比较教育知识和方法论是利用该领域公认的现有知识（Nordveit, 2015）。

比较教育与系统方法

运用系统路径能够帮助我们将每个国家在世界中所处位置概念化。从这个视角出发，世界是各个国家全球化的环境。各国在经济和政治上的互动方式、在世界体系内的发展水平，影响着他们为满足其需要而发展的教育系统的类型。

可以看看你所在的大学，在全球化和国家的教育系统中找找它的位置。这个系统模型呈现了不同的分析层次：宏观、中观或微观层次。宏观层次分析考虑的是全球化和国家的大格局，例如，全球化影响了你的大学课程体系和具体科目，提供了越来越多的全球性话题：国际组织与国家政府、全球权力结构、教育的世界趋势。中观层次分析关注制度层面，聚焦于你的大学与其他大学在学生、体育名次上的竞争，教育与一些其他制度——比如家庭和政治制度的关系，它要面对诸如新技术、新知识进课堂等环境压力。微观层次分析（在全球研究中不那么重要）聚焦于学校、课堂以及一些互动的设置。表12.2展示了从宏观到微观不同分析层次的一些主要教育议题（Brint, 2006, p.21）。

表 12.2　学校教育的社会学分析层次

分析层次	主要关注点
宏观历史 学校结构与目的的发展	从比较的视角看学校目的和结构的起源
	从比较的视角看学校目的和结构的历史（现代）变迁
	学校目的和结构对社会及社会特定群体的影响
中观制度 学校作为社会机构在特定时空中的运营	传递能量，关注组织的结构与实践
	环境对学校教育的影响
	主要行动者类型（包括家庭、卫生系统、劳动市场以及政治制度）的利益与关系
	学习、社会化和社会筛选制度的影响
微观驱动 课堂活动中的阶段推进和互动过程	学校内部互动的结构性影响
	构建学习共同体所使用的方法
	基于互动的教学行为的成功与失败
	学校互动对学习、社会化和社会筛选的影响

来源：SCHOOLS AND SOCIETIES, 2nd edition by Stephen Brint. Copyright©2006 by the Board of Trustees of the Leland Standford Jr. University. 保留所有权利。经由出版商斯坦福大学出版社（http://www.sup.org）许可后复制。

比较教育研究的主题范围和这些主题研究所处的分析层次由图 12.1 可以得到说明。注意立方体中前面的是层次分析，教育研究的一些主题在右侧，受特定的教育制度和政策影响的群体在立方体的顶部（Bray, Adamson & Mason, 2007）。

比较研究的模型或类型恰如图 12.1 中的正方体，就像是一座房屋的构架一样。它们为每个独特的单元提供了基础与支持。我们改变房间、装饰和外部覆盖物，但每间房子都有一个普遍的构建原则作为基础。同样，这个模型提供了开发或研究相似的一般类型的系统框架，在本例中即教育系统。当一个模型能与许多实际案例相匹配时，它就能反映现实。一般来说，这些模型要么反映教育的特定维度，要么就反映不同系统之间的比较。随

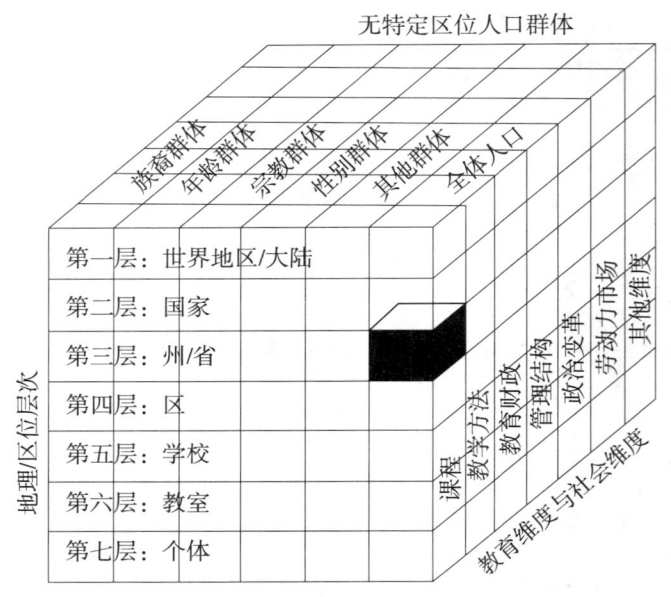

图 12.1　比较教育的分析框架

来源：Bray, Adamson, and Mason, 2007.

着方法论变得越来越复杂，比较研究的模型也日趋复杂。呈现在图 12.1 中的模型展示了三个维度的分析，包括了当今使用的许多变量。这里所讨论的大多数理论视角都能在模型中描述出来，并标明分析的每个相关层面。同样，研究主题通常聚焦于特定层面上的教育问题分析——例如，宏观层面比较的教育系统和大众教育扩张、中观层面社会制度和环境的关系、微观层面内部教育结构和角色关系。下一节，我们举例学习比较教育中最普遍的分析层次——宏观层面。

全球教育的宏观影响

"全球化与教育的研究包含着对影响地方教育实践和政策的全球范围内相互交错的话语、过程和制度的考察。"（Spring, 2008, p.330）今天，大多数比较教育研究都会对世界许多国家或地区进行比较。一个当今受到特别关注的例子是，移民儿童由于经济或战争的原因而逃离原来的国家，经历着教育的断裂：没有学校也没有老师，需要学习新的语言，面对不同教育体系下的新期待。目的地国家一直在努力克服大量新生涌入、设施不足和教师缺乏等问题，给予经历了创伤与破裂的孩子们以教育。新移民成功融入社会对国家和经济的稳定至关重要。比较研究可以提供如何促进移民儿童的成功融入的大量信息（Teltemann & Windzio, 2013）。

第二个宏观层面研究的例子是建构一种号称"从学校到工作"的通道：各国如何能让学生为未来的工作做好准备？在一些中央集权经济体由国家运营的教育系统（如俄罗斯）中，国家来决定不同岗位需要有多少劳动者，并计划培养多少名学生。在其他经济体中，很少有这样设定的通道和预定计划；然而，绝大多数经济体所关心的是，如何为需要的工作岗位培养学生，如何通过系统将他们从培训到学徒再转向工作岗位。

教育社会学家研究了世界上许多系统里的一些做法。例如，德国和其他一些国家的孩子们按照流程大约在五年级时开始接受考试，一些孩子分流进入为上大学做准备的轨道；而另一些孩子则进入为学徒期和工作做准备的职业轨道，绝大部分是技工——电工、建筑工、木工，让学生在上学期间接受培训。理想结果是学生一走出高中校门，就走上一条通往生产劳动的未来之路。

第三个宏观层面教育举措的例子便是国际成就测试，本章开篇部分便提到了其中之一。另外两个是为了所有人的教育（Education for All）和国际教育成就评估协会（IEA）。

1. 联合国在宏观层面上建立了千年发展目标（MDGs）来援助和指导全球的国家教育系统。关注教育的国际组织提供了课程发展趋势、教科书与资料、新的教学技术与工具，以及像全球教育系统评估测量的全球数据等方面的信息（Motivans, 2013）；2015 年是"为了所有人的教育：2000—2015"的目标评估的年份，并决定 2015 年后议程的目标（在不久的将来，"全球教育 2030"将取代"为了所有人的教育"）（Guo, 2014; Education for All: Global Monitoring Report, UNESCO, 2015）。

2. IEA 实施了第一个范围广泛的早期比较研究项目。第一个六学科调查（1970—1971）是比较研究领域中的典范，不仅因为其施测的范围和当时所能达到的先进的比较方法技术，还因为像这样一个数百万美元的项目也许不会再重演（Foshay, 2011; Passow et al., 1976, pp.12-13）。IEA 继续定时的六学科跟踪研究，为最终的比较发现提供补充与更新。

比较教育中的理论视角

世界上绝大多数人都认为教育是通向机遇的大门。发展中国家聪明、勤奋的孩子希望外国友人帮助他们获得更多的教育，然而，许多发达国家的孩子则认为他们想要的却是摆脱学校强加给他们的负担。可是，教育真正能为一个国家的人民带来什么呢？这是一个"教育政策和实践越来越概念化，并在全球或者国际层面上发生"的复杂问题。

一个比较教育学者面临的一个重要问题是：教育到底缓和了还是加剧了社会的不平等？回答并不容易，然而，发达国家和发展中国家都对教育在发展经济、为公民提供社会流动机会方面寄予厚望（Attewell & Newman, 2010）。我们可以在国际上发现一些这样的成功例子，比如，那些成长于小家庭、接受过更多教育的母亲，她们的孩子也会接受更多的教育，会更健康，更长寿，但围绕着社会不平等的复杂问题，则与世界上尤其是比较教育领域中所弥漫的观点的意识形态差异紧密联系在一起。

本节主要考察源自社会学和社会科学主要视角的比较教育理论。如果我们认为教育系统是社会巨大的"平衡仪"，为个体提供进步的机会，为社会提供经济发展所需的熟练的人力，我们通常的路径就涉及功能主义视角。但是，如果我们相信教育系统反映了资本家和社会精英的利益，主要为了维护、巩固他们的权力与地位，我们关于比较教育的讨论便会倾向于冲突理论视角。尽管由于全球的重心在于宏观层面，比较教育许多重点理论也更多地关注宏观层面，然而，对于课堂实践、师生互动以及不同国家其他微观层面问题的比较研究而言，符号互动和标签理论等微观层面的理论在比较教育中的用处依然非常大。

依据研究者的观点和被询问的研究问题的性质，不同理论视角或与这些视角相关的次理论（有非常多！）可以帮助我们理解不同的教育系统。

现代化与人力资本视角

自第二次世界大战以来，劳动力市场发生了翻天覆地的变化。在2016年年初，随着零售业和一般商店、食品服务、卫生保健、制造业以及金融活动方面职位的增加，美国的失业率降低至4.9%。失业率在交通、矿业行业居高不下，其他行业则保持了平稳态势（Bureau of Labor Statistics, 2016）。为什么是经济报告？许多比较教育研究者关注经济增长领域，是由于知识经济的增长和学习新技术的重要性。因此，追踪就业的发展趋势可以为教育者提供学生所需知识的指导（Ballantine & Spade, 2015）。

现代化与人力资本视角在1960年代至1970年代早期占据了比较教育理论的主导地位，这一时期许多国家正处于摆脱殖民统治阶段。他们指出了教育与经济增长、与发展领域的重要关系，以及教育在改变人们的信仰、价值观和行为方面的作用——可以在全球经济中注入经济现代化所必需的品质，诸如勤勉、理性、秩序、节俭、守时，以及成功导向（Slomczynski & Krauze, 1986）。一些占据主导地位的社会价值，比如精英管理，强调依靠自己的能力出人头地，却并非总能在现实中见到成效（Becker, 1973）。现代化理论认为，教育帮助学生和新生劳动力顺利过渡，以融入经济体系，可以促进经济的发展和稳定。开发和培养人力资本（即劳动力）被商业领袖和政府视为对发展的投资，因此，在教育上的投资可以增加个人的人力资本（可以用于劳动的人类生产潜力），同时也有利于国家的经济增长（Bourdieu, 1973）。发展中国家或边缘国家通常提供原材料和廉价劳动力（人力资本），导致制造业和低技能工作向发展中国家（贫穷）国家移动，以图求节约成本、增加利润。然而，许多发展中国家却没有能力为所有受过高等教育的劳动力提供工作，导致人才流失：无法在自己国家找到工作的劳动力只能离开，去国外寻找机会。

因为这一点以及其他原因，人力资本的观点受到了批评：精英管理是极少数国家所能达到的理想，人力资本视角认为所有国家都将仿效西方的发展模式，缺乏就业机会、性别不平等、受过高等教育者的低薪资都可能导致不满和"人才流失"（Benavot, 1987），而且许多服务与销售行业的新工作只需要有限的专门培训。

其他两种观点（世界体系视角和依赖理论）对教育是一种增进经济发展、个人能力和工作机遇的积极力量的观点提出了质疑与挑战。

世界体系理论和依赖理论

在殖民时期，发展中国家的自然和人力资源被殖民主义者系统地掠夺，造成今日的不发达状态。根据世界体系理论，发展中国家如今在世界体系里组成了边缘国家，继续为工业中心提供原材料和廉价劳动力。发展中度的国家精英通常在西方学校系统中接受教育，在为核心国家和跨国公司提供优质原材料的利润中致富，也致使国家失去了许多宝贵的资源。通过为外国投资商寻求最大化回报，并根据国外的标准来考虑本国的优先事项，国家精英的这些行为加剧了内部的不平等，强化了发展中国家的依赖地位，也阻碍了其经济的长远发展（Benavot, 1992, p.8; Freire, 1970; Griffiths & Knezevic, 2009; Ramirez & Meyer, 1980; Wallerstein, 2004）。

从全球冲突的视角来看世界上各国的层级关系就像冲突理论所研究的国家内部的种族、阶级和性别的分层。核心国家（发达资本主义国家）经常参与边缘（发展中）国家的教育发展，一些人认为，这是为了更好地服务于核心国家，而把资本主义规范植入劳动力培训之中，从而最终让资本返回到核心国家（Wallerstein, 2004）。

世界体系理论和依赖理论（一个新马克思主义理论）建立于对资本主义世界秩序发展的分析之上。综上所述，学者们认为：（1）全球资本主义经济是一个以民族国家内部和民族国家之间的结构性不平等为特征的整体制度；（2）一个典型的例子便是世界银行及其教育战略（"世界银行教育战略

2020之为了所有人的学习：投资人们的知识与技能以促进发展"）。该战略代表了占主导地位的资本主义的观点，一些世界体系理论家认为，这主要是为了控制教育并让资本主义获利（Klees, Samoff & Stromquist, 2012）。

世界体系理论家着重关注"一个国家在世界经贸往来中的结构性地位、对初级产品出口的依赖程度、国家的力量、外来投资的程度，以及跨国公司的存在状况"（Benavot, 1992, p.8）。他们认为教育扮演着决定或影响经济发展的角色，从而让边缘国家进一步落后。

各种意识形态系统和（政治、经济、宗教）组织都影响着教育发展的方向。不同国家的政府是资本家控制世界市场包括教育系统的手段（Chase Dunn, 1980; Wallerstein, 1974）。因为大多数国家都陷入了"进步的神话"（Ramirez & Boli-Bennett, 1987, p.18），他们努力应对这种共同的全球意识形态：由于认同一个基本的假设，即增长对社会和个人都有好处，教育的发展日渐趋同。

世界体系分析的一个典型例子便是罗伯特·阿诺夫（Robert Arnove, 1980, p.49）提出的依赖理论。它解释了社会与教育之间的关系。一种开发和剥削的链条存在于多个层面之中：发达国家和世界组织在世界范围内对发展中国家的教育进行调整；"第三世界"国家的权力中心（通常在城市地区和精英阶层）控制着周边农村地区，并依次累推至乡村层级。在这个体系里，边远地区也许会通过获得必要资源和工作而获益，但是价格却被体系掌控和支配，比如，地方的教育事务常常会被"中心"或核心区域所掌控。在教育中，这些包括了课程、课本及其改革。

为了说明教育中的世界体系，我们可以列举包括福特基金会和洛克菲勒基金会、经济合作与发展组织（OECD）、联合国及其教科文组织（UNESCO）和儿童基金会（UNICEF）、世界银行、世界贸易组织、国际测试组织以及其他国际组织的例子，他们有权力和资金在世界各地推广想法和计划，而且许多国际机构所倡导的模式已经在世界各地传播开来。（Meyer, Kamens & Benavot, 1992; Ramirez & Boli-Bennett, 1987; Spring, 2008）。

然而，边缘国家中的从属者通常也会意识到自己相对于其他国家的地位，也许会通过掌控他们自己的教育系统来抵制中心国家、国际组织、跨国企业的主导地位。总之，边缘国家中的这些人是"有意识的行动者"，能认识到决策的过程，尽管他们也许没有能力掌控它。下一节将讨论抵制理论，抵制有时也是权利被剥夺者的一种选择（Clayton, 1998）。

再生产与抵制理论

在微观层面，再生产与抵制理论家指出，"主宰着资本主义制度的精英依照他们自己的目的来形塑社会上的个体。通过家庭和学校的各种文化形式，塑造着每个个体对其世界的基本观念。"（Ballantine & Spade, 2015, p.28; Bowles & Gintis, 1976）。他们认为，地方上的学校可以通过课程和教学方法来强化不平等。如果学校为资本家的利益服务，那么在以阶级为基础的社会中，教育孩子的角色与他们的地位相适应，将有利于精英阶层并再生产阶级结构。

然而，抵制理论指出，"教师和学生并非被动的参与者……也并不总是遵循着精英的期望来促成社会的再生产"（Ballantine & Spade, 2015, p.28; Willis, 1977）。一些小国家会拒绝来自国际组织的全球性的基础教育理念，并采取一些挑战国际议程的动向；他们为实现自己的目标而创新计划，比如为培养农民而开展的基础性实践教育（Crossley & Sprague, 2012; Freire, 1970）。真正的挑战在于他们在逆流而行，而这种潮流在接受被主宰地位的同时，也换来了金钱、服务和商品。

"知识的合法性"视角

得克萨斯州有美国最大的公立学校教科书市场之一，有超过500万公立学校的学生使用着同样的教材。因其规模，得州对出版商而言是一个左右着成败的关键市场。但是这些来自得州的订单却总伴随着由州教育委员会提出的各种要求，对教材进行有争议的修改和编辑，特别是历史、社会研究、政治的课本。得州所要求的修改有着深远的后果，影响着其他州或者学校系统里订购了相同教科书的学生。

传递给学生的教科书知识成为左右两派决策者的战场。这些书本是否对伊斯兰有过度同情的倾向？是否过于低估罗纳德·里根总统的成就？是否忽视了政教分离的原则以及学校中存在的祈祷者？强调摩西对今天的法律的影响，可以用来说明最近的一些冲突（Associated Press, 2014）。这并非地方性的冲突；这些争议是全球化的，前殖民地国家为了满足其国家需要而讨论殖民课程对农业国家的价值。底线是由谁来决定什么是合法知识。当对历史的解释受到当权者的影响时，会发生什么样的情况呢？

"知识的合法性"是指我们应该知道的、我们如何去理解并如何去解释和传授的、那些当权者认可的东西。讨论一下相关的争议！我们该如何去传递关于性行为的知识、关于人类历史——谁赢得了战争的知识、关于奴隶制的知识、关于气候变化的知识呢？合法性意味着至少在决策者之间需要一些共识。

关于比较教育知识的研究经历了两个早期发展阶段：第一个阶段是研究教育知识得以变成"合法"的过程（即为政府与公民所接受），以及这些知识基础如何随着时间而发生变化；第二个阶段是考虑教育知识的合法化和现代国家的权力关系二者之间的关联。冲突或者"批判"理论家率先进行了这些方面的探讨。他们是早期理论家马克斯·韦伯、卡尔·马克思、尤尔根·哈贝马斯和其他一些学者。

许多核心问题都与合法知识的议题紧密相关：特定知识是怎么变得合法的——例如，对一个历史事件的特定解读、什么样的环境会导致它的变化。这些问题的潜在假设是：在知识传递（儿童教育）的过程中，教授什么知识和如何教授的决策往往会忽略一些社会群体的感受。

应用教育社会学：近来，一些理论家提出了"后殖民主义转向"或"南方转向"（Southern Turn），而且越来越多地关注发展中国家或边缘区域学者的观点。他们的研究通常涉及"去殖民化、再殖民化和不平衡的全球权力关系"（Connell, 2014; Takayama, Sriprakash & Connell, 2015）。但是，尽管发展中国家的学者不断增加投入，权力仍然掌握在"北方理论"一方，而来自发展中国家的作品有时只能被视为不平等的知识（Manzon, 2011）。世界体系理论家一直在思考：知识是强化现有的不平等，还是创造更多的

平等？（Griffiths & Knezevic, 2009, p.66）

尽管对教育系统中的知识存在着相互冲突的观点，但所有国家都有某种形式的正式教育。下一节，我们将关注对发达（核心）国家和发展中（边缘）国家的比较教育研究。

富裕国家与贫穷国家的教育比较

阿米努（Aminu）8岁了，家在西非发展中国家加纳的乡村，他有九个兄弟姐妹。他帮助耕种家里的小块土地。阿米努6岁的时候开始上学，当地的学校里只有一个小屋子和一个受过六年教育的教师。学生用粉笔石板，教师有一个小黑板。然而，他明年就将结束自己的教育了，因为下一学段的学校非常遥远，在交通和学校用品上都要花钱，而且他家里的农场需要他。他在学校里学习基础数学和阅读，但他大部分的学习都并不正规，主要是跟着他的祖父、父亲和兄弟学。

这里的教育系统已经存在了好多世纪，每个社区都必须有方法来把它累积的知识传递给下一代，以保证社区的生存和延续。老一代人依照传统的方法，传递着必须具备的知识、技能、行为和风俗——即文化。年轻一代则会被教会了如何耕种、打猎、捕鱼、做饭、盖房子，以及其他必需的知识。这种方式就是"非正规教育"，通过在长者旁边聆听、观察，以及实践来学习。随着殖民力量的到来以及与更大的全球社区的互动，新的技能成为生活的需要，尤其在正规学校里已经成为必修的内容。但问题依旧存在：应当提供什么样的教育给阿米努那样的农民群体？

在19世纪和20世纪早期，欧洲人征服了非洲的绝大部分地区，并在他们的殖民地周围建立了边境线，目的是为了带来贸易和文明（包括宗教）。他们获得了新的土地，并攫取原材料以扩张工业化。传教士建立学校以传播基督教，殖民政府的教育系统反映了殖民者的权力，例如，大英帝国在加纳的教育便是如此。加纳由于其富饶的矿产和可可种植园而被称为"黄金海岸"，它在1957年获得独立，却一直保留了英国的教育模式。历届加纳政府对教育的重视程度不一。初级学校的入学率由 1965 年的 67% 降至 1972 年的 53%。到 1983 年，入学率又升至 79%（男孩 89%，女孩 70%）。独立之初，入学率起起伏伏，但男女比例基本持平，2014 年中小学男女生比例为 100∶98（World Bank, 2016）。2012 年，成年人的识字率为 71.5%（UNICEF, 2015）。

在撒哈拉以南的许多贫穷的非洲国家，压倒性的贫穷与饥饿挤占了扫盲的位置。如今，绝大多数孩子接受读写能力训练，教育范围从技术、职业和农业技能到发达国家的系统模式；一些来自精英家庭的学生接受国外的先进教育。然而，后殖民国家最好的教育模式应该是什么样子，对许多非洲国家来说依然是个问题。应该用本土语言还是用外来语言教学，在他们的村庄和全球体系中，什么样的课程才能让孩子们受益，这些都是悬而未决的问题。

当前，加纳教育系统的结构建立在英国制度的基础之上，也建立在大多数全球化世界体系的基础之上。它包括幼儿园（3—5 岁）、小学（6—11 岁）、初中（12—14 岁）、高中（15—17 岁）和大学（18—21 岁）。实行 11 年免费教育：幼儿园两年、小学六年和初中三年，课程均采用本国语言和英语来教学。

世界银行等一些国际组织和基金机构，都有专门的计划来帮助打造在世界经济中获取有竞争力地位的教育，但并非所有国家愿意选择采用这些模式。非正式教育或者说基础教育专注于当地社区的需要，决定什么样的技能和知识是必需的，比如农业、医疗卫生，或职业训练等。这种教育贯穿于人们的生活之中。例如，"社区发展"实验就提供了人们所需要技能的课程，可供一个村庄里的任何人学习（Clemons & Vogt, 2004）。

思考与应用

在 21 世纪，基础的或者说非正式的教育和母语教学是否可以满足个人或者国家的需求？或者说，是否会使贫富差距持久存在，而不会使发展中国家摆脱贫困？

机会均等确保了所有孩子有机会接受基础教育；然而，在加纳并不是所有的孩子都可以进入中学或者大学。当他们开始升入更高层级的教育时，城市精英的孩子就会占据了更大比例的学位份额，其中的一部分人还会出国，到国外教育机构去攻读一些声名卓著的学科领域的学位。尽管基础教育是免费的，但也不是所有的孩子都能接触到学校或教师，这取决于他们住在哪儿以及这些孩子是否有机会、金钱来购买学校用品和有时需要的校服。这些因素因地区而不同，一些加纳北部的孩子从未去过学校，而在阿克拉和库马西城市中心，附近的学校则触手可及。

> **思考与应用**
>
> 撒哈拉以南的非洲国家最好是采用欧洲的教育模式，还是发展满足当地人口需求的课程？能够决定作出这一选择的因素都有哪些？

只有少数合格的学生才可能接受高等教育，有些人进入一所综合性大学，而其他人则就读于技术学院或专科学院项目。例如，在阿克拉的加纳大学提供的是基于欧洲高等教育模式的课程体系，再加上传统非洲艺术、音乐、舞蹈和口头文学方面的研究。作为全球市场之一，政治经济和全球化持续不断地影响着加纳的教育，为满足各种需求，课程项目正在进行改革。增加大学数量的需求与国家投资重点和预算缩减发生冲突，这导致教育系统严重紧张。

一些学生进入了国外的大学，但他们返回后往往会感到不满，并有疏离感，因为他们的受教育程度往往会超出他们可以得到的职位，或者是由于他们拒绝接受自己国家的传统价值观、文化独特性和部族关系，而偏爱发达国家的价值观。可以看一下艾瑞克（Eric）的例子，他获得赞助到了美国学习，并得到了一个计算机科学的学士学位和一个商业/信息系统专业的硕士学位。在加纳难以找到工作后，他成为未回到加纳的年轻人才智力流失的一部分。

琼（Joan）十岁了。她和自己的父母兄弟住在英国城市的一个有三间卧室的公寓里。三岁时她开始入读一个私人托儿所，现在她进入了一所女子"公学"（相当于美国的私立学校）。她有一系列的选择，同时她被期望（并且有希望）上大学。她喜爱艺术和音乐并且有私人课程。琼的未来有很多选择。

英国的正规教育形成于中世纪，宗教团体建立学校来教授学生阅读宗教经典。14世纪末，文法学校（基础学校）开始出现；最初，它们大部分附属于教堂，家境优裕的孩子可以入学，而工人阶级既没钱也没时间上学，而且有时对此也没什么兴趣。

随着农民到城市工作，行业精英接受更高层次的教育，阶级结构在早期工业化的过程中得到巩固与加强。普通民众则接受劳动力所需的训练，包括品德、服从、节约，以及可以用来抑制犯罪和酗酒的重要技能，这既宣扬了基督教道德，也为适应下层阶级的艰苦生活做好准备。

然而，逐渐增多的工人阶级要求获得更多的受教育机会。伴随着工业化的扩张以及对熟练劳动力的需求，人们对普及教育的支持也与日俱增。到了第二次世界大战期间，"1944年教育法案"规定，教育向所有人免费开放——如果符合要求，大学也免费教育。然而，即使有开放的渠道，一些大学还是遵循精英的体系（例如，牛津和剑桥），只招收最优秀的学生，其目标变成在所有的能力水平上进一步提升标准。

精英教育体现在"公学"（与许多国家的私立预备学校相似，对大多普通人来说，其学费过于昂贵）上，他们服务于英国的精英和专业人员为主的上中层阶级，这些阶级希望与中下层阶级保持区别。他们培养政治家和绅士（以及现在的女性）。"公学"提供优秀的学术基础，以便于入读精英大学，培养有着上流社会言谈举止的淑女和绅士。政要和企业领导人通常都来自这个群体。

英国学校系统的结构包含了从5岁开始的英国幼儿学校。在绝大多数公立学校里，最开始的三年是5—7岁的多年龄班级，称为英国幼儿学校（British Infant Schools）。年纪大的学生帮助年纪较小的学生。这个模式因其以儿童为中心，受到世界各地教育学家的关注。

2013年，义务教育的年龄延伸至18岁，部分是由于失业率高，也是为了让学生可以更长时间的远离工作，并训练他们以获得更多的选择机会。典型的综合高中课程包括核心科目（英语、数学、科学、外语和其他科目），一些学生还参加了带有工作—学习计划的学校—工作过渡项目。

英国的不平等在很大程度上都源自个人所获文凭，这由国家考试和得到的证书所决定。文凭确定了一个学生是否能获准进入一所职业或技术院校，或者，在综合学校额外的一年后有资格进入大学。对教育系统的一些批评意见指出，那些能够进入精英中小学就读的人有更多精英大学的入读机会。

由于为没通过重点大学入学考试的人设立了理工院校，高等教育机会得到了扩充。此外，那些附近找不到大学服务的学生现在也已经有机会接触到高等教育。从1971年开始，开放大学为那些上班族、居家族，或是与大学有一定距离的人带来了受教育机会。开放大学的学生支付学费并报名参加课程，在英国广播公司（BBC）的广播或电视上听讲座，并随着课程进度进行课文阅读。学期末会有考试。开放大学成为全球许多远程教育项目的模范。

因此，尽管英国的教育仍然是分层的，但毕竟更多的群体都有机会继续接受教育和培训。英国从幼儿学校到开放大学的几项独特创新，已经传播到世界各地的许多国家。

通过这两个发生在加纳和英国的微观层面的个人故事的讲述，以及他们作为其中一分子的宏观层面教育系统的描述，我们可以从微观和宏观层面（两个孩子所处的各自的学校体系）窥见代表两个完全不同世界的教育系统。公民通常认为教育是减少不平等、实现社会流动的主要路径——但正如我们所见，这同样也可以保持或者强化不平等。这种不平等发生在全球体系内的所有层面：世界上的贫富国家之间、区域（撒哈拉以南的非洲）内部、地方学校之间，以及个体之间。不平等可能建立在微观层面的阶层、种族、性别或宗教之上，也可能基于一个国家在世界体系中所处的宏观位置。在这场追逐教育优势的较量中，一些国家最终将处于下风（Attewell &

Newman, 2010)。

在联合国 2015 年人类发展报告中，非洲的尼日尔在全世界的国家排名中几乎处于垫底的位置。这一排名是基于国家的 GDP、就业率、识字率、购买力、婴儿死亡率、平均寿命，以及其他人类幸福指数的测量办法（UN Human Development Report, 2015）。对于其他一些比如生活标准等条件，其测量指标包括可获得的卫生条件、饮用水、电、学校里的孩子人数和营养不良的个体人数等。仅仅维持生存都是一种挑战，正规教育更是一种罕见的奢侈品。

参看下面的尼日尔人口统计状况，思考这些人口统计变量会如何影响到孩子接受教育的可能性。两千万居民中的绝大多数都在从事着自给自足水平的农业生产。大多数人每天的生活成本只是刚刚超过 1 美元，人均年收入平均在 410 美元。所有的人手都需要在泥土里耕种。

婴儿死亡率（从出生到一岁的死亡）高达 248‰，许多幸存的婴儿体重不足，营养不良，可能患有疾病。人口增长率每年高达 3.3%，出生率为每名妇女有 7.1 个孩子（世界上最高）；这对国家为数量迅速增长的儿童所提供的学校教育不会带来任何裨益。事实上，一半的人口都是受赡养者，他们的年龄在 15 岁以下；成年人（15 岁及以上）的识字率在男性中占 43%，而在女性中只占 15%，可以看出巨大的性别差异。全体公民接受学校教育的平均年数为四年，而女性的平均受教育年数只有三年。政府正在建立一个庞大的成人教育系统，服务于千万民众，希望能打破文盲的循环。这只是发展中国家努力推进正规教育的一个例子。

看一看尼日尔的邻居，他们的处境并没有太大的不同。在世界上最穷的前十名国家中，绝大部分都在撒哈拉以南的非洲：刚果民主共和国、津巴布韦、尼日利亚、布隆迪、中非共和国、厄立特里亚、塞拉利昂、马拉维、多哥（Maps of World, 2016）。尽管有各种政府和国际项目都在致力于提高其基本卫生、福利和教育水平，但依然困难重重。孩子们几乎没有时间也没有机会接受学校教育，无论他们有多么重视教育。人口增长率要求政府把经费支出在额外增加的卫生需求之上。女童需要做家务、照顾孩子、长途跋涉去上学以及需要购买学校用品，使得出勤更加困难。许多学校的师资质量差也会影响到学生的出勤率。不幸的是，由于生均公共经费支出减少，许多最贫穷的发展中国家的学校质量正在下滑。尽管中等收入国家呈现出学校质量的提升，但发展中国家与发达国家比较的整体差异依然巨大，而且还在继续扩大。

对世界上的富人来说，大多数正规的学习发生在教室和专门设计的建筑里；而对穷人来说，教室可能有也可能没有，一个贫穷孩子的教育通常是不正规的学习，而只是模仿长者或者学习家里的谋生手艺。为什么在富国和穷国之间会有这些不同呢？原因很多，但核心在于该国家在世界体系中的地位，而这一地位通常是由历史上的殖民主义和石油等自然资源的可利用水平所决定。不幸的是，某些最贫穷地区人口的急速增长只会将这个问题进一步恶化（图 12.2）。

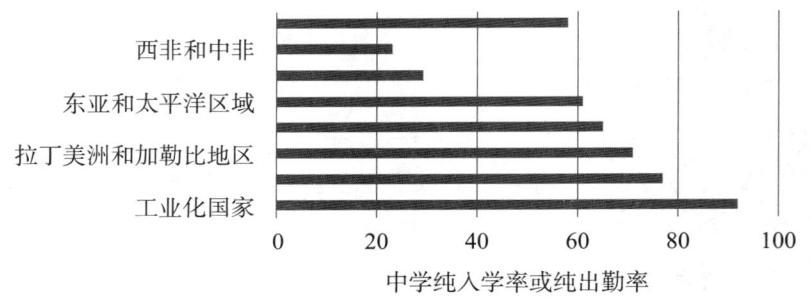

图 12.2 2000—2007 年不同地区的中学纯入学率或纯出勤率

来源：UNICEF global databases, 2008, and UNESCO Institute for Statistics Data Centre, May 2008.

乡村学校通常资源匮乏，既缺少合格的师资，也很少有家长支持。学校可能由政府创办，也可能隶属于当地的庙宇、清真寺或教会，宗教教育经常成为其主要的工作重心。发展中国家的城市学校一般都依照西方模式来组织运行，从殖民时期起便跟随采用了英语或法语的教育形式。在中国，儿童常常基于他们所居住的区域被分派到城乡教育的等级体系之中。农村儿童在教育等级系统的底部体验着贫瘠的学校生活，一般来说反映了面向农村儿童的低水平教育（Hao, Hu & Lo, 2014）。

拉丁美洲的一些国家采取了教育改革的举措。例如，广泛推行儿童早期干预计划，为家庭和孩子提供持续的教育、信息服务与支持。这为政府提升卫生资源利用率和家庭的营养意识提供了一种方法。

全球化、全球本土化与教育

某一次，你也许会在另一个国家的麦当劳店里发现一份既全球又本土的菜单。除了巨无霸和薯条，你也许能发现根据当地口味量身定做的——番石榴奶昔、羊肉汉堡以及寿司三明治。那么，对教育来讲，"全球化思考、本土化行动"意味着什么呢？要重新认识不同地方的文化差异，比如不同的教育需求、政策和实践，不仅要传播全球的观念，也要满足当地的需求，保留当地的决策权（UNESCO, 2014）。

全球化和全球本土化（Globalization and Glocalization）——这些概念与谁控制、如何控制教育有关。全球化是指"对跨国的或者能够影响世界上所有区域的事件、行为、观念、过程所作的分析"（Juergensmeyer, 2013, p.3）。"关于全球化和教育的研究包含了对影响着当地教育的实践和政策的相互交织的世界范围的话语、过程和制度的研究。"（Spring, 2008, p.30）思考一下我们的系统模型中那些影响全世界学校系统的许多不同的分析层次和环境因素。想想所有这些，然后就会对全球化和教育有一个粗略的认知。"教育政策和实践正日益在全球或国际层面上被概念化并呈现出来。"（Shields, 2013, p.117）

尽管教育有许多共同的发展趋势，尤其是在中学阶段，但是学校并非按千篇一律的模式制作出来。一些对全球化趋势持批判态度的思想家认为，许多变化已经威胁到本土的语言和文化，维护富人地位，鼓励环境恶化，甚至侵犯了人权。

全球本土化汲取全球化和本土化的部分思想，以形成一种新的方法。通过模糊本土与全球之间的边界来替代全球化，并把本土的利益作为全球化的一个方面。通过从全球的观点上获益，本土文化得以从根本上保持他们的需要和信仰。作为这一概念的创始人之一，罗伯逊（Robertson）相信，在今天的世界上，全球化和本土化的进程相互影响。相同（同质化）和相异（异质化）的趋势共同存在，但哪一股趋势更为强大则并不明确（Robertson, 1994; Roudometof, 2015）。

> **思考与应用**
>
> 请列举一个你感兴趣的比较研究的话题或问题。现在将上文的两种解释应用到这一问题中。对研究你的问题来讲，哪一种看上去更适合于提出一个理论框架？

比较教育的方法应用

由于国家之间政治经济的竞争、国际层面的全球化进程，以及技术的进步使得复杂的分析变得可行，对比较教育数据的使用正在不断增多。比较不同的教育系统如何有效运转，共享跨国的方法，都是比较研究的目标（Crossly & Watson, 2003）。

研究方法包括从对教育系统历史性比较到区域研究中使用的不同技术：观察、访谈、问卷、课程内容分析和基于国际数据库的大规模研究。尽管比较研究学者运用了许多不同的社会研究方法，但个别一些国家的许多教育研究依然使用描述性或案例研究（Easton, 2014; Rust et al., 1999）。

比较教育研究设计的引导性问题集中在我们希望比较什么以及如何比较。这些潜在的问题指向了下面五种研究模型，当然也并没有囊括现存的所有路径：

1. 对学科领域成就（语言、科学和数学素养）等教育的特定方面进行国家比较的模式。
2. 对可以进行跨文化比较（学校—工作的过渡）的国家教育系统内部结构的关键要素进行界定的方法。
3. 迎合社会需求的教育体系发展（计划经济中的教育）的社会系

统"策略"或者说方法。

4. 呈现大众教育课程、民族国家的成长和扩展、与全球课程体系和结构的相似性之间的联系的模式（Schofer & Meyer, 2005）。

5. 呈现社会机构与环境之间相互作用关系的模式。

比较教育研究错综复杂，主要是因为跨文化研究中存在着许多方法上的问题：学校教育起始年龄各异，学校教育中的性别差异，课程模式不同，学校类型、考试和记录技术的不同，语言上的差异，以及标准数据采集技术的缺乏——这些例子都可以说明为什么很难找得到标准的数据采集的比较技术。当教育过程的指标难以界定清楚时，这些采集的结果就根本无法用于数据的比较研究。这些问题正是联合国和联合国教科文组织等国际组织能够发挥作用的用武之地。

为了帮助标准化数据收集，联合国建立了一些常用的测量技术供世界各国使用。随着这些技术的改进及使用，比较分析变得更为可靠，从而产生出一系列各不相同的新兴研究问题、理论路径和方法论。最近发表的比较研究的研究主题可以反映出这种多样性。

一旦比较的数据可用，下一个步骤便是确定什么因素可以促成项目的成功，并推行新的计划来提升教育。对联合国等国际组织来讲，在实施规划中既要团结各国政府和国际利益相关者，又要灵活地为所有人工作，这些都是挑战（Motivans, 2013）。非常有必要强调的是，一个政策不能适合所有国家，但是，一些国家中起作用的数据，却可以帮助其他教育者用以制定满足他们具体需求的计划（Castillo & Wagner, 2014）。这就是通过大数据库比较的研究成果为什么很重要的原因。

大型数据库的使用

全世界的孩子都要进行成绩测验，许多政府都对测验的结果感兴趣，以便了解他们所处的位置以及他们能做些什么来提升他们相对于其他国家的位置。劳动力的受教育水平可以表明每个国家可以达到的经济能力。学业成就的国际研究提供了不同年级的阅读能力、数学和科学成绩的比较数据，以及对不同国家内部的入学机会、学位完成状况以及按收入、社会阶层、区域和族群划分的学习类型的比较（FDOE，2014）。下面是两个例子。

最初的一项大规模研究是由国际教育协会（IEA）主持的。IEA研究的主要目的是确定影响国家教育系统的关键特征，并将其与学习成果联系起来（Passow et al., 1976, p.12）。该研究分析了学校科目——数学、科学、阅读理解、文学、公民教育，以及作为外语的法语和英语，主要对10岁和14岁的儿童以及中学毕业前一年的考试结果进行比较。关键变量包括入学年龄和离校年龄、学校和班级的规模、相同年龄段群体中毕业或肄业生占比、专业化课程与综合性课程的比值、学生的社会经济地位以及性别差异。

在一个国家达到一定"关键性阈值"之后，同类国家之间的教育效率和成就是相似的。IEA的研究表明，先进的国家（主要是欧洲国家）在成绩上只有微小的差异，尽管数学、科学、阅读理解、公民教育和技术等学科领域之间的差距可能会有很大的不同。

当前有三个主要的国际比较成绩测试：测量阅读能力的国际阅读素养进展研究（PIRLS）、国际数学与科学趋势研究（TIMSS）和国际学生评估项目（PISA）。TIMSS和PISA都有测量数学技能，TIMSS还测量科学成绩。欧洲以及部分亚洲国家在测试中得分最高，正如开篇章节举例所示，美国在大多数测试中都高于平均水平。一些国家或地区也有类似的行动，比如2013年，在联合国教科文组织的帮助下，15个拉丁美洲国家共同实施了第三次区域比较与分析研究（TERCE）项目，以满足特定区域的需求。

渐成气候的问责制增加了可靠的成绩测量的必要性，并使数据收集和分析方法变得更加复杂（Lawn, 2013; Meyer & Benavot, 2013）。最重要的是，随着领域的不断拓展，研究变得更加复杂，新的方法也不断出现。其中一些方法将定量和定性的数据收集与分析融合到一种混合方法路径中。这使得研究人员能够整合定量数据收集分析（如成绩测试结果）与定性研究，以应对复杂问题，解释教育体系如何变化以及如何受到全球力量的影响（Zha & Tu, 2016）。

作为一种全国性的评估测试，美国全国教育发展评价（NAEP）始于1969年。它每两年进行一次，检测数学、阅读、科学，有时候还有写作（NAEP, 2016）。在众多的发现中，分数显示，从1970年代到2012年，与白人学生相比，非洲裔和西班牙裔考生的成绩有所提高，17岁孩子数学成绩上的性别差距在缩小。正如国际测试比较的成绩所显示，美国的成绩低于其他许多发达国家的水平。

一些国际上的努力，如"全球教育监测报告"（Education for All Global Monitoring Report）数据库以及联合国儿童基金会、教科文组织的"失学儿童"（Out of School Children）行动，就是用系统的方法提供国际数据的研究范例。"数据和测量对监测进展、透明度和问责制至关重要……（并）可以帮助规划者做出更为明智的决策。"运行良好的研究还可以"让发展中国家在进展检测方面获得'跨越式'进步"，从而规划他们的教育项目（Motivans, 2013, p.2）。随着取样设计的完善以及对研究者的培训，收集的数据越来越多，也更加可靠，更多的国家参与到全球的评估中来。

成绩测试比较可以让我们留意到社会发展的其他趋势。例如，发展中国家妇女受教育年限每增加一年，5岁前死亡的儿童就将减少近10%，他们的寿命也将更加久长（Sparks, "Better Education Attainment Saves Lives, " 2010; Vogl, 2012）。

> **思考与应用**
>
> 从成绩的比较研究中，不同国家的教育政策制定者可以了解到他们国家的哪些信息？伴随着这些发现，他们可以采取哪些行动？

全球相互依存：中观层面的各种制度

无论从哪个理论角度来看，教育都与其他社会制度、不同社会的国际环境有着各种关联。就发展中国家而言，这一点尤为重要，其中许多国家处于后殖民时期，他们都继承了之前殖民势力所遗留下来的教育制度。每个社会都共用一套公共制度：家庭、教育、宗教、政治、经济和卫生。由于技术、通信网络以及交通系统的发展，整个世界正在"缩小"，全球各地不同的制度模型变得越来越相似。然而，政治制度、经济制度和宗教信仰依然是区分不同国家的主要依据。例如，世界各国可以大致区分为南北两个阵营，南方国家通常是发展中国家的一部分，其一般特征为近年（从 1945 年开始）独立，背负着殖民主义的遗产和对富裕国家的债务。贫困、疾病、饥饿、人口快速增长、文盲等问题占据了政府的主要议题，教育问题因而被挤到了边缘。许多新闻报道还告诉我们这里的人民在连续不断的战争、饥荒、流行病和难民危机中经历死亡和苦痛。

不同制度相互依存的研究可能是全球视角，就像沃勒斯坦的世界体系视角（Wallerstein, 1974）那样，或者威廉姆森描述不同社会的政治经济类型学分析、课程知识研究、评估测试研究的跨国视角（Williamson, 1979）那样。从这个视角出发，制度主义理论家认为，由于它们与不同国家社会中教育的关联性，教育是政治、经济权力的重新分配。下面我们将考察教育和家庭、宗教、经济、政治制度之间的相互关系。制度主义路径通过它与其他制度的关系，重点关注教育，考察一个社会中的大众和精英教育借以改变重要社会结构和制度安排的方式（Benavot, 1997, p.340）；最后，国家主义路径则在全球体系的关联上，重点关注不同的国家。

家庭与教育

家庭是个体的社会纽带和价值的主要提供者。在家庭中，我们培养起一种对自己现在和将来的期许，其中就包括了我们对教育的期望。家庭创造了一种让我们接受非正规教育的环境，同样还给予鼓励、支持和适当行为，以帮助我们追求正规教育的成功。离开这种早期的影响，一切都不可能。如果我们采取一种不同的途径，这就意味着有现实可行的一些其他模式可供我们选择。孩子所受的影响可能来自教师、牧师，或是比他年长的其他孩子；或者是社区可能要求孩子们上学，鼓励他们中最聪明的人持续上学，甚至可能给予支持。

一些贫民社区的家庭可能过于贫穷而无法利用正规教育的机会。因此，对一些人来说，贫穷的怪圈持续循环，而对于其他人，教育则是一个巨大的机会。巴西圣保罗州前教育部长保罗·弗莱雷（Paulo Freire）一直致力于促进贫困人群特别是贫困农民的教育。他记录了自己看见的穷人的绝望之事，部分原因在于他们无法超越眼前的问题并批判地看待这个世界。这种无力感使得一种土地所有者的精英体制得以支配农村里未接受教育的农民（Freire, 1970, 1973, 1987; Torres, 1994）。在超自然宗教信仰的支撑下，农民对生活采取宿命论的态度，从而固化了自己的劣势地位。

当一个社会变得更有文化的时候，某些变化随之而来：城镇化、流动性、现代化以及教育。这些对于家庭有着直接的影响。随着一些成员搬到城市化区域去寻找更多的机会，大家庭开始瓦解。随着城镇化的增强，出生率也随之下降，因为拥挤的城市公寓很难容纳和养活一个大家庭。在进入城市生活后，妇女的地位往往发生了变化，许多妇女加入了工厂劳动力队伍，生育孩子也逐渐变少。需要强调的是，社会某个部分的改变将不可避免地影响到其他部分。一个人的家庭在社会结构中的位置，既影响了这个人受教育的机会，也影响到他在教育系统中所处的位置。

发达国家的家长通常希望在孩子的教育中发表意见，参与"管理"他们学校的事务。例如，在德国，家长的管理随着孩子就读中学的类型不同而不同。大学预备学校（文科学校）要明显胜过职业/专业学校。在日本，家长通过辅导孩子和购买校外课程，在正式场所之外来支持学校教育的活动，他们认为这样可以对考试有更充分的准备，孩子在未来有更多的机遇（Baker & Stevenson, 1989, p.348）。在本书的其他章节中，家庭背景对于教育成绩的重要性将另外讨论。

教育和宗教

在一个国家甚至一个村庄，教育与宗教之间的关系复杂，有时矛盾对立。一些例子可以帮助说明：

——尼日利亚北部　一所为男孩开设的古兰经学校平时强调宗教信仰、态度、行为模式，对变革持不支持态度。而它的旁边则是一所公立的乡村学校，以前由基督教传教士管理，强调"现代"的态度和教育对于"获得成功"的重要性。

——北爱尔兰　天主教教会学校和主要由新教儿童入读的公立学校，保护并维持着社会不同成分之间的区别，这有可能引发两个宗教团体之间的敌对行动。

——伊朗　伊斯兰原教旨主义学校（伊斯兰经学院）支持现状，反映了穆斯林伊玛目或宗教领袖的权威和观点。

——美国　基督教原教旨主义学校强调与政教分离的宪政价值相反的观点，反映了这个群体对科技社会的疏离，具体例子有关于教科书的争论和对进化论具体科学教学活动的质疑。

——以色列　宗教与教育携手合作，达成国家目标。希伯来语和宗教培养为一个可能异质化的社会提供了统一的主题。然而，宗教和政治信仰在许多情况下都会被混为一体，比如2008年，一名巴勒斯坦妇女在犹太人宗教学校里引爆自杀。

宗教与一个群体的民族、种族或国家起源紧密相连，因此，在这个快速而混乱的变革时代、规范崩塌（社会学家称之为"失范"）的状况下，宗教可以为这个群体提供了一个稳定的支点。对待变革的态度，可以在教会学校或者有宗教代表性的公立学校中反映出来。如果变革符合宗教的原则，教会也许会在其中成为实质上的领导。然而，特别是如果这种改变威胁到信仰体系的原则，宗教就可能会起到延缓变革的作用。

经济、政治和教育制度

大多数国家相信在教育、经济发展与全球化世界体系中的政治诉求之间存在着一种关系，政府在这样的假设的基础上行事：他们投资教育，而教育通常反映了一个国家的政治哲学和权力集团的目标。许多政府有权接受或拒绝某些教育项目，甚至对教育系统予以彻底的改头换面。如果政府确定了社会的一些优先事项，就会在教育系统的课程、教材、评估以及教育项目的其他方面反映出来。

然而，受教育人口的供求体系并不总是完美。文盲率和低水平教育是发展中国家面临的主要的社会问题，抑制了经济的发展和政治的稳定。例如，发展中国家中接受高等教育的人将成为精英，但是，他们所为之精心准备、刻苦训练的久负盛名的领域却并不一定是国家发展所需要的专业。例如，印度有许多受过训练的律师和工程师无法被体系所吸收而离开了印度。这种受过教育、有才干的劳动者的流失可以激励思想的交流，支撑全球性竞争市场（Banerjee, Prabhu & Chandy, 2015）。中国也正在经历一个类似的现象，许多学生到海外学习。中国试着以更高的工资和更好的社会、政治和经济地位的承诺来吸引人才。不幸的是，大部分的供需问题都是由于教育模式不适宜而产生，有些是采纳殖民势力所使用或遗留下的模式，其他则是照搬西方的科学技术模式。

以前殖民国家所遗留下来的结构仍然影响着这些国家的权力关系，就如我们看到的那样，前殖民社会妇女的教育地位较低，直至最近才有所进步（称为"性别殖民"）（Lewis & Lockheed, 2006; Selhausen & Weisdorf, 2015）。在这些关系得到改变之前，国家无法充分利用其人力资源，尤其是女性（Dupraz, 2015）。当东道国和跨国公司都看到教育在经济发展中的价值时，妇女的进步事业才会得到促进。

思考与应用

一个国家的制度变化是否会影响到其他的制度？请试着解释一下，这种影响可能会如何发生，尤其是当它与教育有关时。

经济发展阶段和教育变革

教育体系的发展可归因于三个技术阶段：在第一个阶段，只有为数不多的人，即少数特权人员参与了教育，例如，出家的僧侣和政治精英；第二个阶段涉及教育的进一步扩展，培训一部分工厂的核心人员和公务员，使之成为工商界和政界的领导人；第三个阶段是技术时代"信息社会"所需的培训，其间，教育、劳动以及社会相互紧密关联，教育向所有人开放（Bell, 1973）。

随着拉丁美洲、亚洲、东欧各国向更具代表性的民主政体转变，科学家开始提出，教育应该如何对这些新政治体系的产生和保持稳定发挥什么作用的问题。回顾现代化理论家的主张，大众教育已经为生活在一个重在参与的民主社会里的民众责任意识做准备，他们将教育视为民主制度成功的准备工作。冲突理论家则看到一股利用教育将民众引导到所需位置的潜在力量，实际上是延续现有权力结构的一种手段，尤其在民主社会中。

教育变革或发展的模式反映了这些政治意识形态的基础。威廉姆森的模式指出，教育并不是供买卖的商品，而是一个政治和意识形态层面的行动纲领，有助于解释国家间教育形式和内容的差异。在一个阐释制度间相互依存关系的系统模型中，威廉姆森将政治和经济制度中的诸多要素联系起来，他断言，教育体系反映了政治结构和社会中的权力分配（Williamson, 1979）。当然，民众对政治团体控制的意识形态的支持程度不一，而这反过来，又会影响到反映主导意识形态的教育制度。如果一个社会中的群体感到自己没有得到其资源份额，或许就会反对现有体制。

对一个国家的历史比较语境会将它的过去、现在和未来的处境纳入思考的范畴，这对后殖民时代的教育体系尤为重要。威廉姆森将世界划分为四种主要的社会类型（图12.3）。这种经济—政治类型学将经济发展水平、样本国家的政治取向以及教育的内涵整合在一起。

图12.3 发展模式和经济类型

来源：Williamson, Bill, Education, Social Structure, and Development（London: Palgrave/Macmillan, 1979），p.36. 已经 Palgrave/Macmillan 许可使用。

发达的社会主义社会 苏联（USSR）、现在的俄罗斯以及其他东欧国家可以作为社会主义社会来理解，其具体特征是从列宁和斯大林的工业发展计划的历史演变而来。苏联的制度为许多发展中农业国家的发展提供了模式。然而，如今的俄罗斯已经朝着更多的私营企业经济转变。

欠发达的社会主义社会 许多农民社会试图建立起一些社会主义社会，因为大多是农业占主导地位，为工业化积累资本非常困难。这使他们在与其他社会的关系中处于从属地位。欠发达的社会主义社会面临着农民和农民工在革命性变化中的结构性问题：他们必须既满足对更好生活的迫切要求，又满足对资本积累的长期需求，这包括牺牲和推迟消费。古巴是一个例子，但它也正在多方面试验着资本主义的做法。

发达的资本主义社会 资本主义有着许多种不同的描述方式，并在过去的几年里经历了许多变化。古典理论所描述的资本主义的主要特征包括以下几个方面：（1）生产方式的私人所有制；（2）自由的劳动力市场；（3）工厂生产的集中化，农业整合进资本主义市场；（4）生产面向市场，旨在实现利润；（5）经济生活合理化与明确的资本核算原则；（6）生产面向世界市场。

在今天的世界上，跨国集团遍布全球，争夺着廉价的原材料、劳动力和世界市场。

依赖型社会 依赖型社会具有"贫困、低收入、低生产力、高死亡率、城市沦丧、经济依赖、政治腐败和高文盲率相互影响"（Williamson, 1979, p.39）等特征。它们承担着超过世界一半人口的生存责任。在威廉姆森看来，经济落后是贫穷社会由于受到资本主义企业海外扩张而导致的经济社会制度扭曲的结果。因此，贫穷并非他们社会的本质，而是由于殖民主义等历史因素和现行做法导致了他们对富裕国家或世界组织的债务负荷。这些社会往往必须依赖西方的援助以及他们努力实现现代化的专业知识，从而延续其在世界经济中的依附地位。

这种及类似的基于制度上相互依存关系的类型学研究与开放系统的研究密切相关，把国家系统和国际环境中的教育制度与其他制度的关系置于最显眼的位置。随着社会的变革，这些模型需要加以调整。

世界各地的高等教育

世界高等教育制度始终围绕着一些相同的主题。正如阿尔特巴赫和戴维斯（Altbach & Davis, 1999）的概括，这些主题包括以下内容：（1）入学机会与公平；（2）教育与就业之间的关联；（3）从学校到职场的过渡；（4）技术发展的影响；（5）跨国的人才转移；（6）研究生教育的扩张；（7）高等教育的私事化；（8）学术职业的危机；（9）问责制。

这些共同的主题深入到世界体系的高等教育之中。请参看第一点，高等教育的入学机会。全世界人民都将高等教育视作未来工作的关键，但是各国在满足需求方面的能力差异很大。在中国和印度，近年来，高中毕业生上大学的比例越来越高，但是，在非洲绝大多数国家里，只有一小部分人可以接受高等教育。从为精英服务到为广大学生提供大众普及的机会，高等教育体系面临着巨大的变化。

随着入学人数的增加，接踵而来的便是扩招的经费不足问题。各国是否应该从其他基本服务包括低层级教育中提取经费，投入到公民的高等教育中？公民是否应该为他们的高等教育付费，从而让少数人可以拥有它，并使精英教育体系永久化？或者，是否应该从国际机构、企业和私人合约等外部资源中去获取经济支持,从而使高等教育受到这些来源的影响?这些计划中的任何一项在全球问题和主题的影响上都利弊共存。

在一些地区,高等教育制度在大学之间建立起联系。例如,欧盟在1999年创立博洛尼亚进程,目的在于促进整个欧洲的高等教育现代化。46个国家、5600所教育机构和3100万学生是这一前所未有的协议的一部分。一个主要的目标是建立一个加强人们在世界范围内就业流动的欧洲高等教育区(EHEA)。这一计划促进了学生的交流和研究的合作,正在引导着欧洲国家的高等教育的进一步协作与国际化(Hunter, 2010)。这些学生中的大多数人学习STEM学科(Pew, 2015)。

从2007-08学年到2008-09学年,在美国学习的外国学生增加了8%。新生的入学率增加了16%。最受欢迎的科目是商学和管理学。国际学生数量最多的州是加利福尼亚、纽约、得克萨斯,其中,南加州大学的学生人数最多,为7482人(Institution of International Education, 2009a)。

美国同样输送了成千上万的学生到世界各国学习。美国学生出国的数量至2013-14学年增长了5.2%,达到304467人,大约是全美高等教育学生的1.5%。这些学生一半以上在欧洲学习,15%在拉丁美洲,12%在亚洲(NAFSA, 2016)。2007-08学年,出国留学人数增加了8.5%,达到262416人。大约有40%的学生学习中长期项目,56%的学生学习二至八周的短期项目。在25个美国学生首选目的国中,有四个在西欧——英国、意大利、西班牙和法国。然而,25个首选国家中有15个国家不在西欧,有19个国家还是非英语国家,例如,在非洲学习的学生增加了18%,在亚洲学习的学生增加了17%,在拉丁美洲学习的学生增加了11%。欧洲依然保有56%的美国留学生,拉丁美洲是15%,亚洲是11%,非洲则是5%(Institution of International Education, 2009b)。

对美国去其他国家的交换学生的研究结果表明,他们对时事和国际事务更感兴趣,能更好地欣赏外国文化,与缺乏国际学习经验的学生相比,会更频繁地寻求国际体验和就业机会(Carlson et al., 1990; Kraft, Ballantine &

Garvey, 1993/1994）。

出国留学有一个潜在的不利因素。由于大量学生到海外接受教育或者寻找工作机会造成"智力流失"，一些国家正在失去了他们最好也是最有才华的人。统计数字表明，在54070名博士研究生中，授予非美国公民的科学和工程领域博士学位数量为13739人。在2004年至2014年期间，科学和工程占外国博士学位的85%，来自中国、印度和南韩的学生则占到了一半多（National Science Foundation, 2016）。

由于许多国家都在争取进步，一些高等教育的形式可能会有些不适宜。这些社会需求和制度要求可能会改变这些国家的高等教育结构，形成更适合于就业的样式。许多学生，尤其在发达国家，都正在渴求一种更具职业导向、实践性强的教育来帮助他们找到工作。然而，在发展中国家能够吸引住其毕业生之前，智力流失将会带走一批年轻的人才。

思考与应用

请说说，留学的利弊分别都有哪些？

小 结

本章关注世界各地的教育，讨论了教育系统面临的问题，介绍了相关理论路径和理解不同系统之间异同的类型学研究。

1. 世界各地的教育：比较的视角

比较教育研究领域开始采用对选定国家进行大范围描述性案例研究的方法。数据采集、理论路径和类型学等新方法正在拓展我们对比较教育的相关知识。系统路径有助于我们将国家之间的关联概念化。比较研究的一种有效路径便是对不同学科领域的成绩进行跨社会评估。

制度上的相互依赖意味着每个制度都受到其他制度的影响。一个制度的变革意味着有必要对其他制度进行相应的调适。由于一些"大都市"核心及国家支配着"边缘"区域，世界体系分析强调了世界各国的相互依赖性。

2. 比较教育和系统路径

在全书中，我们都使用系统路径来呈现教育体系各部分之间的相互关系。比较教育研究从不同的层面——从宏观到微观、内部动态和外部环境压力、影响各国的世界体系，来分析不同教育体系之间的异同。

3. 比较教育中的理论视角

最近的一些理论视角与功能主义、冲突理论的视角相反，其中一些视角聚焦于教育与经济增长和发展的关系。早期的理论重点关注变化的个体对现代社会的适应。本节还讨论了人力资本、知识的合法性、富国与穷国的比较、全球化和教育、世界体系分析等。

由于一些"大城市"中心和国家控制着"边缘"地区，世界体系分析强调世界各国之间的相互依赖。不同的比较研究都可归纳为几种类型：穷国和富国的对照、教育系统内部结构的研究、制度间相互依存的研究。

4. 富裕国家与贫穷国家的教育比较

本节讨论了不同的教育系统是否适合个别国家的特殊需要和要求。前殖民国家往往有着相互冲突的需要：要适应世界体系，但同样要在本土的层面上迎合公民的需求。

5. 比较教育的方法应用

为了收集对世界各国有用的数据，我们需要可以进行比较考试和测量的比较技术。其中的一个关键领域便是评估性测试。在这一节中，你看到了比较教育中方法应用的一些讨论。

6. 全球相互依存：中观层面的各种制度

在比较的国家中，都会论及教育与宗教、家庭的关系。我们可以给出许多"世界背景"的例子。大部分的重点都放在政治—经济体系上面，因为它们影响着教育系统。威廉姆森的类型学说阐明了这一点。

不同的高等教育结构既包括了西方形式，也包括了本土样式。许多国家面临的一个问题是精英学生在外国接受教育，带回的是西方政治和法律模式；这些模式对于国家追求发展和提升文化素质并非一定是最好的。同样，一些在国外接受教育的精英在自己的发展中国家中也许无法找到他们的用武之地，而与祖国变得疏离。

7. 世界各地的高等教育

"智力流失"现象要求我们关注那些年轻、有教养、有才华的个体，他们因自己所创造的专业成就无法为自己国家所承认，而离开祖国。为适应全球化世界的需求，出国留学的学生人数正在世界范围内增长，高等教育的新形态也正在生成。

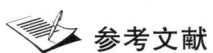
思考题

1. 请与几位国际学生一起讨论他们国家的教育系统。询问其结构、不同学生群体阶层的入学机会，以及他们的体系与美国体系都有哪些不同。
2. 查找相关资料，谈谈如果你正在自己选定的另一国家学习，你将会如何在你的专业领域里接受教育。
3. 挑选两个发展中国家，一个资本主义国家、一个社会主义国家。说说他们的教育体系都有何不同？这些可以归结为政治意识形态的差异吗？
4. 如果你是一个发展中国家的教育部长，在你规划教育项目时，你最先关切的东西会是什么？
5. 请提出一个教育系统比较的问题，想想哪一种理论路径对你的研究有用。

参考文献

Al Jazeera. 2013. "Educating Indonesia." February 22. *101 East*. Retrieved February 1, 2016 (www.aljazeera.com/programmes/101east/2013/02/201321965257154992.htm).

Altbach, Philip G., and Todd M. Davis. 1999. "Global Challenge and National Response: Notes for an International Dialogue on Higher Education." *CIES Newslette*r (New York City: Institute of International Education, January 1999), No. 120, pp.1-3.

America 2000: An Education Strategy. 2001. Washington, DC: US Department of Education.

Archer, Margaret. 1987. "Cross-National Research and the Analysis of Educational Systems," paper presented at American Sociological Association meetings, Chicago, August 1987.

Arnove, Robert F. 1980. "Comparative Education and World-Systems Analysis." *Comparative Education Review* 24: 49.

Arnove, R. F. and Torres, C. A. (eds). 1999. *Comparative Education: The Dialectic of the Global and the Local*. Lanham, MD: Rowman and Littlefield.

Associated Press. 2014. "Texas Approves Disputed History Texts for Schools." November 22. *New York Times*. Retrieved March 1, 2016 (www.nytimes.com/2014/11/23/us/texas-approves-disputed-history-texts-for-schools.html?_r=0).

Attewell, Paul, and Katherine S. Newman. 2010. *Growing Gaps: Educational Inequality around the World*. New York City: Oxford University Press.

Baker, David P., and David L. Stevenson. 1989. "Parents' Management of Adolescents' Schooling: An International Comparison," Chapter 20 in Klaus Hurrelmann and Uwe Engel (eds), *The Social World of Adolescents*. New York City: Walter de Gruyter, p.348.

Ballantine, Jeanne H., and Joan Z. Spade. 2015. *Schools and Society: A Sociological Approach to Education,* 5th ed. Thousand Oaks, CA: SAGE.

Banerjee, Sourindra, Jaideep C. Prabhu, and Rajesh K. Chandy. 2015. "Indirect Learning: How Emerging Market Firms Grow in Developed Markets." *Journal of Marketing* 79(1) (January): 10-28.

Becker, Gary S. 1973. *Human Capital: A Theoretical and Empirical Analysis with Special Reference to Education*, 3rd ed. Chicago, IL: University of Chicago Press.

Bell, Daniel. 1973. *Coming of Post-Industrial Society: A Venture in Social Forecasting.* New York City: Basic Books.

Benavot, Aaron. 1987. "Education and Economic Growth in the Modern World System, 1913-1985," paper presented at American Sociological Association meetings, Chicago.

Benavot, Aaron. 1992. "Curricular Content, Educational Expansion, and Economic Growth." *Comparative Education Review* 36(2) (May).

Benavot, Aaron. 1997. "Institutional Approach to the Study of the Education," in Lawrence J. Saha (ed.), *International Encyclopedia of the Sociology of Education*. Oxford, England: Elsevier Science Ltd., pp.340-5.

Bereday, George Z. F. 1964. *Comparative Method in Education*. New York City: Holt, Rinehart and Winston.

Bereday, George Z. F. 1967. "Reflections on Comparative Methodology in Education, 1964-1966." *Comparative Education* 3(3) (June): 169-87.

Boli, John. 2002. "Globalization," in David L. Levinson, Peter W. Cookson, Jr., and Alan R. Sadovnik (eds), *Education and Sociology*. New York City: Routledge/ Falmer Press, pp.307-13.

Bourdieu, Pierre. 1973. "Cultural Reproduction and Social Reproduction," in R. Brown (ed.), *Knowledge, Education, and Cultural Change*. London: Tavistock, pp.71-112.

Bowles, Samuel, and Herbert Gintis. 1976. *Schooling in Capitalist America: Education and the Contradictions of Economic Life*. New York City: Basic Books.

Bray, Mark, and R. Murray Thomas. 1995. "Levels of Comparison in Educational Studies: Different Insights from Different Literatures, and the Value of Multilevel Analyses." *Harvard Educational Review* 65(3): 479-90.

Bray, Mark, Bob Adamson, and Mark Mason (eds). 2007. *Comparative Education Research: Approaches and Methods*. Hong Kong: University of Hong Kong, Comparative Education Research Centre.

Brint, Steven. 2006. *Schools and Societies*, 2nd ed. Stanford, CA: Stanford University Press.

Bromley, Patricia, and John W. Meyer. 2011. "The Worldwide Spread of Environmental Discourse in Social Studies, History, and Civics Textbooks, 1970-2008." *Comparative Education Review* 55(4) (November): 517-45.

Bureau of Labor Statistics. 2016. "The Employment Situation—January 2016." US Department of Labor. Retrieved February 13, 2016 (www.bls.gov/news.release/pdf/empsit.pdf).

Carlson, Jerry S., Barbara B. Burn, John Useem, and David Yachimowicz. 1990. *Study Abroad: The Experience of American Undergraduates*. New York City: Greenwood Press.

Castillo, Nathan M., and Daniel A. Wagner. 2014. "Review: Gold Standard? The Use of Randomized Controlled Trials for International Educational Policy." *Comparative Education Review* 58(1): 166-73.

Chase-Dunn, Christopher. 1980. "Socialist States in the Capitalist World-Economy." *Social Problems* 27 (June): 505-25.

CIES. 2016. "About CIES." Retrieved February 4, 2016 (cies2016.org/about-cies).

Clayton, Thomas. 1998. "Beyond Mystification: Reconnecting World-System Theory for Comparative Education." *Comparative Education Review* 42(4) (November): 479-96.

Clemons, Andrea, and Christina Vogt. 2004. "Theorizing, Restructuring and Rethinking Nonformal Education in East and West African Communities." *Current Issues in Comparative Education* 6(2): 88-99.

Comparative Law and Legal Definition. n. d. "Comparative Education." Retrieved April 15, 2016 (http://definitions.uslegal.com/c/comparative-education/).

Connell, R. 2014. "Margin Becoming Centre: For a World-Centred Rethinking of Masculinities." *NORMA: International Journal for Masculinity Studies*. doi: 10.10

80/18902138.2014.934078.

Coughlan, Sean. 2015. "Asia Tops Biggest Global School Rankings." *BBC*. Retrieved February 1, 2016 (www.bbc.com/news/business-32608772).

Crossley, Michael, and Keith Holmes. 2001. "Challenges for Educational Research: International Development, Partnerships and Capacity Building in Small States." *Oxford Review of Education* 27(3): 395-409.

Crossley, Michael, and Terra Sprague. 2012. "Learning from Small States for Post-2015 Education and International Development." *Current Issues in Comparative Education* 15(1) (Fall): 26-40.

Crossley, Michael, and Keith Watson. 2003. *Comparative and International Research in Education: Globalization, Context and Difference.* New York City: Psychology Press, Taylor and Francis Group.

Crouch, David. 2015. "Highly Trained, Respected and Free: Why Finland's Teachers are Different." June 17. *The Guardian*. Retrieved February 5, 2016 (www.theguardian.com/education/2015/jun/17/highly-trained-respected-and-free-why-finlands-teachers-are-different).

Cummings, William K. 1999. "The Institutions of Education: Compare, Compare, Compare!" *Comparative Education Review* 43(4): 413-37.

Dale, R. 2005. "Globalization, Knowledge Economy and Comparative Education." *Comparative Education* 41(2): 117-49.

Dede, Sadullah, and Gulsun Atanur Baskan. 2011. "Theoretical Basis of Comparative Education and Suggestions of a Model: Comparative Education Council in Turkish Education System." *Procedia Social and Behavioral Sciences* 15: 3536-42.

Dupraz, Yannick. 2015. "French and British Colonial Legacies in Education: A Natural Experiment in Cameroon." Retrieved February 18, 2016 (www.parisschoolofeconomics.eu/IMG/pdf/jobmarket-paper-dupraz-pse.pdf).

Easton, Peter B. 2014. "Documenting the Evolution of the Field: Reflections on the 2013 *Comparative Education Review* Bibliography." *Comparative Education Review* 58(4) (July 7).

FDOE. 2014. "NAEP and International Assessment Comparison Chart." November. *FDOE Office of Assessment.* Retrieved February 11, 2016 (www.fldoe.org/core/fileparse.php/5423/urlt/naepiacc.pdf).

Foshay, Arthur W. 2011. "Brief History of IEA: 55 Years o Educational Research." *IEA*. Retrieved February 11, 2016 (www.iea.nl/brief_history.html).

Freire, Paulo. 1970. *Pedagogy of the Oppressed*. New York City: Herder & Herder.

Freire, Paulo. 1973. *Education for Critical Consciousness.* New York City: Herder & Herder.

Freire, Paulo. 1987. *A Pedagogy for Liberation: Dialogues on Transforming Education.* South Hadley, MA: Bergin & Garvey.

Griffiths, Tom G., and Lisa Knezevic. 2009. "World-Systems Analysis in Comparative Education: An Alternative to Cosmopolitanism." *Current Issues in Comparative Education* 12(1): 66-75.

Guo, Shibao. 2014. "Revisioning Education for All in the Age of Migration: Global Challenges and Opportunities for Lifelong Learning." *International Review of Education* 60(4) (September): 481-97.

Hanushek, Eric, and Ludger Woessmann. 2011. "How Much do Educational Outcomes Matter in OECD Countries?" *Economic Policy* 26(67) (July): 427-91.

Hao, Lingxin, Alfred Hu, and Jamie Lo. 2014. "Two Aspects of the Rural-Urban Divide and Educational Stratification in China: A Trajectory Analysis." *Comparative Education Review* 58(3) (August): 509-36.

Hunter, Fiona. 2010. "Bologna Beyond 2010: Looking Backward, Looking Forward." *International Education* 19(2) (March/April): 60-4.

Inside Higher Education. 2008. "Doctorate Production Continues to Grow." Retrieved October 13, 2010 (www.insidehighered.com/news/2008/11/24/doctorates).

Institute of International Education. 2009a. "Record Numbers of International Students in U. S. Higher Education." Retrieved October 13, 2010 (www.iie.org/en/Who-We-Are/News-and-Events/Press-Center/Press-Releases/2009/2009-11-16-Open-Doors-2009-International-Students-in-the-US).

Institute of International Education. 2009b. "Americans Study Abroad in Increasing Numbers." Retrieved October 13, 2010 (www.iie.org/who-we-are/news-and-events/press-center/press-releases/2009/2009-11-16-americans-study-abroad-increasing#.V-ncn_Sffa4).

Institute of International Education. 2016. Open Doors Data: "International Students: Leading Places of Origin". P1. www.iie.org/Research-and-Publications/Open-doors/Data/International-Students/Leading-Places-of-Origin#.WHR6lfkrLQ4. Retrieved Jan. 9th, 2017

Juergensmeyer, Mark (ed.). 2013. *Thinking Globally: A Global Studies Reader.* Berkeley, CA: University of California.

Klees, Steven J., Joel Samoff, and Nelly P. Stromquist. 2012. *The World Bank and Education: Critiques and Alternatives.* Rotterdam, The Netherlands: Sense Publishers.

Kraft, Richard, Jeanne Ballantine, and Daniel E. Garvey. 1993/1994. "Study Abroad or

International Travel? The Case of Semester at Sea." *Phi Beta Delta International Review* 4 (Fall/Spring): 23-62.

Kubow, P. K., and P. R. Fossum. 2007. *Comparative Education: Exploring Issues in International Context*, 2nd ed. Upper Saddle River, NJ: Pearson.

Lawn, Martin (ed.). 2013. *The Rise of Data in Education Systems: Collection, Visualization, and Use*. Providence, RI: Symposium Books.

Lepi, Katie. 2014. "The Top 10 (and Counting) Education Systems in the World." May 23. *Edudemic*. Retrieved February 3, 2016 (www.edudemic.com/learning-curve-report-education/).

Lewis, M. A., and M. E. Lockheed. 2006. *Inexcusable Absence: Why 60 Million Girls Aren't in School and What to Do about It*. Washington, DC: Center for Global Development.

McEneaney, Elizabeth H. 2003. "The Worldwide Cachet of Scientific Literacy." *Comparative Education Review* 47(2): 217-37.

McSpadden, Kevin. 2015. "Here's Where You're Going to Find the Best Schools in the World." May 13. *Time*. Retrieved January 28, 2016 (time.com/3856834/worlds-best-top-schools-survey-asia/).

Manzon, Maria. 2011. *Comparative Education: The Construction of a Field*, Vol. 29. New York City: Springer Science & Business Media.

Maps of World. 2016. "Poorest Countries in the World." Retrieved February 20, 2016 (www.mapsofworld.com/world-top-ten/world-top-ten-poorest-countries-map.html).

Meyer, Heinz-Dieter, and Aaron Benavot. 2013. *PISA, Power, and Policy: The Emergence of Global Educational Governance*. Oxford, UK: Symposium Books.

Meyer, John W., David H. Kamens, and Aaron Benavot. 1992. *School Knowledge for the Masses*. Cambridge, MA: American Academy of Arts and Sciences.

Moore, Michael. 2016. "Where to Invade Next." (www.wheretoinvadenext.com).

Motivans, Albert. 2013. "Designing/Developing a Measurement Agenda for the Post-2015 Education Goals." *Compare: A Journal of Comparative and International Education* 43(6) (February 3): 783-846.

NAEP. 2016. "Timeline." Retrieved February 11, 2016 (http://nces.ed.gov/nationsreportcard/about/assessmentsched.aspx).

NAFSA. 2016. "Trends in U. S. Study Abroad." Retrieved May 19, 2016 (www.nafsa.org/Policy_and_Advocacy/Policy_Resources/Policy_Trends_and_Data/Trends_in_U_S_Study_Abroad/).

National Science Foundation. 2016. "Doctoral Recipients from U.S. Universities: 2014." National Center for Science and Engineering Statistics. Retrieved May 19, 2016 (www.

nsf.gov/statistics/2016/nsf16300/digest/nsf16300.pdf).

Noah, H. J., and M. A. Eckstein. 1998. *Doing Comparative Education: Three Decades of Collaboration.* Hong Kong: University of Hong Kong, Comparative Education Research Centre.

Nordveit, Bjorn H. 2015. "Knowledge Production in a Constructed Field: Reflections on Comparative and International Education." *Asia Pacific Education Review* 16(1) (March): 1-11.

OECD. 2015. "'Universal Basic Skills': What countries stand to gain." OECD Publishing.

Passow, A. Harry, et al. 1976. *The National Case Study: An Empirical Comparative Study of Twenty-One Educational Systems.* New York City: Wiley.

Pitv. 2015. "Here's Where You're Going to Find the Best Schools in the World." May 13. Retrieved February 1, 2016 (piteach.com/index.php?option=com_kazi blog&id=blog&id=103&Itemid=667).

Ramirez, Francisco O., and John Boli-Bennett. 1987. "The Political Construction of Mass Schooling: European Origins and Worldwide Institutionalization," paper presented at American Sociological Association meetings, Chicago, August.

Ramirez, Francisco O., and John W. Meyer. 1980. "Comparative Education: The Social Construction of the Modern World System." *Annual Review of Sociology* 6: 369-97.

Robertson, Roland. 1994. "Globalisation or Glocalization?" *Journal of International Communication* 1(1): 33-52.

Roudometof, Victor. 2015. "Theorizing Glocalization: Three Interpretations." September 9. *European Journal of Social Theory.* Retrieved February 20, 2016 (est.sagepub.com/content/early/2015/09/08/1368431015605443.abstract).

Rust, Val D., Aminata Soumare, Octavio Pescador, and Megumi Shibuya. 1999. "Research Strategies in Comparative Education." *Comparative Education Review* 43(1) (February): 86-109.

Schofer, Evan, and John Meyer. 2005. "The Worldwide Expansion of Higher Education in the Twentieth Century." *American Sociological Review* 70 (December): 898-920.

Selhausen, Felix Meier Zu, and Jacob Weisdorf. 2015. "A Colonial Legacy of African Gender Inequality? Evidence from Christian Kampala, 1895-2011." *The Economic History Review* 69(1) (February): 229-57.

Shields, Robin. 2013. *Globalization and International Education.* London: Bloomsbury.

Simola, Hannu. 2015. *The Finnish Education Mystery: Historical and Sociological Essays on Schooling in Finland.* New Brunswick, NJ: Rutgers University Press.

Slomczynski, Kazimierz M., and Tadeusz K. Krauze. 1986. "The Meritocratic Relationship

Between Formal Education and Occupational Status: A Cross- National Analysis," paper presented for 10th World Congress of Sociology, New Delhi, August.

Sparks, Sarah D. 2010. "Better Education Attainment Saves Lives." September 17. *Education Week Spotlight*. Retrieved October 12, 2010 (http://blogs.edweek.org/ edweek/inside-school-research/international-comparisons-of-a/).

Spring, Joel. 2008. "Research on Globalization and Education." *Review of Educational Research* 78(2) (June): 330-63.

Takayama, Keita, Arathi Sriprakash, and Raewyn Connell. 2015. "Rethinking Knowledge Production and Circulation in Comparative and International Education: Southern Theory, Postcolonial Perspectives and Alternative Epistemologies." *Comparative Education Review* 59(1) (February): v-viii.

Teltemann, Janna, and Michael Windzio. 2013. "Socio-Structural Effects on Educational Poverty of Young Immigrants: An International Comparative Perspective," in Michael Windzio (ed.), *Integration and Inequality in Educational Institutions*. New York City: Springer Science and Business Media, pp.99-121.

TERCE. 2013. "Third Regional Comparative and Explanatory Study (with UNESCO)." Retrieved February 13, 2016 (www.unesco.org/new/en/santiago/terce/what-is-terce/).

Torres, Carlos Alberto. 1994. "Paulo Freire as Secretary of Education in the Municipality of Sao Paulo." *Comparative Education Review* 38(2) (May): 181-214.

UNESCO. 2014. "Education and Leadership in an Era of Glocalization." May. *Education UNESCO Bangkok*.

UNESCO. 2015. "Education for All 2000-2025: Achievements and Challenges." *EFA Global Monitoring Report*. UNESCO Publishing. (unesdoc.unesco.org/images/0023/002322/232205e.pdf).

UNICEF Global Databases (n. d.). data. unicef. org

UNICEF. 2015. "Statistics at a Glance." Retrieved May 2, 2016 (www.unicef.org/infobycountry/ghana_statistics.html).

United Nations Human Development Report. 2015. "Human Development Report 2015: Work for Human Development (Lead author: Selim Jahan)." Retrieved May 2, 2016 (hdr.undp.org/sites/default/files/2015_human_development_report.pdf).

USLegal. 2016. "Comparative Education Law & Legal Definition." Retrieved February 4, 2016 (www.uslegal.com/c/comparative-education/).

Vogl, Tom S. 2012. "Education and Health in Developing Economies." December. Retrieved February 11, 2016 (www.princeton.edu/rpds/papers/vogl_ed_health_ review.pdf).

Wallerstein, Immanual. 1974. *The Modern World System*. New York City: Academic Press.

Wallerstein, Immanuel. 2004. *World-Systems Analysis: An Introduction.* Durham, NC: Duke University Press.

Williamson, Bill. 1979. *Education, Social Structure and Development.* London: Macmillan.

Willis, Paul. 1977. *Learning to Labor: How Working Class Kids Get Working Class Jobs.* New York City: Columbia University Press.

Wiseman, Alexander W., M. Fernanda Astiz, and David P. Baker. 2013. "Globalization and Comparative Education Research: Misconceptions and Applications of Neo-Institutional Theory. "*Journal of Supranational Policies of Education* 1: 31-52.

World Bank. 2011. *Learning for All: Investing in People's Knowledge and Skills to Promote Development.* Washington, DC: World Bank.

World Bank. 2014. World Bank and Education in Indonesia. Sept. 1. www.worldbank.org/en/country/indonesia/brief/world-bank-and-education-in-indonesia (retrieved Jan. 9, 2017).

World Bank. 2016. "Gross Enrolment Ratio, Primary and Secondary, Gender Parity Index (GPI)." Retrieved May 2, 2016 (data.worldbank.org/indicator/SE.ADT.1524.LT.FM.ZS).

Yng, Ng Jing. 2015. "Singapore Tops OECD's Global Education Ranking: Report." May 13. *Channe/NewsAsia.* Retrieved January 28, 2016 (www.channelnewsasia.com/news/singapore/singapore-tops-oecd-s/1843546.html).

Zha, Qiang, and Derrick Tu. 2016. "Doing Mixed Methods Research in Comparative Education: Some Reflections on the Fit and a Survey of the Literature." *Annual Review of Comparative and International Education 2016* 28 (January 7): 165-91.

第十三章
教育运动与教育改革

当今，教育改革最活跃的领域是一些所谓的"无借口"学校。这些学校主要是小规模初中和高中，它们有明确的目标，就是让很少有机会上大学的贫困和少数族裔学生学习考大学要求的预科课程，并最终进入大学（Whitman, 2008）。学校试图通过教育来培养学生追求进步的雄心，并帮他们获得学习能力，促使他们不断进步。在这个过程中，学校传授中产阶级的习惯和态度，并试图让学生远离影响他们的社区街头文化。许多学校都是特许学校，还有很多学校延长了在校时间和学年；一些学校要求学生星期六上学，并举办强制性暑期班。这些学校的入学竞争非常激烈，经常采取抽签的方式来挑选学生。近期的纪录片《等待超人》(*Waiting for Superman*)、《摸彩》(*The Lottery*) 和《重生：新奥尔良》(*Rebirth: New Orleans*) 描述了这些孩子就读普通学校时所遇到的问题，以及孩子就读"无借口"学校时的美好展望。这些电影旨在促进更多好学校的产生，同时也掀起了一场运动，以此来支持他们所秉持的教育理想。

本章将审视这些学校及其所代表的教育运动，并对关于学校如何运行良好的可用文献进行评议。顺着这条路径，我们将考察基于教育改革与变化的早期运动，探究推动美国教育改革的根源。

每一代人都在为如何提供最好的教育以满足儿童发展和社会的需要而努力。近些年来，许多委员会、工作小组和个人都发表了一些作品，痛斥美国的教育现况，呼吁教育改革。各州随即配合推出上百个报告与改革建议，其中许多已付诸实施。一个值得注意的领域是对教师和学校表现的公开监督或问责。2015年，40个州要求未来教师任职以前必须通过基本技能测试；43个州要求学科测试；26个州要求教学知识测试；26个州要求进行初始鉴定教学评估（https://nces.ed.gov/programs/statereform/tab3_1.asp）。当你阅读下文时，请思考我们讨论的主要教育运动对你自己的教育经历产生了什么影响。

对于教育系统决策非集权化的国家，教育运动更加经常发生，因为地方层面更加容易影响教育。在州行政权力之下，每个学区对自己的教育决策有最终控制权，这是鼓励对教育持有不同观点的一个因素。与大多数国家不同，美国联邦宪法并没有提及教育，而把教育交由各州掌控。

在美国宪法创立伊始，教育还是由宗教团体控制的一件小事。文盲非常普遍，教育不为公众所关心。直到19世纪中晚期，在普通学校教育运动声势壮大之前，各州基本上都不愿意增加税收以帮助建立公立学校。只有个别社区和那些支持地方掌控学校的人士才决定自己收税以支持建立学校。现在，大多数社区是由当地居民选举的教育委员会来决定教育政策，并雇用专业教育管理者来管理学校日常事务（详见第七章）。这些学校的教育总监、校长和其他人服务于董事会，因此，如果要引入没有受到社区普遍支持的政策，他们就会非常谨慎。同时，地方掌控教育的传统也确保了社区力量对学校的影响。那些教育决策集权化的国家和人口单一的国家，其教育项目也更单一，指向变革的民众运动也更少。

近年来，问责制的要求与废除种族隔离、审查、政教分离和资金筹措的法院判例，已使美国州司法机构和教育理事会在影响地方层面教育决策中起着越来越重要的作用。社会的态度就像一个钟摆，从右向左摆动，然后又从左向右摆动（图13.1）。教育是社会制度之一，教育钟摆反映了广泛的社会趋势、运动和态度，这一点可在教育运动的讨论中看出来。

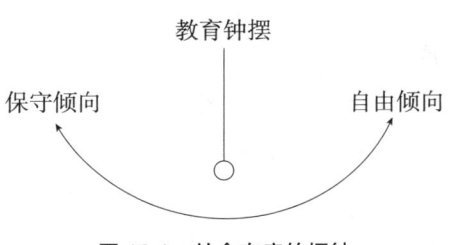

图 13.1　社会态度的摆钟

理论路径同样可以帮助我们理解教育运动。一些冲突理论者认为，保守主义者和少数群体强化基础的努力，只会扩大机会结构中的鸿沟。其观点是：学校越是强调基础科目、严格要求和纪律约束，未来的劳动力就会越顺从。培养好顺从的劳动力，反过来就是保存并再生产了社会的不平等阶层结构——当权者需要使这种阶层差异永久保持下去。这些冲突理论者认为，只有重新建构教育和经济体系才能扩大教育机会。在关于经济不平等的公开辩论和2016年的总统竞选中，一些参选人认为高额的学生债务是大学教育促进经济流动的阻碍因素，这在一定程度上反映了前面的观点。

为年轻人参加工作做准备——学校的这一角色已进入教育改革运动的前沿。学校和职场之间存在一致性。然而，冲突理论者担心由国家控制的学校只会为资本主义制度培养劳动者。学校和社会中为机会平等而开展的轰轰烈烈的民主社会运动，可以帮助反驳冲突理论者将教育运动看做社会阶层体系再生产的观点（Carnoy & Levin, 1986）。

功能主义理论者的观点截然不同。他们相信，既然教育是为成人角色做准备，那么简言之，强调基础、纪律和问责制，也就是教育成就的提高，可以帮助人们在竞争的社会经济系统中找到合适的工作。尽管在社会分层体系中不可能产生根本性的改变，但是基础教育可以为个人提供机会。

另外，教育史分析则通过追溯各类运动的轨迹，指出人们对教育的基本目标缺乏共识。其观点是，存在着此起彼伏的三个教育目标，并经常相互竞争（Labaree, 1997）。一个目标是民主平等：教育为公民在政治生活中拥有平等发言权做准备。这里举一个例子，为担任陪审团成员做好准备，便是全体公民的一项义务。另一个目标是为提高社会效率而培养劳动者，从而使经济系统有效运行。第三个目标是促进社会流动，为个人在经济和社会系统中争夺一席之地做准备。前两个目标可以视为公共产品，教育作为一种制度被理解为提供集体利益。所有公民都会在准备承担公民义务的过程中获益，也会从由拥有技能的劳动者构成的经济系统中获益。然而，第三个目标则将教育视为一种私人物品，个人可以从中获益——通常表现为经济上获益的东西，而不是更广大的社会从中可以获益。

拉巴里（Labaree）认为，20世纪中叶以来，第三个目标主导了我们的教育话语，从而导致提高教育证书成绩成为教育改革的优先选择。例如，入读高选择性大学的校际竞争促进了富裕社区的教育改革，而为大学学业的成功做准备则已成为少数族裔和贫穷社区改革者的目标。那些寻求教育改进的人越来越强调读大学对学生个体在就业和社会流动方面的重要性，却很少有人关注社会可以在多大程度上获益。我们的分析有时会确定一个第四目标，一个私人的个性化目标，这个目标强调学校教育在非经济方面的个人获益，比如进步主义教育、人文主义和非主流教育运动所主张的某些方面。请记住，在本章讨论的过程中，尽管并非所有的教育政策或运动都可以参照这些说法来理解，但我们所讨论的教育改革和运动则始终关注公共利益和个人利益。

教育运动的本质

因为来自多方面的持续的内外压力，系统会发生变化。图13.2说明了教育系统变化的一些来源。当然，你无疑可以想出更多。

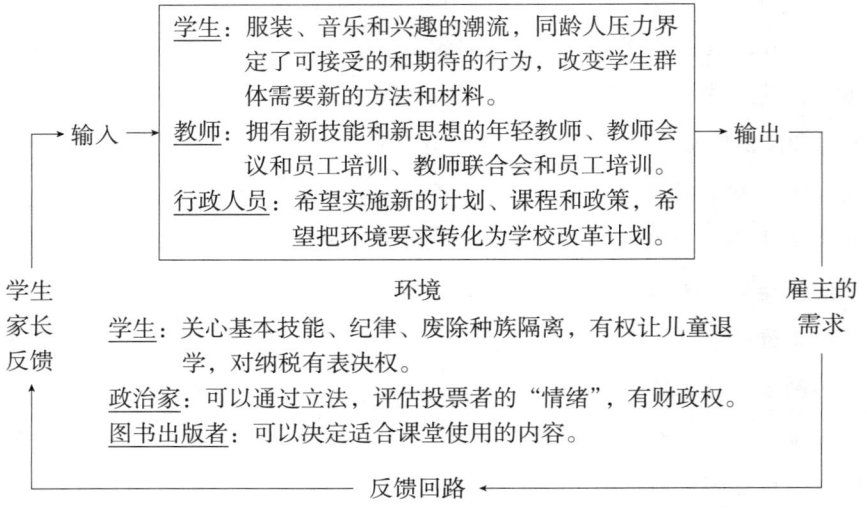

图13.2　学校系统变迁的根源

当社会的一个系统或亚系统发生变化时，比如教育或政治，都会对其他系统造成影响。社会运动是社会发展方向的一个主要指标，也是该系统的一些部分持续受到变革压力的一个主要指标。

社会运动的概念一直用于指为变革而作的众多集体努力——妇女权利运动、公民权利运动、禁酒运动、反战运动、生命权利运动，以及最近的茶党运动与"黑人的命同样珍贵"运动。社会运动之所以发生，通常是由于大部分人对现状不满。追随者聚焦总的指导思想或哲学，他们有一种强烈的理想主义和为这种意识形态献身的精神，还采取一定的行动方式。运动常常也会导致反向运动的发生，即试图阻止改革者实现他们所寻求的变化（比如，反对婚姻平等运动所形成的一些主张严格一夫一妻制婚姻的团体）。

从来不曾有过这样的情况，即所有社会成员都对社会及其教育系统感到满意。运动的支持者一般都试图倡导或抵制某种社会改革。他们参与运动的动机不同，有的人是出于理想主义，有的人则是因为归属于一个有信仰群体、拥有一份"事业"而产生个人满足感。由于社会运动日益增多，社会问题可能会在第一时间显现出来。如果一场运动"受到欢迎"，并吸引了大批追随者，就有可能对现存体制产生直接影响。一开始，可能只是一个外围的小团体在反抗总的潮流；但随着领导水平的提高、通讯网络的发展或社交媒体（如推特）的出现，随着媒体关注程度的增加，更多的人会被吸引到运动中来。最终，学校或其他教育机构采纳了运动带来的思想，变成"制度化"的成果，即成为社会不可分割的一个部分。也有一些社会运动几乎吸引不到任何追随者，最终走向消亡，这些团体所推行的观点往往难以融入现有体制。任何一场大的社会运动都可能包含了一些零散的团体或小型的改革者或激进者团体，这些改革者或激进者支持特定的相关意识形态，由于对运动手段和目的持有不同意见，这些人可能发生争吵，引发内部异议。

运动可能是有组织的，也可能没有组织，没有明确的领导者，就像反文化运动，这个运动使自由学校在20世纪60年代末70年代初大量涌现。然而，一些个人或书籍阐述共同的思路或意识形态，比如追求个性与自由，通过将他们的思想与目标推向社会，共同推动着运动。运动的若干种类型已经得以建构。下面便是对我们所讨论的相关社会运动类型的概述：

1. **改良运动**相信，通常在教育等特定的社会领域，某些改革必须发生。
2. **回归运动**的目的是"使时钟倒转"，使现行社会潮流倒转，回归到事物的先前状态。
3. **革命运动**对现存秩序非常不满意，致力于重新组建包括教育在内的整个社会。
4. **乌托邦运动**包含了许多结构松散的集体运动，他们主张进行彻底变革，如1960年代的反文化运动。

1960年代的反文化运动开始出现了自由学校运动。这种运动是因反对结构化的威权型学校而发展起来的，导致自由选择、去结构的学校发展（Swidler, 1979）。它们最初是一种相当孤立的乌托邦运动。随着更多的人理解其教育理念，几件事情随即发生：

1. 一些人受到吸引而加入。
2. 其他人也产生了兴趣，虽然没有加入到运动中来，没有放弃他们在社会或教育系统中的地位，但他们采取了中庸或妥协的立场，接受了一些无需进行重要结构改革就能适合现存制度的理念。这些人在现在改革运动具有的诸多要素中，发挥着引发、推动变革的作用。
3. 教育系统面临的压力不仅来自外部的教育运动，也来自内部那些希望采纳运动理念的人。

变革的诉求各不相同，从"抛弃整个系统、重新再造"到"在现存体制框架内总有改革的余地"。当提到变革时，大多数教育政策制定者采取谨慎的中庸态度，因为逐渐改革不需要打破现存体制，使计划和适应成为可能。然而，对于一些希望对主要社会结构和意识形态进行变革的人来说，这种路径显然不会引起共鸣。

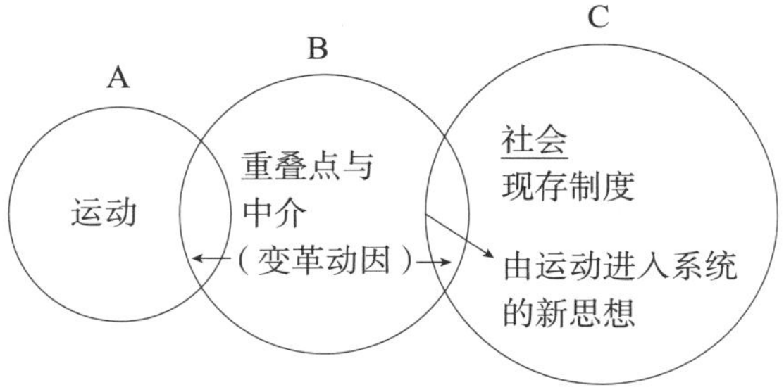

```
         A        B         C
                         社会
              重叠点与   现存制度
      运动    中介
                (变革动因)→  由运动进入系统
                             的新思想
```

图 13.3 教育运动可以带来系统变革

当提及非常具体或短期的变化时，使用"运动"这个词必须谨慎。例如，许多技术"潮流"，如语言实验室和计算机以及程序化课本等，都引发了有意义的重大结构性变革，但是它们也许并没有被看成是运动。它们可能被归类到一个范围更广的"课堂技术"等"进展"之下。

本章其他部分有两重目的：强调教育运动对学校系统的影响、讨论美国及其他国家影响教育的一些主要教育运动。因为教育背后的理念有助于决定教育结构、功能和系统的变革，所以理解这些主要的运动非常重要。

思考与应用

在你居住的区域里，都有哪些引发学校变革的具体事例？

早期的教育运动

对西方教育体制的影响来自全世界。教育一直是培养年轻人、教儿童如何发展成为社会的一员的社会途径。教育存在于几种形式中：非正规教育（nonformal）、非正式教育（informal）和正式教育（fomal）。当儿童通过投入社会、参与社会事务的方式学习社会文化时，就是非正规教育；当儿童通过参加女童子军或青年足球队而学习时，就是非正式教育；当教师在学校等某一特定场所里教授特定的文化内容时，就是正式教育。

早期的欧洲教育：社会目的和社会功能

在古希腊和古罗马，有特权的男孩（很少有女孩）可以得到游历四方的教师的教诲，这些教师被称为智者（sophists），他们教授年轻人提高推理能力和修辞技能，也就是雄辩术。这种"正式"教育满足了社会和时代的需要，而且被视为公益事业。苏格拉底和柏拉图、亚里士多德等哲学家与伟大的教师提出的有教养的人、思想自由和理性探究等理念，至今仍在吸引着人们。在这些古代社会中，大多数孩子都从非正规的教育形式中学习了成人需要具备的特质。

随着罗马帝国的崩溃、古老传统文明的衰落，只有宗教机构等极少的几个地方还存在正式教育。欧洲的许多城镇都有开展小学教育的修道院学校，但如果是中学程度，则只有几所修道院学校可以提供某种类型的教育机会。这时，社会不依靠受过正式教育的阶层去行使必要的功能。然而，在一些大君主的城堡内，可以看到一种正式教育的形式——年轻的骑士接受军事技巧和骑士道德准则的培养。同时，商人和手工业行会为了贸易也保存了他们教授学徒的方法，这是教育作为公共事物的又一个例子。中世纪的教育对今天的教育运动的一个影响就是人类堕落的概念。因为欲望被看做一种罪恶，所有儿童都被认为带有原罪，因此天生是堕落的。早期的宗教领导人，如圣奥古斯丁和后来的约翰·加尔文、马丁·路德都强调，堕落的弱点可以通过强有力的老师使用专制的方法加以改正。同样，在新英格兰的早期殖民地，"老迷惑者撒旦法案"（Old Deluder Satan Acts）是第一个义务教育法案，法案要求阅读《圣经》，从偏离信仰的诱惑中将儿童拯救出来。今天，许多人仍然倡导在课堂上使用专制方法和宗教训练。

在欧洲文艺复兴时期，培养全面的、有教养的人的观念得到了发展。人们对古希腊文和拉丁文经典著作中人文主义的内容有极大的兴趣。与坚持以上帝为中心世界观的宗教改革中的宗派教育不同，文艺复兴中的世俗教育非常重视人类的早期经验。这些观念对课程改革运动，尤其是在高等教育领域，产生了持续的影响；在美国主要表现为着重培养全面发展的学生，他们大多就读于私立大学，志在成为其信仰共同体的领导者。尽管这些大学是私立的，但他们力求确保其成员的未来和信仰，追求一个更大的共同体的公共利益，而不是特定个体的利益。内战之后，在1863年"莫里尔法案"的支持下，公共教育得到进一步扩展，世俗教育才在这个国家出现，并寻求个人可以从中获益的社会效能目标。欧洲对美国教育产生影响的另一个时段是18世纪的启蒙运动时期。人们相信，通过推理、用头脑解决问题，可以改善生活；教育能使社会朝着更新、更好的方向发展，而学校是培养年轻人推理能力的工具。

美国的教育运动

美国的教育运动在历史上影响着学校的政策和实践。

公立学校运动　19世纪早期之前，美国儿童如果上学，绝大多数只上小学。中学是为精英儿童准备的，他们在那里学习，为上大学做准备，并被引导进入教会或商界。这种模式使精英和商业阶层得以永久保持他们的地位。内战结束后，城市化和工业化发展唤醒了获取更多教育机会的要求和对私人权益的重视：

1. 随着美国东北部工业化的发展，许多人开始关心儿童的福祉；学校为工厂里长时间工作的儿童提供了另一种选择。

2. 工业家寻求教育的途径，将农村进城的人口城市化，使他们成为可信赖的顺从工人。

3. 许多人希望对各类移民实施美国化、同化策略。

学校显然正是可以解决这些问题的机构。

19世纪二三十年代，马萨诸塞州议员霍勒斯·曼（Horace Mann）是公立学校运动最有力的倡导者和领导者。正是他推动了面向所有儿童的免费教育，删除宗教教学的内容，通过公共税收为学校提供经费。他说："让家庭和教会教给人们忠诚和价值，让学校教给人们事实。"（Blanchard, 1971, p.88）他还倡导由地方选举教育理事会，以解除保守的教会牧师和校长对学校的控制权。一个集中化的权力机构——州教育委员会负责监管地方各学区，并对它们施加影响。曼还被任命为马萨诸塞州教育委员会的领导。

霍勒斯·曼的另一项革新运动是推动教师专业化：建立教师培训学校，也就是师范学校，提供高工资以吸引高质量的教师，在教师评价中使用科学的方法。这项改革运动兴起于社会需要大力发展大众教育之时。继马萨诸塞州之后，其他州也纷纷立法建立了世俗的免费小学教育。这项运动也曾经延伸至中学，但是，一直到内战之后，随着对受教育水平较高的劳动力的需求增加，"为更多人提供更多教育"的呼声才真正产生了影响。新学校的建立也带来了新教师的需求。以前，教师主要是男性的职业，到19世纪后半叶，特别是在小学阶段，教师变成了女性化的职业（Goldstein, 2014; Rury, 1989）。这种改变的一个重要因素是雇用女性的成本较低。这种改变也对当时的教学法产生了启示。正如芬克尔斯坦（Finkelstein, 1989）指出的，从"不打不成材"到使用更温和的教学技巧，它改造了教师的行为特征，比起19世纪对纪律和性格塑造的强调来，循循善诱更显重要。

霍勒斯·曼还以他对教育作为"社会平衡之轮"的表述而闻名于世：教育工人和中产阶级的孩子有助于防止贫困。在马萨诸塞州立法机关1848年的报告中，他写道："（教育）给了每个人独立的能力，以及能够抵抗他人利己主义的工具。这比解除穷人对富人的敌意好得多：它可以防止成为穷人。"（Perkinson, 1976, p.86）这一思想既表达了教育的公共利益，"平衡"了社会中可能存在的对立部分，又强调了防止贫困的私人利益。然而，很难理解宗教在美国特别是美国北部和西部的学校教育早期发展和扩张中的重要性。根据迈耶及其同事的研究（Meyer et al., 1979），19世纪的城市化和工业化并非学校建立的先决条件，福音派新教徒和小企业主态度的结合所产生的教育建国的思想同样非常重要。中学的扩张迅速而广泛，从大约1880年到1940年，中学入学人数翻了一番（Hammack, 2004）。这种扩张使得人们就中学教育的目的发生了重要的辩论。传统主义者认为，课程应该像以往一样是大学课程的缩影，主要集中在文科和科学（直到1890年之后，选修课和主修课才被广泛接受）。

改革者却认为，中学课程应该为那些不打算上大学的学生提供各类机会，他们开发了与职业相关的一些科目（Hammack, 2004）。通过这种方式，强调教育对工人和中产阶级家长子女的个人好处，可以对提高工人培养层级的公共利益的观点进行佐证。到 1920 年代，改革者占据上风，综合中学成为主要模式——为社区里的所有儿童提供几条课程路线（轨道）：为升入大学做准备、为未来职业做准备、进行通识教育，使所有人都可以获得中学文凭。到 1940 年代晚期，当最初对"辍学"的担心有所增多时，获得这种文凭已经成为所有年轻人的期望（Dorn, 1996）。

进步教育运动　19 世纪前半叶的公立教育运动与更广泛的社会发展趋势方向一致，使得新来的人可以更好地融入日益城市化和工业化的社会（Swift, 1971）。同样，延伸至 20 世纪二三十年代的进步教育运动与 1890 年代的政治进步运动方向一致。这场运动由哲学家约翰·杜威（John Dewey）与他的几位学生和同事所领导，这些同事通常都是女性，包括伊丽莎白·欧文（Elizabeth Irwin）、露茜·斯普雷格·米切尔（Lucy Sprague Mitchell）、卡洛琳·普莱特（Caroline Pratt）、海伦·帕克赫斯特（Helen Parkhurst）等人。他们的一些典型行动主要可见于纽约的一些私立学校，如小红校舍（The Little Red School House）、城乡学校（City and Country School）、道尔顿学校（Dalton School）。这些著名的学校影响了全国的公立和私立教育工作者（Sadovnik & Semel, 2002）。欧文的早期著作（与刘易斯·马克斯合著）《让学校适合儿童》（*Fitting the School to the Children*, Irwin & Marks, 1924）的标题便指出，引进学校教育中的以儿童为中心的进步主义与 19 世纪中晚期芬克尔斯坦所描述的教师叙事中的观点截然不同（也可见于 Davies, 2002）。这里可以看到教育的私人的、非经济性目标，它强调儿童在个性和心理健康方面的发展。

最近的讨论表面上主要围绕着进步主义教育哲学的分支——"生活能力"而展开。性教育、毒品教育、婚姻、为人父母、死亡、价值分类、金钱管理、消费知识、驾驶培训课程、购房、保险和其他实用技能方面的课程，被视为学生离开中学前必备的主要能力。其他一些人则认为，学校应该关注基本能力，生活能力应该在家庭里传授。生活能力教育是有关中学应该教授什么课程、谁应该决定这一切的争议的一个方面。

要素主义 西奥多·布拉梅尔德（Theodore Brameld, 1977, pp.118-120）在美国教育运动方面著述颇丰，他使用要素主义者来描述参加1950年代反对进步教育运动的人。要素主义者对所谓生活适应运动的进步主义教育的一个分支感到非常恼火，他们认为，生活适应运动把教育变成了传授诸如家政、驾驶培训课程和个人卫生等生存技能，而忽视了学校教育传授不同学科知识的使命。

随着围绕课程内容的争议一直在持续，亚瑟·贝斯特（Arthur Bestor）与罗伯特·梅纳德·赫钦斯（Robert Maynard Hutchins）等要素主义者批评家谴责学校课程"在智力上软弱、缺乏主见"（Bestor, 1953），并明确应该强调教育的公共利益。海军舰队司令海曼·里科夫（Hyman Rickover）抱怨他找不到足够的科学家和技术员来修建和驾驶海军的核潜艇；许多教会的领导者和追随者纷纷对强调文化相对主义的教学而忽视永恒真理表示遗憾。从政治上讲，1950年代那十年是令人恐惧的时代，威斯康星参议员约瑟夫·麦卡锡强调共产主义威胁论，说共产主义者可能已经潜藏在这个国家的学校总监办公室和教师休息室里。一些人把进步主义教育看成是一场削弱教育机构的运动，看成是对国家的威胁而反对它。这些批评的声音在最近呼吁提高受教育程度的呼声中也可以听到，这些呼吁强调基本技能的培养，并得到了"不让一个孩子掉队法案"（NCLB）的大力支持。它把重点放在测试上，这被视为大大缩小了中小学课程之间的距离。2015年底，NCLB的延续"让每个学生都成功法案"（ESSA）得到两党支持顺利通过，减轻了联邦政府在教育中的作用和测试压倒一切的重要性，尽管各州每年仍然都要对他们的学生实施测试（Davis, 2015）。

人文主义教育 美国20世纪的教育完全符合钟摆理论，从严格到适中又回到严格。进步主义在许多方面都是对维多利亚时期束缚压抑、令人呆滞的威权主义学校教育的一种反抗，要素主义是对进步主义的一种反抗，而20世纪六七十年代的人文主义教育运动则是对学校从未摒弃过的威权主义的一种反抗。它是对以儿童为中心的进步主义教学的重新发现。

人文主义运动领导者强调，学校应该废除压制性的规则和制度。学校应该为学生创造更多制定教育目标的机会，中学尤其应该这样。在实践中，西德尼·西蒙的《价值澄清法》（Sidney Simon, *Values Clarificatian*）和劳伦斯·科尔伯格的《道德发展阶段论》（Lawrence Kohlberg, *Stages of Moral Development*）等向教师提供了各种技术来区分学生的价值观，并发展学生的道德观念。从人文主义教育运动出发，人们开始将兴趣转移到了"为生活做准备"的领域，这一领域称为道德教育，同时也表述为道德发展、公民教育、公民/道德教育、道德情感、道德理性和价值澄清。道德教育并非"教"道德，而是运用课堂练习来帮助学生应对影响他们与他们所生存的世界的问题，以及会影响他们决策过程的伦理问题（Simon, 1972）。总而言之，这些例子都表明，教育历史的进程反映了来回摆动的意见和目标，每一个都在某种程度上回应了过去发生的事，也在某种程度上回应了时代所生成的新的环境和力量。

非主流教育及相关运动

从人文主义哲学视角出发，可以找到强调"完整的儿童"的非主流教育运动的起源。一种哲学话语实际上难以为所有参与运动者所共享，描述学校的各类术语所依稀秉持的哲学原则包括了自由、开放、革新、实验、新颖和激进。

自由学校（free schools）指赋予人们自由和选择机会的学校，强调开放性、非正式性、灵活性、家长与公众的参与性、与种族隔离相反的民族融合等品质，以及智力、社会和情感的发展；鼓励自觉、独立和相互依存；激励在共同承担责任的环境中发挥创造性；将失败、竞争、专制、由上而下的管理、昂贵设施控制在最小范围。

萨默希尔（Summerhill）是位于英国一个村庄里的小型住宿学校，提倡完全自由的学习环境和无拘无束的自发行为。已故的 A. S. 尼尔（Neill, 1960）1921 年创立了这所学校。他相信，要成为十分快乐的成人，必须允许儿童有自由的体验，解除纪律的束缚。学校极少的几条规则是由整个社区以民主的方式建立起来的。尽管从小学到中学都设有正常的班级，但是上课是自愿的（Hart, 1970）。美国的一些自由学校特地模仿了萨默希尔学校的模式，其他学校则采用了萨默希尔学校模式中的一些方面。

然而，自由学校运动不仅只是简单地反对压制性的学校结构、过时的课程或者无效的教学方法，而且还反对将学校作为主流文化的工具。尽管并非全部，但许多自由学校的倡导者都受到这种观念的激励：教育应该服务于这样一种政治目的，即学生应该根据自己的需要和能力而自由发展，而不是由学校课程或主流政治信念来作出决定。"不让一个孩子掉队法案"是自由学校运动的哲学信念和原则的反向极端，其重点在于强调严格的标准、测试以及可计量性。

自由学校中最大的学生群体是寻求摆脱传统学校中的焦虑和无聊状态的儿童。他们还包括经历学业失败、有可能中途辍学的学生。对于这两类学生来说，自由学校满足了他们的需求。尽管该运动在 20 世纪八九十年代已经衰退，但是，今天还有几所非主流的公立或私立学校为那些不适应今天严格的课程要求和以考试为导向的学校的学生提供服务（Swidler, 1979）。这种自由或非主流教育运动的影响，可以在许多较少采用传统教学方式的学校系统和课堂中见到，也可以在存在非主流类型的学校和课堂的学区里见到。

许多公立学校系统为那些可能辍学、在传统的高中制度下无法有效学习的学生建立了"非主流公立学校"（Foley & McConnaughy, 1981; Swidler, 1979）。这些"边缘"公立中学有着私立学校和自由学校的许多特点。它们非正式、规模小，有个性化学习、学生参与决策、新颖的学习技术和社区参与等特征。一些大城市为数量有限的学生保留了非主流高中，而当代创建小学校，尤其是小型中学的运动，则是吸收了这一遗产中的优点（Jacobowitz et al., 2007; Semel & Sadovnik, 2008）。

第三世界的非主流教育运动

改变教育的权力结构是第三世界一些教育工作者的目标。巴西教育家保罗·弗莱雷在《被压迫者的教育学》(*Pedagogy of the Oppressed*, 1970)中声称，通过引导受压迫的农民意识到他们的文化现实（压迫他们的势力），给予他们知识及伴随而来的权利以回击压迫者，受压迫农民的识字率能够提高。弗莱雷设计了教授阅读的一种新方法，在巴西东北部贫困地区取得了很大的成功。结果农民的政治化程度提高了，政府视之为一种威胁，弗莱雷因此遭受监禁，最终被流放。直到1980年民主政府重新建立起来之后，他才回到圣保罗，继续工作。伊万·伊里奇（Ivan Illich, 1971）从前是在墨西哥工作的一位牧师和改革者，他把学校视为压迫性的、存在歧视的、对个人有害的几种机构中的一种。他声称，通过将教育从"学校教育"中解放出来，就会引起社会秩序的去制度化，允许真正民主变革的发生。伊里奇还认为，人们没有必要通过上学去获得教育，学校实际上会抑制教育并严重限制学生的发展。

开放课堂

开放课堂可以在进步主义教育运动中找到根源，有时也称为开放教育、开放学校和开放空间。它们始于1970年代，具有以下特征：

1. 关注教师—儿童互动的质量；热情、接纳；认真考虑儿童的想法。
2. 强调合作而非竞争；几乎没有行为问题。
3. 在一定范围内，有行动和使用资料的自由；儿童之间可以充分交流。
4. 其他与积极自我形象、愿意冒险和坚持不懈相关的一些因素。

教师促进学生的学习，并且在他们的活动中去帮助学生。教师的角色是支持性的、引导性的，并以儿童为中心。物质环境呈现出一种非正式的氛围。课桌按小组摆放，学生常常四个或更多人围坐在桌子旁，教室的不同区域可以开展不同的活动。开放课堂最常见于小学。

家长倾向于更喜欢参与开放课堂，志愿给予帮助或为孩子们带来一些项目。一般来说，学生之间有更多互动，教师与学生之间的正式互动较少。开放教育导致了不同的课堂互动模式，对一些学生有特别的益处，比如美洲原住民儿童，他们持有与开放教育相似价值观的一种文化——合作、分享以及决策中的个人责任。

在我们当前讲求标准化、问责制、回归基础课程运动的时代里，也许最好的例子就是新颁布的"让每个孩子都成功法案"（ESSA）中每年的标准化考试，开放教育课堂受到了诸如"没有失败的学校"之类的攻击，一味机械地让学生升入高一年级，而不管成绩上的不足。这些批评来源于对有效培育未来劳动者的社会效能目标的强调。一些开放教育机构已经被有成排课桌椅的传统教室所代替，但是，许多教师在课堂中已保留了与开放教育相似的课堂氛围。

回归基础

从非主流教育运动，钟摆又摆向了保守的一边。在1980年代早期出现的这场运动被称为回归基础运动，其特点是：良好的古典阅读、写作和算术，同时增加一大堆纪律，并不讲究人文主义教育和艺术之类的"虚饰"。基础能力教育的支持者认为，学校应该由要素主义原则来指导，其中包括：

1. 小学课程应该旨在培养读写能力和运算能力等基本工具技能；
2. 中学课程应该培养历史、数学、自然科学、文学、英语、外语方面的能力；
3. 学校要求遵守纪律，尊重合法权威；
4. 学习需要勤奋和集中注意力。（Routman, 1996）

完成这样的学校课程，学生应该就可以运用知识解决许多问题。回归基础将重心置于核心学科的学业技能；这种压力首先来自家长对子女技能水平的关心。另外，压力还来自委员会的报告、州的立法者、国际考试分数的比较、公众对成绩考试分数下降的担忧。这方面一个很好的例子是《国家处于危险之中》报告（National Commission on Excellence in Education, 1983），该报告由里根政府教育部长委任的一个委员会完成。报告声称，由于公立学校对推行优质教育重视不够，我们正在进行"片面的教育裁军"。这些批评反映了对教育目标作为一个公共事物的理解，强调了社会的效能需求。

我们的历史梳理表明，回归基础的教育并不是新鲜事物。在清教徒时期建立起来的大多数学校都是教授基础技能和宗教，让儿童能够发展对道德、宗教和法律的理解能力。精英家庭的男孩进入教授希腊文与拉丁文的文法学校，这些学校一直强调基本技能。随着殖民地的扩张，建立起了不同类型的学校以满足学生和社会的多样需求，但是也一直强调基本技能。麦加菲读本（McGuffey Readers）作为课堂使用的主要教科书，从1836年到1930年代几乎盛行了一个世纪。除了基本技能外，这套教科书还强调道德和礼仪（专栏13.1为主流价值的文化传播提供了确切的例子）。

[专栏13.1]

麦加菲读本摘录：需要记住的事情

1. 当你清晨醒来时，要记住谁在夜间使你远离危险。要记住谁在你睡觉时守护着你，谁的阳光在你周围照耀，并给你白天的甜蜜光亮。

2. 让上帝知道，你心中充满着对他慈爱关怀的感激。祈祷上帝在你每天醒来的时间里都给予保护。

3. 当你坐在桌边时，请不要像猪一样贪婪地吃。要安静地吃，不要发出噪音，不要伸手去取食物，而要让别人帮你取。

4. 避免面露不悦，避免生气的神情和话语。不要砰地关上门。安静地上下楼梯，永远不要在房间发出巨大噪音。

> 5. 态度友好而绅士；不要像冬天咆哮的暴风，而要像夏天明亮的早晨。
>
> 6. 一定要按父母的嘱咐行事。用快乐的心态、愉悦的表情去顺从父母。
>
> 7. 如果这件事情让父母知道时，你会害怕或感到害羞，那么就永远不要去做。记住，即便没有别人看见，上帝也会看见；即使最秘密的想法，你也不能对上帝隐瞒。
>
> 8. 我们必须对所有人做好事，因为在上帝看来，这会让他满心欢喜。他愿意看到他的孩子们彼此在爱中漫步、行善。
>
> 练习——早晨你应该记住什么？你应该感谢谁？为谁祈祷？餐桌旁你应该如何举止？哪些事情你应该避免？你应该如何对待父母？你晚上应该做什么？你该永远相信谁？
>
> 来源：William H. McGuffey, Third Eclectic Reader (Cincinnati:Wilson, Hinkle, 1857; 2nd ed., 1965), pp.55-7.

543   基础教育委员会成立于1956年，它为那些致力于基础教育或基础能力的人提供了一个联络团体。当今基础教育的支持者有着各不相同的兴趣和动机。一些人倡导用惩戒手段加强纪律约束，推动真理、美德、正义、宗教原则、着装规范成为学校教育的首要重心。其他人则主要要求确保学生必须应该掌握阅读、写作和算术（3Rs）。

回归基础的支持者认为，让他们团结在一起的主要思想意识包括对下列情况的反应：期望教育奇迹的发生、废除种族隔离、禁止在课上朗读《圣经》与祈祷、社会道德品质坍塌、加强"爱国主义、道德、礼仪、成人权威、纪律、秩序和素质教育"（Egerton, 1976）。这些反应也促使了在家上学运动的出现（Stevens, 2001）。

学校发生的这些变化意味着什么？许多开放课堂都遭到抛弃。包括艺术与音乐赏析、性教育与毒品教育、体育和驾驶培训课程在内，基础之外的其他课程都受到质疑或删减，关注全人儿童的幸福、使用辅导老师及其他社会服务项目，这些也都被取消。纪律和基础技能占据了主导地位。近年来，我们看到，尽管仍然强调基础教育和学生成绩的明确标准，但是钟摆又往回摆动了一些，慢慢恢复了一些社会项目和校外课程。

私立学校

私立学校事业在家长灰心丧气的不满情绪中兴旺起来，其发展主要归功于回归基础的支持者。这些父母想暂时从废除种族隔离的纠葛中摆脱出来，认为学校缺乏纪律，明显降低了标准。今天，大约有9.7%的中小学生在私立学校上学（National Centre for Education Statistics, Digest, 2014, Table 205.10）。

私立学校包括以下几种：精英预备学校，如乔特学校（Choate）、菲利普斯·安多佛学校（Phillips Andover）、格罗顿学校（Groton）和劳伦斯维尔学校（Lawrenceville），这些学校迎合了计划入读精英大学的富人的需求（Cookson & Persell, 1985; Peshkin, 2001）；面向残障人士、超常学生的特殊学校；军事学院；由天主教会、犹太教会、浸信会教会、路德教会、基督教教友派、原教旨主义基督教徒以及其他宗教团体赞助的宗教教派的走读学校。今天，私立学校的学生中，就读于天主教附属学校的比例依然最大，尽管1995—2011年间，这一比例从占私立学校学生的45%已经下降到了39.6%（NCES, Digest, 2014, Table 2015.20）。这些私立学校满足了各类群体对教育角色的不同信念与喜好。

1970年代，有一类私立学校经历了巨大发展，这就是原教旨主义的基督教学校。其中一些学校的建立是出于人们对公立学校持消极态度的一种反应，而其他学校的建立则是对种族融合学校政策的反应。该运动的核心是对教育体制的不信任，对于一些人来说，它似乎在把一个异化的价值体系强加给家长和家庭的信仰。

原教旨主义基督教徒通常相信，教育与基督教教义是不可分割的。他们反对公立学校课程的一些内容，例如，人类是从低级的生命形式进化而来的内容，完全否定了《圣经·创世记》的书面解释；人类是动物的观念，意味着人类没有灵魂；还有其他一些具体的教学内容。对公立学校中这些教学内容的反感导致了人们对基督教学校的兴趣高涨。和在其他运动中一样，在这个运动中一个人能感觉到群体内—群体外或他—我的感情色彩。"他们"正在摧毁我们的儿童对上帝的信仰，在儿童头脑中灌输异化的观念（Peshkin, 1986）。这种情绪也引发了在家上学的运动（Stevens, 2001），2012年，这部分学生共占5—17岁学生中的3.4%（NCES, Digest, 2013, Table 206.10）。

从1991年开始，私立学校教育在政府"择校"制度的推动下得到发展。这项制度允许家长从他们原来指定的学校之外的各种学校中进行选择，包括了私立学校。这些学校因为每个入学的学生而得到资金（America 2000, 1991），因此，更多的学生通过使用教育券得以进入私立学校。这些"教育券"计划已经受到了非议，因为这可能导致公共资金被用于支持宗教学校，有人认为这违反了宪法对政教分离的规定。尽管目前的法院裁定（Zelman v. Simmons-Harris, 2002）允许这样的资助，但前提是政府的资助旨在惠及广泛的学生群体（而非单一信仰的成员），他们所选择的学校完全没有政府的参与。资金的流向不仅限于宗教学校，而且还包括了独立的私立学校和其他公立学校。

> **思考与应用**
> 家长和学生是否可以挑选他们想选择的学校？其利弊分别有哪些？

问责运动

问责制是指明确学生能力的教育标准、评估学校开支所对应的学生成就的一种方法。问责运动产生于人们对教育中强调人文主义的反应。其中，最为重要的关注点在于试图说明纳税人经费的开支没有白费，并要求一些人——通常是教师——为学生成绩检测的学校产出负责。一些支持学校改革的教育家支持问责制的理念。包括自由和保守的声音在内，许多条路线汇聚在一起，促进了问责制运动的发展。例如，作为一名自由政治评论家，奈特·亨托夫（Nat Hentoff）就敦促家长们大胆反对"严重欺诈消费者行为"，要求聘用合格的教师，尤其在那些少数群体和贫苦的社区（Hentoff, 1978）。其他人则从更保守的角度出发，集中关注教师任期制度如何保护不称职的教师，想办法将一些不称职教师驱逐出去，并加强教师评价，以此作为改革的重要手段（请参阅 Room for Debase 中争论双方的意见，相关话题的文章可见于 www.nytimes.com/roomfordebate/2014/06/11/does-tenure-protect-bad-teachers-or-good-schools）。

在理解问责运动的过程中，最重要的出发点在于它试图明确对学校的学习期待。随着标准化考试的发展，对学区、学校乃至教师进行比较和评分，已经变得司空见惯。在"不让一个孩子掉队法案"的鼓励下，不同年级水平"学生应知应会"的明确表述，导致将学生学习成绩的测试结果纳入教师的评价中。

许多教师被这些方法评为不合格，而诸如教师质量全国委员会（NCTQ, www.nctq.org）等组织也应运而生，以提高教师问责制的标准。结合最近加利福尼亚法院的裁决，州里的教师任期制度违宪（Vegara v. California；Medina, 2014；近来又有反转，Medina & Rich, 2016），这场运动的重点在于通过要求教师为学生的学习负责，而改革学校系统。坎贝尔·布朗教育公平伙伴协作体（Campbell Brown's Partnership for Educational Justice, www.edjustice.org）等相关团体，正在纽约州和明尼苏达州对教师终身教职权利提起诉讼。这些努力也产生了"退出"标准化考试的反运动，持此观点的家长认为疯狂的测试遮蔽了其他重要的教育目标（Harris & Fessenden, 2015）。

近来，人们经常以学生考试成绩低、学校暴力现象和高辍学率为由要求实施问责制。许多州要求学生在学校期间通过一种及以上的考试。随着一些州采取明确的成绩标准，可以决定学生能否升入高一年级或者毕业的这些"高风险"测试正在实施。正如我们在六章所描述的，这些测试不仅可以检测学生，也在检测教师和学校。

这场运动也表明，实现个体的社会流动是教育最重要的目标。正如我们所看到的，评判学校越来越重要的一个标准，便是为所有学生做好教育成功的准备，使他们能够在经济生活中取得好的职位。正如我们早些时候指出的那样，获得好工作越来越依赖于拥有大学文凭。这些文凭仍旧大量掌控在中上层阶级家长的手中，教育似乎并没有很好地发挥其促进社会流动的作用，因而也推动了教育改革的进一步努力。

一些州和地方学区已经提议，将教师工资与学生的考试成绩挂钩。这一措施可能会减少课堂里的创造性活动，教师的教学就只为了应试。问责制运动增加了考试机构在学校环境中的权力和影响力。学区在参照本州和全国标准来评估所有学生时，都要依靠标准化考试。教育考试服务中心主持的大学理事会 SAT、ACT 成绩下滑，被视为 1970 年代后期和 1980 年代早期回归基础运动产生的一个主要原因。要求学生、教师和学校达到各州标准，是多年来最重要的教育运动"不让一个孩子掉队法案"的核心，我们一会儿就讨论这个法案。

人文主义者指出，问责制会让学校远离仁慈的、无拘无束的、人文的、并富有创造性的情境，而转向冷漠的、正规化的情境，前者鼓励形成积极的自我概念并获取成功，而后者则只有检测的程序以及清晰描述的目标，几乎不允许自发性和创造性行为。

根据系统路径，教育问题不能只归咎于一个缘由。教师并非唯一的罪人，学生也不是。也许，学校只是替罪羊，因为人们希望学校能解决所有的社会问题，所以学校常常受到责备。和所有在学校服务的人一样，各级政府也都参与其中，家庭也在学校成绩中发挥着一定作用。

一些批评问责制运动的学者认为，除了教师和学校管理者外，产生教育问题的原因还有很多，包括家长、社区居民、学校理事会成员、纳税人，最重要的还是学生自己。最近，家庭与教师教育项目都遭到针对学业失败的批评。其观点便是在教育儿童的过程中，许多人都发挥了作用，只关注系统和环境中的一个方面，只会产生"绷带的效果"，但是不能真正解决问题。

这些问题在奥巴马竞选总统期间和他执政初期的辩论中都得到了很好的说明。由于需要减少贫穷的城市人口与中产、中上层阶级之间的成绩差距，郊区学生、政策制定者在寻求解决方案时分成了两大阵营：一部分人认为持续不断地关注学校和教师是最佳的办法，比如坎贝尔·布朗（Campbell Brown）；另一部分人则认为产生差距的原因是多方面的，学校改革的努力应该与社区发展和健康促进方案结合起来。这两种方法虽然存有共同点，但侧重点不同。采取前一种做法的人强调高质量的教师、小型学校和特别关注学术技能发展的重要性。这些支持者特别指出，教师和学校的因素为什么会"超过"学生的社会阶级根源："当所有因素都受到控制时，教师的素质会影响学生的学习。教师素质比其他任何一个变量都重要。"（Fallon, 2000, p.5）其他评论员修改了这一表达，声称教师的素质是学校可以改变的最重要的学生成就变量，认为家庭和邻里对成就的影响是强大的，然而，学校对此力不能逮（Reardon, 2013）。

另一种方法，有时也称为"更广泛、更大胆的方法"，倡导者强调学校改革的重要性，但断言仅仅靠它自己不会发挥作用（www.boldapproach.org/）。这些"共同体学校"的例子有由纽约儿童援助协会（Children's Aid Society of New York, www.nccs.org/）和弗吉尼亚州服务组织"学校教育共同体"（Community in Schools, www.communitiesinschools.org/）所运营的一些学校。也许，后一种方法最著名的例子还是由杰弗里·加拿大（Geoffrey Canada）开发的哈勒姆儿童区（Harlem Children's Zone, www.hcz.org）。这是一个非营利性组织，在纽约哈勒姆区的100个街区里资助并运营两所特许学校和一个基于邻里关系的社会服务项目网络（Whitehurst & Croft, 2010）。该网络包括早期儿童计划、课后辅导计划、对刚进入大学的高中毕业生的支持、健身计划、营养和哮喘管理计划、租客协会、社区中心等。这些计划方案就其自身而言都合理自洽，但它们得以产生更高水平的学校成绩的证据则是混合而成的（Hanson, 2013; Otterman, 2010）。

改革运动的风险在于，学校、学区或州只会试图制定改革的"清单"，而不会仔细考虑什么对每一所学校最好。一些影响力较大的改革者认为，个别学校应该成为促进更多学校进步的中心。在一个基于13个不同社区38所学校的大量描述性数据的大型研究项目中,古德拉德考察了这些学校的如下方面:学校功能、学校与学生的关联性、教师的教学方式、教学的环境、课程、学习资源的分配、公平、隐性课程、对学校质量的满意度,以及学校数据采集的需要。他认为学校改革必须在单个学校和课堂里进行,而不是来自某个遥远的中心位置。来自中央办公室的一刀切行为会阻碍真正的变革,分散决策至关重要(Goodlad, 1984)。拥有高超领导力的校长会给教师赋权,并与教师一起工作,这些会对学校的成就产生巨大影响(Bernhardt & Ballantine, 1995)。常言道:"魔鬼藏在细节里。"改革模式必须在真实社区的由真实学生、教师和管理者组成的真实学校中才能真正实施。一项计划的实施方式可以多种多样,每一种都会产生不同的结果。我们需要警惕那些不关注教师和学生、忽视课堂上的师生互动,却试图寻求解决教育问题的办法。

回归基础、问责运动和有效学校的一个主要风险是,对于那些数量日渐增多、成绩下游、处境不利的学生来说,他们中的一部分人将会远远落在后面,并最终辍学。

学校的结构与课程变革

教育体制中引入的变革影响着结构和角色关系。当一些运动产生新的思想、关注点和项目时,人们往往努力把它们结合到现存的体制中去,这就需要对学校的实体结构和角色结构进行调整。结构变革可以发生在系统层面(如磁石学校、教育券制度或特许学校)、学校层面(如学生分轨、融合残障学生、为天才学生制订计划,或者设置非主流架构)和课堂层面(如非主流课程模式、小组教学,或开放课堂)。

"择校"运动

几场教育运动都倡导为学生和家长提供选择的自由和可供挑选的教育

方式。它们分成五类：特许学校、在家上学、开放入学、网上学校和教育券。择校是公共教育中迅速发展的一项改革，美国公立学校中有 27% 的学生都参与了某种形式的选择（Grady & Bielick, 2010）。尽管州授权法律的不足限制了特许学校的扩张，但在许多州，特许学校正在日益普及。2012-13 学年，共有 42 个州允许开办特许学校。在家上学允许家长自行安排儿童的学校教育。开放入学给予家长在学区内部选择他们子女入读哪所学校的机会。35 个州现在允许在线或虚拟特许学校，这为那些为了获得证书的学生提供了完整的在线学习。教育券制度也允许家长按照自己的喜好把孩子送到任何一所学校，包括私立学校，一切凭他们的喜好（Education Commission of the States, 1999）。

尽管这些理念在一些城市已经实践多年，但是直到最近，一些区域才正式采用磁石学校政策来废除种族隔离并加强融合，这往往带来系统范围的变革。磁石学校在一些城市兴建起来，作为一个替代方法促使种族间的融合，在特殊兴趣或才能的基础上对学生进行分流：科学、数学、美术与音乐、职业教育。这项计划在一些城市非常适合，有时还成为以校车接送方式消解种族隔离计划的一部分。1992 年，全国有 5000 所磁石学校，在一些学区开始寻求其他可替代方案前，其数量一直保持增长。研究表明，磁石学校增加了学生的选择范围，在废除种族隔离制度的努力中起了一定的帮助作用，也提高了教育质量（Blank & Archibald, 1992）。但是，特许学校和其他非主流学校的出现使其发展呈倒退状态。根据最近的数据，目前有不到 3000 所磁石学校仍在运转（NCES, Digest, 2013, Table 216.20）。特许学校是拥有自治理事会的独立学校，一般有公共经费支持，但通常不归常规公共学区的管辖范围。持许学校始于 1990 年代早期，是最近的一项革新运动，其开端是源于一些改革者认为，公共教育中刻板的官僚主义阻滞了革新；它们在一些方面与磁石学校相似，也允许选择。特许学校呈现出快速增长的局面，其数量从 1999-2000 学年的 1500 所增加到 2007-08 学年的 4400 所（NCES, Condition of Education, 2010, Table A-32-1），再增加到 2012-13 学年的 6079 所（http://nces.ed.gov/programs/statereform/tab_3.

asp);这些学校的入学人数已经从1999-2000学年的34万增加到2007-08学年的130万,并在2011-12学年超过200万(NCES, Digest, 2013, Table 216.20)。与其他公立学校相比,它们更多的是城市里的小型学校。尽管大多数运转时间不长,有些由于没有达到其特许章程所规定的学业或财政上的表现水平,已经倒闭。但是,新的特许学校还在不断建立,以服务处境困难或少数族裔儿童,或者满足家长的各类关切。然而,任何时候,只要涉及选择,就有一些家庭会放弃这种选择,这对于一些儿童来说,就会产生持续的或更大的不公平(Hammack, 2016; Rofes & Stulberg, 2004; Well et al., 1999)。

特许管理组织(CMOs)的兴起是一个新的发展,这些组织通常会用一套共同的模式来帮助一组学校。也许,最有名的特许管理组织是KIPP(http://kipp.org/),目前运营着20个州的183所学校,招收了7万多名学生。其他的特许管理组织还包括了绿点学校(Green Dot Schools)[①]、特别学校(Uncommon Schools)[②]、雄心公立学校(Aspire Public Schools)[③]。这些学校以特许模式运营,每一所学校都独立设置,但遵循一种共同的理念和做法。KIPP学校是"无借口"学校中的典型代表,这在本章开头提到过。然而,大多数特许学校并不是这些网络中的成员,而是被分别独立赞助和管辖的,在质量上差别很大。一些特许管理组织是营利性的(爱迪生学校就是一个例子,www.edisonlearning.com),其他则是非营利性组织。无论发生何种情况,这些学校的教育工作者都有一种创业精神,以改善许多城市中心区青年所经历的学校教育。"无借口"学校已经在他们城市中心区学生中获得了一些成功(Maxwell, 2010),但它们对家庭和学生提出的要求是否能够为大多数他们所想要为之服务的人所达到,这还存有问题。父母和孩子成功的动力必须非常强大,才能承受很长的在校日和学年,以及周末和

---

① 加利福尼亚州、田纳西州和华盛顿州以学生升大学为目标的非营利独立公立学校。——译者注
② 城市里专门招收低收入家庭学生的公立特许学校。——译者注
③ 加州专门招生低收入家庭学生、以提升其学业表现的小规模、高水准免费公立学校。——译者注

夏季课程，还有对大学科目和技能的异常强调（Hammack, 2016）。有些学校的流失率很高，目前还有不多的几所学校可以为占有一定比例的英语学习者或适合特殊教育服务的学生提供服务。他们改造城市中心区学生典型生活的能力，仍然有待观察。

随着特许学校运动兴起而出现的另一个问题是它对校际种族隔离的影响。民权行动计划证实，特许学校的种族和族裔隔离比普通公立学校更严重（Frankenberg, Siegal-Hawley & Wang, 2010）。在一些地区，这些学校似乎成了白人恐惧的避风港，而在另一些地方，他们几乎只招收来自单一种族或族裔群体的儿童（Makris, 2015）。虽然废除种族隔离并不是特许学校支持者的本意，但这一结果却是他们快速扩张的副作用。正如我们在前文指出的，社区学校和特许学校相似，但它们往往把各种社会福利服务整合在一起，以应对诸如健康和情感等方面的需求（Coltoff, 1998）。与特许学校一样，社区学校关注具体的方法、主题或课程，由公共资金资助，但给予家长和学生以管理自主权（de Marrais & LeCompte, 1995, p.298）。

教育券制度同样也寻求让整个系统都发生变化，目前有12个州现在已经实施教育券计划。所有学区建设具有各不相同的理念、教育项目、学科类型和服务的不同学校。从理论上来说，社区与家长可以参与到学校的选择与运营中。每一个家庭都可以收到学龄儿童的教育券（Saul, 2012）。有效期是一年，这一年里学生可以在自己选定的学校里学习。然而，教育券基本上不包含就读于独立的私立学校的费用。在有关宗教团体资助学校使用教育券问题的争议中，涉及公共资金使用中如何遵循政教分离原则的问题（可参见州教育券计划摘要，Vevea, 2016）。

这些选项中的任何一种都没有离开择校的范畴。择校运动的领导人一直倡导家长和学生自由择校，这样家长就可以在不同教育理念和课程之间进行挑选。支持这些计划的一种观点认为，不同学校对入学率和教育券的竞逐可以提高教育的标准（Arum, 1996）。从逻辑上讲，如果学校之间彼此竞争，就会引起教育成绩的提高，正像市场可以促进它们生产的产品和效能一样。当然，消费者进行挑选，需要便于获得的可供选择的信息。例如，纽约市给了学生很大的空间去挑选心仪的中学，至于一些规定，如谁可以申请哪所学校，获取最佳的选择机会有多大，不仅需要依靠由学校方自行出版的官方指南（一种曼哈顿电话簿大小的文件）作为参考，还促成了出版学校导引这样小型产业的诞生。然而，并非所有家长都能够利用这些信息，往往是那些地位更高、知识丰富的家长会成为获益者（Smrekar & Goldring, 1999）。由于学生的成绩被编排进问责系统，各学校的领导者可能就会非常关心入读他们学校的生源特征（Corcoran & Levin, 2011）。就像学生和他们的家长试图在招生制度中"取胜"一样，学校领导也会用他们自己的方法来塑造其生源，使学校因此而更有可能达到其成就基准（Jennings, 2010）。

这种"市场的类比"已在教育中广泛使用，其观点便是，教育与消费者能获得的其他产品一样，产品提供者之间的竞争是决定产品性价比提高的最佳方式（Gewirtz, Ball & Bowe, 1995）。虽然不少人支持这种观点的应用，但是，也有很多人质疑其社会后果以及在无监管的教育服务市场中它对学生和家庭的影响。在每一种情况下，一个主要的目标都是要让家长参与到有关他们子女的教育决策中。

择校行动的反对者主要担心几个关键问题：城市公立学校可能会沦为其他学校不予录取的学生的垃圾堆积场；私立学校在一定程度上得到公共资金的支持，可能会通过更加挑剔的生源筛选而在社会中制造进一步的矛盾。有些人已经预言公立学校教育将会消亡，学校将会进行各种各样的混合重组。对于那些寻求替换常规公立学校的改革者来说，教育券计划依旧是他们日程上的重点，但是，法律上的角力并没有结束（Scott, 2005）。至于择校制度是否改善了低收入年轻人的学校教育，目前尚不清楚。一方面，它鼓励更多的年轻人和家长参与，并给儿童提供可供挑选的学校；另一方面，因为高收入年轻人由于他们的选择可以继续得到比贫穷年轻人更好的教育，所以年轻人的贫富差距长期持续下去（Manski, 1992, p.1；也见于 Smrekar & Goldring, 1999; Wells et al., 1999）。一项基于大型综合高中的解体、几所小型主题高中的创办的研究发现表明，学生会根据朋友的选择去向来选择学校,而且往往通过选择与他们之前分班位置相符的小型学校来延续在大型高中时的课程定位(与普通教育班的学生相比,大学预备班学生更倾向于选择的科学和数学为主题的学校)(Ready & Lee, 2008)。

还可以明确的是,择校系统得以开发和运行,大型社区背景也很重要(Lauen, 2007)。学校品质、当地居民的特点、交通的便捷程度、同龄人影响以及其他力量的共同组合,决定了谁选择以及他们的选择是否能够成功(Billingham & Hunt, 2016)。学校施教区的重要性早已失去,学校数量一直增加,其种类的多样性使得学生在学校中的分布变得更加复杂。

> **思考与应用**
> 在你所在学区的学校里,近来的择校运动都有哪些影响?

小规模学校运动

一直以来,与择校运动有关的一个重要发展是创建小规模学校的趋势。调查结果显示,参加小规模学校的学生总体上考试成绩更好,出勤率和毕业率更高,一些教育决策者开始支持关闭大规模学校,代之以小规模学校。经常在同一栋楼内,开办几所学生较少的新学校。人们经常发现,有钱人家的孩子上的私立学校很少招收超过几百名的学生。这些支持者强调小课堂的重要性,认为这将有利于更多更个性化的个人关注和课程上的协调统一(Kafka, 2008)。21世纪的第一个十年里,创办小规模学校被抬升为改革的主要途径。几个大的基金会(最著名的是盖茨基金会)提供了上亿美元来资助城市的学校系统,打破大规模高中学校体系,创建许多小规模学校。在这个十年结束的时候,盖茨基金会决定改变其资助重点,由于小规模学校能够提高毕业率,但学生的学业成绩以及为大学所做的准备并没有提高。学校的规模同教师的质量相比并不重要。

这一发现一直被其他研究重复验证(如 Iatarola et al., 2008; Schwartz, Stiefel & Wiswall, 2013)。学校的自身大小并不能提高成绩,而必须同时有强有力的领导、更多的资金和合格的教师来改进教学。学校无论大小，只要教师能力强，教学良好，学生就有可能进步。

技术和课堂

从 1950 年代后期开始，人们对成绩下降的担忧使得各种万能药泛滥。教学机器、读书计划、声控打字机、教育电视、录音机和其他科技创新都被引入全国的课堂。从 1960 年代末开始，课堂上出现了计算机和计算机辅助教学（CAI）。新技术的支持者认为，就像商业和其他机构现在的做法一样，学校应该充分利用科技革命。"传统"课堂应该变成个性化教学中心，以满足学生的多种学习风格和兴趣的需要。今天，在发达国家，计算机已成为各级学校教育中不可或缺的重要组成部分。计算机软件和硬件的成本降低，使计算机的广泛使用成为可能，所以计算机也正在发展中国家扎根。远程教育还将家庭和学校学习联系起来。尽管课堂技术的具体种类已经发生变化，但技术本身则一直在沿用。随着新功能的开发，技术的新用途就会得到应用。我们正处于一场影响深远的技术革新运动的初级阶段。

在未来，课堂和教师的角色也许与现在完全不同。使用电子技术进行信息检索将成为主要手段。远程学习给全世界带来无穷的学习潜力，而且对培养学生为未来工作做好准备非常重要，因此将发挥持久的影响力。

依靠技术增长的一个领域是虚拟特许学校（Virtual Charter Schools），这些学校中的多数和大多实体特许学校一样由公共资金资助。自 21 世纪初以来，这类学校有了显著的增长：目前在 17 个州和哥伦比亚特区内，依据各自不同的法律运作（Wooderworth, et al., 2015）。斯坦福大学教育产出研究中心（Center for Research on Educational Outcomes）最近估算，2012–13 学年有超过 6.5 万名学生就读于这些学校，而且预计还将迅速增加。对这些学校学生学业成绩的评估表明，受益于这些项目的学生相对较少。其毕业率大大低于传统的公立学校，很少有学生因为这类探索而取得显著进步（Wooderworth et al., 2015）。一些学生似乎受到这些学校的良好服务，但这只是少数人，他们有很强的动机，并且发现"除了家庭原因，别无他者"。

同时，还发现了这些学校的一些财务违规行为（Rich, 2016）。人们为此多次提出加强监督和问责的建议（Rich, 2016; Strauss, 2015）。

然而，有人对技术持怀疑态度，尤其是一些人认为在人类的教育和学习中，需要使用感官和通过与他人接触来进行学习（Jones & Smart, 1998）。几乎没有资料表明，由于学校引进新技术，学生的成绩得到提高，但是关于这个问题的研究还在持续（Sparks, 2015）。在任何情况下，学生都应该学会使用计算机，成为有教养的人，并为将来的职场生涯做好准备。不管技术的未来角色如何，学习仍是一种社会活动。学习动机和努力的重要性，并不会因为技术革新而不可思议地消除（Giacquinta, Bauer & Levin, 1993）。

联邦问责立法

"不让一个孩子掉队法案"被许多人认为是美国历史上联邦政府最具深远意义的改革尝试，在当今教育改革和政策蓝图中占据了重要地位。该法案在小布什第二次执政期间，获得两党支持而通过，其中包括对1965年"中小学教育法案"的再次确权，这是"向贫困宣战"攻坚期通过的联邦教育立法的里程碑。2008-09学年，该法案大约拨款150亿美元联邦资金用于支持地方层次的教育（NCES, Digest, 2009, Table 379）。尽管这是用于支持公立中小学教育基金的一部分，其中大部分来自州和地方，但是它使联邦政府在指导教育政策中起到了重要的杠杆作用。

然而，这项法律要求各州每年都测试小学适龄儿童是否符合各州规定的每个年级的标准（The Education Trust, n.d.）。这样，法案并没有为孩子需要的"应知应会"设置国家标准，但是确实要求各州政府为此设置具体标准和要求，并将这些标准置入每个年级的成绩考核中。一些州已经使用这些考试来决定学生是否可以升级，这项法律还要求各州收集所有学校的数据，并通过公布这些数据来反映每所学校在帮助学生达到各州设定标准方面所处的水平。这些数据将以在校就读学生的人口统计群体来公布（除非该群体的数据过小），如果学生的表现没有达到该年级规定的水平，学校将被要求制定计划来提高其教学质量。该法律还要求，2006年之后全体教师都应该达到"高质量";但是,为避免设置国家标准,联邦政府再一次将所谓"高质量"的真正内涵交由各州来定义。由于法律实施的细节在执行过程中有变化,这项法律在 2015 年重新授权时也有一些变化,法律要求学校与学区必须达到年度表现目标,这些目标主要表现为学生总体的考试成绩,以及贫困、英语受限、残障或者属于少数族裔的各个学生亚群体的考试成绩。未能达到年度进步目标(AYP)的学校与学区,会受到减少两年及以上联邦资金的处罚。最终,学校可能会被迫关闭。法案希望,到 2012 年,不同学生群体之间将不复存在差距。

这项法案包含了联邦教育政策中最大、最重要的元素,必须依照一定周期重新授权。在 2015 年 12 月,它被重新授权为"让每个学生都成功法案"。法案的主要变化是取消联邦政府对表现不佳的州和学区的处罚。"不让一个孩子掉队法案"规定,不同学生群体间的成绩差距到 2012 年得到消除。新法案并没有提到这些差距,只提到各州每年必须对学生进行测试。联邦政府被禁止强加课程或成绩标准,而是留给各州去确定。表现最差的 5% 的学校或毕业率很低的学校,仍然需要通过制定具体的计划来改善,但是联邦政府没有权力规定这些计划都包括什么。尽管许多人赞扬法案恢复了很多各州和地方学区的控制权,但有些人担心,新法案的这些规定将使各州所能做的更少,而无法缩小已被证明持久形成的成绩差距(Davis, 2015)。

正如我们先前提到的,频繁的考试迫使教师为考而教,还促使学校限制了课程的多样性,以集中在标准认定的必考科目上(Berliner, 2008; Hamilton et al., 2007; McGuir, 2007; Schemo, 2007; Warren & Grodsky, 2009)。尽管有充分的理由怀疑考试的有效性和可靠性,但利用这些测试来评定学校、评价教师及其报酬的做法却越来越流行。批评家还质疑这项联邦法律的基本前提——学校有一种可以超越由家庭和社区间的不平等所产生的成绩差异的力量。罗斯坦提出了如下理由:

> 消除学生学习成绩上的社会阶层差异,就要消除美国社会中社会

阶层对儿童的影响。这要求抛弃一种幻想,即认为仅仅依靠学校改革,我们不必要做出经济与政治上的艰难抉择,而平等的目标就必然会实现。学校的改进的确会起重要的作用,但是学校并不能依靠自身承担全部重担,或者大部分重担。(Rothstein, 2004, p.149)

这个评论听起来像上文叙述过的更广泛、更大胆的路径,即应该寻求发展社区生活的许多方面,特别是在贫困地区,包括那些没有显示出对学生学业成绩产生重大影响的方面。这反映了教育社会学中长期探讨的问题。请记住,詹克斯在确认科尔曼有关学生家庭背景变量在解释学生在校成就中的重要性的结论(第三章)时,就提出反对使用教育政策来消除贫困。他断言,靠改革学校来降低贫困比率及其影响,是一种间接和低效的方法(Jencks et al., 1972)。这个观点仍然非常具有现实意义。在"让每个孩子都成功法案"之前,联邦政府在教育改革上最近的努力可以溯及2009年"美国复苏与再投资法案"(ARRA,公法111-5)。法案为州教育系统提供了大约1000亿美元,并为教育部几个项目增加拨款。由于2008-09年度经济衰退带来的困难,这些钱大多数都补充给了州和地方预算。

然而,这笔经费的一部分则代表了奥巴马政府在学校改革方面的积极作为——力争上游项目。这40亿美元的项目奖助各州采取标准,并对那些准备上大学和就业的学生进行评价。这个项目还帮助建立了测量学生发展与进步的数据系统,并告知教师和校长应该如何改进教学;招聘和发展、奖励和留住高效的教师和校长;以及改进成绩最差的学校。力争上游项目的最后一个报告提到了高中毕业率、大学入学率的提升,AP课程参与者的增加,教师和领导者培训的完善,以及数据系统改进等项目的最重要的成就(US Department of Education, 2015)。尽管这些内容听起来直接且合逻辑,在实践中却饱受争议。我们已经讨论了教师绩效工资的复杂性,但许多人认为开发州级学生数据系统是个好主意。然而,这不仅需要通过大规模收集教育数据来解决,还有一堆隐私问题和技术问题。许多全国教育和政策团体所推行的共同标准的设置,违背了过去两个世纪里州在教育事务中的自主性（www.corestandards.org/），这也部分解释了 ESSA 在国家标准上退步的原因。

　　教育改革一直建立在意识形态、哲学和社会运动之上，而并非只基于可靠的研究。在其他领域，研究可以以更直接的方式运用于实践。比如，应用实验研究可以决定是否引入一些新药（Gewande, 2000）。实验是一种科研方法，参与者不知道他们在使用的是一种真正的新药还是安慰剂（这种药片类似真药片，但不包含活性剂）。实验结果对于具体方法（药品）是否产生真正的疗效（或更健康），可以得出有效而可靠的结果。只是在最近，实验方法在教育领域得到了有力的推广；然而，因为这要求控制学生和教学法，鉴于伦理考量，这些研究受到了强烈的抵制。学习是一项复杂且需要意志的活动，要求学习者有志向，要积极参与，不像医学的解决办法，只是被动地吞服药片。将基于科学或技术的解决方案应用到成就差异上，就会存在很多局限性（Lagemann & Shulman, 1999）。

　　过去促使人们努力变革教育系统的一些问题仍然存在——如何为了 21 世纪的需要，把全体儿童培养好？全世界不同社会中低收入和少数族裔学生、辍学生和学业失败者的数量不断上升，表明平等和个人自由两种价值观之间有矛盾。尽管有些人想让我们回到教育的"过去好时光"，但是历史上任何时期的教育都会受到批评，学校里也会存在一些问题，包括辍学率高、阅读能力差、厌学、暴力和学生不守纪律。我们可以预言，改革的钟摆还将继续摆动。

　　尤其要指出的是，只要改革者寻求的最大化目标不同，这些目标即使并非相互矛盾，很多时候也难以兼容。正如大卫·F. 拉巴里（David F. Labaree, 1997）的观点，美国人寻求教育系统的民主平等、社会效率与社会流动。拉巴里认为，这三个目标在我们不同的历史时期，其重要性也会随之发生改变。然而，最后一个目标已经成为我们思考的首要问题。今天，学校被期望成为各种社会背景的学生个人社会流动的引擎。问题在于，以社会流动为目的的教育已经变成了文凭和地位的教育，而不再是为了获取知识。当我们寻求个人机会最大化时，我们就有可能不再强调社会经济对有教养的劳动者和受过良好教育的公民的需求。这些不同的目标使我们在一个较高层次上对教育产生集体不满，从而支持不断改革的要求。在改革者要求变革时，最好先确定好他们需要优先考虑的目标。

未来的展望

教育与社会其他方面紧密相连，能意识到这一点，就可以领悟到，如果社会其他方面不进行改革，教育改革就不可能发生。20世纪的一项重要变革就是教育的扩张以及儿童期和成年期之间距离的拉长。我们已经看到青春期的提前和结婚年龄的推后。如今18—34岁的年轻成人更可能与父母而不是浪漫的爱侣生活在一起（Lewin, 2016）。这个时期已经超出了我们所认为的青春期，出现了生命的一个新阶段，即早期成年期（Furstenberg et al., 2004）。许多年轻的成人忙于积累自己的教育文凭和实践经验，一直到20多岁甚至30岁出头，这在一定程度上是由于劳动力市场要求越来越高的原因。越来越多的职位都要求硕士学位、实习、不提供全额工资及福利的其他工作形式的经验——假设承担成年人社会地位和责任的关键环节。例如，在1950年代，大多数妇女在23岁之前就结婚并已经生了一个孩子。她们的丈夫在职场中谋求全额薪职。今天，打算结婚、生育和经济独立都已经被推到了二十好几以后。可举家庭社会学家弗兰克·弗斯滕伯格及其合作者的研究为证：

> 我们的发现……证实，现在比几十年前要花更长的时间才能完成向成年时期的转变，可能比美国历史上的任何时期都要长。在1960年，有77%的女性和65%的男性在30岁时完成了这五个转变（离开家、上完学、经济独立、结婚、生子），而与之相比，2000年，只有46%的女性和31%的男性在相同年龄完成了这五个转变。（Frank Furstenberg et. al., 2004, p.35）

这几位作者认为，早期成年期延长的一个主要原因是，需要花更长时间才能找到一个可支撑家庭开销的工作。多数中产阶级的职位都必需大学学位，这对许多学生来说，就需要四年多的时间才能毕业。因此，对于大多数人来说，一直到二十多岁时都还没有完成学校教育，直到接受高等教育时都还没有开始积累工作经验。当然，如果想达到好职位的要求，就需要花费资源来支持这些年轻的成年人。如不考虑感情因素，仅仅依靠家庭的财务支持，就意味着家庭要有额外的资源供他们花费，但是，许多家庭并不具备。"家境不富裕的年轻人在攻读学位期间，必须穿梭于工作和学校之间，或者在他们逐渐获得一些文凭时，才能把这二者结合起来。同时，他们觉得还无法准备好结婚乃至为人父母。"（Furstenberg et al., 2004, p.38）导致长期依赖的另一个典型原因是，美国人害怕离开社会资本所提供的安全庇护，不愿意外出去寻找工作机会。全国范围流动（"去西部吧，年轻人"）长期以来一直是一股动力，推动着19世纪的人们到边远区域寻求机会，但是在今天，这样的激情在一些年轻人中可能正在消逝（Cohen, 2016）。

关注生命的转换时期很重要，有充分证据表明，对于许多青少年和年轻的成年人来说，这些转换存在问题。由于过往的时间表已经不再适用，研究者、政策制定者和立法者需要关注那些可以帮助青少年跨越不同阶段的教育和其他机构（比如军队）。

思考与应用

请你预测一下，在我们穿越21世纪的过程中，学校将会发生哪些变化？

小　结

社会运动和教育运动可以反映社会中出现的观点的多样性，以及人们可以觉察到的选择项目的范围。不同的系统都经受着来自社会运动变革的压力；变革可以包括现有项目里的细微改变，也可以包括大型的结构和课程的变革。只有拥有足够的吸引力，如它们所倡导与激励的项目一般具备充足的可行性，运动才能有效地改变社会制度。一些运动也寻求从现存结构中分离出去。我们在本章结合具体事例与运动趋势，回顾了美国的运动理论、影响当代教育的不同时期与不同运动。

1. 教育运动的本质

教育运动就像钟摆一样往来反复，反映出时代的气息。它们作为环境中的压力团体，影响着教育系统。一些运动在传统或公立学校体制之外，激励着学校教育的发展，其他运动则在体制内部推动变革。

2. 历史上的教育运动

早期的欧洲教育对今天的教育运动和体制有三方面的影响：（1）有影响力的教学方法，如推理能力、修辞和说服的艺术以及理性探讨；（2）儿童的人性堕落观点，它鼓励采用专制的方法；（3）文艺复兴中全面发展、有教养的人的概念。

在美国教育史上有几种运动占据着主导位置：公立学校运动、进步教育运动、要素主义、人文主义教育和问责运动。

3. 非主流教育及相关运动

在我们国家，所有制度都在接受挑战的时代，非主流教育运动出现了。它关注其支持者所感受到的学校教育中的压迫本质。其运动哲学中，最具影响力当属萨默希尔和一些英国小学。从这一运动中产生了现存体制之外的自由学校，其中有非主流学校和开放课堂。

4. 学校的结构与课程变革

回归基础运动是对"过于随意的非主流教育"的反冲。它强调基本技能，不太重视"非根本的东西"；促成了私立学校、基于能力的教育和问责制等其他次级运动的出现。

问责制包含着许多内涵，但是它一般涵盖了对学生进行频繁的考试，以评估是否达到各州设定的具体成绩标准。学生成绩未达设定标准的学校，则会被要求制定计划以达成标准。

有效学校的理念已经嵌入问责制之中，关注如何帮助学生取得成绩，各项研究指出了学校为高学生成绩而应该考虑的各种变量。这里的观点是，成绩不仅仅是课堂层面的一个变量,也是学校的一个特征,学校层面的属性对学生成绩有独立的作用。

一些运动有持久的影响力,其他一些运动虽被认为是万灵药,却终归失败。例如,教育技术的一些早期形式虽然没有达到人们的期望,但是技术仍对学校和教育过程有着重要的影响。职业教育和一些结构变革——磁石学校和教育券制度——均得失参半。开放教育虽然很有限,但也留下了永久的印迹。

社会运动通过课程和结构变革,反映在高等教育体制之中。一些机构已经产生了替代性的教育模式。

与教育运动相关的变化已经反映在革新提议、激进改革和其他选择方案之中。个别群体所关注的许多东西都在这些变化中得到反映。预测表明,对平等教育的关注将会持续;由于经济状况的原因,实践教育将成为一个焦点。教育改革的钟摆将可能继续摆动。

思考题

1. 请调查一下,你所在社区的中小学教育中,都有哪些非主流的实践?
2. 你所在的社区,可曾进行过本章提及的某种改革?目前仍在进行吗?它们都有哪些成功或失败的记录?
3. 选择任何一种教育层级与类型,设计一所你希望就读的理想学校。将本章讨论的系统特征和你想添加的其他特点加入进去。
4. 在邻里社区中,对家长进行一次非正式调查,了解他们对子女教育的态度、对基础教育和非主流教育的不同态度。
5. 利用一段时间,观察两所代表不同教育理念的当地学校或课堂。

参考文献

America 2000: An Education Strategy. 1991. Washington, DC: US Department of Education.

Arum, Richard A. 1996. "Do Private Schools Force Public Schools to Compete?" *American Sociological Review* 61 (February): 29-46.

Berliner, David C. 2008. "Why Rising Test Scores May Not Equal Increased Student Learning." *Dissent*. Retrieved October 15, 2010 (www.dissentmagazine.org/online_articles/why-rising-test-scores-may-not-equal-increased-student-learning).

Bernhardt, Gregory, and Jeanne Ballantine. 1995. "General Education and the Education of Educators." *Record in Educational Leadership* 14(2) (Spring/Summer).

Bestor, Arthur, E. 1953. *Educational Wastelands: The Retreat from Learning in Our Public Schools.* Urbana: University of Illinois Press.

Billingham, C. M., and M.O. Hunt. 2016. "School Racial Composition and Parental Choice: New Evidence on the Preferences of White Parents in the United States." *Sociology of Education* 89(2): 99-117.

Blanchard, John F., Jr. 1971. "Can We Live with Public Education?" *Moody Monthly* 561 (October): 88.

Blank, R. K., and D.A. Archibald. 1992. "Magnet Schools and Issues of Educational Quality." *The Clearinghouse* 82(2): 81-6.

Brameld, Theodore. 1977. "Social Frontiers: Retrospective and Prospective." *Phi Delta Kappan* 59(2) (October): 118-20.

Bush, George. 1991. *America 2000: An Education Strategy.* Washington, DC: US Department of Education.

Carnoy, Martin, and Henry M. Levin. 1986. "Educational Reform and Class Conflict." *Journal of Education* 168(1): 35-46.

Cohen, P. 2016. "A Dearth of Pioneers." *New York Times* (May 25): B1.

Coltoff, Phillip. 1998. *Community Schools: Education Reform and Partnership with Our Nation's Social Service Agencies.* Washington, DC: Child Welfare League of America.

Cookson, Peter W., Jr., and Caroline Hodges Persell. 1985. *Preparing for Power: America's Elite Boarding Schools.* New York City: Basic Books.

Corcoran, S., and H. M. Levin. 2011. "School Choice and Competition in the New York City Schools," in J. O'Day, C. Bitter, and L. M. Gomez (eds), *Educational Reform in New York City: Ambitious Change in the Nation's Most Complex School System.* Cambridge, MA: Harvard Education Press.

Davies, S. 2002. "The Paradox of Progressive Education: A Frame Analysis." *Sociology of Education* 75(4): 269-86.

Davis, J. H. 2015. "Revamping of No Child School Act is Signed." *New York Times* (December 11): A22.

deMarrais, Kathleen Bennett, and Margaret D. LeCompte. 1995. *The Way Schools Work: A Sociological Analysis of Education.* White Plains, NY: Longman.

Dorn, Sherman. 1996. *Creating the Dropout: An Institutional and Social History of School Failure*. Westport, CT: Praeger.

Education Commission of the States. 1999. "School Choice." *The Progress of Education Reform 1999-2001* (May).

Egerton, John. 1976. "Back to Basics." *The Progressive* 30(9) (September): 21-4.

Fallon, Daniel. 2000. "Teacher Quality and Our Responsibility," Talk to the New York Association of Colleges for Teacher Education and the New York Association of Teacher Educators, November 2. Retrieved April 3, 2011 (www.youtube.com/watch?v=KUl1vhVWlr8).

Finkelstein, Barbara. 1989. *Governing the Young. Teacher Behavior in Popular Primary Schools in 19th Century United States*. New York City: Falmer Press.

Foley, E., and S. B. McConnaughy. 1981. *Towards School Improvement: Lessons from Alternative High Schools*. New York City: Public Education Association.

Frankenberg, E., G. Siegal-Hawley, and J. Wang. 2010. *Choice Without Equity: Charter School Segregation and the Need for Civil Rights Standards*. Los Angeles, CA: The Civil Rights Project at UCLA.

Freire, Paulo. 1970. *Pedagogy of the Oppressed*. New York City: Herder & Herder.

Furstenberg, Frank, Jr., F. Sheela Kennedy, Vonnie C. McCloyd, Roben G. Rumbaut, and Richard A. Settersten. 2004. "Growing Up is Harder to Do." *Contexts* 3(3): 33-41.

Gewande, Atul. 2000. "When Doctors Make Mistakes," in J. Gleick (ed.), *The Best American Science Writing 2000*. New York City: Ecco Press.

Gewirtz, Sharon, Stephen J. Ball, and Richard Bowe. 1995. *Markets, Choice and Equity in Education*. Buckingham, England: Open University Press.

Giacquinta, J. B., J. A. Bauer, and J. Levin. 1993. *Beyond Technology's Promise: An Examination of Children's Educational Computing at Home*. New York City: Cambridge University Press.

Goldstein, D. 2014. *The Teacher Wars: A History of America's Most Embattled Profession*. New York City: Doubleday.

Goodlad, John I. 1984. *A Place Callect School*. New York City: McGraw-Hill.

Grady, S., and S. Bielick. 2010. "Trends in the Use of School Choice, 1993-2007. (*NCES 2010-004*)." Retrieved April 3, 2011 (http://nces.ed.gov/pubs2010/2010004.pdf).

Hamilton, L. S., B. M. Stecher, J. A. Marsh, J. S. McCombs, A. Robyn, J. L. Russell, S. Naftel, and H. Barney. 2007. *Standards-Based Accountability Under No Child Left Behind: Experiences of Teachers and Administrators in Three States*. Santa Monica, CA: RAND Corporation.

Hammack, Floyd M. 2004. "What Should Be Common and What Should Not?: James Bryant Conant and U.S. High School Reform," in F. M. Hammack (ed.), *The Comprehensive High School Today.* New York City: Teachers College Press.

Hammack, Floyd M. 2016. "Schooling for Social Mobility: Higher School Reform for College Access and Success." *Journal of School Choice* 10(1): 96-111.

Hanson, Danielle. 2013. "Assessing the Harlem Children's Zone." Center for Policy Innovation. Discussion Paper #08 on Education. Retrieved April 22, 2016 (www.heritage.org/research/reports/2013/03/assessing-the-harlem-childrens- zone?ac=l).

Harris, E. A., and F. Fessenden. 2015. "Rallying Cry in Anti-Testing Movement: 'Opt Out'." *New York Times* (May 21): A1.

Hart, Harold H. 1970. *Summerhill: For and Against.* New York City: Hart.

Hentoff, Nat. 1978. "The Great Consumer Fraud." *Current* 184 (March): 3-8.

Illich, Ivan. 1971. *Deschooling Society.* New York City: Harper & Row.

Irwin, Elisabeth A., and Louis Marks. 1924. *Fitting the School to the Child: An Experiment in Public Education.* New York City: Macmillan.

Jacobowitz, R., M.G. Weinstein, C. Maguire, M. Luekens, and N. Fruchter. 2007. *The Effectiveness of Small High Schools, 1994-95 to 2003-04.* New York: Institute for Education and Social Policy, New York University.

Jencks, Christopher, M. Smith, H. Acland, M. J. Bane, D. Cohen, H. Gintis, B. Heyns, and S. Michelson. 1972. *Inequality: A Reassessment of the Effects of Family and Schooling in America.* New York City: Basic Books.

Jennings, Jennifer. 2010. "School Choice or Schools' Choice: Managing in an Era of Accountability." *Sociology of Education* 83(3): 227-47.

Jones, Steven P., and Karla J. Smart. 1998. "Humanness Under Assault: An Essay Questioning Technology in the Classroom." *Bulletin of Science, Technology, and Society* 18(2) (May): 87-95.

Kafka, Judith. 2008. "Thinking Big About Getting Small: An Ideological Genealogy of Small School Reform." *Teachers College Record* 110(9): 1802-36.

Labaree, David F. 1997. "Public Goods, Private Goods: The American Struggle Over Educational Goals." *American Educational Research Journal* 34(1): 39-81.

Lagemann, E. C., and L. S. Shulman. 1999. *Issues in Education Research: Problems and Prospects.* San Francisco, CA: Jossey-Bass.

Lauen, Douglas Lee. 2007. "Contextual Explanations of School Choice." *Sociology of Education* 80(3): 179-209.

Lewin, T. 2016. "Millennials No. 1 Roommates Are Their Parents." *New York Times* (May

25): A3.

Losen, D. J., M.A. Keith II, C. L. Hodson, and T. E. Martinez. 2016. *Charter Schools, Civil Rights and School Discipline: A Comprehensive Review.* Los Angeles, CA: The Center for Civil Rights Remedies at The Civil Rights Project, UCLA.

McGuire, M. E. 2007. "What Happened to the Social Studies? The Disappearing Curriculum." *Phi Delta Kappan* 88(8): 620-4.

Makris, Molly Vollman. 2015. *Public Housing and School Choice in a Gentrified City: Youth Experiences of Uneven Opportunity.* New York City: Palgrave.

Manski, Charles F. 1992. "Educational Choice (Vouchers) and Social Mobility." Madison, WI: University of Wisconsin, Institute for Research on Poverty.

Maxwell, Lesli A. 2010. "No Clear Edge for Charter Schools Found in 15-State Study; More Successes Seen in Charter Schools Serving Disadvantaged Students." *Education Week* 29(36) (July): 14.

Medina, Jennifer. 2010. "On New York School Tests, Warning Signs Ignored." October 10. *New York Times.*

Medina, J. 2014. "Judge Rejects Teacher Tenure." *New York Times* (June 11): A1.

Medina, J. and M. Rich. 2016. "California Appeals Court Reverses Decision to Overturn Teacher Tenure Rules." *New York Times* (April 15): A13.

Meyer, John W., D. Tyack, J. Nagel, and A. Gordon. 1979. " Public Education as Nation Building in America: Enrollments and Bureaucratization in the American States, 1870-1930." *American Journal of Sociology* 85(3): 591-613.

National Center for Education Statistics. 2009. *Digest of Education Statistics.* Washington, DC: US Department of Education.

National Center for Education Statistics. 2010. *Condition of Education.* Washington, DC: US Department of Education.

National Center for Education Statistics. 2013. *Digest of Education Statistics.* Washington, DC: US Department of Education.

National Center for Education Statistics. 2014. *Digest of Education Statistics.* Washington, DC: US Department of Education.

National Commission on Excellence in Education. 1983. *A Nation at Risk: The Imperative for Educational Reform: A Report to the Nation and the Secretary of Education, United States Department of Education.* Washington, DC: The Commission.

Neill, A. S. 1960. *Summerhill: A Radical Approach to Child Rearing.* New York City: Hart.

Otterman, Sharon. 2010. " Lauded Harlem Schools Have Their Own Problems." October 12. *New York Times.*

Perkinson, Henry J. (ed.). 1976. *Two Hundred Years of American Educational Thought*. New York City: McKay.

Peshkin, A. 1986. *God's Choice: The Total World of a Fundamentalist Christian School*. Chicago, IL: University of Chicago Press.

Peshkin, A. 2001. *Permissible Advantage? The Moral Consequences of Elite Schooling*. Mahwah, NJ: Lawrence Erlbaum Associates.

Ready, Douglas D., and Valerie E. Lee. 2008. "Choice, Equity and the Schools-Within-Schools Reform." *Teachers College Record* 110(9) (September): 1930-58.

Reardon, Sean. 2013. "No Rich Child Left Behind." *New York Times*. Retrieved April 28, 2016 (http://opinionator.blogs.nytimes.com/2013/04/27/no-rich-child-left-behind/).

Rich, M. 2016. "Online School Enriches Affiliated Companies if Not its Students." *New York Times* (May 18): A1.

Rofes, E., and L. Stulberg (eds). 2004. *The Emancipatory Promise of Charter Schools: Toward a Progressive Politics of School Choice*. Albany, NY: State University of New York Press.

Rothstein, Richard. 2004. *Class and Schools: Using Social, Economic, and Educational Reform to Close the Black-White Achievement Gap*. Washington, DC: Economic Policy Institute.

Routman, Regie. 1996. *Literacy at the Crossroads: Crucial Talk About Reading, Writing and Other Teaching Dilemmas*. Portsmouth, NH: Heinemann.

Rury, John L. 1989. "Who Became Teachers? The Social Characteristics of Teachers in American History," in D. Warren (ed.), *American Teachers: Histories of a Profession at Work*. New York City: Macmillan.

Sadovnik, Alan R., and Susan F. Semel. 2002. *Founding Mothers and Others: Women Educational Leaders During the Progressive Era*. New York City: Palgrave.

Saul, Stephanie. 2012. "Public Money Finds Back Door to Private Schools." *New York Times* (May 22): A1.

Schemo, Diana Jean. 2007. "Failing Schools See a Solution in Longer Day." March 26. *New York Times*.

Schwartz, Amy Ellen, Leanna Stiefel, and Matthew Wiswall. 2013. "Do Small Schools Improve Performance in Large, Urban Districts? Causal Evidence from New York City." *Journal of Urban Economics* 77: 27-40.

Scott, Janelle. 2005. *School Choice and Diversity: What the Evidence Says*. New York City: Teachers College Press.

Semel, Susan F., and Alan R. Sadovnik. 2008. "The Contemporary Small-School Movement:

Lessons from the History of Progressive Education." *Teachers College Record* 110(9): 1744-71.

Shear, Linda, Barbara Means, Karen Mitchell, Ann House, Torie Gorges, Aasha Joshi, Becky Smerdon, and Jamie Shkolnik. 2008. "Contrasting Paths to Small School Reform: Results of a 5-Year Evaluation of the Bill and Melinda Gates Foundation's National High Schools Initiative." *Teachers College Record* 110(9): 1986-2039.

Simon, Sidney B. 1972. *Values Clarification: A Handbook of Practical Strategies for Teachers and Students.* New York City: Hart.

Smrekar, C., and E. Goldring. 1999. *School Choice in Urban America: Magnet Schools and the Pursuit of Equity.* New York City: Teachers College Press.

Sparks, S. D. 2015. "Research Uneven, Tough to Interpret." *Education Week* 34(27) (April 15): 12-14.

Stevens, Mitchell L. 2001. *The Kingdom of Children: Culture and Controversy in the Homeschooling Movement.* Princeton, NJ: Princeton University Press.

Strauss, V. 2015. "Study on Online Charter Schools: it is Literally as if the Kid Did Not Go to School for an Entire Year." October 31. *Washington Post.*

Swidler, A. 1979. *Organization Without Authority: Dilemmas of Social Control in Free Schools.* Cambridge, MA: Harvard University Press.

Swift, David W. (ed.). 1971. *Ideology and Change in the Public Schools: Latest Functions of Progressive Education.* Columbus, OH: Merrill.

The Education Trust. n.d. *ESEA: Myths and Realities. Answers to Common Questions About the New No Child Left Behind Act.* Washington, DC: The Education Trust.

US Department of Education. 2015. *Fundamental Change: Innovation in America's Schools Under Race to the Top.* Washington, DC: Author. Retrieved June 4, 2016 (www2.ed.gov/programs/racetothetop/rttfinalrptfull.pdf).

Vevea, Becky. 2016. March 7. "What is a School Voucher?" Retrieved May 23, 2016 (www.greatschools.org/gk/articles/school-vouchers/).

Warren, John Robert, and Eric Grodsky. 2009. "Exit Exams Harm Students Who Fail Them—And Don't Benefit Students Who Pass Them." *Phi Delta Kappan* 90(9) (May): 645-9.

Wells, Amy Stuart, Alejandra Lopez, Janelle Scott, and Jennifer Jillison Holme. 1999. "Charter Schools as Postmodern Paradox: Rethinking Social Stratification in an Age of Deregulated School Choice." *Harvard Educational Review* 69(2) (Summer): 172-204.

Whitehurst, Grover J., and Michelle Croft. 2010. "The Harlem Children's Zone, Promise Neighborhoods, and the Broader, Bolder Approach to Education." Brown Center on Education Policy at Brookings Institution, Washington, DC.

Whitman, David (ed.). 2008. *Sweating the Small Stuff: Inner-City Schools and the New Paternalism.* Washington, DC: Thomas B. Fordham Institute.

Woodworth, James L. 2015. "On-line Charter School Study." Center for Research on Educational Outcomes, Stanford University. Retrieved May 25, 2016 (https://credo.stanford.edu/pdfs/Online%20Charter%20Study%20Final.pdf).

索 引

页码为原书页码，即本书边码。
图中概念所在页码以粗体标注，表中概念所在页码以斜体标注。

A Nation at Risk 《国家处于危险之中》52-3, 301, 541-2
Abington Township, Pennsylvania v. Schempp 宾夕法尼亚州阿宾顿镇诉申普案 391
academic achievement 学业成绩 465; African Americans 非裔美国人 154; barriers to 障碍 442-3; early years 早期 96-7, **97**; and educational climate 和教育风气 370; and gender 和性别 *149*, 149-53, **150**, *151*; gender gap 性别差距 153-4; higher education 高等教育 442-4; Hispanic population 西班牙裔人口 154, 194; and home environment 和家庭环境 333-5; kindergarten 幼儿园 96-7, **97**; by race and ethnicity 按种族和族群划分 **183**; racial gaps 种族差距 181, *182*; and social class 和社会阶级 94-5, **95**, 96-7, **97**, **98-9**; stereotype threat 刻板印象风险 152-3
academic freedom 学术自由 57, 66
academic readiness gap 学业准备上的差距 97
access: higher education 高等教育入学机会 417, 419-25, **420**, *421*, 424; to resources 资源 188-90, **189**; to technology 技术 78
accountability, teachers 问责制，教师 528, 545
accountability legislation 问责立法 553-7

accountability movement 问责运动 544-8
achievement gap 成绩差距 97, **98-9**
achievement ideology, reinforcement of 成绩意识，强化 353
achievement tests 成绩测试 75-6, 76-7
achievement tests (ACT) 美国大学入学考试 302, 546
adequate yearly progress (AYP) 应达成年度进展 267
administrative hierarchy 行政等级制度 233
administrative staff 行政人员 294; higher education 高等教育 456-7
adolescence 青春期 557
adolescent employment, and dropouts 青少年打工和辍学 320-2
adulthood, transition to 过渡到成年 557-8
advanced capitalistic societies 发达的资本主义社会 511
affirmative action 平权法案 402, 424-5
Afghanistan 阿富汗 161
Africa 非洲 161
African Americans: academic achievement 非洲裔美国人：学业成绩 154, 181, *182*; access to resources 资源的获得 188, **189**; college enrollment 大学入学 **182**, 182; concentration 集中 311; discipline 规训 193; faculty, higher education 教师，高

等教育 452; higher education 高等教育 415, 433-4, 435, 440, 444; home-schooling 在家上学 386; homicide rates 杀人比率 68; literacy skill 读写能力 53; population trends 人口趋势 13; poverty rate 贫穷率 334; racial battle fatigue 种族斗争疲态 210; role of mothers 母亲角色 336; SAT scores SAT 分数 *181*; single-parent homes 单亲家庭 335; stereotypes 刻板印象 193; student activism 学生激进主义 462, **463**; student enrollment 招生 304; teachers 教师 279

afrocentric education 非洲中心教育 207

Aguilar v. Felton 阿吉拉尔诉费尔顿案 395

AIDS 艾滋病 62

Ainsworth, James W. 詹姆斯·W. 安斯沃思 192

Ainu, the 阿伊努 203-4, **204**

American Library Association, 10 most challenged books 美国图书馆协会，最受质疑的十本书 65

Alabama 亚拉巴马州 284

Albright, K. K. 奥尔布赖特 336

alienation 异化 311

Allen, Ann 安·艾伦, 271

Allen, David 大卫·艾伦 362

Allport, Gordon 戈登·奥尔波特 207

Alon, Sigal 西加尔·阿隆 111, 422

alternative public schools 另类公立学校 540

America 2000: An Education Strategy 《美国 2000：教育战略》228

American Academy of Pediatrics 美国儿科学会 62

American Association of University Professors (AAUP) 美国大学教授协会 454

American Federation of Teachers (AFT) 美国教师联合会 268, 454

American Indian Movement 美国印第安人运动 198

American Recovery and Reinvestment, 美国复苏与再投资法案 2009 556

American School Counselor Association 美国学校辅导员协会 292, 293

American Sociological Association 美国社会学会 15

Americans with Disabilities Act (ADA) 美国残障人士法案 59, 402-3

Americans with Disabilities Act Amendments, 美国残障人士法案修正案 2008 59

analysis, levels of 分析的水平 16

Ancess, Jacqueline 杰奎琳·安塞斯 362

Anderson, Elijah 伊利亚·安德森 306

Angell, Robert 罗伯特·安吉尔 15

Antonio, Anthony Lising 安东尼·莱西·安东尼奥 357

Anyon, Jean 琼·安尼安 105-6

apathy 冷漠 310

Apple, Michael W. 迈克尔·W. 艾波 401

architecture 建筑学 359-61

Aristotle 亚里士多德 534

Arizona 亚利桑那州 208

Armstrong, Elizabeth 伊丽莎白·阿姆斯特朗 358-9, 447

Arnove, Robert 罗伯特·阿诺夫 493

Aronson, Ronald 罗纳德·阿伦森 103

Arum, Richard A. 理查德·A. 阿鲁姆 317, 453

Asante, Molefi Kete 莫乐菲·科特·阿散蒂 207

Asian Americans: academic achievement 亚裔美国人：学业成绩 181, *182;* college enrollment 大学入学 182, **182**; equality of opportunity 机会均等 201-2; higher education 高等教育 444; student activism 学生激进主义 **463**

Asian Development Bank 亚洲开发银行 7

Atlanta Public Schools system 亚特兰大公立学校系统 273

attitude-achievement paradox 态度－成就悖论 191-2

Augustine, St. 圣奥古斯丁 534

Australia 澳大利亚 202

Avery, Christopher 克里斯托弗·埃弗里 127

back-to-basics 回归基础 381, 541-3
bad behavior 不良行为 114
Baker, David P. 大卫·P. 贝克 P239
Bakke v. California Board of Regents 巴基诉加利福尼亚州校董会案 185, 423
Ballantine, Jeanne H. 珍妮 H·巴兰坦 24, 442-3
Barbara Grutter v. Lee Bollinger 芭芭拉·格鲁特诉李·布林格案 423
Beat the Odds Award 战胜逆境奖 89
Becker, Howard 霍华德·贝克 367
Bell, Terrel 泰瑞尔·贝尔 52
Berkeley Free Speech Movement 伯克利自由言论运动 461-2
Bernstein, Basil 巴兹尔·伯恩斯坦 26, 354-5
Bestor, Arthur 亚瑟·贝斯特 537
Bettie, Julie 朱莉·贝蒂 114
bilingual education 双语教育 194-5
Bilingual Education Act, 1968 双语教育法案，1968 194-5
Bill and Melinda Gates Foundations 比尔和梅琳达·盖茨基金会 405
Binder, Frederick M. 弗雷德里克·M. 宾得 237-8
Binet, Alfred 阿尔弗雷德·比奈 73
birth rates 出生率 12
Black Lives Matter 黑人的命同样珍贵 435, 462, 530
Blake, Judith 朱迪斯·布莱克 336
Bloom, Benjamin S. 本杰明·S. 布鲁姆 56
Blumer, Herbert 赫伯特·布鲁默 265
Board of Education v. Earls 教育委员会诉厄尔案 59-60
Board of Education v. Pico 教育委员会诉皮科案 66
bodily-kinesthetic intelligence 身体－动觉智能 74
Bologna Process 博洛尼亚进程 513
Booher-Jennings, Jennifer 珍妮佛·布赫－詹宁斯 353
Boostrom, R. E. R. E. 布斯卓姆 58
Boulding, Kenneth 肯尼斯·鲍尔丁 33
Bourdieu, Pierre 皮埃尔·布尔迪厄 26-7, 92-3, 356-7
Bowles, Samuel 塞缪尔·鲍尔斯 23, 105, 270, 311, 351-2, 419, 494
boy problem, the 男孩问题 145-6
Boyer, Ernest L. 欧内斯特·L. 波耶尔 413
brain drain 人才外流 498, 514
brain structure 脑结构 145-6
Brameld, Theodore 西奥多·布拉梅尔 537
Brand, Jennie E. 詹妮·E. 布兰德 428
Brantlinger, Ellen 埃伦·布兰特林格 113
Brazil 巴西 540
Broader, Bolder Approach 更广泛，更大胆的方法 547
Brooks, Maneka Deanna 布鲁克斯，狄安娜·马妮卡 195
Broward County Public Schools 布劳沃德县公立学校 324

索引 623

Brown, Campbell 坎贝尔·布朗 545, 546
Brown v. Board of Education 布朗诉教育委员会案 184, 185, 402
Bruce, Louis Rooks 路易斯·卢克斯·布鲁斯 198
built environment 建筑环境 359-61
bullying 欺凌 **68**, 70-1, **312**, 366; and gender 和性别 148-9
bureaucracy: administrative hierarchy 官僚组织：行政等级制度 233; characteristics of 特征 233-7; development of schools as 学校发展 237-9; division of labor 劳动分工 233; higher education model 高等教育模式 436-8; negative feelings toward 持消极态度 240; positions of individuals 个人职位 233; rationality 合理性 233; regulations and rules of procedure 具体条例和程序规则 233; role relationships 角色关系 233; school as 学校作为 231-40, **235**, **239**; school problems 学校问题 239-40
bureaucratic personalities 官僚化人格 240
Bush, George 乔治·布什 228
Bush, George W. 乔治·W. 布什 14, 228
business, role of 商业角色 403-5
Bygren, Mannus 曼努斯·拜格伦 329

Calarco, Jessica 杰西卡·卡拉尔科 96
Californian. 加利福尼亚州 45, 253, 425
California Partnership Academies 加利福尼亚合作学院 250
Campaign for Fiscal Equity case 财政公平运动案 399
Canada 加拿大 202, 418
Canada, Geoffrey 杰弗里·加拿大 547
capitalism 资本主义 493, 511
Carmona, Richard H. 理查德·H. 卡莫纳 62
Carter, Prudence 普鲁登斯·卡特 154, 192
Catholic schools 天主教学校 242
cell phones 手机 51-2
censorship 审查制度 45-79, **64**, 65-6, 406
Center for Research on Educational Outcomes 教育产出研究中心 553
Center on Schools, Family, and Community Partnerships, Johns Hopkins University 学校、家庭和社区合作中心，约翰·霍普金斯大学 387-9
Centers for Disease Control 疾病控制中心 63
centralized decision making 集中决策 245-7, 264
change and innovation 变革和创新 4, 47, 77-9
charter management organizations 特许管理组织 549-50
charter schools 特许学校 127, 205-6, 229, 248, 251-3, **252**, **253**, 305, 326, 394-5, 527, 548, 549
Cheyney University of Pennsylvania 宾夕法尼亚切尼大学 209
Chicago 芝加哥 101, 362
child directed speech 儿童导向的语言 94
Children's Defense Fund 儿童基金会 13, 310
China 中国 490, 500, 508, 509, 512
choice programs 择校项目 205-6
choice systems 选择系统 544
Christian day school movement 基督教日间学校运动 386
church, and state 教会和国家 390, 392-3
Civil Rights Act, 1964 1964年的民权法 185, 402
Civil Rights Movement 民权运动 102, 180, 206, 267

Civil Rights Project 民权项目 193, 550
Civil War, the 南北战争 534-5, 535
Clark, Burton 伯顿·克拉克 416-7, 444, 447
class sizes 班级规模 10, 104, 250
classroom codes 课堂法则 354-5, **355**
classroom culture 课堂文化 363-4
classroom technology 课堂技术 552-3, **555**
classroom 教室 9-10; learning climates 学习风气 364, 366; organization 组织 **232**, 360; social system 社会系统 225
Clinton, Bill 比尔·克林顿 228
cliques 小团体 48
cognitive learning 认知学习 308
Cohen, Robert 罗伯特·科恩 439
Coleman, James 詹姆斯·科尔曼 20, 34, 34-5, 102, 188, 327, 555
Coleman Report 科尔曼报告 102
college, see higher education 大学，另见高等教育
College Board, the 大学理事会 122, *181*, 302, 546
college-for-all mentality "人人都能上大学"的心理 292-3
Collegiate Learning Assessment (CLA) test 大学学习评测测试 431-2
Collins, Randall 兰德尔·柯林斯 23, 419
Commission on the Reorganization of Secondary Education, National Education Association 国家教育协会重组中学教育委员会 230
Committee of Ten Report, 1894 1894年的十人委员会报告 230
Common Application system 通用申请系统 292
Common Core 共同核心 9, 15, 56, 225, 263, 265, 266, 267-8, 302
community and family goals 社区和家庭目标 229
community colleges 社区学院 416-8
Community Development 社区发展 497
community environment 社区环境 403-6, **404**
community of practice (CoP) approach 实践共同体办法 324
community schools 社区学校 547
comparative education 比较教育 479-514, **482**; advanced capitalistic societies 发达的资本主义社会 511; data collection 数据收集 502; definition 定义 483; dependency theory 依赖理论 493-4; dependent societies 依赖型社会 511; developed socialist societies 发达的社会主义社会 510-1; development 发展 485-6; development models 发展模式 **510**, 510-1; economic development and 经济发展和 508-11, **510**; environment 环境 486-7; family influences 家庭影响 506-7; focus 焦点 485; framework 结构 **489**, 489; and globalization 和全球化 501; higher education 高等教育 481, 497-8, 499 512-4, **513**, **515**; human capital perspectives 人力资本观点 491-2; institutional interdependence 制度的相互依赖 506; international assessment tests 国际评估测试 480; large-scale studies 大规模研究 504-5; legitimation of knowledge perspective "知识的合法化"视角 494-5; levels of analysis 分析层次 487-8, 487-8; literature 文学 483, *484-5*; macro-level analysis 宏观层面分析 487, *487-8*, 489-90; meso-level analysis 中观层面分析 487, *487-8*; meso-level institutions 中观层面的各种制度 505-12; methods 方法 502-5; micro-level analysis 微观层面分

析 487, 488 modernization theory 现代化理论 491-2; and religion 和宗教 507-8; reproduction theories 再生产理论 494; research models 研究模型 502; research techniques 研究技术 486; resistance theories 抵制理论 494; rich versus poor countries 富裕国家与贫穷国家 496-502, **499**, **501**; systems approach 系统方法 486-9, *487-8*, **489**; teachers 教师 480, 481; themes 主题 486; theoretical approaches 理论方法 491-6; underdeveloped socialist societies 欠发达的社会主义社会 511; women 女性 509; world systems theory 世界系统理论 492-3, 506

comparative education knowledge 比较教育知识 495

competency, key subjects 能力，关键学科 9

computers 计算机 77, 78-9, 552, **555**

concerted cultivation 协定培养 93

conflict theory 冲突理论 21-4, 56, 58, 67, 265, 270, 418-9, 491, 529

conflicts and power dynamics: the principal 冲突和权力动态：校长 275-7, **277**; school boards 学校理事会 270-2; superintendents 教育总监 273-4

conformity 遵从 91, 311, 326

Conley, D. D. 康利 336

Conrad, Clifton 克利夫顿·康拉德 199

contact hypothesis 接触假设 207

contamination rituals 玷污仪式 146

continuing education 继续教育 441

controlled classroom settings 可控制的课堂环境 34

Cooley, C. H. C. H. 库利 24

cooling-out function 冷却功能 416-7

coping mechanisms: power dynamics 应对机制：权力动态 368; students 学生 309-11, 329-33, 368; teachers 教师 368

corporate education reformers 企业教育改革者 405

correspondence theory 互动理论 105

cost, higher education 成本，高等教育 118-20, *119*, 124

Council for Basic Education 基础教育委员会 543

counseling 咨询 240

counselors 顾问 290-2

Crawford, Lindy 林迪·克劳福德 196

creationism 神创论 58, 393-4

credential crisis, the 文凭危机 429-30

credentialism 文凭主义 23

credit recovery programs "补修学分" 计划 324

crime 犯罪行为 316, 317-8

critical pedagogy 批判教育学 25, 27

critical thinking 批判性思维 56

Cuba 古巴 508, 511

cue-consciousness 暗示意识 332

cultural capital 文化资本 23, 26-7, 92, 95, 109, 123-5, 355-7

cultural reproduction and resistance theories 文化再生产和抵制理论 23

culturally relevant education 基于文化的教育 206-9

culturally responsive schooling 文化适应的学校教育 198-201

culture: transmission 文化：传承 46, 52-66, 309

culture of futility 无价值的文化 69

curriculum: back to basics 课程：回到基础 541-3; censorship 审查制度 **64**, 65-6; common core 共同核心 225; components 要素 57-8; content 内容 57-62; controversies

争议 227; and cultural transmission 和文化传承 57; decision making 决策 57, 62-6; and gender socialization 和性别社会化 144; higher education 高等教育 415, 434-5; of the home 家庭的 384-6; internal educational forces 内部的教育力量 61; multicultural 多元文化 61-2; sex and drug abuse education 性和反毒品教育 62-4; and social class 和社会阶层 106; and social trends 和社会趋势 61; visible 显性的 350。另见 invisible 隐性课程

Cusick, Philip 菲利普·卡西克 328

Czechoslovakia 捷克斯洛伐克 111

DACA (Deferred Action for Childhood Arrivals) 少时入境者暂缓驱离行动 197

Darling-Hammond, Linda 琳达·达琳-哈蒙德 103-4

Davis, J. H. J. H. 戴维斯 512

Davis v. Monroe County Board of Education 戴维斯诉门罗县教育委员会案 60

decentralized decision making 分散决策 247-8

decision making 决策 31, 244-5; alternative structures 替代结构 248; centralized 集中的 245-7, 264; curriculum 课程 62-6; decentralized 分散 247-8; and funding 和资金 245; higher education 高等教育 437-8; student involvement 学生参与 246-7

deep learning 深度学习 56

DeFunis, Marco, Jr. 小马可·德弗尼斯 423

DeHaan, M. M. 德哈恩 336

democratization 民主化 509-10

demographic trends 人口趋势 12, **12**

dependency theory 依赖理论 493-4

dependent societies 依赖型社会 511

deschooling 非学校化运动 248

developed socialist societies 发达的社会主义社会 510-1

deviance 越轨 69

Dewey, John 约翰·杜威 56, 536-7

Diamond, John B. 约翰·B. 戴蒙德 357

disabled students 残障学生 402-3

discipline 规训 7, 19, 47, 67, 319-20; lack of 缺乏 69; methods 方法 69-70, 71-2; parental involvement 父母的参与 320; and race and ethnicity 和种族与族裔 193; retention 留级 319; suspensions 停学 319

distance learning 远程学习 78-9, 552-3

distributed leadership 分布式领导 236

do-it-yourselfers 自己动手 441

Downey, Douglas B. 道格拉斯·B. 唐尼 309

DREAM Act (Development, Relief, and Education for Alien Minors) 梦想法案（年轻移民发展、援助和教育法案）196-7

Dreeben, Robert 罗伯特·德里本 20

Dreifus, Claudia 克劳蒂亚·德赖弗斯 465

dress codes 着装规范 317

dropouts 辍学 310, 312, **314**, 319, 536; and adolescent employment 青少年打工 320-2; causes 原因 313-5, 321-2; characteristics 特征 312-3; completion of high school 完成高中学业 320; employment status 就业率 322-3, 323-4; future prospects 未来的期望 322-4; pull factors 拉力因素 315; push factors 推力因素 315; rates 比率 9, 251, 313, **314**; socioeconomic status (SES) 社会经济地位 314

Drug Abuse Resistance Education 抵制吸毒教育 64

drugs and drug abuse 毒品和药物滥用 9, 63-4, 305, 316, 447

Duncan, Arne 阿恩·邓肯 267-8
Durkheim, Émile 埃米尔·涂尔干 18-20, 20, 21, 227, 265
Dworkin, Anthony Gary 安东尼·加里·德沃金 288-9

early adulthood 早期成年期 557-8
early childhood education controversy 儿童早期教育的争议 49-51
Early Head Start 早期领先项目 50, 97, 127
early years 早期 127; academic achievement 学业成绩 94-5, **95**, 96-7, **97**; educational enrichment 教育丰富性 94, **95**; social class inequalities 社会阶级不平等 90
earnings: and educational level 收入：和教育水平 115, 115-6, **116**; gender differences 性别差异 158-9; higher education graduates 高等教育毕业生 426-8, *428*, 429, 441; women 女性 441
Easton, David 大卫·伊斯顿 33
Eckert, Penny 佩妮·埃克特 113-4
economic development 经济发展 492, 493, 508-11, **510**
education; 教育 ends 目的 3; hopes 希望 **3**; lifelong 终身的 4; role of 的作用 19, 22-3, 479; sociology and 社会学和 4-5; systems model 系统模型 **30**, 31-3; values 价值 **3**
education, functions of 教育，功能 17, 45-79; change and innovation 变革和创新 47, 77-9; conflicting 冲突 46-8; selection, training, and placement of individuals in society 个体在社会中的挑选、培养与配置 47, 72-6, 76-7; social control and personal development 社会控制和个人发展 46-7, 66-72, **68**; socialization 社会化 46, 49-52; transmission of culture 文化传递 46, 52-66; unanticipated consequences 意外后果 48

Education and Sociology (Durkheim)《教育和社会学》（涂尔干）19
Education for All 为了所有人的教育 490
Education for All Global Monitoring Report 全球教育监测报告 505
Education for All Handicapped Children Act 残疾儿童教育法案 402
education levels 教育水平 7
education spending 教育开支 6, 9, 396-7, 399, **400**
education system: sources of change 教育系统：变化的来源 **531**; structural models 结构模式 **241**, 241-3, **244**
educational climate 教育风气 363; and academic achievement 和学术成就 370; dimensions of 维度 366-70; learning climates 学习风气 364-6, **366**; reform 改革 363; school and classroom culture 学校和课堂文化 363-4; variables 变量 364
educational enrichment, early years 教育丰富性，早期 94, **95**
educational experience, influence 教育经验，影响 349
educational goals 教育目标 228-9, 529-30, 545, 557
educational movements 教育运动 528; accountability movement 问责运动 544-8; alternative 另类的 539-47; back to basics 回归基础 541-3; conflict theory 冲突理论 529; demands 需求 532-3; developing world 发展中国家 540; early 早期的 533-8; functionalism 功能主义 529; membership 会员 532; nature of 性质 530-3, **531**, **532**, **533**; open classrooms 开放课堂 540-1; reform movements 改革运

动 531; regressive movements 回归运动 532; revolutionary movements 革命运动 532; school choice movement 择校运动 548-52; small schools movement 小规模学校运动 552; theoretical approaches 理论方法 529; utopian movements 乌托邦运动 532

educational reform: school organization 教育改革：学校组织 248-51, **249**; state initiatives 州行动 245-6

educational sociology 教育社会学 15

educational standards 教育标准 401-2

educational system: and the environment 教育制度：和环境 380-2, **382**; structure 结构 48

Educational Testing Service (ETS) 教育考试服务中心 546

effective schools 有效的学校 275; definition 定义 364

effectively maintained inequality 不平等的有效维护 111

efficiency 效能 236

Egerton, John 约翰·埃杰顿 543

Elders, Jocelyn 乔斯林·埃尔德斯 62

Elementary and Secondary Education Act (ESEA), 1965 1965 年中小学教育法案 266-9, 293, 553-4

elite educations, Great Britain 英国的精英教育 498

elite private schools 精英私立学校 108-9, **109**

Elkind, David 大卫·埃尔金德 27

empirical studies 实证研究 34

employment trends 就业趋势 13

England and Wales 英格兰和威尔士 111

Engle v. Vitale 恩格尔诉维塔尔案 390-1

English Language Acquisition, Language Enhancement, and Academic Achievement Act, 2002 2002 年英语语言习得、语言强化和学业成就法案 194-5

English language learners (ELLs) 英语学习者 194

Enrollments 入学 **12**, 12, **239**, 420; charter schools 特许学校 **252**, 252-3; expansion of 扩展 238-9; Ghana 加纳 496; growth of 增长 396; higher education 高等教育 416, 420, 439-40, **443**, 443, 448; older people 老年人 448; racial characteristics 人种的特征 **304**, 304; by region 按区域分列 500, **500**; schools 学校 302

environment and environmental influences 环境和环境的影响 379-406; community 共同体 403-6, **404**; comparative education 比较教育 486-7; and the educational system 和教育系统 380-2, **382**; environmental salience 环境显著性 382-3, **383**; funding 资助 395, 396-401, **398**, **400**; higher education 高等教育 380, 457-63, **458**, *460*, *461*, **463**; home and family 家庭 384-9, **385**; influence 影响 383; institutional environment 制度环境 383; legislation 立法 402-3; organizational 组织的 31-2; political institutions 政治制度 401-3; primary 主要 382; religion 宗教 **389**, 389-96; role expectations 角色期待 380; secondary 次要的 382; types of environments 环境的类型 382-3

environmental salience 环境显著性 382-3, **383**

Epstein, Joyce L. 乔伊斯·L.爱泼斯坦 388-9

Equal Access Act 平等机会法案 392

Equality of Educational Opportunity report 《教育机会均等》报告 102

索引　629

essentialist movement　要素主义运动 537
European Higher Education Area (EHEA)　欧洲高等教育区 513
European Union (EU)　欧盟 513
Every Student Succeeds Act (ESSA)　让每个学生都成功法案 9, 15, 54, 195, 228, 268-9, 465
evolution　演变 58, 393-4
Evolution of Educational Thought, The (Durkheim)《教育思想的演进》(涂尔干) 19
exceptional advantage　非凡优势 108-9, **109**
exclusion　排斥 112-3
experimental research　实验研究 556
extra-curricular activities　课外活动 **334**
extra-curricular religious clubs　课外宗教俱乐部 391-2

faculty, higher education　教职人员，高等教育 449; African Americans　非洲裔美国人 452; characteristics　特点 449-4, *450-1*, 452; contract faculty　合同教师 449; gender issues　性别问题 455-6; numbers　数目 449; part time　兼职 449; and research　和研究 454; role　角色 452-4; role expectations　角色期待 453-4; socialization　社会化 452-3; tenure-track　终身职位 453; training　训练 452-3; union representation　工会代表 454-5; women　女性 452, 455-6
family: comparative education　家庭：比较教育 506-7; dependency on　依赖 558; goals　目标 229; involvement　参与 4; trends　趋势 13
Federal Educational Records and Privacy Act (FERPA)　联邦教育记录隐私法案 294
federal funding　联邦基金 267-8, 397, 399-401, **400**, 553-4, 556; higher education　高等教育 459, 461
federal government: accountability legislation　联邦政府：问责立法 553-7; control　控制 245; role　作用 266-9
feedback　反馈 32-3
Feltey, K.　K. 费尔蒂 442-3
feminist theories　女性主义理论 28
Finkelstein, Barbara　芭芭拉·芬克尔斯坦 536, 537
Finland　芬兰 56, 479, 480-1
First Amendment Rights　第一修正案权利 66, 394
First Five Year Fund, 2016　2016年第一个五年基金 51
Fisher, Abigail　阿比盖尔·费希尔 424
Flint, Michigan　密歇根州弗林特市 191
Floud, Jean　珍·弗劳德 21
France　法国 73, 112
fraternities　兄弟会 447
free school movement　自由学校运动 539
Freire, Paulo　保罗·弗莱雷 25, 506-7, 540
Friedrichs v. California Teachers Association　弗里德里希斯诉加州教师协会案 60
friendship groups and patterns　友谊团体和榜样 48, 306
Fryer, Roland　罗兰·弗莱尔 289-90
Fryer Jr., Roland G.　罗兰·G. 小弗莱尔 210
functionalism　功能主义 18-21, 58, 67, 227, 265, 270, 351, 368-9, 396, 418, 491, 529
Fundamentalist Christians　原教旨主义基督徒 507, 544
funding　基金 5-6, **6**, 9, 14; corporate donations　企业捐赠 404-5; and decision making　和决策 245; federal　联邦政府 267-8, 397, 399-401, **400**, 553-4, 556; higher education　高等

教育 457-9, *460*, 461; increases 增加 104; inequality 不平等 100-4, **101**; levels 水平 396-7; local 本地的 100-1, 271, 397, **398**; per pupil 每名学生 101; reform 改革 397; religious schools 宗教学校 395; research 研究 458; shortages 不足 397; spending 支出 396-7, 399, **400**; state 州 397, 397-9

Furstenberg, Frank 弗兰克·弗斯滕伯格 557-8

future prospects 未来展望 557-8

futurologists, predictions 未来学家，预言 14

Gamoran, Adam 亚当·盖莫兰 111

gangs and gang violence 帮派和帮派暴力 8-9, 69, 315-7

Gardner, Howard 霍华德·加德纳 73, 74

Garza, Aimee V. 艾梅·V. 加尔萨 196

Gasman, Marybeth 玛丽贝思·加斯曼 199

Gebser v. Lago Vista School District 格布塞尔诉拉戈·维斯塔学区案 60

gender: and academic achievement 性别：和学术成就 *149*, 149-53, **150**, *151*; and bullying 和欺凌 148-9; and college completion 和大学学业完成 *155*, 155-6; and college enrollment 和大学入学 154; combating inequality 对抗不平等 162-6; definition 定义 142; and earnings 和收入 158-9; within educational leadership 教育领导力之内 275; and equality of opportunity 和机会平等 141-66; and faculty, higher education 和教职人员，高等教育 455-6; global comparisons 全球比较 *160*, 160-2, 161; and higher education 和高等教育 141, 440-2; higher education differences 高等教育的差异 154, 154-60, 155, 158, **159**; inequality 不平等 141-66, 162-6; outside groups 校外群体 147-8; peer cultures 同辈文化 147-8; secondary school differences 中学的差异 146-54, 149, **150**, 151, **152**; segregation 种族隔离 146; socialization 社会化 *142-7*, **147**, 157; stereotypes 刻板印象 144, **152**, 152-3; and the student role 和学生角色 306

gender colonization 性别殖民 509

gender non-conforming children 性别不确定的儿童 143

gender parity index 性别平等指数 161

gender socialization: contamination rituals 性别社会化：玷污仪式 146; and curriculum 和课程 144; elementary school 小学 143-7, **147**; higher education 高等教育 157; pre-school 学龄前 142-3; toys 玩具 143

gendered peer cultures 性别化的同辈文化 147-8

General Education Development (GED) credentials 普通教育发展水平证书 312

Germany 德国 112, 202, 490, 507

Ghana 加纳 481, 496-8; brain drain 智力流失 498; education system structure 教育系统的结构 496-7; enrollments 入学 496; equal opportunity 平等机会 497; higher education 高等教育 497-8; literacy 识字 496

GI Bill 退伍军人权利法案 268

gifted and talented classes 天才班 230

Gintis, Herbert 赫尔伯特·金蒂斯 23, 105, 270, 311, 351-2, 419, 494

Giroux, Henry A. 亨利·A. 吉鲁 27

global comparisons, opportunity, equality of 全球比较，机会，平等 160-2

globalization 全球化 501

glocalization 全球本土化 501

索引 631

goals 目标 264; community and family 社区和家庭 229; educational 教育 228-9, 529-30, 545, 557; individual 个体的 231; national administration 国家行政部门 228; negotiation 协商 227; schools 学校 224-5, 226-31, **228**; societal 社会的 227-8; statements of 表述 229; unstated 未被陈述的 230

Goals 2000: Educate America Act 《目标2000：美国教育行动》228

goals-means typology 目标-方法类型学 330-1

Golden, Daniel 丹尼尔·戈登 126

Goodlad, John I. 约翰·I. 古德拉德 547

Goslin, David 大卫·高斯林 233

Gracey, Harry 哈利·格雷西 307, 351

grade point averages 平均学分绩点 109, 123, 128, 150, 151

graduation rates 毕业率 251; high school 高中 9; higher education 高等教育 415-6, 433-4, *445-6*; small schools 小型学校 552; Virtual Charter Schools 虚拟特许学校 553; women 女性 445-6

Great Britain 英国 112, 417-8, 498-500; education system 教育系统 498-9; elite educations 精英教育 498; higher education 高等教育 499; inequality 不平等 499; social class 社会阶层 498

Greece, ancient 古希腊 534

Greenstone, Michael 迈克尔·格林斯通 210

guy code, the 男子汉法则 148

Hacker, Andrew 安德鲁·海克 465

Hall, Beverly 贝弗莉·霍尔 273

Hallett, Tim 蒂姆·哈雷特 265-6

Halsey, A. H. A. H. 哈尔西 21

Hamilton, Laura T. 劳拉·T. 汉密尔顿 358-9, 447

Hansen, D. T. D. T. 汉森 58

Harris, Angel 安格尔·哈里斯 192-3

Hart, Betty 贝蒂·哈特 93-4

Haycock, Kati 卡提·海科克 285

Hazelwood School District v. Kuhlmeier 黑泽尔伍德学区诉库尔迈耶案 59

Head Start 领先计划 50-1, 96-7, 353, 399

Health Insurance Portability and Accountability Act (HIPAA) 健康保险流转与责任法案 294

health issues 健康问题 294

Henry, Jules 朱尔斯·亨利 306

Hentoff, Nat 奈特·亨托夫 544

hidden curriculum 隐性课程 144-5, 306, 332, 349-70; built environment 建筑环境 359-61; classroom codes 课堂代码 354-5, *355*; classroom organization 课堂组织 360; cultural capital 文化资本 355-7; and educational climate 教育风气 363-70, **365**; functionalist perspective 功能主义的观点 351; higher education 高等教育 353-4; institutional environment 制度环境 369; learning climates 学习风气 364-6, **366**; normative institutional arrangements 规范性制度安排 358-9; organizational habitus 组织惯习 357-8; safety 安全性 366; school and classroom culture 学校与课堂文化 363-4; school connectedness 学校关联度 369; and school size 和学校规模 361-2; scope 范围 350-4, *351*, *352*; student-teacher relationships 师生关系 366-7; teaching and learning 教学与学习 367-8; tracking 分轨制 360-1; value climate 价值氛围 369-70

higher education 高等教育 **413**, 413-66,

558; academic structure 学术结构 437; access 入学机会 417, 419-25, **420**, *421*, **424**, 512-3; administrative structure 行政结构 437; administrators 行政管理人员 456-7; admissions process 录取程序 419; African Americans 非洲裔美国人 415, 433-4, 435, 440, 444; Asian Americans 亚裔美国人 444; athletes 运动员 433-4; bureaucratic model 官僚模式 436-8; business functions 企业功能 433-4; campus sexual assault 校园性骚扰 165-6; characteristics 特征 425-6, **426**; civic engagement 公民参与 464, **464**; college admissions policies 高校招生政策 125-6; college completion 大学学业完成率 117, **118**, *155*, 155-6, *183*; college enrollment 大学入学率 116-7, **117**, 141-2; college enrollment and gender 大学入学率和性别 154, 155; college enrollment and race 大学入学率和种族 181-2, **182**; community colleges 社区学院 416-8, community function 社区职能 430-1; comparative education 比较教育 497-8, 499, 512-4, **513**, **515**; conflict approach 冲突的路径 418-9; cooling-out function 冷却功能 416-7; cost 费用 118-20 *119* 124, 459, 461, 461; court admission rulings 准入规则 423-5; criticisms of 批评 465-6; curriculum 课程 415, 434-5; decision making 决策 437-8; definition 定义 425; demographic shift 人口结构变化 448; early admissions application process 提前录取申请程序 125; and earnings 和收入 115, 115-6, **116**, 441; enrollments 入学 416, 420, 439-40, *443*, 443, 448; environment 环境 380; environmental pressures 环境压力 457-63, **458**, *460*, *461*, **463**; faculty 教师 449, 450-

1, 452-6; federal funding 联邦资助 459, 461; federal student aid 联邦学生援助 120; function conflicts 功能冲突 433-4; functional approach 功能主义 418; functions 功能 430-4; funding 资助 457-9, *460*, 461; gatekeeping 守门人 419; gender differences 性别差异 141, 154, 154-60, *155*, *158*, **159**, 440-2; and gender socialization 社会性别化 157; Ghana 加纳 497-8; graduate study gender differences 研究生性别差异 *158*, 158-9, **159**; graduation rates 毕业率 415-6, 433-4, *445-6*; Great Britain 英国 499; hidden curriculum 隐性课程 353-4; hierarchical structure 层级结构 437-8 Hispanic population 西班牙裔人口 440, 444; historical functions 历史上的功能 414-5; history and development 历史与发展 414-8; institution numbers 机构数量 415, 425; international comparisons 国际比较 481; Ivy League 常春藤联盟 422; legacy applicants 继承申请人 125-6; Native Americans 美国原住民 199, 440, 444; need-blind admissions process 需求回避的招生过程 126; need-sensitive admissions 需求敏感的招生 126; normative institutional arrangements 规范性制度安排 358; older people 老年人 448; open-door policies 开放政策 420; outcomes 成果 463-4, **464**; peer groups 同辈群体 444; programs 项目 425, **426**; and race 和种族 424-5; reform efforts 改革措施 127-8; research function 科研功能 431; role 角色 465-6; roles 作用 438-40; school-to-work transition 学校-工作的过渡 429-30; service function 服务功能 432-4; single-sex 单性 163; and social class 和社会阶层 422; social class gaps 社会阶

级差距 116-26, **117**, **118**, *119*, **121**; state tax support 州财税支付 119; structure 结构 436-8; student activism 学生运动 461-2 **463**; student composition 学生构成 425, **426**; student recruitment 招生 120-3, **121**; student subcultures 学生亚文化 444, 447; student success 学生学业成功 442-4; students 学生 8, 438-40; summer melt "夏季融流" 124-5; system 系统 413, **414**; teaching function 教学功能 431-2, **432**; theoretical approaches 理论方法 418-9; tradition 传统 414; transition to 过渡 114-6, undermatching 低配 124; value of 价值 426-8, *428*; women 女性 440-2, *445-6*, 447; women's colleges 女子大学 163

Higher Education Research Institute 高等教育研究所 463

higher order thinking skills 高阶思维能力 56

hiring and firing policies 聘用与辞退政策 234

Hispanic population 西班牙裔人口: academic achievement 学术成就 154 181, *182*, 194; access to resources 资源的获得 188, **189**; college enrollment 大学入学率 181, **182**, 182; dropout rates 辍学率 313; equality of, opportunity 机会平等 194-7; gangs and gang violence 帮派和帮派暴力 316; higher education 高等教育 440, 444; homeschooling 在家上学 386; homicide rates 杀人比率 68; literacy skills 识字能力 53; parent involvement 家长参与 195; population trends 人口发展趋势 13; poverty rate 贫困率 334; size 规模 194; student activism 学生运动 **463**; student enrollment 学生入学 304; teachers 教师 279; undocumented students 无合法证件学生 196-7

Historically Black Colleges and Universities (HBCUS) 传统黑人院校 209-10

Hollingshead, A. B. A. B. 霍林斯黑德, 229

home environment and family influence 家庭环境和家庭影响 384-9, **385**; and academic achievement 和学业成就 333-5 role of mothers 母亲的角色 335-6; sibling numbers 兄弟姐妹的数量 336-7; single-parent homes 单亲家庭 335。另见社会阶层

homeless children 无家可归的儿童 379

home-schooling 在家上学 386, 543, 548

homicide rates 杀人比率 68

homophobia 同性恋恐惧症 71

Hong Kong 香港 162, 479

Hopwood v. State of Texas 霍普伍德诉得克萨斯州案 423

Horne, Tom 汤姆·霍恩 208

Horvat, Erin McNamara 艾琳·麦克纳马拉·霍瓦特 357

Hoxby, Caroline 卡罗琳·霍克斯比 127

human capital 人力资本 491-2

humanistic education 人文主义教育 538

Hungary 匈牙利 111

Hutchins, Robert Maynard 罗伯特·梅纳德·赫钦斯 537

hyper-segregated schools 高度隔离的学校 186

IEA study 国际教育协会的研究 504

Illich, Ivan 伊万·伊里奇 248, 311, 540

illiteracy 文盲 53, 509

immigrant children 移民儿童 490

inclusion programs 全纳项目 293

Indian Education Act, 1972 印第安人教育

法案（1972）198

Indian Self-determination and Education Assistance Act　印第安人民族自决和教育援助法案 1975 198

Indicators of School Crime and Safety Report　校园犯罪和安全指标报告 317-8

individual goals　个人目标 231

individual rights　个人权利 67

individualized educational plans　个性化教育计划 293

individuals, positions of　个人职位 233

Individuals with Disabilities Education Act (IDEA)　残障人士个体教育法案 402

Indonesia　印度尼西亚 162, 481, 483

inequality　不平等 11; effectively maintained 有效维护 111; funding and resources 资金和资源 100-4, **101**; gender 性别 141-66, 162-6; Great Britain 英国 499; maximally maintained 最大化维护 111; perpetuation of 固化 89, 95; persistent 持续存在 111; racial and ethnic 种族和民族 179-211; racial gaps in reading 阅读上的种族差距 **180**, 180-1; and social class 和社会阶层 89, 90-7, 94, 95, **96**, 97, 111-2; and socialization 和社会化 90-7, 94, 95, 96, 97

informal system, the　非正式系统 349, 350。另见隐形课程

innovation　创新 47

institutional environment　制度环境 369 383

institutional theory and analysis　制度理论和分析 243, 244

instructional guidance system　教学指导系统 254

intelligence, defining　智力, 定义 73, 74

intelligence quotient (IQ) tests　智商测试 72, 73

interaction rituals　互动仪式 24

Interaction theories　互动理论 24-5

interest groups, competing　利益集团，竞争 228-9

internal educational forces　校内教育力量 61

International Association for the Evaluation of Educational Achievement (IEA)　国际教育成就评估协会 490

Internet　互联网 78-9

interpersonal intelligence　人际智能 74

intrapersonal intelligence　内省智能 74

iPhones　苹果手机 51-2

Iran　伊朗 507

Irwin, Elisabeth　伊丽莎白·欧文 537

Islam　伊斯兰教 507

Island Trees School District v. Pico　岛屿之树学区诉比科案 66

Israel　以色列 111, 508

Italy　意大利 111

Jackson, C. Kirabo　科拉布·C. 杰克逊 104

Jackson, P. W.　P. W. 杰克逊 58

Jackson, Philip　菲利普·杰克逊 350, 369

Jacksonville, Florida　佛罗里达州杰克逊维尔市 179

Jacobson, Lenore　莉诺·雅各布森 34

janitors　门卫 294

Japan　日本 111, 203-5, **204**, 418, 422, 479, 507

Jencks, Christopher　克里斯多夫·詹克斯 102-3 555-6

Jennifer Gratz and Patrick Hamacher v. Lee Bollinger　詹妮弗·格拉茨和帕特里克·哈马彻诉李·布林格案 423

Jensen, Nathan C.　南森·C. 詹森 290

job gap　职位差距 429

Johns Hopkins University, Center on Schools, Family, and Community Partnerships 约翰·霍普金斯大学学校、家庭和社区合作中心 387-9

Johnson, Lyndon B. 林登·B. 约翰逊 267

Johnson, Rucker C. 罗克·C. 约翰逊 104

Jones, Stephanie 史蒂芬妮·琼斯 106-7

Kansas Curricular Standards for Science Education 堪萨斯科学教育课程标准 394

Kimmel, Michael 迈克尔·基梅尔 148

kindergarten, academic achievement 幼儿园，学业成绩 96-7, **97**

Kindermann, T. A. T. A. 金德曼 328-9

KIPP (Knowledge is Power Program) schools 知识就是力量项目学校 205, 251-2, 326, 549

knowledge 知识: creation 创造 13, **17**, 431; high status 高层级 108 ; legitimation of 合法性 494-5; transmission 传递 26, 4, 354, 495

Kohlberg, Lawrence 劳伦斯·科尔伯格 538

Kohn, Melvin 梅尔文·科恩 91

Koop, C. Everett 库普 C. 埃弗里特 62

Kozol, Jonathan 乔纳森·科佐尔 311, 315; *Savage Inequalities* 《野蛮的不平等》102

Labare, David F. 大卫·F. 拉巴里 530, 557

labeling 贴标签 24-5, 325, 367-8

labor division of 劳动分工 233, 234

Land Grant Colleges 赠地学院 416, 432

language 语言 354-5; socialization 社会化 93-5, **94, 95, 96**

Lareau, Annette 安妮特·勒奥 93, 95

Latin America 拉丁美洲 501

Latinos, see Hispanic population 拉美人，见西班牙裔人口

Lau v. Nichols 劳诉尼科尔斯案 194

leadership 领导力 254, 274; gender differences 性别差异 275

learning 学习 4; barriers to 障碍 442-3; climates 气候 364-6, **366**; cultural attitudes to 文化态度 311; process 过程 53 ; student-centered 以学生为中心 254; styles 风格 332

learning environments, positive 学习环境，积极的 223

learning loss 学习损失 110

Lee v. Weisman 李诉韦斯曼案 59, 392

legacy applicants 继承申请人 125-6

legitimation of knowledge perspective 知识的合法性视角 494-5

Leiter, Michael P. 迈克尔·P. 莱特 287

Lemon test, the 柠檬测试 392

Lesbian, Gay, Bisexual, and Transgender students 男女同性恋者、双性恋者、变性学生 318

life skills 生活技能 537

lifelong learning 终身学习 4, 14, 441

literacy 识字 :and cultural transmission 和文化传承 53-4; gender differences 性别差异 160, *160*; Ghana 加纳 496; illiteracy levels 文盲水平 53; Niger 尼日尔 500

Little Rock, Arkansas 阿肯色州小石城 393-4

Livingston, Sonia 索妮娅·利文斯通 306

local control 地方控制 247-8

local funding 地方资金 9, 100-1, 271, 397, **398**

local government, education spending 地方政府，教育支出 6

localism 地方主义 100-1, 238, 271

locus of control 控制点 27-8

logic of natural growth 自然成长逻辑 93, 95

logical-mathematical intelligence 逻辑－数学智能 74

loosely coupled organizations 松散耦合组织 242-3

Lopez, Shane J. 谢恩·J. 洛佩兹 290

Lortie, Dan 丹·洛尔蒂 277, 279

low-income families 低收入家庭 49-50, 112-3

Lubeck, Sally 萨莉·吕贝克 353

McCarthy, Joseph 约瑟夫·麦卡锡 537

Mcdonough, Patricia M. 帕特里夏·M. 麦克多纳 292

McEvoy, Alan 艾伦·麦克沃伊 318

Mcfarland, D. A. D. A. 麦克法兰 309

Mcfarland, Daniel 丹尼尔·麦克法兰 365-6

McGuffey Readers 麦加菲读本 542

Mclean v. Arkansas Board of Education 麦克莱恩诉阿肯色州教育委员会案 393-4

macro-level studies 宏观层次研究 16

magnet schools 磁石学校 205-6, 549

Malaysia 马来西亚 419

Malivai Washinaton Youth Foundation (MWYF) 马里瓦伊·华盛顿青年基金会 179

Mann, Horace 霍勒斯·曼 535-6

Marinell, W. H. W. H. 马里内利 251

Mark Zuckerberg and Priscilla Chan Foundation 马克·扎克伯格夫妇基金会 405

market analogy, the 市场的类比 551

Marx, Karl 卡尔·马克思 21-2, 23

Maslach, Christina 克里斯蒂娜·马斯拉赫 287

Maslow, Abraham H. 亚伯拉罕·H. 马斯洛 72

material conditions 物质条件 92

mathematics and cultural transmission 数学和文化传承 54-5

maximally maintained inequality 不平等的最大化维护 111

Mead, G. H. G. H. 米德 24

media, the, and socialization 媒体和社会化 51-2

Meek v. Pittenger 米克诉皮滕格案 395

membership communities 成员社区 248

Mendez v. Westminster 门德斯诉威斯敏斯特案 185

Meredith v. Jefferson County Board of Education 梅雷迪思诉杰弗逊县教育委员会案 185

Meriam Report, the 梅里亚姆报告 198

meritocracy 精英政治 105

Merton, Robert 罗伯特·默顿 330-1

Metz, Mary Haywood 玛丽·海伍德·梅茨 34

Mexico 墨西哥 540

Meyer, John W. 约翰·W. 迈耶 536

Mickelson, Roslyn 罗斯林·米克尔森 191-2

microaggressions 微冒犯 190

micro-level studies 微观层次研究 16

Middle Ages 中世纪 534

Migrant and Seasonal Head Start 移民计划和季度领先计划 50

migrants 移民 490

Millennium Development Goals (MDGS) 千年发展目标 490

minimum skills testing 基本技能测试 75

Minnesota 明尼苏达州 251

minority groups, population trends 少数群体，人口趋势 13

索引 637

minority programming 少数族裔项目 405
Minority-serving Institutions (MSIs) 少数族群院校 209-10
Mintrom, Michael 迈克尔·明特罗姆 271
Missouri v, Jenkins Ⅱ 密苏里州诉詹金斯案 Ⅱ 59
Missouri v Jenkins Ⅲ 密苏里州诉詹金斯案 Ⅲ 59
modernism 现代主义 27
modernization theory 现代化理论 492
moral authority 道德权威 66-7
moral education 道德教育 538
Moral Education (Durkheim) 《道德教育》涂尔干 19
moral learning 道德学习 308
moral values 道德价值 19
Morrill Land-grant Acts 莫里尔赠地法案 209, 268, 415, 416, 534-5
Morris, Edward 爱德华·莫里斯 153
Morse v. Frederick 摩尔斯诉弗雷德里克案 60
mothers, role of 母亲的角色 335-6
multicultural educational movement 多元文化教育运动 61, 206
multiple intelligences 多元智能 73, 74
multiracial schools 多族群学校 187
musical intelligence 音乐智能 74

national administration, goals 国家行政部门，目标 228
National Assessment of Educational Progress (NAEP) 国家教育发展评价 54, 146, 394, 505
National Association for Single-sex Public-Education 全国单性公共教育协会 163
National Center on Addiction and Substance Abuse 国家药物滥用及成瘾研究中心 69

National Collegiate Athletic Association 全美大学生运动员联合会 433-4
National Council of Teachers of English 全国英语教师委员会 268
National Council on Teacher Quality 教师质量全国委员会 545
National Education Association (NEA) 全国教育协会 268, 454; Commission on the Reorganization of Secondary Education 全国教育协会重组中学教育委员会 230
National Educational Longitudinal Study (NELS) 全国教育纵向研究 320
National Institute on Drug Abuse 国家吸毒问题研究所 63
National Labor Relations Board 国家劳动关系委员会 455
National Opinion Research Center (NORC) 全国民意研究中心 283
National School Boards Association 全国学校理事会联合会 269
National Science Foundation 全国科学基金会 54
national standards 国家标准 267-8, 554
National Youth Gang Survey 全国青年帮派调查 316
Native Americans 美国原住民：academic achievement 学术成就 181, *182*, boarding schools 寄宿学校 198; college enrollment 大学入学率 181, **182**; culturally responsive schooling 文化适应的学校教育 198-201 educational outcomes 教育产出 197, equality of opportunity 机会公平 197-201; higher education 高等教育 440, 444; tribal colleges and universities 部族院校 199, 210
naturalistic intelligence 自然观察智能 74
need-sensitive admissions 需求体恤型招生

126

Neill, A. S.　A. S. 尼尔 539
Netherlands, the　荷兰 111
neural resting state　神经静止状态 146
new basics, the　新的基础水平 301
New Orleans　新奥尔良 253
new sociology　新社会学 25-7
New York City　纽约市 251, 264, 271, 313, 319, 323, 361, 381, 550-1
New York Times　《纽约时报》435
New Zealand　新西兰 202
Niger　尼日尔 500
Nigeria　尼日利亚 507
Nixon, Richard　理查德·尼克松 164
NLRB v. Yeshiva University　全国劳资关系委员会诉耶什华大学案 455
No Child Left Behind　不让一个孩子掉队法案 9, 14, 54, 56, 60, 228, 229, 267, 293, 465, 539, 545, 546, 553, 554
no excuses schools　"无借口"学校 326, 527, 550
nonformal education　非正式教育 497
normative institutional arrangements　规范性制度安排 358-9
Northern Ireland　北爱尔兰 507

Oakes, Jeannie　珍妮·奥克斯 108
Obama, Barak　贝拉克·奥巴马 9, 14-5, 51, 197, 228, 242, 401, 546, 556
objective standards　客观标准 34
observation　观察法 34
Occupy Wall Street　占领华尔街运动 462
Ogbu, John　约翰·奥格布 191
Old Deluder Satan Acts　老迷惑者撒旦法案 534
older people, higher education　老年人，高等教育 448

Olsen, Marvin E.　马文·E. 奥尔森 30
Olson, Samantha　萨曼莎·奥尔森 49-50
online courses　在线课程 78-9
open classrooms　开放课堂 540-1
open education　开放教育 541
open systems approach　开放系统的路径 17, 28-33, 30, 45
Open University　开放大学 499
opportunity, equality of　机会均等 9, 97, 100, 230; access to resources　资源的获得 188-90, *189*; Asian Americans　亚洲裔美国人 201-2, charter schools　特许学校 205-6; choice programs　择校项目 205-6, college admissions policies　大学招生政策 125-6; combating gender inequality　消除性别不平等 162-6 ; contextual factors　背景因素 190-3; and cultural capital　文化资本 123-5; culturally relevant education　文化关联教育 206-9; disadvantaged minorities　弱势少数族群 154; and gender　和性别 141-66, gender gap　性别差距 161; and gendersocialization　社会性别化 142-7, **145**; Ghana　加纳 497; global comparisons　国际比较 160-2, *161*; higher education gender differences　高等教育性别差异 154, 154-60, 155, 158 **159**; Hispanic population　西班牙裔人口 194-7; Japan　日本 203-5 **204**; Minority-serving Institutions (MSIs)　少数族群院校 209-10; Native Americans　美国原住民 197-201; racial and ethnic inequalities　种族和族裔不平等 179-211; secondary school gender differences　中学的性别差异 146-54, *149*, **150**, *151*, **152**; and social class　社会阶层 112-28, sources of difference　差异的缘由 97, 100; *Title IX of the Civil Rights Act*　民权法案第九条 164, 164-6; and the

transition to higher education 过渡到高等教育 114-6 voucher programs 教育券项目 205-6
oppositional culture 对抗性文化 114, 191
oppositional social structure 对立社会结构 113-4
Orenstein, Peggy 佩吉·欧伦斯坦 143
organization analysis 组织分析 31
Organization for Economic Cooperation and Development 经济合作与发展组织 53
organizational control models 组织控制模式 230-1
organizational environment 组织环境 31-2
organizational habitus 组织惯习 292 349 357-8
organizational inputs 组织输入 32
organizational outputs 组织输出 32
Out of School Children initiative "失学儿童"行动 505
outcomes, higher education 高等教育输出 463-4, **464**
overmatching 高配 357

paras 教辅 293
Parent Revolution 家长革命 405
parental choice 家长选择 22
parental involvement 家长参与 386-7; comparative education 比较教育 507; types of 类型 387-9
parent-community-school tie 家长-社区-学校的联系 254
parenting style 父母教养方式 93
parents; expectations 父母的期望 6-7; individual goals 个人目标 231; influence 影响 385-6; involvement 参与 337; values 价值 91
Parents Involved in Community Schools v. Seattle School District No. 1 参与社区学校的家长诉西雅图第一学区 60, 185
Parsons, Talcott 塔尔科特·帕森斯 20, 308
Partnership for Assessment of Readiness for College and Careers 大学和职业准备评测之友 246
Partnership for Educational Justice 教育公平伙伴协作体 545
Pascarella, E. T. E. T. 帕斯卡雷拉 428
Pascoe, C. J. C. J. 帕斯科 148
Passeron, Jean-Claude 杰-克劳德·帕斯隆 92-3, 356
patriotism 爱国主义 351, **352**
pedagogic actions 教育行为 356
pedagogy 教育学 35
peer groups 同龄人群体 327-9, 330, 405, gendered 性别化 147-8; higher education 高等教育 444; influence 影响 112-4
peer-group pressure 同龄人群体压力 315
Pell Grant, the 佩尔助学金 120, 461
per pupil funding 生均资助经费 101
Persico, Claudia 克劳蒂·珀西科 104
persistent inequality 持续存在的不平等 111
personal development 个人发展 46-7, 66-72, **68**
personalism 人本主义 236, 367
personalized education 个性化教育 54
Philadelphia 费城 247
Plato 柏拉图 534
Plessy v. Ferguson 普莱西诉弗格森案 184
Plyler v. DOE 普莱勒诉美国教育部案 196
Poland 波兰 111
population trends 人口趋势 12, 13
position ownership 职位持有者 236-7
postmodern classrooms 后现代课堂 77-8
postmodernism 后现代主义 27-8
poverty 贫困 334, 506-7, 511, 536, 555-6

power dynamics, coping mechanisms 权力动态，应对机制 368
power relationships 权力关系 22, 26
power structures 权力结构 70
Poza, Luis 路易斯·波萨 195
Pratt, Richard Henry 理查德·亨利·普拉特 198
PreK programs 学前计划 97, 335
Pribesh, Shana 莎娜·普瑞比什 309
Price, Gregory N. 格雷戈里·N. 普赖斯 210
primary environments 主要环境 382
principal, the: 校长: composition 校长的构成 275; conflicts and power dynamics 冲突和权力动态 275-7, **277**; effective 有效的 275; expectations of 期待 275, leadership 领导力 274 ; relationship with teachers 与教师的关系 275-6; role of 角色 274-5; salary 薪资 275
private organizations, and decision making 民间组织，决策 246
private schools 私立学校 543-4
privatization 私有化 246
processes 过程 4; importance of 重要性 48-9
professions, characteristics 职业，特征 282-3
Program for International Student Assessment (PISA) 国际学生评估项目 504
Progress in International Reading Literacy Stud (PIRLS) 国际阅读素养提升研究 504
progressive education 进步教育 54, 56, 536-7, 538
promotion policies 晋升政策 234
Provenzo, Eugene F. 尤金·F. 普罗文佐 66
public school movement 公立学校运动 535

qualitative data 定性数据 34
quantitative data 定量数据 34

race and ethnicity 种族和族群: and academic achievement 和学业成就 181, *182*, **183**; and access to resources 资源的获得 188-90, **189**; college completion 大学毕业率 **183**; and college enrollment 大学入学率 181-2, **182**; combating inequality 消除不平等 205-10; contextual factors 背景因素 190-3 ; culturally relevant education 基于文化的教育 206-9; and discipline 规训 193 ; equality of, opportunity 机会均等 179-211 ; family and cultural orientations 家庭经验以及对学校教育的文化取向 190-1; global comparisons 国际比较 202-5, **204**; inequalities in educational opportunity 教育机会不均等 **180**, 180-8, 181, 182, **182**, **183**, *187*, *188*, **188** ; inequality 不公平 179-211 ; Minority-Serving Institutions (MSIs) 少数族群院校 209-10 ; public school enrollment by 公立学校入学率 186, *186* ; racial gaps in reading 阅读能力的种族差异 **180**, 180-1; racial gaps in SAT scores SAT成绩的种族差异 181, *181*; segregation 隔离 184-7, *186*, *187*, 188, 192; and social psychology 社会心理学 191-3 ; stereotype threat 刻板印象风险 193 ; teaching 教学 61
Race to the Top "力争上游"政策 9, 145, 54, 228, 268, 289, 556
Randolph, Antonia 安东尼亚·伦道夫 357
rational choice (exchange) theory 理性选择（交换）理论 24-5
rationality 合理性 233, 236
Ray, Rashawn 拉索·雷 157, 358
readiness gap, the 学业准备上的差距 54,

reading, racial gaps 阅读，种族差距 **180**, 180-1

Reardon, Sean 肖恩·里尔登 96, 100

reciprocal interactions 互惠性互动 25

reform 改革 15, 556-7; dangers of 危害 547; recommendations 建议 56; sources of 来源 530, **531**

reform movements 改良运动 531

regressive movements 回归运动 532

regulations and rules of procedure 具体条例和程序规则 233, 235-6

religion and religious schools 宗教和宗教学校 58, **389**, 389-90 543-4; charter schools 特许学校 394-5; comparative education 比较教育 507-8, court cases 法庭判例 390-4; creationism 创世论 393-4; and education 和教育 390; extracurricular religious clubs 课外宗教俱乐部 391-2; funding 资助 395; intelligent design 智能设计 394; prayer 祈祷 **389**, 391; school prayer decision 学校祷告 391; and vouchers 教育券 393, 394-5

religious released-time classes 信仰释放时间教室 390-1

religious right 宗教权利 66, 507, 544

Renaissance, the 文艺复兴 534

report cards 成绩单 352

reproduction theories 再生产理论 494

research 研究 431; and faculty, higher education 和高等教育教师 454; funding 资助 458

research methods 研究方法 33-5

resistance theories 抵制理论 494

resources, access to 资源的获得 188-90, 189

retention 留级 319

revolutionary movements 革命运动 532

Rickover, Hyman 海曼·里科夫 537

Ridgecrest Charter School v. Sierra Sands Unified School District in California 加利福尼亚州里奇克莱斯特特许学校诉西拉·桑德斯联合校区案 394-5

Risley, Todd 托德·里斯利 93-4

Ritter, Gary W. 加里·W. 里特 290

Robbins, Liz 利兹·罗宾斯 240

Roda, A. A. 罗达 230

Rogers, David 大卫·罗杰斯 264

Roksa, Josipa 乔西帕·罗克萨 453

role conflict 角色冲突 266-7, 368, 380

role expectations 角色期待 265, 380, 453-4

role models 角色榜样 11, 304,

role relationships 角色关系 233, 236

roles, formal 正式角色 263-93; conflict between 冲突 265-6; counselors 辅导员 290-2; expectations 期待 265; hierarchy 层级 264, 266, **266**; organizational context 组织环境 264; the principal 校长 274-7, **276**; school boards 学校董事会 269-72; superintendents 教育总监 272-4; support 支持 290-3; teachers 教师 277-90, *278, 280, 281, 286*; theoretical approaches to 理论方法 265-6; understanding 理解 264; US Department of Education 美国教育部 266-7; US Secretary of Education 美国教育部长 267-9

roles, higher education 角色，高等教育 438-40

Roma people 罗马人 202

Rome, ancient 古罗马 534

Rosenbaum, James 詹姆斯·罗森鲍姆 292-3 417

Rosenthal, Robert 罗伯特·罗森塔尔 34

Rosow, Jason 詹森·罗索 157, 358

Rothstein, Richard 理查德·罗斯坦 555

Rumberger, Russell, W. 拉塞尔·W. 朗博格 312

Russia 俄罗斯 490, 510-1

Sadker, Myra and David 迈拉·萨德克和大卫·萨德克 141, 1445, 149-50

Safe Schools Movement 安全校园活动 318

safety 安全 8-9, 318, 366

salary schedules 薪酬安排 234

San Antonio v. Rodriguez 圣安东尼奥市诉罗德里格斯案 398-9

San Francisco 旧金山 247-8

Santa Fe Independent School District v. DOE 圣达菲独立学区诉美国教育部案 59, 391

SAT scores SAT 分数 **121**, 121-3, **150**, 150-1, 151, 153, *421*, 421-2, 546; racial gaps 种族差距 181, 181

Sawchuk, Stephen 史蒂芬·索丘克 289

Sax, Leonard 伦纳德·萨克斯 141, 1456, 163

Schaufeli, Wilmar B. 威尔玛·B. 绍费利 287

school accountability assessments 学校问责制评估 324

school boards 学校董事会 269; appointment 任命 269; composition 构成 269-70; conflict perspective 冲突视角 270; conflicts and power dynamics 冲突和权力动态 270-2; effectiveness 有效性 271; expectations of 期待 270; functionalist perspective 功能主义视角 270; minoritymembers 少数族裔成员 270; role 角色 269

school buildings 学校建筑 **16**, **29**, 223, 359-61

school calendar, structure 校历，结构 110

school choice movement 择校运动 548-52

school climate 学校风气 325-6, 363

school connectedness 学校关联度 369

school costs 学校成本 396

school culture 校园文化 363-4

school districts 校区 246

school guards 学校门卫 225, 294

school knowledge 学校知识 25

school partnerships 学校的伙伴关系 403-5

school prayer decision 学校祷告判定 391

school shootings 校园枪击事件 67, 68, 317

school staff 教职工 294

School to Prison Pipeline 从学校到监狱的通道 310

schooling, growth of 学校教育的发展 396

schools 学校 223-54; administrative hierarchy 行政等级制度 233; as bureaucracy 作为官僚组织 231-40, **235**, **239**; bureaucratic problems 官僚主义问题 239-40; centralized decision making 决策集权化 245-7; choice 选择 229; contrasts 对比 223; decentralized decision making 决策非集权化 247-8; decision making 决策 244-8; development of as bureaucracies 作为官僚组织的发展 237-9; division of labor 劳动分工 233 234; educational climate 教育风气 363-70; educational goals 教育目的 228-9; effective 有效 275, 364; enrollments 入学率 302, **303**; environment and environmental influences 环境与环境的影响 379, 406; future predictions 未来预测 14; goals 目标 224-5, 226-31, **228**, 330-1; hierarchical system 层级系统 234-5, **235**; hiring and firing policies 聘用与辞退政策 234; individual goals 个人目标 231; institutional theory and analysis 制度理论与分析 243, **244**; instructional guidance system 教学指导系统 254; leadership 领导力 254; learning environments 学习环境 223; loosely coupled 松散耦合 242-3; moral authority 道德权威 208, 317; open systems model 开放系统模式 350, **350**; as an organization 作为组织 224-5, **225**, 231-44, **232**, **235**, **239**, **241**, **244**; organizational control models 组织控制模式 230-1; organizational reform 机构改革 248-51, **249**; organizational structure 组织结构 223 224; parent-community-school tie 家长-社区-学校的联系 254; position ownership 职位持有者 236-7; positions of individuals 个人职位 233; primary function 主要功能 20; problems facing 面临的问题 **7**, 7, 11; promotion policies 晋升政策 234; rationality 合理性 23-3, 23; regulations and rules of procedure 具体条例和程序规则 233, 235-6; revenues 收入 **6**, 6; role of 角色 9, 529; role relationships 角色关系 233, 236; routine 惯例 223-4; safety 安全 8-9; salary schedules 薪酬安排 234; segregation 隔离 550; setting 设施 224; size 规模 248-51, **249**, 361-2; social system 社会系统 225-6; societal goals 社会目的 227-8; structural models 结构模型 **241**, 241-3, **244**; student-centered learning 学生为中心的学习 254; supports or improvement 支持或提高 254; system structure and roles 系统结构及角色 225, **226**; tightly controlled 严密控制 243

schools-within-a-school 校中校 361-2

school-to-work pipeline 学校到工作的通道 9, **253**, 429-30, 490

Schwartz, A. E. A. E. 施瓦茨 251

science and cultural transmission 科学和文化传承 54-5

Scopes, John 约翰·斯科普斯 393

Scopes trial 斯科普斯案审理 58

Scopes Ⅱ 第二个斯科普斯案 393-4

scripted curricula 脚本化课程 283

secondary environments 次要环境 382

secondary school, gender differences 中学，性别差异 146-54, *149*, **150**, *151*, **152**

secondary socialization 次级社会化 112

Seftongreen, J. J. 塞夫顿格林 306

segregation 隔离 188, 192, 363, 590 gender 性别 146; racial 种族 184-7, *186, 187*

selection, training, and placement of individualism society 个体在社会中的挑选、培养与配置 47, 72-6, 76-7

self-concept, students 自我观念，学生 325-6

self-direction 自主 91

self-esteem 自尊 147-8, 306, 319

self-fulfilling prophecy 自我实现的预言 367

Serrano v. Priest 塞拉诺诉普里斯特案 398-9

service learning 服务学习 433, 435

service sector jobs 服务业工作 13

sex education 性教育 62-3

sexual assault 性侵犯 165-6, 358-9

sexual harassment 性骚扰 70-1, 148, 165-6

shared values 共享的价值 20

Sidhu, Preety 普丽缇·西杜 290

Simon, Sidney 西德尼·西蒙 538

Singapore 新加坡 162, 479

single parents 单亲 13, 335

single-sex education 单性教育 162-4

site-based management 校本管理 247

Slekar Tim 蒂姆·斯勒卡尔 263

small schools 小型学校 248-51, **249**, 333, 361-2, 369, 552

Smart Balance Assessment Consortium 智能

平衡评测联盟 246
Smelzer, Neil　尼尔·斯梅尔泽 461
Snyder, Benson R.　本森·R. 斯奈德 331
social capital　社会资本 109
social class　社会阶层 26, 89-90, 546; and academic achievement 和学术成就 94-5, **95**, 96-7, **97**, **98-9**; achievement gap 成绩差距 97, **98-9**, 100; college admissions policies and　大学招生政策 125-6; and college completion　大学学业完成 117, **118**; and college enrollment　大学入学 116-7, **117**; and equality of opportunity　机会均平 97, 100, 112-28; exceptional advantage 非凡优势 108-9, **109**; funding and resources inequality　经费和资源的不平等 100-4, **101**; global context　全球背景 111-2; Great Britain　英国 498; hierarchy　等级 47; and higher education　和高等教育 118-20, *119*, 422; and home environment 和家庭环境 334-5; identities　身份 113; and inequality　和不平等 80, 90-7, 94, **95**, **96**, **97**, 111-2; and language socialization 语言社会化 93-5, **94**, **95**, **96**; material conditions　物质条件 92; and normative institutional arrangements　和规范性制度安排 359; parenting style　父母教养方式 93; persistent inequality　持续存在的不平等 111; and SAT scores　和 SAT 测试分数 **121**, 121-3; and school calendar structure 和校历结构 110; and social organization of school　学校的社会组织 104-7; socialization　社会化 90-7, 94, 95, **96**, 97; and stigma　烙痕 112-3; test score gap　测试分数差距 110; and tracking　分轨 107-8; and the transition to higher education　过渡到高等教育 114-6; trends　趋势 13; *另见家庭环境和家庭影响*

social class gaps　社会阶级差距: college admissions policies　大学招生政策 125-6; college completion　大学学业完成 117, **118**; college enrollment　大学入学 116-7, **117**; and cultural capital　文化资本 123-5; higher education　高等教育 116-26, **117**, **118**, 119, **121**; and higher education cost 高等教育成本 118-20, 119; reform efforts 改革力度 127-8; SAT scores　SAT 分数 **121**, 121-3
social control　社会控制 19, 46-7, 66-72, **68**
social inequality　社会不公平 491
social mobility　社会流动 112, 126-7, 326, 557
social movements　社会运动 530-1
social psychology　社会心理学 190-3
social reproduction　社会再生产 92
social stratification　社会分层 89
social trends　社会趋势 13
socialization　社会化 46, 49-52, 227; definition　定义 91; early childhood education controversy　儿童早期教育的争议 49-51; faculty, higher education　教师，高等教育 452-3; gender　性别 142-7, **147**, 157; and inequality　和不平等 90-7, 94, 95, **96**, 97; language　语言 93-5, **94**, **95**, **96**; secondary 次级 112; student role　学生角色 306-8, **308**; technology and the media　科技和媒体 51-2
societal attitudes　社会态度 528-9, **529**
societal goals　社会目标 227-8
society, institutions of　社会制度 20
sociocultural environment　社会文化环境 328, **328**, 330-1
socioeconomic status (SES), dropouts　社会经济地位，辍学 314
sociological gaze　社会学家的眼光 349

sociologists, role 社会学家，角色 15
Snyder, David 大卫·斯奈德 439
Sociology of Education 《教育社会学》10
sociology of education 教育社会学 4-5: current research 研究现状 10-1; development 发展 15; goal 目标 5; question 问题 8-11; role of 角色 5-8
Socrates 苏格拉底 534
sororities 姐妹会 447
South Africa 南非 481
South Korea 韩国 479
South Sudan 南苏丹 481
Spade, Joan Z. 琼·Z.斯佩德 24
Spain 西班牙 112
special education 特殊教育 293
special support roles 特殊支持角色 293
special-interest groups 特殊利益群体 405-6
Spillane, James P. 詹姆斯·P.斯皮莱恩 357
Spriggs, William 威廉·斯普里格斯 210
standardized testing 标准测试 7, 9, 353, 421, 546, 554-5
Stanton College Preparatory School 斯坦顿预科学校 179
state exit exams 州毕业考试 401-2
state funding 州基金 397, 397-9
state initiatives 州行动 245-6
State of Tennessee v. John Thomas Scopes 田纳西州诉斯科普斯案 58
status cultures 地位文化 22
status group relationships 地位群体关系 22
Stearns, E. E.斯特恩斯 319-20
Steele, Claude 克劳德·斯蒂尔 193
STEM performance STEM 表现 151-2, 156 161-2
Stephens, Nicole 尼科尔·斯蒂芬斯 127-8, 353

stereotype lift 刻板印象提升 193
stereotype threat 刻板印象风险 152-3, 193
Stiefel. L. L.施泰福 251
stigma, and social class 烙印，和社会阶层 112-3
stratification 分层 4
streaming 分流 308
Streib, Jessi 杰西·史特莱博 96
structure, educational system 结构，教育系统 48
student activism 学生运动 461-2, **463**
Student Activities fund 学生运动基金 393
student culture 学生文化 305-6
student loans 学生贷款 120
student performance, and teacher expectations 学生表现和教师期望 34
student recruitment, higher education 高校招生 120-3, **121**
student role, the 学生角色 305-9; conflicting expectation 期待冲突 308-9; coping mechanisms 应对机制 309-11; criticisms of 批判 311; expectations 期待 305-6; formal 正式 305; gender 性别 306; learning 学习 306-8, **308**
student-centered learning 以学生为中心的学习 254
students 学生 78, 301-37; and adolescent-employment 青少年打工 320-2; agency 能动性 112, 114; antisocial behavior 反社会行为 318; apathy 冷漠 310; attendance 到校 301; characteristics 特征 301-5, **302, 303, 304**; coping mechanisms 应对机制 309-1, 329-33, 368; cost 成本 396; cue-consciousness 暗示意识 332; culture 文化 305-6; and decision making 决策 246-7; disabled 残障人士 402-3; drop-outs 退学 310, 312-5, **314**; enrollments

入学 302; foreign 外国 513, **513**, 514; friendship patterns 友谊模式 306; higher education 高等教育 8, 425, **426**, 438-40; higher education subcultures 高等教育亚文化 444, 447; home and family influence 家庭环境和家庭影响 333-7, 384-9, **385**; individual goals 个人目标 231; learning styles 学习风格 332; Lesbian, Gay, Bisexual, and Transgender 男女同性恋者、双性恋者、变性者 318; peer group influences 同龄群体影响 327-9, 330; polarization 两极分化 329; problem 问题 319-20; racial characteristics 种族特征 303-4; role 角色 7-8, **8**, 305-9; and school goals 和学校目标 330-1; screening and placement 挑选与配置 240; self-concept 自我观念 25-6; self-esteem 自尊 306, 319; stereotypes 刻板印象 310; studying abroad 留学 514, **515**; warehousing 库存 223

student-teacher relationships 师生关系 333, 366-7, 379

Success Academy charter system 成功学院特许制度 206

summer learning loss 暑假学习损失 110

summer melt 夏季融流 124-5

superintendents 教育总监 269; conflicts and power dynamics 冲突和权力动态 273-4; duties 责任 272; effective 有效 272; expectations of 期待 272-3; profiles 典型形象 272-3; role 角色 272-4

support roles 支持角色 290-3

support services 支持服务 226

Supreme Court 最高法院 58, 59-60, 66

surveys 调查法 34

suspensions 停学 319

Sweden 瑞典 111, 112, 162

Sweeney, Brian N. 布莱恩·N. 斯威尼 157, 358-9

Swinton, Omari H. 奥马尔·H. 斯温顿 210

Switzerland 瑞士 111

symbolic annihilation 象征性的歼灭 144

symbolic interactionism 符号互动论 265, 330

symbolic violence 符号暴力 356-7

systems model 系统模型 **30**, 31-3; comparative education 比较教育 486-9, 487-8, **489**

Taiwan 台湾 111, 479

Tatum, Beverly Daniel 丹尼尔·贝弗利·塔特姆 329

taxpayers, role 纳税人，角色 5-6

Teach for America (TFA) 为美国而教 281, 285, 304-5

teacher burnout 教师职业倦怠 287-9

teacher expectations 教师期望 34, 151-2, 309

teacher preparation 教师准备 284-7

teachers 教师 9-10, 223; accountability 问责制 528, 545; African Americans 非洲裔美国人 279; alternative certification programs 选择性认证项目 284; autonomy 自主性 230, 237, 242, 264, 283; bureaucratic personalities 官僚化人格 240; burnout 倦怠 287-9; career cycles 职业生涯周期 279-81; certification regulations 认证规则 234; characteristics 特征 278, *278*; composition 构成 278-9; conditions of employment 聘用条件 280, *280*, **281**; coping mechanisms 应对机制 368; decision-making power 决策权 247; demand for 需求 280-1; duties 责任 234; Hispanic 西班牙裔 279; international comparisons 国际比较 480, 481; isolation 分隔 242; motivation 动机 277-8, 282; numbers 数量 5, 278; pay 工资支付 268; performance pay 绩效薪酬 289-90, 545-6; power 权力 330; professional capacity 专业能力 254; professional judgment 专业判断 237; professionalization 专业化 535-6; quality 资质 7, 103, 188-9, 285-7, *286*, 465, 545, 546 554; recommendations for improvement 改进建议 289-90; relationship with the principal 与校长的关系 275-6; replacement 职位接替 237; role 角色 **8**, 368; role of 角色 282-3; salary 薪资 234, 279, 289-90; satisfaction 满意度 290; shortage 短缺 5; status 地位 282-3; tenure 任期 268; termination 终止 281; training 培训 284-7; turnover rates 流失率 189; women 女性 278-9, 288

teacher-training colleges 教师培训学院 415

teaching strategies 教学策略 9-10

technology 科技 14; access to 获得 78; classroom 教室 552-3, **555**; role in socialization 社会化中扮演的角色 51-2

trends 趋势 78

teenage pregnancy 青少年怀孕 315

Tennessee 田纳西州 104

TERCE (Third Regional Comparative and Explanatory Study 第三次区域比较与分析研究 504

Terenzini, P. T. P. T. 特伦兹尼 428

test score gap 测试分数差距 110

testing 考试 7, 9, 72-6, *76-7*; backlash against 反对 56

Texas 得克萨斯州 45, 399, 424, 494

textbooks 教材 105-6, 494-5; censorship 审查 **64**, 65-6 406; revision 修订 45; sanitized 美化 208

theoretical approaches 理论方法 16-7; comparative education 比较教育 491-6; conflict theory 冲突理论 21-4, 56 418-9, 491, 529; critical pedagogy 批判教育学 25, 27; cultural reproduction and resistance theories 文化再生产和抵制理论 23; dependency theory 依赖理论 493-4; educational movements 教育运动 529; feminist theories 女权主义理论 28; functionalism 功能主义 18-21, 418, 491 529; higher education 高等教育 418-9; human capital perspectives 人力资本视角 491-2; Interaction theories 互动理论 4-5; labeling theory 标签理论 24-5; legitimation of knowledge perspective 知识的合法性视角 494-5; modernism 现代主义 27; modernization theory 现代化理论 491-2; new sociology 新社会学 25-7; open systems approach 开放系统的路径 17, 28-33, **30**, 45; postmodernism 后现代主义 27-8, rational choice (exchange) theory 理性选择（交换）理论 25; reproduction theories 再生产理论 494; resistance theories 抵制理论 494; world systems theory 世界体系视角 492-3, 506

Thorne, Barrie 巴里·索恩 145-6

Three Million Words initiative "三百万言"行动 97

tightly controlled organizations 严密控制的组织 243

Title I schools 第一条款项目学校 293

Title IX of the Civil Rights Act 民权法案第九条 164, 164-6

Toddler Early Head Start 婴幼儿早期领先计划 50

toxic environments 有毒的学校 189-90

tracking 分轨 107-8, 360-1

Trends in International Mathematics and

Science Study (TIMSS) 国际数学与科学动态研究 54, 504
tribal colleges and universities 部族院校 210
Trow, Martin 马丁·特罗 444, 447
two-way bilingual education 双轨双语教育 194
Tyack, David 大卫·泰亚克 272
Uncommon Schools 非凡学校 326
underdeveloped socialist societies 欠发达的社会主义社会 511
undermatching 低配 124, 357
undocumented students 无合法证件的学生 196-7
unemployment 失业率 313, 491
UNESCO 联合国教科文组织 504, 505
UNICEF 联合国儿童基金会 505
United Nations 联合国 490, 502-3
universalism 普遍主义 58
Unterman, R. R. 翁特曼 251
urbanization 城市化 507, 535
US Army 美国军队 73
US Constitution 美国宪法 267, 393, 416, 528
US Department of Education 美国教育部 266-7
US Department of Health and Human Services 美国卫生与社会福利部 379
US Department of Health, Education, and Welfare 美国卫生、教育和社会福利部 102
US News and World Report 《美国新闻与世界报道》179, 420
US Secretary of Education 美国教育部部长 267-9
US Supreme Court 美国最高法院 184-5, 188, 194, 196, 361, 390-2, 392-3, 393-4, 398-9, 423-5, 455
utopian movements 乌托邦运动 532

Vagle, Mark D. 马克·D. 巴格莱 106-7
Valdes, Guadalupe 瓜达卢佩·巴尔德斯 195
Valenzuela, Angela 安吉拉·巴伦苏埃拉 196
value climate 价值氛围 369-70
values 价值 230, 351; moral 道德 19; shared 共享 20; transmission 传播 20, 67
verbal-linguistic intelligence 言语-语言智力 74
Vergara v. California 维加拉诉加利福尼亚案 268, 545
Vernonia School District 47 J v. Action 佛诺尼亚第47学区诉埃克申案 59-60
victimization 受害 69, 70-1
Villavicencio, A. A. 比亚维森西奥 251
violence 暴力 67-72; consequences of 结果 318; fear of 害怕 317, 366; gang 帮派 315-7; interventions 干预 71; levels of 水平 678; low-level 低水平 70-1; school based 校本 317-8; symbolic 符号 356-7
Virtual Charter Schools 虚拟特许学校 553
visual-spatial intelligence 视觉-空间智能 74
vocational education 职业教育 **253**
volunteer opportunities 志愿者机会 293
voucher programs 教育券项目 127, 205-6, 400 544, 549 550; and religion 和宗教 393, 394-5

Wallace v. Jaffree 华莱士诉杰弗里案 391
Waller, Willard 威拉德·沃勒 273, 294,

305, 308-9, 309

Walton Family Foundation 沃尔顿家族基金会 405

Ward, Lester Frank 李斯特·弗兰克·沃德 15

Warren, Earl 厄尔·沃伦 184-5

Watanabe, Maika 渡边舞香 108

weapons 武器 305

Weber, Max 马克斯·韦伯 21, 22-3, 23, 233, 238

Weingarten, Randi 兰迪·温加滕 268

Weinger, Susan 苏珊·温格 112

Weis, Lois 路易斯·韦斯 401

Weisman v. Lee 韦斯曼诉李案 391

Wells, A. S. A. S. 威尔斯 230

West Germany 西德 111

Westside Community Schools v. Mergens 韦斯特赛德社区学校诉莫肯案 391-2

Wheeler Elementary School 佛蒙特州惠勒小学 3

whiteness 白人性 329

Widmar v. Vincent 韦德玛诉文森特 391

Wiggan, Greg 格雷戈·威格安 192

Willis, Paul 保罗·威利斯 114, 329

Wiswall, M. M. 维斯沃尔 251

Women 女性; college enrollment 大学入学率 141-2; comparative education 比较教育 509; earnings 收入 427, 441; educational opportunities 教育机会 141-2; expectations of 期待 440; faculty, higher education 高等教育 452, 455-6; graduation rates 毕业率 445-6; high-achieving 高成就 163; higher education 高等教育 440-2, 445-6, 447; participation in college sports 参与高校体育活动 164-5; single-sex education 单性教育 163; teachers 教师 278-9, 288; theoretical approaches 理论方法 28

Woods, Peter 彼得·伍兹 331

World Bank 世界银行 245, 497

world systems theory 世界体系视角 492-3, 506

World War II 第二次世界大战 491

Xie, Yu 谢宇 428

year-round calendars 全年校历 110

youth culture 青年文化 305

Zelman v. Simmons-Harris 杰尔曼诉西蒙斯-哈里斯 60, 393

zero tolerance policies 零容忍政策 305

Zhu, Queenie 朱文君 361

译后记

读书有三种状态：第一种完全遗忘了时间的存在，浸淫涵泳，因享受阅读而不忍停下；第二种有着急切、迅捷的时间感，快速浏览，汲取所需；第三种则是字斟句酌，理解推敲，形义兼取——你会感觉到你所有的时间都被卷进去，无边无际，难以逃脱，甚至会有一种被吞噬的焦灼感，但你也知道，这只是一个巨大的时间旋涡，只要咬牙坚持，旋涡总会过去。翻译此书便是这第三种的感受。

翻译完全是时间堆积而成的工作。根本不敢有集腋成裘、积土成丘的幻想，只能埋头细作，盯紧一段段、一行行的文字，努力理解其义，然后再争取顺畅地表达，全然不敢计较时间与进度。

然而，真正到了快要译完全部书稿时，居然有一种舍不得释卷的感觉。用极慢地速度去翻译剩下的最后两页，反复地抚摩着书页，让眼睛在每个单词上都多停留半秒钟——如同终于登上顶峰的游人，轻松地驻足徜徉。

翻译此书有其因缘。我的导师谢维和教授曾经说过，教育社会学的学科发展离不开对经典理论著作与教材的翻译工作。他推崇前辈学人厉以贤教授、张人杰教授，认为他们率先开展的教育社会学经典文献翻译介绍工作，为20世纪学科初兴奠定了基础。为此，他本人不仅相继参与主编《OECD教育政策分析译丛》《影响力教育理论译丛》，还与其他学者一起翻译了《知识与控制：教育社会学新探》《教育社会学手册》《未来的课程》等多部论著。本书第五版的中文译者朱志勇教授是我的站友，借此也向他致敬。

由于原书写作立足于美国教育的实际，为了更好地理解其中许多涉及美国教育法律、财政等相关知识，必须查找大量文献资料，也曾多次向同事朋友、求教。比如，为翻译书中的一份财务图表，我院敖娜仁图雅博士就专门帮助找到了图表中资料的源文件进行参照阅读。在此深表感谢。

我的多位研究生都参与到翻译工作之中。祁矛参与了第一章和第八章，辛晴参与了第二章和第十三章，季善莲参与了第三章和第十章，母芮娜参与了第六章和第十二章，温婧参与了第四章，付钰参与了第五章，张伟伟参与了第七章，卢文迪参与了第九章，此外，宣阳阳、魏园园、徐志敏、王璐璐、史秋晨、陈先露、徐子涵、吴秋萍、杨佩佩、徐静、贾恒等人也参与部分工作。我逐字校译全书，如果其中有差错之处，都是我的过失，与参与者没有关系。

翻译过程中，不断地感受到表达的艰难。我只能力求准确表达原文的意思，让读者能够更好地理解。

举两个例子，比如文中"互动理论则关注微观层次（小规模）的个人及小群体间的互动关系"一句中的"及"字，原译成"和"。为了表达这种互动关系的多重性，并非仅指"个人和小群体之间"，而是包含了"个人间""小群体间"以及"个人和小群体间"的多重关系，最后选用"及"字。

又如，"延缓年轻人进入劳动力市场，可以有助于实现更多成年人就业的目标；但另一方面，学生接受更多的教育、学历过剩，对准备进入劳动力市场还未被聘用的年轻人可能会产生压力。"这句就存有歧义，是劳动力市场本身有压力，是年轻人就业有压力，还是原本解决的成年人就业状况又会面临新的压力？揣度文意，最好翻译时保留着这样多义的形式。因此，又翻译成："延缓年轻人进入劳动力市场，可以有助于实现更多成年人就业的目标；但在学生接受更多的教育之后，一批学历过剩、未就业的年轻人准备进入劳动力市场，可能又会对之产生新的压力。"

原书中有一些明显的编辑差错，翻译时都尽可能予以纠正。比如，原书488页表12.2存在相同内容机械重复的现象。原书513页段落内容有跳跃，似乎存在内容遗漏。又如，原书481页，正文部分标明要介绍芬兰教育成功的四个主要原因，但引文部分只有三个原因，而把第四个原因单独放在正文里，并且没有标出序数。再如，原书460页表11.7标题为"三十所最大笔高校捐赠基金"，实则表格内容只有25所。

  本书选择的话语形式，力求与原文相应，以保持作者的思维原貌，但又需要合乎汉语习惯，避免语言冗赘，难免左支右绌，捉襟见肘。许多可能存在的谬误，一并请读者朋友提出批评。

苏尚锋

2018年8月12日

图书在版编目(CIP)数据

教育社会学:一种系统分析的方法/(美)珍妮·H.巴兰坦,(美)弗洛伊德·M.哈马克,(美)詹妮·斯图伯著;苏尚锋译. —8版. —北京:商务印书馆,2021
ISBN 978 - 7 - 100 - 19742 - 7

Ⅰ.①教⋯ Ⅱ.①珍⋯ ②弗⋯ ③詹⋯ ④苏⋯ Ⅲ.①教育社会学 Ⅳ.①G40 - 052

中国版本图书馆 CIP 数据核字(2021)第 058805 号

权利保留,侵权必究。

教育社会学:一种系统分析的方法
(第八版)
珍妮·H.巴兰坦
〔美〕弗洛伊德·M.哈马克 著
詹妮·斯图伯
苏尚锋 译

商 务 印 书 馆 出 版
(北京王府井大街36号 邮政编码100710)
商 务 印 书 馆 发 行
北京市白帆印务有限公司印刷
ISBN 978 - 7 - 100 - 19742 - 7

2021年9月第1版　　　开本 787×1092　1/16
2021年9月北京第1次印刷　　印张 42
定价:188.00 元